国家重大工程档案

交 通 卷

中国国际工程咨询有限公司◎编著

人民交通出版社股份有限公司

北京

内 容 提 要

本书是《国家重大工程档案》之交通卷,筛选并提炼中国国际工程咨询有限公司参与咨询论证的最具价值、特色的国家重大交通工程,以大量的咨询论证技术文件为基础,参考工程建设、管理、运营单位的相关技术资料,对其建设实情进行系统梳理和编写,全面反映我国重大交通工程建设总体情况,呈现其建设的发展脉络与全貌。内容包括各工程的概况、规划与决策、设计方案、建设历史与重点难点、运营管理、工程创新以及工程价值。

本书可供交通基础设施行业相关人员阅读、学习、查询和参考。

图书在版编目(CIP)数据

国家重大工程档案. 交通卷 / 中国国际工程咨询有限公司编著. — 北京 : 人民交通出版社股份有限公司,2021.6

ISBN 978-7-114-17189-5

Ⅰ.①国… Ⅱ.①中… Ⅲ.①重大建设项目—工程档案—中国—现代②交通工程—工程档案—中国—现代 Ⅳ.①F282②G275.3

中国版本图书馆 CIP 数据核字(2021)第 054108 号

Guojia Zhongda Gongcheng Dang'an　Jiaotong Juan
书　　名:国家重大工程档案　交通卷
著　作　者:中国国际工程咨询有限公司
责任编辑:韩亚楠　朱明周　齐黄柏盈　张维青
责任校对:席少楠　魏佳宁　宋佳时　扈　婕
责任印制:张　凯
出版发行:人民交通出版社股份有限公司
地　　址:(100011)北京市朝阳区安定门外外馆斜街 3 号
网　　址:http://www.ccpcl.com.cn
销售电话:(010)59757973
总 经 销:人民交通出版社股份有限公司发行部
经　　销:各地新华书店
印　　刷:北京印匠彩色印刷有限公司
开　　本:787×1092　1/16
印　　张:45.5
字　　数:898 千
版　　次:2021 年 6 月　第 1 版
印　　次:2021 年 6 月　第 1 次印刷
书　　号:ISBN 978-7-114-17189-5
定　　价:280.00 元
(有印刷、装订质量问题的图书由本公司负责调换)

《国家重大工程档案》编写委员会

《交通卷》编写组

主　　　编： 苟护生

副　主　编： 佘湘耘　朱　军　彭振武

顾　　　问： 胡希捷　傅志寰

编写成员：（以姓氏拼音为序）

白慧明　边颜东　曹　磊　程兴民　方　超

关　羽　郭小红　侯　斌　胡　铂　黄　兵

贾　森　李桦楠　李　洁　李孝荣　林元培

刘广红　刘国旗　刘　佩　刘晓东　龙湘敏

马　博　宁　威　邵思远　申培华　宋承珠

宋小云　苏志欣　孙洪波　索明亮　王春苗

王　军　王仁贵　王祎南　王云闯　王　智

夏鹏飞　熊　朝　徐　进　徐晓明　杨海斌

杨湘民　杨永平　尤伯军　袁　洪　岳贵平

张　蓓　张　强　赵旭峰　赵颖超

审核成员：（以姓氏拼音为序）

曹　菁　关昌余　焦桐善　李开孟　李　燕

刘义成　苗雨菲　杨凯越　张小文　赵民合

以重大工程夯实现代化国家基础

重大工程是人类文明的标志,代表时代科技进步水平,反映经济社会发展程度。新中国成立以来特别是改革开放 40 多年来,我国经济社会快速发展,重大工程建设举世瞩目。进入新时代,我们要在习近平新时代中国特色社会主义思想指引下,以重大工程夯实社会主义现代化国家的基础。

一、重大工程牵引"中国列车"砥砺前行

新中国成立以来,我国经济建设取得重大成就,交通、能源、水利、城市建设、装备制造等一批重大工程相继问世,极大地推动了我国社会主义现代化建设步伐。

重大工程是经济社会发展的基石。截至 2020 年底,我国高速铁路运营里程突破 3.8 万千米,占世界高铁总里程的 70% 以上。高铁对区域格局、人口流动、经济发展产生了系统性的影响,让整个国家处于一种"高速流动"的活力之中。南水北调是世界上最大的水利工程,输送水量相当于从南到北搬运了 770 个西湖,让超过 1 亿人受益。西气东输是全世界距离最长的天然气输送工程,有效促进了我国能源结构和产业结构调整,提高了人民生活品质。这些重大工程建设使得基础设施空间得到有效扩展,为整个社会的运行提供了重要的基础供应。同时,工程建设也带动了国民经济其他行业,促进了经济社会全面发展。

重大工程成为创新驱动发展战略的重要载体。我国抓住世界科技革命和产业变革的机遇,涌现了一大批具有世界先进水平的标志性重大科技工程,如载人航天、探月工程、深海探测、特高压输变电、移动通信、C919 大飞机等,这些重大工程中创新之光处处闪现。中国"天眼"(500 米口径球面射电望远镜)是目前世界最大单口径、最灵敏的射电望远镜;中国"慧眼"(硬 X 射线调制望远镜卫星)在 X 射线空间观测方面,具有国际先进的暗弱变源巡天能力、独特的多波段快速光观测能力;北斗卫星导航系统是我国自主建设运行的重要空间基础设施,可在全球范围内

全天候、全天时为各类用户提供高精度高可靠度的定位、导航、授时等服务。

重大工程打造"走出去"中国名片。 如今,以高铁、核电、桥梁等为代表的中国"大工程"正积极走出国门,为世界贡献中国智慧和中国力量。世界各地都可以见到建设中的中国"大工程"身影,东南亚第一条高速铁路——印度尼西亚雅万高铁是我国高铁全方位整体走出国门的标志项目,中马友谊大桥是由中国承建的世界首座在远洋深海珊瑚礁地质上建造的跨海大桥,巴基斯坦恰希玛核电站是我国自行设计、建造的第一座出口商用核电站,东非首条标准轨距电气化铁路——亚吉铁路是集设计标准、装备材料、建设和运营全产业链"中国化"的铁路项目,被誉为"新时期的坦赞铁路"。这些海外工程已经成为中国崭新的名片和友好交流的纽带,把中国和世界更紧密地联系在一起。

二、新时代赋予重大工程新的历史使命

中国特色社会主义进入了新时代,对我国经济社会发展提出许多新要求。我们要认真学习深刻领会习近平总书记关于工程科技重要论述的精神实质和丰富内涵,准确把握新时代工程建设与发展的历史使命。

重大工程是人类文明的重要标志。 习近平总书记指出,重大工程与人类生存息息相关。古代工程科技创造的许多成果至今仍存在着,见证着人类文明编年史。中国的造纸术、火药、印刷术、指南针等重大技术创造和万里长城、都江堰、京杭大运河等重大工程,都是当时人类文明形成的关键因素和重要标志,都对人类文明发展产生了重大影响,都对世界历史演进具有深远意义。

工程科技推动社会生产力变革。 习近平总书记指出,工程科技的每一次重大突破,都会催发社会生产力的深刻变革,都会推动人类文明迈向新的更高的台阶。18世纪,蒸汽机引发了第一次产业革命,人类进入了机械化时代;19世纪末至20世纪上半叶,电机和化工引发了第二次产业革命,使人类进入了电气化、原子能、航空航天时代;20世纪下半叶,信息技术引发了第三次产业革命,使社会生产和消费从工业化向自动化、智能化转变。工程科技更直接地把科学发现同产业发展联系在一起,是经济社会发展的主要驱动力。

工程科技的活力在于创新。 习近平总书记指出,一项工程科技创新,可以催生一个产业,可以影响乃至改变世界。历史证明,工程科技创新驱动着历史车轮飞速

旋转,为人类文明进步提供了不竭动力源泉,推动人类从蒙昧走向文明、从游牧文明走向农业文明、工业文明,走向信息化时代。当今世界,工程科技进步和创新对经济社会发展的主导作用更加突出。未来几十年,新一轮科技革命和产业变革将同人类社会发展形成历史性交汇,工程科技进步和创新将成为推动人类社会发展的重要引擎。

工程的使命在于造福人民。习近平总书记指出,共创人类美好未来,是工程科技发展的强大动力。工程造福人类,科技创造未来。人类生活各个方面无不打上工程科技的印记。工程科技进步和创新不仅成为推动社会生产力发展和劳动生产率提升的决定性因素,而且成为推动教育、文化、体育、卫生、艺术等事业发展的重要力量。重大工程要以人民对幸福生活的追求为动力,推动人类社会全面进步。

工程科技的灵魂在于开放。习近平总书记指出,工程科技国际合作是推动人类文明进步的重要动力。一花独放不是春,百花齐放春满园。提高工程科技发展国际化水平已成为各国推动工程科技创新的普遍共识和重要手段,共享工程科技成果是推动共同发展、促进共同繁荣的重要途径。通过加强国际工程科技合作,相互借鉴,相互启发,推动工程科技进步和创新,应对人类共同挑战,实现各国共同发展。

习近平总书记关于工程科技的一系列重要论述,科学回答了现代工程的历史使命、重点任务、发展动力、发展方向等重大问题,是新时代工程建设和发展的科学理论和指导思想,是推动现代工程建设的基本要求和根本遵循。

三、以重大工程夯实现代化国家基础

新时代赋予重大工程新的历史使命,贯彻落实习近平总书记关于工程建设与发展的重要论述,必须坚定不移贯彻创新、协调、绿色、开放、共享的新发展理念,坚持以人民为中心的思想,按照传承文明、变革生产力、创新驱动、造福人民、开放共享的总体要求,以供给侧结构性改革为主线,面向经济社会建设主战场,在关系国计民生、产业命脉、国家安全和基础科学等领域推动一批世界领先的重大工程,为全面建设社会主义现代化国家提供强有力的支撑和保障。

建设创新工程。创新始终是一个国家发展的重要力量,也是推动人类社会进步的不竭动力。重大工程的重要标志就是创新水平,工程的竞争力很大程度上取决于技术创新的竞争力,具有自主知识产权的先进技术是重大工程的内在要求。建设世界领先的重大工程,可以大幅度提升我国基础工业、装备制造、新兴产业等领域创新能力和水平,加快现代化进程。在工程创新活动中,必须充分发挥社会主义市场经济条件下新型举国体制优势,集中力量,整合资源,协同攻关,在国家战略优先领域率先实现跨越。

建设优质工程。质量反映人类劳动创造和智慧结晶。工程质量是衡量一个国家工程水平的重要维度。工程质量不仅体现在工程本身的质量和产品合格率上,还体现在工程技术的先进性上,也体现在工程产生的经济社会效益上,要实现工程质量与经济效益间良性互动。重大工程是复杂的系统工程,必须弘扬工匠精神,精益求精。只有高质量的优质工程大量涌现,才能真正实现由中国制造向中国创造转变、中国速度向中国质量转变、中国产品向中国品牌转变。

建设绿色工程。工程是人类改造自然的行为,但必须尊重自然规律。重大工程建设要贯彻绿色发展的理念,加大生态和环境保护力度,提高生态文明水平,增强可持续发展能力,满足人民日益增长的优美生态环境需要。工程建设要以资源环境承载能力为基础,以自然规律为准则,以可持续发展、人与自然和谐共生为目标。现代化强国必须是可持续发展的国家,要围绕可持续发展部署一批重大工程。

建设幸福工程。工程是人建造的,也是为人而建造的,需要人本意识和人文关怀贯穿其中。工程建设要高度关注民生,着力解决人民的衣食住行、教育、医疗、养老等问题,满足人民日益增长的对美好生活的需要,真正实现工程的人文价值,这也是重大工程之"强"、之"重"的一个重要维度。工程谋划、设计、建设、运营要贯彻以人为本的指导思想,不能简单把工程当成物来看待,而要看成是人的一种广延形式,让广大人民群众从现代工程建设中获得更多幸福感。

建设开放工程。中国人民和世界各国人民休戚与共,中国人民的梦想和世界各国人民的梦想紧紧相连。在"一带一路"建设中,聚焦关键通道、关键项目,抓好大项目建设,推进陆上、海上、天上、网上四位一体的联通。积极开展国际产能和装备制造合作,增添共同发展新动力。加强重大工程科技领域合作,开展面向未来发展、人类健康、应对气候变化等方面的国际大科技合作,打造国际合作新平台,在更广泛的利益共同体范围参与全球治理,推动人类文明交流互鉴。

纵观人类文明历史,重大工程为人类文明进步提供不竭的动力源泉,推动人类文明向着更高水平发展。当今,中国特色社会主义进入了新时代,重大工程在新的历史方位中承担着新的历史使命,必须坚定不移贯彻新发展理念,以建设创新、优质、绿色、共享、开放的现代工程为引擎,为全面建设社会主义现代化国家夯实基础。

原交通部副部长
原中咨公司总经理

胡希捷

2021 年 5 月　于北京

目 录

Contents ■■■■

第一章　绪论 ……………………………………………………………………… 1

第二章　大秦铁路 ………………………………………………………………… 5

第三章　朔州至黄骅港铁路 …………………………………………………… 21

第四章　秦沈客运专线 ………………………………………………………… 35

第五章　青藏铁路格尔木至拉萨段 …………………………………………… 47

第六章　武广铁路客运专线 …………………………………………………… 65

第七章　北京至上海高速铁路 ………………………………………………… 81

第八章　广深港高速铁路广州至深圳段 …………………………………… 103

第九章　贵阳至广州高速铁路 ……………………………………………… 115

第十章　山西中南部铁路通道（瓦日铁路） ……………………………… 129

第十一章　蒙西至华中地区铁路煤运通道 ………………………………… 141

第十二章　沈阳至大连高速公路 …………………………………………… 159

第十三章　京津塘高速公路 ………………………………………………… 173

第十四章　雅安至康定高速公路 …………………………………………… 187

第十五章　上海南浦大桥 …………………………………………………… 205

第十六章　苏通长江公路大桥 ……………………………………………… 223

第十七章　杭州湾跨海大桥 ………………………………………………… 243

第十八章　港珠澳大桥 ……………………………………………………… 261

第十九章　武汉杨泗港长江大桥 …………………………………………… 285

第二十章　秦岭终南山公路隧道 …………………………………………… 307

第二十一章　厦门翔安海底隧道 …………………………………………… 323

第二十二章　长江南京段上游过江通道 …………………………………… 339

第二十三章　长江口深水航道治理工程 …………………………………… 355

第二十四章　长江南京以下 12.5 米深水航道建设工程 ………………… 375

第二十五章　唐山港曹妃甸港区矿石专用码头一期工程 ………………… 397

第二十六章　上海国际航运中心洋山深水港区 …………………………………… 417

第二十七章　重庆江北国际机场东航站区及第三跑道建设工程 …………… 433

第二十八章　深圳宝安国际机场 ……………………………………………… 453

第二十九章　郑州新郑国际机场 ……………………………………………… 471

第 三 十 章　广州新白云国际机场 …………………………………………… 491

第三十一章　上海浦东国际机场二期建设工程 …………………………… 509

第三十二章　青海玉树巴塘机场 ……………………………………………… 529

第三十三章　昆明长水国际机场 ……………………………………………… 541

第三十四章　北京大兴国际机场 ……………………………………………… 559

第三十五章　广州地铁二号线 ………………………………………………… 581

第三十六章　重庆轨道交通 2 号线一期工程 ……………………………… 599

第三十七章　深圳地铁一期工程 ……………………………………………… 615

第三十八章　北京地铁四号线 ………………………………………………… 633

第三十九章　上海地铁 10 号线 ……………………………………………… 655

第 四 十 章　杭州地铁 1 号线 ………………………………………………… 673

第四十一章　西安地铁二号线 ………………………………………………… 693

第一章 绪 论

交通运输是基础性、先导性、战略性产业,是经济社会发展的重要支撑和强力保障。新中国成立以来,我国交通基础设施建设取得了巨大成就,公路成网,铁路密布,高铁飞驰,巨轮远航,飞机翱翔,青藏铁路、京沪高铁、港珠澳大桥、北京大兴国际机场等超级工程举世瞩目,一批国家重器在我国发展中起到了重要作用,中国路、中国桥、中国港、中国高铁成为亮丽的国家名片。

一、中国重大交通基础设施建设走在世界前列

随着中国特色社会主义现代化建设不断推进,我国交通基础设施建设的"中国速度"举世瞩目,高速铁路、高速公路、城市轨道交通运营里程以及港口万吨级泊位数量等均位居世界首位,大型机场吞吐量位居世界前列。

1.现代化的高速铁路网

改革开放后,我国铁路发展进入快车道:1992 年建成第一条重载铁路——大秦铁路;1996 年建成连接北京和香港的铁路——京九铁路;2003 年建成第一条客运专线——秦沈客运专线;2006 年建成世界上海拔最高的铁路——青藏铁路;2008 年建成第一条高速铁路——京津城际铁路,拉开了我国高铁时代的序幕;2011 年建成世界上商业运营速度最快、里程最长的高速铁路——京沪高速铁路。

党的十八大以来,我国高速铁路运营里程由 2012 年的 0.97 万千米增加到 2020 年的 3.79 万千米,实现了跨越式发展,"高速铁路"成为闪耀世界的中国名片。截至 2020 年底,全国铁路营业里程 14.63 万千米,铁路基本覆盖城区人口 20 万以上城市,高铁覆盖 98% 城区人口 50 万以上城市,我国拥有世界上最现代化的铁路网和最发达的高铁网。

2.四通八达的高速公路网

1984 年我国开工建设第一条高速公路——沈大高速公路,1988 年建成沪嘉高速公路。到 2012 年底,全国高速公路总里程已达 9.62 万千米。

党的十八大以来,我国公路建设突飞猛进、成绩辉煌。截至 2020 年底,全国公路总里程 519.81 万千米,公路网密度达 54.15 千米/百平方千米,四级以上等级公路里程 494.45 万千米;农村公路里程 438.23 万千米,实现了村村通公路的目标;我国高速公路以 16.10 万千米的

通车里程稳居世界之首,创造了世界高速公路发展史上的奇迹。

3. 超级桥隧工程

天堑变通途,"最长、最高、最大"的纪录不断被写进世界桥梁和隧道建设史,"中国桥、中国隧"成为展示国家形象的新品牌。

当今世界最大跨径悬索桥和最大跨径斜拉桥前十位中,我国分别占了 5 座和 6 座。我国陆续建成了东海大桥、江阴长江大桥、杭州湾跨海大桥、润扬长江大桥、苏通大桥、港珠澳大桥等一批世界级桥梁。2018 年建成的港珠澳大桥是目前世界上最长的跨海大桥。

我国相继建成了一批世界隧道之最:秦岭终南山公路隧道是世界最长的双洞高速公路隧道,上海长江隧道是世界直径最大的盾构隧道,川藏线雀儿山隧道是世界海拔最高的公路特长隧道,港珠澳大桥拱北隧道是世界断面最大的公路隧道,港珠澳大桥沉管隧道是世界最长的海底沉管隧道。

4. 先进的大型港口

1978 年,我国主要港口拥有生产泊位 735 个,其中万吨级及以上深水泊位 133 个。到 2012 年,全国港口拥有生产用码头泊位 31862 个,其中万吨级及以上泊位 1886 个(内河 369 个)。

党的十八大以来,我国港口智能化水平明显提升。截至 2020 年底,全国港口拥有生产用码头泊位 22142 个,其中万吨级及以上泊位 2592 个(内河 454 个)。上海港洋山港区四期全自动化集装箱码头是目前全球规模最大、自动化程度最高的集装箱码头。全球排名前十的集装箱港口中有 7 个位于我国,上海港连续 10 年蝉联港口集装箱吞吐量世界第一。

5. 通畅的黄金水道

改革开放以来,长江干线、京杭大运河、西江、湘江等内河航道相继得到了比较系统全面的治理。1982 年开始,陆续对京杭大运河航道进行整治,山东济宁至杭州可通航 500 吨级船舶。20 世纪 90 年代末,长江口深水航道整治工程开工建设,这是迄今为止世界上最大、最复杂的河口整治工程,2010 年长江口至太仓段 12.5 米深水航道全面贯通,上海港及江苏沿江港口货物吞吐量迅速增长。2012 年,全国内河航道通航里程 12.5 万千米,其中一级航道 1395 千米。

党的十八大以来,依托长江黄金水道推动长江经济带发展上升为国家重大战略,完成了长江南京以下 12.5 米深水航道工程,可实现南京至长江出海口全程通航 5 万吨级及以上船舶,将海港向内河纵深推进,相当于增加了近 800 千米的海岸线。京杭大运河(浙江段)整治工程也已启动,可望实现千吨级船舶从山东直达杭州。到 2020 年底,我国内河航道通航里程 12.77 万千米,其中一级航道 1840 千米。

6. 广泛覆盖的民用航空

改革开放初期,我国有民用机场 78 个。伴随着改革开放的伟大历史进程,我国已建成现代化的、对国民经济和社会发展起到重要作用的全球第二大航空运输系统。2012 年,我国民用航空颁证机场有 183 个。

党的十八大以来,作为国家发展新动力源的首都新机场建成通航。截至 2020 年底,我国境内民用航空颁证机场共有 241 个,覆盖全国 92% 的地级行政单元;拥有千万级旅客吞吐量机场 37 个,北京首都国际机场旅客吞吐量突破 1 亿,连续 9 年位列世界第二,上海浦东国际机场货邮吞吐量连续 11 年排名世界第三。民用航空已由从属补充地位发展成为我国综合运输体系的重要组成部分。

7. 发达的城市轨道交通

我国城市轨道交通建设始于 20 世纪 50 年代,直到 20 世纪 80 年代末,仅北京和天津有地铁,总里程 40 千米。20 世纪 90 年代初,以上海地铁 1 号线、北京地铁复八线、广州地铁 1 号线建设为标志,开启了以交通为目的的城市轨道交通建设。到 2012 年,我国有 17 个城市开通 70 条轨道交通运营线路,运营里程 2064 千米,其中地铁线路 1726 千米。

党的十八大以来,我国城市轨道交通快速发展。至 2020 年末,我国有 45 个城市开通了城市轨道交通线路,运营里程达到 7978 千米,其中,地铁线路里程 6303 千米。上海轨道交通运营里程 834 千米,世界排名第一;北京轨道交通运营里程 799 千米,世界排名第二。目前,我国城市轨道交通在建里程和运营里程均居世界第一。

二、新时代开启交通强国新篇章

党的十九大擘画了全面建设社会主义现代化强国的宏伟蓝图,2019 年中共中央、国务院印发《交通强国建设纲要》,2021 年中共中央、国务院印发《国家综合立体交通网规划纲要》,这是以习近平同志为核心的党中央站在党和国家事业发展全局高度作出的战略部署,是新时代赋予交通运输的历史使命。

建设交通强国是建设社会主义现代化强国和实现中华民族伟大复兴中国梦的内在要求。纵观人类文明史,发达的交通始终是综合国力强盛的重要标志。"要想富,先修路"朴实而又深刻地揭示了交通与经济发展的规律。新时代交通强国建设赋予交通新的历史使命,既要"交通强",又要"强国家",构建安全、便捷、高效、绿色、经济的现代化综合交通体系,打造一流设施、一流技术、一流管理、一流服务,建成人民满意、保障有力、世界前列的交通强国,满足人民日益增长的美好生活需要,支撑我国现代化经济体系建设。

加快构建现代化高质量综合立体交通网络。我国交通基础设施规模位居世界前列,但布局还需完善、结构还需优化。未来,要坚持系统观念,着力补短板、重衔接、优网络、提效能,构建便捷顺畅、经济高效、绿色集约、智能先进、安全可靠的现代化高质量国家综合立体交通网。基础设施要统筹存量资源优化利用和增量供给质量提升,通过完善多层次网络布局、优化存量资源配置、扩大优质增量供给,实现立体互联,增强系统韧性。加强现代科技在交通基础设施中的应用,大力推动数字化、网联化的新一代交通基础设施发展。与此同时,要重视基础设施养护与管理,提高交通基础设施质量和运行效率。

突出交通运输服务经济社会的基本功能。交通的基本功能是提供优质高效的运输服务,这也是交通"强国家"的最根本要求。交通供给侧结构性改革要着力满足人民对交通日益增长的高品质需求,提供安全、便利、舒适的运输服务,不断增强人民群众的幸福感、获得感、安全感。交通供给侧结构性改革要着力满足现代化经济体系建设的需要,推动现代物流发展,优化调整运输结构,平衡各种运输方式,"宜水则水,宜路则路",促进全社会物流"降本增效"。

确立以公共交通为导向的城市发展模式。城市交通拥堵是一个世界性难题。2020年底,全国汽车保有量已达2.8亿辆,有70个城市汽车保有量超过100万辆。随着城市化进程的加快,交通拥堵已不只是大城市的"专利",不少中小城市也出现拥堵的"城市病"。习近平总书记指出,要把解决交通拥堵问题放在城市发展的重要位置。发展公共交通是现代城市发展的方向,要坚持以公共交通为导向的城市用地空间规划,构建便捷顺畅的立体化城市交通体系,大力发展智能交通技术,加强交通需求侧管理,走可持续的城市交通发展模式。

大力发展先进的智能交通。智能交通系统是未来交通系统的发展方向,是交通事业的一场革命,通过集成应用先进的信息、通信、传感、控制等技术,使人、车、路间相互作用关系以新的方式呈现。合作式智能交通和自动驾驶将成为未来智能交通发展的重点。通过实施科技创新引领战略,加强应用基础研究和科技成果转化,推动互联网、大数据、人工智能等新技术与交通的深度融合,加快我国智能交通发展。

构建现代化的综合交通治理体系。现代综合交通治理体系是交通强国的"软实力",更是"硬要求"。统筹各种交通方式,创新组织和管理方式,建立统一开放、竞争有序的交通运输市场,不断推进治理体系和治理能力现代化。坚持安全发展的理念,加强安全保障系统建设和应急救援体系建设,夯实交通强国基础。

站在新的历史起点上,中国特色社会主义进入了新时代,开启了由富起来向强起来迈进的中华民族伟大复兴之路。在习近平新时代中国特色社会主义思想的指导下,在夺取新时代中国特色社会主义伟大胜利的新征程中,要坚定不移全面深化改革,逢山开路,遇水架桥,奋力开启交通强国新篇章,为建设社会主义现代化国家当好先行。

执笔人:彭振武　赵旭峰

第二章 大秦铁路

第一节 工程概况

大同至秦皇岛铁路(以下简称"大秦铁路")是我国铁路"八纵八横"货运通道主骨架,是中国铁路太原局集团有限公司一条重载煤运专线,承载着我国"西煤东运"的艰巨任务,纵贯山西、河北、北京和天津,西起北同蒲韩家岭站、东至秦皇岛柳村南站,穿越雁北高原、桑干河谷,紧依燕山山脉南麓,呈东西走向,途经山西、河北、北京、天津四省市,线路全长653千米,共设车站34个,设计时速120千米,总投资701172万元。于1982年底进行勘察设计,1985年1月1日动工建设,1992年底全线竣工运营,具备接发万吨列车的能力,运能是当时的全国之最。

大秦铁路分两期修建,一期工程范围为韩家岭至茶坞、茶坞至大石庄、大石庄至京秦铁路的段甲岭车站,吴庄至秦三煤港站(单线)。二期工程自大石庄向东延伸至吴庄,与一期工程已建成的最东端大秦本线接通,完整形成大秦铁路。

一期工程于1985年1月开工,起自北同蒲铁路的韩家岭车站接轨,向东经山西省大同、阳高等地,河北省阳原、宣化、涿鹿、怀来等地,北京市延庆、昌平、怀柔、平谷等地,再至河北省三河市的大石庄站。为利用京秦铁路富余能力先期运煤提前发挥效益,同时修建了大石庄至京秦线的段甲岭联络线(双线电气化)、秦皇岛至吴庄联络线(单线电气化)、秦皇岛三期煤码头的秦皇岛至柳村(初期单线、预留复线电气化)和柳村至煤港站铁路(单线电气化),全长411千米。沿线设置大同南、湖东(编组站)、大同县、东井集(线路所)、阳原、东城乡、化稍营、王家湾、涿鹿、沙城东、北辛堡、延庆、铁炉村、下庄、茶坞(区段站)、木林、平谷、大石庄、秦皇岛、柳村、秦三期煤港站等21个车站。一期工程于1988年12月建成并立即投入试运营,1990年10月通过国家验收委员会验收并交付北京铁路局正式开通使用。

二期工程于1988年5月开工,起自大石庄站,向东经天津市蓟县、河北省玉田、遵化、迁西、迁安、卢龙、抚宁等县而至秦皇岛,全长242千米。秦皇岛至柳村增建二线12.4千米。沿线设置蓟县西、翠屏山、玉田北、平安城、遵化北、迁西、罗家屯、迁安北、卢龙北、抚宁北、西张庄11个车站,并对一期已建成的大石庄、秦皇岛、柳村等站进行了相应的改(扩)建。二期工程于1992年12月建成并立即投入试运营,1993年12月通过国家验收委员会验收并交付北京铁路局正式开通使用。

大秦铁路具有工程地质、水文地质复杂,建设组织难度大,采用新技术多,技术复杂,质量要求严,安全风险高等特点,给工程建设带来了严峻挑战。在大秦铁路建设过程中,采用了一系列新技术、新设备、新工艺及新材料,引进和攻关研制了具有 20 世纪 80 年代先进水平的技术装备。

第二节　规划与决策

一、项目提出

在我国三年调整时期,为了发展我国的对外贸易,周恩来总理亲自抓港口建设。经过几年发展,沿海港口建成了 92 个深水泊位,吞吐能力由 1973 年的 8000 万吨增加到 1980 年的 1.6 亿吨。但连接港口的后方铁路疏运能力同港口吞吐能力极不配套,影响了国民经济与对外贸易的发展。1981 年 3 月至 5 月间,时任国务院副总理万里率领国家计划委员会(以下简称"国家计委")、国家基本建设委员会、国家经济委员会(以下简称"国家经委")、国家科学技术委员会(以下简称"国家科委")和国务院有关部门负责人赴沿海主要港口和山西、云贵各地进行了历时 40 多天的视察,对每一个港口和后方铁路的建设,都根据实际需要落实建设进度。在研究山西煤炭生产和运输情况时,讨论了建设新通道的可能性。大秦铁路就是当时提出的晋煤外运新通道可选方案之一。

在大秦铁路修建前,山西省煤炭外运量每年增长 1000 万吨左右。按当时预计,煤炭铁路运输能力 1987—1988 年欠缺 1000 万吨,1989 年欠缺 2000 万吨,1990 年欠缺 3000 万吨;如不及时修建新的铁路通道,煤炭外运将受极大影响,不但导致煤炭积压,限制煤炭行业发展,而且必将严重影响和制约我国东部、南部沿海、东北和京、津、冀等地区的国民经济发展。因此,大秦铁路的修建不但势在必行,而且是迫在眉睫的重点建设项目。

二、项目立项

根据煤炭发展对铁路运输的迫切需要,考虑到我国能源基地逐步西移,陕北、内蒙古西部等地的煤田已开始大规模开发,大秦铁路必须建成一条标准较高、能力较大的现代化铁路,才能避免在短期内山西北部煤炭再次出现运力紧张的恶性循环。为能在较长时期内满足山西北路煤炭运输的需要,建设一条以重载单元列车为主的现代化程度较高的运煤专用干线是十分必要的。

1983 年,国务院在调查研究、科学论证的基础上,为加快建设晋煤外运通道,作出修建大秦铁路的重大战略决策。这对加速山西、陕西、内蒙古西部的煤田开发,扩大晋煤外运能力,缓解能源紧张状况,发展经济,具有十分重要的意义。

三、项目可行性研究

铁道部专业设计院(以下简称"铁专院")于1982年7月完成了大同至北京段方案研究报告,后根据铁道部指示,由北京继续向东延伸至秦皇岛,并交由铁道部第三勘测设计院(以下简称"铁三院")完成。同年9月,铁三院在上述研究报告的基础上提出《大同至秦皇岛铁路简要方案研究报告》。1982年11月,国家计委、国家经委、铁道部联合向国务院提出《关于大同至秦皇岛运煤专用铁路建设问题的报告》。根据国家计委1983年11月批复的设计任务书,大秦铁路分两期修建,一期工程先是经京承联通京秦,利用京秦铁路富余能力,先期分流以缓解北部煤炭运输紧张局面,先期施工,提前受益。其工程范围为韩家岭至茶坞、茶坞至大石庄、大石庄至京秦铁路的段甲岭车站。吴庄至秦三煤港站(单线)。二期工程,自大石庄向东延伸至吴庄与一期工程已建成的最东端大秦本线接通,完整形成大秦铁路。

在前期技术选型方案上报国务院后,又以铁道部为主,邀请了机械、电子、冶金、邮电行业主管部门及北京市等参加,反复论证其可行性、先进性、适用性、经济性、可靠性,编写了20多万字的可行性研究报告。国务院重大技术装备领导小组、国家计委、国家经委、国家科委和大秦铁路建设领导小组邀请全国各有关行业专家100多人,召开持续5天的评审会。国务院领导亲自听取汇报并审定批准,形成了大秦铁路的最终方案。这套方案全面规划和设计了大秦铁路的成套设备系统,实质性地改造和更新了我国铁路运输设备。

第三节　工　程　设　计

铁专院于1982年7月完成大秦铁路大同至北京段方案研究报告,后交由铁三院承担项目勘察设计,编制设计方案及专业施工设计。

一、自然条件

大秦铁路位于华北的东北部,西起大同、东临渤海湾秦皇岛。经过地区有:山西大同、阳高;河北阳原、涿鹿、怀来;北京延庆、昌平、怀柔、顺义、平谷;河北三河;天津蓟县;河北遵化、迁西、迁安、卢龙、抚宁。

其中,大石庄至秦皇岛沿线地形地貌变化较大,蓟县以西地处华北平原之北缘,地形平坦,属冲洪积平原区,局部地段地势稍高,属山前倾斜平原区。线路往东沿燕山山脉南麓丘陵区东行,沿线以剥蚀丘陵地貌为主,工程地质较复杂。滦河、青龙河等较大河流河床宽阔,阶地发育。

韩家岭至大石庄段主要河流以军都山为分水岭,以西有桑干河支流的御河、坊城河、黎园河、虎沟、东城河、下沙沟等,连同大洋河、妫水河,均注入官厅水库;以东有温榆河、怀河、潮白河、尚河,潮白河的支流小东河,沟河的支流金鸡河、牤牛河、小青河等。西段多为山区河流,雨季时有雨量大、历时短及暴涨暴落等特点。东段多为平原河流,河槽纵坡平缓,洪水涨落时间较长,水流散乱,河槽摆动较大。大石庄至秦皇岛段,降水特点是从西北部山区的800毫米左右,向南部滨海平原逐渐递减,有历时短、水量大的特点。

沿线韩家岭至湖东、沙城至北辛堡、茶坞至木林段为抗震设防烈度Ⅷ度地区,其余均为Ⅶ度地区。韩家岭至阳原冻土深度1.80米,阳原至北辛堡冻土深度1.00~1.45米,北辛堡至大石庄冻土深度0.80~1.20米,大石庄至秦皇岛冻土深度0.90~1.10米。

韩家岭至大石庄段属寒冷气候区,气温由西往东逐渐变暖。军都山以西气候干燥,少雨多风;以东雨量增大,风力变小。大石庄至秦皇岛段属半温润寒冷气候区。沿线历年最冷月平均气温 -5.8~-15.4℃;历年最热月平均气温25.7~28.0℃;极端最高气温41.2℃(蓟县);极端最低气温 -29.1℃(大同);年降雨量615~802毫米;年蒸发量1500~1900毫米。

二、技术标准

1. 主要技术标准选定原则

大秦铁路是运煤专用干线,上、下行运量极不均衡。开行重载单元列车为主的电气化铁路,初期单元列车牵引6000吨,远期要求输送能力为1亿吨/年。为兼顾沿线地方客货运输,每天开行客车及摘挂货物列车各2对。

2. 大秦铁路主要技术标准

铁路等级:Ⅰ级。

正线数目:双线。

限制坡度:上行4‰,下行12‰。

最小曲线半径:一般地段800米,困难地段400米。

牵引种类:电力。

机车类型:SS_4型机车,在SS_4型机车未配备前采用SS_1型机车过渡。

牵引定数:上行重载单元列车有6000吨和10000吨两种;普通货物列车上行4000吨,下行2350吨;2010年5月扩能改造后,最大牵引质量达2万吨。

到发线有效长度:一般为1050米,部分车站到发线有效长度1700米。

闭塞类型:双线双方向行车自动闭塞。

三、线路走向

控制大秦铁路线路走向的主要因素是:困难的地形和越岭高度;复杂的工程地质和采空区;沿线军事设施和战备工程;大型水利设施;沿线城镇规划和地方政府意见等。线路走向的选择,分韩家岭至延庆、延庆至茶坞、茶坞至秦皇岛三段。对不同的线路走向,经方案研究、勘测设计,进行综合比选后确定。

韩家岭至延庆段,自大同东行,经阳原城南、化稍营,由石匣里进入桑干河峡谷,沿河北岸而下至武家沟,跨至南岸到方家沟后,再向北跨桑干河、大洋河,经鸡鸣驿、沙城、狼山至延庆。延庆至茶坞段,位于全线最复杂的山区地段,自延庆向南偏东行进,经西二道河越岭,过黑山寨、上庄北至茶坞。茶坞至秦皇岛段,自破罗口起,向东南经大石庄、邦均、蓟县城南,沿于桥水库南岸至西龙虎峪,向北偏东过平安城、遵化、迁西城北,跨滦河、青龙河至秦皇岛。

四、站场设计

大秦铁路共设车站 34 座(含线路所),其中编组站 1 座(湖东),区段站 2 座(茶坞、柳村),中间站 29 座,线路所 1 处,港前站 1 座,平均站间距离 19.2 千米,最大站间距离 35.6 千米。全线站线铺轨总长 225 千米,占全线铺轨总长的 26.2%。站场土石方共计 992.4 万立方米,占全线土石方的 17.9%。站场用地 966 万平方米,占全线用地的 35.6%。

五、路基设计

大秦铁路路基个别设计工点,韩家岭至茶坞段共 129 处,总计 18206 延米,占全段总长的 5.6%;茶坞至大石庄段共 17 处,总计 4930 延米,占全段总长的 8.7%;大石庄至秦皇岛段共 109 处,总计 35922 延米,占全段总长的 14.6%;秦三煤码头共 5 处,总计 8900 延米,占全长的 9%。

六、桥涵设计

大秦铁路所经地段地形复杂,河流均为季节性,其间有泥石流河沟。地势平坦地段,灌溉渠道、乡间道路纵横交错。全线共有特大桥 28 座,大桥 92 座,中桥 134 座,小桥涵 2187 座,渡槽 9 座,公路桥 49 座;桥梁全长 98.62 千米,占正线全长的 15.1%。

重点桥梁有御河特大桥、永定河特大桥、妫水河特大桥、潮白河特大桥、洵河特大桥、州河特大桥、黎河口特大桥、黎河特大桥、横河特大桥和滦河特大桥。

七、隧道设计

大秦铁路共有隧道 54 座,总长 68113.7 米,占线路长度的 10.4%。其中,韩家岭至茶坞段铁路有隧道 43 座,总长 54922.7 米,除 1 座长 145 米的三线隧道外,其余均为双线隧道;大石庄至秦皇岛段铁路有隧道 9 座,总长 12259 米,均为双线隧道;大同枢纽有单线隧道 2 座,总长 932 米。

长隧道集中分布在两个区段:一是在河北阳原、宣化、涿鹿交界处,从石匣里至朝阳寺间的桑干河峡谷区内 40 千米线路,共有隧道 13 座,总长 26.09 千米,占该段线路长度的 65.2%,是全线重点工程最集中的地段;二是在北京西北郊的延庆、昌平、怀柔境内,从西二道河至茶坞的军都山越岭段,48 千米的线路内有 28 座隧道,总长 28.19 千米,最长的为军都山隧道(8.46 千米)。全线除 6 座 3 千米以上的隧道外,还有 1~3 千米的隧道 13 座,合长 55.33 千米,占隧道总长的 81.3%。

八、电力设计

大秦铁路全线区间供电点有隧道 26 座、区间线路桥隧工区 70 处、公安派出所营房 12 处及沿线的信号点、道口信号、中继器、中间电台等。其中一级负荷有微机控制的调度集中、双向自动闭塞、光缆数字通信等。二级负荷有机务、车辆的检修整备设备,给水所等。三级负荷有其他动力、照明负荷等。对于一级负荷,要求有 2 路独立电源不间断供电;对于二级、三级负荷,要求有严格的供电质量和可靠的供电保证。

依据负荷及电源情况,全线建有湖东、阳原、东城乡、涿鹿、沙城东、延庆、茶坞、大石庄、翠屏山、遵化北、迁西、迁安北、抚宁北、柳村 14 座 10 千伏电力配电所。

九、主要工程数量

大秦铁路全线主要工程数量见表 2-1。

大秦铁路全线主要工程数量表　　　　　　　　　　　　　表 2-1

项　　目		单　　位	一期工程	二期工程	全线共计
正线长度		千米	411	242	653
土石方		万立方米	3786	2933	6719
轨道	正线铺轨	单线千米	834	492	1326
	站线铺轨	单线千米	175	50	225
桥梁		双延米/座	37982/286	26116/124	64098/410
涵渠		横延米/座	29851/891	23215/890	53066/1781
隧道	单线	延米/座	932/2	—	932/2
	双线	延米/座	54782/42	12256/9	67038/51
	三线	延米/座	145/1	—	145/1
牵引变电站		处	5	3	8
开闭所		处	8	5	13
分区亭		处	5	3	8
供电段		处	1	1	2
配电所		处	9	5	14
接触网架线		条千米	2870	620	3490
通信站		个	6	4	10

续上表

项　目	单　位	一期工程	二期工程	全线共计
光缆、电缆	条千米	888	615	1503
信号电气集中	站	27	14	41
房屋	万平方米/栋	43/1243	16/597	59/1840
征用土地	万平方米	2200	965	3165

大秦铁路一期、二期工程批准的工程总概算为701172万元,造价指标为1073.77万元/正线千米。其中,一期工程总概算为420972万元,二期工程总概算为280200万元。

十、重点工程

(一)桥梁工程

1. 大同枢纽桥群

大同枢纽桥群工程位于大同市南郊韩家岭疏解区内,东起大同南站,西至西韩岭线路所,南起北同蒲铁路韩家岭车站,北至魏辛庄线路所,东西长3.5千米,南北长3千米。大同枢纽桥群由西韩岭特大桥、口泉特大桥第一期工程和魏辛庄特大桥组成。

2. 跨丰沙铁路特大桥

位于大秦铁路李(李家嘴)沙(沙城)段,为大秦铁路一期工程第四座长大桥,桥全长1295.08双延米。

3. 郑重庄特大桥

位于北京怀柔境内,是第一座由我国自行设计、自行施工的铁路连续刚架式旱桥。该桥桥台为T形,全长936.56米。

4. 平义分大桥

位于北京怀柔平义分村附近,为大秦铁路跨越京通铁路的立交桥。桥梁采用V形桥墩设计,跨线部分桥长82.52米,西侧引桥为2孔32米预应力混凝土梁,东侧引桥为10孔32米预应力混凝土梁,大桥总长为487.54米。

(二)隧道工程

1. 军都山隧道

为大秦铁路重难点控制性工程,当时为全线最长、国内第二长的铁路隧道,全长8460米。军都山隧道地处燕山山脉,因受多期地质构造运动影响,隧道穿过的地质条件复杂,共经过7条主断层。隧道衬砌除洞口外,均采用新奥法原理设计,轨道线路设计速度为100千米/小时。

2. 白家湾隧道

位于河北涿鹿境内,是双线准轨铁路山岭隧道,全长 5058 米。穿越的主要地层为白云岩、构造角砾岩。进出口皆设有平行导坑,并设有 2 座横洞。正洞采用全断面、上弧断面和局部下导坑法施工。

3. 花果山隧道

位于北京昌平,为双线电气化隧道,全长 3471 米,宽 11.3 米,高 7.8 米,为曲墙式。拱券、边墙用混凝土砌筑。洞顶沟谷发育,常年流水。采用封闭式衬砌结构设计,衬砌不设任何引排设施;除明洞外,衬砌、铺底及仰拱均采用防水混凝土,铺底加厚至 0.2 米。

4. 景忠山隧道

位于河北遵化东部大山深处,遵化北站与迁西站之间,全长 3760 米。进口为避开线路左侧的主断层破碎带,出口为绕避孟庄村和浅埋地段,设计了半径 1000 米、曲线长分别为 660 米和 791 米的曲线。除出口 30 米地段为坡度为 0.1% 的下坡外,其余均为坡度为 0.3% ~ 0.36% 的上坡。

(三) 主要车站

1. 大同枢纽

原有大同枢纽为丁字形枢纽,北同蒲与京包线成丁字形联结。为使大秦铁路、大准铁路与原有枢纽有机地结合和协调发展,将原有丁字形枢纽规划成环形枢纽;大秦铁路从韩家岭接轨后东行,作为环形枢纽的南翼;在枢纽东部修建东环线,是枢纽东部连接丰沙大铁路和大秦铁路的联络线;北起丰沙大上的周士庄和大同东,往南延伸,经东王庄站分别接入大秦铁路的大同南站和湖东站,是环形枢纽的东翼。为了沟通大秦铁路与既有枢纽,修建西韩岭联络线。为使云岗、口泉矿区煤炭能进入大秦铁路,修建云岗至大同南和口泉至大同南联络线。预留湖东至聚乐堡联络线。

2. 秦三煤码头工程

位于秦皇岛市东南沙河口以西海滨地带,西距一期、二期码头约 2.5 千米,建有 3 个专业化煤炭出口泊位,其中 3.5 万吨级泊位 2 个,5 万吨级泊位 1 个(码头工程按 10 万吨级设计施工)。

3. 柳村站

车站东西向布置,站坪长度 2500 米,折返段布置在柳村正线北侧。设 1700 米有效长到发线 3 条,1050 米有效长到发线 2 条(预留发展 1700 米),机走线 1 条,调车线 2 条,牵出线 1 条,大型养路机械停留线 1 条。站修所设站修线 3 条。

4. 秦三煤港站

是大秦铁路重载单元列车卸车站,也是路港煤炭货物交接站。车站设重车到达线 4 条,翻车机卸煤线 2 条,空车发车线 4 条,到发线有效长均按 1700 米设计。全站坡度 0% ~ 0.13%。

5. 茶坞区段站

位于大秦铁路中部怀柔水库南侧,车站两端分别跨越京通和双怀两条干线。车站近期设 1700 米到发线 3 条,预留 1 条;设 1050 米到发线 4 条;设调车线 3 条,预留 1 条;设牵出线 1 条,预留 1 条。设电力内燃混合机务折返所 1 处,担负摘挂列车、小运转、客机和调机的整备。

6. 遵化北站

位于河北省唐山市,车站设到发线 6 条、货物线 2 条、站线 12 条,区间为铁路双线双向电气化区段。

第四节　工　程　建　设

大秦铁路建设项目包括轨道、路基、桥涵、隧道、站场、机务、车辆、通信、信号、电力、电气化、房建、暖通空调、给排水等线上和线下工程,一期工程于 1985 年正式开工,1988 年开通投产;二期工程于 1989 年全面开工,1992 年投产运煤。

一、工程建设重要节点

1982 年,国务院决定投资建设大秦铁路,并于同年年底开始线路勘察设计。

1985 年,大秦铁路一期工程(大同至大石庄段)动工建设。

1986 年末,一期工程通信、信号、电力和电气化等"四电"工程开工。

1988 年 12 月 28 日,一期工程(大同至大石庄段)竣工运营。

1989 年,二期工程(大石庄至秦皇岛段)动工建设。

1991 年 11 月,全线铺架贯通。

1992 年 12 月 21 日,二期工程(大石庄至秦皇岛段)竣工运营。

1995 年,三期工程(1 亿吨配套工程)开工建设。

1997 年,三期工程(1 亿吨配套工程)完工运营。

2003 年起,大秦铁路连续开始实施 2 亿吨、4 亿吨扩能改造。

2005 年完成大秦铁路 2 亿吨扩能改造工程,湖东、阳原、化稍营、涿鹿、延庆、茶坞、蓟县西、遵化北、迁安北、后营、柳村南 11 个车站到发线有效长延长至 2800 米。

2010 年 5 月 6 日,大秦铁路全线完成 4 亿吨扩能改造。

二、工程建设难点

1. 地质条件复杂

大秦铁路工程浩大艰巨,地质复杂多变,因断层交错、地形倾陡、山峦重叠而桥隧相连。

2. 建设组织难度大

大秦铁路是我国首条双线电气化重载铁路,工程浩大,标准高,路基施工难度大,采用新技术多,技术复杂;一次建成双线、电化;工期紧迫,从立项进行可行性研究勘测、设计到全线建成,历时10年,任务十分繁重。

3. 专业接口多

工程建设涉及路基、桥涵、隧道、无砟轨道、精密测量、"四电"集成、站房建设等,专业性强,工序繁杂。涉及线下与轨道工程的转换、站前与站后工程的转换、主体与附属配套工程的转换等。

4. 质量要求严

大秦铁路要求做好开工前、施工中、隐蔽处的工程检查。站前路基、桥涵、隧道工程质量采用"三个一"的方法。对路基工程采用"三个重点一个抽查",即:以路基填筑密实度为重点;以桥台背后及涵渠两侧为重点;以左右线结合部为重点;抽查路基面。对桥涵工程采取"三个保证一做到",即:保证桥涵中轴线位置正确无误;保证建筑物各部尺寸符合设计;保证圬工强度达到设计标准;做到结构内实外美。对隧道工程采取"三个不迁就一彻底",即:混凝土强度衬砌厚度净空尺寸不够不迁就;塌方和超挖回填不密实不迁就;渗漏水不解决不迁就;边墙基底和隧道底虚渣要彻底清理干净。

5. 安全风险高

大秦铁路沿线岩溶分布广泛,线路穿越处在桑干河断裂带内的桑干河峡谷,河道弯曲狭窄,坡陡流急,山峦起伏,相对高差大;延庆至茶坞段约71千米,为军都山越岭地段,地形陡峻,地质复杂,军事设施集中,是全线最复杂的地段;多次跨越既有铁路和等级公路,施工安全风险高。

三、主要参建单位

大秦铁路一期工程施工队伍的部署,以(84)铁基字179号文及(84)铁鉴字461号文下达,由铁道部工程指挥部两铁道部基本建设总局承担。二期工程是在一期工程未完时以招标确定,由一期工程施工队伍转移,继续施工,详见表2-2。

大秦铁路施工队伍部署表　　　　　　　　表 2-2

工 程 范 围	施 工 地 段	施 工 单 位
一期工程	韩家岭至沙城东	铁道部第十六、第十七、第十八工程局
	沙城东至茶坞	铁道部第一、第三工程局、铁道部隧道工程局
	茶坞至大石庄	铁道部第十六、第一、第三工程局
	大石庄至段甲岭	铁道部第三工程局
	秦皇岛地区引入秦三煤码头	铁道部第一工程局
二期工程	大石庄至郭沟隧道出口（DK518＋700）	铁道部第十六、第十七、第十八工程局
	郭沟隧道出口（DK518＋700）至秦皇岛	铁道部第一、第三工程局、隧道工程局
全线"四电"工程	韩家岭至秦三煤码头	铁道部电气化工程局

四、建设管理模式

1. 统筹协调管理机制

为统一全线施工部署,协调各工期间关系,指导全线施工,1984 年 8 月,由大秦铁路建设领导小组办公室(以下简称"大秦办")主持,组织铁道部基本建设总局、工程指挥部、北京铁路局、铁三院及各施工局,在已有的铁道部基本建设总局和工程指挥部分别编制的韩家岭至沙城东、沙城东至茶坞段施工组织的基础上,按照国家对大秦铁路总工期的要求,结合工程特点、施工队伍部署及机械设备配备情况,进一步编制了整个一期工程指导性施工组织。1984 年 10 月 12 日,以(84)铁基字 1473 号文转发了铁道部大秦铁路建设第二次工作会议确定的《大秦一期工程指导性施工组织设计》。

2. 计划管理模式

大秦铁路既是一项多学科的系统工程,又是一项"边设计、边施工、边配套、边研制"的多边工程。大秦铁路建设领导小组办公室是代表铁道部行使行政管理工作和建设单位的双重职能的机构。对各承包单位上报的施工计划,按大秦铁路建设领导小组办公室编制的施工组织安排、验工计价提供的完成情况以及包干以外所需投资进行审核,综合平衡后确定。

3. 多边工程模式

大秦铁路边勘测、边设计、边施工。新技术、新设备、新工艺多数是边研制、边引进、边消化、边安装、边应用。在修建过程中,线路走向和原则方案基本确定以后,"边勘测、边设计、边施工"的状态,贯穿工程的全过程。重大装备配套工程(例如光缆通信系统、红外线轴温系统、微机调度集中系统等),在安装、配套直到开通每个环节,多数是边研制、边引进、边消化、边吸收、边配套。

第五节 运营管理

1990 年,大秦铁路以不同形式编组完成 5000 吨、8000 吨、1 万吨重载单元列车、组合列车综合试验,湖东站至茶坞站区间实现 4000 吨列车常态化开行。

1992 年,大秦铁路全线贯通,实现 5000 吨、6000 吨重载单元列车常态化开行。

2003 年 9 月 1 日起,大秦线万吨重载列车常态化开行。

2008 年春运期间,大秦铁路每日货运量首次突破 100 万吨,并连续 20 天保持日均货运量 100 万吨以上,有力缓解南方雨雪冰冻灾害造成的煤炭紧张局面。

2014 年 4 月 2 日,由 4 台电力机车和 315 节货运车皮组成的 3 万吨重载列车在大秦铁路上试验成功,列车全长 3.8 千米。

截至 2018 年 12 月 28 日,大秦铁路累计运送煤炭 60 亿吨。

第六节 工程创新

大秦铁路采用了一系列新技术、新设备、新工艺及新材料,引进和攻关研制了具有 20 世纪 80 年代先进水平的技术装备,其中有牵引动力、运煤车辆、工务、通信信号、电气化供电、运营信息 6 个专业研制和引进共 91 个项目。

1. 通信

采用并国产化八芯单模长波长光缆和数字低速传输设备,构成数字岛与周边模拟通信联网。建成长距离 34 兆比特每秒、8 兆比特每秒光缆数字传输系统,研发了电报/数据交换及用户传真系统,研发了传输集中监测和交换网的维护管理集中监控系统。研制了 400 兆赫兹双工列车无线调度通信系统,具有数字编码个别选呼、指令传输、集中监测等功能。

2. 信号

研发了微机化调度集中系统,总分机微机化、智能化,能实现调度实时监督、程控国内研制或人工预排进路,自动描绘运行图,自动选路,显示列车运行轨迹车次号及站场线路图形,保证调度集中系统安全运用。研发了 25 赫兹相敏自动闭塞叠加移频率机车信号,可双向运行,适应大电流电气化牵引运行条件。研发了 DY-6 大功率电动液压转辙机及安装装置、电源屏,三相交流控制电路,加大了单芯电缆控制距离。

3. 电气化

在牵引变电站设备方面,引进并研制了斯科特变压器、自耦变压器、十字交叉变压器、牵引—电力供电远动装置、继电保护装置与保护盘、真空断路器、高压电动隔离开关技术。研发了逆斯科特变压器、氧化锌避雷器、电压互感器、故障点标定装置、无功补偿装置、六氟化硫断路器等技术。

在牵引接触网器材方面,研发应用了预应力混凝土环形等径接触网支柱、预应力混凝土软横跨支柱、电气化铁道棒式绝缘子、电气化铁道分段绝缘器等技术。

4. 机务

研发应用了机车低速恒速控制装置,电力机车空转保护装置,电力机车空气—电阻自动联合制动装置,YQ-1 型全液压、便携式电气化区段起覆救援装置,6000 吨、万吨重载单元列车动力配置与安全操控技术,万吨重载列车操纵模拟器。

5. 车辆

研制了装转动车钩 C_{63}、$C_{63}A$ 型运煤专用敞车,采用 10 余种新材料新工艺、新配件,大修期 8～10 年。提出了红外线轴温监测系统,其中车辆红外线轴温监测系统具有计轴计辆、滚滑判别、热轴跟踪、信息储存、人机对话、自动检测等功能,电力机车三大轴红外线轴温监测系统具备检测、储存、报警等功能。应用了 12 吨落锤试验机、轮轴超声探伤机和车轮车床设备。

6. 线路轨道

设计了 60 千克/米新型道岔系列,提高通过能力,延长使用寿命,具有国外同类产品先进水平。设计有砟桥面预应力混凝土枕,能够提高通过能力,节约木材、填补国内空白;提出了乳化沥青道床及宽枕防脏技术。研制了 SPZ-160 型道床配碴整形车,双向行驶,作业速度 15 千米/小时,自行速度 80 千米/小时,作业最大宽度 6.6 米,最大深度 1.2 米。

7. 运营及技术管理信息系统

应用了 VA×8350 三机 Cluster 系统,以车辆实时追踪和车辆、钢轨技术档案为主要内容,包括 6 个端子系统,实现以铁路运营调度业务管理为主的计算机辅助管理。

8. 路基

采用了"四区段""八流程"重载路基填筑压实工艺及检测技术,在我国铁路修筑中具有首创性和先进性,使大秦铁路路基填筑质量达到新建铁路最好水平。研发了 MC-3 核子湿度密度仪,精度高,快速检测路基填筑质量。研发了 K_{30} 承载板检测车,填补当时国内空白,达到国外同类产品先进水平。

9. 桥梁

设计了 V 形桥墩,有效地增大跨径,设计构造新颖,有创见性。设计了钢筋混凝土连续刚架旱桥,采用了混凝土基桩无损检测技术,研发了 16 米先张法部分预应力混凝土梁,均具有当时国内先进水平。

10.隧道

研发了黄土质浅埋软弱地层双线铁路隧道施工新技术,为北京地铁开创暗挖法施工提供经验。研发了软弱围岩隧道"眼镜法"设计与施工技术,为北京地铁西单车站施工提供经验。开发了 SJC-1 型便携式隧道断面激光测量仪,为国内首创。应用了隧道防排水综合技术,在国内隧道及地下工程中属首创。总结隧道施工超前地质预报方法指南,属国内首创,是隧道施工地质领域中的一次突破。

11.爆破

提出了洞室控制爆破技术,首次应用洞外与洞内延时相结合的非电延迟复式起爆系统,有效地降低了振动效应,具有国内先进水平。研发隧道毫秒爆破合理时差的应用技术,采用时差为 200 毫秒的等差雷管,掏扩槽及部分掘进眼采用低段位的 II 系列毫秒雷管的合理组合,为国内首创。

12.机械

设计了重型铺轨机,能铺架重型轨排、宽轨枕轨排、岔枕轨排、16 米钢筋混凝土梁,具有国内先进水平。设计了铁路双线隧道全断面衬砌钢模台车——SMT-12 型双线钢模台车,是国内第一台穿行式台车,作业效率高,衬砌质量好,具有国内先进水平,穿行衬砌作业属国内首创。研发了 DAF₂ 型电气化架线作业车组,用于接触网线的张力放线、紧线、架线、安装悬挂部件等,填补了当时我国电气化铁路施工机械的空白。

大秦铁路创新研究成果直接应用于指导项目一、二期工程的设计、施工,间接为重大技术装备的国产化和铁路建设提供了新经验。

第七节　工 程 价 值

大秦铁路是我国铁路史上首次按路、矿、港、电等方面进行综合规划建设的现代化大能力铁路项目,是我国第一条开行万吨级重载组合列车的双线电气化运煤专用铁路。大秦铁路的建设运营,使我国形成一整套具有自主知识产权的铁路重载运输技术体系,成为世界上少数几个掌握 3 万吨重载技术的国家之一。大秦铁路的修建,对于缓和既有铁路能力不足的运输紧张状况,加速山西、内蒙古、陕西煤炭基地的开发和建设,改变华东等沿海地区煤炭供应严重不足状况,满足外贸出口需要,对促进和繁荣沿线国民经济,具有重大战略意义。在 1991 年 3 月国务院重大技术装备领导小组召开的国家重大技术装备第二次表彰会上向"大秦铁路万吨级重载单元列车成套设备"项目授予特等奖。

大秦铁路以全国铁路 1% 的营业里程完成全国铁路 20%、全国 13% 的煤炭运量。

按照大秦铁路年运量 4 亿吨计算,年耗电量为 34.3 亿千瓦时,折合费用 22.6 亿元,碳排放量 105 万吨。在同等运量下,换做公路运输,将消耗柴油 1645 万吨,折合费用 1046 亿元,碳排放量 5974 万吨,其能耗成本是大秦铁路的 46 倍,碳排放量是大秦铁路的 57 倍。

　　大秦铁路开通运营以来,连续保持并不断刷新列车开行密度最高、运行速度最快、运输效率最优以及单条铁路运量最大等多项重载铁路纪录,是我国"西煤东运"的重要战略动脉,为我国经济持续高质量发展提供着源源不断的动能,成为改革开放以来我国重载铁路的标志性重大工程。

执笔人:索明亮

第三章 朔州至黄骅港铁路

第一节 工程概况

朔州至黄骅港铁路(以下简称"朔黄铁路")是我国西煤东运第二大通道的重要组成部分,西起山西省神池县神池南站,东至河北省黄骅市黄骅港站,全长585.441千米,沿途经山西、河北两省5个地区(市)、22个县(市)。朔黄铁路把陕北蒙南新兴能源基地——神府东胜煤田与渤海湾新兴出海口——黄骅港连接起来,并与大秦铁路、北同蒲铁路、京广铁路、京九铁路等重大铁路干线相连通,与神朔铁路共同组成我国西煤东运第二大通道,在我国铁路网中占有极其重要位置。朔黄铁路是继大秦铁路之后我国第二条重载运煤专用铁路,主要承担神府东胜煤炭外运任务,兼顾陕、晋、冀三省的煤炭和其他货物运输,对提高铁路运输网的机动性和灵活性,加快我国中西部开发,促进沿线经济发展,保证华东、东南沿海地区能源供应,扩大我国煤炭出口能力,具有重要的战略意义。

朔黄铁路正线全长585.441千米,其中一期工程神肃段(神池南至太师庄)419.777千米为新建双线,肃黄段(太师庄至黄骅港)165.664千米为新建单线;二期工程宿黄段增二线以左线为准,线路长度167.291千米。全线桥梁长度64.2千米/316座、隧道66.3千米/77座,桥隧比约22%,其中最长的长梁山隧道长12.782千米。项目可行性研究报告批复总投资188.91亿元(含肃宁北至黄骅港段增建第二线铺轨和站后投资9.33亿元),于1997年11月25日开工建设,2000年5月18日开通运营,截至2020年,朔黄铁路累计完成煤炭运输量超过34亿吨,年煤炭运输能力达到3.5亿吨以上。

第二节 规划与决策

一、项目提出

"八五"时期,我国能源、交通极为紧张,已成为制约国民经济高速发展的重要因素之一。为了发展能源、交通,改变煤炭供应不足的局面,党和国家领导多次视察了尚未开发的神府东胜煤田,许多部委领导和专家也先后考察调研,一致认为,神府东胜煤田具有资源丰富、地质条件好、煤质优良的明显优势。开发神府东胜煤田是我国能源基地布局西移的重大战略部署,是保证能源持续发展的重大举措,不仅可以缓解我国煤炭供应紧缺的局面,而且可在国际煤炭市场竞争中增加出口创汇,是一个非常必要、十分紧迫的建设项目。开发神府东胜煤田唯一的不足是远离海岸线。煤炭大规模开发和大量运输,迫切需要修建铁路。

神府东胜煤田是我国 21 世纪重大能源战略基地,神木至黄骅港铁路是保证煤田开采和运输的战略性通道。朔黄铁路是神府东胜煤田外运通道的重要组成部分,是我国西煤东运的第二大通道的重要组成部分。朔黄铁路与北同蒲铁路、京广铁路、京九铁路连接,构成运输网络,把内蒙古南部、陕西北部煤炭源源不断地运往华北以及苏、浙、闽、粤等沿海省份,对繁荣铁路沿线和我国中西部地区的经济,保证沿海地区能源供应,促进国民经济发展起到了重要作用。

经国家及行业主管部门研究论证,朔黄铁路被纳入《中华人民共和国国民经济和社会发展第九个五年规划纲要》和《中华人民共和国国民经济和社会发展第十个五年规划纲要》重点工程。根据运量构成和修建意义,确定该项目功能定位为:是跨世纪工程——神华项目的重要组成部分,是铁路建设"强攻煤运"的重要项目之一,是连接神府东胜煤田与华东、华南及海外煤炭市场的通道和纽带,是我国西煤东运第二大通道。

二、选线论证

在国家计划委员会(以下简称"国家计委")、国务院能源办公室、铁道部及有关省、自治区、直辖市的支持下,华能精煤有限公司(以下简称"华能精煤";1995 年起更名为神华集团有限责任公司,以下简称"神华集团")从 1985 年开始积极组织进行了项目的前期工作,先后有20 多个设计、科研、咨询单位及大专院校参与了调查研究、方案比选、科学试验和分析论证。铁道部第三勘测设计院(以下简称"铁三院")承担了勘测设计任务,开展了大量的勘测和方案比选、技术研究、经济评价和文件编制工作,提供了可靠的论证和依据。

1985 年 3 月,国务院能源办公室会同国家计委组成了神府煤田到港口通路的选线领导小组,并展开工作;同年 5 月成立的华能精煤,在抓紧建设包神铁路的同时,着手进行矿区至港口铁路方案研究工作。1986 年,国务院明确指出"铁路建设是开发神府东胜煤田的关键"。1987 年至1988 年,国家计委先后 3 次召开神府东胜煤田开发协调小组会议,研究解决矿区和铁路建设有关问题,加强地区、部门的协调配合。1988 年 3 月,国务院批准神府东胜煤田开发建设分三期实施;一期建设包头至神木铁路,矿区规模达到年产 1000 万吨;二期建设神木至朔县铁路,矿区规模达到年产 3000 万吨;远期矿区规模达到年产 6000 万吨,建设朔县到沿海港口新的铁路。

1986 年 7 月在山东胶南和 1988 年 4 月在北京,由国家计委和国务院能源基地办公室召开了两次神木至港口运煤通道论证会,国家计委、国务院能源办公室、交通部、铁道部、山东省、河北省、陕西省、内蒙古自治区、华能精煤、中国国际咨询公司(现中国国际工程咨询有限公司,以下简称"中咨公司")、交通运输协会的专家代表参加了会议。第一次论证会上,在北方沿海诸多港口的基础上,经过论证选定天津、黄骅、龙口三个港口进一步研究论证。第二次论证会形成《神木至港口运煤通路第二次论证会议纪要》。华能精煤会同有关部门和单位进一步研究论证,委托铁三院编制朔州至港口铁路可行性研究报告,推荐黄骅为出港口,并报国家计委及国务院。最终确定铁路下海港口建于黄骅港。

神池南至原平南线路位于山西省中北部,经过恒山中低山区,地形起伏大,沟壑纵横,山势陡峻,选线难度大。根据神府东胜煤田煤炭外运量及分流的原则,研究了多个不同走向和不同长度的越岭隧道方案。经筛选确定,对取直走长梁山隧道方案和绕行雁门关隧道方案做进一步比选。长梁山隧道方案正线建筑长度89.364千米,工程投资19.84亿元;雁门关方案增建二线长度39.88千米,新建双线长度116.143千米,工程投资18.15亿元。

经过研究比选,决定采用长梁山隧道方案。此方案最大优点是运营长度缩短65.867千米,每年可节省铁路运营费929万元。此外,由于加速机车车辆周转,节省机车车辆购置费9191万元。从社会效益来看,按照1990年运价,以神木煤下海的运量近期为3000万~6500万吨计算,该方案每年可节省运费支出4800万~10400万元,对内可减少货主负担、降低生产成本,对外可降低煤炭离岸价格、增强煤炭外贸竞争力。此方案社会与经济效益显著。

三、选线确定

1989年2月,铁三院编制完成《神府东胜煤田朔县至港口铁路可行性研究报告》,设计起点为神朔铁路的神池南站,提出终点港口为天津港或黄骅港;同年12月,华能精煤向国家能源办公室上报《新建朔港(朔县至黄骅)铁路项目建议书》,并称该段铁路为"朔黄铁路"。1991年3月,时任国务院副总理邹家华视察黄骅港,并确定黄骅港为神府煤炭下海港口。1993年11月,时任国务院副总理朱镕基视察建设中的黄骅港,再次明确神府煤炭下海港口建于黄骅港。至此,神木经朔州至黄骅港被定为神府煤炭运输通道,黄骅港被定为神府煤炭下海港口。

根据起讫点接轨的不同,经多方案比选,选择了以神池南接轨,经宁武、原平、滹沱河、平山、定州、安国、蠡县、河间、沧州至黄骅港的铁路。线路走向合理,长度短,位置适中,成为铁路"八纵八横"运煤北通道的一部分。

朔黄铁路是一条重载铁路运煤专线,为了加强与路网的联系,该线与多条相交的铁路设有联络线。通过神朔铁路可与北同蒲铁路、大秦线、包头—西安铁路相连;在原平南可与北同蒲唐林岗站联通;在东冶预留了与忻河支线连接条件,联通后可南下太原枢纽;在西柏坡预留通过联络线与石家庄枢纽联通;在定州西与京广铁路联通;在肃宁北通过4条联络线与京九铁路的上下行线联通;在沧州西预留了与京沪铁路的连接条件;从而加强了与路网的联系,增强了路网的机动性和灵活性。

四、项目立项

根据国家计委指示和两次论证会纪要,华能精煤组织科研、设计、咨询单位的专家对神府煤炭外运通道进行了论证研究,委托铁三院进行线路方案设计,反复比选优化,还多次向能源部、铁道部、河北省、山西省汇报,协商有关问题,达成共识。在此基础上,华能精煤于1991年7月编制并上报了项目建议书。根据华能精煤的报告,河北省、山西省、交通部、铁道部联合于1991年10月向国家计委报送了《关于神府东胜煤田外运通路朔州至黄骅港铁路项目建议书的请示》。中咨公司组织各专业专家,于1992年2月赴神府东胜矿区、包神铁路、神朔铁路、朔黄铁路及黄骅港进行现场考察,并对项目建议书进行了评估;于同年4月向国家计委出具了评估报告,肯定了朔黄铁路尽早开工建设的必要性,评估认为线路走向合理,主要技术指标适当,有较好的还款能力,经济效益较好。

经国务院批准,国家计委1992年9月以《关于审批黄骅港一期工程和朔黄铁路项目建议书的请示的通知》(计交通〔1992〕1650号)批复了项目建议书,批准项目立项。由于该项目在资金筹措、股东出资比例及管理体制等方面尚待落实,需进一步协商,项目可行性研究的审批时间有所推迟。

为配合神华工程需要,朔黄铁路按照"统筹规划、分段建设、及时投产、尽快发挥效益"的方针建设,在满足运量需要并适当留有余地的前提下,进行适时、适度投资,以提高投资效益。整个工程分两期建设,一期工程为神池南至肃宁北双线电气化铁路和肃宁北至黄骅港单线电气化铁路;二期工程为肃宁北至黄骅港增建第二线电气化铁路工程和全线信号开通自动闭塞。

五、项目公司成立与项目可行性研究

朔黄铁路发展有限责任公司的前身是始于1985年的华能精煤交通处,1992年发展为华能集团精煤公司交通分公司。1995年神华集团成立后,负责开发经营神府东胜煤田及其配套的铁路、电站、港口、航运船队与产业,并拥有对外融资、外贸出口和煤炭出口权。1998年2月神华铁路有限责任公司成立,2003年4月名称变更为朔黄铁路发展有限责任公司(以下简称"朔黄铁路公司")。

朔黄铁路公司注册资本金为58.8亿元,其中:神华集团出资31亿元,占总额的52.7%;中铁建设开发中心(代表铁道部)出资24.2亿元,占总额的41.2%;河北省建设投资公司(代表河北省)出资3.6亿元,占总额的6.1%。合资公司按照现代企业制度的要求,各部门各负其责,有效制衡协调运转,有力地保证了工程建设的顺利进行。

华能精煤1992年12月编制并上报了可行性研究报告。1993年1月铁三院重新编制了《神府东胜煤田朔县至黄骅港铁路可行性研究报告》。根据华能精煤的报告,河北省、山西省、交通部、铁道部联合于1993年3月向国家计委报送了《关于朔州至黄骅港铁路可行性研究报告的请示》。1993年9月,中咨公司向国家计委报送了关于朔黄铁路可行性研究报告的评估报告,报告对项目线路方案、主要技术指标进行了评估,对工期和投资估算做了分析和评估,对资金筹措、组建公司制的股份集团公司、安排日本海外经济协力基金贷款和项目国内贷款等提出了建议。经过充分协商,就有关问题达成一致性意见。

1996 年 9 月,经国务院批准,国家计委以《关于黄骅港一期工程和朔州至黄骅港铁路可行性研究报告的再请示的通知》(计交通〔1996〕1710 号)批复了项目可行性研究报告,明确了路、港建设原则及重大问题。线路全长 585 千米,以运输煤炭为主,兼顾晋煤和其他客货运输;近期运量 6800 万吨,远期运输能力 1 亿吨;技术标准为Ⅰ级干线,神池至肃宁段一次建成双线,肃宁至黄骅港为单线(预留复线),电力牵引,牵引质量 6000 吨;项目投资估算总额 188.91 亿元(含建设期贷款利息 20 亿元),资本金 58.8 亿元,其中神华集团出资 30 亿元、铁道部 23.5 亿元、河北省 5 亿元、山西省 0.3 亿元,其余资金来源为国家开发银行和日本海外经济协力基金贷款;到 2002 年 7 月,河北省资金到位 3.6 亿元,山西省资金未到位,两省少投入资金 1.7 亿元,由神华集团增加投入 1 亿元、铁道部增加投入 0.7 亿元补齐。调整后的项目资本金组成为神华集团 31 亿元,占全部资本金的 52.7%;铁道部 24.2 亿元,占全部资本金的 41.2%;河北省 3.6 亿元,占 6.1%。由神华集团与各出资方协商,分别组建铁路、港口有限责任公司,负责资金筹措、工程建设及运营还贷等事宜;建设期为 5 年。可行性研究报告指出,朔州至黄骅港铁路和黄骅港的建设对缓和运煤能力不足和促进国民经济发展有着重要意义,该项目建设十分必要,非常紧迫。

2002 年 9 月,神华集团印发《关于进行朔黄铁路肃宁北至黄骅港增建第二线扩能可行性研究工作的通知》(神华计字〔202〕304 号文)。2002 年 10 月,铁三院完成了《朔黄铁路肃宁北至黄骅港增建第二线可行性研究报告》。2003 年 4 月国家发展改革委员会下发《关于朔黄铁路肃宁北至黄骅港段增建第二线工程可行性研究报告的批复》,同意朔黄铁路肃宁北(太师庄)至黄骅港增建第二线。

第三节　工程设计

朔黄铁路分两期、两段建设,设计工作也分期分段进行。一期工程 1998 年底完成神肃段(双线)施工图设计,2000 年 3 月完成肃黄段(单线)施工图设计;二期工程 2003 年 4 月完成肃黄段增建第二线施工图设计。一期工程技术改造于肃黄段增建第二线施工期间(2003—2004 年)完成。

一、一期工程——神肃段双线和肃黄段单线工程设计

一期工程设计范围包括神肃段双线和肃黄段单线的工程设计。神池南至黄骅港正线长度 585.421 千米,其中神肃段正线全长 419.777 千米;肃黄段正线全长 165.644 千米。联络线共有 6 条,包括神池南至神池 3.731 千米、原平南至唐林岗 5.483 千米、东回舍至南新城 38.153 千米、肃宁北至肃宁 17.935 千米、肃宁北至王佐 6.212 千米。铁山石碴场专用线 6.615 千米。

神肃段正线全长 419.777 千米,桥梁 46.9 千米/239 座,隧道 66.3 千米/77 座,车站 27 座,房屋 23 万平方米,占地 34774 亩。肃黄段正线全长 165.644 千米,桥梁 17.3 千米/77 座,车站 18 座,房屋 4.8 万平方米,占地 6.02 平方千米。主要技术标准:线路等级为Ⅰ级(含联络线);神池南至太师庄双线,太师庄至黄骅港近期单线,远期双线;神池南至西柏坡限制坡度为下行 12‰、上行 4‰,西柏坡至黄骅港限制坡度为 4%。到发线有效长为神池南至黄骅港 1050 米,部分站预留 1700 米条件;正线最小曲线半径为 80 米,困难条件下 400 米;神池南至黄骅港为电力机车牵引;上行列车神池南至黄骅港煤炭重载循环列车牵引质量为 6000 吨;初期为半自动闭塞,近、远期为自动闭塞。

二、二期工程——肃黄段增建第二线工程设计

肃黄段增建第二线工程按两阶段设计。设计范围为肃宁北(含)至黄骅港出站与黄骅港口分界点,线路全长 179.205 千米,其中增二线长度 167.291 千米。沿线经过沧州市肃宁、河间、沧县、青县、运河区、新华区、黄骅市、黄骅港开发区 8 个县(市、区)。主要工程有:桥梁 16.8 千米/78 座,正线铺轨 159.88 千米,站线铺轨 22.01 千米,拆铺道岔 108 组,铺道砟 57 万立方米,联锁道岔 189 组,信号机 444 架,自闭电缆 1800 条千米,接触网 299 条千米,电力贯通线 182 千米,改建车站 10 座,封闭会让站 9 座,新建分区所(开闭所)5 处,新建房屋 14066 平方米,占地 2020 亩。

该工程主要技术标准:线路等级为Ⅰ级,双线;限制坡度为 4‰;电力牵引;牵引质量,上行 6000 吨、5000 吨,下行 2950 吨;到发线有效长度为 1050 米;最小曲线半径一般为 800 米,困难地段为 400 米;自动闭塞。

神肃段(双线)技术改造工程项目包括半自动闭塞改自动闭塞、部分平交改为立交、部分路基增加防护加固工程、长隧道换铺无缝线路、部分车站增加房屋、增加机务车辆整备和检修设备等,该段技术改造工程按变更设计办理。肃黄段(单线)技术改造项目纳入增建第二线工程统筹安排。

第四节　工程建设

朔黄铁路建设项目包括长梁山隧道、寺铺尖隧道、水泉湾隧道和三家村隧道 4 个合同段,神肃段和肃黄段站前工程合同段、站后工程合同段,铁山石砟厂工程合同段,肃黄段增建二线及"四电"工程 23 个合同段、站后工程 16 个合同段,神肃段自动闭塞及技术改造工程 11 个合同段。神肃段有 5 隧、5 站、8 桥、1 段路基,共 19 个重点控制工程。肃黄段单线有 8 桥、5 段路基、1 站,共 14 个重点控制工程。1997 年 11 月 25 日开工,2000 年 5 月 18 日神肃段提前近半年开通运煤,2001 年 12 月 5 日肃黄段临管运营,2002 年 12 月一期工程全线提前 1 年零 2 个

月建成,同时累计外运煤炭 5000 余万吨,社会经济效益显著。

肃黄段增二线有 5 段路基、6 座桥梁和黄骅港站,共 12 项重点控制工程。1995 年 10 月 28 日长梁山隧道开工建设,1997 年 11 月神肃段全面开工,2002 年 11 月 1 日全线开通运营。2003 年 4 月 29 日肃黄段增建第二线工程开工建设,2004 年 7 月 24 日全线正线铺通,提前 68 天完成铺架任务。

一、工程建设重要节点

1995 年 10 月 28 日,全线重点控制工程——长梁山隧道经国家计委批准先期开工建设。

1997 年 11 月 25 日,神肃段全面开工建设。

1998 年 11 月 20 日,神肃段铺架工程开工建设。

2000 年 3 月 16 日,肃黄段开工建设。

2000 年 5 月 18 日,神肃段工程临管煤炭运营。

2000 年 11 月 1 日,肃黄段铺架工程开工建设。

2001 年 8 月 16 日,朔黄铁路与港口铁路接轨,实现全线贯通。

2001 年 12 月 5 日,肃黄段开办工程临管运营。

2001 年 12 月 19 日,神肃段开通运营。

2002 年 11 月 1 日,全线开通运营。

2003 年 4 月 29 日,肃黄段增建第二线工程开工建设。

2004 年 7 月 24 日,肃黄段增建第二线工程全线正线铺通。

2004 年 9 月 28 日,双线电气化开通。

二、主要参建单位

朔黄铁路建设汇集了国内主要大型施工总承包单位和监理单位,参建单位包括中国铁路工程集团有限公司(以下简称“中国中铁”)、中国铁道建筑集团有限公司(以下简称“中国铁建”)两大总公司所属 23 家集团公司以及山西晋西北铁路建筑工程公司、华北冶金建设公司、河北华辰建筑公司、哈尔滨华龙交通建设有限公司,2 家设计院以及 18 家监理单位。

1.4 座重点隧道工程

1999 年 5 月 6 日,国家计委增加国家开发银行 1 亿元贷款专项用于长梁山隧道的开工准备工作;同年 10 月,完成长梁山隧道工程招标,施工单位为中铁十六局、中铁一局,分别负责进、出口施工任务。

1996 年 5 月,经神华集团董事会批准,全线第二长隧道——寺铺尖隧道的进、出口施工任务分别由中铁隧道局和中铁十八局负责。

1997 年 5 月,经神华集团批准,全线第三长隧道——水泉湾隧道由中铁隧道局承担施工。

1997 年 5 月,经神华集团和铁道部同意,三家村隧道选定华北冶金建设公司为施工单位。

与工程招标同步,确定了以上 4 座隧道的监理单位。华铁监理公司、铁道部专业设计院监理公司(后称"中铁诚业")分别承担长梁山隧道进、出口工程监理工作;铁道部第四勘察设计院(以下简称"铁四院")监理处承担寺铺尖隧道工程监理工作;铁科院工程建设监理部承担水泉湾隧道、三家村隧道工程监理工作。

2. 神肃段重点控制工程

该段控制工程共 19 项,其中路基 1 段,隧道 5 座,桥梁 8 座,站场 5 个,具体施工项目和施工单位见表 3-1。

神肃段重点控制工程 表 3-1

序号	工程项目	里程	施工单位
1	小狗洞采空区路基	GDK04 + 050 ~ GDK04 + 635	中铁三局
		GDK05 + 940 ~ DK006 + 300	中铁三局
2	神池南站	神朔 DK48 + 600 ~ DK002 + 450	中铁三局
3	原平南站(含唐林岗专用线)	DK085 + 200 ~ DK087 + 050	中铁一局(太铁)
4	定州西站(含定州联络线)	DK323 + 300 ~ DK325 + 400	中铁四局
5	西柏坡站	DK243 + 500 ~ DK247 + 400	中铁十九局
6	肃宁北站(含 4 条联络线)	DK407 + 500 ~ DK412 + 600	中铁三局(京局)
7	跨北同蒲铁路特大桥	DK89 + 186.71 ~ DK89 + 711.71	中铁二十局
8	界河铺滹沱河特大桥	DK90 + 819 ~ DK91 + 682.9	中铁二十局
9	大沙河特大桥	DK305 + 312.05 ~ DK307 + 90.62	中铁四局
10	跨京广铁路特大桥	DK327 + 426.64 ~ DK328 + 727.56	中铁四局
11	跨京深高速公路特大桥	DK337 + 598.62 ~ DK338 + 265.34	中铁四局
12	红山崖滹沱河大桥	DK149 + 597.83 ~ DK149 + 991.90	中铁十四局
13	庄里滹沱河大桥	DK162 + 021.05 ~ DK162 + 484.25	中铁十八局
14	滴流磴滹沱河大桥	DK166 + 958.08 ~ DK167 + 363.54	中铁十八局
15	长梁山隧道	DK020 + 103.5 ~ DK032 + 885	中铁十六局(进口)、中铁一局(出口)
16	寺铺尖隧道	DK152 + 013 ~ DK158 + 420	中铁隧道局(进口)、中铁十八局(出口)
17	水泉湾隧道	DK144 + 615 ~ DK149 + 540	中铁隧道局
18	东风隧道	DK045 + 678 ~ DK048 + 974	中铁隧道局(进口)、中铁十四局(出口)
19	三家村隧道	DK092 + 050 ~ DK093 + 000	华北冶金建设公司

3. 肃黄段重点控制工程

该段重点控制工程为 5 段路基、8 座大桥和黄骅港区段站,共 14 项,具体施工项目和施工单位见表 3-2。

肃黄段重点控制工程 表 3-2

序号	工程项目	里程	施工单位
1	路基土石方工程	DK424+700~DK449+000	中铁三局
2	路基土石方工程	DK449+000~DK461+500	中铁二局
3	松土路基工程	DK540+260~DK541+150	中铁十六局
4	松软地基路基工程	DK583+000~DK589+200	中铁二十局
5	滨海路提土石方工程	DK593+800~DK594+400	中铁十九局
6	跨新沧保公路大桥	中心里程 DK432+975.86	中铁三局
7	子牙河特大桥	中心里程 DK459+449.92	中铁二局
8	子牙新河特大桥	中心里程 DK465+504.01	中铁五局
9	南运河特大桥	中心里程 DK504+880.57	中铁四局
10	吴官屯大桥	中心里程 DK508+922.42	中铁四局
11	南排河特大桥	中心里程 DK536+680.70	中铁十二局
12	跨沧黄铁路特大桥	中心里程 DK574+502.90	中铁十一局
13	黄骅港特大桥	中心里程 DK587+958.48	中铁二十局
14	黄骅港区段站	DK589+200~DK593+800	中铁十七、十三、十九局

4. 肃黄段增建第二线各合同段线下及"四电"工程

肃黄段增建第二线施工和监理队伍选择,均按国家有关工程招投标规定进行招投标。全段线路总长 169.441 千米,合同段划分如下:线下工程 15 个合同段,铺轨架梁工程(含黄骅港港区轨道工程)1 个合同段,通信信号工程 3 个合同段,电力工程 1 个合同段,电气化工程 2 个合同段,黄骅港港区通信、信号、电力 1 个合同段,共计 23 个合同段。各合同段范围、施工单位详见表 3-3。

肃黄段增建第二线各合同段线下及"四电"工程 表 3-3

合同段编号	合同段里程	施工单位	重点工程项目	监理单位
线下综合 1 标	DK416+000~DK433+600	中铁三局	K416+000~ K477+500 路基	铁四院监理处
线下综合 2 标	DK433+600~DK451+000	中铁二局		
线下综合 3 标	DK451+000~DK458+800	中铁隧道局	YDK459+445.37 子牙河特大桥	
线下综合 4 标	DK458+800~DK464+900	中铁五局	YDK465+509.26 子牙新河特大桥	
线下综合 5 标	DK464+900~DK478+300	中铁十三局		新亚太公司
线下综合 6 标	DK478+300~DK491+500	中铁一局		
线下综合 7 标	DK491+500~DK502+000	中铁四局	DK504+880.57 南运河特大桥	
线下综合 8 标	DK502+000~DK513+950	中铁十七局	K502+000~ K517+000 路基	

续上表

合同段编号	合同段里程	施工单位	重点工程项目	监理单位
线下综合9标	DK513+950~DK525+900	中铁十四局	K502+000~K517+000 路基	方达监理公司
线下综合10标	DK525+900~DK535+500	中铁十二局	K528+741.64 南排河特大桥	
线下综合11标	DK535+500~DK550+300	中铁十六局		
线下综合12标	DK550+300~DK564+500	中铁十八局		
线下综合13标	DK564+500~DK576+000	中铁十一局	K566+800~K567+000 路基、K566+565 跨沧黄铁路特大桥	华铁监理公司
线下综合14标	DK576+000~DK581+500	中铁二十局	K578+975.08 黄骅港特大桥、K580+200~K581+500 路基	
线下综合15标	DK581+500~DK585+431	中铁十九局	K581+500~K585+431 路基及黄骅港站场	
铺架工程	肃黄二线及港区铁路	中铁十五局	二线铺架及港区铁路一、二期工程路基及轨道	诚业监理公司
通信信号1标	K416+000~K468+400	太铁工程		铁城监理公司
通信信号2标	K468+400~K527+500	中铁一局		
通信信号3标	K527+500~K585+441	中铁电气化局		
港区三电1标	港区通信、信号、电力	中铁三局		华铁监理公司
电力1标	K416+000~K585+441	中铁十四局		北京铁建监理
电气化1标	K416+000~沧州西	中铁电化局		
电气化2标	沧州西~K585+441	中铁十二局		

5. 神肃段自动闭塞及技术改造工程

朔黄铁路神肃段自动闭塞及技术改造工程的施工及工程监理招投标,共 11 个合同段,施工和监理单位及各合同段承包范围和区段划分见表3-4。

神肃段自动闭塞及技术改造工程   表3-4

合同段编号	合同段里程	施工单位	监理单位
线下综合1标	DK0+000~DK248+000	中铁十四局	方达监理公司
线下综合2标	DK248+000~DK418+000	中铁十六局	铁科院监理公司
东冶站站改标	东冶站站改综合工程	中铁十八局	方达监理公司

合同段编号	合同段里程	施工单位	监理单位
信号1标	DK0+000～DK76+900	中铁十六局	北京现代监理公司
信号2标	DK76+900～DK137+000	中铁十九局	北京现代监理公司
信号3标	DK137+000～DK213+250	中铁十三局	北京现代监理公司
信号4标	DK213+250～DK288+270	中铁通号公司	内蒙古沁原监理公司
信号5标	DK288+270～DK356+500	中铁二十局	内蒙古沁原监理公司
信号6标	DK356+500～DK418+000	中铁四局	内蒙古沁原监理公司
电力1标	DK0+000～DK202+900	中铁十七局	西南交大监理公司
电力2标	DK202+900～DK418+000	中铁十一局	铁城监理公司

三、建设管理模式

朔黄铁路由华能精煤具体承办项目规划、勘测设计、资金筹措、管理体制、申请立项等建设前期工作。1995年国务院批复,在华能精煤的基础上组建国有独资的神华集团,列入国务院大型企业集团试点,负责开发经营神府东胜煤田及其配套的铁路(包括包神铁路和神黄铁路)。此后,朔黄铁路由神华集团及其子公司神华铁路有限责任公司(1999年6月更名为"朔黄铁路有限责任公司")负责铁路建设的组织实施及建成后的经营还贷。采用以下建设管理模式:

1. 合资建设,联合经营

朔黄铁路建设和经营由神华集团负责,神华集团与各出资方协商组建朔黄铁路公司,负责组织实施朔黄铁路的资金筹措、工程建设及经营还贷。遵照国务院安排,朔黄铁路公司资本金由神华集团和铁道部、河北省、山西省四方出资,按照国家有关法规组成合资公司。1999年6月,出资四方本着"平等互利、等价有偿、利益共享、风险共担"的原则签订了《合资建设、联合经营朔州至黄骅港铁路合同书》。朔黄铁路公司运营管理采用自管与委托管理相结合的方式,朔黄铁路公司的客货列车进入国铁以及国铁客货列车进入本线的业务与数量,由朔黄铁路公司与有关铁路局或铁路公司签订铁路运输协议或合同,朔黄铁路公司按照国家有关规定,服从铁道部的行业管理和运输调度统一指挥。朔黄铁路实行特殊运价,运价水平及浮动幅度按"保本、还贷、微利"的原则,由朔黄铁路公司报物价管理部门批准后实施。

2. 以公司法人治理结构为基础的管理体制

朔黄铁路公司是神华集团、铁道部、河北省共同出资,按照项目法人责任制和现代企业制度规范组建的,既是建设的组织者,又是建成后的运营管理者,对该项目的筹划、资金筹措、建设实施、生产经营、债务偿还和资产保值增值实行全过程负责。朔黄铁路公司根据公司法,建立健全了股东会、董事会、监事会、经理层等法人治理结构,实现了所有者、决策者、管理者各司

31

其职,相互制衡。朔黄铁路公司自 1997 年成立以来,每年召开一次股东会,定期召开董事会、监事会,从而保证了重大事项的及时科学决策。实践证明,股东会、董事会、监事会和经理层法人治理结构健全,运作规范,是朔黄铁路建设和运营管理的根本保证。

3. 以项目法人责任制为基础的建设管理模式

朔黄铁路的建设管理认真贯彻落实国家基本建设改革措施,实行项目法人责任制;坚持实行站前站后工程施工招标、工程监理招标、主要物资设备招标;认真执行工程监理制,建立健全规章制度,贯彻质量终身负责制,完善质量保证体系,严格质量检查与抽查,坚持样板引路,重奖重罚,强化监督保证;认真落实合同管理,对工期、质量、投资实行合同化管理,对验工计价、资金拨付、费用核定、变更设计审批实行刚性控制,强化法律保障。在朔黄铁路建设过程中,建设、设计、施工、监理各方拧成一股绳,优质高效地完成铁路建设,在多次全路在建工程质量检查中均名列前茅,工期有所提前,工程造价控制在批准的概算以内,并有所结余。

第五节　运营管理

2000 年 5 月 18 日神肃段开通运营,当年完成煤炭外运 548 万吨,运输收入 2.65 亿元,实现了当年铺通、当年运营、当年组成固定资产、当年偿还贷款。截至 2020 年,朔黄铁路累计完成煤炭运输超过 34 亿吨,年煤炭运输能力达到 3.5 亿吨以上。

朔黄铁路公司自成立以来,突出企业办铁路、建营一体化的特点,在充分吸取国内外铁路运营管理经验的基础上,结合朔黄铁路实际,进行大胆改革创新,形成了"规范运作,自主经营;网运分离,联合运输;统分贯融,保障综合"为特色的"朔黄模式"。在"朔黄模式"的框架之内,朔黄铁路公司探索形成了具有自身特色的经营管理思路,主要表现在:

①在经营体制上,朔黄铁路公司严格按照公司法组建,实行独立法人治理结构。

②在发展战略上,公司坚持以建设"五型企业"为目标,以"依靠科技、依靠管理、依靠高素质人才"为主要发展支撑,以"专注于做强做大运输主业"为基本发展模式,以"打造绿色、高效、数字化铁路"为发展愿景。确立起"多路对一路,一路对多港"的发展格局,着力建设"上有源、下有疏、中间有能力的大运输通道",稳步推进"北上南下"发展战略。

③在管理体系架构上,实行"公司—分公司"两级管理、"公司—分公司—工队"三级核算的管理架构。具体划分为:公司是利润中心,履行监督、检查、指导、服务的职能;分公司为成本中心,负责安全生产、设备维护和确保任务指标的完成;工队为专业技术生产或维修单位,负责某一个专业、某一个区段的设备维修养护。

④在生产组织上,将线路、"四电"等固定设备与机车、车辆等移动设备分离,并在此基础上引入市场竞争机制,通过招标形式,择优选择了 6 家铁路运输企业,组成运输联合体,共同完成朔黄铁路运输生产任务。

⑤在安全管理上,坚持"安全第一,预防为主"的方针;倡导"违章就是事故,细节决定安全;安全在自己,安全为自己"的安全理念;以落实安全质量标准化为抓手,突出抓好安全基础建设、季节性病害整治、施工管理、阶段性安全检查、督查、各种抢险演练等;成立了安全生产委员会,自备了抢险救援列车和起复救援设备,明确了安全生产控制目标,建立健全了安全生产监督检查制度、重大事故防控制度、事故调查处理制度、应急救援制度、事故统计分析制度和风险预控体系。截至 2018 年底,朔黄铁路保持了安全生产的 18 年持续稳定,实现了年运量 10 年保持千万吨级增长。

⑥在经营管理上,把转变经济增长方式,提升企业品质,增强可持续发展能力作为奋斗目标。一是高度重视运能储备和运输能力的提升;二是全面加强企业管理,着力提升核心竞争能力。下大力气狠抓以"基层、基础、基本功"为主要内容的"三基"建设,2007 年顺利通过 ISO 9001质量管理体系认证,2008 年完成新的人力资源管理体系改革,2009 年启动对标管理工作;三是全力推进科技创新,不断增强企业可持续发展能力。组织开展了列入国家高技术研究发展计划(863 计划)的"重载铁路桥梁和路基检测与强化技术研究"课题研究。

第六节　工　程　创　新

为把朔黄铁路建成高标准、大能力、质量好的运煤铁路,神华集团和朔黄铁路公司在建设中坚持管理创新、技术创新,坚持采用先进、实用、成熟的新技术、新工艺、新材料、新设备。遵照这个原则,设计、施工、监理、科研单位在建设单位统一组织和安排下,积极协作配合,全线共采用新技术、新工艺、新材料、新设备 53 项,具体包括:勘察设计 2 项,提高了地质勘测工作的质量和工作效率;路基工程 9 项,涉及基床土改良、基床表层加固、路堤边坡防护加固、软土地基加固、松软地基加固、滨海路基加固、深路堑边坡拼装式锚杆挡墙和桩板墙防护等,保证了路基基底和边坡的稳定;桥梁 5 项,有大跨度预应力混凝土箱形连续梁悬灌施工技术、单向预应力门式框架墩结构形式、滨海地区桥涵圬工防腐蚀技术等,对解决施工难题和降低工程造价起到一定作用;隧道工程 12 项,包括超前地质预报技术、电脑导向液压凿岩台车、铲装机、自进式锚杆、软管式透水盲沟等,对预防隧道塌方、突水和提高隧道施工水平及工程质量起到了重要作用;轨道与铺架工程 3 项,新型轨排生产作业线的使用提高了施工效率,大型养护机械整道成套设备的应用提高了轨道工程施工效率和质量;给水、排水工程 2 项;通信、信号、电力、电气化工程 18 项;机务、车辆 2 项。这些新技术、新工艺、新材料、新设备的推广应用,提高了铁路设计与施工技术水平,加快了工程进度,保证了工程质量,同时增强了综合运输能力,保证了运营安全。

朔黄铁路建设以来,先后获得国家科学技术进步奖二等奖 2 次(2002 年、2007 年)、中国建筑工程鲁班奖(2002 年)、中国土木工程詹天佑奖 2 次(2003 年、2008 年)、国家优质工程银质奖(2004年)、铁道部优质工程奖(2001年)等奖项。

第七节　工程价值

　　朔黄铁路是神黄铁路的组成部分,是我国投资与建设规模最大并一次性建成双线电气化的一条合资铁路,是我国西煤东运第二大通道,也是我国四大"跨世纪工程"之一的"神华工程"的重要组成部分,在全国铁路网中占有重要地位。它是"世界七大煤田"之一的神府东胜煤田的外运大通道,与大秦线共同构成山西省煤炭外运(通向环渤海地区)的重要铁路。它的建成,对加快沿线地方经济发展,保证华东、东南沿海地区能源供应,扩大我国煤炭出口能力,具有极其重要的战略意义。

执笔人:孙洪波　宋承珠

第四章　秦沈客运专线

第一节　工程概况

秦皇岛至沈阳客运专线(以下简称"秦沈客运专线"),是我国第一条连接河北省与辽宁省,由我国自主研究设计、施工的第一条铁路客运专线,是我国铁路建设领域具有突破性的重大实践。该线路自秦皇岛站开始,分别从龙家营站、山海关客站及山海关编组站北侧经过后,线路转向东北,上跨 102 国道,在后王庄村东下钻京沈高速公路后基本平行于京沈高速公路向东而行,途经绥中、兴城、葫芦岛、锦州、凌海、沟帮子、台安、辽中,经大成站北侧后引入沈阳枢纽,终点为沈阳北站,全长 404.651 千米,共设 15 座车站,线下工程按 250 千米/小时、线上工程按 200 千米/小时以上设计,工程总投资 159.61 亿元。全线于 1999 年 8 月开工,2002 年 12 月 31 日建成并交付试运行。

秦沈客运专线为衔接华北地区与东北地区的重要通道,是我国"八纵八横"高速铁路网中沿海通道北段的重要组成部分,西南端与京山铁路、京秦铁路、大秦铁路相连,东北端与哈大铁路、沈吉铁路、沈丹铁路、苏抚铁路衔接,为串联关内和关外通道。

第二节　规划与决策

一、项目提出

在秦沈客运专线修建前,进出关通路主要由集通、京通、京承、沈山 4 条铁路组成。集通线为单线地方铁路,由于其地理位置偏北,分流的货流有限,主要运输蒙西出关煤炭;京通线原为战备而建,运输能力 1500 万吨/年,已接近饱和;京承线是日本侵华时期建设的山区铁路,技术标准低,年输送能力只有 300 万吨左右,已无改造的可能和必要,主要为地方经济服务。因此,只有沈山铁路是进出关唯一理想通道。

既有沈山铁路,西端与京山、京秦、大秦等铁路相通,东端与哈大、沈吉、沈丹、苏抚等铁路相接,沿线有沟海、锦承、魏塔、大郑、高新等干支线接入,在路网中的地位非常重要。由于关内有 3 条通路,关外仅有的沈山线成为沟通关内外客货运输的限制区段。1996 年山海关至锦州间上下行货流密度分别达到 6058 万吨和 4399 万吨,客车 41.5 对,能力利用率已达 98.3%。

由于线路能力的限制，严重影响了进出关客货运量的增长，成为制约东北地区经济发展的"瓶颈"。据预测，在考虑了各相关铁路和海运分流的情况下，到2005年沈山线限制区段货流密度将达到7140万吨，客车60对，需要能力257对，能力缺口77对（5600万吨）。如果既有沈山线在2005年前完成电气化改造，牵引定数提高到5000吨，追踪时间缩短为7分钟，线路通过能力提高到188对，需要能力按255对计，能力缺口仍达67对（4800万吨）。因此，急需不失时机地修建秦沈客运专线，分流沈山线的运量，保证进出关客货运输大动脉的畅通无阻。

铁道部从20世纪80年代中期开始研究修建秦皇岛至沈阳铁路问题。在前期可行性评估和初步设计基础上，1994年12月12—13日，铁道部计划司在北京组织召开新建秦皇岛至沈阳铁路建设方案论证会，与会同志一致认为，为解决铁路进出关能力不足，在"九五"期间（1996—2000年）应不失时机地建设秦沈铁路。

二、项目立项

1995年4月27日，铁道部部长办公会议研究认为：秦沈线的建设是必要的，同意按客运专线进行建设，时速为160千米，并向国家申报立项；具体实施需进一步比较研究。

1995年6月，铁道第三勘察设计院（以下简称"铁三院"）编制完成了《秦皇岛至沈阳线预可行性研究报告》。

1995年6月26日，铁道部以铁计函〔1995〕339号文向国家计划委员会（以下简称"国家计委"）报送《新建秦沈铁路（客运专线）项目建议书》，推荐客运专线修建方案，并就主要技术标准、资金筹措、建设工期等提出了具体建议。

1995年9月，中国国际工程咨询公司（现中国国际工程咨询有限公司）受国家计委委托，对铁道部报送的《新建秦沈铁路（客运专线）项目建议书》进行了评估。评估认为秦沈客运专线的建设是非常必要的，在技术上也是可行的。关于建设方案，建议按电气化一次规划，初期内燃过渡，以节省近期投资。

1997年12月，国家计委计科技〔1997〕2515号文将"200千米/时电动旅客列车和动力分散交流传动电动车组的研制"列入"九五"国家重点科技攻关计划，并与铁道部签订了国家重点科技（攻关）计划专题合同，委托铁道部对13个专题开展工作。

1998年8月，受国家计委委托，中国国际工程咨询公司对秦沈客运专线修建的必要性再次进行了论证，认为修建秦沈客运专线势在必行，推荐采用客运专线修建，近期设计速度160千米/小时以上，基础部分预留高速铁路条件。

1999年2月，国家计委以计基础〔1999〕156号文印发经国务院批准的《新建秦沈铁路（客运专线）项目建议书》，同意按客运专线修建，近期设计速度160千米/小时以上，基础部分预留高速铁路条件。

三、项目可行性研究

1998 年 4 月 3 日,铁道部计划司、工程设计鉴定中心及其他有关司局下达了《关于调整一九九八年铁路勘测设计计划的通知》。根据该通知要求,铁三院于 1998 年 6 月编制完成了《秦皇岛至沈阳客运专线可行性研究报告》。

1998 年 10 月,铁道部以铁计函〔1998〕296 号文向国家计委上报了《秦沈客运专线可行性研究报告》。

1999 年 3 月,铁三院编制完成了《新建铁路秦皇岛至沈阳客运专线环境影响报告书》。1999 年 4 月,铁道部对该报告书进行了预审,并于同年 5 月 5 日以铁计函〔1999〕146 号文向国家环境保护总局报送了预审意见。1999 年 12 月 30 日,国家环境保护总局以环函〔1999〕505号文进行了批复。

1999 年 4 月,国家发展计划委员会以计基础〔1999〕399 号文通知铁道部,《国家计委关于审批新建秦沈铁路(客运专线)可行性研究报告的请示》业经国务院批准,秦沈客运专线建设正式启动。最高行车速度确定为 160 千米/小时以上,动态投资 147.8 亿元(其中包括国家开发银行贷款 70 亿元,世界银行第八批贷款 1.15 亿美元)。

第三节　工　程　设　计

一、勘察设计过程

1998 年 6 月,铁三院完成《秦皇岛至沈阳客运专线初步设计》,做了准高速(最小曲线半径一般条件 1500 米、困难地段 1200 米)、预留高速(最小曲线半径一般条件 2500 米、困难地段2000 米)、预留高速平面(最小曲线半径一般条件 2500 米、困难地段 2000 米)3 个设计方案。经铁道部审查,决定按照提高建设标准的思路调整设计方案:线下工程按时速 250 千米、线上工程按时速 160 千米~200 千米设计,在地形较为平坦区线路预留时速 300 千米的条件。

1998 年 10 月,铁三院按铁道部意见完成初步设计补充资料。同年 12 月,铁三院完成技术设计。1999 年 2 月 10—12 日,铁道部组织专家在天津进行了站前工程技术设计审查,审查同意山海关至 DK227+800 段最小曲线半径按不小于 3500 米设计,DK24+000~DK77+800段、DK227+800~DK405+000 段最小曲线半径按不小于 5500 米设计。

1999 年 2 月,铁道部在天津召开秦沈客运专线站前工程技术设计审查会。

1999 年 3 月,铁道部以铁鉴函〔1999〕39 号文对《秦皇岛至沈阳客运专线初步设计文件》进行了批复。

1999 年 4 月,铁道部建设司以建技〔1999〕25 号文发布了《秦沈客运专线铁路路基施工技术细则(试行)》,对秦沈客运专线的地基处理、路堤、路堑、过渡段施工的特殊要求做出了明确的规定,对保证路基工程质量起到重要作用。

1999年8月,铁道部在北京组织对秦沈客运专线站后工程初步设计进行审查。

2000年3月,铁道部以铁鉴函〔2000〕64号文批复《秦沈客运专线站前工程技术设计》。

2000年7月,铁道部以铁鉴函〔2000〕243号文批复《秦沈客运专线站后工程技术设计》。

经过多次调整,秦沈客运专线线路线下工程按时速250千米、线上工程按时速200千米设计;在地形较为平坦的区段山海关至绥中北段约66.8千米设置了综合试验段,时速为300千米,试验内容主要包括路基、桥梁、轨道和通信信号工程以及高速动车组。采取较高的建设标准目的在于积累建设高铁经验,并对有关科研成果进行验证。

二、工程设计方案

(一)工程基本情况

该线自秦皇岛站开始,分别从龙家营站、山海关客站及山海关编组站北侧经过后,线路转向东北,上跨102国道,在后王庄村东下钻京沈高速公路后基本平行于京沈高速公路向东而行,途经绥中、兴城、葫芦岛、锦州、凌海、沟帮子、台安、辽中,经大成站北侧后引入沈阳枢纽,终点为沈阳北站,全长404.651千米,共设15个车站。

该线线路走向大致呈南西~北东方向,沿线地形、地貌变化较大。地貌可分为剥蚀丘陵区、丘间平原、辽河西部凌河冲积平原、滨海平原、辽河下游冲积平原、固定沙丘等形态。全线不良地质及特殊岩土工点多,尤其是岩溶较发育,高桥北至凌海间蓟县系石灰岩、白云质灰岩中有溶蚀现象发育,一般呈溶沟、溶槽发育,局部表现为溶洞,多无充填,对桥梁基础及路基稳定有影响,对后期运营安全和环境保护带来极大挑战。

秦沈客运专线全线路基土石方5013.17万立方米,平均每千米12.4万立方米;桥梁211座计59961米,其中特大、大、中桥198座计59597米;涵渠1278座计33436米;正线铺轨818千米,站线铺轨43.1千米;新建中间站6个,缓建中间站6个;敷设通信干线光缆915.47千米;信号6502电气集中4站,计算机联锁31站(场);10千伏电力贯通线(含高压电缆)929.66亘长千米;牵引变电所7个,接触网导线1052条千米;电调中心和行车指挥中心各1处;房屋119524平方米,其中生产房屋102914平方米、生活房屋16610平方米;污水处理厂7个;声屏障11处共13598平方米。

(二)主要技术标准

铁路类别:客运专线。

正线数目:双线。

设计速度:线下工程按250千米/小时设计,线上工程按200千米/小时设计。

最大坡度:12‰,不考虑平面曲线阻力折减。

最小曲线半径:一般条件 3500 米,困难条件 3000 米。

牵引种类:电力。

机车类型:SS$_8$(SS$_9$)及时速 200 千米以上电力动车组。

牵引定数:860 吨。

到发线有效长度:650 米。

闭塞类型:自动闭塞。

(三)主要工程特点

1.路基工程

该线将路基作为一个土工结构物进行设计与施工,填筑材料、压实标准、变形控制、检测要求等比以往铁路标准均有较大提高,同时强化了基床结构,特别是基床表层增设了一层 0.6 米级配碎石。级配碎石采用工厂化生产,以确保级配的比例。严格控制路基沉降变形,要求在松软、软土地基上路基工后沉降量一般地段不大于 15 厘米,台尾过渡段不大于 8 厘米,沉降速率不大于 4 厘米/年。

为了有效地控制松软、软土地基工后沉降量及沉降速率,该线开展了动态设计,施工过程中根据沉降观测资料及沉降发展趋势、工期要求等,及时修改设计,采取相应措施,变更地基补强或施工工艺方案。在架梁和铺轨前,对路基的稳定性进行评估,确认路基沉降满足设计要求后才允许进行架梁和铺轨施工。为保证列车高速、安全、舒适运行,在轨下基础刚度变化处,如路基与涵洞、路堤与路堑、路基与桥梁等相连地段,还设置了不同形式的过渡段。

2.桥梁工程

该线采用全封闭行车模式,因此,桥涵数量较多,全线共有桥梁 211 座计 59961 米,占线路总长的 14.84%,其中特大桥 30 座计 42024 米,大桥 47 座计 9303 米,中小桥 134 座计 8634 米。经技术经济比较,桥梁上部结构大量采用预应力简支箱形梁,与普通铁路常用的 T 形梁相比,具有刚度大、耐久性好、梁型简洁、便于养护等特点。24 米双线箱梁为全线的主梁型,占全部箱梁结构的 50.1%。24 米双线整孔箱梁质量 540 吨,32 米单线整孔箱梁质量近 400 吨,为便于安全架设,研制出不同类型的架桥机及轮轨式运梁车,首次实施箱梁制运架一条龙作业。16 米及以下梁跨选用四片式简支 T 梁。对于一些分散的、不宜采用架桥机架设的桥梁,采用了刚构连续梁(计 13 座)、钢混结合连续梁(计 14 座)等新结构。

3.轨道工程

秦沈客运专线的建设方案,平面按最高行车速度为 250 千米/小时预留,其中有 231 千米线路地形平坦,地貌条件较好,平面按最高行车速度为 300 千米/小时预留。根据上述设计行车速度目标值,轨道结构采用国产 60 千克/米断面钢轨、Ⅲ 型预应力钢筋混凝土轨枕、Ⅱ 型弹条扣件、碎石道床为道床主要类型,另有 3 座特大桥(总长 2.17 千米)为无砟轨道。全线一次铺设跨区间无缝线路,轨条分为 3 段,最长一段长 200.918 千米,通过设计和施工研究相结合解决了多项前沿性课题。在国内首次铺设 18 号和 38 号高速可动心轨无缝道岔,直向过岔速度为 250 千米/小时,侧向过岔速度分别为 80 千米/小时和 140 千米/小时。

4. 站场工程

客运专线分界点分布与站场设计均有别于普通铁路。秦沈客运专线全线新建车站 12 个,近期开设 6 个,缓设 6 个,平均站间距 55 千米。为适应客运专线速度的目标值,车站站型、路基、道岔均按高速要求设计。在运营设施方面修建了综合维修基地和动车库整备基地。

新线两端秦山地区及沈阳枢纽相关工程施工过渡比较复杂,为解决施工与运营干扰,有关各方深入研究,周密制订施工过渡方案,认真组织实施。

5. 房建工程

该线新线区段各站站房设计为一站一景,外形美观,结构新颖,体现了客运专线的特点。为节省空间,站房采用功能齐全的综合楼形式。

全线位于采暖区域,故全部建设房屋均考虑设置采暖设施。根据该线修建后新增的用水量,秦山地区和沈阳枢纽适当扩建既有给水设备;新建给水站为锦州南站,供客车上水,其他车站按生活供水站设计。该线各站污水量较小,设计采用一级强化处理技术,工艺流程简单,节约投资。

6. 通信工程

该线通信工程采用了国内外最先进的光纤用户接入网(AN)技术、光同步数字传输(SDH)技术、TETRA 数字集群通信技术、光纤射频直放技术、带 V5 接口的程控交换(SPC)技术及集中监测技术等,从而解决了调度集中指挥模式下调度员、车站值班员及机车司机间的通话,并可提供调度指令、报文短信息等数据传输,为秦沈客运专线的铁路运输行车指挥系统提供了可靠保证。特别是在铁路建设史上首次取消了干线电缆、区间通话柱及电话转接机的传统模式,采用 TETRA 数字集群通信系统解决区间公务通信;首次采用具有 TETRA 数字集群通信系统、无线列车调度电话系统平台的光纤射频直放系统解决区间无线场强覆盖,为无线系统的场强覆盖提供新的解决方式并积累了经验。

7. 信号工程

该线信号系统由列控联锁一体化系统、列车运行指挥系统和信号集中监测系统组成,达到了远程集中控制、集中指挥、集中管理和维修的目的。该线主要引进法国的列控联锁、车站区间一体化系统(SEI)以及 TVM430 列控车载设备,采用了国产的列车运行调度指挥系统

（CTC）、信号集中监测系统、车次号识别、系统室外信号等设备。

该线首次采用车载速度显示信号作为行车凭证,取消了传统的区间地面通过信号机,是我国铁路信号领域一项重大技术进步。

8.电力工程

根据用电负荷与外部环境条件,经过比选整体供电方案,全线新建 10 千伏自闭线和 10 千伏贯通线各一路。接触网与电力贯通线采用分架方式。电力调度中心设在锦州南综合维修基地内,沿线 8 个变配电所内设微机自动化装置,区间 21 个中继站及 6 个车站设信号监控装置。

9.电气化工程

接触网悬挂系统是电气化的秦沈客运专线实现 200 千米/小时及以上的速度目标值、保证电力机车良好取流和列车运行安全的关键,是高速电气化铁路的重点和难点。该线采用了我国自行设计、施工的适用于 200 千米/小时行车速度的简单链形悬挂接触网,并在山绥试验段架设了 24 千米适用于 300 千米/小时速度的简单链形悬挂和弹性链形悬挂的接触网,在高速列车运行情况下弓网受流质量良好。

牵引变电所是电气化铁路的牵引供电系统中的关键设备,该线采用了我国自行研制的牵引变电所安全监控及综合自动化系统,实现了牵引变电所的无人值守、远动控制和自检自诊断功能,提高了牵引供电的安全性、抗干扰性和可靠性。

三、主要设计单位

铁三院负责新建铁路秦皇岛至沈阳客运专线的总体设计,设计范围为秦皇岛站中心（K0 +000）至沈阳北站（K404 +650）404.65 千米线路及相关工程（其中新建线路393.04 千米）。

第四节　工　程　建　设

一、工程建设过程

1999 年 2 月,铁道部以铁计函〔1999〕51 号文向国家计委上报《秦沈客运专线开工报告》。

1999 年 8 月,秦沈客运专线全线开工。

2000 年 3 月,由中铁大桥局施工的绕阳河特大桥主体工程完工,比计划工期提前164 天。

2000 年 8 月,中铁大桥局 JQ600 型架桥机在月牙河特大桥首架成功,标志着我国铁路桥梁建设跨上了一个新台阶。

2001 年 5 月,秦沈客运专线进入铺轨阶段。

2002 年 3 月,全线架梁施工全部完成。

2002 年 6 月,秦沈客运专线完成铺轨。

2002 年 9 月,全线电力线路全部带电运行。

2002 年 12 月,全线"四电"系统联调工作全面完成。

2002 年 12 月,秦沈客运专线交付沈阳铁路局和北京铁路局(通信工程交铁通公司)试运行。

2003 年 8 月 3—4 日,国家环保总局环境影响评价管理司组织成立验收组,同意秦沈客运专线通过环保验收。

2003 年 10 月 12 日,秦沈客运专线建成通车。

二、工程建设难点

1. 路基工程

路基工程质量是秦沈客运专线站前工程成败的关键所在,也是施组设计的一个重点,特别是松软、软土地基路基施工,尤以 A14 合同段最为突出。

该段软土及松软地基路堤超载预压地段正处于五七站铺轨基地铺轨的起点和赵屯制梁场架梁的起点,为节省投资,设计采用对地基土不起置换作用的排水固结法加固软土。铺轨架梁必须在确保路基稳定和沉降满足设计要求后进行,这是决定施组成败的关键。路基工程必须满足"工后沉降量不得大于 15 厘米及桥台后不得大于 8 厘米"的要求,并须在通过饱和软黏土地区的困难条件下达到上述高质量。为此,除要求施工单位高质量修筑路堤本体外,要求设计单位加强对软土地基路基的沉降观测及动态设计工作,及时提供路基的沉降情况,不断调整修改设计,据此指导施工,以达到有效控制工后沉降的目的。

东部路基填料问题是该线路基施工的又一难点。东部部分地段,主要是 A19、A20、A21 合同段,细砂和粉黏土填筑压实达不到规定标准,影响路基质量。秦沈客运专线建设总指挥部(以下简称"秦沈总指")及时组织设计、施工、科研等单位进行技术攻关,最终确定了细砂掺 50% 圆砾、粉黏土掺 20% 中粗砂的改良土方案,并决定部分变更为远运山皮土作为该线东部填料,重新调查土源。

2. 桥梁工程

秦沈客运专线在我国铁路建设史上第一次大规模采用后张法预应力混凝土简支箱梁新结构作为主要梁型。箱梁体积大、梁体重,重量和桥面宽分别是过去 T 梁的 3 倍和 6 倍多,其中 24 米双线简支箱梁质量达 550 吨。结构复杂,施工质量控制标准高,架桥设备新,制造、运输、架设困难,是该线桥梁工程的一大特点。依据箱梁现场制运架的方案及制运架进度合理确定和调整全线制梁场分布方案、梁场规模及架梁前对路基运架梁的评估,确保架梁工程满足总工期的要求。

架桥机架梁进度按一端喂梁、单双线梁兼顾 1 跨/天,架桥机在两桥间的整备和移动时间按 15 天/饮计算,大解体转移按 60 天/饮,不能作业时间为 51 天/年。按运梁车满载 5 千米/小时、空载 10 千米/小时的速度确定梁场供应半径为 25 千米左右。箱梁梁体混凝土设计为 C48 级,弹性模量为 35GPa;预应力筋采用标准强度级别为 1860MPa,弹性模量为 195GPa,公称直径为 15.2 毫米的高强度低松弛钢绞线。

3.“四电”工程质量控制

该线“四电”工程引进了国外诸多先进设备,技术新、标准高、工艺严;加之设计文件滞后、引进设备到货晚等原因,工期十分紧迫。在确保“四电”工程质量的前提下,加快工程进度,从而确保全线顺利开通,是工程后期建设管理的工作重点。为此,秦沈总指加强检查督促,加大“四电”工程监控力度,特别是质量监控,使“四电”工程质量得到有效控制。

要求光缆沟深比光缆埋深深 5～10 厘米,特殊地段按图纸要求做槽钢防护、钢管防护或复合槽防护。敷设光缆是大规模作业,是保证工程质量的重要环节,做到铺放时不超负荷拉光缆,穿钢管时必须采用喇叭口保护,长光缆敷设采用 8 字盘绕,先拉开,分段敷设,光缆放到沟底要舒缓,保证光缆在施工后具有很小的残余能力。秦沈线 12 芯光缆与信号电缆同沟,要求与信号电缆平行敷设。由于很多地段信号电缆多达十几根,且沟底宽度要达到 35 厘米才能满足要求,因此电缆平行摆放困难较大。

三、主要参建单位

为加强秦沈客运专线的建设管理工作,1999 年 8 月 14 日,铁道部以铁工程函〔1999〕273 号文决定成立秦沈总指。铁道部工程管理中心是秦沈客运专线的建设单位,秦沈总指为其派出机构,代表建设单位履行建设管理职责,负责与地方关系的协调,负责现场施工的统一组织指挥,在控制投资、建设工期、工程质量等方面对工程管理中心负责。

工程施工、监理单位通过招标确定。施工单位包括中国铁路工程集团有限公司(以下简称“中国中铁”)、中国铁道建筑集团有限公司(以下简称“中国铁建”)、北京铁路局、郑州铁路局、沈阳铁路局和呼和浩特铁路局。施工合同段按工程特点,划分为 A、B、C、D 四个单元。其中 A 单元为新线土建工程,共分为 22 个合同段,施工单位为中铁十二局、中铁三局、中铁五局、中铁十八局、中铁十九局、中铁十七局、中铁十五局、中铁十六局、中铁十一局、中铁十四局、中铁四局、中铁二局、中铁大桥局、中铁一局;B 单元为新线箱梁制架、轨道工程,共分为 5 个合同段,施工单位为中国中铁和中国铁建;C 单元为两端既有线枢纽工程,共分为 3 个合同段,施工单位为北京铁路局和沈阳铁路局;D 单元为全线“四电”工程,共分为 12 个合同段,施工单位为呼和浩特特路局、沈阳铁路局、中铁电气化局、中铁十五局、中铁一局、中铁四局和中铁十二局。

监理招标采用大专业、分区段的路内公开招标,并按专业和施工合同段在全线划分了 3 个阶段、16 个监理合同段。通过招投标,评选出 10 家监理单位,在该线成立了 16 个监理站。土建专业监理招标,包括路基、桥涵、站场、房建、制架梁,分为 8 个合同段(JL1 ~ JL8),监理单位为甘肃铁一院工程建设监理公司、北京方达建设监理公司、铁二院工程建设监理公司、沈阳铁路局、铁道科学研究院、铁四院工程建设监理公司、铁道建筑研究设计院、济南铁路顺达工程建设监理有限责任公司;轨道专业监理招标,包括板式和长枕埋入式无碴轨道,分为 3 个合同段(JL9 ~ JL11),监理单位为天津新亚太工程建设监理有限公司、沈阳铁路局和铁道科学研究院;"四电"专业监理招标,包括通信、信号、电力、电气化,分为 5 个合同段(JL12 ~ JL16),监理单位为天津新亚太工程建设监理有限公司、济南铁路顺达工程建设监理有限责任公司、甘肃铁一院、北京通达监理公司和铁四院。

第五节　试验与运营

2002 年 9 月 10 日,秦沈客运专线"先锋号"动车组试验速度达 292 千米/小时,创造了当时我国铁路速度的纪录。

2002 年 11 月 27 日,秦沈客运专线"中华之星"动车组最高试验速度达到 321.5 千米/小时,再次刷新我国铁路速度的最高纪录。

2003 年 10 月 12 日,秦沈客运专线建成通车,初期开行 26 对旅客列车。

2003 年,秦沈客运专线全年单向客流量为 180.2 万人次。

2005 年 8 月 1 日,秦沈客运专线开行"中华之星"电力动车组,作为往返沈阳和山海关的临时列车,车次为 L517/8 次,最高运营速度 160 千米/小时。

2005 年,秦沈客运专线全年单向客流量为 616.03 万人次。

2007 年 4 月—2011 年 11 月,秦沈客运专线列车运行最高时速达到 250 千米。后由于铁道部决定我国全部高铁整体降速,秦沈客运专线降为时速 200 千米运行。

2020 年 1 月 20 日,秦沈客运专线沿线车站开通电子客票业务。

第六节　工　程　创　新

一、技术标准建设

为适应秦沈客运专线建设需要,在铁道部统一领导下,编制了《时速 200 千米新建铁路线桥隧站设计暂行规定》《秦沈客运专线铁路路基施工细则》。同时,设计单位先后完成了"秦沈客运专线线路、路基及轨道初步设计技术标准的研究"等课题以及《秦沈客运专线一次铺设跨区间无缝线路技术设计暂行规定》《秦沈客运专线桥上无砟轨道技术设计暂行规定》《秦沈客运专线路基技术设计暂行规定》《秦沈客运专线桥涵技术设计暂行规定》《秦沈客运专线站后设计暂行规定》等10多项专业勘测设计细则的编制工作。这些规定与细则的及时编制，为设计和施工提供了依据和质量标准。

二、攻克关键技术

秦沈客运专线不同于一般铁路，从技术角度看，树立了新的建设理念，探索和突破了很多高铁领域的关键技术问题，专门开发了成套新技术，并由此创造了中国铁路的众多"率先"和"第一"。

①路基率先按土工结构物的全新概念进行设计和施工，采用了新型路基结构断面和基床表层材料，采用物理和力学双指标控制填筑质量，形成了软弱地基路基沉降控制技术、路基强度控制技术和路桥（涵）过渡技术。

②开发了新型钢轨，研制了时速250千米的18号和38号可动心大号码道岔；实现新线一次铺设跨区间超长无缝线路，并第一次在我国高标准线路的桥梁上试铺无砟轨道，发展了轨道结构的新形式。

③桥梁设计、施工率先在我国铁路建设中大范围采用双线混凝土箱形梁、混凝土刚构连续梁。研制了当时具有国际水平的600吨架桥机，其运架能力和效率创造了国内新纪录，开发了整孔简支箱梁设计、制造、运输、架设成套技术。

④接触网第一次在我国采用铜镁合金导线，其受流性能明显改善。接触网采用全补偿简单直链形悬挂和全补偿弹性直链形悬挂。牵引变电所具有远动控制和自诊断功能，做到了无人值守。

⑤信号系统取得突破。以车载速度显示作为行车凭证，是我国第一条取消地面通过信号机的铁路。

⑥机车车辆成就不凡。试制出"先锋号"和"中华之星"两种高速动车组。"先锋号"是"九五"国家重点科技攻关项目，总功率4800千瓦，设计时速200千米，为动力分散型动车组，在秦沈客运专线最高试验时速达292千米。"中华之星"高速动车组，功率9600千瓦，设计时速270千米，在秦沈客运专线试验中达到时速321.5千米，是当时中国铁路最高行车速度纪录。

第七节　工　程　价　值

秦沈客运专线是我国第一条客运专线，它的成功建成，不仅构筑了我国首条快速、安全和舒适的客运通道，改善了进出山海关运输能力紧张的局面，开创了我国铁路运输客货分流的新模式。

在秦沈客运专线设置的66.8千米高速综合试验段上,"中华之星"动车组最高试验时速达到321.5千米,创造了当时中国铁路的最高速度记录。秦沈客运专线建设不但开发了大量新技术,积累了设计施工经验,制订系列建设标准规范,而且培养了一大批人才,成为其后京津、武广等高速铁路项目的骨干力量,为我国大规模发展高速铁路事业积累了宝贵的建设经验。

秦沈客运专线的建成,进一步缩短京秦沈间旅行时间,形成北京至沈阳的快速客运通道;可以沟通京沪高速铁路和哈大铁路的联系,构成我国东部地区铁路快速客运网。秦沈客运专线实现秦沈线、沈山线客货分线运输,既可大大地增强秦沈线的客运能力,又能充分释放沈山线长期紧张的货运能力,从而彻底改变进出关客货运输紧张状况;同时,秦沈客运专线的建成,将扩大铁路运输能力、提高行车速度、提高现代化水平与提高服务质量融为一体,为提高我国主要干线繁忙区段的运输能力,最终解决大城市旅客运输问题开辟了新途径,也为建设我国铁路高速客运网迈出了坚实的一步,进一步加快我国铁路客运高速化进程。

执笔人:张强

第五章　青藏铁路格尔木至拉萨段

第一节　工程概况

青藏铁路北起青海省西宁市,南至西藏自治区拉萨市,全长1956千米,是第一条进出西藏的铁路。从1956年一期工程西宁至格尔木段开始进行勘测设计,到2006年7月全线建成通车,历时近50年。西宁至格尔木段(以下简称"西格段")长814千米,1958年开工建设,历经多次停、复工,于1984年正式交付运营。格尔木至拉萨段(以下简称"格拉段")长1142千米,2001年开工建设,2006年通车运营(图5-1)。

图5-1　青藏铁路通车

青藏铁路格拉段位于青藏高原腹地,跨越青海、西藏,线路北起格尔木市,沿青藏公路南行,途经纳赤台、昆仑山口、五道梁、雁石坪,然后翻越唐古拉山至安多,经那曲、当雄、羊八井至西藏自治区首府拉萨市(图5-2)。格拉段海拔4000米以上地段共960千米,线路最高点海拔5072米,穿越连续多年冻土区里程550千米,是世界上海拔最高、线路最长的高原铁路,工程建设面临的多年冻土、高寒缺氧、生态脆弱等重大难题,是世界铁路建设史上罕见的。

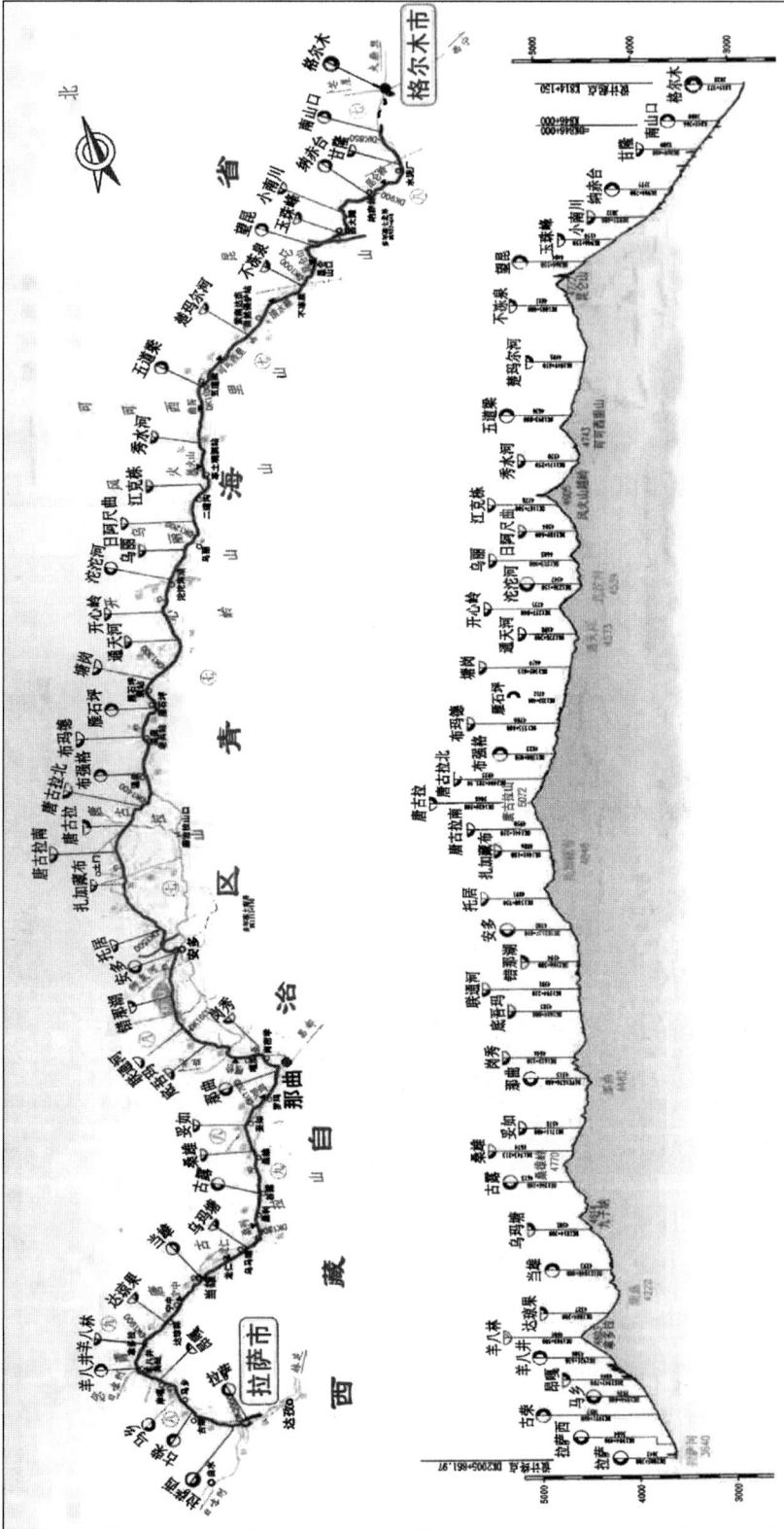

图5-2　青藏铁路格尔木至拉萨段线路平、纵断面示意图

第二节　规划与决策

一、项目提出

青藏高原素有"世界屋脊"和地球"第三极"之称,自然环境十分恶劣,许多地区高寒缺氧,荒漠阻隔,生态脆弱,属于人类"生命禁区"。进出藏交通长期不畅。据史料记载,公元 641年,大唐文成公主入藏,从长安到拉萨走了近 3 年时间。直到 1950 年,西藏仍没有一条公路,人民解放军从青海进藏时征用了 4 万峰骆驼运送物资,有 2.7 万多峰骆驼倒在途中。

交通运输严重制约着西藏经济社会发展。修建公路、铁路,把西藏与内地更紧密地联系在一起,是高原人民的期盼,也是全国人民的心愿。1951 年 5 月,毛泽东主席发布训令指示部队修建川藏公路。之后,青藏公路也开始修筑。1954 年,川藏公路、青藏公路通车。后来,又开通了民航,修建了输油管线,在一定程度上改善了西藏交通状况。由于川藏公路、青藏公路沿线气候恶劣、地质灾害严重,交通时断时续。1955 年 3 月 9 日,周恩来总理主持召开的国务院第七次办公会议通过了《国务院关于西藏交通运输问题的决定》,把建设进藏铁路提上了国家议事日程。20 世纪 70 年代后期、80 年代初期,邓小平等中央领导同志也多次过问进藏铁路的建设问题。

西藏、青海和云南等省区对进藏铁路建设十分关注。从 1993 年至 2000 年,"两会"期间人大代表和政协委员多次提出要求修建进藏铁路的建议、提案。

1994 年 7 月,党中央、国务院召开第三次西藏工作座谈会,会上再次提出修建进藏铁路,座谈会纪要明确提出"抓紧做好进藏铁路建设的前期准备工作"。1996 年,八届人大四次会议通过的《"九五"计划和 2010 年远景目标纲要》中提出"进行进藏铁路的论证工作"。

二、规划论证

青藏铁路曾多次被列入规划。1956 年,铁道部在"二五"计划中就提出:1960 年至 1962年修建青藏线。1975 年,铁道部在编制铁路建设十年规划时提出,青藏线"争取'六五'中期修到拉萨"。1995 年 5 月,铁道部在编制《铁路"九五"计划和 2010 年发展规划思路》时,将修建进藏铁路纳入了 2010 年规划。

为了修建世界海拔最高、线路最长、自然条件极为困难的高原铁路,1956 年以来,开展过 3次规模较大的勘察设计工作和 2 次多方案比选、论证工作。

1956—1961 年,进行了第一次大规模勘察设计。1956 年,铁道部向西北设计分院(现中铁第一勘察设计院集团有限公司,以下简称"铁一院")下达规划、勘测、设计兰青铁路(兰州至西宁)、青藏铁路(西宁至拉萨)的任务。1957 年 12 月,铁一院向铁道部提出了《青藏铁路格尔木至拉萨段踏勘报告书》,提出了由东向西逐渐推进,分兰青线、青藏西格段、青藏格拉段三段修建的选线方案,获得通过。1958 年 5 月,兰青线开工;9 月,西格段控制性工程——关角隧道开工。格拉段大规模勘察设计于 1958 年开始,1961 年中止。由于三年困难时期,冻土、缺氧等难题一时无法解决,青藏铁路被列入基本建设缩减项目。

1973—1978 年,进行了第二次勘察设计及方案比选。1973 年,国务院再次把建设青藏铁路提上议事日程。7 月,周恩来总理主持召开全国计划会议,安排西格段哈尔盖至格尔木恢复建设,由铁道兵施工。按照国家计划委员会(以下简称"国家计委")、国家建设委员会要求和铁道部安排,铁一院 1974 年至 1976 年完成了《青藏铁路格尔木至拉萨段方案研究报告》,1978 年 4 月完成初步设计。因高原缺氧,多人在西格段施工中牺牲,付出了很大的代价,加上对多年冻土工程没有把握等原因,1977 年 11 月,铁道兵和铁道部联合向国务院、中央军委报送了《关于缓建青藏铁路格尔木至拉萨段,建议修建昆明至拉萨铁路的请示报告》,并开始进行滇藏线勘测工作。1978 年 7 月,铁道兵和铁道部向党中央、国务院、中央军委联合报送了《关于修建进藏铁路的请示报告》,提出青藏线、川藏线、滇藏线 3 个方案,倾向于先修滇藏线。根据中央领导批示精神,1978 年 8 月,铁道部下达"全面停止格拉段勘察设计工作"的命令。同月,国务院召开滇藏铁路审定会议,决定首先搞清楚地质情况和线路走向。会后,铁道部等单位又组织力量对滇藏线进行详细勘查。由于当时国家财力困难,无法安排解决勘测设计费用,滇藏铁路建设后续停滞、搁置。

从 1996—2000 年,铁道部又组织相关单位对进藏铁路的线路进行了大面积选线研究,主要有 4 个方案:

1. 青藏线方案

从西宁至拉萨,全长 1956 千米。其中,西格段 814 千米已建成通车;格拉段 1142 千米,青海省境内 564 千米,西藏自治区境内 536 千米。相对于其他方案、线路最短,基础好。桥隧总长 37.6 千米,按 1995 年静态估算总投资为 194 亿元,建设工期约 6 年。

2. 滇藏线方案

从昆明至拉萨,全长 1960 千米。其中,昆明至大理段 366 千米已建成通车;新建大理至拉萨段 1594 千米,桥隧总长 600.7 千米。沿线资源丰富,但要通过 6 条深大断裂带,位于 8 度以上地震烈度区域的线路约 900 千米。按 1995 年静态估算总投资为 654 亿元人民币,建设工期约 12 年。

3. 川藏线方案

从成都至拉萨,全长 1927 千米。穿越横断山脉,起伏高度大,地形地质更为复杂。其中,西藏境内 1243 千米,全线海拔 3000～4000 米的线路为 1180 千米,海拔 4000 米以上的线路为 133 千米,桥隧总长 819 千米。按 1995 年静态估算总投资为 768 亿元,建设工期 12 年以上。

4.甘藏线方案

从兰州至拉萨,全长 2126 千米。其中,甘肃省境内 491 千米,青海省境内 794 千米,四川省境内 99 千米,西藏自治区境内 742 千米。按 1995 年静态估算总投资为 640 亿元,建设工期约 12 年。

从路网意义、经济发展布局及通路建设的中长期规划看,建设自北向南、自东向西的进藏通道都是需要的,但综合考虑国情、路情,不可能同时实施。北面进藏自然环境较差,但地形条件较好,投资相对较低,工期较短;东面进藏自然环境相对较好,但工程地质条件差、投资高、工期长。鉴于青藏线建设里程最短,投资最少,工期最短,建设的技术问题已基本解决,应作为进藏铁路的主要方案;滇藏线海拔相对较低,运营条件相对较好,对沿线地区也有一定的开发意义,可作为比较方案。川藏线、甘藏线明显不如青藏线、滇藏线,建议不再深入开展工作。经铁道部领导批准,决定青藏线、滇藏线为进藏的主要比较方案,开展下一阶段工作。

三、项目立项

1999 年,党中央、国务院提出实施西部大开发战略。2000 年,《国民经济和社会发展第十个五年计划》进入酝酿起草阶段。在全国人大代表建议和全国政协委员提案中,关于尽快修建进藏铁路的呼声尤为高涨,受到中央领导的高度关注。江泽民同志多次听取"十五"计划起草小组的工作汇报,专门向中国国际工程咨询公司(现中国国际工程咨询有限公司,以下简称"中咨公司")询问有关修建进藏铁路的多年冻土、高寒缺氧和运营等问题。

2000 年 5 月,铁道部与中咨公司一行对进藏铁路方案进行调研,并对青藏铁路进行实地踏勘和考察,充分听取了地方政府的意见。考察认为,青藏铁路方案应为首选方案,并建议在青藏铁路格拉段建成后,适时修建拉萨至林芝铁路、拉萨至日喀则铁路,从而在西藏形成"T"字形铁路网骨架。8 月初,铁道部组织并邀请国家计委基础产业司对青藏铁路进行现场考察,听取各方意见。8 月中旬,铁道部向国务院呈报了《青藏铁路现场考察报告》,主要内容有:一是修建进藏铁路,虽然经济效益不佳,但社会效益明显,是维护国家整体利益的重大战略举措;二是经多方案综合比较,若要尽快解决进藏铁路问题,当推荐采用青藏铁路方案;三是在多年冻土、高寒缺氧、生态脆弱、抗震防震领域等工程技术和运营管理上都有不少难题还需要积极探索科研攻关。经时任国务院总理朱镕基批示,时任国务院副总理吴邦国听取汇报后要求尽快论证上报。2000 年 9 月,铁道部在北京召开进藏铁路方案论证会暨预可行性研究审查会,铁道部和国家计委、中咨公司、中国科学院、中国地震局的领导、专家出席了会议。期间,与会专家明确表示赞成先修建青藏铁路。随后不久,经铁道部部长办公会议审议通过,决定将《进藏铁路采用新建格尔木至拉萨段的建议方案》作为推荐的首选方案上报党中央、国务院。

2000 年 10 月,十五届五中全会研究《十五计划纲要建议》,讨论了青藏铁路问题。会后铁道部上报《关于修建进藏铁路有关情况的汇报》。2000 年 11 月 10 日,江泽民总书记批示指出:无论从经济发展、政治稳定和国防安全,还是从促进民族团结,更有力地打击达赖集团的民族分裂主义活动考虑,都应该下决心尽快开工修建进藏铁路,这是我国进入新世纪应该作出的一个大决策,一个政治决策,需抓紧考虑。

2001 年 2 月 1 日,国家计委向国务院呈送了《关于审批新建青藏铁路格尔木至拉萨段项目建议书的请示》报告。报告综合各方面的利弊因素,建议采用青藏铁路方案,认为按我国已有的国力,完全有能力建设青藏铁路。2 月 7 日,时任国务院总理朱镕基主持召开国务院第 93 次总理办公会,审议青藏铁路格拉段项目建议书,批准青藏铁路格拉段项目立项。朱镕基指示,经过 20 多年的改革开放,中国综合实力显著增强,已具有修建青藏铁路的经济实力;通过多年不间断的科学研究和工程试验,对高原冻土地区筑路技术问题已提出了比较可行的解决方案;在几个建设方案综合比选中,青藏铁路方案比较有利,投资少,工期短,地形较为平坦;修建青藏铁路,时机已经成熟,条件也已经基本具备,可以批准立项;这一项目将成为西部大开发的又一项标志性工程。会议决定成立青藏铁路格拉段建设领导小组,成员单位包括国家计委、铁道部、国土资源部、国家环境保护总局、中咨公司、中国科学院、青海省政府、西藏自治区政府。

2 月 8 日,新华社发布了"国务院批准建设青藏铁路"的消息,在国内外产生了强烈反响。

四、可行性研究

虽然由于多方原因关于青藏铁路的建设时断时续,但是从总体上看,青藏铁路的前期工作尤其是筑路技术及其相关学科与专业的研究一直在持续开展。1960 年 1 月,铁道部成立格尔木高原研究所,以此为基础 9 月成立了铁道科学研究院(简称"铁科院")西北科学研究所,成为青藏铁路专业研究单位。1961 年 3 月,在海拔 4750 米的风火山设立了高原冻土定位观察站。铁道部会同国家有关部门联合开展盐湖、冻土等研究。1966 年,国家科委下达青藏铁路高原盐湖、冻土研究计划。铁科院西北科学研究所和中科院冰川冻土研究所长期坚持野外观测。1969 年 2 月,铁道部在兰州组织召开科研协作会议,决定由铁道科学研究院西北科学研究所牵头成立冻土队。1974 年至 1979 年,国家组织 9 部委、国内工厂、部队、科研机构、设计院、高校等 68 个单位 1700 多名科技人员,集中力量开展青藏铁路科研攻关大会战。1978 年,在冻土力学、冻土融化、热辐射、高原物理、高原大气、高原疾病、江河源水文等方面相继提交 150 多项科研成果。1997 年至 1998 年初,铁道部对格拉段开展了技术标准选择、多年冻土地区补充加深地质工作及设计参数修订、机车车辆及站后设备选型、运营管理体制施工组织等研究。铁道部与中国地震局商定,委托工程地震研究中心开展抗震防震研究。铁道部还组织编写了青藏铁路环境影响评价大纲和青藏铁路格拉段自然保护区野生动物通道专题报告,获得国家环保总局和水利部的批准。针对"多年冻土、高寒缺氧、生态脆弱"三大难题组织进行了大量专题科研,开展了自然保护区及野生动物保护、生物多样性、环境风险及景观评价、冻土环境4个专题研究,完成了"青藏铁路格拉段自然保护区野生动物通道专题报告"。针对青藏高原特殊的地理、气候环境,充分吸纳国内几十年来高原医学研究成果,借鉴进藏施工队伍劳动卫生和医疗保障的实践经验,制定了《关于青藏铁路卫生保障若干规定》和《青藏铁路卫生保障措施》,编写了《高原卫生防病知识健康教育手册》。这些成果对青藏铁路格拉段一些技术参数的论证选择、工程措施的确认等提供了极大的帮助。

2001年5月,铁一院编制完成了《新建青藏铁路格尔木至拉萨段可行性研究报告》。5月8—10日,有关部门打破常规、提前介入,铁道部邀请国家计委、中咨公司等有关单位领导和专家,在北京召开了《新建青藏铁路格尔木至拉萨段可行性研究》报告审查会,与会人员就青藏铁路建设标准、重大方案比较、投资估算、合理工期、工程难点、环境保护等问题达成了共识。工程投资估算核定为262.1亿元,总工期6年。

2001年6月15日,国家计委向国务院上报了《国家发展计划委员会关于审批青藏铁路格尔木至拉萨段可行性研究报告和开工报告的请示》(计基础〔2001〕1016号)。6月20日,时任国务院总理朱镕基主持召开国务院105次总理办公会议,审议了青藏铁路建设方案,对项目的运量、主要技术标准、设计原则、主要建设方案、环境保护、管理体制、经济评价等进行深入研究,同意项目开工报告。6月27日,国务院下发了《国务院关于青藏铁路格尔木至拉萨段开工报告的批复》(国函〔2001〕72号),正式批准青藏铁路格拉段开工。

批复青藏铁路格拉段投资估算总额为262.1亿元,其中:静态投资223.8亿元,工程造价增涨预留费27.8亿元,机车车辆购置费9.8亿元,铺底流动资金0.7亿元。建设工期为6年。

青藏铁路格拉段沿线所处环境特殊,工程投资较多,客货运量较少,运营成本较高,虽然项目本身经济效益欠佳,但建成后具有良好的社会效益和环境效益,外部正效应特别突出。该项目全部投资由国家安排(其中75%为国债,25%为铁路建设基金),工程建设实行优惠政策,对运营给予适当财政补偿。

第三节　工程设计

2001年7月,铁道部发布《青藏铁路高原多年冻土区工程设计暂行规定》。9月,中国地震局向铁一院下发《对青藏铁路沿线重点地段活动断层鉴定和地震区划报告的批复》。2002年1月,铁道部发布了《青藏铁路高原多年冻土区隧道工程质量检查评定及验收标准》,为设计单位精心组织项目勘察设计奠定了基础。

一、自然条件

青藏铁路格拉段除格尔木至南山口位于柴达木盆地南部边缘外,其余地段均处于青藏高原,青藏高原是由一系列东西走向和西北东南走向的高大山脉环绕组成的高山"大本营"。高原内部被昆仑山、唐古拉山、冈底斯山、念青唐古拉山、喜马拉雅山等山脉分隔成许多盆地、宽谷、湖泊,是亚洲许多大河的发源地。青藏铁路自北向南经过"远看是山,近看是川"的高平原,经过柴达木内陆河水系、长江水系、扎加藏布江内陆河水系、怒江水系、雅鲁藏布江水系。

青藏高原在历史上经历了多次板块运动,地质演化历史悠久,地质构造十分复杂,褶皱断裂发育。主要有纳赤台复式背斜、可可西里背斜、风火山向斜、唐古拉山复式向斜、那曲复式褶断带等。铁路沿线通过23条深大活动断裂带,主要有格尔木隐伏断裂、风火山北麓压性断裂、唐古拉山断裂带、那曲—当雄—羊八井断裂带等,活动断层规模大、分布密集、地震频繁,处于高地震烈度区。沿线地层岩性主要为泥岩、石灰岩、页岩、板岩、花岗岩等沉积岩、交质岩和岩浆岩,其中格尔木至雪水河段第四系厚度达到200米以上。青藏高原具有世界上面积最大的中、低纬度高海拔多年冻土区,多年冻土面积占中国多年冻土总面积的70%。与高纬度冻土相比,青藏高原多年冻土具有温度高、厚度薄、敏感性强等特点。

青藏高原周围的高海拔山脉形成一个高大阻风屏,阻挡北方大陆寒冷空气进入南亚及印度洋暖湿气流进入北方,导致青藏高原空气干燥,氧气稀薄,气温较低,太阳辐射强烈,气候条件十分恶劣。青藏高原具有世界上独一无二的地理气候条件,拥有世界珍稀濒危植物30多种,珍稀野生动物100多种,是世界生物多样性最丰富地区之一,被世界自然基金会列为"全球生物多样性保护"最优先地区。但由于海拔高、气候干燥、长期低温,导致生态系统物质循环和能量转换过程缓慢,植物生长期短促、生物量少、生物链简单,致使生态环境原始、敏感,十分脆弱,植被一旦破坏,恢复十分困难。

二、主要技术标准

最终确定的青藏铁路格拉段主要技术标准如下:

铁路等级:国铁Ⅰ级。

正线数目:单线。

最小曲线半径:800米,个别困难地段600米。

最大坡度:20‰。

牵引种类:内燃、预留电气化。

机车类型:NJ_2。

牵引质量:3000吨。

到发线有效长度:650米,另加20米,预留850米。

闭塞类型:虚拟自动闭塞。

机车交路:客货机车交路均采用长交路,设格尔木机务段和拉萨折返段。

三、车站分布

青藏铁路格拉段共设车站 58 座,初期开站 45 座,分别是格尔木站、南山口站、甘隆站、纳赤台站、小南川站、玉珠峰站、望昆站、不冻泉站、楚玛尔河站、五道梁站、秀水河站、江克栋站、日阿尺曲站、乌丽站、沱沱河站、开心岭站、通天河站、塘岗站、雁石坪站、布玛德站、布强格站、唐古拉北站、唐古拉站、唐古拉南站、扎加藏布站、托居站、安多站、错那湖站、联通河站、底吾玛站、岗秀站、那曲站、妥如站、桑雄站、古露站、乌玛塘站、当雄站、达琼果站、羊八林站、羊八井站、昂嘎站、马乡站、古荣站、拉萨西站及拉萨站。

四、建设规模

青藏铁路格拉段线路全长 1142 千米。全线路基土石方 7820 万立方米(其中,区间土石方 6643.8 万立方米,站场土石方 1176.2 万立方米);路基长度 966.5 千米(其中,多年冻土地区路基 423.5 千米,风沙路基 88.2 千米,湿地地基处理工程 66.2 千米,地震液化地基处理工程 10.6 千米);新建桥梁总长 160.2 千米/676 座(其中,特大桥 83.4 千米/69 座,大中桥 71.4 千米/389 座,小桥 5.4 千米/218 座,以桥代路 87.2 千米);涵洞 37144 横延米/2080 座;新建隧道及明洞 9549 米/10 座;桥隧占比 15.26%;正线铺轨 1113.8 千米,站线铺轨 126.4 千米。

2003 年 11 月 26 日,第八次铁道部青藏铁路建设领导小组会议,原则同意青藏铁路建设总指挥部关于调整青藏铁路建设施工组织设计的建议,将青藏铁路格拉段建设工期由 6 年调整为 5 年。

2005 年 6 月,经国务院批准,国家发展和改革委员会印发《关于调整青藏铁路格尔木至拉萨段工程总投资的请示的通知》,青藏铁路格拉段总投资调整为 330.90 亿元,技术经济指标 2905 万元/正线千米。其中,静态投资 292.75 亿元(含价差预备费 6.67 亿元),机车车辆购置费 37.48 亿元,铺底流动资金 6708 万元。

根据青藏铁路建设领导小组第七次会议决定,2006 年是青藏铁路全线开通运营年。

五、重点工程

(一)桥梁工程

1. 清水河特大桥

桥梁全长 11700 米,桥址位于昆仑山南麓楚玛尔河高原多年冻土区,区域多年冻土年平均地温高且极不稳定,采用以桥梁代替路基通过高温极不稳定多年冻土区。

该桥还为野生动物特别是藏羚羊迁徙留出通道,是我国桥梁史上第一座兼具环保功能的桥梁。

2. 三岔河特大桥

桥梁全长 690.19 米,桥址位于昆仑河上游,桥墩采用空心圆墩,最大墩高 52.1 米,是青藏铁路全线最高桥。

3. 长江源特大桥

桥梁全长 1389.6 米,桥址位于长江源头支流沱沱河盆地中部多年冻土大河融区。桥址地下水丰富,在长江源特大桥河道桥墩设破冰凌设施。

4. 拉萨河特大桥

桥梁全长 928.85 米,桥址位于拉萨车站西侧约 2 千米处。技术上首次采用主桥五跨三拱预应力联系钢管混凝土系杆拱组合体系。

桥式造型体现藏文化和现代建筑相结合的理念,主桥系杆拱宛如哈达飘舞,变截面连续箱梁仿佛雪山连绵起伏,具有浓郁的民族特色和时代气息。

(二)隧道工程

1. 昆仑山隧道

隧道全长 1686 米,位于昆仑山北麓中高山区,洞身全部穿过多年冻土层,最大埋深 106 米。工程衬砌支护采用"一次衬砌 + 防水板 + 隔热保温层 + 防水板 + 二次衬砌"的复合封闭结构,隔热保温采用"防水板 + 隔热层 + 防水板"结构形式。

2. 风火山隧道

隧道全长 1138 米,位于风火山低高山区,山顶最高海拔 4996 米,洞身全部处于多年冻土层,最大埋深 100 米。衬砌支护采用"一次衬砌 + 防水板 + 隔热保温层 + 防水板 + 二次衬砌"的复合封闭结构,隔热保温采用"防水板 + 隔热层 + 防水板"结构形式。

3. 羊八井隧道群

隧道总长 4988 米,明洞全长 475 米。为避免泥石流危及线路,施工采用洞顶设渡槽,渡槽上、下游设导流堤,渡槽段明洞采用曲墙带仰钢筋混凝土结构,其余段采用直墙或曲墙带仰拱混凝土结构,明洞衬砌设防水层或防水板,衬砌背后设环、纵向盲沟。

(三)拉萨车站

拉萨车站(图 5-3)位于拉萨河南岸的柳梧新区,距拉萨市中心约 2 千米,是青藏铁路格拉段的终点站,拉萨地区办理客运业务的唯一客运站。车站为横列式布置,设有到发线、牵出线、机车出入线、机车客车整备线、存车线、基本站台、中间站台、无柱雨棚、天桥、地道、站房、机务折返段、车辆段、机辆整备基地、综合维修中心等设施。站房主体建筑面积 23697 平方米。

图 5-3　拉萨车站

第四节　工　程　建　设

国务院为加强青藏铁路建设领导,于 2001 年 2 月宣布成立青藏铁路建设领导小组,在铁道部设置青藏铁路建设领导小组办公室。5 月,铁道部决定由铁道部工程管理中心负责青藏铁路建设管理工作,在格尔木设立工程管理中心派出机构——青藏铁路建设总指挥部。7 月,青藏铁路有限责任公司(以下简称"青藏铁路公司")筹备组正式成立。12 月,铁道部下发《青藏铁路建设总指挥部划交青藏铁路有限责任公司管理的通知》。2002 年 9 月,经国务院批复的青藏铁路公司成立,在全国铁路建设中首次实行公益性项目法人负责制,成为建设管理核心。

铁道部在青藏铁路开工之际提出了"拼搏奉献、依靠科学、保障健康、爱护环境、争创一流"的建设方针,努力实现建设世界一流高原铁路的目标。青藏铁路格拉段 2001 年 6 月 29 日开工,经过 5 年的施工建设,2006 年 7 月 1 日正式通车运营。

一、工程建设重要节点

2001 年 6 月 29 日,青藏铁路格拉段开工典礼在格尔木南山口站和拉萨河柳梧隧道工地举行。时任国务院总理朱镕基、时任国务院副总理吴邦国分别在格尔木和拉萨会场出席开工典礼。朱镕基在格尔木会场发表重要讲话,宣布青藏铁路全线开工。7 月 3 日,青藏铁路公司筹备组正式成立,并在西宁召开第一次工作会议。11 月 14 日,铁道部审查《青藏铁路格尔木至拉萨段施工组织设计》。

2002 年 3 月 12—15 日,铁道部在兰州召开《青藏铁路望昆至唐古拉山段站前初步设计及格尔木至望昆站后工程初步设计》审查会。6 月 29 日,青藏铁路铺轨典礼在格尔木南山口举行。9 月 3 日,青藏铁路公司成立大会在西宁举行,时任国务院副总理吴邦国出席。9 月 26

日,世界高原冻土第一长隧——昆仑山隧道顺利贯通。10 月 29 日,"世界屋脊"第一长桥——清水河特大桥主体工程胜利完工。11 月 1 日,青藏铁路格拉段铺轨顺利到达望昆站,标志着青藏铁路建设第一阶段工程获得全胜。

2003 年 3 月 22 日,青藏铁路格拉段铺轨顺利通过世界最长的高原冻土隧道——昆仑山隧道。7 月 29 日,世界海拔最高隧道——风火山隧道主体工程竣工。

2004 年 10 月 10 日,青藏铁路格拉段铺轨到达那曲站。

2005 年 8 月 25 日,青藏铁路格拉段建设标志性工程——拉萨火车站站房主体工程完工。10 月 12 日,青藏铁路格拉段铺轨到达拉萨站,胜利实现全线贯通目标。

2006 年 3 月 1 日,青藏铁路格拉段进行首列货物列车工程运营试验。5 月 1 日,青藏铁路格拉段进行不载客旅客列车工程运营试验。7 月 1 日,时任中共中央总书记、国家主席、中央军委主席胡锦涛,在格尔木出席青藏铁路格拉段通车庆祝大会,并发表重要讲话。至此,青藏铁路格拉段全线正式开通运营。

二、工程建设难点

青藏铁路格拉段建设面临众多的艰巨性、复杂性技术难题,主要有:

1. 多年冻土问题

受外界因素影响,多年冻土出现融沉冻胀导致路基产生裂缝,各种建筑物产生较大变形,进而降低线路平顺性,影响工程正常使用和列车运营安全。外界自然条件变化和人为活动等复杂因素都会影响多年冻土温度和冻土稳定。这些问题是多年冻土区工程勘察设计、施工和运营管理必须解决的重要问题。

2. 环境保护问题

青藏铁路格拉段沿线自然生态环境敏感、脆弱,植被一旦破坏,短期难以恢复,且具有不可逆转性。铁路通过可可西里、三江源等国家自然保护区,沿线有藏羚羊等多种珍稀特有野生动物种群。因此,铁路建设要切实保护自然生态,确保不影响自然保护区环境和野生动物生存、迁徙环境,把工程施工对自然环境的影响降到最小,并确保铁路运营不污染、破坏沿线环境。

3. 地震频发问题

青藏高原晚近时期新构造运动强烈,地震活跃,多次发生大的地震活动。沿线经过地区的地震基本烈度全部大于Ⅶ度,最大为Ⅸ度,沿线分布有 23 条深大活动断裂带,发育有 34 条活动断层。特别是南山口至昆仑山口段和桑雄至羊八井段的新构造运动及其地震、水热活动、新生代岩浆作用强烈,垂直差异运动明显,是现代地壳最易变形地区。

4.风沙危害问题

青藏铁路格拉段沿线气候干旱,大风天多,部分地区植被退化、土地沙漠化现象日趋严重,风起沙卷导致沙害呈不断发展之势。过境风沙流使五道梁至雁石坪一带部分路基两侧出现积沙,堆积在路基两侧和桥头,掩盖路基、道床,形成掩埋钢轨的小型沙垄,危及运营安全。

5.高寒缺氧问题

青藏高原自然环境恶劣,气压低、高寒、干燥、风大、紫外线辐射强,可饮用水缺乏,处于鼠疫自然疫源地,施工环境异常艰苦,对建设队伍的劳动能力带来较大影响,对参建人员身体健康构成极大威胁。新中国成立初期青藏和川藏公路的修建,以及后来的青藏铁路西格段修建,都曾因高原病造成施工人员伤亡。

三、主要参建单位

建设单位为青藏铁路公司。

总体设计单位为铁一院,其中拉萨河特大桥、拉萨站房设计分别由铁三院、中国建筑设计研究院承担。

招标优选的施工单位有中国铁路工程总公司所属的中铁一局、中铁二局、中铁三局、中铁四局、中铁五局、中铁八局、中铁隧道局、中铁大桥局、中铁电气化局、中铁建工局10个工程局,中国铁道建筑总公司所属的中铁十一局、中铁十二局、中铁十三局、中铁十四局、中铁十五局、中铁十六局、中铁十七局、中铁十八局、中铁十九局、中铁二十局、中铁二十一局11个工程局,以及中国安能建设总公司、新疆生产建设兵团等。

招标优选的监理单位有北京铁城建设监理公司、铁一院工程建设监理公司、甘肃铁科工程建设监理公司、乌鲁木齐铁路建设监理部、四川铁科建设监理公司、西南交通大学工程建设监理公司、郑州中原铁道建设监理公司、兰州铁道学院工程建设监理公司、甘肃陇辉铁路建设监理事务所、北京通达监理公司。

质量监督由铁道部工程质量安全监督总站青藏铁路监督站负责。

第五节　运营管理

在青藏铁路格拉段运营管理实践中,铁路部门不断更新管理理念,以建立安全管理长效机制为目的,围绕制度建设、医疗卫生保障、运营环保措施和路地护路联防等方面,构建起科学、规范、完善、具有青藏铁路特色的安全运营管理体系。

1.制度建设

针对青藏铁路格拉段行车设备技术条件、行车组织模式、机车车辆乘务制度和应急救援方案等,结合高原铁路的特殊环境要求,建立了新型运输管理体系。充分发挥安全监控超前防范的保障作用,增强设备安全防范能力,确保服务旅客运输的客车设备始终处于安全良好状态。研究制订在青藏铁路旅客列车开行时遇自然灾害、设备故障、行车事故等各类非正常情况下,组织旅客疏散撤离和事故紧急救援的应急方案和管理办法。

2. 医疗卫生保障

坚持预防为主、不间断供氧、增加机械化作业和轮岗轮休等原则,充分利用沿线既有医疗资源,建立健全运营医疗卫生保障。依托地方医疗资源和铁路卫生监督所、疾病控制所组成为职工服务的卫生保障体系,建立健全医疗网络。各站段、站区、工区均组建了日常健康保护"红十字"卫生小组,负责站区、工区日常医疗卫生工作。

3. 运营环保措施

严格执行国家有关环保法规,制订了《青藏铁路运营期环境保护方案》,落实各项环保措施,确保把铁路运营对沿线生态环境的影响降低到最低程度。明确运营环保工作目标,制订工作制度,优化环保方案,落实环保责任。提高运输设备自动化水平,对污水、垃圾进行无害化处理,防止旅客列车垃圾、粪便污染沿线环境。

4. 路地护路联防

铁路部门通过制订青藏铁路重要目标、运营设施、重点部位的安全保卫制度和实施办法,建立了护路联防长效机制,健全突发事件应急预案,强化线、站、路、桥、隧和运营装备安全监控,加强治安综合治理,积极配合地方公安部门开展严厉打击盗卖铁路物资器材等违法犯罪活动,切实加强反恐工作,严防敌对势力破坏活动。

第六节　工　程　创　新

青藏铁路格拉段是党中央、国务院决策部署的国家重大标志性工程,开创了建设长大世界高原一流铁路的先河。青藏铁路格拉段建设中,坚持依靠科技,立足自主创新,在建设管理、攻克工程技术难题等方面,取得了一系列创新成果。

1. 建设管理模式创新

青藏铁路格拉段建设项目是典型的公益性工程项目。对于这类项目,传统的管理模式是成立建设指挥部。但由于指挥部是一个临时机构,不是独立的经济实体,缺乏明确的经济责任。为积极探索公益性铁路工程项目管理模式,铁道部在青藏铁路格拉段建设项目中首次实行法人负责制,建立了青藏铁路公司,明确了项目法人责任,符合社会主义市场经济体制要求。项目公司通过建立卫生安全目标、环境保护目标、质量控制目标、工期控制目标和投资控制目标五大体系,实现了青藏铁路质量—环境—职业健康安全的一体化管理,在工程工期控制和资金管理上取得了良好的效果。创新队伍管理模式,将一线工人纳入职工队伍统一管理,使一线工人的权益得到了有效保障。

2. 多年冻土技术创新

为确保青藏高原多年冻土区铁路工程的安全稳定,最大限度地减少冻土病害的发生,在青藏铁路格拉段建设过程中,大胆创新成套工程技术,确保冻土工程稳定可靠。根据青藏高原的多年冻土特征,制订勘察设计和施工暂行规定,填补了国内冻土区铁路建设规范的空白。系统开展多年冻土区工程地质勘探试验,建立了冻土导热系数评价方法、冻土融沉系数评价方法等,提出了多年冻土地温分区原则,取得了分区成果。积极开展多年冻土区铁路选线技术、路基工程技术、桥梁工程技术、隧道衬砌结构防冻胀技术、工程施工技术和长期监测、稳定性分析技术,有效解决了多年冻土区工程技术难题,达到了世界冻土技术的最高水平,走在了理论研究和工程实践的前列。多年冻土工程沉降变形稳定可控,列车在非冻土区按 120 千米/小时运行,在多年冻土区按 100 千米/小时运行,工程措施可靠。

3. 环境保护工作创新

青藏铁路格拉段沿线经过众多环境保护区,自然生态脆弱、敏感。在青藏铁路格拉段建设过程中,始终坚持“预防为主、防治结合、开发与保护并重”原则,创新环保管理模式,首次建立铁路工程环保监理制度,实行全过程监控。积极开展铁路沿线野生动物栖息、生存环境和迁徙条件保护研究,首次为野生动物大规模修建迁徙通道,使工程建设与野生动物保护融合发展。首次成功在青藏高原进行了植被恢复与再造科学试验并在工程中实施。系统开展高寒植被恢复技术、水土保持技术、防止水质污染研究,通过人工播种等方式,在取(弃)土场和路基边坡进行植草和植被恢复;在沙丘、风沙流、河流、高路堤、深路堑地段,采用适宜的防冲刷措施,有效遏制了水土流失;研究提出了一整套集成创新的车站低温缺氧污水处理技术,填补了我国高寒缺氧地区低温污水深度处理技术的空白。

4. 卫生保障工作创新

青藏铁路格拉段全线面临着高寒缺氧、医疗资源短缺、高原病多发的问题。从铁路建设开始,就始终秉承“以人为本、卫生保障先行”的工作方针和“预防为主”的工作原则。铁道部、卫生部针对青藏高原的特性,联合发布了《青藏铁路卫生保障若干规定》《青藏铁路卫生保障措施》等一系列卫生管理办法,为全线卫生保障工作提供了制度保障。建立卫生保障体系,积极开展面向全体参建人员的卫生知识宣传教育,针对突发状况,及时实施跨行业、跨地区、跨专业的急救综合管理,为参建人员创造了良好的劳动生活条件。针对高原职业性危害的主要病种和危害因素,积极开展高原医学科学研究,建立和发挥高原劳动环境监测、高原职业病监测等网络体系,创造性地在海拔 5000 米左右地段运用高压氧舱,填补了国内外医学空白。另外,通过实施健康体检、健康教育、劳动卫生、劳动保护、饮食卫生、鼠疫监控、生活区管理、医疗救治等措施,降低了急性高原病发病率,实现了建设期间"高原病零死亡,人间鼠疫零感染"的工作目标,创造了特大群体、特高海拔、长期作业高原病零死亡的奇迹。

5. 重大工程技术创新

针对青藏铁路格拉段海拔4000米以上的长距离、大坡道地段,积极开展高原长距离大坡道铺架综合技术研究,自主开发大型铺架及运输设备无损解体、汽车运输、组装还原技术,首次在无既有铁路的条件下建成了海拔4705米的安多铺架基地,开创了中国铁路建设史上大型设备通过公路运输进场的先例。深入开展耐久性混凝土应用技术研究,编制了《青藏铁路高原冻土区混凝土耐久性技术条件》和《青藏铁路混凝土耐久性检验评定暂行标准》,提出了一整套混凝土耐久性质量控制措施,为青藏铁路混凝土耐久性应用提供了技术保证。

6. 运营装备技术创新

青藏铁路格拉段沿线高寒缺氧、低温低压、紫外线强、雨雪雷暴频繁。在这种情况下开行旅客列车,世界上没有现成的经验可以借鉴。为了攻克高原客车供氧难题,铁道部组织国内相关研究机构,对青藏铁路格拉段客车研制进行论证研究,确定了供氧等技术方案,形成了完整的集成创新技术路线。

针对青藏铁路格拉段电力系统在高海拔条件下因空气密度低引起电气设备绝缘程度降低、散热困难等情况,首次在高海拔地区研究采用了内部电气绝缘不受海拔影响的气体绝缘开关柜和负荷开关;采用了先进的电力远动系统,实现了远程监控全线电力设备,水平居国内领先地位。

青藏铁路格拉段全线采用铁路数字移动通信系统(GSM-R)、光传输系统,自主研制了通用无线分组业务(GPRS)通信接口服务器等,建成了我国铁路首个全数字化铁路通信网络;自主研制了列控通信接口综合监测系统等设备,填补了国内同类通信系统空白。

青藏铁路取得了多项工程创新成果,所获奖励众多。2006年,青藏铁路荣获"中华环保奖"。2007年,"青藏铁路生态恢复与环境保护技术应用"获铁道部重大科技成果一等奖。2008年,青藏铁路工程获"国家环境友好工程奖"。2008年,青藏铁路工程获得国家科学技术进步奖特等奖和"国家环境友好工程奖"。

第七节 工 程 价 值

建设青藏铁路是几代中国人梦寐以求的愿望,党和政府始终高度重视。进入21世纪,党中央作出了修建青藏铁路格尔木至拉萨段的重大决策,提出了建设世界一流高原铁路的目标。时任中共中央总书记江泽民作了重要指示并题词"建设青藏铁路,造福各族人民"。2006年7月1日建成通车时,时任中共中央总书记胡锦涛在格尔木主持了全线通车典礼。

在国务院成立的青藏铁路建设领导小组，国家有关部委及青海、西藏的大力支持下，青藏铁路格拉段顺利开通运营，这充分彰显了中国特色社会主义的体制优势和中华民族的强大凝聚力。

青藏铁路是西部大开发的重要标志性工程。青藏铁路的修建，结束了西藏没有铁路的历史，使西藏地区铁路具备了成网条件，完善了区域综合交通运输体系，产生了良好的社会经济效益。2006—2016年，西藏自治区货运量增长了30多倍，客运量增长了7倍，人均地区生产总值增长了3.4倍。青藏铁路有效降低了进出西藏货物的运输成本，对促进西藏工业、旅游业等产业发展，优化西藏地区产业结构具有重要意义。青藏铁路像一条钢铁纽带，把西藏和北京及内地的联系紧紧连接在一起，增进了藏族与全国各族人民的相互团结。青藏铁路使西藏完全融入西部战略防卫格局，为维护我国边疆稳定、巩固国防安全发挥了重大作用。

在青藏铁路通车庆祝大会上，胡锦涛号召全党全国各族人民学习和弘扬"挑战极限、勇创一流"的青藏铁路精神，对于教育和激励全党全国各族人民团结奋斗，不断开创中国特色社会主义事业新局面，具有十分重大的意义。青藏铁路精神正是中华民族几千年来艰苦奋斗、自强不息伟大精神的生动体现。

青藏铁路开通运营以来，已成为雪域高原通往祖国各地的一条现代化陆路大通道，不仅成为拉动青海、西藏经济社会发展的强大引擎，成为建设社会主义现代化的伟大成就，更是见证了党中央、国务院的英明决策和对青、藏两省（区）各族人民的亲切关怀。

执笔人：索明亮

第六章　武广铁路客运专线

第一节　工程概况

武汉至广州铁路客运专线(以下简称"武广客专")是国家《中长期铁路网规划》中"四纵四横"快速客运网中的京广铁路客运专线的重要组成部分,连接湖北、湖南、广东三省,北起素有九省通衢之称的湖北武汉,途经湖北咸宁,湖南岳阳、长沙、湘潭、株洲、衡阳、郴州,广东韶关、清远、佛山,南至广东广州,共设车站 18 座,线路全长 968 千米,桥隧占比 66.7%,设计时速 350 千米。全线于 2005 年 6 月 23 日开工,2009 年 12 月 26 日开通运营,是当时我国运营速度最快的高速铁路。

武广客专工程范围包括武汉天兴洲公铁两用长江大桥工程(含武汉至乌龙泉段)、乌龙泉至花都段、广州铁路枢纽新广州客站及相关工程。武广客专具有工程地质、水文地质复杂,建设组织难度大,安全风险高,环保要求严等特点,给工程建设带来了严峻挑战。武广客专在建设过程中,通过原始创新、集成创新、引进吸收消化再创新等方式方法,攻克了多项关键技术难题。

武广客专的建成运营,实现了客货分线运输,提升了铁路运能,缓解了京广铁路南段运输能力紧张问题,优化了区域综合交通运输结构,加强了我国中部地区和珠江三角洲地区的联系,促进了沿线地区经济社会的快速发展。

第二节　规划与决策

一、项目提出

武汉至广州的铁路旧称粤汉铁路。1957 年武汉长江大桥通车,11 月京汉铁路、粤汉两条铁路合称京广铁路,此为京广铁路武汉—广州段。京广铁路武汉—广州段是我国最繁忙的铁路运输干线之一,虽经多次扩能改造,1988 年建成复线,以后又采取了延长到发线、增加牵引质量、电气化改造、既有线提速等措施,但是仍然满足不了区域经济社会快速发展的需求,运能长期呈严重饱和状态,成为制约京广铁路运输的"瓶颈"。2002 年京广铁路以占全路 3.3%的营业里程,分别完成了全路客运周转量和货运周转量的 16.8%和 9%,其中武汉—广州段尤为紧张,2004年新运行图实施后,最大区段(株洲至衡阳)图定客车71对,货物列车和行包专列58对,运输能力处于超饱和状态,运输质量难以进一步提高,特别是节假日期间增开大量旅客列车后,货物列车被迫全面停开,严重制约区域经济的发展。国民经济和社会发展对京广铁路客、货运输能力和运输质量都提出了更高要求。因此,修建武广客运专线,形成大能力快速客运通道,实现客货分线运输,就摆上了铁路建设日程。

2003年3月,在十届全国人大会议期间,湖北省代表团37名代表、广东省代表团30名代表共同提出《建设京广铁路客运专线》建议,希望国家尽快立项。

2003年,铁道部组织编制完成了2020年铁路网发展规划。在听取各方面意见并修改完善后,于5月29日向国家发展和改革委员会(以下简称"国家发展改革委")上报了《中长期铁路网规划方案建议(2003—2020)》。国家发展改革委先后组织召开了4次经济、铁路、公路、民航、煤炭、电力、石油等领域专家和有关代表参加的论证会,对铁路网规划方案进行了论证,并在修改过程中书面征询了交通部、中国民用航空总局、科技部、军队、中国国际工程咨询公司等的意见。

2004年1月,国务院审议通过《中长期铁路网规划》,明确指出,建设北京至上海、武汉至广州、西安至郑州、石家庄至太原等客运专线。

二、项目立项

新建武汉天兴洲公铁两用长江大桥工程、乌龙泉至花都段工程、新广州站及相关工程,先后立项批准建设。

1. 新建武汉天兴洲公铁两用长江大桥工程

天兴洲公铁两用长江大桥按公路六车道、铁路四线修建,是新建京广客运专线跨越长江的重要通道,也是京广铁路及武汉铁路枢纽的第二过江通道。建成后可提高京广线、武九线、汉丹线、麻汉线的运能和效率,改善武汉铁路枢纽过江能力超饱和的运营状态。公路桥是武汉城市中环路快速道的重要组成部分。

受国家发展计划委员会委托,中国国际工程咨询公司(现中国国际工程咨询有限公司,以下简称"中咨公司")组织相关专家对中铁第四勘察设计院集团有限公司编制的《新建武汉天兴洲公铁两用长江大桥项目建议书》进行了评估,于2002年3月出具了评估报告。2002年6月19日,国家发展计划委员会印发《国家计委关于审批新建武汉天兴洲公铁两用长江大桥工程项目建议书的请示的通知》(计基础〔2002〕1056号),批准项目立项。

2. 乌龙泉至花都段工程——新建铁路武汉至广州客运专线项目

2004年5月,中铁第四勘察设计院集团有限公司等联合编制完成了《新建铁路武汉至广州客运专线项目建议书》报铁道部。受国家发展改革委委托,中咨公司5月9—12日组织铁道部、高校及相关设计院所 10 多名专家在北京召开了《新建铁路武汉至广州客运专线项目建议书》审查会,通过与会专家的深入讨论,在项目建设标准、重大方案比选、工程投资、工期安排等问题上达成了共识。经过评估,将项目速度目标值由原铁道部提出的 200 千米/小时以上,调整为基础设施速度目标值应满足旅客列车运行速度 350 千米/小时的要求,非基础设施速度目标值为 250 千米/小时以上。

2004 年 7 月 30 日,国家发展改革委印发《国家发展改革委关于审批新建铁路武汉至广州客运专线项目建议书的请示的通知》(发改交运〔2004〕1500 号),批准项目立项。

3. 新广州站及相关工程

2004 年 8 月,国家发展改革委印发《国家发展改革委关于审批广州铁路枢纽新广州站及相关工程项目建议书的请示的通知》(发改交运〔2004〕1412 号),批准项目立项。

三、项目可行性研究

1. 天兴洲公铁两用长江大桥工程

2004 年 7 月 30 日,国家发展改革委印发《国家发展改革委关于审批新建武汉天兴洲公铁两用长江大桥工程可行性研究报告的请示的通知》(发改交运〔2004〕1503 号),批复项目可行性研究报告。

2. 乌龙泉至花都段工程

2004 年 12 月 3 日,国家发展改革委印发《国家发展改革委关于审批新建铁路武汉至广州客运专线可行性研究报告的请示的通知》(发改交运〔2004〕2772 号),批复项目可行性研究报告。

3. 广州铁路枢纽新广州站及相关工程

2004 年 12 月 28 日,国家发展改革委印发《国家发展改革委关于审批广州铁路枢纽新广州站及相关工程可行性研究报告的请示的通知》(发改交运〔2004〕2356 号),批复项目可行性研究报告。

第三节　工　程　设　计

项目工程设计是在完成客运专线站前技术系统集成,开展客运专线列控系统(CTCS-2 级列控系统和 CTCS-3 级列控系统)、牵引供电系统、调度系统、综合接地系统、自动过分相、动车组检修基地及关键设备研制等高速铁路研究成果的基础上展开的。

武广客运专线以中铁第四勘察设计院集团有限公司为总体设计单位,中铁二院工程集团有限责任公司、武汉市建筑设计院、中南建筑设计院股份有限公司和上海联创建筑设计有限公司等为合作单位,精心组织项目勘察设计。其中,中铁第四勘察设计院集团有限公司设计范围为:武汉天兴洲公铁两用长江大桥及相关工程项目武汉至乌龙泉段工程、乌龙泉至韶关段工程、广州铁路枢纽新广州站及相关工程项目花都至广州南站工程。中铁二院工程集团有限责任公司设计范围为:韶关至花都段工程。武汉市建筑设计院负责咸宁北、赤壁北、汨罗东、株洲西站房设计。中南建筑设计院股份有限公司负责岳阳东、长沙南、衡山西、衡阳东、耒阳西站房设计。上海联创建筑设计有限公司负责郴州西、韶关西、清远站房设计。

工程咨询采取中外咨询联合体方式,中铁第四勘察设计院集团有限公司、中铁二院工程集团有限责任公司与德国欧博迈亚工程设计咨询有限公司组成中外咨询联合体,中铁第四勘察设计院集团有限公司为联合体主办方,中铁二院工程集团有限责任公司、德国欧博迈亚工程设计咨询有限公司为联合体成员方。

一、自然条件

武广客运专线沿线经过江汉平原、洞庭湖盆地、红层盆地、五盖山、骑田岭、南岭瑶山、断陷盆地、珠江三角洲平原区,地形起伏变化较大。区域内冲积平原发育,湖泊、水塘星罗棋布,水网密布;中低山区山峦巍峨、河谷深切、地形险峻;部分区段发育有岩溶盆地。

沿线广泛分布有板岩、石英砂岩、泥质灰岩、黄岗岩等岩石。不良地质和特殊地质主要以岩溶、软土、采空区、膨胀土等为主,危岩落石、堆积体、滑坡等零星分布。沿线地下水类型主要有岩溶水、孔隙水、裂隙水、溶洞水。

沿线湖南、湖北属亚热带季风气候,四季变化明显,雨量充沛,汛期雨量集中;冬季多年平均气温7.5℃,夏季多年平均气温21℃,极端最高气温可达40℃以上,极端最低气温不到-10℃;沿线年平均降雨量在1470~1500毫米。广东属热带、亚热带季风气候,四季不甚分明,冬无严寒、夏无酷暑,4—9月为汛期,占全年降雨量的70%~90%,且暴雨强度很大,年平均降水量为1280~2231毫米。

沿线有武汉东湖风景名胜区、咸宁斧头湖湿地保护区、临湘五尖大山森林公园、岳阳新墙河饮用水源保护区、粤北华南虎省级自然保护区、石门台国家级自然保护区、银盏森林公园和飞来峡风景区等。

二、技术标准

1.武广客运专线正线主要技术标准

铁路等级:客运专线。

设计速度:350千米/小时。

正线数目:双线。

正线线间距:5米。

最小曲线半径:区间 7000 米,枢纽内根据速度选取。

最大坡度:一般 12‰,最大 20‰。

牵引种类:电力。

列车运行控制方式:自动控制。

调度指挥方式:综合调度集中。

2. 其他线路主要技术标准

联络线、动车走行线等其他线路,按确定的速度目标值采用相应的技术标准。株洲北联络线设计速度 140～200 千米/小时;株洲南联络线设计速度 120～200 千米/小时;株洲十里冲西南(南西)联络线设计速度 120～200 千米/小时;长沙(株洲)枢纽西北联络线设计速度 140千米/小时;广州北联联络线设计速度 140～200 千米/小时;动车组联络线设计速度不大于120 千米/小时;养护维修列车走行线设计速度不大于 100 千米/小时。

三、线路方案

武广客运专线湖北段起自武汉市东侧杨春湖畔武汉站,经由东湖风景区东侧绕行,跨枢纽南环线后经流芳过东湖开发区,由江夏区乌龙泉东侧傍梁子湖西侧南下,经横沟桥折向西南,跨京广铁路后在咸宁市西北侧设咸宁北站,两跨京珠高速公路后穿行将山至赤壁市西北侧设赤壁北站,后跨陆水,踏鄂南残丘南下,跨新店河,由赵李桥西侧出湖北省。

线路由临湘进入湖南境内,以多座短隧道穿越湘北的低山与丘陵,跨京广铁路,经临湘市西侧白云镇附近,以隧道穿五尖大山森林公园进入岳阳市,在岳阳开发区东侧 2.5 千米处设岳阳东站,出站后折向南,过鹰嘴山隧道后进入洞庭湖平原。其后,线路跨新墙河、罗水、汨水,在汨罗市东侧设汨罗东站。

线路入长沙市境后,傍黑麋峰东路南行,跨白沙河、捞刀河,至长沙经济技术开发区下潜入地,以隧道穿城过河后,于长沙东侧的黎托乡设长沙南站。出站后,线路沿京珠高速公路东侧南行,在株洲白马垅、湘潭十里冲分跨京广、沪昆铁路,并设置株洲北、株洲南联络线,沟通既有京广、湘黔铁路,在株洲马家河首跨湘江,于株洲市开发区西侧设株洲西站,后经湘潭白石、茶恩寺,在南岳衡山东麓设衡山西站,经九观桥越岭后进入衡阳盆地。

线路在茶山坳杨家洲附近复跨湘江,上跨京广铁路后在耒水之滨的咸塘设衡阳东站。其后跨耒水,于既有京广线西侧,伴欧阳海干渠南行,在耒阳市西侧设耒阳西站。线路穿越丹水岭隧道后进入湘南中低山区,至郴州开发区西侧傍增湖岭依山设郴州西站。其后跨仙岭水库并折向东南,选取骑田岭与五盖山挟持的垭口,于良田上连溪登顶翻越南岭,实现由长江水系向珠江水系的跨越。线路经折岭,跨章水河,走杨梅山,穿银岭头隧道出湖南省。

线路由乐昌进入广东,经庆云,以 3 座长大隧道于武水东侧穿越大瑶山,过北乡后于乐昌市东南侧设乐昌东站,其后跨京广铁路、武水,至韶关市西侧转而折向西南,在规划西联新城西侧设韶关西站,尔后走北江西侧南下,穿牛岭隧道至英德,于城市西侧设英德西站,出站后穿高岭隧道,跨连江口,顺飞来峡水库而下,走北江西岸,过黎溪、高田圩,在自庙跨越北江,于白家望设清远站。

线路经银盏,穿大窝山隧道进入珠江三角洲平原。进入花都后,一桥飞跨狮岭镇,跨京广线,在既有广州北站对侧并行设站,其后线路折向西南,在大田跨流溪河、在西华跨珠江主干,至金沙洲附近以隧道下穿浔峰山及环城高速沙贝枢纽立交后,跨珠江东平水道、陈村水道,终至番禺区石壁,设广州南站。

四、车站分布

全线共设 18 个车站,其中武汉、长沙南、广州南 3 个为始发站,办理部分始发终到旅客列车作业的中间站有岳阳东、衡阳东、郴州西、韶关西 4 个车站,一般中间站有咸宁北、赤壁北、汨罗东、株洲西、衡山西、耒阳西、清远、广州北 8 个车站,另外有乌龙泉东、乐昌东、英德西 3 个越行站。全线平均站间距离 56.77 千米,最大站间距离为郴州西至乐昌东 84.27 千米,最小站间距离为清远至广州北 36.46 千米。

五、路基设计

正线路基总长 322.22 千米,占线路总长的 33.3%。其中,武汉站(含)至乌龙泉段正线路基长度 15.41 千米;乌龙泉至韶关段正线路基长度 266.45 千米,另有客运专线与既有线的联络线路基长度 12.84 千米,全段岩溶路基长度 77.66 千米;韶关至花都段正线路基长度 42.49 千米,占线路总长的 26.68%;花都至广州南(含)段正线路基长度 4.84 千米,其余联络线等工程路基长度 8.27 千米。

六、桥梁设计

武汉站(含)至乌龙泉段,有桥梁 17 座,桥长 38.48 千米,涵洞 19 座,公跨铁 5 座,桥梁占比 87.8%。乌龙泉(含)至韶关站段,有桥梁 558 座,桥长 322.49 千米,涵洞 738 座,公跨铁 101 座,桥梁占比 45.08%。韶关站(不含)至花都(不含)段,有桥梁 99 座,桥长 67.59 千米,涵洞 146 座,桥梁占比 42.4%。花都(含)至广州南站(含)段,有桥梁 7 座,桥长 38.11 千米,涵洞 11 座,公跨铁 6 座,桥梁占比 75.9%。

七、隧道设计

全线隧道共计 226 座,总长 177.60 千米,占线路长度的 18.5%。全线隧道均为双线隧道。其中,长度大于 3000 米、小于 10000 米的隧道有 12 座,大于 10000 米的隧道有 2 座。隧道穿过的地层有灰岩、板岩、页岩、花岗岩、泥岩等。在郴州段有多座隧道穿过溶洞、瓦斯、煤炭采空区及高压水等复杂地质地段。

八、电力设计

电力供电工程主要由从国家电网接引的高压电源线路、铁路站(段)10千伏变配电所、沿线两路10千伏电力贯通线路、站场及区间高低压电力线路、室外照明、动力配线、电气设备防雷接地、车站机电设备监控及火灾自动报警装置等设施组成。全线共设23座10千伏(110千伏)变配电所。

九、工程数量

武汉天兴洲公铁两用长江大桥,全长4657.1米,由汉口岸向武昌岸桥跨布置为:4×40.7米预应力混凝土箱梁+(54.2米+2×80米+54.2米)预应力混凝土连续箱梁+62×40.7米预应力混凝土箱梁+(98米+196米+504米+196米+98米)钢桁梁斜拉桥+15×40.7米预应力混凝土箱梁。混凝土用量为88万立方米,钢材用量为4.8万吨。

武汉(不含)至广州南(不含),正线路基总长320.18千米,土石方10707万立方米;桥梁总长463.59千米/676座(特大桥363.40千米/228座,大桥90.78千米/345座,中桥9.41千米/103座);隧道总长177.60千米/226座(特长隧道20.20千米/2座,长隧道61.63千米/12座,中长隧道61.67千米/56座,短隧道34.10千米/156座);正线铺轨1922.75千米,高速道岔169组;全线征地7.21万亩,拆迁房屋380.63万平方米,三电迁改7536处。

广州铁路枢纽新广州站及相关工程,正线路基长50.27千米,土石方550.8万立方米;正线桥梁38.94千米;隧道4.44千米;正线铺轨103.35千米;道岔372组。

武广客运专线由武汉天兴洲公铁两用长江大桥、乌龙泉至花都段、广州枢纽花都至新广州站3个项目组成。根据国家发展改革委批复,总投资估算837.3亿元。根据铁道部批复的初步设计概算,武广客运专线概算总额为948.3亿元,增加新长沙站(开通时更名为长沙南站),区间中间站房,通信、信号、电力、电气化工程补充初步设计投资41.1亿元,共计989.4亿元。根据铁道部对项目的概算清理和审查情况,武广客运专线实际总投资为1253.8亿元,技术经济指标为1.30亿元/正线千米。

十、重点工程

(一)桥梁工程

1.天兴洲公铁两用长江大桥

桥址位于武汉市,全长4657米,主跨504米,大桥路面铺设4条铁路线,是我国首座四线公路铁路两用斜拉悬索桥。

2. 跨环城高速特大桥

桥址位于广州市,主桥跨越东平水道,一跨过江,桥式为(99+242+99)米四线连续钢桁拱。主桥位于直线、平坡上,铺设有砟轨道,设计行车速度为200千米/小时。

3. 流溪河特大桥

桥址位于广州市,主桥跨越西华海水道,采用(94米+168米+94米)双线预应力混凝土连续刚构。主桥位于直线、平坡上,铺设无砟轨道,设计行车速度为300千米/小时。

4. 汀泗河特大桥

桥址位于咸宁市,上跨京珠高速公路。主跨采用140米钢箱系杆拱。主桥上铺设无砟轨道。

(二)隧道工程

1. 大瑶山隧道群

隧道群全长24.70千米,位于广东省韶关市。隧道正洞采用双线复合式衬砌,设计为"人"字形坡。辅助坑道采用单车道无轨运输+错车道结构形式,锚喷支护整体式衬砌。

2. 浏阳河隧道

隧道全长10.11千米,位于湖南省长沙市,平均埋深30~50米。隧道暗挖段按喷锚构筑法设计,采用复合式衬砌,辅助坑道采用"三竖井+一斜井"的设计方案。

3. 牛岭隧道

隧道全长7.59千米,位于广东省韶关市。隧道进口采用斜切式洞门,后接明洞。出口采用环框明洞衬砌,其余各段采用复合式衬砌。

4. 高岭隧道

隧道全长5.56千米,位于广东省清远市。隧道进出口均采用斜切式洞门,进口接明洞。除进口段采用明洞衬砌,其余各段采用复合式衬砌。

(三)主要车站

1. 武汉站

武汉站(图6-1)采用横列式站型,设客专和普速两个车场。客专场设15条到发线(含2条正线),8座站台,站台长度450米;普速场设5条到发线(含2条正线),3座站台,站台长度500米。客专车场主要办理京广客运专线旅客列车的始发终到和通过作业以及跨线客车通过作业,普速车场主要办理北东向、西东向通过客车及枢纽内市郊客车作业。站房建筑面积114602平方米。

图 6-1　武汉站效果图

2. 广州南站

广州南站(图 6-2)采用横列式站型,设武广上下行车场、广深港和直通车车场、广珠城际和贵广铁路车场。武广下行车场,设到发线 7 条,站台 4 座;武广上行车场,设到发线 8 条,站台 4 座;广深港和直通车车场,设到发线 4 条,站台 2 座;广珠城际和贵广铁路车场,设到发线 9 条,站台 5 座。站房建筑面积 486000 平方米。

图 6-2　广州南站效果图

3. 长沙南站

长沙南站(图 6-3)采用横列式站型,设到发线 10 条,中间站台 5 座,基本站台 1 座,旅客进出站地道各 1 座。动车运用维修所及综合维修段设于车站东南方向,距离车站 2.5 千米。动车所内设动车组存放线 17 条,检修库线 2 条,库外整备线 2 条。

图 6-3　长沙南站效果图

第四节　工程建设

武广客运专线建设项目包括轨道、路基、桥梁、隧道、站场、通信、信号、信息、房建、给排水、环保等线上和线下工程,自 2005 年 6 月 23 日开工,经过 4 年半的施工建设,2009 年 12 月 26 日正式通车运营。

一、工程建设重要节点

2004 年 5 月 9 日,铁道部成立武广铁路客运专线建设指挥部筹备组。

2004 年,铁道部以铁建函〔2004〕552 号文批复同意武汉天兴洲公铁两用长江大桥初步设计,以铁计函〔2004〕291 号文同意批复武汉天兴洲公铁两用长江大桥开工。

2004 年 6 月,武汉天兴洲公铁两用长江大桥开工。

2004 年 10 月 3 日,铁道部撤销武广铁路客运专线建设指挥部筹备组,成立武广铁路客运专线公司筹备组。

2005 年 6 月 21 日,武广铁路客运专线有限责任公司在湖北省武汉市注册成立,负责武广客专的建设和经营管理。

2005 年 6 月 23 日,铁道部在长沙浏阳河工地召开武广客专开工动员大会。

2005 年,铁道部以铁建函〔2005〕783 号文批复武广客运专线初步设计。以铁建函〔2005〕882 号文、铁建函〔2006〕971 号文批复广州新客站及相关工程初步设计。

2005 年 7 月,重点隧道工程和先期段相继开工建设。

2005 年 8 月 22 日,时任中共中央总书记、国家主席胡锦涛在视察建设中的武汉天兴洲公铁两用长江大桥时指出要将武广客专建设成为中国铁路建设史上新的里程碑工程。

2005 年 9 月,路基工程陆续开工建设。

2006 年 1 月 26 日,铁道部以铁计函〔2006〕66 号文批复同意武广客专开工。

2006 年 3 月,乌龙泉至花都段线下土建工程开工建设。

2006 年 6 月 27 日,铁道部以铁计函〔2006〕449 号文批复同意广州新客站及相关工程开工。

2007 年 3 月,开始第一孔现浇箱梁施工。

2007 年 11 月,长沙南站开工建设。

2008 年 3 月,开始首段无砟轨道施工。

2008 年 5 月,线下主体工程基本完工。

2008 年 6 月 27 日,"四电"集成系统全面开工建设。

2008 年 7 月 1 日,全线正式开始铺轨。

2008 年 9 月,武汉天兴洲公铁两用长江大桥建成。

2008 年 10 月,沿线中间站站房开工建设。

2009 年 3 月 31 日,完成全部桥梁架设。

2009 年 5 月,全线控制性工程——武汉天兴洲公铁两用长江大桥开通。

2009 年 7 月 28 日,隧道全部贯通。

2009 年 9 月 20 日,"四电"工程竣工。

2009 年 9 月 26 日,完成全部长轨道和道岔铺设。

2009 年 10 月 31 日,完成全线联调联试。

2009 年 11 月 11 日,全线拉通试验。

2009 年 12 月,武汉天兴洲公铁两用长江大桥竣工验收。

2009 年 12 月 9 日,武广客专成功试运行。

2009 年 12 月 15 日,武广客专通过初步验收。

2009 年 12 月 22 日,武广客专通过安全评估。

2009 年 12 月 26 日,武广客专正式通车运营。

二、工程建设难点

1. 地质条件复杂

武广客专连接武汉、长沙、广州等大中城市,跨越长江和珠江两大水系,穿越山峦巍峨、河谷深切、地形险峻的南岭瑶山地区,工程地质和水文地质条件极其复杂。

2. 建设组织难度大

武广客专属于全新研究探索型超大规模系统工程,规模大、施工难度大、质量要求严、工期要求紧,建设管理任务重,建设组织难度大。

3. 专业接口多

工程建设涉及路基、桥涵、隧道、无砟轨道、精密测量、四电集成、站房建设等专业,专业性强、工序繁杂。涉及线下与轨道工程的转换、站前与站后工程的转换、主体与附属配套工程的转换等。

4. 质量要求严

武广客专对线下基础工程变形控制、无砟轨道平顺性、牵引供电、通信信号、系统集成等技术标准要求更高,路基工后沉降要求达到"零沉降",工程质量要求达到"零缺陷"。

5. 安全风险高

武广客专沿线岩溶分布广泛,大瑶山隧道群多次穿越富水断层破碎带,线路多次跨越既有铁路和等级公路,施工安全风险高。

6. 环保要求严

武广客专沿线涉及东湖国家风景区、粤北华南虎省级自然保护区等 8 处生态敏感区,环境影响和水土保持报告书编制和评审要求严格。

三、主要参建单位

武广客专汇集了国内外众多在工程建设领域经验丰富的建设管理、勘测设计、施工和监理等单位。建设管理由武广铁路客运专线有限责任公司、武汉铁路局和广州铁路(集团)公司负责。勘察设计由中铁第四勘察设计院集团有限公司、中铁二院工程集团有限责任公司、中南建筑设计院股份有限公司、武汉市建筑设计院、上海联创建筑设计有限公司负责。工程咨询由中铁工程设计咨询集团有限公司、德国欧博迈亚工程设计咨询有限公司负责。通过招标,择优选取了中国铁路工程总公司所属的中铁一局、中铁三局、中铁四局、中铁五局、中铁八局、中铁隧道局、中铁大桥局、中铁电气化局、中铁建工集团,中国铁道建筑总公司所属的中铁十一局、中铁十二局、中铁十四局、中铁十五局、中铁十六局、中铁十七局、中铁十八局、中铁十九局、中铁二十五局等 19 个工程局,以及中国铁路通信信号集团公司、中国建筑股份有限公司、德国海德坎普轨道工程有限公司等承担施工任务。通过招标,择优选取了沈阳铁路局建设监理公司、山东济铁工程建设监理有限责任公司、北京通达监理有限公司、黑龙江中铁建设工程监理有限责任公司、郑州中原铁道建设工程监理有限公司、韩国铁道施设公团、华铁工程咨询有限责任公司、甘肃铁一院工程建设监理有限责任公司、北京铁城建设监理有限责任公司、北京中铁诚业工程建设监理有限公司、德国铁路咨询有限公司、西南交通大学工程建设监理公司、武汉桥梁建筑工程监理有限公司、天津新亚太工程建设监理有限公司、云南铁路工程监理有限责任公司、法国赛特路公司、华南铁路建设监理公司、济南铁路顺达工程建设监理有限责任公司、广东至艺工程建设监理有限公司、广东省广梅汕建设监理有限公司、长沙中大建设监理有限公司、荷兰阿卡迪斯公司监理单位。

四、建设管理模式

1. 部省合作机制

2004 年,铁道部分别与广东省、湖北省、湖南省政府形成关于各省铁路建设部省会谈会议纪要,明确了武广客专由铁道部负责组织建设并筹措建设资金,沿线三省地方政府负责征地拆迁工作并承担相关费用。

2. 分工建设机制

武广客专工程建设采用铁道部统一组织、武广铁路客运专线有限责任公司负责实施和推进、委托武汉铁路局和广州铁路(集团)公司提前介入的建设模式。铁道部主要负责研究确定武广客专的线路方案、技术标准、解决重大方案分歧等;武广铁路客运专线有限责任公司作为业主单位,全面负责工程建设的质量、安全、工期和投资控制等;武汉铁路局和广州铁路(集团)公司作为受委托的运营单位,主要负责运营交付前的工务、电务、通信、信号等各项工作优化调整。

3. 小业主、大咨询模式

武广客专首次在我国长大铁路干线建设中采用"小业主、大咨询"管理模式。通过招标,组建技术力量强大的咨询机构,全面承担勘察、设计、施工、监理和设备采购等咨询任务,同时引进国外监理公司。

4. 标准化管理体系构建

全面推行建设管理标准化,构建标准化管理体系,实现管理制度标准化、人员配备标准化、现场管理标准化、过程控制标准化。

第五节　运营管理

2009 年 12 月 26 日,武广客专正式开通运行,每日开行 28 对高速动车组,其中广州至武汉每日开行 21 对,广州至长沙每日开行 5 对,长沙至武汉每日开行 2 对,武汉至广州的旅行时间由原来的 11 小时缩短到 3 小时左右,长沙直达广州仅需 2 小时。

2010 年 7 月 1 日,武广客专最高日开行"和谐号"动车组列车由 33 对增至 63 对。

2010 年 12 月 27 日,武广客专开通运营 1 年,发送旅客 2058 万人次,最高日发送旅客达13.5 万人次。

2011 年 1 月 22 日,武广客专每日开行 88 对高速动车组。

2012 年 4 月 1 日零时起,武广客专联通广深港高速铁路,实行新的列车运行图,武汉至深圳开行 10 对高速动车组列车。

第六节　工程创新

武广客专在无砟轨道及其线下工程、高速接触网系统、列控系统、大型客站等方面,通过原始创新、集成创新、引进消化吸收再创新,取得了一系列创新成果。

武广客专创新研究成果直接应用于指导项目本身的设计、施工,间接在郑武、宁杭、合福、杭长等铁路建设项目上得到推广应用。

1. 无砟轨道技术

提出了无砟轨道按三重地基叠合梁理论设计技术。研究设计了 CRTS Ⅰ 型双块式、CRTS

Ⅰ型板式、CRTSⅡ型板式、道岔区轨枕埋入式、道岔区板式 5 种无砟轨道结构。采用过渡板等技术手段,在 140 米钢箱系杆拱、(70 + 125 + 70)米连续梁、(94 + 168 + 94)米连续梁连续刚构等桥梁上按 350 千米/小时标准铺设无砟轨道。创新纵横向限位装置,在雷大桥特大桥、昌山特大桥上道岔区桥梁上铺设无砟轨道。

2. 桥梁技术

研发了 140 米下承式钢箱系杆拱、(94 + 168 + 94)米连续刚构等高速铁路同类结构中最大跨度桥梁技术,特大型车站复杂咽喉区无缝线路道岔群桥梁技术,大跨度混凝土连续梁桥设计技术,规模化场制大吨位简支箱梁制、运、架成套技术。

武汉天兴洲公铁两用长江大桥是我国第一座跨长江的高速铁路桥梁,是当时世界上跨度最大的铁路及公路两用斜拉桥;斜拉桥首次采用三片桁架主梁、三索面的新结构,在国内首次采用大吨位液压阻尼装置,有效改善了斜拉桥体系的受力;深水基础首次采用 3.5 米大直径钻孔灌注桩。大桥"三索面三主桁公铁两用斜拉桥建造技术"历经十余年研究和实践,在结构设计、施工方法及装备研发等方面取得具有自主知识产权的重大科技成果,于 2014 年 1 月荣获国家科学技术进步奖一等奖。

3. 隧道技术

研发了内净空 100 平方米大断面隧道修建技术、全封闭防水技术、空气动力学技术。

4. 高速牵引供电技术

研发应用了高速 SiFCAT350 接触网技术体系,无交分和辅助三线定位线岔技术,350 千米/小时、3 分钟追踪、23000 千瓦大功率动车组重联、牵引电流达 1000 安的矮型特种钢轨(AT)供电技术体系,大功率单相牵引变压器及相关设备配置技术。

5. CTCS-3 级列控技术

研发了速度 350 千米/小时、最小追踪间隔 3 分钟的 CTCS-3 级列控系统,无线闭塞中心设计技术,铁路移动通信系统(GSM-R)覆盖冗余设计技术。

6. 大型车站技术

形成了高速铁路桥建合一站房设计理论、设计方法、技术标准及建造技术,高速铁路桥建合一结构体系清水混凝土异型钢构拱桥关键技术,特大型旅客站房建筑节能技术和声学设计技术。

7. 高速行车组织技术

构建了客运票价的系统动力学模型,确定了项目科学的经济分析方法;开发专用软件,优化了武广客专旅客列车开行方案。

8.精密控制测量技术

建立了 CPⅠ、CPⅡ、CPⅢ 三网合一的精密工程测量控制网系统,实现无砟轨道铺设与轨道精调的高精度。

第七节　工程价值

武汉至广州铁路客运专线工程是 2004 年《中长期铁路网规划》发布后第一批高速铁路工程。武广客专的修建,有利于提高京广铁路的综合运输能力。项目建成后,从武汉至广州的运行时间由原来的 11 小时短至 3 小时左右,在充分满足旅客对快速、安全、舒适和方便出行的不同层次需求的同时,实现了客货分线运输,进一步释放既有京广线货运能力,有效缓解了铁路对煤炭、石油、粮食等重要物资运输的瓶颈制约。

武广客专的修建,有利于进一步完善我国铁路运输网,提高铁路网的整体运输能力,促进经济社会又好又快发展,推动实现经济可持续发展战略。在完善路网建设、实现“四纵四横”铁路网建设规划的同时,成为沿线地区社会经济发展的交通命脉,有力促进沿线经济快速发展,充分发挥珠江三角洲的区位优势及其辐射带动作用。

武广客专的修建,有利于促进珠江三角洲经济从劳动密集型传统产业向资金密集型现代工业转化,“泛珠三角”区域各省区经济结构互补,促进鄂湘粤及周边地区的合作,推动区域经济协调发展。对于我国加快实施铁路“走出去”战略,大力增强我国战略地位和国际影响,振奋民族精神,加强中华民族复兴之路的信心,具有重要而深远的意义。

武广客专的修建,有利于推进铁路技术进步,实现重大跨越,加快我国铁路现代化建设步伐。武广客专是当时世界上一次开通线路最长、运营速度最快的高速铁路。通过原始创新、集成创新和引进消化吸收再信新,走出一条我国高速铁路自主创新之路,系统掌握高速铁路工程建造技术、高速列车技术、列车控制技术、系统集成技术等关键技术,形成了具有自主知识产权的高速铁路技术体系,实现了由世界高速铁路技术的“追赶者”到“领路者”的历史性跨越。

武广客专以建设世界一流高速铁路为目标,通过体制创新、管理创新、技术创新,成功走出了一条具有中国特色的高速铁路建设之路。武广客专的开通运营,对我国大规模高速铁路建设具有引领、示范作用,为铁路实施“走出去”战略提供了有利的支撑。

执笔人:索明亮

第七章　北京至上海高速铁路

第一节　工程概况

北京至上海高速铁路(以下简称"京沪高速铁路")工程包括"新建北京至上海高速铁路"和单独立项的"北京南站改扩建及新建李营动车段工程""新建南京枢纽大胜关长江大桥、南京南站及相关工程"3个建设项目。

新建北京至上海高速铁路,起自北京南站,终到上海虹桥站,正线长1318千米,共设24个车站,是当时世界上一次建成里程最长、技术标准最高的高速铁路,刷新了一次投资规模最大的建设项目的纪录。工程于2008年1月开工建设,2010年11月全线铺通。2010年12月3日,运营试验列车在枣庄至蚌埠南间先导段的试验速度达到486.1千米/小时,创造了中国高速铁路最快速度纪录。2011年6月30日京沪高速铁路开通运营。2013年2月25日通过国家验收委员会验收。

北京南站改扩建及新建李营动车段工程,北京南站车站总规模为13个站台、24股到发线,建筑面积32.2万平方米(其中,站房25.1万平方米,雨棚7.1万平方米)。新建京津城际轨道交通和京沪客运专线均引入北京南站。工程于2005年12月开工建设,2008年8月1日通车运营。

新建南京枢纽大胜关长江大桥、南京南站及相关工程,新建大胜关长江大桥全长9.273千米,主跨336米,设计活载为六线轨道交通。新建南京南站站场总规模为15台28线,总建筑面积为43.9万平方米。大胜关长江大桥于2006年7月开工建设,2011年1月正式投入使用。南京南站站前工程于2008年7月开工建设,南京南站站房于2009年4月开工建设,2011年6月南京南站及北广场正式投入使用。

第二节　规划与决策

京沪高速铁路的规划是从1990年初铁道部提出开展高速铁路技术攻关的报告和同年年底完成《北京至上海旅客列车专用高速铁路方案研究初步设想》开始的。历经技术论证、必要性和可能性探讨、"四委一部"(国家科学技术委员会、国家计划委员会、国家经济贸易委员会、国家经济体制改革委员会和铁道部)课题组完成《京沪高速铁路重大技术经济问题前期研究总报告》等,直至1996年纳入《国民经济和社会发展"九五"计划和2010年远景目标纲要》。

京沪高速铁路决策历程包括同意开展预可行性研究、项目建议书、可行性研究报告、开工阶段，均是在党中央和国务院直接领导下进行的。在这个过程中，有的专家对修建京沪高速铁路的必要性、建设时机、技术经济可行性，对京沪高速铁路采用何种技术制式修建提出不同看法，引起社会广泛关注，因而进行了多次论证。在批准开工前，国家发展和改革委员会（以下简称"国家发展改革委"）还向铁道部、中国国际工程咨询公司（现中国国际工程咨询有限公司，以下简称"中咨公司"）下发了《关于开展京沪高速铁路方案优化等工作的通知》，要求对设计进行优化。

一、项目提出

改革开放后，我国国民经济和社会发展驶入快车道。由于铁路的发展相对滞后，买票难、乘车难、请车难、运货难，成了社会关注的焦点，铁路成为国民经济发展的"瓶颈"。扩大运输能力、提升装备技术水平、提高旅客列车速度成为我国铁路发展的当务之急。

京沪通道北接环渤海经济区，南连长江三角洲，随着经济体制改革的深入和对外开放的扩大，沿线地区经济社会发展的势头强劲，全社会客货运输需求大幅增长。公路"八五"计划，将京沪高速公路列入了"五纵七横"国道主干线，并于1987年底分段开始修建。1991年底完成了虹桥机场第三次扩建，之后又新建浦东机场、建成首都国际机场三号航站楼，积极增加京沪间航线。既有京沪铁路是1968年9月南京长江大桥铁路桥通车后京津、津浦、沪宁铁路的合称，全长1463千米。作为我国最繁忙的运输干线，为努力适应沿线经济与社会发展对铁路运输的需求，该线不断进行强化改造，1978年全线形成复线，自20世纪80年代起以重载和提速为目标，陆续实施延长股道有效长度、增加车站股道数量、平交改立交、改（扩）建枢纽和编组站、更换机型等，逐步提高运力。1990年，既有京沪铁路客运密度达到3451万人次，货运密度达到7206万吨，分别为全国铁路客、货平均运输密度的5.4倍和3.8倍。即便如此，既有京沪铁路仍然处于持续的全线紧张、全面紧张状态之中，运量与运能矛盾十分突出，运能缺口高达50%。为此，先后研究了既有京沪铁路电气化改造、京九等线分流、新建货运专线及建设客运专线高速铁路等扩能方案。同一时期，日本、法国、德国、西班牙、意大利等国，正积极兴建高速铁路。

1990年3月，铁道部向国务院上报了《关于"八五"期间开展高速铁路技术攻关的报告》，申请将"高速铁路技术"纳入国家"八五"重大技术装备攻关项目，国务院分管负责同志表示同意。1990年12月，铁道部组织完成了《北京至上海旅客列车专用高速铁路方案研究初步设想》，对修建京沪高速铁路的意义、主要技术标准、设计原则、线路方案、工程投资估算、经济效益评估做了描述，并对下一步工作提出了建议，拉开了建设京沪高速铁路前期工作的序幕。

二、规划依据

1991 年 3 月公布的《中华人民共和国国民经济和社会发展十年规划和第八个五年计划纲要》，将铁路高速技术作为我国科技攻关的重点课题。同年 6 月，国家《中长期科学技术发展纲要》明确提出 2020 年前在特别繁忙的铁路干线建成高速客运专线。同月，国家计划委员会正式批准铁路"八五"科技攻关国家级重要项目，其中高速铁路运输新技术研究、重载运输技术发展的研究被列为"八五"攻关的重中之重。

1992 年 7 月，铁道部向国务院报送《关于尽快修建高速铁路的建议报告》。

1996 年 3 月，第八届全国人民代表大会第四次会议批准的《国民经济和社会发展"九五"计划和 2010 年远景目标纲要》明确："下个世纪前，集中力量建设一批对国民经济和社会发展具有全局性、关键性作用的工程……着手建设京沪高速铁路，形成大客运量的现代化运输通道"。

2001 年 3 月，第九届全国人民代表大会第四次会议批准的《国家"十五"计划纲要》明确"建设青藏铁路、京沪高速铁路"。

2004 年 1 月，国务院常务会议讨论并原则通过《中长期铁路网规划》。根据规划，我国高速铁路发展以"四纵四横"为重点，构建快速客运网的主要骨架，形成快速、便捷、大能力的铁路客运通道，在主要的繁忙干线逐步实现客货分线运输。在"四纵"客运专线中，明确北京至上海修建高速铁路，贯通环渤海和长三角东部沿海经济发达地区。

三、项目立项

1. 新建北京至上海高速铁路

从 1990 年提出开展高速铁路技术攻关，到 2006 年国家批准立项期间，开展了大量京沪高速铁路工程前期研究工作。20 世纪 90 年代以后，铁道部先后立项研究课题达 460 多项，其中约 50 项列为"八五""九五""十五"国家科研攻关项目，内容包括运输经济、土建工程、高速列车、通信信号、牵引供电、材料工艺及运营管理等各方面，参加人员达数千人。随着改革开放的深化，中外铁路工作者在高速铁路领域开始直接交流，1991—1994 年，铁道部陆续举办了中法、中德、中国—西班牙高速铁路技术研讨会，日本海外铁道技术协力协会到北京举办"中国高速铁路研讨会"。1993 年完成的世界银行第六批贷款项目所列"京沪铁路扩能研究"认为：要解决京沪线扩能问题，必须修建高速铁路。1994 年"京沪高速铁路主要技术条件及成本效益分析"课题列入世界银行第七批贷款项目。1995 年铁道部组团参加了国际铁路联盟（UIC）在法国举办的第二次世界高速铁路大会。1997 年中咨公司与欧洲高速铁路联合体合作完成《欧洲高速铁路建设的经验对中国高速铁路的评估、决策和实施的建议》。1998 年中咨公司与日本国海外铁道技术协力协会共同完成了《中国高速铁路建设与经济评价专题研究》。

同期,还组织了高速铁路专题出国考察和专业人才出国研修培训。这些研究工作成果成为预可行性研究及后续阶段的工作基础和支撑。

1994年10月,铁道部向国务院分管领导报送了《关于组织开展京沪高速铁路预可行性研究工作的报告》;同月,国务院分管领导批示同意。

1996年5月,铁道部完成《京沪高速铁路预可行性研究报告》,向国务院报送《关于京沪高速铁路预可行性研究情况的报告》。

1996年10月,国务院办公厅秘书局向国家发展计划委员会(以下简称"国家计委")、铁道部、中国人民银行下达了《国务院会议决定事项通知》,通知提出,前期工作要充分论证客流和投资效益,可考虑在本届政府任期内完成京沪高速铁路的立项工作。可通过多渠道筹集建设资金,包括使用国外政府贷款等。对外开展技术、经济合作洽谈及人才培养等工作,可在统一部署下进行。

1997年3月,铁道部向国家计委报送《关于报送〈新建北京至上海高速铁路项目建议书〉的函》。

1998年10月,国家计委委托中咨公司对《京沪高速铁路预可行性研究报告》开展评估。

1999年5月,中咨公司提出《关于京沪高速铁路项目专题论证阶段的评估意见》,认为"关于京沪高速铁路的运量预测、扩能方案、摆式列车方案、速度目标值、技术引进与国产化、投资估算以及经济评价等问题的专题论证已经完成;建设京沪高速铁路是必要的,其基本方案是可行的,项目总投资基本合理,经济效益是好的。"

在预可行性研究的一段时间里,对于京沪高速铁路的技术制式存在分歧。1998年6月,中科院的3位院士提出京沪高速铁路采用磁悬浮列车,要比航空更经济。6月20日,国务院领导作出批示,要求对"磁悬浮高速列车和轮轨高速列车的技术"进行研究和比较分析。根据国务院领导批示,中国工程院组织专家组,经过考察和认真研究之后,于1999年3月31日向国务院呈送了《磁悬浮高速列车与轮轨高速列车的技术比较和分析》的报告,认为"建设京沪高速铁路是我国高速铁路的首先选择""在京沪线上采用轮轨技术方案是可行的。"但持不同意见的3位院士不同意报告的观点,仍然坚持京沪高速铁路适合磁悬浮技术,并给国务院领导写信。1999年4月,国务院领导将3位院士的信批转给中咨公司,要求再组织研究。2000年1月,中咨公司向国家计委上报《关于高速轮轨与高速磁悬浮比较的论证报告》,重申京沪高速铁路采用高速轮轨技术的建议。2003年9月,受国家发展改革委委托,中咨公司再次就京沪高速铁路的技术制式等问题组织论证。11月,中咨公司将《京沪高速铁路建设有关问题论证报告》上报国家发展改革委,认为京沪高速铁路应采用高速轮轨技术系统,并通过引进消化吸收核心技术,有条件在近一两年内按300～350千米/小时高标准、高起点开工建设京沪高速轮轨铁路,高速轮轨技术是现阶段满足京沪通道需求的必然选择。至2003年底,京沪高速铁路技术制式之争告一段落。

2003 年 5 月,铁道部向国务院上报了《中长期铁路网规划》,2004 年 1 月获得国务院常务会议原则通过,其中"四纵"客运专线的第一条就是北京—上海高速铁路。经 2006 年 2 月 22日国务院第 126 次常务会议批准,国家发展改革委于 3 月下达《关于新建京沪高速铁路项目建议书的批复》,批准新建京沪高速铁路工程立项。批复指出,建设京沪高速铁路对缓解京沪铁路运力长期严重紧张局面,促进我国经济社会发展尤其是东部地区发展具有重要意义;经过充分论证、科学比选,各方面就技术方案等重大问题基本取得一致,项目建设时机已经成熟;同意建设京沪高速铁路;京沪高速铁路采用高速轮轨技术建设;全线按最高速度 350 千米/小时、初期运行速度 300 千米/小时设计,一次建成高速铁路线路 1318 千米。具体技术指标在可行性研究阶段研究确定。

2. 北京南站改扩建及新建李营动车段工程

北京南站原名永定门站(旧称马家堡站),是北京地区最早建成的火车站,曾经多次改(扩)建。作为北京铁路枢纽的重要组成部分,据规划,京津城际轨道交通和京沪客运专线将引入北京南站,既有北京南站设施已不能满足需要。2005 年 5 月,国家发展改革委印发《关于北京南站改扩建及新建李营动车段工程项目建议书的批复》(发改交运〔2005〕885 号),同意立项。

3. 新建南京枢纽大胜关长江大桥、南京南站及相关工程

南京大胜关长江大桥是京沪高速铁路的控制性工程,也是沪汉蓉铁路通道的重点工程。2005 年 12 月,国家发展改革委印发《关于新建南京枢纽大胜关长江大桥南京南站及相关工程项目建议书的批复》(发改交运〔2005〕2750 号),指出"为满足沪汉蓉铁路通道建设的需要,缓解南京铁路枢纽过江通道和客运设施能力不足的矛盾,同意新建南京枢纽大胜关长江大桥和南京南站"。

四、项目可行性研究

(一)前期工作主要阶段

在国家批准立项前,京沪高速铁路项目的预可行性研究、可行性研究、初步设计是反复、交叉进行并逐步深化的,可分为 4 个阶段。

1990—2000 年,完成方案报告、预可行性研究、可行性研究及深化可行性研究。1991 年 4月,完成了《北京至南京段高速客运系统规划方案研究报告》和《沪宁段高速客运系统规划方案研究报告》。1994 年 4 月,在初测基础上,完成了《京沪高速铁路(深化)可行性研究报告(总报告)》。1996 年 4 月,完成了《京沪高速铁路预可行性研究报告(送审稿)》。1996 年 10月—1997 年 6 月,完成全线补充初测。1997 年 2 月,完成了《京沪高速铁路线路方案补充报告》,3 月上报了项目建议书。1997 年 12 月,完成了补充初测和初步设计;1998 年,完成了全

线定测;1999 年,完成了京沪高速铁路站前专业技术设计。1998 年 10 月—2000 年 5 月,中咨公司对"京沪高速铁路预可行性研究报告"进行了分专题评估,配合评估完成了《京沪高速铁路预可行性研究报告(评估补充稿)》。

2001—2003 年,重新落实方案,完成可行性研究。2001 年 12 月,国家计委和国土资源部联合下发《关于预留京沪高速铁路建设用地的通知》(计基础〔2001〕2470 号),据此进行了全线补充测量,并征求了沿线地方政府的意见。2002 年 6 月,完成《高速铁路运营成本及票价构成测算研究》。2002 年 11 月,向沿线地方政府提交了京沪高速铁路规划用地图。2003 年 2—7 月,结合党的十六大全面建设小康社会的宏伟目标,铁道部又专门组织设计院,对全线线路走向方案进行了专题研究,并与地方有关政府或部门进一步交换了意见。2003 年 7 月,完成了可行性研究报告(中间审查稿),9 月完成了可行性研究报告。

2003—2005 年,完成初步设计、设计暂规及初步设计的国际咨询。2005 年 5 月,完成了长江桥等 6 个重点工程的修改初步设计,铁道部于 2005 年 6 月对长江桥等 6 个重点工程进行了预审。

2006 年,批准立项后完成可行性研究报告。2006 年 3 月,完成了全线可行性研究报告(送审稿),并下发《关于新建北京动车段工程可行性研究报告的批复》(铁计函〔2006〕236 号)。同月,国家环境保护总局下发《关于新建铁路南京枢纽大胜关长江大桥南京南站及相关工程环保影响报告书的批复》(环审〔2006〕149 号)。同月,铁道部上报《关于报送新建京沪高速铁路可行性研究报告的函》(铁计函〔2006〕247 号)。4 月,铁道部向水利部报送全线水土保持方案。同月,铁道第三勘察设计院委托中国地震局工程力学研究所等单位编制的《京沪高速铁路沿线地震参数区划报告》通过了国家地震安全性评定委员会评审。5 月,铁道部对京沪沿线省市政府发出特急函《关于请求控制好京沪高速铁路预留建设用地的函》(铁计函〔2006〕349 号)。同月,铁道部上报《关于新建京沪高速铁路环境影响报告书的预审意见》(铁计函〔2006〕369 号)。同月,铁道部上报《关于新建京沪高速铁路水土保持方案报告书的预审意见》(铁计函〔2006〕378 号)。6 月,中国地震局印发《对京沪高速铁路重点工程场地地震安全性评价报告的批复》(中震安评〔2006〕46 号)。7 月,国家环境保护总局下发《关于新建京沪高速铁路环境影响报告书的批复》(环审〔2006〕355 号)。8 月,水利部印发《关于新建京沪高速铁路水土保持方案的复函》(水保函〔2006〕372 号)。

(二) 可行性研究方案

2006 年 4 月,铁道部向国家发展改革委报送了《新建京沪高速铁路可行性研究报告》。报告对京沪高速铁路在国民经济与路网中的意义和作用、建设京沪高速铁路的必要性和紧迫性再次作了充分的阐述;对京沪高速铁路经济与运量、轨道、路基、桥涵、隧道、站场、电气化、动车组运用、维修设备、通信信号等主要技术标准、线路走向方案、运输组织模式、运营管理方式、车站分布原则、主要技术方案和工程内容、信息系统、防灾安全监控系统、环境保护与水土保持、节约能源、融资总体方案、投资估算和建设安排、资金筹措、经济评价、建设设计、施工监理、外部协作条件、经济评价等进行了详细、完整、系统的阐述。

2006年5—11月，中咨公司受国家发展改革委委托，完成可行性研究报告评估。

2007年8月29日，国务院第190次常务会议原则同意《京沪高速铁路可行性研究报告》。会议认为，京沪高速铁路是国家战略性重大交通工程，意义重大，举世瞩目；有关部门和专家认真负责，深入调研，科学论证，各方面对项目建设的必要性、可行性均表示赞同；京沪高速铁路投资巨大，影响广泛，要以高度的责任感，高标准、高质量地把这条铁路建设好。

(三)资金筹集方案

落实建设资金筹集方案是建设项目可行的重要内容。"八五""九五"期间铁路年均基建投资仅为240亿～477亿元。京沪高速铁路投资总额上千亿元，建设资金筹集方式的研究、落实更是重点。从1990年开始工程研究至2008年国家批准开工期间，投融资环境发生了巨变：一是国家经济实力有了极大提升；二是外商投资政策、市场化融资、社会资金投资铁路建设的一系列政策规定出台，铁道部获准发行"中国铁路建设债券"；三是铁路从开始实行中央和地方政府合资修铁路到投资体制改革，实行铁路建设市场化融资。

京沪高速铁路建设资金筹措方案也随之变化。可行性研究报告提出的筹融资总体方案为：组建京沪高速铁路有限责任公司；首先以铁道部及地方政府注入的资本金和银行贷款作为主要资金来源，组织实施工程建设；同时积极引进国内外战略投资者，在资本市场上分期发行企业债券，逐步加大市场融资份额，替代或置换政府资金和债务性融资，在实现国铁控股的前提下，逐步减少政府资金所占资本金的比例；在条件成熟时改制上市，进入股票市场直接融资。资金筹措：项目资本金按总投资的50%考虑(840亿元)，为加快项目建设过程，沿线地方政府分别负责本省(市)境内依法征地拆迁工作并承担费用，征地拆迁补偿费用按国家有关规定确定并经各方认可后作为资本金入股，其余资本金暂由铁路建设基金安排。资本金以外的50%(840亿元)使用中国工商银行、国家开发银行、中国建设银行、中国银行等贷款，出资各方按资本金比例分别提供担保。中咨公司按照国家发展改革委要求对市场化筹资方案及其运作方式进行了论证，提出的评估意见认为：资本金比例符合国家有关规定，是可行的。项目资本金和银行贷款是落实的。

2007年9月，国家发展改革委《关于审批新建京沪高速铁路可行性研究报告的请示的通知》提出的投资及运作方式是：京沪高速铁路总投资规模为2209.4亿元，扣除单独立项、已开工的北京南站及动车段、南京南站及大胜关长江大桥工程，该项目投资为1982.9亿元(其中动车组购置费392亿元)；该项目资本金按投资的50%考虑(991亿元)，沿线地方政府承担本省(市)境内征地拆迁相关费用230.2亿元(暂定，实际发生数额经出资各方认可后作为资本金入股），其余资本金暂由铁路建设基金安排；资本金以外的资金使用中国工商银行、国家开发银行、中国建设银行、中国银行等贷款，并研究发行部分企业债券；先由目前已确定的出资方共同组建京沪高速铁路有限责任公司或股份有限公司，组织工程建设；同时，充分调动社会各方面积极性，引进国内外战略投资者，实现投资主体多元化；条件成熟时，通过公开发行股票等方式募集资金，减少政府资本金比例。

按照国家发展改革委授权，2005 年 12 月，铁道部批复北京南站改扩建及新建李营动车段工程可行性研究报告。建设资金由铁道部安排。

2006 年 6 月，国家发展改革委《关于新建南京枢纽大胜关长江大桥南京南站及相关工程可行性研究的批复》（发改交运〔2006〕1074 号）提出资金来源为：大桥预留城市轨道交通条件增加的投资 5 亿元由南京市自筹解决；征地拆迁补偿费（约 20 亿元）由南京市负责，以实际发生数额经双方认可后作为相关项目股份；其余 129 亿元由铁道部承担，安排使用铁路建设基金45.2 亿元、国家开发银行贷款 83.8 亿元。

(四) 枢纽引入方案

1. 引入北京枢纽方案

预可行性研究报告曾经研究了京沪高速铁路引入北京站和北京南站方案。根据城市发展规划和中长期铁路网规划，对北京枢纽客运系统总图规划进行了调整。引入北京站，受明城墙遗址公园的影响，扩建规模受到限制。引入北京南站，有利于推动北京南站地区城市建设的发展。经与北京市及城市规划部门协商，2003 年 9 月 25 日，铁道部向北京市委、市政府汇报了北京市内有关铁路情况，并形成了会议纪要。会议原则同意京沪高速铁路和京津城际客运专线引入北京南站及北京南站的改造工程。

2. 引入天津枢纽方案

预可行性研究报告提出利用天津西站和天津站两个方案，推荐利用天津西站方案。2005年 6 月，滨海新区开发建设纳入国家总体发展战略。天津市修编的总体规划方案调整了城市总体布局。津滨轻轨一期工程正在修建。天津市同意将天津西站改造为天津枢纽办理高速列车作业为主的客运站。可行性研究推荐高速铁路在城市西部通过，天津西站为高速铁路始发站。

3. 引入济南枢纽方案

预可行性研究报告提出 3 个济南枢纽引入方案。随着城市建设的迅速发展，城市总体规划相应进行了调整。经过与地方政府协调，2003 年 7 月 9 日铁三院向济南市政府汇报了济南枢纽方案，京沪高速铁路引入济南枢纽推荐在城市西部新设济南高速站方案符合城市总体规划，有助于促进地方经济发展，可满足高速铁路高速、快捷、舒适、环保的需要，符合地方政府的要求。

4. 引入徐州枢纽方案

预可行性研究报告推荐方案最大的问题是距城市中心远。2002 年 8 月徐州市新的城市总体规划施行,徐州市政府考虑到城市规划的调整,强烈要求京沪高速铁路经过徐州市应采用东线方案,要求一次建成。可行性研究报告采用一次修建徐州东站方案,徐州东站设在铜山路与陇海铁路之间的东线方案。

5. 引入南京枢纽方案

预可行性研究报告提出 3 个南京枢纽引入方案,即上元门方案、大胜关方案和利用既有桥方案,推荐上元门方案。由于中长期铁路网规划获批,路网、南京枢纽总图发生了变化,南京市城市规划及交通规划也发生了调整。可行性研究报告采用大胜关桥越江引入南京南站,京沪高速铁路与沪汉蓉铁路共用一个越江通道方案,可以节省南京地区长江上宝贵的越江通道。

6. 引入上海枢纽方案

预可行性研究报告有引入南翔和引入上海西 2 个方案,推荐前者。由于路网结构发生了变化,上海枢纽总图和上海市城市总体规划及综合交通规划都进行了调整。可行性研究报告推荐新建虹桥站,形成京沪高速铁路、沪杭客运专线、宁沪杭城际客运专线、沪杭磁悬浮铁路、城市轨道交通、公交及航空运输为一体的特大型综合交通枢纽。

第三节 工 程 设 计

一、工程设计过程

1. 工程设计

京沪高速铁路项目的预可行性研究、可行性研究、初步设计是反复、交叉进行并逐步深化。1990—2000 年,完成方案报告、预可行性研究、可行性研究及深化可行性研究。2001—2003 年,重新落实方案,完成可行性研究。2003—2005 年,完成初步设计、设计暂行规定及初步设计的国际咨询。2005 年 5 月,完成了长江桥等 6 个重点工程的修改初步设计;6 月,铁道部对长江桥等 6 个重点工程进行了预审。

国务院常务会议原则批准可行性研究报告后,2007 年 9 月 12 日,国家发展改革委印发《国家发展改革委关于审批新建京沪高速铁路可行性研究报告的请示的通知》中提出工程设计优化工作总体要求:"要加强组织领导,强化部门之间、部门与地方之间的协调配合;要明确总体技术路线,进一步优化系统集成方案,突破关键技术,通过引进、消化、吸收、再创新,形成独立的技术标准和自主知识产权;要把确保工程质量安全放在第一位,高度重视技术风险,加强管理,努力提高建设施工效益和经营管理水平;要高度重视节能与生态环境保护,通过科学合理论证和利用先进技术,力争少占地,解决好噪声等环境问题,土地占用要严格按照国家标准进行补偿;要分段建设、先行试验,将京津城际轨道交通项目作为独立的综合试验段,从技术、环境、效益以及管理等方面为京沪高速铁路建设探索经验;要以保证质量安全和效益为前提,科学合理确定工期;要合理确定高速铁路建设标准,从我国人口多、城镇多的实际出发,统筹研究城际轨道交通、客运专线等铁路建设标准,多数铁路的运行速度应适中;要贯彻依法合规、公开透明的方针,对项目所需技术、设备等依法开展招投标,严格按照国家规定进行建设。"

为落实国务院第 190 次常务会议纪要精神,做好京沪高速铁路有关方案优化工作,建设符合我国国情的铁路客运专线,2007 年 10 月,国家发展改革委会同有关部门对设计方案优化问题进行专题研究,提出"优化工作应发挥好综合试验段作用、降低工程技术风险、确保工程质量、控制工程造价"。之后,国家发展改革委向铁道部、中咨公司下发了《关于开展京沪高速铁路方案优化等工作的通知》,提出京沪高速铁路设计方案优化工作具体要求:综合借鉴京津试验段经验,优化线路方案、工程技术方案,深化系统集成和自主化方案,深入研究运输组织模式,合理确定我国客运专线铁路标准。

2007 年 11 月中旬—12 月初,国家发展改革委会同中咨公司组织专家组对铁道部报送的《关于京沪高速铁路方案优化有关问题的函》及《新建北京至上海高速铁路初步设计》(2007 年 11 月版)、《京沪高速铁路初步设计方案优化的说明》等文件进行了优化评审,并形成了《京沪高速铁路初步设计优化评审报告》。评审报告认为,京沪高速铁路站址方案和线形线位已稳定,经优化后的路桥比例适宜,基础设施先期开工应办理的手续已经完备。

2007 年 12 月,国家发展改革委就京沪高速铁路方案优化问题复函铁道部,原则同意《京沪高速铁路初步设计》文件中的线路走向和基础设施结构等建设方案,并提出了需对初步设计文件进一步修改完善的内容和建设过程中还需继续优化的工作。

2007 年 12 月,铁道部印发《关于京沪高速铁路初步设计的批复》(铁建函〔2007〕1265 号)。

2. 规范与规定的制定

高速铁路建设是一项庞大复杂的系统工程,它不仅涉及工程建设领域,而且直接与冶金、材料、机械制造、电子信息、计算机行业紧密相关。进行工程设计的基础是前期研究,涉及机车车辆零件、线路设计参数、运输组织和行车控制的课题研究成果。铁道部自 1990 年提出《北京至上海旅客列车专用高速铁路方案研究初步设想》,对修建高速铁路的主要技术标准、设计原则、线路方案等开始组织设计和科研单位开展研究。为满足秦沈客运专线建设要求,1998 年

10月,发布了《时速200千米新建客运专线线桥隧站设计暂行规定》。1999年初,发布了由铁三院主持编制完成的《京沪高速铁路线桥隧站设计暂行规定》。2002年,编制完成了《京沪高速铁路站后工程设计暂行规定》。经过秦沈客运专线建设及综合试验,对京沪高速铁路两个暂行规定补充、修改完善,编制了《京沪高速铁路设计暂行规定》,并于2003年2月1日发布实施。2003年7月—2005年7月,铁道部有关部门邀请法国SYSTRA公司和SNCF-IWCNG、日本海外铁道技术协力协会、德国DEC公司等国外著名的高速铁路工程咨询机构,对《京沪高速铁路设计暂行规定》及沪宁段、京宁段工程初步设计进行了咨询。采纳经过论证的咨询方建议,修改完善了《京沪高速铁路设计暂行规定》。在此期间,铁道部还组织编制了土建、移动设备、牵引供电、通信信号、环保和安全等方面的设计暂行规定。

二、工程设计方案

1.工程基本情况

京沪高速铁路始自北京南站,从其西端引出,沿既有京九线(原称"西黄线")南行,在黄村镇跨京沪线(原称"京山线"),沿南侧经廊坊至天津南站;在天津南站北咽喉外修建联络线引入天津西站,并将天津西站改造为高速始发站;从天津南站继续向南与京沪高速公路大体平行,过沧州、德州,在京沪高速公路黄河桥下游3千米处跨越黄河,至济南市西郊新设济南西站;向南与京福高速公路大体平行,经泰安、曲阜、滕州、枣庄,沿京福高速公路东侧南行进入江苏省境内,跨京福高速公路后,在徐州市东郊新设徐州东站;继续南行,进入安徽省境内,过宿州,于津浦线新淮河铁路桥下游1.2千米处跨淮河后新设蚌埠南站,经滁州在南京长江三桥上游1.5千米处的大胜关越长江后新设南京南站;东行经镇江、丹阳后,沿沪宁高速公路北侧向东,经常州、无锡、苏州、昆山,在蕴藻浜桥通过黄渡线路所侧向引入上海站,正向终到上海虹桥站。

线路主要穿行于冀鲁平原区,鲁中南低山丘陵区,黄淮冲积平原,淮河一、二级阶地,长江及其支流河谷阶地,长江三角洲平原区,局部通过剥蚀低山丘陵区。全线地质条件复杂,区域性明显,软土、松软土地基厚,局部地区岩溶发育,大部分地区地下水丰富。

2.主要技术标准

铁路等级:高速铁路。

正线数目:双线。

设计速度:350千米/小时,初期运营速度为300千米/小时,跨线列车共线运行,跨线列车运营速度为200千米/小时及以上。

最小曲线半径:一般条件为7000米;困难条件为5500米。

最大坡度:20‰。

到发线有效长度:650 米。

牵引种类:电力。

列车类型:动车组。

列车运行方式:自动控制。

行车指挥方式:综合调度集中。

规划输送能力:单向 8000 万人/年。

3. 项目主要内容与工程数量

①京沪高速铁路本线工程:路基土石方为 4904 万立方米,桥梁 273 座计长 1098.9 千米,隧道 16 座计长 14.8 千米,牵引变电所 26 座,架设接触网 3854.2 条千米,站房建筑面积为 61.5 万平方米,征地 39.36 平方千米。

②南京大胜关长江大桥及南京枢纽相关工程:路基土石方为 646.4 万立方米,桥梁 35 座计长 69.1 千米,隧道 5 座计长 3.1 千米,合建变配电所 1 座,架设接触网 244.2 条千米,站房建筑面积为 28.6 万平方米,征地 3.97 平方千米。新建南京南站站场总规模为 15 台 28 线,总建筑面积为 43.9 万平方米(其中站房 28.1 万平方米,雨棚 10.6 万平方米,地铁 5.2 万平方米)。

③北京南站改扩建工程:路基土石方为 118.6 万立方米,桥梁长 0.8 千米,站房建筑面积 为 22.1 万平方米,征地 0.79 平方千米。

4. 重点工程

①京沪高速铁路济南黄河大桥:位于济南境内,包括主桥、北引桥和南引桥 3 部分,是北京 至上海、太原至青岛铁路两线共用的四线桥。大桥全长 5143.4 米,跨度 728 米,宽 31 米,共有 144 个桥墩,由 70 多万个螺栓连接而成。

②南京大胜关长江大桥:是京沪高速铁路的控制性工程,具有体量大、跨度大、荷载大、速 度高等"三大一高"的特点。大桥全长 9.273 千米,是我国首座按六线轨道设计的铁路大桥, 也是世界上设计荷载最大的高速铁路桥。桥上按六线布置,分别为京沪高速铁路双线、沪汉蓉 铁路双线和南京地铁双线,大桥设计速度:京沪高速线、沪汉蓉线、地铁线分别为 300 千米/小时、 250 千米/小时、80 千米/小时。大桥主桥为两联连续钢桁梁和六跨连续钢桁拱桥,通航净空 32 米,能够确保万吨级船舶顺利通航。

③京沪高速铁路至天津西站北联络线工程:是连接京沪铁路和津保铁路的重要环节, 联络线自京沪高铁引出,向南跨过子牙河折向东南,与津保铁路上行联络线相接,连通津保 铁路、津秦客运专线、京沪高速铁路与天津西站,覆盖北京方向与东北方向的快速客运 网络。

第四节　工 程 建 设

一、工程建设过程

2007 年 10 月,国务院办公厅发出《关于成立京沪高速铁路建设领导小组的通知》,国务院分管领导担任组长,国家发展改革委、科技部、工业和信息化部、公安部、财政部、国土资源部、环境保护部、交通部、铁道部、水利部、海关总署、林业局、工程院、解放军总后勤部、中咨公司、国家电网公司和沿线北京市、天津市、河北省、山东省、安徽省、江苏省、上海市人民政府为成员单位。领导小组的主要职责是统筹指导京沪高速铁路建设工作,协调解决建设中的重大问题。

2007 年 12 月,京沪高速铁路建设领导小组第一次会议在北京召开。会议指出,经过长期筹划和准备,在有关部门和沿线省市的共同努力下,京沪高速铁路建设的各项准备工作已基本就绪,全线开工条件基本成熟;要求国家发展改革委、铁道部要抓紧完成开工报告;原则同意京沪高速铁路开工前各项准备工作就绪后,举行开工仪式。开工后,京沪高速铁路建设领导小组开过 4 次会议,听取建设情况汇报,对建设中的重大问题作出指示和安排。

1. 建设单位组建

2007 年 12 月 27 日,铁道部与北京市、天津市、上海市、河北省、山东省、安徽省、江苏省、南京市人民政府作为出资人,分别授权中国铁路建设投资公司、北京市基础设施投资有限公司、天津城市基础设施建设投资集团有限公司、上海申铁投资有限公司、河北建投交通投资有限责任公司、山东省高速公路集团有限公司、安徽省投资集团有限责任公司、江苏交通控股有限公司、南京铁路建设投资有限责任公司作为出资人代表,与平安资产管理有限责任公司、全国社会保障基金理事会,共同发起设立京沪高速铁路股份有限公司。公司发起人举行协议和公司章程签字仪式,并召开了第一届董事会第一次会议,京沪高速铁路股份有限公司在北京创立。公司作为项目法人对京沪高速铁路项目的资金筹措、工程建设、生产经营、还本付息及资产保值增值全过程负责。京沪高速铁路股份有限公司的创立,标志着京沪高速铁路建设项目筹资方案得到落实,符合国家在批准立项和批复可行性研究报告时的要求,实现了市场化融资。

为发挥铁道部在建设管理中的优势,铁道部成立由一名副部长兼任指挥长的建设总指挥部,与京沪高速铁路股份有限公司一套人马、两块牌子,方便调动全路各部门资源。

京沪高速铁路开工后,2009 年初中国银行旗下全资子公司中银集团投资有限公司提出拟通过受让股权方式投资京沪高速铁路 60 亿元人民币,经中国铁路建设投资公司报铁道部批准并开展了近 2 年的工作,履行相关程序,于 2010 年底中国铁路建设投资公司完成了向中银集团投资有限公司转让 60 亿元股份的有关工作。至此京沪高速铁路股份有限公司的股东由 11

家增至 12 家。因中银集团投资有限公司注册地为香港,京沪高速铁路股份有限公司也相应成为有境外资金参股的公司。

2.工程建设

2008 年 1 月,国家发展改革委向国务院呈报《国家发展改革委关于审批新建京沪高速铁路开工报告的请示》,提出"鉴于京沪高速铁路已经具备开工条件,建议国务院批准京沪高速铁路开工报告"。

2008 年 1 月 16 日,国务院第 205 次常务会议讨论批准京沪高速铁路开工报告。

2008 年 4 月 18 日,京沪高速铁路在北京大兴京沪高速铁路北京特大桥桥址举行全线开工典礼。时任国务院总理温家宝为京沪高速铁路股份有限公司揭牌,宣布京沪高速铁路全线开工,并为京沪高速铁路奠基。时任国务院副总理张德江出席开工典礼并作重要讲话。

京沪高速铁路股份有限公司筹备组编制指导性施工组织设计,按照 60 个月工期安排各项工作。京沪高速铁路项目实施过程中,施工准备工作充分,各单项工程开工提前、进展顺利。

2010 年 6 月 30 日,南京大胜关长江大桥全桥达到铺轨条件。

2011 年 5 月 7—10 日,采用 CRH2-150C、CRH380A-001、CRH380B-6045L、CRH2-068C 和 0 号综合检测列车进行了全线拉通试验,最高运行速度分别为 300 千米/小时、350 千米/小时、300 千米/小时、250 千米/小时和 250 千米/小时。联调联试与动态检测结果表明轨道、路基桥梁接触网等满足动车组 350 千米/小时速度运行的安全性、平稳性要求,牵引供电系统、通信信号系统、控制系统等符合相关标准要求。在综合试验中,枣庄至蚌埠南段创下了 486.1 千米/小时的世界铁路运营试验最高速度。

2011 年 5 月 11—22 日完成了运行图参数测试,共测试 23 个车站的 13 项任务,测试北京南站、济南西站、南京南站和上海虹桥站 4 个始发终到站、19 个中间站的数据;测试 134 个车次,动车组总走行里程为 134142 千米,获取数据 2454 个。5 月 30 日分别测试了由北京铁路局主持的动车组火灾扑救模拟演练、内燃机车区间救援模拟演练等 7 个场景,以及由上海铁路局主持的无法通过列控设置临时限速、进站信号故库引导接车等 17 个场景,共计 24 个场景,记录 163 个作业流程及时间,为完善相关技术管理办法和制订应急救援预案提供依据。

2011 年 5 月 30—31 日,铁道部初步验收委员会组织对京沪高速铁路工程进行了初步验收,认为京沪高速铁路工程建设执行了国家和铁道部有关政策、规程、规范和强制性标准,已按批准的设计标准建成,京沪高速铁路工程满足设计标准,工程质量合格,安全措施到位,符合运营条件,同意通过初步验收。

2011 年 6 月 30 日,京沪高速铁路开通运营。

2013 年 2 月 25 日,京沪高速铁路通过国家验收委员会组织的国家验收。

二、工程建设难点

京沪高速铁路建成时是我国规模最大、标准最高的高速铁路,主要有设计标准高、系统技术新、建设规模大、重难点工程多、质量控制难、安全压力大、环保要求严及征拆任务重等特点。

1. 设计标准高

①速度目标值高。基础设施设计速度为350千米/小时,初期运营速度为300千米/小时;所有构筑物都需要采用高标准的基础沉降控制,严格的路基填筑、桥梁变形和梁体徐变控制标准,以确保线路满足高速运行需要的高平顺性要求。

②安全舒适性好。线路设计采用大曲线半径、长缓和曲线等线形变化平缓的线路平纵断面,提供平稳、舒适的高速运行条件;采用适当加大线间距和隧道断面的方法,解决空气动力对高速运行安全性和舒适度的影响;通过提高路基、桥梁刚度,保持线路的高稳定性;在路桥隧之间增加过渡段,保证线路纵向刚度均匀性,保障旅客乘坐的高舒适度。

③基础设施寿命长。桥梁设计寿命为100年,无砟轨道设计寿命为60年。

④与地方设施相协调。路基边坡采用植被保护,沿线及站点统一设计加强绿化,城市地段桥梁及站房设计与城市文化景观相协调。

2. 系统技术新

京沪高速铁路采用大量新技术、新工艺、新装备,科技含量高,系统接口多,例如:

①复杂条件下的高速铁路建造技术,主要包括高速、深水、大跨、六线轨道的南京大胜关长江大桥建造技术,大量特殊结构梁的建造技术,软土地基高刚性桩处理和沉降控制技术,高架桥上无砟轨道无缝道岔铺设技术,大型客运站综合交通体系的设计和施工技术等。

②高强高导大张力接触网的生产、架设和检测。

③350千米/小时高速动车组的引进、消化吸收、再创新。

④确保350千米/小时动车组安全运行的列控技术。

⑤高速铁路防灾安全监控系统建立和管理技术。

⑥适应高速铁路运营管理的新型客运服务系统的建立和管理技术等。

3. 建设规模大

京沪高速铁路的建设规模大,主要体现在两个方面:一是投资规模大,京沪高速铁路总投资超过2000亿元;二是工程数量大,新建京沪高速铁路全长1318千米。

4. 重难点工程多

京沪高速铁路全线重难点工程包括线下104个重点工程或区段(11个重点工程区段,67个桥梁或特殊结构梁工点、5大车站、6个高架站、4个路基土方预压车站、6段路基工程、5座隧道)、无砟轨道与大号码道岔铺设、"四电"工程及联调联试。

①长大桥梁和部分特殊结构桥梁工点。全线以长桥和桥上无砟轨道为主,设计标准高,质量要求严,施工工期短,跨河、跨路施工难度大,资源投入多,因此长大桥梁和部分特殊结构桥梁是全线的重点工程。

②路基。全线预压路基不仅要满足工后沉降标准要求,而且还要与运架梁施工安排相协调,是全线的重点和控制工程。

③无砟轨道和无砟道岔。轨道板的生产与铺设、无砟轨道的精调、无砟道岔的铺设调整、关键技术的攻关,是京沪高速铁路建设的又一重点工程。

④大型车站工程。北京南站、天津西站、济南西站、南京南站和上海虹桥站是规模宏大的现代交通中枢,与地方工程接口多,工程结构复杂,征地拆迁任务繁重,既有线运输对施工及过渡安全要求高,站后安装调试密集,是全线顺利开通的重点工程。高架站工程与无砟轨道接触网其他站后工程工序交叉重叠、相互影响,致使上述各项工程之间协调工作量大、工期紧张、不安全因素多。

5. 质量控制难

京沪高速铁路建设质量控制难主要表现在:

①全线软土、松软土、深厚软土分布范围广,区域沉降、岩溶地质、侵蚀性环境工点多,基础设施变形沉降标准严,观测评估周期长,控制调整难度大。

②桥梁梁体徐变控制标准高,桥梁上 CRTS Ⅱ型板式无砟轨道铺设工艺复杂,铺设精度要求高。

③车站建筑专业众多,高空作业上下交叉影响,站前、站后工程接口多,质量控制工作难度大,增加了建设中协调进度、控制质量的工作任务,对施工组织、调度指挥和现场控制提出了更高的要求。

6. 安全压力大

京沪高速铁路跨越既有铁路、公路、航道 215 处。其中,59 处跨既有铁路施工,70 处跨省级以上公路施工,26 处跨七级以上通航河流施工,跨越长江、黄河、淮河等大江大河桥梁施工。建设过程中,51 套运架梁重型装备昼夜作业,143 套模架和支架现浇梁连续施工,尤其是 9001 箱梁的架设任务比较集中,大型设备 5 万多台套,高峰期日在场人员 13 万多人。保证既有线安全、道路交通安全、河道通航安全、施工人员安全、设备安全等是京沪高速铁路安全建设的重大课题。

7. 环保要求严

京沪高速铁路穿越上海、江苏、天津北京等经济较发达的地区,城镇化率高,土地资源尤其是耕地宝贵。

全线路跨越海河、黄河、淮河、长江及相关河流达 39 次之多,水体与河道防护任务重。施工阶段产生的废水和生活污水如无有效控制,会对邻近或跨越江河地段的水质产生一定污染。特别是黄河济南段、苏州阳澄湖等敏感水体对环保的要求更高。

沿线生态保护目标众多,必须得到有效保护。主要有廊坊市自然公园(城市公园)、黄河济南段、泰安市规划的大河自然风景旅游区、蚌埠龙子湖省级风景名胜区、凤阳明皇陵国家文物保护单位、滁州琅琊山国家级风景名胜区、镇江南山省级风景名胜区、常州寺墩遗址、苏州阳澄湖水源地等生态敏感区,以及沿线的耕地(尤其是基本农田)和植被。

8. 征拆任务重

京沪高速铁路途经北京、天津、河北、山东、安徽、江苏(含南京)、上海,全线征地44.12平方千米、房屋拆迁700万平方米以上。沿线电力线密布,多次与高压走廊相交,全线拆迁电力线路约4635路(其中,低压线路2239路,10千伏线路1786路,35千伏线路277路,110千伏线路170路,220千伏线路155路,500千伏线路58路)。迁改军用光缆涉及单位20多个,迁改通信光(电)缆70余处。数量大、难度高、协调难,增加了组织、协调全线征地拆迁工作的难度。

三、主要参建单位

1. 新建北京至上海高速铁路

建设单位:京沪高速铁路股份有限公司。

设计单位:铁道第三勘察设计院集团有限公司(原铁三院)、中铁第四勘察设计院集团有限公司(原铁四院)、北京电铁通信信号勘察设计院、中铁电气化勘察设计院、中铁大桥勘察设计院。

土建工程施工单位:京沪土建一标——中铁十七局集团有限公司,京沪土建二标——中铁一局集团有限公司,京沪土建三标——中国水利水电建设集团有限公司,京沪土建四标——中铁十二局集团有限公司,京沪土建五标——中铁三局集团有限公司,京沪土建六标——中国交通建设股份有限公司。

土建工程监理单位:京沪监理一标——甘肃铁一院工程监理有限责任公司、铁四院(湖北)工程监理咨询公司、上海先行建设监理有限公司联合体,京沪监理二标——华铁工程咨询公司、中咨工程建设监理公司联合体,京沪监理三标——北京铁城建设监理有限责任公司、北京铁研建设监理有限责任公司、乌鲁木齐铁建监理咨询有限公司联合体,京沪监理四标——中铁二院(成都)咨询监理有限责任公司、北京瑞特工程建设监理有限责任公司、山东济铁工程建设监理有限责任公司联合体,京沪监理五标——铁科院(北京)工程咨询有限公司、天津新亚太工程建设监理有限公司联合体,京沪监理六标——北京中铁诚业工程建设监理有限公司、中铁武汉大桥工程咨询监理有限公司联合体。

虹桥车站及相关工程,施工单位为上海建工集团与中铁二十四局集团有限公司联合体,监理单位为上海天佑工程咨询有限公司与上海建科建设监理咨询有限公司联合体。

济南西站及相关工程(不含站房部分)施工由中铁十二局集团有限公司总承包,监理单位为山东济铁工程建设监理有限责任公司。

天津西站站场及相关工程施工单位为中铁六局集团有限公司,监理单位为北京铁建工程监理有限公司。

2. 北京南站改扩建及新建李营动车段工程

建设单位为北京铁路局。

设计单位为铁道第三勘察设计院。施工单位有中铁六局集团有限公司、中铁电气化局集团有限公司、中铁建工集团有限公司。

监理单位是北京赛瑞斯监理有限公司、北京铁建工程监理有限公司。

3. 新建南京枢纽大胜关长江大桥、南京南站及相关工程

建设单位为京沪铁路客运专线公司筹备组。

设计单位为铁道第四勘察设计院和中铁大桥勘察设计院。

施工单位为中铁大桥局集团有限公司。

监理单位为铁科院工程咨询有限公司、中铁武汉大桥工程咨询监理有限公司、德国PEC＋S集团公司联合体。

第五节 运 营 管 理

一、运营情况

京沪高速铁路自 2011 年 6 月 30 日开通运营,经受了春运、暑运、节假日等大客流的考验和高温严寒、台风暴雨等恶劣天气的检验,全线路基、桥梁、隧道、轨道等基础设施状况良好,旅客服务系统日趋完善,设施设备养护维修体系逐步到位,运营安全持续稳定;行车速度按照国家批复的初期运营速度执行,各项指标都达到了设计要求。运输组织安全、有序、高效,实现了国家批复的建设目标。

2011 年 6 月 30 日—12 月底,京沪高速铁路开通半年全线累计运送旅客 2445.2 万人次,日均 13.2 万人次。2012 年全年,累计运送旅客 6506.9 万人次,日均 17.8 万人次,同比增长 34.8%。2013 年全年,累计运送旅客 8389.8 万人次,日均 23.0 万人次,同比增长 29.2%。2014 年,全线运送旅客 10588 万人次,日均 29.0 万人次,同比增长 26.1%。截至 2014 年底,累计运送旅客 2.8 亿人次。2014 年度按全口径核算(包括按规定比例提取设备折旧、归还贷

款和利息、依法纳税等),京沪高速铁路股份有限公司首次实现盈利。京沪高速铁路旅客发送
情况见图7-1。

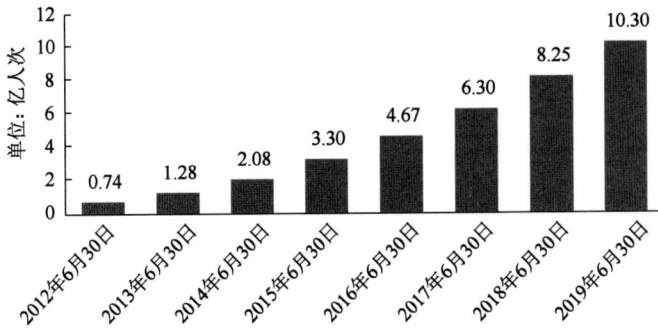

图7-1　京沪高速铁路累计旅客发送量

2017年6月26日,中国标准动车组"复兴号"在京沪高铁两端的北京南站和上海虹桥站
双向首发;同年9月21日,京沪高速铁路列车运营速度达350千米/小时。

2020年1月16日,京沪高速铁路股份有限公司在上海证券交易所主板挂牌上市,这标志
着"中国高铁第一股"成功登陆A股,铁路股份制改造取得重要进展。

二、管理措施

2010年9月,京沪高速铁路股份有限公司第一届董事会第七次会议审议通过《关于京沪
高速铁路委托运输管理方案意见的报告》。

2011年5月,京沪高速铁路股份有限公司分别与京沪高速铁路沿线的北京铁路局、济
南铁路局和上海铁路局签订委托运输管理协议。依据委托运输管理协议,在中国铁路总公
司集中统一指挥下,京沪高速铁路股份有限公司委托北京铁路局、济南铁路局、上海铁路局
分别负责所属区域范围内京沪高速铁路的日常运输组织工作,包括客运组织、客运管理、行
车组织、调度指挥、列车开行方案、运输计划以及规定的客运服务。具体工作内容包括:客
运营销策略的制订与实施;旅客列车开行方案的编制;站车客运人员劳动组织和管理;列
车、车站旅客服务(含列车保洁服务)和乘降组织;列车乘务组织管理;旅客运输和服务质量
管理;旅客人身意外伤害和自带行李损失的处理;站车客运配套设施设备的维护
管理。

京沪高速铁路股份有限公司依据委托运输管理协议对铁路局运输管理实施监管,监管内
容包括运行图列车开行方案、客运营销策略制订和实施工作、客运服务质量、站车服务品牌建
设及客服系统设备设施的维护管理等。

为适应工作转型需要,京沪高速铁路股份有限公司组建运输管理部,负责与中国铁路总公
司和各铁路局运输管理相关部门的工作联系协调,实施运输监管职能。具体工作内容包括:参

与运输产品的设计和优化,提报运行图优化调整建议方案;组织客运市场调查,分析客运市场需求,提出营销策略和方案的优化意见,并推进组织实施;协调春运、暑运和节假日运输,提报春运、暑运和节假日运能安排和临客开行方案;协调站车服务品牌规划与建设;依据铁路客运管理规章规定和管理办法,检查、监督、考核和评价铁路局站车服务质量;负责监督客服系统设备设施的使用,掌握客服系统设备设施运用维护状态、落实客服系统设备设施维护维修责任,审定其更新改造计划并督促推进落实;负责营运数据采集、统计和分析,建立并维护运营数据信息系统。

京沪高速铁路投入运营以来,运行安全持续稳定,运能运量大幅上升,服务质量不断提高,京沪高速铁路以"安全、方便、快捷、舒适"的运行品质赢得了乘客的广泛赞誉。

第六节　工程创新

首次总结提出高速铁路技术体系是由土建工程、电气化及电力、通信信号和信息化、高速动车组和运营维修、运输组织、给排水和环境保护6个系统构成的多专业门类的高新技术集成。建立、完善了具有中国特色、世界一流的高速铁路技术体系和技术标准。

为高速铁路建造技术、施工能力、牵引电气化、通信信号、装备制造等领域建立了大量新技术、新装备的聚集创新平台。铁道部为本工程制订了科技创新规划;建设单位重视创新管理、建立激励机制、抓好成果转化应用。

通过技术创新形成了一批高质量的技术成果。"高速铁路大跨度钢桁双主拱桥建造技术""数字液压滑移、顶(提)升施工成套设备开发及施工关键技术研究与应用"等50余项技术成果先后获铁道部、中国施工企业管理协会、中国钢结构协会等颁发的科学技术成果奖。

创新成果得到国际国内肯定。京沪高速铁路先后获中国发明专利53项、中国实用新型专利114项、中国外观设计专利5项、中国软件著作权8项,省部级工法9项。

北京南站被建设部评定为节能省地型科技示范工程(2007年)。南京大胜关长江大桥荣获国际桥梁协会"乔治·里查德森"大奖。京沪高速铁路荣获国际工程咨询工程师协会"百年优秀工程奖"。

2016年1月8日,京沪高速铁路工程荣获2015年度国家科学技术进步奖特等奖。

第七节　工程价值

京沪高速铁路是国家战略性重大交通工程,线路长、标准高、技术复杂,工程量大、涉及面广,是国家重大创新工程。在建设过程中,形成我国高速铁路建设的创新模式,完善了我国高速铁路技术标准体系,积累了建设高速铁路的宝贵经验。

京沪高速铁路的开通运营,进一步完善了综合运输体系,优化和完善了铁路运输结构,形成我国高速铁路网贯穿华北、华东的主骨架,可以提供质量更高、更丰富的客运服务;对缓解京沪铁路通道运力长期紧张局面,促进我国经济社会发展,尤其是东部地区发展,具有重要意义。

京沪高速铁路是践行保护环境、节约资源基本国策的优质工程。在路桥设置上本着少占农田,节约耕地的原则,宜桥则桥、宜路则路,既减少和避免了对河流道路的切割,又提升了生态资源的立体化运用效率。正线上桥梁共有 244 座、1059.7 千米,占全线长的 80.4%。其中,丹阳至昆山段的丹昆特大桥全长 164.7 千米,为世界第一长桥。丹昆特大桥七跨闻名遐迩的阳澄湖,通过科学施工、严控排放等保护了水源、湿地和大闸蟹等生态养殖。在环境保护上,对风景名胜区制订专项施工方案,进行与周边环境相协调的"景观设计";注重隧道洞口造型视觉效果;通过改善工程设计控制噪声、振动污染。

京沪高速铁路成为加强沿线区域的经济联系,促进区域经济协调发展的强力新纽带。京沪高速铁路串联起沿线十多座中等城市,时间和距离已不再是这些城市之间交流交融的障碍,形成了"同城效应"。催生了半小时、1 小时、2 小时、5 小时等多个经济圈,有利于促进区域间、城市间的产业转移和合理布局、协调发展,加强京津冀、长三角两大经济圈对中段地区的辐射与带动效应,提升经济聚合力,助力两大经济圈之间加速融合互补,实现协同发展。

京沪高速铁路是我国高速铁路"走出去"的亮丽名片。通过前期研究和工程建设,建立、完善了具有中国特色、世界一流的高速铁路技术体系和技术标准,推动了我国铁路装备制造业的跨越发展。在工程建造、装备制造、运营管理等方面拥有自主知识产权的成套技术和设备,构成了中国高铁"走出去"的硬实力。

执笔人:王祎南

第八章 广深港高速铁路广州至深圳段

第一节 工 程 概 况

广深港高速铁路广州至深圳段,简称广深港高铁广深段,原名广深港客运专线广州至深圳段。广深港客运专线广深段,是我国 2004 版《中长期铁路网规划》中"四纵四横"铁路快速客运网的重要组成部分,位于北京—武汉—广州—深圳—香港铁路快速通道的最南端,是香港特区与内地联系的快速通道。广深港高铁广深段,线路呈西北至东南走向,联络广州铁路枢纽和深圳铁路枢纽,衔接香港段。

广深港高铁广深段北起武广高铁广州南站,向南经广州市番禺区沙湾、东涌等,以隧道下穿珠江后进入东莞市,经过东莞市虎门、长安等,进入深圳市公明、石岩、龙华等,在龙华设深圳北站,线路正线全长 102.45 千米。全线共设广州南站、庆盛、虎门、光明城、深圳北 5 个客运站。设计速度为 350 千米/小时,运营速度 300 千米/小时。

广深港高铁由铁道部、广东省共同出资建设,可行性研究批复投资总额 167 亿元,实际完成投资 228 亿元。建设资金来自铁路建设基金与广东省财政资金,项目资本金占总投资的 50%。资本金中,铁道部使用铁路专项资金出资 50%,广东省及有关市自筹出资 50%。资本金以外的 50% 使用银行贷款。广深港客运专线有限责任公司作为项目法人负责广深港高铁建设管理工作。2005 年 12 月 18 日,广深港高铁广深段正式动工兴建。2011 年 12 月 26 日,广深港高铁广深段通车。

第二节 规划与决策

一、项目提出

1998 年,香港特别行政区制订了香港首份《铁路发展策略》。由于预见香港来往内地的跨境旅客运输需求将不断上升,经委聘顾问研究,其中一个建议项目即为"区域快线"(Regional Express Line)。2000 年,香港特区政府运输局发布《铁路发展策略 2000》,建议香港新建 6 条铁路走廊,其中包括连接红磡和边界的"区域快线"。2001 年,香港特区政府提出修建"区域快线"的建议,并商讨就"穗港磁悬浮铁路计划"合作的可能性。同年 10 月,正式向国家发展计划委员会提出建设磁悬浮铁路快线的计划。

2002 年 1 月底,香港特首董建华在北京与国家发展计划委员会及有关部委会谈达成共识。中央政府正式立项并交铁道部统筹,成立专家小组,研究广深港高速铁路建设事宜。

2002 年 2 月,由铁道部及香港特区政府环境运输及工务局共同组成的广深港高速铁路规划小组正式成立,规划小组主要针对铁路建设必要性、功能、定线、过境位置、铁路技术以及经济效益进行前期研究。前述"区域快线"成为规划的广深港高速铁路香港段。

2004 年,国家发展和改革委员会(以下简称"国家发展改革委")批复《中长期铁路网规划》,提出建设北京—武汉—广州—深圳客运专线,并提出:"建设城市密集地区城际客运系统,开工建设……珠江三角洲广州—深圳、广州—珠海、广州—佛山城际客运系统"。

二、项目立项

2001 年,根据铁道部《关于开展广州至深圳高速铁路预可行性研究的通知》(铁计函〔2001〕202 号)要求,按轮轨技术和磁悬浮技术两种建设方案,中铁第四勘察设计院集团有限公司(以下简称"铁四院")对广深高铁建设的必要性、功能定位、线路走向方案、主要技术标准、工程内容、投资估算等进行了研究。

2002 年 8 月,铁四院与香港特区政府路政署合作开展广深港高速铁路前期论证工作,完成了《广深港高速铁路广州至深圳口岸段规划研究(第一阶段工作报告)》,主要对区城运输需求进行了分析,对客运量进行了预测,对线路走向及过境位置进行了比较选择;同年 12 月,完成了《广深港高速铁路广州至深圳口岸段规划研究(第二阶段工作报告)》,主要内容包括轮轨高速和磁悬浮高新技术的比较与选择、主要技术标准及其他工程技术问题、投资估算及筹资方案、经济效益评价、规划方案的比较及推荐意见、建设时机及建设安排等。

2003 年 10 月,铁道部发展计划司委托铁四院开展广深港客运专线预可行性研究。同年 12 月,铁四院完成该项目预可行性研究文件报铁道部发展计划司。

2004 年 12 月,铁道部、广东省人民政府向国家发展改革委报送《关于报送广深港客运专线广州至深圳段规划方案(代项目建议书)的函》(铁计函〔2004〕813 号)。

2005 年 3 月,国家发展改革委委托中国国际工程咨询公司(现中国国际工程咨询有限公司)对广深港客运项目建议书进行了咨询评估。

三、项目可行性研究

2005 年 1 月,根据铁道部安排,铁四院完成了广深港高铁广深段初测;同年 3 月,完成《广深港铁路客运专线(广深城际线)广州至深圳段可行性研究报告(送审稿)》。

2005 年 3 月,铁道部和广东省发展改革委向国家发展改革委报送《关于广深港铁路客运专线(广深城际线)广州至深圳段可行性研究报告的函》(铁计函〔2005〕456 号)。

2005 年 4 月,铁道部和广东省联合组织审查该项目可研性研究报告,并下发了《关于广深港铁路客运专线(广深城际线)广州至深圳段可行性研究的审查意见》(计长函〔2005〕279 号)。

2005 年 9 月 8 日,国家发展改革委下发《关于新建广深港客运专线广深段工程可行性研究报告的批复》(发改交运〔2005〕1704 号),批复本项目。

2006 年,国土资源部下发《关于广深港(广东段)铁路客运专线建设用地预审意见的复函》(国地资预审字〔2006〕204 号),同意该项目用地预审。

2010 年,国土资源部下发《关于广深港铁路客运专线深圳段工程建设用地的批复》(国土资函〔2010〕1073 号),批复深圳段建设用地。

2011 年,国土资源部下发《关于广深港铁路客运专线东莞段工程建设用地的批复》(国土资函〔2011〕74 号),批复东莞段建设用地。

2011 年,国土资源部《关于广深港铁路客运专线广州段工程建设用地的批复》(国土资函〔2011〕209 号),批复广州段建设用地。

第三节　工 程 设 计

一、勘察设计过程

2005 年 6—9 月,铁四院相继完成了狮子洋越江方案及专题论证、全线定测和初步设计。2006 年 3 月,铁四院完成了初步设计修改。

2006 年 5 月—2008 年 9 月,铁四院完成施工图设计。铁道部工程设计鉴定中心和国家环境保护总局相继下发了初步设计及环境影响报告书的批复:

①《关于广深港客运专线广州至深圳段羊台山隧道初步设计的批复》(铁鉴函〔2005〕917 号)。

②《关于新建铁路广深港客运专线广州至深圳段狮子洋隧道站前工程初步设计的批复》(铁鉴函〔2006〕227 号)。

③《关于新建铁路广深港客运专线新广州站至羊台山隧道出口段站前工程初步设计的批复》(铁鉴函〔2006〕849 号)。

④《关于新建铁路广深港客运专线羊台山隧道出口至新深圳站段站前工程全线站后工程初步设计及增设光明城站等 I 类变更设计的批复》(铁鉴函〔2008〕911 号)。

⑤《关于新建铁路广深港客运专线广州至深圳段环境影响报告书的批复》(环审〔2006〕148 号)。

二、工程设计方案

(一) 工程基本情况

广深港高速铁路从广州市番禺区石壁的广州南站南端接出,与广州至珠海城际铁路、疏港铁路、东新高速公路并行至华南碧桂园,沿禺山西路继续并行向前,以隧道方式穿过番禺区滴水岩候鸟保护区,跨越沙湾水道,折向东,经过榄核、鱼窝头两镇,进入东涌镇,于东涌镇南庆盛村处跨越京珠高速公路南段和广州地铁四号线,并在此设庆盛高架站。在既有虎门公路大桥上游7千米处穿越珠江狮子洋水道后,进入东莞市沙田镇,一路向东,经过东莞市厚街及虎门两镇的交界处白沙村,设虎门高架站,跨过广深高速公路,基本以隧道或桥梁方式穿越虎门林场、大岭山林场后进入长安镇,沿长安镇北侧前行,线路折向东南进入深圳市,经过深圳市的松岗、公明、田寮、石岩、龙华等镇,并在龙华设深圳第二客站深圳北站(该线设计终点)。线路长度102.45千米,全线设有广州南、庆盛、虎门、光明城、深圳北5个车站。

线路沿途经过的地方多属三角洲平原区及丘陵区地貌。广州南至虎门段线路经过珠江三角洲平原,地势平坦开阔,河网密集,发育沙湾水道、狮子洋、东引河等河道,沟渠纵横,水塘密集分布,水系极其发育。土地肥沃,广泛分布高产养殖场、经济作物带。地面高程0.80~10米,总的地势由北向南倾斜。其间发育河流阶地区及漫滩区,沿江河呈带状分布,地势平坦,微向河谷倾斜,宽数百米至数千米。虎门至深圳段线路穿越东南沿海丘陵区,丘陵与谷地相间,区内有大岭山、莲花山、羊台山等山脉,最大高程超500米,相对高差达400米,多呈北东向延伸。以变质岩和花岗岩剥蚀残丘为主,地形波状起伏。山顶高程一般为150~300米,相对高差多为50~200米,植被发育。谷地较平缓,多辟建厂房等建筑。

全线共有路基54段,长13.2千米,占线路总长的12.9%。

全线共有大中桥45座56352延米,占线路长度的55%。其中特大桥22座,大中桥23座。最长桥梁为沙湾水道特大桥,全长为18055米;最高桥梁为花灯盏2号大桥,墩高49.5米;最大跨度为沙湾水道特大桥跨沙湾、紫泥水道的(104米+2×168米+112米)连续钢构。

全线共有隧道23座,其中双线隧道22座,双洞单线隧道1座,总长32899米,占线路长度的32.11%。其中,狮子洋隧道位于庆盛站至虎门站间,穿越宽度达6100米的珠江入海口—狮子洋,隧道全长10800米,该隧道是我国当时最长的水下隧道。羊台山隧道为该线最长的山岭隧道,全长4758.60米。上述两隧道皆为重点控制工程。

(二) 主要技术标准

铁路等级:客运专线。

正线数目:双线。

速度目标值:线下350千米/小时,线上250千米/小时及以上。

正线线间距：5 米。

最大坡度：一般 12‰，最大 20‰。

最小曲线半径：7000 米。

到发线有效长：650 米。

牵引种类：电力。

机车类型：电动车组。

列车运行方式：自动控制。

行车指挥方式：综合调度集中。

建筑限界：按《新建时速 300～350 千米客运专线铁路设计暂行规定》（铁建设〔2007〕47号）执行。

(三) 工程特点

1. 建设规模大、地质复杂

全线以广州南站为起点，将广州、东莞、深圳联结在一起，正线全长 102.45 千米，主要经过珠江三角洲平原及东南沿海低山丘陵区，河网密布，沿线分布第四系海陆交互相沉积黏性土、粉土、砂砾、各级砂、砂土混合物及软土。

2. 系统集成难度大

工程采用现代化的基础设施、通信信号、多功能综合调度及信息系统，各专业间有着紧密的联系和大量的信息交换。系统集成的广度、深度、难度在我国铁路建设史上是不多见的，施工协调难度大。路基工后沉降和差异沉降要求高，与桥梁、隧道、轨道、"四电"等相关专业接口复杂，而且要按客运专线的组织管理模式一次建成。不可预见因素多，调试时间长。

3. 技术标准高、科技创新任务重

①全线基本采用无砟轨道，一次性铺设跨区间无缝线路和一次性开通电气化。

②桥隧比例大，桥隧新型结构多，过江盾构施工隧道在我国铁路建设史上属首次，隧道开挖断面大，防水标准高，防灾要求严。

③高架车站比例大，新建 4 个车站中有 3 个车站是高架车站，在高架桥上铺设无缝无砟道岔在国内当时尚处于理论研究阶段，更无实践经验，在国外也很少见，理论研究和实践经验也还在不断探索中。

④科技创新任务重，时速 350 千米的客运专线在我国是全新技术，勘察设计、施工及建设管理乃至各个专业都要开展科技创新和研究。

4. 环保要求严

需采用各种高新技术措施以减少轮轨、弓网及空气动力噪声。增强轨道弹性，降低列车振动,以提高旅客乘车的舒适度,对电磁污染及其他生态环境采取相应的防护措施,建设绿色长廊,修建环保铁路。

(四)主要工程数量

1.站前工程

路基54段,长13.2千米;桥梁45座,长56.352千米,隧道23座,长32.90千米。正线铺轨201.526单线千米,站线铺轨23.90千米,铺设道岔98组、CRTS I型板式无砟轨道207.37千米。

2.站后工程

房建工程:站房总建筑面积26.7万平方米,其中站房面积10万平方米,雨棚及附属工程16.7万平方米。

通信专业:敷设通信光缆457千米,敷设漏泄电缆46千米,铁塔58座,基站28处,直放站60处,调度中心设备1处,车站通信站设备5处,牵引变电所通信设备3处,分区所通信设备3处,电力牵引自耦变压器(AT)所通信设备5处,中继站通信设备3处。

信号专业:电源设备5套,联锁设备4套,轨道电路设备243套,列控中心设备7套,无线闭塞中心(RBC)设备3套,联锁道岔106组,无源应答器525台,有源应答器110台,信号电缆605.90千米。

牵引供电专业:电力10千伏配电5座,10千伏变电所13座,10千伏贯通线645.40千米,低压电缆线路71.10千米;电气化220千伏牵引变电所3座,分区所3座,AT所5座。

接触网专业:接触网全补偿简单链型悬挂方式331.49千米。

信息系统:车站客服集成管理平台4套;各类LED显示屏141块共计1090平方米;车站广播4套、扬声器948个;摄像头419台,安检仪17套。客票联合站票务系统1套,车站级票务系统4套;闸机153台;人工、自动售票机153台。综合布线信息点2800个,公安管理信息系统2套。

防灾工程:风速风向监测点10处,雨量监测点5处,异物侵限监控点9处。

(五)征地拆迁

全线征地3.01平方千米,拆迁房屋33.40万平方米。

第四节 工程建设

一、工程建设过程

2005年12月18日,广深港高速铁路广深段开工建设。

2006 年 1 月 26 日,铁道部印发《关于开工建设广深港客运专线广深段羊台山隧道工程的通知》(铁计函〔2006〕62 号)批准该工程开工建设。

2006 年 5 月,广深港高速铁路重点控制工程——狮子洋隧道动工建设。

2006 年 12 月,沙湾水道特大桥开工建设。

2007 年 11 月,广深港高速铁路广深段狮子洋水下隧道开挖。

2008 年 3 月,广深港高速铁路羊台山隧道深圳段贯通。

2009 年 12 月,沙湾水道特大桥竣工。

2010 年 2 月,广州屏山涌段轨道板铺设工程全面完工。

2011 年 3 月,广深港高速铁路狮子洋隧道贯通,广深段开始铺轨。

2011 年 6 月,广深港高速铁路广深段开始联调联试。

2011 年 12 月 26 日,广深港高速铁路广深段通车运营活动在深圳北站举行。

二、工程建设难点

(一)技术难题

广深港高速铁路施建过程中的主要技术难题有:狮子洋隧道大直径盾构长距离连续穿越软土、砂层、软硬不均地层、岩石风化层、破碎带和硬岩地层;深港连接隧道大理岩溶洞区岩质破碎,裂隙发育,极易出现漏气、冒浆以及坍塌等风险;深港连接隧道穿越香港米埔湿地自然保护区的湿地生态环保问题;沙湾水道特大桥承台全部深埋于深水河床裸露基岩中。

(二)重点工程

1.狮子洋水下隧道

狮子洋隧道位于庆盛站至虎门站区间,穿越珠江口狮子洋河段,是广深港高铁广深段关键控制性工程,设计速度目标值 350 千米/小时,是世界首座高速铁路水下盾构隧道,也是当时我国建成的最长水下隧道和继武广高铁浏阳河水下隧道之后第二座水下铁路隧道。狮子洋隧道工程范围全长 10.8 千米,其中隧道长度 10.49 千米,外直径 10.8 米,双孔单线,穿越地质与环境条件极为复杂的珠江狮子洋入海口;其建设面临行车速度高(国内首条时速 350 千米水下隧道)、掘进距离长(盾构段长 9340 米、国内最长水下掘进距离)、地层复杂多变(国内首次大直径盾构连续穿越软弱地层、土岩复合地层、基岩及其破碎带)、水压力大(最大水压力 0.67 兆帕)、安全标准严(高速、高密度、大客流、深水下)的问题。该工程项目历经近 10 年联合攻关,系统解决了结构安全保障、轨道平顺性控制、长距离掘进、关键装备研发、环保与防灾疏散等方面多项技术难题,形成了成套创新技术。该隧道由铁四院设计,中铁隧道局和中铁十二局施工,华南铁路建设监理公司监理。

2. 沙湾水道特大桥

沙湾水道特大桥位于广州市番禺区,是广深港高速铁路建设的重难点工程之一,全长18.081千米,主桥跨沙湾和紫泥水道,桥高45米,建于国家一级航道的深水中,水中墩水深13米,其中有四孔主跨连续钢构桥梁(每跨168米),为当时我国跨径最大的高铁双跨连续钢构桥。采用450吨提梁门式起重机提升运架梁,高度为35米,跨度为36米,当时属全国之首。该桥由铁四院设计,中铁十四局集团有限公司施工,华南铁路建设监理公司监理。

三、主要参建单位

建设单位:广深港客运专线有限责任公司。

设计单位:铁四院。

质量安全监督:铁道部工程质量安全监督总站广州监督站。

全线施工和监理单位通过招投标确定。其中:

ZH-1 标施工:中铁十四局集团有限责任公司。

ZH-2 标施工:中铁十七局集团有限责任公司。

ZH-3 标施工:中铁二局集团有限责任公司。

SD-Ⅰ标、SDⅢ标施工:中铁隧道局集团有限责任公司。

SD-Ⅱ标施工:中铁十二局集团有限责任公司。

PJ 标施工:中铁一局集团有限责任公司。

QG-1 标施工:中铁二十五局集团有限责任公司电务工程公司和铁四院联合体。

"四电"集成标施工:中铁电化局集团有限责任公司和中国铁路通信信号集团有限责任公司联合体。

GSGJL-1 标监理:华南监理联合体。

GSGJL-2 标监理:北京铁城监理联合体。

第五节　运营管理

一、运营历程

2011 年 12 月 26 日起,广深港高速铁路广深段开通运营,每日开行动车组 36 对,首、末班车时间分别为 7 时和 22 时;广州南站至深圳北站列车最快运行时间为 35 分钟。

2012 年 3 月 1 日起,广深港高速铁路广深段开行直通湖南和湖北的省际列车;同年 9 月 28 日,广深港高速铁路广深段每日开行本线列车 26 对,与京广高速铁路郑武段和徐兰高速铁路郑西段间开行跨线列车 16 对,与京广高速铁路武广段间开行跨线列车 20 对。

2014年7月1日起,广深港高速铁路广深段每日开行动车组134对,高峰期增开22.5对。

2015年7月1日起,深圳北站每日开行经广深港高铁广深段的动车组110.5对,其中日常线85.5对、周末线3对、高峰时段线22对。

2016年清明节假期期间,广深港高速铁路广深段每日增开动车组23.5对。

2017年1月5日起,深圳北站每日开行经广深港高速铁路的动车组125.5对。

2018年9月23日,广深港高速铁路香港段开通运营,内地上海、石家庄、郑州、武汉、长沙、杭州、南昌、福州、厦门、汕头、贵阳、桂林、昆明等城市共44座车站与香港西九龙站间开行高速列车。其中,福田站至香港西九龙站最快行车时间14分钟,广州南站至香港西九龙站最快行车时间47分钟,北京西站至香港西九龙站最快行车时间8小时58分。

二、客运流量

2011年12月26日广深港高速铁路广深段开通运营至2012年6月,广深港高速铁路广深段累计发送旅客400万人次。

截至2018年3月,广深港高速铁路广深段累计发送旅客1.84亿人次。

第六节　工程创新

一、路基工程技术创新

广深港高速铁路广深段设计路基54段,长13.09千米,路基按工后"零沉降"理念设计,允许最大工后沉降按15毫米控制。工后沉降值不能满足要求的地段,根据各工点的地基条件、填土高度、施组计划等具体情况,分别采用了水泥粉煤灰碎石桩(CFG)、搅拌桩、复合地基、换填、冲击碾压、预压等地基加固措施。其中CFG桩为广深港高铁广深段最主要的地基加固措施。加深厚层软土、过渡段等沉降控制难度大的地段,采用预应力高强度混凝土管桩(PHC)或钻孔灌注桩桩网结构,或短地基加固桩联合堆载预压的加固措施。

全线路基工程在无砟轨道地段岩溶路基技术、桩—网结构、组合型过渡段、软岩风化物改良土填料、深路堑高边坡稳定性监测与信息化施工5个方面均有重大创新;在A、B组填料粒径控制标准、路堤式路堑、桩帽式CFG桩复合地基、格宾挡墙、深路堑高边坡预加固技术、路基边坡复合式绿色防护设计、土工合成材料在路基工程中的应用7个方面有显著突破。

优化了结构物过渡段的设计与施工控制,通过采用不同材料、不同类型的过渡形式,使轨道刚度逐渐变化,减小沉降差,降低振动,减缓路基变形,实现路基纵向和竖向刚度逐渐过渡的要求。

二、桥梁工程技术创新

1. 屏山涌、楼村 1 号及龙塘特大桥采用斜交刚架

屏山涌特大桥跨越东新高速公路,楼村 1 号特大桥跨越凤新路,龙塘特大桥跨越福龙路,分别采用 2-17.5 米、2-16 米及 4-18.5 米斜交刚架。该结构形式建筑高度小,结构刚度大,能较好地解决铁路线路与道路夹角较小的问题。与采用大跨度的连续梁或者连续刚构相比,能够有效地降低线路的高程,节省工程造价。

2. 沙湾水道特大桥采用大跨度连续刚构等多种桥式结构

沙湾水道特大桥跨越骝岗水道采用(76 米 + 160 米 + 76 米)连续梁拱。骝岗水道距离车站较近,不但满足了骝岗水道单孔双向通航的要求,而且降低了桥梁高度。该结构是预应力混凝土连续梁与钢管混凝土拱的组合桥型,创国内铁路连续梁拱组合桥梁跨度新纪录,是广深港高铁广深段建设控制工程之一。

三、隧道工程技术创新

狮子洋隧道是我国第一条铁路水下特长隧道,隧道水下工程占 70%。狮子洋水面宽达 3300 米,水深达 26 米。隧道途经地段工程地质条件复杂,软地层不均。该隧道在国内第一次采用盾构水下"相向施工、地中对接、洞内解体"的施工技术。该项技术由对接前期筹划、对接段设计与施工、管片加固、施工监测、拆机施工、衬砌施工等组成。2 台盾构"相向掘进、正面地中对接、洞内解体"技术,改变了以往单体设备一掘到头的方式,大大加快了施工进度,减少了中间竖井的施工投入。该项技术所涉及的施工工艺、方法大都为常规方法,操作简易。该技术在狮子洋隧道施工中首获成功,拓展了盾构施工的范围。

隧道进口段采用长距离穿越破碎带盾构施工工法。通过改造盾构机和改变平衡原理完成长距离破碎带掘进,解决了管路堵塞、磨穿、隧道上浮等世界性技术难题,填补了国内外双线盾构在长距离破碎带掘进施工的空白。该工法包括刀盘结泥饼预防、刀具调换与维护、砟土分离与弃砟等技术,适用于在盾构隧道破碎带和复杂地层中施工。

广深港高铁广深段狮子洋隧道工程获中国发明专利 12 项,中国实用新型专利 10 项,中国软件著作权 1 项,省部级工法 9 项,出版专著 2 部、行业规范 1 项,发表论文 62 篇;狮子洋隧道获国家优质工程奖、中国土木工程詹天佑奖、菲迪克优秀工程奖;《高速铁路狮子洋水下隧道工程成套技术》获 2017 年度国家科学技术进步奖二等奖。

四、高架车站建造技术创新

庆盛、虎门、光明城站分别设在 3 座特大桥上,以"站桥合一"的设计理念,系统地形成高

速铁路桥梁与站场合一的创新建造技术。桥跨、墩台与站区设施布局充分满足了列车运营和客运服务的要求,特别是在建筑造型上有所创新。

站房建筑力求打造宜人的视觉形象并使其具有强烈的现代感,充分体现高架车站的优点,将无站台柱雨棚作为造型的重要部分,雨棚的拱形结构与富有节奏韵律的外立面相互映衬,富有动态美,体现了客运专线快速流畅的特色。考虑各站所在地区特点,车站建筑尽量利用自然通风,充分体现沿线所特有的文化性和地域性,塑造了广深港客运专线各站区新的环境形象,体现"绿色与生态"的主题。

五、接触网系统技术创新

在国内首创完成简单链形悬挂双弓重联 300 千米/小时商业运营。经科研攻关,完成了时速 350 千米双弓重联新型简链接触网关键技术及工程应用科研项目,并在该线成功实施,实现了 28.5 千牛（接触线）+23 千牛（承力索)张力组合的简单链形悬挂,实现了双弓重联 300 千米/小时商业运营。验收速度达到双弓 386 千米/小时,满足 350 千米/小时双弓运行要求,达到世界先进水平。运营以来,接触网故障率为国内同等级线路最低,系统运行稳定。

创新型一体化工艺的实施。采用简单链形悬挂的接触网系统,要实现双弓重联 300 千米/小时商业运营速度,需要更严格地进行误差控制,更高的质量要求。为此,在引进原型系统所在方进行技术服务的基础上,创新开发并应用了简单链形悬挂精确安装一体化工艺,在国内首次成功采用了集设计、施工、验收于一体的与精确安装工法配套的创新型组织结构,利用远程辅助办公工具,采用专业化分工负责与专家系统指导结合、工地现场指导与专家远程指导结合的方式,实现了效率最大化。联调联试期间的试验数据及运营以来的运营效果表明,接触网系统各项性能全面达到或优于设计要求,全部满足各项验收标准,且接触压力等多项重要性能指标大大优于验收要求,接触网系统性能稳定,各项技术指标良好,为后续其他线路的接触网系统建设起到了示范作用,社会效益和经济效益显著。

第七节　工　程　价　值

广深港高速铁路广深段是我国《中长期铁路网规划》中"四纵四横"铁路快速客运网的重要组成部分,是《中长期铁路网规划(2008 年调整)》的"八纵八横"之京哈—京港澳通道的一部分,是贵广高速铁路、京广高速铁路、京九高速铁路、南广铁路、沿海铁路通道、广肇城际铁路和广珠城际铁路等多条高级线路的联络线,是广州至深圳间的城际铁路,也是珠三角城际铁路网的重要组成部分。广深港高速铁路广深段的开通有效缓解广州至深圳间客运能力紧张的局面,更好地满足广深间直达客流进港的需求,形成连接深圳、广州的快速铁路通道。

广深港高速铁路广深段将广东省经济发达的广州、东莞、深圳联结在一起,为沿线的旅客提供了方便、舒适、快捷的出行方式,满足人们在城市间高频率的出行往来需求,对于加强广州、深圳及其与外省之间的联系、缩短时空距离、促进珠三角地区城市间的经济协作和经济共同繁荣、提升国际竞争能力具有重要意义。

执笔人：张强

第九章 贵阳至广州高速铁路

第一节 工程概况

贵阳至广州高速铁路工程(以下简称"贵广高铁",原名贵阳至广州铁路),是我国西南地区通达华南沿海地区的重要区际铁路通道,跨黔、桂、粤三省区,是我国穿越喀斯特地貌范围最长、地质情况最复杂的高速铁路。线路由贵阳北站引出,经贵州省龙里、都匀,沿都柳江进入广西壮族自治区,经桂林、贺州跨漓江进入广东省,经肇庆、佛山至广州南站。线路全长857千米(其中,广东境内207.5千米、广西境内348.5千米,贵州境内301千米),共设21个车站。采用CTCS-2级列控系统,设计速度目标值300千米/小时,初期运行速度250千米/小时,基础设施预留进一步提速条件。贵广高铁于2008年10月13日开工,2014年12月26日正式开通运营。

贵广高铁可行性研究报告于2008年9月获批,批复投资总额858亿元;于2010年6月获得调整可行性研究报告批复,调整后投资总额为975.5亿元,其中世界银行贷款3亿美元。实际完成投资955.6亿元。贵广高铁由铁道部和贵州省、广西壮族自治区、广东省合资建设。其中,贵州省出资本省境内段资本金的49%(含征地拆迁费用),广东省和广西壮族自治区各自承担本省境内段征地拆迁费用,其余资本金由铁道部安排铁路建设基金。资本金以外的资金利用国内外银行贷款。

贵广高铁是我国西南地区通达华南沿海地区的重要区际铁路通道,是对我国《中长期铁路网规划》中"八纵八横"高速铁路网的重要补充(图9-1)。该线北端可经成贵线、川黔线、兰渝线直达川渝和西北地区;向西可通过沪昆线至云南;南端可经广深港客运专线沿海快速通道连接珠江三角洲、港澳以及闽台经济区;中部可经湘桂线至广西沿海地区。

图9-1 贵广高铁线路示意图

第二节　规划与决策

一、项目提出

黔、桂、粤地域相邻,但经济实力很不均衡,经济互补性强。黔、桂及西南地区腹地能源、矿产、生物、旅游等资源十分丰富,但由于对外交通长期闭塞等原因,一直未能得到有效开发,经济发展相对落后。广东所在的珠三角地区是我国对外开放最早、经济相对发达的地区,由于长期以来西南至珠三角间缺乏大能力的快捷通道,珠三角地区的经济后方难以形成,成为泛珠三角区域经济加快发展的关键制约因素。

自20世纪90年代初以来,铁道部组织的"西南—华南片区铁路网规划研究",开始关注贵阳至广州铁路的规划和建设。1990年,铁道部第二设计院承担的《西南四省区及海南省铁路网发展规划》提出修建贵阳(安顺)经柳州至广州直达铁路干线。1992—1996年,在国家计划委员会主持开展的《西南及华南部分省区经济规划》和铁道部安排编制的《西南及华南部分省区2001至2010年铁路网规划报告》中都有修建贵阳经马场坪、桂林至珠海的贵珠铁路作为西南出海通道的构想。2001年,铁道部组织开展"西南至东南铁路通道规划研究"。同年5月,在铁道第二勘察设计院的报告中,提出了既有黔桂线以承担黔煤南运为主,新建贵阳至广州、厦门线以满足客运为主的建设思路。2005年4月,应贵州省要求,铁道第二勘察设计院编制完成《新建贵阳至广州(珠海)铁路通道规划研究》。

2006年,广西壮族自治区"十一五"铁路建设规划提出新建贵阳至广州铁路。

2006年8月,贵州省人民政府向国务院呈报《关于加快建设贵阳至广州快速铁路的请示》(黔府呈〔2006〕26号)。

2006年11月,贵阳至广州铁路作为继续扩展西部路网建设项目纳入"十一五"国家铁路中长期发展补充。

二、项目立项

2007年2月,中铁二院工程集团有限责任公司(以下简称"铁二院")和中铁第四勘察设计院集团有限公司(以下简称"铁四院")共同编制完成《新建铁路贵阳至广州线预可行性研究报告》。

2007年2月,铁道部和贵州省、广西壮族自治区、广东省人民政府以《关于报送新建贵阳至广州铁路项目建议书的函》(铁计函〔2007〕19号),联名向国家发展和改革委员会(以下简称"国家发展改革委")报送了项目建议书。提出的铁路等级为Ⅰ级,路段旅客列车设计行车速度200千米/小时,预留250千米/小时。

2007 年 3 月,受国家发展改革委委托,中国国际工程咨询公司(现中国国际工程咨询有限公司,以下简称"中咨公司")对项目建议书进行了评估。评估认为:贵阳至广州既有铁路通道运行距离约 1500 千米,最短旅行时间 21.5 小时,技术标准低,运输质量差,运输能力已近饱和,难以满足不断增长的运输需求。建设贵广铁路,形成贵阳至广州最便捷的大能力铁路新通道。贵广铁路沿线分布着斗篷山风景名胜区、瑶人山森林公园、桂林漓江风景名胜区、阳朔国家森林公园、从江增冲鼓楼名胜古迹等数十处旅游景点,桂林山水、贵州岩溶景观享誉天下;经过的黔南、黔东南、桂东北、粤西地区多为少数民族聚集地区,民族风情浓郁,自然风光秀美,以旅游、生物等资源开发为重点的特色优势产业发展潜力巨大。因而,建设贵广铁路是必要的。

2007 年 5 月,国家发展改革委以《国家发展改革委关于新建贵阳至广州铁路项目建议书的批复》(发改交运〔2007〕1022 号)批复新建贵阳至广州铁路立项。

三、项目可行性研究

2007 年 2 月,铁二院和铁四院先后进场开展调研和初测工作。同年 5 月,编制完成《新建贵阳至广州铁路可行性研究报告》。

2008 年 1 月,铁道部和贵州省、广西壮族自治区、广东省人民政府以《关于报送新建贵阳至广州铁路可行性研究报告的函》(铁计函〔2008〕93 号),联合向国家发展改革委报送了可行性研究报告。

2008 年 3 月,受国家发展改革委的委托,中咨公司对新建贵广铁路可行性研究报告进行现场调研和评估。

2008 年 7 月,环境保护部以《关于新建铁路贵阳至广州线环境影响报告书的批复》(环审〔2008〕258 号)同意项目环境影响报告。

2008 年 9 月,国家发展改革委以《关于新建贵阳至广州铁路可行性研究报告的批复》(发改基础〔2008〕2526 号)批复了可行性研究报告。明确该项目线路长度新建 857 千米,铁路等级为 I 级双线电气化铁路,旅客列车速度目标值 200 千米/小时,适当预留进一步提速条件,正线最大坡度 18‰,到发线有效长度 850 米,其他技术标准执行铁道部《新建时速 200 千米客货共线铁路设计暂行规定》(铁建设函〔2005〕285 号),规划输送能力为客车 100 对/日、货运 2500 万吨/年;项目建设工期 6 年;投资估算总额 858 亿元(其中,工程投资 812.6 亿元,机车车辆购置费 45.4 亿元);由铁道部与贵州省、广西壮族自治区、广东省合资建设;资本金为 429 亿元,其中贵州省出资本省境内段资本金的 49 %(含征地拆迁费用)76.1 亿元,广东省承担本省境内段征地拆迁费用 22.1 亿元;广西壮族自治区承担本区境内段征地拆迁费用 8.9 亿元,其余资本金 321.9 亿元由铁道部安排铁路建设基金;资本金以外的资金利用国内外银行贷款,其中世界银行贷 3 亿美元(折合人民币 21 亿元),国家开发银行、中国工商银行、中国建设银行等国内银行贷款 408 亿元。

2009 年 5 月，贵州省政府向铁道部提出按预留速度目标值建设贵广高铁的请求。

2009 年 6 月，铁道部安排铁二院、铁四院对该线的工程措施进行调整可行性研究并补充勘察设计。同年 12 月，完成《关于新建铁路贵阳至广州线调整可行性研究报告》（铁计函〔2009〕1689 号）上报国家发展改革委。"调整可研报告"推荐采用行车速度目标值 250 千米/小时预留 300 千米/小时提速条件方案。

2009 年 12 月，受国家发展改革委委托，中咨公司对《关于新建铁路贵阳至广州线调整可行性研究报告》进行了评估。论证了调整的必要性与合理性。调整原因主要有：贵广通道周边路网布局结构、实施进度发生了重要变化；通道所处区域经济社会发展发生变化；西南地区与珠三角地区缺少高标准、快速度客运铁路；区域路网具备客货分线运输条件。评估同意贵广铁路调整为客运专线及《关于新建铁路贵阳至广州线调整可行性研究报告》推荐采用的 250 千米/小时、预留 300 千米/小时提速条件的方案。

2010 年 6 月，国家发展改革委以《关于调整新建贵阳至广州铁路工程建设内容的批复》（发改办基础〔2010〕1324 号），批复了该线的调整可行性研究报告。明确该项目铁路等级为客运专线，速度目标值 250 千米/小时，基础设施预留进一步提速条件，建设工期 6 年；可行性研究报告调整后项目总投资 975.54 亿元，其中世界银行贷款 3 亿美元，由铁道部、贵州省、广西壮族自治区、广东省合资建设，各省区按一定比例承担本省区范围内资本金或征地拆迁费用；成立贵广铁路有限责任公司（以下简称"贵广公司"），负责该工程建设管理。

2012 年 4 月 9 日，环境保护部以《关于新建铁路贵阳至广州线调整工程补充环境影响报告书的批复》（环审〔2012〕102 号）同意调整工程补充环境影响报告。

第三节　工 程 设 计

一、勘察设计过程

2003 年，铁道部发布《新建客货共线铁路设计暂行规定》《新建时速 200 千米客货共线铁路设计暂行规定》等新的建设标准。将客货共线Ⅰ级铁路客、货列车设计最高速度分别提高到 200 千米/小时、120 千米/小时，从而全面提高了基础设施技术标准、结构耐久性标准。2004 年，修订完善时速 160 千米和 200 千米客货共线标准体系，制订《新建时速 200～250 千米客运专线铁路设计暂行规定》。2005 年，编制发布时速 200～250 千米、300～350 千米客运专线设计暂行规定和无砟轨道设计指南。贵广铁路的勘察设计是在不断更新设计理念、贯彻新规范的背景下展开的。

2007 年 12 月，铁二院和铁四院开展贵广高铁定测和初步设计工作，铁二院为总体单位，负责贵阳至贺州段初步设计，铁四院负责贺州至广东段初步设计。2008 年 4—7 月，完成测量工作以及浅孔钻探和部分深孔钻探工作。同年8月,完成初步设计工作。

2008年9月,铁道部鉴定中心对初步设计进行了审查,并形成了审查意见初稿。

2008年10月,铁二院和铁四院完成初步设计修编工作。

2008年10月7日,铁道部以《关于新建铁路贵阳至广州线小高寨二号、三号隧道及甘棠江特大桥初步设计的批复》(铁鉴函〔2008〕1061号)同意贵广铁路先期开工建设小高寨二号、三号隧道及甘棠江特大桥工程的初步设计。

2008年11月5日,铁道部以《关于新建贵阳至广州铁路初步设计的批复》(铁鉴函〔2008〕1234号)批准新建贵广铁路主线初步设计。

2009年4月22日,铁道部以《关于新建贵阳至广州铁路思贤窖特大桥修改初步设计的批复》(铁鉴函〔2009〕455号)同意思贤窖特大桥修改初步设计。

2009年7月21日,铁道部以《关于新建贵阳至广州铁路引入广州枢纽工程补充初步设计的批复》(铁鉴函〔2009〕926号)同意引入广州枢纽工程补充初步设计。

2010年8月,铁二院和铁四院根据国家发展改革委《关于调整贵阳至广州铁路工程建设内容的批复》(发改办基础〔2010〕1324号)完成了该项目调整初步设计编制工作。

2010年9月,铁道部鉴定中心对该项目调整初步设计进行了审查。

2011年7月1日,铁道部以《关于新建贵阳至广州铁路调整初步设计的批复》(铁鉴函〔2011〕390号)批准贵广铁路调整初步设计。明确主要技术标准:铁路类别为客运专线;正线数目为双线,其中肇庆东至广州南与南广铁路并行共四线;设计速度目标值为250千米/小时,基础设施预留进一步提速条件,贵阳、广州等枢纽和地区根据实际情况确定;最小曲线半径为4500米,枢纽加减速地段根据设计行车速度梯级变化;正线线间距为4.8米,枢纽加减速地段根据设计行车速度确定;最大坡度20‰,其中贵阳北至贵阳站24‰,肇庆东至三水南6‰;到发线有效长度为650米;牵引种类为电力;列车运行控制方式为自动控制(CTCS-2);行车指挥方式为调度集中。轨道按一次铺设跨区间无缝线路设计,正线铺设CRTSⅠ型双块式无砟轨道,贵阳枢纽内、肇庆至广州路段除佛山隧道铺设双块式无砟轨道外,其余路段铺设有砟轨道。正线道岔采用18号单开道岔,正线及疏解线汇合及分岔处根据侧向通过速度要求确定道岔类型。

2010年和2013年,铁道部分别印发了《关于新建贵阳至广州铁路贵阳北站站房工程修改初步设计的批复》(铁建函〔2010〕1744号)及《关于新建贵阳至广州铁路龙里北站等十七座站站房及相关工程修改初步设计的批复》(铁建函〔2013〕288号)。

二、工程设计方案

(一)工程基本情况

贵广高铁西起贵州省贵阳市,从云贵高原东缘溯红军长征路线往黔东南,以长大隧道群接连下穿龙架山、斗篷山至都匀,继以特长隧道群穿越格老山、雷公山南麓,沿都柳江往东途径榕江、从江进入广西壮族自治区柳州市,在三江上跨融江和焦柳铁路,再以特长隧道下穿花坪、天平山至桂林与湘桂铁路交会;出桂林后以长大桥隧相连折向东南跨漓江、穿海洋山至阳朔,穿银殿山至钟山,与洛湛铁路在贺州并站,而后继续向东南越桂岭江、经两广隧道跃入粤西北山岭、途径怀集、广宁,在肇庆鼎湖山下与南广铁路并线折向正东,以四线特大桥跨越西、北江三水交融处思贤窖至佛山西站,其后与武广高铁并行抵达广州南站。全线长857千米,共设21个车站。

该线地形地质复杂,地貌可分为云贵高原剥蚀、溶蚀中、低山区,高原斜坡侵蚀、构造中低山与丘陵区,桂东北剥蚀中山及岩溶低山、丘陵区,南岭余脉的粤西中低山与丘陵区,珠江冲积平原区共5个地貌单元。全线不良地质及特殊岩土工点多,尤其是岩溶较发育,以桂林地区喀斯特岩溶地貌最为突出,多座隧道洞身处于岩溶水平循环带,部分地段路基边坡顺层、危岩落石等不良地质较发育,对后期运营安全和环境保护带来极大挑战。其中,有8座隧道需按Ⅰ级风险隧道进行管理,有3座隧道部分段落需按Ⅰ级风险隧道进行管理。北江、思贤窖四线特大桥等技术复杂,跨线桥、架梁施工等安全风险大。全线新建桥梁510座共228.03千米,新建隧道238座共464.12千米,全线桥隧比重为80.77%。正线铺轨1663.73千米,站线铺轨130.53千米,铺道岔539组。

(二)主要技术标准

铁路等级:客运专线。

正线数目:双线,其中肇庆东至广州南与南广铁路并行共四线。

旅客列车设计行车速度:250千米/小时,预留提速条件;贵阳、广州等枢纽和地区根据实际情况确定。

最小曲线半径:4500米,枢纽内加减速地段根据设计行车速度梯级变化。

正线线间距:一般4.8米,枢纽加减速地段根据设计行车速度确定。

最大坡度:区间正线20‰,肇庆东至三水南6‰。

到发线有效长度:650米。

牵引类型:电力。

列车运行控制方式:自动控制。

行车调度指挥方式:调度集中。

(三)主要工程特点

1.路基工程

线路纵向刚度均匀性要求高。为保证路基的纵向刚度均匀变化,在轨道基础竖向刚度出现突变的路堤与桥(涵)、路堤与路堑、路堑与隧道连接处均设置了过渡结构。

路基工点分散,岩溶、软土、松软土段落多,基底处理工程最大。与站后工程接口多。路基工程与综合接地电缆沟槽、管线过轨、接触网支柱基础、声屏障基础等站后工程的接口复杂,须统一设计与施工,加强组织和协调,保证接口合理、施工有序、质量可控。

路基工点分散,岩溶、软土及松软土段落多,基底处理工程量大。

2. 桥梁工程

贵阳至贺州段(含贵阳枢纽、老罗堡联络线、桂林地区联络线)设桥梁 295 座,共计 136.2 千米。正线有桥梁 276 座,共计 120.434 千米,占线路总长的 20.94%。特大桥 68 座,共计 92.364 千米;大桥 141 座,共计 37.28 千米;中桥 86 座,共计 6.555 千米;框架桥 31 座,共计 15477.31 平方米;新建框架涵 251 座,共计 6086.2 横延长米;新建盖板涵 15 座,共计 1045.95 横延长米;接长盖板涵 8 座,共计 190.29 横延长米;跨线公路桥 1 座,共计 4064.96 平方米;新建及改建旅客地道 23 座,共计 23886.775 平方米;站台桥 11 座,共计 16845.92 平方米。

贺州至广州段设无砟双线特大桥 31 座,总长 44.17 千米;无砟双线大桥 64 座,总长 14.36 千米;无砟双线中桥 61 座,总长 4.76 千米;支架现浇刚构 2 座,总长 0.13 千米。有砟双线特大桥 3 座,总长 7.79 千米;有砟双线大桥 2 座,总长 0.56 千米;有砟双线中桥 1 座,总长 0.11 千米。有砟四线特大桥 5 座,总长 25.02 千米;有砟四线大桥 5 座,总长 1.05 千米;有砟四线中桥 3 座,总长 0.27 千米。

3. 隧道工程

贵阳至广西五通段地形起伏大、隧道长度长、数量多,特长隧道多、占线路长度比例高,岩溶发育,桥隧相连,建筑材料缺乏,工程艰巨,施工安全风险高,施工设备需求量大,配套要求高,供应难度大。

隧道开挖断面大。正线隧道内轮廓均设计采用单洞双线断面,开挖断面约 101.3 平方米,有效净空面积不小于 92 平方米。

地质复杂,岩溶隧道多。全线的隧道地质构造复杂,不良地质和特殊地质多,部分隧道下穿高等级公路要求超前地质预报纳入工序管理,监控量测及施工过程控制要求高。

4. 轨道工程

无砟与有砟轨道交替设计,全线采用跨区间无缝线路,车站正线采用 18 号道岔。

5. 站场工程

枢纽建设工程类型复杂,贵阳、桂林、广州枢纽联络线和动车走行线众多,既有站改造和过渡工程量大,不同速度标准线路并存,轨道类型多样,既有站改造难度大,厂制 T 梁普通架桥机架设与梁场预制箱梁大型架桥机架设并存。车站改造工程、过渡工程施工需加强与运输组织部门协调与协作,制订切实可行的施工方案,以保证行车的安全。

6.房建工程

车站站房包含客运用房广场站台、雨棚地道天桥以及与运营相关的设备用房的综合建筑体,除自身具有施工难度大、质量要求高和工期紧的特点外,与地方市政基础设施衔接内容多、难度大,还具有专业接口多,不同专业工序穿插配合多,建筑节能环保的新技术、新材料、新工艺、新装备使用多和不可预见因素多的特点。

7.专业接口多、建设工序复杂

路基、桥梁、隧道、轨道、站场、生产房屋、"四电"等专业的接口多,在时间短、工程量大的情况下,需要各专业通力合作,强调施工计划的严肃性,保证各专业、各工序按施工组织有序推进。

三、主要设计单位

铁二院负责新建贵阳到广州铁路工程总体设计;设计范围包括贵阳至贺州段,即 DK0 + 000 ~ DK597 +650。

铁四院负责贺州(不含)至广州南(不含)段工程设计,设计范围为 DK567 +174.145 ~ DK829 + 363.7。

第四节 工 程 建 设

一、工程建设过程

2008 年 12 月 16 日,贵广高铁全线站前工程施工、监理招标工作完成。

2008 年 12 月 23 日,贵广高铁全线开工。

2012 年 7 月 31 日,由中铁十三局集团有限公司承建的两安特长隧道提前贯通。

2012 年 8 月 25 日,全线第一长隧道——岩山隧道胜利贯通。

2012 年 9 月中旬,由中铁隧道局集团有限公司承建的三都隧道进口与 1 号横洞工区段战胜岩溶突水后胜利贯通。

2012 年 11 月 17 日,由中铁隧道局集团有限公司承建的同马山特长隧道顺利贯通。

2012 年 12 月 21 日,由中铁二局集团有限公司承建的具有岩溶突水高风险的油竹山隧道顺利贯通。

2013 年 2 月 26 日,由中铁隧道局集团有限公司承建的三都特长隧道胜利贯通。

2013 年 7 月 15 日,由中铁二十三局集团有限公司承建的岩溶突泥突水高风险隧道——

坪山隧道顺利贯通。

2013 年 9 月上旬，贵广高铁北江特大桥、思贤窖特大桥主桥钢桁梁安全、顺利、精确合龙。

2013 年 9 月中下旬，由中铁二十一局集团有限公司承建的黄岗特长隧道、由中铁隧道局集团有限公司承建的羊甲隧道顺利贯通。

2013 年 11 月上旬，贵广高铁"四电"集成工程施工招标完成。

2014 年 1 月 23 日，由中铁二十三局集团有限公司承建的宝峰山特长隧道胜利贯通。

2014 年 2 月 22 日，由中铁十三局集团有限公司承建的具有特殊不良地质高风险的东科岭隧道贯通，制约恭城至钟山西站区间铺轨的工程障碍消除。

2014 年 3 月中旬，贵广高铁剩余站后工程施工招标完成。

2014 年 4 月初，贵广高铁跨区间无缝线路铺设至黔东南州首府都匀。

2014 年 6—12 月，贵广高铁工程完成了静态、动态验收工作。

2014 年 6 月 23 日—12 月 9 日，贵广高铁完成了工务、通信信号、电力及牵引供电、房建、信息、客服、防灾、环境保护和水土保持设施专业静态验收工作，分专业编制了静态验收报告。

2014 年 9 月 5 日—12 月 10 日，中国铁路总公司工务、供电、电务、信息、客服、房建、环水保、防灾专业专家组对静态验收报告进行了评审，形成了评审意见，认为贵广高铁静态整体系统和各专业及其接口满足设计要求和验收标准，工程总体质量合格，同意通过静态验收，具备动态验收条件。

2014 年 9 月 17 日—12 月 8 日，在中国铁路总公司运输局、工程管理中心协调指导下，由成都铁路局、南宁铁路局、广铁集团有限公司组织，贵广铁路公司配合，按照《贵广铁路联调联试、动态检测及运行试验大纲》，成都铁路局、南宁铁路局、广铁集团有限公司对轨道几何状态、动车组动力学响应、接触网、牵引供电、通信、信号、综合接地进行联调联试。在此期间，全线共开行确认单机 220 多列，运行试验列车共 560 多列。

2014 年 12 月 10—12 日，中国铁路总公司工务、供电、电务、信息、客服、环水保、防灾专业专家组对动态验收报告进行了评审，形成了评审意见，认为贵广高铁相关工程动态整体系统功能和实体质量符合设计要求，同意通过动态验收，具备初步验收条件。

2014 年 12 月 13—15 日，贵广公司会同成都铁路局、南宁铁路局、广铁集团有限公司对静态、动态验收遗留问题和专家提出的问题进行整改和落实，申请进行初步验收。16—17 日，中国铁路总公司组织现场检查并召开初步验收会议，形成初步验收报告，同意通过初步验收。23 日，通过了中国铁路总公司安全评估。

2014 年 12 月 26 日，贵广高铁开通运营。

二、工程建设难点

1. 高山深谷、地形复杂

贵广高铁是我国首条时速 300 千米的山区高速铁路,跨越第一、二级阶梯,穿越珠江三角洲、南岭山脉以及云贵高原;途经密布的断层、岩溶、河流、高山深谷、生态敏感和建筑密集的区域,因其建设难度高而被称为"超级铁路"。线路"逢山开洞、遇水架桥",施工队伍常年在野外风餐露宿、加班加点,施建过程大范围使用飞艇或无人机放线等新型技术应对山区施工难题。

2. 喀斯特地貌

贵广高铁穿越全球最大喀斯特地貌山区,要面对断层破碎带、涌水、突泥、地下暗通道等不良地质以及坍塌等地质灾害,施工环境复杂艰险;线路沿经溶洞 270 多个,因多数桥隧途经溶岩区域,建设期间发生突水突泥 30 多次。喀斯特地貌溶洞多且难测,钻孔和桩基等均成难题,打桩难度极大,工期长。为了给桥桩找到稳固的支撑面,需打下足够深的孔洞后再浇筑混凝土,故有的桥桩总深度达 70 米,大部分埋于地下。阳朔站的站房地基有 70% 位于溶洞,站房和站前广场填充了近 10 万立方米的土石方。

3. 生态环保

贵广高铁途经多处生态环境脆弱的区域,沿线有 19 个自然保护区、风景名胜区、森林公园、水源保护地等,铁路施工期间在噪声敏感地带设立临时声屏障,修建与施工相匹配的大型污水处理净化系统,对环境敏感区的生产、生活污水进行集中净化处理,实现对保护区的地表水环境保护;同时通过工程技术措施,使地表水流失和地下水渗漏得到控制。针对贵州省天然河砂缺乏的情况,科研人员配制了高性能混凝土解决天然砂稀缺的问题,该工艺技术有助于减少天然砂资源开采,有利于维持生态平衡。贵广高速铁路竣工运营后,重新对沿线山体生态环境进行恢复。

三、重点工程

全线重难点工程包括既有贵阳站改造,新建圣泉 1 号双线特大桥思贤窖特大桥、北江特大桥、甘棠江特大桥、莫家寨特大桥、三都隧道、岩山隧道、百乐隧道、天平山隧道、宝峰山隧道、两安隧道、大岐山隧道、两广隧道、北岭山隧道、佛山隧道等。

四、主要参建单位

1. 项目建设单位

建设单位为贵广公司[负责新建贵阳至广州铁路(龙老线 DK37 + 017.86 ~ DK43 + 123.142 及龙里北至佛山西 K44 + 211 ~ K833 + 910.493)],成都铁路局(受贵广公司委托管理贵阳枢纽及贵阳北站房工程),南宁铁路局(受贵广公司委托管理桂林北站及相关工程),广铁集团有限公司(受贵广公司委托管理广州枢纽及佛山西站工程)。

2. 工程施工及监理单位

站前施工单位为中铁二局集团有限公司、中铁五局集团有限公司、中铁十二局集团有限公司、中铁十三局集团有限公司、中铁十四局集团有限公司、中铁十六局集团有限公司、中铁十八局集团有限公司、中铁二十三局集团有限公司、中铁隧道局集团有限公司、中交第二公路工程局有限公司、中国水利水电建设集团路桥工程有限公司、中国水利水电第十四工程局有限公司、中交第四航务工程局有限公司;铺轨工程由中铁二局集团有限公司、中铁十二局集团有限公司、中铁七局集团有限公司承担;站房工程由中铁建工集团有限公司、中铁七局集团有限公司、中铁十一局集团有限公司承担;"四电"工程施工由中铁电气化局集团有限公司与中国铁路通信信号股份有限公司联合体、中铁建电气化局集团有限公司与中铁十二局集团有限公司联合体承担;客服系统及站后剩余工程由中铁七局集团有限公司与中国铁路通信信号股份有限公司联合体承担。

站前工程监理单位为成都大西南监理公司、郑州中原铁道建设监理公司、北京铁研建设监理有限公司、甘肃信达监理公司、甘肃铁科建设工程咨询有限公司、北京铁城建设监理有限公司、中铁二院(成都)咨询监理有限责任公司;站后工程监理单位为郑州中原铁道建设监理公司、北京铁研建设监理有限公司、中铁二院(成都)咨询监理有限责任公司。

贵阳枢纽、贵阳北站房工程施工单位为中铁八局集团有限公司、中铁电气化局集团有限公司和中国铁路通信信号股份有限公司联合体、中铁二十二局集团有限公司、中铁建设集团有限公司,监理单位为成都大西南监理公司、成都西南交大工程建设咨询监理有限责任公司。

广州枢纽及佛山西站工程施工单位为中铁二十五局集团有限公司、中铁港航局集团有限公司、中国铁建电气化局集团有限公司,监理单位为天津路安监理有限责任公司。

质量安全监督单位为:铁道部工程质量安全监督总站成都、南宁、广州监督站。

第五节　运营管理

2014 年 12 月 26 日,贵广高铁开通运营,列车最高运行速度 250 千米/小时,广州至贵阳全程约需 4 小时 52 分钟。桂林西、五通、阳朔、佛山西暂不办理客运业务。

2015 年 9 月 20 日,龙里北至贵阳东段建成,贵阳至广州的动车组线路改为贵阳北—贵阳东—龙洞堡—龙里北,此前的贵阳北—贵阳—龙里北既有线停用。

2016 年 1 月 10 日,桂林西站启用客运,贵广高铁经停桂林往广州及贵阳方向的动车无需经联络线到桂林北站办理客运业务及调向。

2016 年 1 月 24 日,阳朔站启用客运。

2017 年 8 月 18 日,佛山西站启用客运。

2017 年 11 月 2 日,贵阳东站启用客运。

2018 年 3 月 13 日,五通站启用客运。至此贵广高铁全线所有车站均已启用。

2015 年,贵广高铁全年旅客发送量 641 万人,平均上座率 70% 以上。

2018 年,贵广高铁日开行列车 106 对,日均客流量达到 5.6 万人次。

第六节　工程创新

1. 防灾及救援工程技术创新

根据该线长大隧道多、岩溶发育的特点,形成岩溶地区高速铁路长大隧道防灾、减灾设计成套技术。建立铁路勘察设计防灾减灾风险评估体系,采用双循环、横纵向风险评估模式,编制风险评估报告,组织专家评审。开展分、合修方案比选,尽量规避岩溶高风险,实现了工程灾害风险的源头控制。设计中采用超前地质预报、岩溶注浆加固、特殊结构支护、合理设置辅助坑道等措施,有效控制了岩溶隧道突水突泥、地表失水等风险。首次系统性设计隧道防灾救援疏散工程,成功解决了长大隧道防灾救援疏散的难题。首次运用隧道大型机械化施工补充预算定额,科学、合理、准确地确定了西南地区隧道大型机械化施工的预算定额,填补了西南山区没有大型机械化施工预算定额的空白,为今后西南地区乃至全国铁路隧道大型机械化施工的同类工程的经济分析、投资控制提供了参考。

2. 桥梁工程技术创新

桥梁基础主要采用钻孔桩基础,上部设计采用简支梁、连续梁、刚构和刚桁斜拉桥等结构。对岩溶地区高速铁路桥梁桩基设计原则与方法进行创新,针对岩溶地区桥梁基础设计的难题,设计过程中引入突变理论,综合分析岩溶地区桩端溶洞顶板稳定性影响因素,形成了岩溶区桩端溶洞顶板稳定性分析的突变评判新方法,确定了桩长设计原则,避免设计中片面追求桩基达到完整基岩而出现超长桩,造成施工困难、投资浪费的现象。制订了山区高速铁路高墩结构刚度控制标准,高墩、大跨、曲线、长联结构施工工艺,复杂地区风环境、风特性的确定方法与标准,以及高墩抗震设计的原则与方法。设计圣泉 1 号双线特大桥时利用车桥耦合分析程序,模拟分析列车在小半径曲线上运行的安全性及舒适性,解决了长联、大跨、高墩、小半径曲线刚构桥梁设计关键问题。

思贤窖特大桥和北江特大桥,首创四线铁路采用两片主桁的钢桁结构,为多线铁路桥梁的设计提供一种全新思路。首创带水平 K 撑新型钢桥面系结构,优化了传力路径,改善了主桁的受力。首次将甲基丙烯酸甲酯(MMA)树脂防水防护技术应用在有砟铁路钢桥面上,较传统钢—混结合桥面大幅减轻了恒载,优化了结构受力,并形成了 MMA 施工工法。在东平水道特大桥上,首次设计并建造国内四线铁路小半径曲线斜拉桥和在铁路桥梁设计中采用双肋钢桁拱桥式,实现对正交异性板钢桥面体系的创新。

3. 路基工程技术创新

路基设计时针对该线岩溶发育、分布范围广、地下水位高的特点,开展岩溶路基整治专题研究。根据塌陷程度、地形地貌及地下水状况,分类给出工程措施,改进施工工法,提高了现有工程措施在岩溶地区的适用性,首次在中强岩溶发育地区采用桩板结构。在岩溶整体呈中等~强烈发育的桂林西站,采用了浅埋式托梁桩板结构,结构安全可靠,沉降满足无砟轨道控制要求,而且降低了工程造价。填补了基于变形状态控制的路基结构设计空白,明确以"根据桩板式挡墙的受力模式,以桩前锚固段长度1/3处的地基抗力不大于侧向变形快稳状态的地基横向承载力"为控制原则,建立了基于变形状态控制的桩板墙桩设计方法及流程,有效解决了坍塌破坏及沉降变形问题。

4. "四电"工程技术创新

"四电"工程设计采用多项先进技术。在国内,首次采用六氟化硫(SF_6)气体代替易燃的变压器油作为自耦变压器的绝缘介质,解决隧道内牵引供电设施的防火、防爆问题,提高电气化工程运营的安全可靠性;首次在自耦变压器(AT)供电方式下采用保护线(PW线)升高兼做避雷线方式,既维持原PW线集中接地回流功能,又兼顾接触网防雷功能,降低接触网雷击跳闸率,提高了接触网运行的可靠性;首次采用了自主开发的"隧道内附加导线固定多用肩架"实用新型专利,同时悬挂正馈线(AF线)和PW线,简化隧道内附加导线的安装结构,降低工程投资,提高附加导线悬挂安装的可靠性和稳定性。创新采用隧道内棘轮补偿下锚可调式转向固定支架,解决接触网下锚补偿绳与隧道衬砌磨线的问题,既保证接触网下锚装置不侵占救援通道,又确保棘轮补偿下锚的安装灵活性和补偿传动效率。

第七节 工 程 价 值

贵广高铁穿越黔、桂、粤,大幅提高西南地区对外通道运输能力与质量,将区域间的发展差异转化为新的经济增长优势,有利于发挥珠三角经济辐射能力、提升区域投资环境水平、整合区域旅游资源、繁荣少数民族地区经济、提供区域优化经济布局和结构基础条件,是落实西部大开发战略的重要举措。

贵广高铁是西南、西北地区至华南珠三角地区和闽台经济区快速便捷铁路通道的重要组成部分,同时也是西南、西北地区通往广西沿海地区和海南省的快速通道的组成部分,是贵阳至广州间最便捷的快速铁路通道,是一条高标准的快速、大能力区际铁路大干线。

贵广高铁是贵阳至广州间里程最短的铁路通道。贵广高铁贵阳至广州的客车旅行时间约为4.4小时,比湘黔—京广通路缩短15.6小时。重庆至广州的客车旅行时间约6.5小时,比渝怀—京广通路缩短13.7小时。贵广高铁是构筑西北、西南直达华南和港澳的大能力快速铁路通道的关键环节。

贵阳至广州高速铁路是我国穿越喀斯特地貌范围最长、地质情况最复杂的高速铁路。针对岩溶发育分布范围广、地下水位高的特点,在铁路防灾及救援工程、桥梁工程、路基工程等方面的创新,为今后西南地区乃至全国铁路线、桥、隧设计及施工提供了经验。

执笔人:张强

第十章　山西中南部铁路通道
（瓦日铁路）

第一节　工　程　概　况

山西中南部铁路通道（瓦日铁路）是 2008 年国家《中长期铁路网规划（2008 年调整）》的重要组成部分，横贯晋豫鲁三省。线路起点为山西省吕梁市兴县瓦塘镇，经山西省临县、蒲县、洪洞县、长治市，河南省安阳市，跨京广线后利用改造汤台线至台前县，跨京九线后折向南跨越黄河，经山东省梁山县、东平县、泰安市、莱芜市、沂源县、沂水县、莒县，终点为山东省日照市，途经 3 省 13 市（县），线路全长 1269.836 千米。与京广、京九、京沪干线相衔接，和石太、邯长、南太焦、侯月铁路共同构成山西中南部地区铁路煤炭外运系统，使得煤炭资源可直达中南、华东等广大地区，不仅为山西中南部地区铁路煤炭外运系统提供一条外运新通路，而且为日照港增加了新的集疏运通道，有利于完善区域铁路网布局，增强路网的机动灵活性。

山西中南部铁路通道（瓦日铁路）正线全长 1269.836 千米，其中新建线路 1108.876 千米，利用既有线增建第二线 160.96 千米，全线隧道 378 千米/197 座，桥梁 286 千米/467 座，桥隧比 52.7%。项目一次性建成双线重载铁路，沿线设置车站 50 座，其中新建车站 38 座，改建车站 11 座，预留车站 1 座，可行性研究报告批复总投资 998 亿元。该项目于 2010 年 4 月开工，2015 年 1 月底全线开始运营。

第二节　规划与决策

一、项目提出

我国煤炭产量的增长主要集中在山西、陕西、内蒙古西的"三西"地区，全国规划的 13 个大型煤炭基地中，有 7 个集中在"三西"及宁夏，我国煤炭消费地主要集中在环渤海地区和华东地区，未来北煤南运、西煤东运的趋势将更加明显。

山西中南部地区是我国重要的煤炭产区，全国 13 个大型煤炭生产基地中，有 3 个分布在山西省，即晋北、晋中和晋东煤炭基地。

2005 年至 2006 年间，为提高山西中南部地区煤炭外运能力，提高铁路运输比例，降低社会运输成本,构建资源节约型、环境友好型的交通运输体系,同时完善区域铁路网布局,增强路网的机动灵活性,依据国家能源建设战略、山西煤炭基地有序开发的需要,有关部门经过研究,提出建设该项目的设想。

二、规划论证

2006 年 11 月,铁道部与山西省联合组织研讨会,对该项目的建设规划进行了研讨,决定启动并委托铁道第三勘察设计院集团有限公司(现中国铁路设计集团有限公司,以下简称"铁三院")进行该项目的规划研究工作。2007 年 7 月,铁三院完成《晋煤外运中南部铁路通道规划研究报告》。

2007 年 7 月,铁道部会同山西省、河南省、山东省联合组织召开项目的规划论证会,基本明确了通道规划方案。

2008 年 10 月,国家发展和改革委员会发布的《中长期铁路网规划调整(2008 年调整)》中,将通道规划方案纳入。

三、选线确定

2008 年 1 月,铁道部与山西省就进一步加强铁路建设进行了协商,认为"十一五"期间应进一步加快山西中南部铁路出海通道等铁路建设,抓紧落实建设条件,铁道部全力支持山西省政府关于以市场化方式加快建设山西中南部出海铁路通道的意见,双方要进一步抓紧项目前期工作。河南省也多次函请铁道部尽快启动前期工作。

为落实协议精神,铁道部发展计划司以《关于委托九景衢铁路等八项目预可研方案竞选工作的函》(计长函〔2008〕14 号)对此项目预可行性研究方案竞选工作进行了安排。根据方案竞选结果,确定铁三院为总体设计单位,中铁工程设计咨询集团有限公司(以下简称"中铁咨询")、中铁大桥勘测设计院有限公司(以下简称"大桥院")、中铁隧道勘测设计研究院(以下简称"隧道院")为共同设计单位。

四、项目立项

2009 年 1 月,铁道部和山西省、河南省、山东省人民政府以《关于报送新建山西中南部铁路通道项目建议书的函》(铁计函〔2008〕1695 号),向国家发展和改革委员会报送了项目建议书。

2009 年 2 月,设计单位进一步对线路方案、主要技术标准等开展了系统补充、深化研究,完成修改预可行性研究报告编制工作。

2009 年 3 月 23—24 日,国家发展和改革委员会委托,中国国际工程咨询公司(现中国国际工程咨询有限公司,以下简称"中咨公司")对项目建议书及预可行性研究报告进行了评估。

7月,国家发展和改革委员会《关于新建山西中南部铁路通道项目建议书的批复》(发改基础〔2009〕1904号)指出:主要技术标准在可行性研究阶段确定;结合相关路网规划,对侯庙以东至日照段进行同深度的多方案技术经济比选论证,确定具体线位走向和技术装备。

五、可行性研究

2009年7月,根据项目建议书意见,在现场勘测的基础上,铁三院会同中铁咨询、大桥院、隧道院完成了项目可行性研究报告编制工作。铁道部和山西省、河南省、山东省人民政府以《关于报送新建山西中南部铁路通道可行性研究报告的函》(铁计函〔2009〕1040号),向国家发展和改革委员会报送了可行性研究报告。8月,铁三院组织完成了《新建铁路山西中南部铁路通道环境影响报告书》上报环境保护部,环境保护部组织完成了对项目环境影响报告书的技术审查工作。11月10日,国土资源部以《关于新建山西中南部铁路通道项目建设用地预审意见的复函》(国土资预审字〔2009〕419号)对项目建设用地预审给予批复。

晋豫鲁铁路通道股份有限公司(以下简称"晋鲁豫公司")是项目法人和建设单位。该公司由铁道部授权太原铁路局、郑州铁路局、济南铁路局作为其出资人代表,山西省、河南省、山东省人民政府分别授权山西能源交通投资有限公司、河南铁路投资有限责任公司、山东铁路建设投资有限公司作为其出资人代表,与中银集团投资有限公司、中国大唐集团煤业有限责任公司、华电煤业集团有限公司作为股东共同发起设立。公司注册资本金519亿元,持股比例为:太原铁路局34.29%;山西能源交通投资有限公司20%;中银集团投资有限公司14.45%;山东铁路建设投资有限公司8.5%;郑州铁路局8%;济南铁路局8%;河南铁路投资有限责任公司4.7%;中国大唐集团煤业有限责任公司1%;华电煤业集团有限公司1%。

2009年12月8日,国家发展和改革委员会下发《关于新建山西中南部铁路通道可行性研究报告的批复》(发改基础〔2009〕3067号)。项目新建线路自瓦塘站引出,经临县、柳林、蒲县、洪洞至长治,引入京广线汤台东站。利用既有汤台铁路并增建第二线至侯庙站,新建线路自侯庙站引出,经泰安至辛泰铁路范镇站,利用辛泰铁路并增建第二线至莱芜东站,新建线路自莱芜东站引出,经沂源、沂水、巨峰南至日照南站。线路全长1269.836千米(山西省、河南省、山东省境内分别为601.375千米、252.358千米、416.103千米),其中新建线路1108.876千米,利用既有线增建第二线160.96千米。配套建设与菏瓦铁路、南同蒲铁路、太焦铁路、京广铁路、京九铁路、京沪铁路的联络线114千米,预留韩岗至兖州联络线。该项目主要技术标准为:国铁Ⅰ级、双线、电气化铁路;最小曲线半径一般条件为1200米、困难条件为800米;限制坡度,瓦塘至汤阴段上行6‰、下行13‰,汤阴至日照段6‰;到发线有效长度1050米、部分1700米;自动闭塞。其他技术标准按客货共线、旅客列车设计行车速度120千米/小时相应设计规范执行。项目可研批复总投资998亿元,其中工程投资878亿元,机车车辆购置费120亿元。建设工期4.5年。项目资本金499亿元、资本金比例50%,山西省、河南省、山东省分别承担本省境内段资本金的30%,并负责征地拆迁工作及费用,征地拆迁费用经各方认可后可作为地方资本金计入股份,其中河南省出资部分含汤台铁路评估作价入股费用。资本金出资方案为:铁路建设基金349.3亿元,山西省80.9亿元、河南省24.7元、山东省44.1亿元。债务性资金499亿元全部利用银行贷款。

2009年12月8日,环境保护部以《关于新建山西中南部铁路通道环境影响报告书的批复》(环审〔2009〕545号)批复了新建山西中南部铁路通道环境影响报告书。

2010年10月8日,水利部以《关于新建山西中南部铁路通道水土保持方案的复函》(水保函〔2010〕303号)批复了项目的水土保持方案。

第三节　工 程 设 计

一、先进理念贯穿设计全过程

1.综合选线技术

运用综合选线技术合理确定线路方案,降低工程风险、节省工程投资效果显著。针对23.4千米南吕梁山越岭地段,创造性地提出线位穿越煤层采空区以下、龙子祠泉域地下水位线以上狭窄空间(160米)的方案,规避了大量煤层瓦斯及大量隧道涌水,在选线设计方面是一次重大设计创新。发鸠山越岭段为克拉通内断陷盆地,最终确定的南绕方案绕避了横水盆地,洞身位于基岩中,降低了环境水文地质风险和施工风险,是一次成功的降低环境水文地质及施工风险的方案调整,值得类似工程借鉴。

2.总体设计技术

瓦塘至汤阴东段路肩上设置贯通电缆沟槽,便于养护维修且节省工程投资。站前工程和站后工程接口总体设计,一方面为站后工程的实施创造便利条件,另一方面避免了废弃工程、节省了投资。35处隧道进出口沟深壁陡段采用桥隧相连系统设计,有效降低了隧道进出口仰坡高度,显著降低了工程风险。长大隧道及隧道密集地区,参照综合接地系统,“四电”集中接地设计,实测接地效果良好,为隧道密集普速铁路的设备接地提出了新的解决方案。

3.重载铁路隧道结构设计

通过建立模型进行计算分析,结合既有运营隧道的情况,针对重载铁路隧道结构的设计,创新性地提出了将无砟轨道和隧道仰拱及基底系统建立模型进行分析,并且考虑不同轴重下荷载参数,尤其是提出确定30吨轴重下列车动荷载系数取3.0。

4.重载铁路轨道工程设计

首次设计在重载铁路隧道内大范围铺设无砟轨道,结合重载铁路运输特点,从无砟轨道结构安全可靠性、耐久性、对重载铁路隧道条件的适应性、施工性、可修复性、轨道弹性及经济性等方面进行系统分析研究,提出重载隧道内应以铺设弹性支承块式无砟轨道为主的选型结论。开展了重载铁路隧道内弹性支承块式无砟轨道和双块式无砟轨道结构设计,提出了合理的道床板配筋设计、道床板与隧道基底剪力筋设计以及有砟无砟轨道过渡段设计,为其他重载铁路无砟轨道设计提供了有益借鉴。

5. 集疏运系统设计

首次将铁路专用线与正线一起统筹规划,共有 20 条专用线接入 19 座车站。通过对沿线铁路专用线的统筹规划,一方面保证在线路开通之初即能够实现大量煤炭资源的顺畅外运,另一方面确保在主线设计中为专用线引入车站创造良好的技术条件。对投资主体明确的专用线,将专用线引入车站部分直接纳入主线一并设计,以保障系统的协调性并避免出现拆改工程,对其他项目具有良好的借鉴作用。

6. 主要设计标准

项目建议书将项目定位为重载铁路,以货运为主,兼顾少量客运,对山东段提出了预留较高速度目标值的条件,以考虑承担较多客车的可能。主要技术标准为:国铁 I 级双线电气化铁路;最小曲线半径为瓦塘至泰安段 1200 米、困难条件 800 米,泰安至日照段 2800 米;限制坡度为上行 13‰、下行 6‰;牵引质量为 5000 吨、部分 10000 吨;到发线有效长度为 1050 米、部分 1700 米;自动闭塞。可行性研究阶段对山东段不再考虑预留较高速度目标值的条件,全线按照货运重载铁路设计,兼顾少量客运,速度目标值按 120 千米/小时设计,京广线以东段结合地形地质条件和运输组织需要,按双向 6‰的坡度方案。初步设计结合我国铁路车辆等装备水平的全面提升和货车技术的升级换代,提出本线按预留 30 吨轴重条件,并在桥梁荷载等方面按 30 吨轴重荷载设计。

二、设计批复

2009 年 8 月 31 日,铁道部、山西省人民政府以《关于新建吕梁至临县(孟门)铁路吕梁至三交至临县北段初步设计批复》(铁鉴函〔2009〕1204 号)对三交至临县北段的初步设计予以批复。

2010 年 2 月 24 日,铁道部、山西省人民政府、河南省人民政府以《关于山西中南部铁路通道瓦塘至汤阴东段初步设计的批复》(铁鉴函〔2010〕196 号),对山西中南部铁路通道瓦塘至汤阴东(含)段初步设计予以批复。

2010 年 6 月 29 日,铁道部、河南省人民政府、山东省人民政府以《关于山西中南部铁路通道汤阴东至日照南段初步设计的批复及瓦塘至汤阴东段桥梁活载标准调整、郑家塔滑坡等九段线路补充初步设计的批复》(铁鉴函〔2010〕844 号),对汤阴东至日照南段初步设计予以批复。

2012 年 3 月 16 日,铁道部、山西省人民政府以《关于新建吕梁至临县(孟门)铁路三交至孟门段初步设计的批复》(铁鉴函〔2012〕308 号),对三交至孟门(不含)段的初步设计予以批复。

第四节　工　程　建　设

一、工程建设重要节点

2010 年 4 月 9 日,晋豫鲁公司在山西省太原市召开山西中南部通道瓦塘至汤阴东段开工建设动员大会,瓦塘至汤阴东段开工建设。

2010 年 9 月 13 日,汤阴东至日照南段站前工程开工建设,项目进入全面建设阶段。

2010 年 9 月 10 日,商务部批复同意设立晋豫鲁铁路通道股份有限公司。

2011 年 4 月 12 日,晋豫鲁公司组织召开山西中南部铁路通道 30 吨轴重路基轨道重载技术标准研讨,铁道部运输局、鉴定中心、工程管理中心、中国铁道科学研究院、北京交通大学、太原铁路局的重载技术专家、学者参加了会议,为项目确定和采用重载标准做了进一步的技术保障和准备工作。

2012 年 3 月 1 日,河南段跨安林高速公路特大桥首片 T 梁完成架设,标志着工程由线下转入线上施工阶段。

2013 年 4—9 月,晋豫鲁公司组织施工、监理、设计、中国铁道科学研究院等单位召开了重载铁路综合试验段六次建设协调推进会,确定选择山西中南部铁路通道长子南—平顺(铁路里程 DK482 +400 ~ DK574 +200)段作为重载试验段。

2014 年 3 月 7 日,综合试验段 30 吨轴重 75 千克/米钢轨 12 号、18 号单开道岔通过专家评审,为国内首组通过评审的 30 吨轴重重载道岔。

2014 年 6 月 19 日,全线 197 座隧道全部贯通。

2014 年 12 月 19 日、25 日、26 日,济南铁路局、郑州铁路局、太原铁路局管段分别通过初步验收。

2014 年 12 月,沿线各铁路局依据《新建铁路项目安全评估暂行办法》对项目进行安全预评价,正线具备开通运营条件。

2014 年 12 月 30 日,全线开通。

2015 年 1 月 20 日,全线开始运营。

二、主要参建单位

山西中南部铁路通道工程主要参建单位包括 4 家设计单位、2 家咨询单位、23 家施工单位和 15 家监理单位。

1. 设计单位

全线设计工作由铁三院、中铁咨询、隧道院、大桥院共同完成。

铁三院为总体设计单位,同时负责瓦塘至洪洞北段(瓦洪段)勘察设计工作(正线长度 345.470 千米)以及本区段的联络线与其他相关工程。

中铁咨询负责洪洞北至日照南的设计工作(正线长度为 923.869 千米)及本区段的联络线与其他相关工程。

隧道院负责南吕梁山隧道的设计工作。

大桥院负责汾河特大桥线下的部分设计工作。

2. 设计咨询单位

中铁第一勘察设计院集团有限公司负责山西境内的设计咨询工作。

中铁第四勘察设计院集团有限公司负责河南、山东境内的设计咨询工作。

3. 施工单位

全线分为 25 个施工合同段,共有 23 家施工单位承担施工任务。施工合同段与施工单位见表 10-1。

施工单位一览表　　　　　　　　　　　　　　表 10-1

标段名称	施工单位	标段名称	施工单位
ZNTH-1	中铁十二局集团有限公司	ZNTH-15	中铁十局集团有限公司
ZNTH-2	中铁十二局集团有限公司	ZNTH-16	中铁大桥局集团有限公司
ZNTH-3	中铁二十局集团有限公司	ZNTH-17	中交第二公路工程局有限公司
ZNTH-4	中国葛洲坝集团股份有限公司	ZNTH-18	中铁十六局集团有限公司、中铁二十一局集团有限公司联合体
ZNTH-5	中铁十七局集团有限公司	ZNTH-19	中铁二十局集团有限公司
ZNTH-6	中铁隧道股份有限公司	ZNTH-20	中铁十七局集团有限公司、中铁二十四局集团有限公司联合体
ZNTH-7	中铁十一局集团有限公司	ZNTH-21	中铁十四局集团有限公司、中铁二十三局集团有限公司联合体
ZNTH-8	中交第一航务工程局有限公司	ZNZF-1	中铁十一局集团有限公司
ZNTH-9	中铁三局集团有限公司	ZNZF-2	中铁十局集团有限公司
ZNTH-10	中铁五局集团有限公司	ZNZH-1	中国铁路通信信号股份有限公司
ZNTH-11	中铁一局集团有限公司	ZNZH-2	中国中铁电气化局集团有限公司
ZNTH-12	中铁十八局集团有限公司	ZNZH-3	中铁十二局集团有限公司
ZNTH-13	中铁二十一局集团有限公司	ZNZH-4	中国铁建电气化局集团有限公司
ZNTH-14	中铁七局集团有限公司		

4. 监理单位

全线划分为 16 个监理合同段,共有 15 家监理单位承担监理工作,具体见表 10-2。

监理单位一览表　　　　　　　　　　　表 10-2

标 段 名 称	监 理 单 位	标 段 名 称	监 理 单 位
ZNJL-1	华铁工程咨询有限公司	ZNJL-9	天津新亚太工程建设监理有限公司
ZNJL-2	山西铁建工程监理咨询有限公司	ZNJL-10	铁科院(北京)工程咨询有限公司
ZNJL-3	山西铁建工程监理咨询有限公司	ZNJL-11	郑州中原铁道建设工程监理有限公司
ZNJL-4	中铁隧道洛阳监理有限公司	ZNJL-12	河南长城铁路工程建设咨询有限公司
ZNJL-5	北京铁城建设监理有限责任公司	ZNJL-13	中咨工程建设监理公司
ZNJL-6	四川铁科建设监理有限公司	ZNJL14	天津市路安电气化监理有限公司
ZNJL-7	北京铁研建设监理有限责任公司	ZNJL-15	山东济铁工程建设监理有限责任公司
ZNJL-8	甘肃铁一院工程监理有限责任公司	ZNJL-16	中铁济南工程建设监理有限公司

三、建设管理创新

1. 建立科学管理体制

针对项目建设管理跨度大、技术要求高的特点,晋豫鲁公司设置综合部、计划财务部、工程管理部、安全质量部、物资设备部 5 个部门,在沿线设置了山西吕梁、山西安泽、河南、山东 4 个段落指挥部。公司实行"决策与执行相分离,责权利相统一,目标一致,运行通畅,精干高效"的建设管理架构。实行逐级管理、逐级负责制;原则上公司负责决策、监督,集中精力研究解决建设过程中的重大问题,公司职能部门对指挥部进行业务指导,具体建设管理职能主要由指挥部层面来承担,实现管理重心下移,加强指挥部的力量。指挥部集中精力抓现场的日常建设管理工作,推进建设管理标准化。

2. 建立完善管理制度

按照"总体策划、分层编制、逐步完善"的原则,组织编写了项目管理体系文件,对综合管理、计划、财务、施工组织、质量控制、安全管理等方面进行了规范,制订了《合同管理办法》《建设资金管理办法》《投资控制办法》《激励约束考核费使用管理办法》《安全生产管理办法》《工程质量管理办法》《党风廉政建设工作制度》等管理制度和办法,形成了一套"事事有流程、事事有标准、事事有责任人"的管理体系。

3. 推行目标管理

根据工程建设总目标,科学编制指导性施工组织设计文件,将实物工作量分别按照年、季、月度分解到各个指挥部,将相关的业务管理重点工作按年度分解到各个职能部门,实行目标管理,加强督办考核。指挥部利用建设管理办公信息系统每周报告工程进展情况及需公司解决的问题,公司定期组织现场办公和平推检查,围绕年度投资计划和形象进度完成情况,对设计供图、征地拆迁、物资供应等方面的主要问题进行协调解决。公司每季度对指挥部和各职能部门进行绩效考核。同时,公司对施工单位实行季度目标考核,对设计、监理单位实行半年度信誉评价考评,且与各种评比挂钩。

4. 加强招投标及合同管理

按照国家有关招投标的法律、法规、程序,精心做好招标前的准备工作,科学编制招标文件,细化量化、硬化合同条款。公司成立了招投标领导小组,所有符合招投标要求的项目都在招投标领导小组的领导下,在公平、公正、公开的原则下进行招投标,严格履行招投标程序,强化招投标过程监督。建立以合同管理为核心的项目管理体系,制订《合同管理办法》,硬化合同双方的权力、利益和责任、义务。树立依法履行合同的观念,认真组织履约检查,促进合同各方诚实守信,聘请专门律师事务所,对所有合同进行严格把关,切实抓好合同管理工作。

5. 加强投资控制管理

先后出台了《投资控制管理办法》《投资计划管理办法》《验工计价管理办法》《变更设计管理办法》《激励约束考核费使用管理办法》《统计管理办法》等一系列办法,建立了一套完整的投资控制管理体系。严格执行概算批复和有关投资控制文件,严格按合同条款执行,严格审核现场签证,按照设计变更程序,对设计变更的审查和审批严格把关。严格执行招投标管理制度,能纳入招投标的项目全部纳入,通过实施招投标,达到了有效控制投资和节省费用的目的。加强对参建单位资金使用情况的检查监督,对全线施工单位的一级账户全部实现了网上监管,对各工程合同段超过300万元以上的支出实行预算管理,确保建设资金运行安全、高效。

6. 严格安全质量管理

建立了分工明确、责任明晰的公司、指挥部、监理和施工单位4级安全质量管理体系,逐级设立了专门的安全质量管理机构,实行源头把关、过程控制、激励约束、考核处罚等系统管理,形成了以建设单位为核心,参建各方各负其责、密切协作的工作格局。

7. 推进技术创新

该线采用了综合选线技术、重载铁路隧道无砟轨道、聚氨酯固化道床、重载铁路桥梁活载标准、重载道岔、绿化混凝土生态护坡等新技术、新材料与新工艺。按照中国铁路总公司(现中国国家铁路集团有限公司)统一部署,科学组织重载综合试验段站前站后工程建设,积极配合中国铁路总公司、中国铁道科学研究院、郑州铁路局开展综合试验,其中60千克/75千克不同材质钢轨、75千克重载道岔铺设、30吨轴重无砟轨道、聚氨酯固化道床和30吨轴重机车牵引、制动6大类77个试验项目取得创新成果,并开展了重载铁路路基、隧道、桥梁科技创新项目,圆满完成了试验任务,为我国重载技术标准体系建立做出了积极贡献。

8. 推进信息系统建设

公司注重信息系统建设,把信息系统作为规范管理、提升效能的有效载体,积极推进建设项目管理信息系统建设。先后安排了协同办公、调度管理、视频会议等多个子系统试用,涵盖项目管理的主要业务过程。信息系统的建设应用,促使公司按照科学化、系统化、程序化的要求,进一步建立健全了管理制度,优化了作业流程,规范了管理行为,提升了管理质量。

第五节 运营管理

一、运营情况

山西中南部铁路通道(瓦日铁路)于 2014 年 12 月 30 日全线建成开通,2015 年 1 月 20 日开始运营,称为"瓦日线",初期每日开行货物列车 10 对,以委托运营的模式由太原铁路局、郑州铁路局、济南铁路局负责运输组织和安全生产管理。线路开通后,经历了市场形势和生产运输的巨大起伏和波动变化。初期受去产能、去库存影响及宏观经济下滑,整体市场需求减少,运量减少;后在煤炭价格上涨、公路治超、兴县北装车点增加,特别是 2016 年底接入兴保专用线、长子能投装车点恢复装车、丰利石化专用线接入,以及积极向好的经济形势、稳定的通道运输能力等有利形势下,通道运量逐年提升,2015—2019 年全线货物发送量分别为 147.1 万吨、360 万吨、2782 万吨、3373.7 万吨、6439 万吨。

二、管理措施

山西中南部铁路通道的运营管理工作由晋豫鲁公司负责。在中国铁路总公司的正确领导下,在相关地方政府的大力支持下,晋豫鲁公司为完善通道运输能力,在增加货物发送量方面做了大量卓有成效的工作:

①积极应对市场考验,加大运输组织协调,千方百计促进本线装运量和其他线分流量的增加,并充分利用运价下调等优惠政策,对部分长距离煤炭运输实行一口价,调动企业发运积极性。

②积极加快专用线建设,协调解决建设中的专业接口、验工计价、变更设计等具体问题,督促加快施工进度。

③重视节支降耗,针对运营电费支出问题,积极与有关供电部门协调,通过将供电方式由按容供电转变为按需供电,节约电费 10% 以上;积极创新筹融资和资金运作方式,通过提前还款、协定存款等方法,增加资金使用效益。

④安全生产保持稳定。坚持"安全第一,预防为主"的原则,有组织、有计划开展了一系列安全质量监督、检查工作,集中解决了一批质量安全突出问题和隐患。特别是针对既有线施

工,组织有关部门和单位成立了站改施工安全管理包保组进行安全包保、现场盯控,确保了既有线施工安全。

⑤注重公司建设,进一步理顺内部管理关系。对公司原有组织管理机构进行优化调整,组织成立经营开发部、运输安全部等职能部门,筹建工程建设开发公司,为公司规范发展奠定了基础。认真落实经营管理责任,特别对重大事项,严格执行公司章程和议事规则,依法履行公司决策程序,确保公司治理依法合规。

⑥大力推进信息化建设,对公司基础网络进行改造,升级办公终端,从传统个人电脑模式变为集中管控的服务器云模式;搭建开通企业微信服务号、企业微网站和企业微信,公司智能化管理水平逐步加强。

第六节　工　程　创　新

1.聚氨酯固化道床

聚氨酯固化道床是在已经达到稳定的新铺碎石道床内灌注聚氨酯材料,使其沿着碎石道床内的空隙渗入道床底部,并经发泡、膨胀挤满碎石道砟之间的空隙,形成整体道床。这是介于传统碎石道砟和无砟轨道整体道床之间的一种新型道床结构。它具有足够的强度和稳定性,并兼有混凝土整体道床残余累计变形缓慢和散粒碎石道床弹性好、可维修性强的优点,同时具备减振功能。聚氨酯固化道床应用于重载铁路桥梁及隧道,将大大减少维修工作量,提高运输能力和行车安全性,是解决目前重载铁路桥、隧段养护维修困难的一种新的技术措施,也是一种极有开发前景的新型轨道结构形式。

由中国铁路总公司批准立项的全国首条30吨轴重重载铁路综合试验段,位于山西中南部铁路通道长子南至平顺区段,全长91.8千米。根据试验大纲,在长子南至壶关区间选择跨长晋特大桥、南岭山隧道下行线铺设聚氨酯固化道床,铺设长度1898米。

2.砂筒式组合围檩支撑系统

可调砂筒式组合围檩支撑系统是一种新型钢板桩围檩支撑系统,它由普通横撑、可调砂筒、端头自紧楔及支顶安装器构成。该系统具有强度高、结构简单、可重复利用、材料无耗损、安拆方便等优点,特别适用于狭长形深基坑开挖的支撑。

该结构的组合砂筒内填充砂子,通过调整内钢筒的伸长量便可以满足各种尺寸的横撑需求。内钢筒承受钢板桩的荷载,通过砂子传递到横支撑上。砂子压实后,体积不变,荷载稳定,且砂子本身流动性差,不易泄漏。自紧楔采用上下两块带有坡度的铁楔,依靠横撑自身重力使横撑与围檩牢固贴紧。拆卸时,通过排砂孔将标准砂排出后,可使梯形铁楔与U形楔槽脱开。

3. 30 吨轴重重载铁路 75 千克/米道岔

新型 75 千克/米道岔是根据既有 60 千克/米重载道岔经验,重点对道岔扣件系统辙叉系统进行改进。其中,轨底垫板设 1:20 轨底坡;道岔滑床板采用施维格弹性夹扣押基本轨;为满足 30 吨轴重列车运行,道岔系统均采用双扣式设计;岔枕采用预埋挡板座,取消既有螺栓套筒模式;道岔岔枕断面为 280 毫米×320 毫米×228 毫米,较既有提速道岔岔枕每延米质量增加 11%;钢轨轨下设 5 毫米厚弹性垫板,铁垫板下设 10 毫米厚弹性垫板,材质为热塑性弹性体,辙叉均为曲线辙叉,辙叉类别为镶嵌式合金钢辙叉或高锰钢组合辙叉。试验路段选在壶关车站下行重车线 4 组 12 号和 2 组 18 号道岔,铺设新型重载 75 千克/米道岔。

第七节　工程价值

山西中南部铁路通道是我国首条一次建成 1000 千米以上的长大运煤重载铁路通道,是我国第一条自主设计和建设的 30 吨轴重的重载铁路。该线建设瞄准国际先进水平,在借鉴国内外重载铁路经验的基础上进行自主创新,建立了具有自主知识产权的 30 吨轴重重载铁路成套技术体系,开创了我国重载铁路新的里程碑。

作为我国重要的东西向路网干线铁路,山西中南部铁路通道形成了一条新的"西煤东运"能源运输大动脉,每年可减少燃油消耗 35 亿升,对保障国家能源安全,密切区域经济协作,加快沿线经济社会发展,提高铁路运输比重,改善环境,降低社会运输成本,构建资源节约型、环境友好型的交通运输体系具有重大的意义和作用。

执笔人:孙洪波　宋承珠

第十一章　蒙西至华中地区铁路煤运通道

第一节　工程概况

蒙西至华中地区铁路煤运通道（以下简称"蒙华铁路"，开通运营前改称"浩吉铁路"）是我国"北煤南运"的重要战略运输通道，北起内蒙古自治区鄂尔多斯市浩勒报吉，经过内蒙古、陕西、山西、河南、湖北、湖南、江西 7 省（自治区），南至江西省吉安市，与东乌、太中银、包西、黄韩侯、南同蒲、陇海、宁西、焦柳、京广、沪昆、京九等多条铁路网干支线相连，形成一条与路网有机结合的大能力运输通道，使蒙陕甘宁能源"金三角"地区的煤炭通过陆路直达湘鄂赣等华中地区，也可转内河接运。该项目的实施，对于加强沿线地区经济合作，加快沿线资源开发利用，满足客货运输需求，落实中部崛起发展战略，促进区域经济协调发展具有重要作用。

蒙华铁路正线全长 1813.5 千米，其中新建双线 1271 千米，新建单线 542.5 千米，全线隧道 468 千米/229 座，桥梁 381 千米/770 座，沿线水文地质极为复杂，先后穿越毛乌素沙漠、陕北黄土高原、吕梁山脉、中条山脉、江汉平原、洞庭湖平原和赣西丘陵等地域。该项目可行性研究批复总投资 1930.4 亿元，于 2015 年 6 月全线开工，2019 年 9 月底全线开通运营。

第二节　规划与决策

一、项目提出

蒙陕甘宁能源"金三角"地区包括内蒙古鄂尔多斯市、陕西榆林市、甘肃陇东地区和宁夏宁东地区组成的核心区，以及宁夏沿黄城市带、内蒙古河套地区和陕西延安市组成的依托区，该地区煤炭资源丰富，煤质优良，是我国重要的能源综合生产供应基地。随着我国"优化东部、稳定中部、开发西部"煤炭开发战略的实施，该地区正在成为煤炭开发的重点。

湘鄂赣等华中地区地处我国内陆腹地，由于煤炭资源匮乏，自给能力有限，每年需要大量调入区外煤炭，周边传统煤源中的安徽、河南等省随着自身耗煤量的增长，调出增幅较小，难以满足该地区煤炭需求，必须由煤炭资源丰富、煤质优良的山西、陕西、蒙西、陇东、宁东等调入。研究认为，利用既有和在建的焦柳、京广、宁西、京九等南北向铁路运输通道或实施既有通道扩能，在运输能力上均无法满足运输需求。

改革开放以来,重点建设了"西煤东运"铁路通道,形成了"铁海联运"的格局,较好地解决了东南沿海地区煤炭供给。随着煤炭资源开发的逐步西移和沿海产业的逐步内移,传统煤运格局已经不能适应新的发展要求。

经国家及行业主管部门研究论证,蒙陕甘宁能源"金三角"至鄂湘赣等华中地区煤运通道项目纳入《中华人民共和国国民经济和社会发展第十二个五年规划纲要》和《铁路"十二五"发展规划》重点建设项目。根据运量构成和修建意义,确定本通道功能定位:是连接能源化工基地"金三角"地区与湘鄂赣三省、以煤运为主的大能力便捷货运通道,沿线衔接多条煤炭集疏运线路和区域相关干支线,是国家铁路网的重要组成部分。

二、选线论证

2011 年上半年,铁道部牵头会同国家发展和改革委员会(以下简称"国家发展改革委")、沿线 7 省(自治区)开展了相关研究工作,组织铁道第三勘察设计院集团有限公司(以下简称"铁三院")完成了通道规划研究,主要对通道沿线的经济发展、产业布局、能源需求、既有运输体系构成,以及新通道建设必要性、功能定位和规划方案等进行了研究。7 月 21 日,国家发展改革委主持召开沿线 7 省(自治区)发展改革委参加的规划座谈会,听取意见。

沿线省(自治区)发展改革委均认为修建蒙西至华中地区煤运通道非常必要和紧迫。内蒙古发展改革委建议新通道定位为煤运专线;山西发展改革委对规划方案没有意见,要求加快修建运三线(运城—三门峡线路);陕西发展改革委赞同本线是以煤为主的货运通道;河南发展改革委建议新通道应兼顾沿线国土开发,是以煤为主、客货兼顾的铁路通道,境内线路走向尽量东靠,建议深入研究三门峡—西坪—淅川—邓州—襄樊方案;湖北发展改革委表示通道建设是国家战略问题,不仅要解决好煤运,也要考虑国土开发和沿线经济发展问题,选线尽量考虑已纳入规划的线路,即采用三门峡—十堰—宜昌—石门方案;湖南发展改革委建议线路走向与湖北省意见一致,新通道定位为煤运专线,线路应体现国家意志,企业不宜过早参与;江西省发展改革委建议新通道利用规划的岳阳—吉安线进入江西,且岳吉线同步建成。

国家发展改革委基础产业司在研讨会总结中指出:从经济社会发展需要看,原来计划提高非石化能源比重,自日本核电出现问题后,核电发展受到影响,为解决中部地区能源紧张问题,该通道建设迫切。新通道应定位为以煤为主的大能力通道,甚至可以研究煤运专线方案,是否兼顾其他货物和客运,可根据运输效率、出资人意愿和运输需求,进一步深入论证;该铁路通道应一次建成,从源头"金三角"直接贯通到湘鄂赣三省,把荆岳铁路联结在一起;通道北段自煤炭集运地浩勒报吉经靖边、延安、运城至三门峡段线路走向方案较为明确,南段方案需加快协商落实。

铁道部根据国家发展改革委和沿线 7 省(自治区)的意见建议,提出新建通道规划研究报告并报国家发展改革委。

1. 通道北段方案(陇海铁路以北)及集运系统

根据"金三角"地区煤炭矿区分布、区域路网分布和各线能力情况分析,通道起点为东乌线浩勒报吉站。线路走向方案为浩勒报吉—靖边—延安—运城—三门峡。新建线路长度691千米,静态投资估算约560亿元。

按此方案,蒙西鄂尔多斯矿区煤炭可通过东胜至乌海、新上海庙至嘎鲁图等铁路集运上线或直接上线,陕北榆神矿区煤炭可通过包西铁路北段上线,宁东矿区煤炭可通过太中银铁路上线,陇东矿区煤炭可通过西银、庆(阳)韩(城)铁路上线。集运系统覆盖了主要煤炭产区,满足"金三角"地区发展需要。

2. 通道南段方案(陇海铁路以南)及疏运系统

经对区域路网和主要煤炭消费地分布情况的综合分析,研究了三门峡—襄樊—荆门方案、三门峡—十堰—宜昌—石门方案和三门峡—十堰—荆门方案3条线路走向方案。三门峡—襄樊—荆门方案,新建线路495千米,静态投资估算约395亿元;三门峡—十堰—宜昌—石门方案,新建线路661千米,静态投资估算约565亿元;三门峡—十堰—荆门方案,新建线路515千米,静态投资估算约440亿元。走向方案需结合地区经济发展要求和工程地形地质情况深入比选论证,该阶段暂按三门峡—襄樊—荆门方案贯通。

按此方案,湖北襄樊、荆门、宜昌地区所需煤炭可由本线直接送达,武汉及以远地区所需煤炭可通过汉丹、武九铁路运输;湖南岳阳地区所需煤炭可通过荆岳铁路运输,常德、长沙、娄底地区所需煤炭可通过焦柳、石长铁路运输;江西昌九地区所需煤炭可通过汉丹、武九铁路运输;供应宜春、鹰潭、吉赣地区所需煤炭近期通过浙赣、京九铁路分流,远期经岳阳至吉安新线运输。疏运系统可满足消费要求,且与现有路网运输能力相匹配。

三、选线确定

2011年9月,国家发展改革委在湖南省召开了蒙西至华中地区铁路煤运通道规划方案座谈会,铁道部和湖南、湖北、江西三省主管领导参加了会议,会议明确该通道是实施国家"北煤南运"能源规划战略大能力煤运通道,与既有路网干线及其他运输方式密切衔接,构建以煤炭运输为主高效的综合运输体系。三省表示线路走向上服从国家和铁道部的决策,同意采用浩勒报吉—三门峡—荆门—岳阳—吉安方案,希望加快通道建设,全线同步建成。

2011年11月,国家发展改革委基础产业司和国家能源局规划司共同组织召开了相关企业座谈会,邀请中国华能集团有限公司、中国大唐集团有限公司、中国华电集团有限公司(以下简称"华电")、中国国电集团公司(以下简称"国电")、中国电力投资集团公司(以下简称"中电投")、神华集团有限责任公司(以下简称"神华")、中国中煤能源集团有限公司(以下简称"中煤能源")、国家开发投资集团有限公司(以下简称"国开投")、淮南矿业(集团)有限责任公司(以下简称"淮南矿业")、陕西煤业化工集团有限责任公司(以下简称"陕煤化工")、山西煤炭运销集团有限公司、内蒙古伊泰集团有限公司(以下简称"伊泰")12家企业召开座谈会,研究该通道投融资和建设问题,铁道部发展计划司和中国铁路建设投资公司(现中国铁路投资有限公司,以下简称"中国铁投")参加了会议。参会企业均表示愿意出资参与该通道建设,国开投、神华、伊泰、中煤能源表示愿意牵头相对控股推进,华电、国电提出愿意作为试点,建成煤电运一体化企业。会议明确由铁路企业作为第一大股东牵头推进项目建设,要求铁道部尽快上报项目建议书,按程序报国家审批。

四、项目立项

2011年10月下旬,铁道部组织沿线7省(自治区)发展改革委、7个路局、7个铁路综合甲级设计院召开了项目预可行性研究审查会。11月8日,铁道部会同沿线7省(自治区)人民政府以《关于报送新建蒙西至华中地区铁路煤运通道工程项目建议书的函》(铁计函〔2011〕776号),向国家发展改革委报送了项目建议书。

2011年12月,国家发展改革委委托中国国际工程咨询公司(现中国国际工程咨询有限公司,以下简称"中咨公司")对新建蒙西至华中地区铁路煤运通道工程,重点是通道规划整体方案、运量预测、主要功能和标准、建设方案、综合交通衔接和集疏运系统、建设运营管理模式、投资估算以及资金筹措方案等进行立项评估。

2012年1月30日,国家发展改革委批复了《新建蒙西至华中地区铁路煤运通道工程项目建议书》(发改基础〔2012〕199号)。线路北起东乌铁路浩勒报吉站,途经内蒙古自治区鄂尔多斯,陕西省榆林、延安,山西省运城,河南省三门峡、南阳,湖北省襄阳、荆门、荆州,湖南省岳阳,终点到达江西省吉安,线路全长1837千米,按照"统筹规划、分段开工、滚动建设、同步建成"的原则实施。已批复项目建议书的运城至三门峡铁路、已批复可行性研究报告的荆州至岳阳铁路纳入通道统筹建设,其中荆州至岳阳段工程等如基本具备条件,可先行开工建设。铁路等级为国铁Ⅰ级,浩勒报吉—岳阳段为双线,岳阳—吉安段为单线预留双线条件。通道规划运输能力为2亿吨/年,建成运营初期输送能力达到1亿吨/年。项目投资估算总额为1539.7亿元,其中,工程投资1457.7亿元,机车车辆购置费82亿元。项目按照政府指导、多元化投资、市场化运作方式,积极吸引煤炭开发企业、电力生产企业及其他社会资本参与投资,按照公司法组建规范的股份有限公司,资本金占总投资的比例暂定为35%,资本金以外资金利用国内银行贷款解决。

五、项目公司成立与项目可行性研究

为贯彻落实《国务院关于鼓励和引进民间投资健康发展的若干意见》和《国家发展改革委

关于新建蒙西至华中地区铁路煤运通道工程项目建议书的批复》，在国家发展改革委的指导下，按照"政府指导、多元化投资、市场化运作"原则，2012 年 8 月，由中国铁投、神华、陕煤化工、中煤能源、淮南矿业、国投交通有限公司、河南铁路投资有限责任公司、湖北省客运铁路投资有限责任公司、湖南省铁路投资集团有限公司、江西省铁路投资集团公司、中国华能集团燃料有限公司、中电投物流有限责任公司、山东能源国际物流有限公司 13 家央企、国企（股比84.3%），伊泰、内蒙古蒙泰煤电集团有限公司、榆林统万投资有限责任公司 3 家民企（股比15.7%），共 16 家企业签署了《发起人协议》。同年 9 月，签署《公司章程》，成立蒙西华中铁路股份有限公司（以下简称"蒙华公司"），作为项目法人对蒙西至华中地区铁路煤运通道项目的策划、资金筹措、建设实施、生产经营、债务偿还和资产保值增值全过程负责。按照现代企业制度要求，有序推进项目各项工作。

2013 年 1 月，完成项目可行性研究报告编制工作，由铁道部向国家发展改革委上报《关于报送新建蒙西至华中地区铁路煤运通道可行性研究报告的函》（铁计函〔2013〕122 号），提出蒙西至华中地区铁路煤运通道有关建设标准和方案，通道规划远景输送能力为 2 亿吨/年以上，远期（2035 年）最大区段货流密度位于浩勒报吉至襄阳段，为 14440 万吨/年，根据需求开行部分客运列车。主要技术标准为国铁Ⅰ级，浩勒报吉南至岳阳段为双线，岳阳至吉安段单线预留双线条件。

2013 年 6 月，国家发展改革委委托中咨公司对可行性研究报告进行评估。

2013 年 7 月，结合评估重点和项目特点，中咨公司针对运营管理和技术方案组织专题评估会，重点对经济运量、运营管理、集疏运系统、主要技术标准、重大建设方案、投资估算、经济评价等内容进行研究。结合专题评估会意见，中咨公司向中国铁路总公司和蒙华公司提出进一步完善 5 个方面内容：一是统筹考虑通道规划输送能力、通道在路网中的定位，在合理确定豫鄂湘赣地区煤炭需求基础上，深化运量预测；二是从市场需求、运输组织、运输服务、企业经营管理、财务效益、市场竞争力等方面研究并提出运营管理模式；三是在集疏运系统规划布局基础上，研究提出集疏运系统中纳入该项目合理投资范围的配套工程；四是研究桥梁荷载轴重和隧道内无砟轨道铺设范围等方案；五是完善融资方案，明确主要股东项目资本金来源渠道，加强财务分析，完善土地、环评和社会稳评等内容。

2013 年 9 月，中国铁路总公司《中国铁路总公司办公厅关于报送蒙西至华中地区铁路煤运通道可行性研究报告补充资料的函》（铁总办计统函〔2013〕203 号），对通道运量、工程方案和技术标准、集疏运工程及投资方向、投资估算、财务效益、土地环评和社会稳评等内容提了补充意见。蒙华公司，作为项目法人负责项目的资金筹措、工程建设和建成后的经营管理，荆岳铁路建设单位——荆岳铁路建设有限责任公司并入蒙华公司。项目资本金占总投资的 35%，公司股东按《蒙西华中铁路股份有限公司发起人协议》出资。资本金以外的 65%，使用国家开发银行、中国银行、中国建设银行、中国工商银行等贷款，均已出具承诺函。项目建设资金筹资方案落实。

2013 年 10 月,中咨公司组织部分专家组成员从乌审旗至吉安开展全线现场调研,在充分听取沿线地方政府、股东单位、蒙华公司等单位意见的基础上,结合专题研究成果和专家组意见,对项目可行性研究进行了分析论证和评估,出具了评估报告。

2014 年 7 月,国家发展改革委批复了蒙华铁路可行性研究报告,线路北起内蒙古自治区鄂尔多斯境内浩勒报吉南站,经乌审旗、陕西省靖边、延安、宜川、韩城、山西省河津、万荣、运城、河南省三门峡、卢氏、西峡、邓州、湖北省襄阳、荆门、荆州、江陵、公安、石首、湖南省华容、岳阳、平江、浏阳、江西省铜鼓、新余,终至京九铁路吉安站,线路全长 1806.5 千米,设车站 84 个。项目配套规划集疏运系统,包括集运项目 30 个、疏运项目 39 个。其中,11 处与路网其他线路的联络线和 4 个煤炭集运站工程纳入工程一并实施;浩勒报吉北矿区集运线等 6 个集运项目,荆门煤炭综合货场等 6 个疏运项目,由相关企业分别投资建设,与工程同步建成;其他 42 个集疏运项目预留接轨条件,适时开工建设。项目投资估算总额为 1930.4 亿元(含公安长江公铁两用特大桥和三门峡黄河公铁两用特大桥公路桥部分投资共 16.4 亿元),其中工程投资 1851.2 亿元,机车车辆购置费 79.2 亿元。资本金占总投资的 35%,由蒙华公司各股东按公司章程规定出资;各股东出资通过自筹解决。资本金以外的资金使用国内银行贷款。公安长江公铁两用特大桥公路部分投资由湖北省自筹解决;三门峡黄河公铁两用特大桥公路桥部分投资由山西、河南自筹解决。蒙华公司为项目法人,负责蒙华铁路项目策划、资金筹措、组织建设、生产经营、债务偿还及资产的保值增值等。

第三节　工程设计

蒙华铁路初步设计分 3 部分:公安长江公铁两用特大桥和洞庭湖特大桥设计、站前工程初步设计、站后工程初步设计。

一、公安长江公铁两用特大桥和洞庭湖特大桥

公安长江公铁两用特大桥和洞庭湖特大桥作为蒙华铁路荆州至岳阳段重要组成部分,于 2012 年 8 月通过初步设计批复。

公安长江公铁两用特大桥采用公铁合建跨越长江方案,桥长 6317.672 米,其中公铁合建段长度为 2015.9 米,分建段铁路桥长 4301.772 米。公路主要技术标准为:一级公路、双线四车道;设计速度 80 千米/小时;最大纵坡 5%;行车道宽度 2×(2×3.75)米;设计活载为公路-Ⅰ级。铁路主要技术指标为:铁路等级为Ⅰ级铁路、双线;限制坡度为 6‰;电力牵引;建筑限界执行电气化铁路国家标准限界"建限-Ⅰ"及"桥限-2";线间距 4.2 米。主桥采用(98 米 + 182 米 + 518 米 + 182 米 + 98 米)钢桁梁双塔斜拉桥(公铁合建),主跨斜拉桥采用主桁加副桁

结构形式,主桁中心距 14 米,桁高 13 米,两侧设斜撑副桁。桥面采用正交异形板结构,上层公路桥面宽 25.2 米。主塔采用混凝土 H 形桥塔。

洞庭湖特大桥全长 10445.59 米,主桥采用(98 米 + 140 米 + 406 米 + 406 米 + 140 米 + 98 米)三塔钢箱钢桁叠合梁斜拉桥。斜拉桥主梁采用钢箱钢桁组合结构,主桁采用梯形截面,上宽 12 米,底宽 14 米,桥面采用正交异形板桥面结构。主塔采用花瓶形混凝土结构。

为满足轴重和地方公路使用要求,公安长江公铁两用桥和洞庭湖特大桥铁路活荷载由原设计"中-活载"调整为"ZH 中活载(2005)表中(Z = 1.2)";公安长江公铁两用桥公路桥由一级公路调整为高速公路,路面宽度由 24.5 米调整为 26 米,公铁合建长度由 2015.9 米调整为 2244.8 米。

公安长江公铁两用特大桥、洞庭湖特大桥工程初步设计概算总额 52.22 亿元,其中静态投资 47.44 亿元,建设期贷款利息 4.76 亿元,铺底流动资金 0.02 亿元。

二、站前工程设计

在可行性研究阶段,设计单位与建设单位参考了《重载铁路设计规范》(报批稿),对于桥涵设计活载采用 1.0 倍活载(2005)与 1.1 倍活载(2010)以解决大轴重货车活载效应储备不足问题。

站前工程初步设计范围包含浩勒报吉南至吉安站前工程,正线长 1814.41 千米,包括浩勒报吉南至岳阳(坪田站)双线 1381.1 千米、岳阳(坪田站)至吉安单线 433.31 千米,以及相关联络线站前工程。公安长江公铁两用特大桥、洞庭湖特大桥调整活荷载标准修改初步设计。

初步设计对区段最大客货流密度进行修正预测:双线区段运城西至三门峡西重车方向,近期 12280 万吨/年、远期 15950 万吨/年;单线区段岳阳至步仙重车方向,近期 2564 万吨/年、远期 3325 万吨/年。主要技术标准为:国铁Ⅰ级;浩勒报吉至岳阳段双线,岳阳至吉安段单线,预留双线条件;设计行车速度 120 千米/小时;最小曲线半径一般 1200 米,困难段曲线半径 800 米;限制坡度,浩勒报吉至纳林河段 6‰、纳林河至襄阳段重车方向 6‰、轻车方向 13‰,襄阳至吉安段 6‰;到发线有效长度,浩勒报吉至襄阳段 1700 米,襄阳至吉安段 1050 米、部分车站预留 1700 米条件;电力牵引;牵引质量,浩勒报吉至襄阳段 10000 吨、部分 5000 吨,襄阳至吉安段 5000 吨;浩勒报吉至岳阳段自动闭塞,岳阳至吉安段自动站间闭塞。

全线共设车站 80 座,内蒙古境内与新恩陶铁路并行段 32.85 千米,与鄂尔多斯南部铁路有限责任公司协商,合理确定线间距;韩城北至河津西段采用石门黄河桥位线路方案;河津西至三门峡段采用中线越岭方案,主要工程包括万荣隧道 7683 米、中条山隧道 18455 米;浏阳至跨马段局部线路拆迁花炮厂代价过高,采用绕避花炮厂方案;新余市 DK1631 + 000 ~ DK1646 + 700 段采用绕避双强化工厂方案;全线采用重型轨道结构,重车方向预留特重型轨道结构条件,铺设跨区间无缝线路,一般采用有砟轨道,1 千米以上隧道采用弹性支撑块式无砟轨道。

三门峡黄河公铁两用桥主跨采用(84 米 + 9 × 108 米 + 84 米)连续钢桁结合梁,桥梁总长 5649.754 米,其中公铁合建段长 1762.733 米。

项目建设总工期按 60 个月安排,站前工程(不含公安长江公铁两用特大桥和洞庭湖特大桥工程)初步设计概算总额按 1512.19 亿元控制;公安长江公铁两用特大桥和洞庭湖特大桥修改设计概算增加 3.32 亿元。

2016 年 9 月,在项目实施过程中,综合对煤炭市场状况和运量需求的总体研判,本着尽量节省初期投资的原则,对浩勒报吉南至陶利庙段约 125.755 千米线路由新建双线改为单线、预留第二线条件进行设计实施,变更设计概算减少 7.29 亿元。

2017 年 9 月,对三门峡段线路方案进行调整,将原位于陇海线北侧线路改至陇海线南侧;取消三门峡西站蒙华场、灵宝站,新设三阳站、陕州站;原设计灵宝东工区调整至三阳站设置,配置维修车停放线。变更设计改线后正线长度 29.825 千米,减少 0.346 千米,变更设计概算增加 2.88 亿元(含征地拆迁费用减少 5.11 亿元)。

三、站后工程初步设计

站后工程初步设计范围包含浩勒报吉南至吉安站后工程,以及襄州枢纽、浩勒报吉、靖边、运城、三门峡、西峡、荆门、岳阳、新余、吉安地区联络线站后配套等工程。工程开通初期暂缓办理客运、仅办理煤炭等货运业务,实行相对集中的委托运输管理模式,考虑按委托中国铁路西安局、武汉局集团有限公司运输设置调度台。

全线设置 2 个综合维修段,北段在延安东设置、南段在襄州设置;全线设 12 处综合维修车间、1 处综合检测中心;同步建设三阳、襄州、荆门北、坪田 4 站卸煤场地及配套系统。靖边东机务折返段的电力机车担当浩勒报吉南、乌审旗南、陶利庙南、纳林河经靖边东至襄州间的机车交路,并担当靖边东至三阳以及靖神铁路间的机车交路;襄州机辆段的电力机车担当襄州至靖边东、韩城北、河津西、三阳、江陵、岳阳北、新余西、吉安间的机车交路。新建襄州机辆段,按电力机车 C3 级检修,预留 C4、C5 级检修条件;货车段规模按 3 线 30 台位,预留站按 3 线 30 台位,预留厂修、轮轴检修及货车整备设施。

全线新设铁路数字移动通信系统(GSM-R),沿线基站按属地化接入原则分别接入西安、太原、呼和浩特、郑州、武汉、南昌及广州既有 GSM-R 核心网,既有 GSM-R 核心网设施根据接入需要扩容。采用调度集中控制系统(Centralized Traffic Control System,简称 CTC),接入西安、武汉既有 CTC 总机系统。西安、武汉调度所新增调度台设置智能综合调度系统终端设备,租用中国铁路总公司武清数据中心硬件设备部署相关软件,满足基础设施智能运维、综合安全大数据应用、基于北斗的灾害监测系统、智能综合调度、智能蒙华大脑平台需要。

房屋工程按照"精简实用、统一设计、分步实施、确保开通"的原则设计,同类房屋集中、综合修建,设有综合维修车间的站区做到一站一景,牵引变电所按无人值守设计。经过优化设计,房屋总建筑面积按 54.2 万平方米控制(含还建铁路房屋 1.1 万平方米,不含新余综合基地房屋),其中生产房屋 40.1 万平方米,生活房屋 14.1 万平方米。在襄州、坪田、荆门北、三阳货场按工艺及环评要求新建储煤棚。

项目建设总工期按 5 年安排,站后工程施工按照满足项目总工期要求组织建设。站后工程初步设计概算总额按 182.798 亿元控制,包含全线智能系统相关工程投资 2.65 亿元、三门峡及襄阳综合开发用地费用 1.16 亿元、新余综合基地及相关工程投资 1.15 亿元。

根据蒙华铁路初步设计批复,全线初步设计总概算 1750.53 亿元,较可研批复总投资 1930.4 亿元减少 179.87 亿元。各阶段指标变化情况见表 11-1。

项目各阶段部分指标变化情况　　　　　　　　　　表 11-1

项目阶段	线路长度(千米)	双线长度(千米)	桥隧比	投资(亿元)	车站
立项批复	1837.0	浩勒报吉至岳阳段 1451.7	45.0%	1539.70	设站 79 个,含预留 8 个
可研批复	1806.5	浩勒报吉至岳阳段 1375.3	44.0%	1930.40	设站 84 个,含预留 6 个
初步设计	1814.4	1381.1	46.8%	1750.53	设站 80 个
竣工	1813.5	陶利庙南至坪田段 1271.0	46.9%	1680.00	开站 77 个

第四节　工程建设

蒙华铁路 1 次跨越长江、2 次跨越黄河,由北向南先后穿越毛乌素沙漠、陕北黄土高原、吕梁山脉、中条山脉、秦岭山脉、江汉平原、洞庭湖平原和赣西丘陵等,地质条件十分复杂。正线有大中桥梁 770 座,共 381 千米,桥隧比为 46.9%。

蒙华铁路包括公安长江公铁两用特大桥和洞庭湖特大桥工程(以下简称"两桥工程")1 个合同段、"三电"迁改工程 2 个合同段、中条山隧道等 7 座重点隧道工程 7 个合同段、站前土建工程 33 个合同段、铺架工程 4 个合同段、站后"四电"工程 3 个合同段等 50 个合同段。自 2013 年 6 月两桥先期工程开工建设,2015 年 6 月全线正式开工建设,至 2019 年 9 月底全线开通运营,全部工程历时 6 年 3 个月,其中全线建设工期 4 年 3 个月,较批复工期(5 年)提前 9 个月建成通车。

一、工程建设重要节点

2013 年 6 月,两桥工程经中国铁路总公司批准开工建设。

2015 年 3 月,蒙华铁路重点控制隧道工程开工建设。

2015 年 6 月,站前工程全线开工建设。

2016 年 4 月,铺架工程开工建设。

2018 年 8 月,站后"四电"工程开工建设。

2019 年 9 月,通过竣工验收,全线开通运营。

二、主要参建单位

蒙华铁路建设汇集了国内主要铁路设计单位、大型施工总承包单位和监理单位,参建单位包括铁道第三勘察设计院集团有限公司、中铁第四勘察设计院集团有限公司、中铁工程设计咨询集团有限公司、中国中铁大桥设计院集团有限公司、中铁隧道勘测设计院有限公司 5 家设计院,中国铁路工程集团有限公司、中国铁道建筑集团有限公司、中国交通建设股份有限公司、中国电力建设集团有限公司、中国建筑集团有限公司 5 大总公司所属 34 家集团公司以及新疆北新路桥集团股份有限公司,铁科院(北京)工程咨询有限公司等 15 家监理单位,高峰期施工工人数达 20 多万人。

1. 两桥工程

两桥工程为单独批复可行性研究报告和初步设计、先期开工建设的重点控制性工程,于 2012 年 11 月 27 日完成招标工作,2013 年 6 月批准开工建设。施工单位为中国中铁股份有限公司,监理单位为铁科院(北京)工程咨询有限公司。

2. "三电"迁改工程

全线"三电"迁改工程划分为 2 个合同段,施工单位分别为中国铁建电气化局集团有限公司和铁道第三勘察设计院集团有限公司联合体、中铁电气化局集团有限公司与中铁第四勘察设计院集团有限公司联合体。

3. 重点隧道工程

蒙华铁路全线 7 座重点隧道工程单独招标,施工单位及施工范围见表 11-2。

重点隧道工程合同段　　　　　　　　　　　　表 11-2

合同段名称	隧道名称	施工单位	工程范围
MHSS-1	阳山隧道	中铁二十局集团有限公司	DK379 +531 ~ DK391 +427
MHSS-2	万荣隧道	中铁十二局集团有限公司	DK554 +915 ~ DK563 +515
MHSS-3	中条山隧道	中铁隧道局集团有限公司	DK614 +862 ~ DK633 +608
MHSS-4	崤山隧道	中铁十六局集团有限公司	DK691 +361 ~ DK716 +850
MHSS-5	西安岭隧道	中铁五局集团有限公司	DK765 +000 ~ DK783 +400
MHSS-6	连云山隧道	中铁二局股份有限公司	DK1585 +700 ~ DK1596 +550
MHSS-7	九岭山隧道	中铁十九局集团有限公司	DK1680 +552.5 ~ DK1696 +200

4. 全线站前土建工程

全线站前土建工程划分为33个施工合同段、11个监理合同段，主要参建单位见表11-3。

全线土建工程合同段和监理单位　表11-3

合同段名称	施工单位	监理单位	工程范围
MHTJ-1	中交第一航务工程局有限公司	MHJL-1：甘肃铁科建设工程咨询有限公司	DK9+600～恩陶DK175+250（DK135+355）
MHTJ-2	新疆北新路桥集团股份有限公司		恩陶DK175+250～DK181+500
MHTJ-3	中铁四局集团有限公司		DK181+500～236+018.05
MHTJ-4	中铁十七局集团有限公司	MHJL-2：铁四院（湖北）工程监理咨询有限公司	DK236+018.05～DK266+938
MHTJ-5	中铁十八局集团有限公司		DK266+938～DK303+330
MHTJ-6	中铁十局集团有限公司		DK303+330～DK343+843.33；DK314+298～DK429+904段T梁预制、架设
MHTJ-7	中铁二十局集团有限公司	MHJL-3：中铁二院（成都）咨询监理有限责任公司	DK343+843.33～DK379+530.98
MHTJ-8	中铁二十一局集团有限公司		DK391+426.94～DK430+686.16
MHTJ-9	中铁隧道局集团有限公司		DK430+686.16～DK466+579.92
MHTJ-10	中铁一局集团有限公司		DK466+579.92～DK506+224.6
MHTJ-11	中铁十二局集团有限公司	MHJL-4：四川铁科建设监理有限公司	DK506+224.6～DK554+915；DK430+686～DK542+125段T梁预制、架设
MHTJ-12	中国建筑股份有限公司		DK563+515～DK614+862.04
MHTJ-13	中国铁建大桥工程局集团有限公司		DK633+608～DⅡK646+440.36（DK650+465.53）
MHTJ-14	中铁七局集团有限公司	MHJL-5：北京中铁诚业工程建设监理有限公司	DⅡK646+440.36～DK691+361.53
MHTJ-15	中铁五局（集团）有限公司		DK716+850～DK765+000；DK716+860～DK765+276段T梁预制、架设
MHTJ-16	中铁上海工程局集团有限公司		DK783+400～DK828+253.50
MHTJ-17	中铁六局集团有限公司	MHJL-6：北京方达工程管理有限公司	DK828+253.50～DK883+289.50
MHTJ-18	中电建路桥集团有限公司		DK883+289.50～DK934+898.84
MHTJ-19	中铁八局集团有限公司		DK934+898.84～DK988+250
MHTJ-20	中铁十一局集团有限公司	MHJL-7：天津新亚太工程建设监理有限公司	DK988+250～DK1058+800
MHTJ-21	中国水利水电第四工程局有限公司		DK1058+800～DK1134+490.704
MHTJ-22	中交路桥建设有限公司	MHJL-8：中咨工程建设监理有限公司（现中咨工程管理咨询有限公司）	DK1151+800～DK1213+800
MHTJ-23	中铁十四局集团有限公司		DK1213+800～DK1287+298.9
MHTJ-24	中铁三局集团有限公司		DK1293+616.75～DK1344+640；DK1284+371～DK1344+484段T梁预制、架设

合同段名称	施工单位	监理单位	工程范围
MHTJ-25	中交第三航务工程局有限公司	MHJL-9：中铁武汉大桥工程咨询监理有限公司	DK1344＋640～DK1382＋600；DK1347＋460～DK1394＋127段T梁预制、架设
MHTJ-26	中铁十六局集团有限公司		DK1382＋600～DK1430＋150（不含洞庭湖桥大桥工程）
MHTJ-27	中交第一公路工程局有限公司		DK1436＋000～DK1509＋933
MHTJ-28	中铁二局股份有限公司	MHJL-10：华铁工程咨询有限责任公司	DK1509＋933～DK1585＋700
MHTJ-29	中铁十五局集团有限公司		DK1596＋550～DK1658＋293.5
MHTJ-30	中铁港航局集团有限公司		DK1658＋293.5～DK1680＋552.5
MHTJ-31	中国中铁航空港建设集团有限公司	MHJL-11：北京铁研建设监理有限责任公司	DK1696＋200～DK1758＋525
MHTJ-32	中铁二十四局集团有限公司		DK1758＋525～DK1813＋467.9
MHTJ-33	中铁二十二局集团有限公司		DK1813＋467.9～DK1878＋000

5. 铺架工程

全线铺架工程划分为4个合同段,施工单位及施工范围见表11-4。

全线铺架工程合同段　　　　表11-4

合同段名称	施工单位	工程范围
MHPJ-1	中铁一局集团有限公司	东乌K110＋058.7～DK430＋686
MHPJ-2	中铁四局集团有限公司	DK430＋686～DK904＋900
MHPJ-3	中铁十一局集团有限公司	DK904＋900～DK1284＋371
MHPJ-4	中铁十九局集团有限公司	DK1284＋371～DK1879＋817.5

铺架工程施工监理工作由站前土建工程监理单位在监理里程范围内承担,具体工作范围由建设单位与监理单位在监理合同中约定。

6. 站后"四电"工程

站后"四点"工程划分为3个施工合同段和3个监理合同段,参建单位及工作范围见表11-5。

全线"四电"工程合同段和监理单位　　　　表11-5

合同段名称	施工单位	监理单位	工程范围
MHSD-1	中铁武汉电气化局集团有限公司	MHSDJL-01：内蒙古沁原工程建设监理有限公司	DK9＋600～DK505＋740.64
MHSD-2	中国铁建电气化局集团有限公司	MHSDJL-02：中咨工程建设监理有限公司（现中咨工程管理咨询有限公司）	DK505＋740.64～DK1283＋000
MHSD-3	中铁电气化局集团有限公司	MHSDJL-03：天津路安工程咨询有限公司	DK1283＋000～DK1879＋816.66

三、建设管理创新

1. 实行单价承包合同

按照国际咨询工程师联合会(Fédération lnternationale Des lngénieurs Conseils,简写 FIDIC)条款管理理念,采用单价承包、工程量清单计价方式,实现量价分离、风险共担,维护了合同双方利益,体现了公平、公正、实事求是的原则。

2. 突出建设单位的主导作用

编制了项目建设基本管理制度和《煤运通道项目建设管理规定》《Ⅱ类变更设计管理办法》等相关管理办法;实行勘察设计两阶段管理模式,以合理的价格购买优秀的设计服务思路;实行专业化监理,按专业监理工程师上场人月数和服务质量计取监理费用,充分发挥监理单位作为建设管理的延伸;实行单价承包合同,实事求是及时解决现场出现的问题,并将施工现场管理要求纳入合同文件,建立承发包双方平等的契约关系。

3. 合理编制工程预算和确定合同价格

根据项目建设管理的总体思路和承包方式,将各项管理要求和工作纳入合同清单,据实补充调整承包范围、工作内容及报价预算。为控制项目投资,避免不平衡报价竞争,真实反映工程成本情况,评标阶段,除了投标限价总价和章节价格控制外,对重点计量项目单价规定了 $-20\%\sim+10\%$ 的单价控制范围,合理调控承包单价。

4. 实行工区验工计价,据实开展工程计量计价

规范工程计价结算工作,工程建设资金能够真正、有效、安全用于工程实体,按照"事权统一、责任清晰"原则调整了工程计价流程。工程验工计价由施工单位工区发起,发挥工区作为一级成本单位的作用,增加验工计价透明度,监控拨款资金动向。

5. 坚持市场决定价格,积极引入造价咨询

根据重载铁路项目的特点,组织开展工程造价咨询,适应工程造价市场化管理要求。在实施过程中根据合同约定和施工成本情况,组织造价咨询机构现场调查测算,研究调整合同单价条件及工程优化补偿原则,双方以合同为根本、以事实和数据为依据,协商调整工程价格。

6. 规范和加强施工分包管理

施工承包合同中允许施工单位采用多种用工模式,规范用工管理,在招标文件和承包合同中明确规定工程分包的负面清单。确保分包队伍选择规范化、阳光化,依法签订分包合同并备案,确保合理的分包单价。分包管理一方面掌握了分包管理的合法合规性,另一方面掌握了市场成本及投资情况,为项目合同及投资管控提供了依据。

第五节 运 营 管 理

一、运营情况

2019 年 9 月 28 日,蒙华铁路全线开通运营,该工程重要配套集运工程——靖边至神木铁路同步开通运营,为蒙华铁路初期运营提供稳定货源。蒙华铁路开通初期只开通货运列车,运输货物主要是煤炭,列车编组有 5000 吨编组和 10000 吨编组,每天开行煤炭列车 10 ~ 15 列。到 2019 年底,累计发送煤炭 400 余万吨。

2020 年 5 月 28 日,蒙华铁路靖边县靖东物流有限公司铁路专用线开通运营,设计发运能力远期 1500 万吨/年,项目接轨蒙华铁路海则滩站,为蒙华铁路集运系统项目之一,也是蒙华铁路开通后沿线第一家社会投资建成投运的专用线和物流中心。

二、管理措施

蒙华铁路运营管理工作由蒙华公司负责,沿线自北至南成立蒙陕、晋豫、湖北、湘赣 4 个分公司,负责所属管段铁路的工程建设管理、市场开发、生产经营、护路联防等职能。蒙华公司作为蒙华铁路运营管理主体,负责策划、资金筹措、组织建设、生产经营、债务偿还及资产的保值增值等。

蒙华铁路运输管理工作由蒙华公司委托中国铁路西安局集团有限公司和中国铁路武汉局集团有限公司进行,前者负责浩勒报吉南站—构林南站运输服务,后者负责构林南站—吉安站运输服务。委托运输管理服务的主要内容包括行车组织、货运组织、调度指挥、运输设施设备管理、运输移动设备管理、安全管理、资产与土地管理、统计管理、货运价格管理、收入管理、劳动用工管理、服务质量保证、生态环境保护管理等。

第六节 工 程 创 新

一、先进理念贯穿规划设计

1. 重视规模标准实用性

蒙华铁路项目建议书及可行性研究阶段均提出主要技术标准为:正线数目,浩勒报吉—岳阳段为双线,岳阳—吉安段为单线预留双线条件;牵引质量,浩勒报吉—襄阳间为 10000 吨,襄阳—吉安间为 5000 吨。

项目建议书咨询评估认为:预可行性研究报告推荐的主要技术标准与该线的功能定位、预测的运量水平、沿线地形条件、邻线技术标准基本相符,满足该线作为大能力煤运通道的运输要求。同时建议:浩勒报吉—陶利庙(约 125 千米)间最大货流密度不足 3000 万吨,单线可以满足运输要求,该段正线数目宜考虑按单线预留双线设计;该线相邻各线牵引质量多为4000～5000 吨,为避免该线下到有关相邻线的列车改编,该线浩勒报吉—襄阳段的牵引质量应考虑部分为 5000 吨。经综合考虑,项目可行性研究批复采纳了浩勒报吉—襄阳段的牵引质量考虑部分列车为 5000 吨,对浩勒报吉—岳阳段仍保留了一次修建双线的安排。

在项目实施过程中,蒙华公司经过深入调研,认真分析运量预测数据,认为该段运量不能达到设计能力,确定该段按单线方案建设,预留双线条件,节省了初期建设投资。

2. 重视集疏运系统的规划设计

统筹规划、配套建设集疏运系统是保证蒙华铁路充分发挥作用,提高投资效益的前提。项目在铁路建设中首次将集疏运系统纳入前期工作统筹安排。通道三门峡以北以煤炭集运为主,主要有沿线集运车站、矿区专用线、路网相关线路 3 种集运形式;通道三门峡以南以煤炭疏运为主,主要有路网相关线路、铁水联运和煤炭储备基地、电厂专用线 3 种疏运形式。蒙华铁路通道配套规划集疏运系统包括集运项目 30 个、疏运项目 39 个。实际同步建成集疏运项目 24 个,衔接沿线多条煤炭集疏运线路,并实现铁水联运功能。这些项目的建成投产,对发挥蒙华铁路运输通道功能具有直接作用。

二、新技术工艺应用

1. 洞庭湖特大桥创造了国内外同类桥梁中 5 项第一

世界上首座重载铁路三塔斜拉桥;世界上跨度最大(建成时)的铁路三塔斜拉桥(主跨 2×406 米);世界上首次在斜拉桥上采用钢箱钢桁结合主梁形式;世界上首次在斜拉桥上采用先架设、合龙钢箱梁,再安装合龙钢桁梁的方法;国内首次在铁路桥上采用中塔稳定索。

洞庭湖特大桥申报专利 13 项,其中发明专利 7 项,已授权 5 项;实用新型专利 3 项,已授权 3 项。取得局级施工工法 2 项,省部级工法 1 项。

2. 黄土隧道大断面异形盾构机

白城隧道位于山西省靖边县,隧道全长 3345 米,为单洞双线隧道,隧道最大埋深 81 米。常规盾构断面形式以圆形为主,圆形管片结构优点是受力合理、施工摩阻力小、管片拟合度好,但是空间利用率低,轨下实施工序干扰大。经模型计算,将盾构施工断面优化为马蹄形结构(图 11-1),浅埋地段施工管片厚度减少 5 厘米,隧道开挖断面较小。

3. 隧道监控量测信息化

监控量测是隧道施工安全判别的重要手段。蒙华铁路全线监控量测采用“隧道施工监测信息管理平台”。每个开挖作业面的监控量测沉降和水平收敛数据,采集后及时上传到信息平台,信息平台自动分析,将监测数据发送到相关管理和技术人员的手机客户端。利用信息化手段确保隧道施工相关信息的及时性、完整性、有效性和可溯源性。通过有效的监管手段和管理办法,推进隧道施工的标准化管理,落实了监控量测工作,强化了监管力度,最大可能地避免隧道施工安全风险。

图 11-1　白城隧道马蹄形盾构机刀盘

4.全面应用湿喷机械手

现行铁路隧道施工要求喷射混凝土采用湿喷作业,但由于设备和工艺的限制,实际成本超出概算很多,现场推进难度很大。为了保证隧道初期支护施工质量,蒙华铁路开工之初就提出了隧道施工必须采用不小于 15 立方米/小时的湿喷机械手,并根据施工期间现场实际测算,给予湿喷设备和材料供应实事求是的补偿。全线使用机械手 339 台,实现了每个作业面全覆盖作业。机械手湿喷混凝土作业保证了施工质量,提高了施工效率和安全性,改善了作业环境,保证了作业工人的身体健康。

5.蒙华铁路智能信息化系统

蒙华铁路信息化总体架构是建立在"大平台 + 微模块"基础上的创新企业级应用系统,着力创新传统运营管理模式,以营销、生产、安全、管理等业务协同发展需求为驱动,打造从计划为核心转向需求为核心的运营管理新模式。一是搭建蒙华铁路物流信息平台,实现蒙华铁路从商贸到交付的物流全过程信息化管理,建设现代物流铁路货运模式;二是通过运输生产组织信息化建设,构建智能化铁路生产作业和运输管理模式;三是采用物联网、大数据、视频监控等现代技术,建设可进行状态监测并具有自感知、自诊断、自决策能力的设备设施,实现设备设施状态即时分析及早期故障诊断;四是应用大数据、数据挖掘、商业智能等技术,为制定企业长期发展规划、编制生产经营计划提供依据,实现蒙华铁路在生产、经营、管理等各方面的科学决策;五是充分利用大数据、人工智能、北斗卫星等现代技术,为运输组织、营销服务、经营管理、综合安全提供数据经营分析、市场预测、安全管控、时空数据等方面的数据存储、管理与应用,建立蒙华智能大脑。

三、建设生态环保与铁路创新

蒙华铁路所经地区地形地质复杂,生态类型多样,穿湿地保护区、水产种植资源地、饮用水源地、地质公园等各类生态环境敏感区 29 处,沿线涉及学校、医院、村庄等环境保护敏感点 1200 余处,使用取土、弃土(渣)场 470 余处,大型临时设施 780 余处。蒙华铁路在建设中,以建设国家级生态文明示范项目为目标,始终坚持环境保护优先,全线共完成环保投资 81 亿元,采用各类专项环保措施,将对沿线自然环境和野生动植物的影响降至最小。利用工程弃取土、占地土弃渣平整土地增加优质耕地。开展弃土(渣)场造田造林、建设蔬菜大棚和水利设施等工作,积极推动地方产业经济发展。在延安市宝塔区、秦岭深处的洛宁县、国家级贫困县卢氏县等地利用隧道弃渣平整荒沟造地开展精准扶贫。

蒙华铁路在建设中,研发使用世界首台大断面异形土压平衡盾构机,创新施工工法 119 项,取得专利 165 项,荣获各类科技奖 60 项,科研立项 85 项。

第七节　工　程　价　值

蒙华铁路是我国"北煤南运"的重要战略运输通道。它的建成,使蒙陕甘宁能源"金三角"地区的煤炭资源能够直达湘鄂赣等华中地区,与包西、宁西、焦柳、京广等共同构筑"金三角"地区至华中地区能力强大的煤炭运输系统,满足湘鄂赣等华中地区的煤炭需求,并有足够的能力储备,适应煤炭需求的季节性波动,对保障湘鄂赣等华中地区能源供应,促进中部地区崛起战略实施和区域经济发展发挥显著效益。

蒙华铁路是国家基础设施投融资改革示范项目,开创了铁路领域发展混合所有制经济的新模式。2012 年,铁道部和地方政府牵头主导,16 家企业作为项目出资人,成立了全国最大的混合所有制合资铁路公司,目前股东单位增加至 21 家,16 家原始股东中除榆林统万投资有限责任公司转让股权退出外,新增加了大秦铁路股份有限公司、建银金融资产投资有限公司、工银金融资产投资有限公司、中银金融资产投资有限公司、农银金融资产投资有限公司、中国铁路设计集团有限公司 6 家股东,并调整了部分股东出资比例。

蒙华铁路在铁路建设中首次将集疏运系统纳入前期工作统筹安排。规划并同步修建一部分衔接沿线多条煤炭集疏运线路,并实现铁水联运功能,这些项目的建成投产,对发挥蒙华铁路运输通道功能具有直接作用。

蒙华铁路建成时是世界上一次建成里程最长的 30 吨轴重重载铁路,在设计和建设过程中,通过技术和管理创新,使项目在建设进度、质量安全管理、投资控制等方面取得显著成效,项目提前半年建成投产、工程质量安全得到有效控制。

执笔人:孙洪波　杨湘民　宋承珠

第十二章 沈阳至大连高速公路

第一节 工程概况

沈阳至大连高速公路(以下简称"沈大高速公路")是"七五"期间国家重点建设项目,也是沈阳至海口国家高速公路(G15)的重要组成部分,纵贯辽东半岛,连接沈阳、辽阳、鞍山、营口、大连,是我国大陆最早兴建的高速公路,被誉为"神州第一路"。

沈大高速公路最初建设时,北起沈阳市铁西区建设大路西端重工街路口,经北李官、宁官、苏家屯、灯塔、辽阳、鞍山、海城、大石桥、盖州、鲅鱼圈、瓦房店、三十里堡、金州、后盐,终至大连市甘井子区周水子,全长375千米,设互通式立交26处。

该项目于1984年6月开工,1990年8月竣工(图12-1),工期6年零2个月。1992年7月通过国家验收,工程质量优良。全线采用双向四车道高速公路标准,路基宽26米。工程总投资21.99亿元。

沈大高速公路由辽宁省沈大公路改扩建工程总指挥部组织建设,项目主管部门为辽宁省交通厅。沿线沈阳、辽阳、鞍山、营口、大连按辽宁省政府部署成立市级分指挥部,主要负责辖区内征地拆迁、地方协调和路基、中小桥涵等施工。

沈大高速公路的开通标志着我国高速公路的建设拉开了序幕,被记入"中华人民共和国大事记",荣获国家科学技术进步奖一等奖、第六届国家级优秀设计金奖、解放军科学技术进步奖一等奖等多项荣誉,1993年被交通部评为"全国十大公路工程"。

沈大高速公路通车运营后,交通量以年均11.8%的速度增长,2000年平均日交通量达到20600辆(标准小客车),由于交通量持续快速增长,原来按四车道修建的高速公路不能满足未来经济社会发展及交通量持续增长的需求。2002年经国务院批准,沈大高速公路进行扩容改造,这是我国第一条按双向八车道改扩建的高速公路,设计速度120千米/小时,路基宽度42米,并被列入"十五"期间国家重点工程建设项目、全国高速公路改扩建示范工程。改(扩)建工程于2002年5月开工建设,2004年8月建成通车(图12-2),总工期27个月,总投资74.22亿元,2006年12月通过竣工验收,工程质量等级优良。2019年,沈大高速公路年平均日交通量已经达到4.8万辆(标准小客车)。沈大高速公路扩容改造工程荣获"全国交通建设十佳优质管理项目"、第七届中国土木工程詹天佑奖、国家优质工程金质奖等多项荣誉。

图 12-1　1990 年建成时的沈大高速公路

图 12-2　2004 年扩容改造后的沈大高速公路

第二节　规划与决策

一、项目提出

党的十一届三中全会以后,国民经济迅速发展,改革开放不断深入。辽宁是国家的重工业基地,大中型骨干企业多,原材料工业企业多,物资调入调出量大,大中城市密集,是东北三省和内蒙古东部沟通全国、连接欧亚的交通要道,是大量进出关和外贸物资必经之地。

新中国成立后,辽宁省公路交通虽有较大发展,但公路技术标准总体较低,一、二级公路只占总里程的 5.2%,国家和省级公路只占总里程的 21%,约 55% 的路段尤其是沈阳至山海关公路、沈阳至大连公路长期处于超负荷运行状态。随着经济社会的快速发展,公路交通的"瓶颈"制约矛盾日益突出。

原沈大公路全长 422 千米。沈阳至鞍山为二级公路,鞍山至大连多为三、四级公路,路况差、标准低,穿越城镇多,人车混行,车辆拥挤,行车速度慢,通过能力差,事故频发。据 1983 年沿线固定点交通量观测站调查,全线大部分区段平均日交通量已经高达 2000~6000 辆,混合交通量达 3000~14000 辆,非机动车约占 50% 左右。

1981 年,辽宁省委、省政府提出,开发以大连为中心的沿海城市群和以沈阳为中心的中部城市群,以促进东北地区经济快速发展;同时提出,树立大交通观念,统筹规划,协调发展铁路、公路、水运、民航、管道等运输方式,充分发挥各自优势,提高整体运输能力,逐步形成内陆城市与沿海城市、东北腹地与沿海地区、辽东半岛与世界各地连成四通八达、立体交叉的综合运输网络,加快辽宁改革开放和经济建设的步伐。

1983 年,时任辽宁省副省长李贵鲜向省政府提出,把高标准改建沈大公路作为辽宁省综合交通运输体系发展战略的重要组成部分,由省政府出面抓紧抓好。提议得到省政府其他领导同志的一致赞同,并得到省委郭峰、戴苏理等领导同志的肯定。

二、项目立项和设计任务书

1983 年 12 月,辽宁省计划经济委员会(以下简称"计经委")以辽计发〔1983〕465 号文向国家计划委员会(以下简称"国家计委")呈送改扩建沈大公路设计计划任务书的报告。后根据交通部等部委的意见,修改了部分路线走向和控制点以及比较线方案,并以辽计发〔1984〕147 号文将改(扩)建沈大公路设计任务书的补充报告上报国家计委。

1984 年 5 月,经国务院批准,国家计委以计交〔1984〕961 号文批复沈大公路改扩建工程计划任务书和工程可行性研究报告。

1984 年 11 月,辽宁省计经委批复沈大公路改(扩)建工程初步设计。建设工期为 1984—1988 年,投资概算 8.75 亿元。

1986 年 2 月,国家计委批复沈大公路改(扩)建工程全线按一级公路标准建设,鞍山(大郑台)至大连(后盐)段全部采用新建西线方案,修建跨普兰店海湾大桥。

1987 年 8 月,辽宁省计经委批复沈大一级公路初步设计,公路全长 375.5 千米,建设工期 1984—1990 年,投资概算 16.6 亿元。

1987 年 9 月,经国家计委和交通部批准,辽宁省计经委批复沈大公路改(扩)建工程沈阳至鞍山、普兰店湾大桥至大连段高速公路工程可行性研究报告。

1987 年 12 月,辽宁省计经委批复沈大公路改(扩)建工程南北两头高速公路初步设计,高速公路建设里程 155 千米。

1988 年 9 月,国务院同意沈大公路改(扩)建工程全线按高速公路标准建设。

1991 年 7 月,辽宁省计经委批复沈大公路改(扩)建工程初步设计投资概算 21.99 亿元,其中一级公路投资 16.6 亿元,高速公路工程投资 5.39 亿元。

第三节　工 程 设 计

一、设计单位

1980 年,辽宁省交通厅着手进行沈大公路改(扩)建工程的前期工作。由于当时国内既无高速公路先例,又无高速公路设计规范,辽宁省交通勘测设计院的设计人员经过调查研究,收集翻译国外资料(以日本道路设计要领为主),借鉴国外高速公路技术标准,并与筹建京津塘高速公路的交通部公路规划设计院共同研究。通过对全线进行详细的勘察调查,并根据辽宁省社会经济发展需求、财力可承担性,提出了按照一级公路技术标准,并为以后发展为高速公路预留建设条件,形成了沈大公路改(扩)建工程规划设计方案。

同年,辽宁省交通勘测设计院在沈大公路改(扩)建工程宁官段修建 925 米路面试验段,探索新的路面结构。1982—1983 年,辽宁省交通厅公路工程局在沈大公路改(扩)建工程张士至宁官段修建 3 千米路基试验段,从路基填筑、机械碾压、质量控制等各方面,收集试验数据,摸索高速公路建设经验。同期,利用进口的沥青混凝土拌和设备和摊铺设备,在沈阳至抚顺公路上进行路面施工试验,探索机械化路面施工技术。通过上述工作,比较系统而准确地掌握了高速公路的设计要领,为开展全线设计铺平道路。

二、初步设计

1984 年 9 月,辽宁省交通勘测设计院完成了初步设计。

初步设计阶段,沈阳建设大路至张士段为沈阳支线,正线方案起点接该支线,然后平行于长大铁路之西侧,利用原路改建,经宁官、苏家屯、红菱、灯塔、下王家、朝光、刘二堡、大郑台,后采用新线自大郑台经腾鳌堡、三道西柳,于盖家西跨沟海铁路,经前坎子,于青年农场跨营大铁路,经柳树、红旗场,路线过西海农场后,沿渤海之东海岸行进,经团山子、簸箕寨、赵屯、芦屯、红旗、熊岳城、九垄地、西二台子、窝眼房、于廉家套跨普兰店海湾,经马家屯、韩家岭、龙王庙、过金州湾之海滩地,经土城子、后关、于后盐跨长大铁路后接回原路,经泉水、南关庙至终点大连周水子。共研究了 3 段比较线:一是自腾鳌堡与正线分开,利用沈营线经四方台至耿庄一段,经他山、分水、自前高台子改线绕越大石桥至桥台铺,最后经榆林堡至沙岗台南跨长大铁路,于赵屯接正线,比较线长 111.6 千米;二是自西山与正线分开,经张家圈跨普兰店海湾,于马家屯接正线,比较线长 20.2 千米;三是过小周家沟后与正线分开,经九里村于金家屯接正线,比较线长 8.0 千米。

初步设计阶段全线设大桥、特大桥 4023.72 米/12 座,中桥 1578.18 米/25 座,小桥 3143.54 米/160 座,涵洞 10910.4 米/428 道,分离式立交桥 13 处,互通式立交 18 处。征用土地 9.61 平方千米,拆迁房屋 41906 平方米,投资概算 8.57 亿元。

三、施工图设计

1984 年 3 月,成立辽宁省沈大公路改(扩)建工程总指挥部。依据指挥部的安排,全线分成多项工程、多个局部段落。至 1991 年,辽宁省交通勘测设计院开展了施工图设计近 500 余项。

在沈大高速公路建设过程中,随着认识的提高,设计方案也在逐渐调整,技术标准先后登上 4 个台阶:1984 年确定南北两端采用一级公路标准,中间 95 千米路段保持二级公路,为发展成汽车专用公路创造条件;1986 年确定全线采用一级公路标准;1987 年确定两端路段采用高速公路标准;1988 年确定全线采用高速公路标准建设。技术标准的变化,真实地反映了当时我国对建设高速公路的认识不断深入,不断提高,由探索、讨论到形成统一认识的过程。

第四节 工 程 建 设

一、重要节点

1984 年 6 月 27 日,正式开工。

1986 年 10 月,建成沈阳至鞍山 98 千米一级公路。

1988 年 10 月 25 日,建成沈阳至鞍山 98 千米、大连三十里堡至后盐 33 千米,共计 131 千米高速公路。

1989 年 8 月 31 日,建成鞍山腾鳌堡至营口(鲅鱼圈)108 千米高速公路。

1989 年 9 月,建成沈大高速公路 K225 飞机军用跑道。

1990 年 8 月 20 日,建成营口(鲅鱼圈)至大连(三十里堡)119 千米高速公路。

1990 年 9 月 1 日,举行通车典礼。

1992 年 7 月 12—14 日,国家计委委托辽宁省政府和交通部对沈大高速公路进行正式竣工验收。

1993 年,被评为国家科学技术进步奖一等奖。

1994 年,被评为第六届国家级优秀设计奖金奖。

二、建设组织机构

1984 年 3 月,成立辽宁省沈大公路改(扩)建工程总指挥部(以下简称"省总指挥部"),下设办公室。沿线 5 市组成由副市长任分指挥、交通局副局长任主任的市分指挥部和办公室。省总指挥部对省政府负责,其主要职责是安排计划、组织施工、检查指导、协调行动。市分指挥部在省总指挥部领导下,主要负责组织辖区段的征地拆迁、路基和中小桥涵及附属设施的施工。省总指挥部和市分指挥部的领导成员为兼职,既对工程建设负责,又对原单位行使领导权,为全省各部门、全市各部门支援沈大公路改(扩)建工程提供有力的组织保证。

1984 年 3 月 20 日,辽宁省交通厅抽调 40 余名各类工程技术人员和管理人员组成办公室,下设秘书处、综合处、技术处、工程监理处,负责安排计划、组织施工、检查指导、协调行动。沿线沈阳、辽阳、鞍山、营口、大连 5 市分别成立分指挥办公室,实行分级管理、各负其责。

三、主要参建单位

沈大高速公路建设以辽宁省交通厅公路工程局、沈阳市公路工程公司、大连市公路工程公司为主力,主要承担路面、大中桥梁和施工难度大、技术复杂的重点路基工程。公路沿线沈阳、辽阳、鞍山、营口、大连 5 市及所属县(区)公路施工单位,在各市指挥部的领导下,主要承建辖区内路基、中小桥涵工程。

1987—1988年,辽宁省交通厅抽调抚顺、本溪、丹东、锦州、朝阳等市的公路施工单位参加沈阳至鞍山段38座跨线桥工程施工。

普兰店湾特大桥(图12-3)海上作业施工难度大、技术复杂,通过招标选择交通部第一航务工程局三公司和铁道部第十三工程局承建;山岭区挖方工程量大的大连韩家岭路段由辽宁省机械化施工公司承担。

图12-3　沈大高速公路普兰店湾特大桥

军方也积极参加沈大高速公路建设,承担瓦房店段、军用飞机跑道路基工程等任务。

四、资金筹措及支持政策

为解决工程建设资金这一最大难题,辽宁省政府采取"不惜血本办交通"的倾斜政策。将全省汽车养路费由每月70元上调到105元,再上调到120元,每年集资2亿,每年从全省征收的能源交通基金中返回4000万元,争取交通部补助投资4.4亿元、国内贷款3.2亿元,保证了工程顺利进行。

辽宁省政府制定了"政治动员、行政干预、经济补偿、各方支持"的十六字方针,确保工程顺利进行。

辽宁省每年在安排计划之前,均由省长主持召开省长办公会,首先安排沈大公路改(扩)建工程建设计划,落实资金、物资等计划和征地动迁等措施。每当遇到资金、物资缺口和征地动迁等难题,省领导均亲临第一线协调解决。社会各界大力支持沈大公路改(扩)建工程建设,鞍山钢铁公司、本溪钢铁公司、辽河油田、东北电力管理局、抚顺钢厂、沈阳矿务局等大企业共提供平价钢材21000吨、平价电6300万千瓦时、原油10万吨、工业废渣480万立方米。时任沈阳军区司令员刘精松、政委宋克达多次指示参建部队要高速优质施工,确保工程按期交付使用。

五、工程管理

1. 征地拆迁管理

沈大公路改（扩）建工程征地动迁量多、难度大。项目设计时，为了不占耕地，选线时尽量占山坡地、洼地和滩地，并充分考虑填挖平衡。全线累计动用土石方高达3500万立方米，未占用一寸耕地取土，累计利用鞍钢矿渣、红阳煤矿煤矸石工业废渣480万立方米。在沈阳至鞍山段，利用原路基改建98千米辅道，少占用耕地4000亩。在征地拆迁工作中，辽宁省政府制定了十六字方针，运用必要行政手段，发挥各级政府职能作用，解决各类难题。按照国家有关规定，给予受损失的单位、个人补偿。

2. 建设资金管理

1986—1990年的"七五"期间，沈大公路改（扩）建工程建设项目实行投资包干管理体制。建立"两级"投资包干责任制，即辽宁省交通厅同沈大公路改（扩）建工程总指挥部（办公室）为一级包干责任制，各市分指挥部（办公室）及其他基层承建单位为二级包干责任制。实行总投资包干，节余分成，超支不补。包干结余资金上交50%，留用50%，留用部分按"631"比例作为公路事业基金、职工集体福利基金和生产奖励基金。

3. 工程质量管理

1984—1986年，坚持把工程质量放在首位。在工期和质量发生矛盾时，坚持质量第一，要求既要快修路，更要修好路，工期服从质量。建全监理机构，强化质量保证体系，形成严密的工程质量管理网。省总指部设立工程监理处，各市分指挥部设立相应的质量监督科，施工单位配备专职质量检查员，形成强有力的三级质量保证体系，严格标准，健全制度，明确责任，分级管理，各负其责，层层把关。省总指挥部先后制订《沈大公路施工技术管理办法》《沈大公路施工各项技术操作规程》和《工程监理暂行办法》等，作为质量和施工技术管理的依据。

1987—1989年，在总结经验的基础上，实行分项工程监理制。监理工程师常驻在工地，全权代表省总指挥部负责所管理项目的标准、质量、技术等，处理施工中出现的各种问题，加强质量控制和施工指导。在强化全面质量管理的同时实行质量否决权，结算时无工程监理的签证无效；对不合格的项目不验收，坚决返工。建立试验室，充实配备必要的检测仪器，除在沈阳、大连建立中心试验室外，在主要施工现场建立了工地试验室，为把好质量关提供检测数据。不断加强施工过程中的跟踪检测工作，有力地保证工程质量。加强基础工作，搞好人员培训，学习掌握高速公路建设技术标准，总结交流经验，收集整理各种资料和数据，提高管理水平。

4. 安全管理

1986—1990年，建设安全管理工作由省总指挥部办公室的工程监理处负责，主要负责对工程施工安全的指导、监督、检查、培训。省总指挥部办公室要求施工单位严格执行施工技术规范,设有相应的安全设施,不准进行冒险性施工。同时,组织施工单位有关人员进行培训,在冬训和春训期,对特殊工种的工人进行安全技术教育并经考核合格才能上岗。

第五节　运 营 管 理

1988 年 1 月 25 日,沈阳至鞍山、大连至三十里堡 131 千米高速公路建成。

1990 年 8 月 20 日,沈阳至大连 375 千米全线按全立交全封闭高速公路建成通车,并移交给辽宁省高速公路管理部门开始运营管理。

一、运营情况

1. 运输能力

1988 年,辽宁省高速公路出口缴费车流量为 12.2 万辆,其中客车、货车分别为 9.2 万辆、3.1 万辆。随着人民生活水平的提高,出行需求逐年增大,客车流量呈现大幅度增长趋势,货车流量整体呈现增长态势(表 12-1)。

各特征年度收费站出口缴费车流量情况　　　　　表 12-1

年份(年)	特 征 节 点	客车(万辆)	货车(万辆)	合计(万辆)
1988	10 月,两端路段建成	9.2	3.1	12.2
1990	9 月,全线通车	107.0	35.6	142.6
1991	全线四车道通车后第 1 年	156.2	51.9	208.1
2002	5 月,改扩建工程启动	660.0	258.8	1008.8

2. 收费标准

1988 年 9 月 22 日,时任辽宁省副省长朱家甄主持召开辽宁省政府第 32 次省长办公会议,研究沈大高速公路管理方式和收费标准。会议认为应先实行低收费,以利吸引交通量。确定小型车 0.05 元/(车·千米),中型车 0.10 元/(车·千米),大型车 0.15 元/(车·千米)。10月 20 日,辽宁省交通厅、物价局、财政厅联合下发《辽宁省高速公路车辆通行费收费标准》,沈大高速公路于 10 月 25 日起执行此标准(表 12-2)。

沈阳至大连高速公路车辆通行费收费标准　　　　　表 12-2

征收类别	车 辆 种 类		收费标准 [元/(车·千米)]
	货车(含特种车)	客车	
1	小型货车:2.5 吨以下(含 2.5 吨)	小型客车:19 座以下(含 19 座)摩托车	0.05
2	中型货车:2.5 吨以上(不含 2.5 吨),7 吨以下(含 7 吨)	中型客车:20 座以上(含 20 座),40 座以下(不含 40 座)	0.10

征收类别	车 辆 种 类		收费标准
	货车(含特种车)	客车	[元/(车·千米)]
3	大型货车:7吨以上(不含7吨),15吨以下(含15吨)	大型客车:40座以上(含40座)	0.15
4	特种车15吨以上(不含15吨)	—	0.40~1.20

二、运营管理

根据高速公路的特点,在实践中确立了"集中统一、高效特管、协调行动、各司其则"的特殊管理体系。1985年3月,在修建沈大高速公路时,辽宁省交通厅和公安厅开始组建辽宁省高速公路管理处。1988年8月,更名为辽宁省高速公路管理局,作为统一管理全省高速公路的行政机构,对路政路产、工程养护、交通安全、收费管理、通信服务等工作全权负责。

1989年7月,辽宁省政府发布《辽宁省高速公路管理办法》。1990年1月,制订《辽宁省高速公路路产侵占损坏赔偿计价收费规定》,明确各种侵占和损坏高速公路路产的具体赔偿金额,这是辽宁省首次颁布相关规定。

三、高速公路养护

在当时国内尚无高速公路养护先例可借鉴的情况下,沈大高速公路养护管理先后经历了委托养护、自主养护、市场化专业化养护3种模式,和人工配备简单工具养护,以机械为主、人工为辅的养护与机械化养护3种作业方式,经过不断探索和尝试,逐步在养护管理机制、养护作业方式、机具车辆配置、劳动定额和养护队伍建设等方面建立完整的管理制度体系,积累了丰富的养护管理经验。1990年4月,辽宁省高速公路管理局制订了《高速公路养护管理暂行规定》,规定了养护标准、养护方法、养护质量检查评定办法,为全国高速公路养护规范的制订做出了贡献。

第六节　工程创新

在沈大高速公路的建设中,从设计到施工,学习借鉴国内外先进技术,并结合国情和省情消化、创新。在应用和研制新技术、新工艺、新材料、新设备等方面实现了重大突破,主要包括:高速公路技术标准和设计参数的论证确定;软土路基处理技术;沥青路面裂缝预防和预切缝技术;欢喜岭优质路用沥青的开发和应用技术;互通式立体交叉设计技术;沥青路面的大规模机械化施工和摊铺技术;高速公路电脑辅助绘图(CAD)设计技术;工业废渣的大批量科学利用技术;海湾特大桥施工技术;军用飞机跑道"225"工程研究和建设技术;高速公路通信系列研究和建设技术等。

1. 国产沥青生产及应用

针对国产沥青应用问题,与抚顺石油化工研究部门和盘锦沥青厂共同研制成功 HA-120 重交通道路石油沥青和 AH-90 沥青,质量符合高速公路路用沥青要求,并出口到新加坡、泰国、菲律宾等国。打破了"国产沥青不能修筑高速公路"的断言,既节约了外汇,也为全国运用国产沥青修筑高速公路提供了成功经验。

2. 路面机械化施工

1981 年,辽宁省交通厅利用联邦德国在沈阳举办工程机械博览会之机,为省公路工程局购买弗格勒 S1700 型(履带式)、S1502 型(胶轮式)沥青混凝土摊铺机 2 台。1983 年,从日本购入新潟 NDP602 型(连续式)沥青混凝土拌和设备 1 套。1986 年由联邦德国购入弗格勒 S2000 型沥青混凝土摊铺机 2 台,由日本购入新潟 NDP150 型沥青混凝土拌和设备 1 套,从国内采购 T815 太脱拉自卸汽车 18 台等设备仪器。拌和设备、摊铺机械、碾压机械、自卸汽车等配套组成路面机械化施工体系,从而改变了以人工为主的传统路面施工工艺。机械化程度高,工程质量好,施工进度快,生产效率高,开创了公路机械化施工的新时代。1986 年 8 月,交通部在沈阳召开全国公路机械化施工现场会,高度评价沈大公路改扩建工程机械化施工质量好、进度快、效率高,开创了我国公路机械化施工的新纪元。

3. 软土路基处理

沈大高速公路在通过海滩、苇田沼泽、水田等软土地质地带时,为保证路基稳定,加快施工进度,采取加载预压、塑料排水插板、粉喷桩、碎石桩、掺拌石灰等措施,减少工后沉降,提高路基承载能力。

①路堤加载预压技术。沈大高速公路通过金州湾海滩路段长 6.8 千米,地质土壤系海洋沿岸潟湖相沉积,淤泥质粉砂土厚 10 余米,承载力仅 0.1 兆帕。通过 1984 年 5 月—1986 年 7 月为期 2 年的加载预压试验观测发现,当填土高度为 5 米,3 个月左右沉降固结就可以趋于稳定,路基两侧没有产生过大的隆起变形,无须采取特殊加固措施。施工中采用当地水稳性良好的石灰石矿渣和石棉矿渣填筑路堤,历经 20 多年仍有较好的性能,路堤稳固,路面平坦。

②采用塑料排水插板技术。沈大高速公路普兰店海湾大桥南引线,属第四纪晚期海相沉积的黑淤泥和淤泥质黏土,深达地面以下 12 米。南引线海滩部分宽 710 米,位于盐田内,路基平均填方高度 5.5 米,最大填方高度达 9 米。1987 年 4 月,南引线路基施工中在国内首次采用机械打入塑料排水板技术加固软弱地基,在路基荷载作用下,路面施工前地基沉降基本稳定,固结度达到 95% 以上。该方法施工简单,进度快,比砂井法节省投资 15%。

③利用工业废渣填筑路基。沈大高速公路利用鞍钢钢(铁)渣、沈阳红阳煤矿煤矸石、大石桥镁矿渣和石灰石矿剥离石渣 480 多万立方米,其中鞍山路段内利用钢(铁)渣、填筑路基 34.5 千米,沈阳路段内利用煤矸石填筑路基 21 千米,营口路段利用镁渣和石灰石渣填筑路基

35 千米。经"钢渣在高速公路上的应用"课题研究证实,利用钢(铁)渣铺筑路面基层 32 千米替代水泥稳定砂砾层,节省水泥 8000 吨。利用工业废渣,既治理"三废",改善了环境,又节约土地,降低了工程造价。

④挖方路基大爆破。海湾大桥北引线,通过山岭区开挖土石方量大,采用大抵抗线松动爆破。爆破深度最小值 26 米,经精确计算布置深井药洞及药量,按 0.2 秒微差时间间隔非电连续起爆。1988 年 7 月 9 日,一次装填炸药 116 吨,爆破松动了 22 万立方米坚岩,爆破费用每立方米 2.64 元,在当时是我国公路建设史上最大的一次爆破。

第七节　沈大高速公路扩容改造工程

沈大高速公路通车运营后,交通量以年均 11.8% 的速度持续快速增长,到 2000 年,平均日交通量达到 20600 辆(标准小客车)。由于交通量持续快速增长,原来按四车道修建的高速公路不能满足经济社会发展及交通量持续增长的需求。同时,由于大吨位车辆较多,经过 10 年的通车运营后,路面、个别桥涵破损严重,需要及时进行大修。2001 年,经辽宁省政府同意,辽宁省交通厅决定结合大修将沈大高速公路一次性改造成八车道高速公路,并得到国务院和交通部的支持。交通部将其列为全国高速公路改(扩)建示范工程,支持辽宁探索高速公路改(扩)建经验。2002 年 3 月,国家发展计划委员会批准扩容改造工程方案。同月,国务院总理办公会议通过沈大高速公路扩容改造工程立项,将其列为"十五"期间重点建设项目。4 月,交通部批复工程初步设计。

沈大高速公路扩容改造工程主要采用原路两侧加宽方式,尽量减少征地拆迁规模,局部路段采用单侧加宽或另辟半幅新线。全线采用双向八车道标准,路基宽 42 米,设计速度 120 千米/小时。原沈大高速公路全长 375 千米,为适应沈阳、大连两市城区拓展及长远发展,扩容改造对路线起终点进行了调整,调整后沈大高速公路起于沈阳市金宝台,止于大连市后盐村,全长 348.5 千米,较原来缩短了 26.5 千米。全线设互通立交 28 处(不含海城枢纽立交和大盘枢纽立交),征用土地 1001 万平方米,工程投资 74.22 亿元。

项目于 2002 年 5 月 28 日开工,2004 年 8 月 29 日建成通车,总工期 27 个月,分 3 阶段实施。

第一阶段,2002 年 5 月—2003 年 3 月,在保证车辆正常运行的前提下,全线进行加宽部分路基、桥梁工程施工。

第二阶段,2003 年 4 月—2004 年 3 月,全线封闭施工,对原有公路桥梁进行改造加固,实行新老桥梁横向连接;对原有公路局部路段进行改造,实现新老路基纵横衔接,同时进行路面基层和下面层施工。

第三阶段,2004 年 4 月—8 月,组织路面中、上面层、交通工程及沿线配套工程施工,重点完成海湾特大桥和金州隧道(图 12-4)2 个控制性工程。

图 12-4　沈大高速公路扩容改造工程金州韩家岭大孔径隧道

　　辽宁省高等级公路建设局负责组织建设,辽宁省交通勘测设计院承担设计任务,辽宁省交通工程质量监督站主抓质量监督。工程建设全部实行招投标,路基桥梁工程 28 个合同段,路面工程 11 个合同段,交通工程 6 个合同段,管理服务设施 2 个合同段,工程监理 3 个合同段。交通机电和绿化工程委托辽宁省高速公路管理局按照"四制管理"方式组织实施。

　　沈大高速公路扩容改造工程庞大复杂,建设工期紧,技术要求高,施工难度大。为确保工程质量,加快工程进度,控制工程投资,提高管理水平,在全面贯彻交通部倡导的"项目法人责任制、工程招投标制、施工监理制和合同管理制"("四制管理")的基础上,辽宁省交通厅进一步健全了质量管理、技术管理、安全管理、廉政建设管理体系,明确各级管理责任,实行程序化、规范化、制度化管理的建设管理原则。2005 年 12 月,被交通部评为"全国交通建设十佳优质管理项目"。2006 年 12 月,项目竣工验收,全线质量评定为 96.05 分,项目工程质量等级为优良。2007 年 11 月,荣获第七届中国土木工程詹天佑奖。2009 年 1 月,被中国公路行业协会评为优质工程一等奖。2009 年 10 月,被百项经典暨精品工程活动委员会评为"新中国成立 60 周年百项经典暨精品工程"。

　　沈大高速公路扩容改造工程是我国第一条四车道改建为八车道的高速公路,通过采用以路基两侧加宽为主的方法,应用新旧路基结合部处理技术、路面加铺技术、桥梁加宽技术、路基整体稳定强度提升处理方法、海湾大桥施工新工艺、新隧道结构、利用添加剂改善沥青混凝土性能等新技术、新方法,成功解决了新老路基不均匀沉降产生的纵向裂缝、新老构造物结合部产生的纵向裂缝和沥青混凝土路面车辙、裂纹、松散、泛油等通病,成为高速公路改(扩)建示范工程,得到国内国际认可,为我国后续高速公路改(扩)建提供了宝贵的经验。

第八节　工程价值

由于建设时间、历史环境、历史贡献等不同,沈大高速公路四车道建设和八车道扩容改造具有不同的工程价值。

一、沈大高速公路四车道建设工程价值

交通部1994年印发的《沈阳—大连高速公路后评价报告》中,对沈大高速公路做如下评价:

①沈大高速公路充分显示其水平高、速度快、能力大、辐射远的特有优势,增强了综合运输能力,推动了不同运输方式的联合与衔接,不仅缓解了沈大通道的运输紧张状况,还促进了铁路、港口、航空等交通运输事业的发展和经济效益的提高。

②沈大高速公路促进了沿线及周边地区商品流通的扩大,城乡集市贸易额大幅度增加;带动了沿线及周边地区产业结构的调整,加速了产业结构集约化的进程;加快了沿线及周边地区乡镇企业的发展速度,特别是企业规模扩大,产品技术含量提高。沈大高速公路是沿线及周边地区经济的腾飞之路。

③沈大高速公路的建设根本改变了沿线及周边地区的生产力布局,缩短了内陆城市与沿海港口间的时空距离,密切了沿线各地区间的技术经济联系,极大地改善了基础环境,推动了辽东半岛改革开放和外向型经济的发展。

沈大高速公路对中国现代化公路建设起到了很好的示范与推动作用。

1989年7月,交通部在沈阳召开全国高速公路建设经交流现场会。国务院、国家计委、交通部及16个省、市的领导参加会议并参观沈大高速公路。时任国务委员邹家华在讲话中指出:对辽宁的经验要充分加以肯定,不仅要肯定辽宁建设这条公路本身的经验,更重要的是要充分肯定为了国民经济发展需要,下决心建设这样一条公路的经验;辽宁的经验很全面,建设这条公路的决策,是有战略的决心,又是建立在对辽宁和全国经济发展进行全面分析基础之上的;这条公路具有巨大的经济效益,是一条"成功之路""腾飞之路""志气之路"。召开此次会议的目的是用辽宁的经验来推动全国高等级公路建设。

在1990年12月20日辽宁省召开的沈大高速公路建设总结表彰大会对沈大高速公路建设所取得的成绩给予了充分的肯定:沈大高速公路的胜利建成,为我国公路建设筑起了一座丰碑,不仅向国外表明中国有能力建设一流的高速公路,而且标志着中国的公路建设已跨入高速公路时代。交通部的贺信中说:"在党中央改革开放方针指引下,在辽宁省委、省政府直接领导下,经全体筑路员工六年多的辛勤劳动,建成了我国大陆第一条里程最长的高速公路,为我国公路建设史谱写了新的篇章。沈大高速公路的建成,不仅对加快辽东半岛的对外开放、振兴

辽宁经济具有十分重大的意义,而且对东北三省和内蒙古东部地区的经济发展也具有重要作用。在沈大高速公路建设中,广大建设者以'团结拼搏、艰苦奋斗、从严求实、争创一流'的'沈大精神'为倡导,团结奋斗、精心设计、精心施工,积极推行公路建设管理体制改革,率先在全国开展了工程招标;制订了高等级公路有关施工技术规定;实行了多种形式的经济承包制;全面推行机械施工等,降低成本,缩短工期,保证质量,高速度地完成了建设任务。沈大高速公路的建设,为我国高等级公路的建设提供了宝贵经验,具有普遍的指导意义。"

沈大高速公路是我国大陆兴建的第一条高速公路,被中央领导赞誉为"腾飞之路""神州第一路",被社会各界赞誉为"志气之路""成功之路""文明之路"。建设过程中,积极探索高速公路设计建造技术,积极推行公路建设管理体制改革,研究制订高等级公路有关施工技术规定,实行多种形式的经济责任制,全面推行机械化施工等,为我国高等级公路的建设提供了宝贵经验,在我国高速公路建设史上具有里程碑意义。

二、沈大高速公路八车道扩容改造工程价值

沈大高速公路扩容改造工程对加强沈阳与辽东半岛城市群的联系,改善沈阳、辽阳、鞍山、营口、大连的投资环境,提高东北地区出海通道交通运输能力,振兴东北老工业基地经济发展,起到了积极的促进作用。

沈大高速公路扩容改造工程通过充分论证,认真汲取国内外的经验和专家意见,通过反复试验,形成比较完善的设计和施工技术规范,成功解决新老路基不均匀沉降产生的纵向裂缝、新老构造物结合部产生的纵向裂缝和沥青混凝土路面车辙、裂纹、松散、泛油等通病,为国内早期高速公路改扩建进行了有益的探索,积累了宝贵的经验。

作为全国高速公路改扩建示范工程,全面贯彻实施交通部倡导的工程建设"四制管理"——项目法人责任制、工程招投标制、施工监理制和合同管理制,并加以探索完善,对于推动我国公路建设管理体制机制改革,促进工程建设管理规范化发展,提升高速公路建设管理水平,具有十分重要的意义。

执笔人:申培华　宁威

第十三章　京津塘高速公路

第一节　工程概况

京津塘高速公路是我国"七五"至"八五"期间重点交通建设工程项目,也是我国第一条经国务院批准并部分利用世界银行贷款建设的跨省、市高速公路。该工程筹划工作始于1972年,经历了我国对高速公路由不了解、初步认识、到激烈争论、再到加深认识转变理念的过程。1986年国家计划委员会(以下简称"国家计委")正式批复京津塘高速公路设计任务书,前期工作历时15年。项目土建工程于1987年12月23日开工,1993年9月25日竣工;电子与机电工程于1992年11月28日开工,1995年3月31日竣工;全部工程于1995年8月4日通过国家验收。

京津塘高速公路主线起于北京市朝阳区十八里店,途经河北省廊坊市,止于天津市塘沽区(今滨海新区)河北路,全长约142.7千米,其中北京段35.0千米,河北段6.8千米,天津段100.9千米。同步建设2条连接线,一条连接北京市区三环路,长约3.1千米;一条连接天津港和经济技术开发区、保税区,长约8.1千米。主线起点至宁车沽路140.4千米为四车道高速公路,设计速度120千米/小时,路基宽度26米;宁车沽路至终点2.3千米为六车道一级公路,设计速度100千米/小时,路基宽度26米。全线在大羊坊、马驹桥、廊坊、杨村、宜兴埠、金钟路、天津机场、军粮城设互通式立交8处,在马驹桥、徐官屯、东丽农场设置3处服务区。根据工程决算,项目总投资22.52亿元人民币(折合美元5.59亿),其中内资16.93亿元人民币,外资1.5亿美元,平均每千米1578万元。

京津塘高速公路于20世纪70年代开始技术准备工作,当时国内尚无高速公路建设的先例。项目实施过程中,共完成75项大型生产性试验,16项科研课题,130余篇技术论文和6部专著,形成了12项关键技术和理论成果,代表了我国当时公路建设和管理的最高水平。京津塘高速公路工程1993年被交通部授予改革开放以来"全国十大公路工程";1994年被建设部评为改革开放以来对国内外有重大影响的"全国最佳工程设计特奖";1995年被交通部评为"公路优质工程一等奖";1996年获"中国建筑工程鲁班奖(国家优质工程)"和"交通部科学技术进步特等奖";1997年获国家科学技术进步奖一等奖。

京津塘高速公路建成通车以来,运行情况良好,显著改善了京津塘地区的道路交通条件,为加强区域经济合作、实现优势互补、完善产业布局提供了良好的契机和重要的基础条件,形成了沿京津塘高速公路布局的新经济增长点和发展带,对区域经济社会的快速发展起到了积极的推动作用。

京津塘高速公路设计理论方法的探索和实践,为高速公路勘察设计技术标准规范体系的建立奠定了基础,是中国高速公路建设的起点,标志着中国公路建设进入现代化的新时期。建设过程中研究制订的方法标准和总结积累的经验教训,对国内其他高速公路建设具有创新示范和技术指导作用,产生了深远的影响,带动和促进了我国公路交通科学技术进步。

第二节　规划与决策

原京塘公路(G103)全长 166 千米,始建于 1956 年,虽经多次改造,但由于交通量不断增加,"一大三多一低"(即交通量大,平面交叉多、穿越村镇多、交通事故多,行驶速度低)的情况日趋严重,不能满足国民经济和社会发展的需要。1972 年,交通部在对京塘公路调查的基础上,开始了建设京津塘高速公路的准备工作。建设高速公路是否符合国情的争议贯穿论证研究过程始终,建设标准由高速公路改为一级公路、汽车专用公路,经过争论、统一认识,最终又改回高速公路。至 1986 年国家计划委员会正式批复京津塘高速公路设计任务书,历时 15 年。

一、项目提出

1972 年,交通部开始组织研究京塘公路运输状况,并安排交通部第二公路勘察设计院进行踏勘和调查,1973 年进行补充经济调查。

1974 年,交通部公路科学研究所等单位提出《关于北京—塘沽高速公路几何设计标准的建议》。

1977 年,交通部安排交通部公路规划设计院及交通部第一、第二公路勘察设计院组成调查组再次进行补充调查,并制订京塘高速公路技术标准与勘测设计规定。

1978 年,成立以交通部公路规划设计院为首的测设领导小组。8 月,交通部以(78)交计字 1331 号文《关于新建京津塘高速公路的报告》报国家计委。9 月,编制完成初步设计文件,后因投资以及一些技术问题暂时搁置。

1979—1981 年,交通部专门安排了高速公路勘察设计技术的研究课题,为建设京塘高速公路继续做好准备工作。

二、项目立项和设计任务书

1982 年,交通部安排交通部公路规划设计院、交通部公路科学研究所、交通部第一公路勘察设计院、北京市交通局、天津市市政工程局等单位进行项目可行性研究。10 月,完成《京塘公路建设项目可行性研究报告》。

1983 年 2 月,交通部和北京市、天津市、河北省(以下简称"两市一省")以(83)交计字 279 号文联合向国家计委呈报京塘一级公路设计任务书。

1984年1月7日,国家计委以计交〔1984〕035号文进行批复,主要内容为:经国务院批准,同意建设一条北京至天津塘沽的汽车专用公路;全长151.6千米,其中北京左安门至天津张贵庄120公路为新建,张贵庄至塘沽31.6千米为老路扩建;全线投资控制在5亿元以内;项目所需投资一部分由交通部与两市一省按商定比例承担,其余约3亿元由交通部向国外贷款,收取过路费偿还。

1984年3月,交通部组建京塘汽车专用公路测设指挥组,由交通部第一公路勘察设计院牵头,交通部第二公路勘察设计院、交通部公路科学研究所、交通部公路规划设计院、交通部重庆公路科学研究所等单位参加,正式进行勘测设计。

1984年4月中旬,国务院开会研究天津港体制改革问题,提出了加快京塘高速公路建设等意见。交通部根据国阅〔1984〕27号《关于研究天津港体制改革试点问题的会议纪要》和中委〔1984〕17号《中共中央、国务院关于天津港实施体制改革试点的批复》中关于加快京津塘高速公路建设、成立高速公路开发公司的指示,于5月邀请北京市、天津市、河北省和国家计委有关负责同志座谈研究贯彻落实措施。7月,交通部和两市一省以(84)交公路字1282号文联合向国务院请示,拟将批准修建的汽车专用公路改为高速公路。8月,交通部公路规划设计院完成了《京塘高速公路建设项目可行性研究报告》。

1984年10月20日,国家计委以计交〔1984〕2124号文就相关问题进行批复,主要内容为:京塘公路原批设计任务书规定的汽车专用公路改为高速公路,请迅速拟定高速公路设计任务书上报审定,以便申请外资贷款和编制工程设计;以交通部为主,与世界银行进行贷款谈判;迅速组建京塘公路开发公司。

1984年10月25日,时任国务院副总理李鹏与国家计委、国家经济委员会、交通部、财政部、北京市、天津市、河北省研究京津塘高速公路建设问题,并以国阅〔1984〕61号文下发会议纪要。随即交通部京塘汽车专用公路测设指挥组更名为京塘高速公路测设指挥组,负责编制完成初步设计文件。

1984年11月21日,交通部以(84)交计字2246号文向国家计委重新编报《京津塘高速公路设计任务书》。

1984年12月13日,交通部以(84)交计字2424号文向国家计委报送《京塘高速公路初步设计审核意见》。

1985年3月,时任国务院副总理李鹏在天津主持关于京津塘高速公路建设和天津火车站改造问题的会议,并以国阅〔1985〕30号文下发纪要,明确兴建京津塘高速公路是我国高速公路建设的起步。

1986年5月,时任国务院副总理李鹏主持会议研究京津塘高速公路建设和天津市建设彩色显像管厂问题,并以国阅〔1986〕49号文下发纪要,再次强调建设好京津塘高速公路。

1986年7月21日,国家计委以计交〔1986〕1283号文对京津塘高速公路设计任务书进行了批复,主要内容为:经国务院批准,京津塘高速公路主线从北京市四环路十八里店至天津市塘沽区河北路,全长约142.2千米,其中起点至宁车沽路139.9千米为四车道高速公路,设计速度120千米/小时,路基宽度26米;宁车沽路至终点2.3千米为四车道一级公路,设计速度100千米/小时。主线工程总概算9.4亿元,其中世界银行贷款1.5亿美元,交通部车购费安排3.2亿元。

三、世界银行贷款协议

京津塘高速公路的前期工作,一直按照国内基本建设项目履行基本建设程序。自1984年起,开始按世界银行前期工作的要求,办理各方面的审批手续,这一阶段大约历时4年。

1984年1月,国务院批准京津塘高速公路作为世界银行贷款的备选项目。

1986年3月,世界银行对项目进行预评估。6月,澳大利亚发展援助局通过对外经济贸易部将澳大利亚政府约150万澳元赠款作为京津塘高速公路前期工作的技术援助资金,派遣该国10余名专家对项目设计文件进行咨询完善,并帮助编制招标文件。10月,世界银行对项目进行正式评估。

1987年2月,交通部完成《京津塘高速公路项目利用世界银行贷款可行性研究的补充报告》,随后本项目转为正式贷款项目。3月,我国政府代表团与世界银行进行项目贷款协定的谈判。6月,京津塘高速公路测设指挥组完成招标文件编制工作。8月,交通部与两市一省政府签订《关于使用世界银行第二批公路贷款项目—京津塘高速公路执行协议书》。9月14日,我国政府与国际复兴开发银行和国际开发协会分别签订项目贷款协定和开发信贷协定。

1988年4月,交通部与两市一省签订《关于使用世界银行贷款建设京津塘高速公路项目分贷协议》。

第三节 工 程 设 计

一、初步设计

1984年11月6—10日,交通部在北京组织召开京塘高速公路初步设计会审会,并将《京塘高速公路初步设计审核意见》以(86)交公路字2424号文报送国家计委。

1986年7月31日—8月2日,交通部在北京召开了京津塘高速公路修正初步设计审查会。9月6日,交通部以(86)交公路字673号文对修正初步设计进行了批复,主要内容为:京津塘高速公路主线起于北京市四环路十八里店,止于天津市塘沽区河北路,全长约142.7千米,其中起点至宁车沽路140.4千米为四车道高速公路,设计速度120千米/小时,路基宽度26米;宁车沽路至终点2.3千米为六车道一级公路,设计速度100千米/小时,路基宽度26米。建设单位分别由两市一省成立的分公司和联合公司承担,施工单位通过国际招标选定。总投资

9.4 亿元,资金来源按国家计委批复的设计任务书办理。

二、施工图设计

1. 总体

在 20 世纪 80 年代,由于京津塘高速公路具有标准高、规模大、缺少工程经验等特点,设计难度较高。总体设计是项目设计的关键,在综合考虑建设规模、设计标准的前提下,设计单位首先对全线总体布局以及各专业设计的配套协调方面进行研究,并着重论证路线同北京市、天津市的规划、路网的协调与衔接,同廊坊市的连接方式与位置,以及北京起点、塘沽终点和中间控制点,保证路线走向的合理性;论证互通立交设置位置、间距、规模与形式;论证收费方式并确定收费制式;论证交通管理、安全、服务设施以及监控、通信、收费系统的布局、规模和位置等;论证降低路基填土高度的技术措施,控制全线路基宽度;论证宁车沽路以后路段采用一级公路标准。

2. 路线

先后提出 7 条路线方案,在路线方案论证过程中首次应用 1∶5000 航测影像图进行定线。平面设计突破传统的直线+转角定曲线的设计方法,采用曲线(先确定曲线,再顺势接直线)的定线设计理念。经探索并吸收国外经验,对最大直线长度、最大平曲线半径、小偏角曲线半径及曲线长度等均做了规定,共设平曲线 38 个,最小平曲线半径 5500 米。纵面线形设计采用小纵坡、长坡段、微起伏、大半径竖曲线的方法,最大纵坡小于 3%,路基平均填土高度2.51 米。首次将平纵组合设计纳入公路线形设计范畴,对平纵面指标配合和平竖曲线对应关系做出规定。

3. 路基路面

路基宽度为 26 米。对天津市东段集中分布的长约 53 千米软土地基,拟定了砂垫层加预压、土工布加预压、挤密砂桩、塑料排水板等 10 余种处治方案,提出了以沉降速率和稳定性来控制施工进度的方法。首次系统性地将路基路面综合排水设计作为重要内容。探索研究适合我国高速公路路面的设计理论和方法,提出一系列指标、参数、标准与经验公式,最终路面结构总厚度控制在 60~90 厘米,由沥青面层、基层、底基层组成。

4. 桥梁涵洞

首次全面推广应用简支桥面连续或结构连续体系。首次成功解决各项异性斜板桥梁设计计算问题,编制预应力混凝土 I 形组合梁斜桥设计通用图。在空心板、圆管涵、箱涵等通用图设计中,首次采用钢绞线预应力体系,首次开发出适合承载力较低地基的钢筋混凝土薄壁墩台结构,首次对高速公路结构物抗震设计进行研究。

5. 互通式立交

填补我国公路设计史上互通式立交设计的空白。在引进吸收国外经验的基础上,通过不断摸索,逐步掌握了互通立交设计技术并成功用于高速公路设计,首次运用通行能力概念进行互通立交匝道设计,为我国建立互通立交基本模式、设计规范、指标参数等打下了坚实基础。

6. 交通工程设施

通过实践形成一套比较完整的交通工程设施设计体系、设计标准和设计方法。首次应用交通心理学理论和计算机模拟技术在对标志汉字视认性研究的基础上,成功解决高速行驶状态下正确判读交通标志汉字图案信息的难题,建立高速公路标志设计基本框架。服务区设计、护栏设计、交通监控系统、通信系统、收费系统等均有所创新,达到当时国内先进水平。

三、设计组织及参与机构

1984 年 3 月,交通部组建京塘汽车专用公路测设指挥组(后更名为"京塘高速公路测设指挥组"),由多家设计单位参加,负责指导勘测设计工作。

京津塘高速公路工程共分为 5 个合同段。第一合同段(北京市、河北省段土木工程)由交通部第二公路勘察设计院承担;第二合同段(天津市西段土木工程)、第三合同段(天津市东段土木工程)、第四合同段(天津宜兴埠至徐庄子段高架桥工程)由交通部第一公路勘察设计院承担;第五合同段(全线电子与机电工程)由交通部公路科学研究所承担。此外,交通部公路科学研究所负责全线交通工程设施设计和全线路面结构设计方案研究,交通部重庆公路科学研究所参加软土地基沉降与稳定性验算工作,交通部公路规划设计院负责沿线设施中的房建工程和部分桥涵通用图设计。

第四节　工 程 建 设

为适应跨省市的高速公路建设,根据国务院的决定,建设期间由交通部、财政部和两市一省的主管领导共同组成京津塘高速公路工程领导小组,负责贯彻、实施、检查建设计划,及时协调两市一省在公路实施过程中的相互配合和衔接事宜。两市一省公路主管部门及北京市京津塘高速公路指挥部、天津市道路工程指挥部、京津塘高速公路河北省领导小组分别解决各自境内段的征地、拆迁、线外工程、连接线工程、协调区县关系、筹措地方建设资金、检查监督工程执行情况和帮助解决工程出现的困难问题等。组建京津塘高速公路联合公司作为本项目的业主,实施企业法人责任制,由法人承担建设责任,实现筹资、建设、管理、运营、还贷全过程负责的管理模式。

京津塘高速公路施工分为 5 个合同段,根据世界银行使用世行贷款的有关规定,通过国际竞争性招标选择施工单位,并引用监理制度对工程进度、质量进行监督控制。土建工程于1987年4月招标,1987年12月开工,1993年9月全线竣工;电子与机电工程于1990年10月招标,1992年11月开工,1995年3月竣工。全部工程于1995年8月通过国家竣工验收,前后历经8年,工程总体水平达到当时国内领先和国际先进水平。

一、工程建设过程

1986年8月,京津塘高速公路工程领导小组第一次会议在北京召开,成立领导小组,明确职责范围;研究成立联合公司和两市一省分公司;着手准备招标工作、试验路段、征地拆迁和研究贷款使用问题。

1986年9月,京津塘高速公路5个合同段开始资格预审。

1986年10月,京津塘高速公路北京市、天津市、河北省公司分别成立。

1986年11月,京津塘高速公路国际招标文件编制完成。

1987年4月,京津塘高速公路联合公司成立,4个土建工程合同段招标。

1987年6月,土建工程合同段开标。

1987年7月,工程领导小组召开第二次会议,研究招标评标情况、联合公司工作情况、工程拨款和开工等问题。

1987年,土建工程合同签字,时任国务院副总理李鹏出席。

1987年12月,京津塘高速公路开工典礼在北京大羊坊举行,时任国务院副总理田纪云出席奠基仪式。

1988年2月,京津塘高速公路总监理办公室在天津成立,与外国监理单位丹麦公路局和金硕国际咨询公司签订监理合同仪式在天津凯悦饭店举行。

1988年8月,由于国内高等级公路施工经验不足、行政管理不当等原因,受京津地区特大雨水影响,工程实施和工程质量未能实现有效控制,部分工程达不到技术规范要求,国际监理单位要求停工,世界银行停止拨款。

1989年2月,世界银行恢复拨款。

1989年3月,工程领导小组召开第三次会议,研究工程进度、质量、资金、造价、工期问题,并提出建成一条达到国际水平高速公路的目标。

1990年9月,北京至杨村段72千米为北京亚运会提供通车服务。

1990年10月,电子与机电工程合同开始招标。

1991年1月,北京至杨村段试运行通车。

1991年4月,电子与机电工程合同开标。

1991年4月,工程领导小组召开第四次会议,研究项目执行和工作安排情况。

1991年11月,杨村至天津机场段通车。

1992 年 8 月,电子与机电工程合同签订仪式在人民大会堂举行。

1992 年 11 月,综合考虑设计变更增加的工程数量、建筑材料涨价、政策性调整、增加建设期贷款利息和承诺费、汇率风险等因素,交通部以交工发〔1992〕1007 号文重新核定项目修正总概算为 22.7 亿元。

1992 年 11 月,全线电子与机电工程开工。

1993 年 9 月,天津机场至塘沽段通车,自此全线开通。

1994 年 5 月,工程领导小组召开第五次会议,会议决定设立京津塘高速公路协调小组,对通行费标准和车种分类进行调整,并研究项目执行情况和偿还世界银行贷款问题。

1995 年 3 月,电子与机电工程完成,监控、通信、收费等系统投入使用。

1995 年 8 月,国家竣工验收委员会对项目进行验收,认为"工程总体水平达到国内领先和当代国际先进水平"。

1995 年 8 月,工程领导小组召开第六次会议,确定工程领导小组的任务已圆满完成,后续营运管理中的协调工作交由协调小组负责。

二、工程建设难点与特点

京津塘高速公路是我国最早开工建设的高速公路之一,缺少建设的标准和技术规范,缺乏设计、施工、运营管理各个阶段经验,而且该项目是我国高速公路建设首次同国际接轨,即按照菲迪克合同条款,采用业主、监理、承包商三方构成的模式组织建设。在实施过程中,需要研究确定符合我国特点的高速公路建设标准和技术规范;研究解决高速公路路基、路面结构和抗滑技术,高速公路交通安全设施及监控、通信、收费系统等一系列重大基础理论和技术难题;解决筑路材料工厂化和施工机械化的理论和实践问题;重点攻克软土地基筑路技术、穿越高地震烈度区的桥梁建造技术和大型互通式立交设计施工等难题;加深对菲迪克合同条款的理解和掌握,探索行之有效、符合我国国情的高速公路建设管理机制。

三、工程监理

京津塘高速公路按照国际通用合同条款组织施工,引入监理制度,业主委托监理部门对工程进度、质量和支付的控制与监督负责。同时,由于利用世界银行贷款,必须聘用国际上认可的咨询机构承担监理任务。通过国际招标,选定丹麦公路局与丹麦金硕国际咨询公司为外国监理单位。外籍监理共 6 人,主要负责合同管理、参与重大问题的决策、签认支付证书等重要文件及培训中方监理人员。通过研究,最终构建了由中外双方相互合作、共同监管的组织机构。

4 个土建合同段设三级监理组织,总监理工程师(交通部公路局局长兼任)及其代表办公室为最高监理机构,代表办公室设总监理工程师代表 1 名(中方)、总驻地工程师 1 名(外方);北京、天津、河北各设高级监理办公室,每个办公室设高级驻地工程师 2 名(中方、外方各 1

名);下设驻地监理办公室,由中方人员构成。

电子与机电工程合同段统一组建监理工作机构,总监理工程师(交通部公路局局长兼任)及其代表办公室为最高监理机构,代表办公室设代表 2 名(中方、外方各 1 名);下设高级驻地工程师 1 名(外方),副高级驻地工程师 1 名(中方);在北京、天津分别设置第一、第二监理办公室,由中方人员构成。

四、主要参建单位

京津塘高速公路施工分为 5 个合同段,中国技术进出口总公司国际招标公司作为业主委托代理人负责国际招标工作。5 个合同于 1986 年 9 月开始资格预审。当时世界银行规定,没有高速公路施工资质的施工企业不能参与。为此,我国施工企业均与外国有资质的企业组成联营体申请投标(外国公司负责咨询顾问,我国企业负责承包建设)。5 个合同共有 51 家国内外承包商和联营体申请投标,其中 40 家取得投标资格。1987 年 10 月,完成土木工程 4 个合同招标。1992 年 8 月,完成电子与机电工程合同招标。具体施工单位详见表 13-1。

京津塘高速公路施工单位一览表 表 13-1

合 同 号	施 工 单 位
第一合同(北京市、河北省段41.8 千米土木工程)	中国公路桥梁建设总公司(北京市公路局、河北省公路工程局) 北京市公路工程公司 交通部第一公路工程总公司 日本西松建设株式会社
第二合同(天津市西段43.8 千米土木工程)	天津市第五市政工程公司 天津市第一市政工程公司 法国伯涅公司
第三合同段(天津市东段52.8 千米土木工程)	天津市第一市政工程公司 日本铺道株式会社
第四合同段(宜兴埠至徐庄子段4.3 千米土木工程)	交通部第一公路工程总公司 日本熊谷组株式会社
第五合同段(全线142.9 千米的机电与电子工程)	德国 SBH 电气工程公司/中信技术公司联合体 加拿大卡乃克通信公司 西班牙圣科交通控制有限公司 天津施莱德照明器材有限公司

第五节 运 营 管 理

一、运营情况

1987 年 4 月,京津塘高速公路联合公司成立,率先在我国公路建设中实行企业法人责任制,对项目从建设、运营到还贷全过程负责。

1994 年 5 月,组建京津塘高速公路协调小组,负责两市一省营运管理中的协调工作。

1995 年 1 月,协调小组第一次会议在北京召开,会议强调做好国家竣工验收准备工作,并决定通行费统一管理、统一还贷。

1995 年 8 月,国家竣工验收委员会对项目进行验收,自此,京津冀高速公路步入运营阶段。

1996 年 1 月,协调小组第二次会议在北京召开,会议通过了《京津塘高速公路管理体制改革方案》,由京津塘高速公路联合公司上报交通部审批,并要求继续抓好通行费的统收统支工作。

1997 年 2 月,时任交通部副部长李居昌主持会议,专题研究京津塘高速公路管理体制问题。

1997 年 11 月,交通部以交体发〔1997〕691 号文批复京津塘高速公路管理体制改革方案,提出按公司法要求成立京津塘高速公路股份有限公司,成为自主经营、自负盈亏、具有独立法人资格的经济实体;建立滚动发展机制,逐步发展成京津冀地区公路网建设的开发公司;充分利用京津塘高速公路的优势,适时进入国际、国内资本市场筹集资金,加快公路建设步伐,壮大公司实力。

1999 年 9 月,经交通部、国家经济贸易委员会批准,以京津塘高速公路为主营资产的上市公司——华北高速公路股份有限公司成立。

2017 年 12 月,招商局公路网络科技控股股份有限公司吸收合并华北高速公路股份有限公司。京津塘高速公路由该公司运营管理。

京津塘高速公路运营阶段交通量与可研阶段预测值较为接近,始终保持较高增长率(表 13-2)。特别是 2000 年之后,与我国经济高速发展、汽车保有量迅猛增加等相呼应,交通量快速增长,2000—2010 年年均增长率接近 9%,远高于 5% 的预测值。部分路段通行能力接近饱和,拥堵问题日趋严重。在此情况下,北京与天津之间的第二通道(京津高速公路)、第三通道(京台高速公路)相继于 2008 年和 2016 年建成通车,大大缓解了京津塘高速公路的通行压力。

交通量实际值与可研阶段预测值对比情况(单位:万辆/日,绝对数)　　　　表 13-2

全线平均交通量	1995 年	2000 年	2005 年	2010 年(预测末年)
可行性研究阶段预测值	1.3	1.9	2.5	3.2
运营阶段实际值	1.0	1.5	2.6	3.5

二、管理措施

京津塘高速公路是经国务院批准的收费高速公路,京津塘高速公路联合公司按企业法人责任制实现筹资、建设、管理、运营、还贷全过程负责的管理模式,从根本上改变了按行政区划设站收费的管理方法。通过对投资、里程、交通量等因素进行综合评价,分享经济权益,开创了"统一建设、统一管理、统一收费、统一还贷"跨地区建设和运营的有效模式,打破了在计划经济体制下传统的管理办法和区域壁垒。

第六节　工程创新

京津塘高速公路是我国最早开始筹建的高速公路。自20世纪70年代初开始技术准备,当时国内尚无高速公路建设的先例。项目实施过程中,共完成75项大型生产性试验,16项科研课题,130余篇技术论文和6部专著。依托京津塘高速公路完成的高速公路工程建设科研成果体系,包括高速公路项目管理技术、勘察设计技术、工程施工技术和工程监理技术,共形成12项关键技术和理论成果,代表了当时我国公路建设和管理的最高水平,带动和促进了我国公路交通科学技术进步,为我国高速公路发展奠定了理论和技术基础。其重要内容先后被交通部纳入部颁《公路工程技术标准》《公路路线设计规范》《高速公路交通安全设施设计及施工技术规范》《公路软土地基路堤设计及施工技术规范》《公路工程施工监理规范》等20余部标准、规范之中。其监理技术中的变更、支付、计量、价格调整、保险等条款内容被财政部制订的《世界银行贷款项目招标采购文件范本》所引用。1993年,被交通部评为改革开放以来"全国十大公路工程";1994年,被建设部评为改革开放以来对国内外有重大影响的"全国最佳工程设计特奖";1995年,被交通部评为"公路优质工程一等奖";1996年,获"中国建筑工程鲁班奖(国家优质工程)"和"交通部科学技术进步特等奖";1997年,获"国家科学技术进步奖一等奖"。

1. 探索并制订了高速公路建设的相关技术标准

20世纪70年代初,结合京津塘高速公路项目,开始了我国高速公路建设的技术准备,从通行能力、交通量预测、可行性研究,到路线、路基、路面、桥梁、互通立交、交通工程设施设计标准规范以及建设、运营管理等,安排了一系列技术课题。经过深入研究和反复论证,1978年编制出适合我国国情的《京津塘高速公路工程技术标准》。1981年,我国正式将高速公路列入《公路工程技术标准》(JTJ 01—81),填补了我国高速公路技术标准、理论与技术的空白。

2. 开创完整的工程监理技术

首次运用法律、经济和技术手段,开创完整的工程监理技术。借鉴国际监理公司、外国专家的先进技术和丰富经验,结合京津塘高速公路工程建设的实际情况,编制适合我国高速公路的菲迪克合同条款和专用条款,将分项、分部工程质量、施工工艺、资源配置、修改设计、条件变更、价格浮动、合同条件和技术规范变化等复杂因素有机结合,确定合理处理工程支付、工程变更、延期、索赔等合同事宜及重大技术难题的科学管理方法。探索并总结出具有中国特色的工程监理模式，为我国基本建设行业推行具有国际水准的工程监理制度做出突出贡献。

3. 开创高速公路项目业主责任制

在国内高速公路项目首次实行业主责任制。全面采用国际竞争性招标文件编制技术，结合实际，制订适合我国国情的合同条款、技术规范、工程量清单与设计文件等全套招标文件，推行业主、监理工程师、承包商项目管理制，实现了我国高速公路项目管理同国际惯例接轨。

4. 开创"四统一"的建设管理模式

在国内首次研究并提出了跨省市高速公路项目建设管理技术，开创了"统一建设、统一管理、统一收费、统一还贷"的建设管理模式，对投资规模、建设里程、实际成本、收益分配、管理体制等复杂因素进行综合评价，为跨省合作统一建设管理提供了有益的经验。

5. 开创全新的高速公路勘察设计技术方法

运用先进技术，创立全新的勘察设计技术方法。研究并成功运用了红外测距、遥感、计算机辅助设计等技术，高速公路大地控制网技术，卫星遥感、航测辨识地理信息、优化路线方案技术，路线、桥梁、互通立交、软土地基等综合设计程序开发，监控、收费技术等，改变了当时传统的公路勘察设计方法，为我国高速公路勘察设计水平全面提升提供了经验。

6. 开创系统的工程质量现场控制技术

运用系统工程理论，开创并形成了对建设投资、施工周期、工程质量的现场控制技术。综合采用现场工序控制、原材料及成品抽样检验、试验频率控制和试验数据数理统计等方法，总结出监理工作流程80个、图表260种，对监理单位的确定、监理依据、监理阶段划分、监理工程师职权和相关关系以及质量监理、进度监理、计量预支付等一系列关键问题，提出了科学实用的现场控制技术，完成的高速公路监理技术专著，在国内外产生重大影响。

7. 创新高速公路软土地基处置技术

京津塘高速公路天津市东段53千米范围内为第四纪全新河湖相与滨海相交替沉积的软土和可液化土层，且为8度高烈度地震区。自1987年起，在长达6年的软基试验工程和路基施工过程中，分节装配式沉降板观测技术、用垂直变形与水平位移控制施工填土速率技术、软土地基处置沉降与稳定设计技术等不断改进完善，有效保障了设计与施工质量。制订的《京津塘高速公路软土地基沉降与稳定性标准》被作为我国高速公路软基处治技术标准，拟定的浅层处理、深层处理等12种综合处治方案，以及编制的设计与施工技术规定，被同期同类工程推广运用。

8. 创新路面修筑综合控制技术

研究了高速公路半刚性基层沥青路面厚度计算方法，路面各结构层、混合料类型及配合比设计技术,面层防滑、耐磨、抗裂、热稳定性设计技术,高速公路路用石油沥青性能研究技术等,创新了半刚性路面设计体系。施工中研究开发了底基层、基层材料工厂化生产及机械化摊铺技术,轮式滑板高精度沥青混凝土路面铺筑技术,进行了沥青面层材料及混合料的多项性能试验与技术研究。首次在我国有效解决了控制路面裂缝、提高路面整体强度和平整度、预防车辙等关键技术难题。运营期路面弯沉值、平整度、摩擦因数等重要指标均达到国际标准。

9. 创新高地震烈度地区桥梁设计和施工技术

京津塘高速公路位于华北平原地震带,基本烈度高达Ⅷ～Ⅸ度。为此,对沿线公路桥梁结构物抗震设计进行了研究,提出了桥梁柔性墩台地震荷载计算设计技术。为提高高速公路行车的安全性和舒适性,研究了无缝或少缝连续体系桥梁设计技术。在编制的14套通用图设计中提出了各项异性斜板桥梁的抗剪设计修正公式,采用了斜交铰接板理论计算分析,半刚性基础和基础管壁共同受力设计理论。施工中创造的高速公路桥梁伸缩缝施工新工艺,提高了桥面平整度及其整体性。

10. 创新互通立交匝道出入口通行能力验算技术

在国内首次运用通行能力确定匝道横断面组成,结合国情制订了我国互通立交设计标准、指标参数和基本形式。

11. 创新磁性通行券数据处理及防作弊收费控制技术

按照我国国情研制的磁性通行券信息处理技术,解决了跨省市运行统一计费的技术难题。

12. 创新交通信息实时采集自动判断处理技术

采用光纤数字通信技术和电子技术,实时采集交通流数据、自动判断交通异常、监测气候等信息,建立当时国内领先的交通实时监测控制处理系统,提高了公路通行能力和服务水平。

第七节 工程价值

京津塘高速公路的建成,显著改善了京津冀地区间的道路交通状况,从而达到了促进沿线投资环境改善和国土开发的目的。两市一省在京津塘高速公路沿线修建了10余个经济技术开发区,引入大量高新技术产业,逐步形成了一条沿高速公路布局的产业带,区域经济发展迅速。

京津塘高速公路的建设,缩短了京津两个直辖市之间及其与河北廊坊间的距离,刺激了地区和城市间客货运输需求,加强了人员往来和物资交流,为地区间开展经济合作提供了有利条件。天津港作为首都北京重要海上门户的作用得以进一步发挥,港口公路集疏运条件得到大幅改善。廊坊市区位优势得以充分发挥,与京津地区联系更为紧密。

凝结着公路工程技术人员心血和智慧的京津塘高速公路建设成套技术,造就了数个第一、首次,高速公路工程技术标准、工程监理技术、公路勘察设计方法、高速公路项目业主责任制、跨省市公路建设管理模式、公路软土地基处理技术、高质量路面修筑技术、高地震烈度地区桥梁设计施工技术等,得到全面推广和应用,对我国公路建设事业和行业技术进步产生了巨大影响,对我国基本建设行业项目管理体制的改革、扩大对外开放和利用国际金融组织贷款,产生了十分积极的带动和促进作用,为我国高速公路飞速发展奠定了坚实的理论和技术基础。

执笔人:申培华

第十四章 雅安至康定高速公路

第一节 工程概况

雅安至康定高速公路（以下简称"雅康高速公路"）是《国家公路网规划（2013年—2030年）》中上海至成都国家高速公路（G42）四川雅安经西藏拉萨至新疆叶城联络线（G4218）的起始路段，路线起自四川省雅安市雨城区草坝镇，接成渝经济区环线（G93）乐雅高速公路，在对岩镇与京昆高速公路（G5）成雅段、雅西段形成枢纽互通，向西经天全县、泸定县，止于康定城东，线路全长约135千米，桥隧比82%，桥梁163座，隧道33座，互通式立交10座。设计速度80千米/小时，双向四车道，路基宽度24.5米。控制性工程主要有二郎山特长隧道、泸定大渡河大桥等工程。

2014年1月，国家发展和改革委员会（以下简称"国家发展改革委"）批复了雅康高速公路的工程可行性研究报告。2014年4月，交通运输部批复了雅康高速公路的初步设计。2014年9月，雅康高速公路全线正式开工，四川雅康高速公路有限责任公司负责项目建设。2018年12月，雅康高速公路全线建成通车，项目概算投资230亿元。

雅康高速公路位于四川盆地向青藏高原过渡的横断山脉，地形地质条件极其复杂，穿越高地震烈度区域，沿线生态环境脆弱、气候条件恶劣，路线布设于崇山峻岭中，桥隧比例高，施工难度大。控制性工程二郎山隧道长约13.4千米、大渡河特大桥主桥为1100米的钢桁梁悬索桥，工程建设十分艰巨。

雅康高速公路连接雅安与康定，结束了四川甘孜不通高速公路的历史，进一步完善了国家和四川省高速公路网，使康定到成都旅行时间缩短2小时，从根本上改变了甘孜交通基础设施落后的面貌，加强了甘孜与成都经济区的联系，对带动藏族群众聚居区经济社会发展、加强民族团结、维护藏族群众聚居区稳定等具有重大意义。

第二节 规划与决策

一、规划依据

雅安至康定高速公路是《国家公路网规划（2013年—2030年）》中上海至成都通道（G42）

雅安至叶城联络线(G4218)的重要组成部分,也是《四川省高速公路网规划(2019 年—2035 年)》中成都至西藏放射线的重要组成部分。

二、项目可行性研究

2009 年 4 月,四川省交通运输厅委托中交第一公路勘察设计研究院与四川省交通厅交通勘察设计研究院联合开展雅安至康定高速公路前期工作。其中,四川省交通勘察设计研究院承担泸定至康定段;中交第一公路勘察设计研究院承担雅安至泸定段,并负责汇总。

2012 年 6 月,完成了雅康高速公路预可行性研究报告。

2013 年 6 月,完成了雅康高速公路工程可行性研究报告。

2013 年 6 月,四川省发展改革委向国家发展改革委报送雅安至康定高速公路工程可行性研究报告。

2013 年 8 月,受国家发展改革委委托,中国国际工程咨询公司(现中国国际工程咨询有限公司)对项目可行性研究报告进行了评估,认为项目建设是必要的,采用四车道高速公路标准是合适的,同意线路走向方案;考虑到项目桥隧比高、工程艰巨,投资大而交通量较小,且运营期间养护管理费用较大,财务效益差等情况,经测算,项目资本金比例需要由可行性研究报告提出的 35% 提高到 79.2% 以上,才能保证运营期内还清贷款,因此,评估建议结合财务效益分析进一步研究资本金比例及资金筹措方案,同时建议政府进一步加强资金扶持力度。

2013 年 9 月,交通运输部出具了行业审查意见。

2014 年 1 月,国家发展改革委批复雅康高速公路可行性研究报告,主要内容如下:为贯彻落实国家深入实施西部大开发战略部署,完善国家高速公路网络,增强藏族群众聚居区交通保障能力,推进藏族群众聚居区跨越式发展和长治久安,促进沿线地区资源开发和经济社会协调发展,同意建设雅安至康定公路;路线起自雅安市草坝,接在建的乐山至雅安高速公路,经天全、新沟、泸定,止于康定县(今康定市)城东的菜园子,接国道 318 线和康定迎宾大道,全长约 134 千米;全线采用双向四车道高速公路标准建设,设计速度 80 千米/小时,路基宽度 24.5 米;全线在草坝、大兴、坪石、对岩、多功、始阳、天全、紫石、新沟、泸定 10 处设置互通式立交,采用二级、三级公路标准同步建设互通立交连接线约 8 千米;项目估算总投资约 250.3 亿元,其中资本金 200.3 亿元(约占项目总投资估算的 80%),其余 50 亿元资金利用国内银行贷款解决;项目法人为雅康高速公路有限责任公司。

第三节　工　程　设　计

2010 年 2 月,四川省交通运输厅组织召开雅康、汶马、汶九、绵九 4 条高速公路方案研究专题会,提出项目区地理和环境条件特殊,设计、建设技术难度大,要充分认识"高山、高原、高速"三高特性,面对极其复杂的地形条件、极其复杂的地质条件、极其复杂的气候条件、极其复杂的生态条件、极其复杂的工程技术难题等因素,设计要解决好安全、生态、经济、便捷四大问题。

一、初步设计

1.初步设计单位

2010 年 5 月,四川省交通投资集团有限责任公司进行了对岩至康定段勘察设计招标,共分为 2 个勘察设计合同段,由 2 家设计单位分别承担。2013 年 8 月,对草坝至对岩段进行了勘察设计招标。勘察设计合同段及工作内容见表 14-1。

勘察设计合同段及工作内容　　　　　　　　　　　　　表 14-1

合同段号	设 计 单 位	主要工作内容
A1	四川省公路规划勘察设计研究院	对岩至康定段主体工程初步设计、控制性工程主体工程施工图设计、全线初步设计牵头汇总
A13		草坝至对岩段初步设计、施工图设计
B1	中交第一公路勘察设计研究院有限公司	对岩至康定段交通工程及沿线设施初步设计

2.初步设计主要内容

雅康高速公路主线长 134.46 千米,主线共设置桥梁 41301 米/163 座,其中特长大桥 10290 米/6 座;设置隧道 64162 米/33 座,其中特长隧道 35065 米/6 座,桥隧比例 82%。

初步设计推荐线路绕雅安市及其规划区南侧,设置草坝立交、水津关青衣江特大桥(1558米)、大兴互通、大兴服务区、周公山特长隧道(4378.5 米)、坪石互通、对岩立交;然后沿青衣江、始阳河、天全河、思经河而上,设置飞仙关特长隧道(4964 米)、多功互通、始阳互通、天全互通、天全服务区、紫石特长隧道(4791 米);再沿天全河、新沟河、门坎河而上,设置紫石互通、紫石停车区、锅浪跷天全河三号顺河特长大桥(2022 米)、前雕隧道群(5090 米/5 座)、新沟互通、二郎山特长隧道(13432.5 米);最后沿大渡河、瓦斯沟而上,设置泸定互通、泸定服务区、泸定大渡河特大桥(1402 米)、喇嘛寺隧道群(4790 米/3 座)、大杠山特长隧道群(19270 米/8 座)、康定服务区。

全线设置草坝、大兴、坪石、对岩、多功、始阳、天全、紫石、新沟、泸定 10 处互通式立交,设置大兴、天全、紫石、泸定、康定 5 处服务设施,设置互通连接线 9.833 千米/5 处,同步建设交通工程和沿线设施。

二郎山特长隧道下穿大熊猫栖息地保护区,长 13432.5 米,设置 4 个反向平曲线、+2% 与 −0.5% 的对称形人字坡,采用平导 + 斜井三区段纵向通风方式。

大渡河特大桥采用主跨 1100 米的钢桁梁悬索桥,雅安岸为隧道式锚碇,康定岸为重力式锚碇,主塔为钢筋混凝土门形塔。

瓦斯沟至大渡河段特长连续下坡坡段长度30.79千米,平均纵坡2.44%。

雅康高速公路全线主要工程见表14-2。

雅康高速公路全线主要工程表　　　　　　　　　　表 14-2

项 目 名 称		单　位	初 步 设 计		
			草坝至对岩段	对岩至康定段	合计
主线里程		千米	14.488	119.973	134.461
路基路面	路基挖方	万立方米	48.83	440.901	489.731
	防护排水浆砌及混凝土	千立方米	22.01	258.849	280.859
	特殊路基处治	千米	0.580	17.271	17.851
	路面	千平方米	78.873	481.381	560.254
主线桥梁（含互通、服务设施主线）	大渡河特大桥	米/座（折合为整幅桥）		1402/1	1402/1
	其他特大跨度				
	特长大桥		1558/1	7330/4	8888/5
	大跨度大桥			1274/6	1274/6
	普通跨径大、中桥		3087/10	26650/141	29737/151
	小桥				
	桥梁合计		4645/11	36656/152	41301/163
	桥梁比例	—	32.06%	30.55%	30.71%
主线隧道	二郎山隧道	米/座（折合为双线隧道）		13433/1	13433/1
	其他特长隧道		4378/1	17254/4	21632/5
	长隧道			22261/12	22261/12
	中、短隧道		468/2	6368/13	6836/15
	隧道合计		4846/3	59316/30	64162/33
	隧道比例	—	33.45%	49.44%	47.72%
涵洞		米/道	36/1	185/7	221/8
互通式立交		处	3	7	10
互通连接线		千米/处	0	9.833/5	9.833/5
服务区、停车区		亩/处	98/1	187/4	285/5
人行天桥及渡槽		米/座	96/2	217/4	313/6
通道		米/道	993/20	737/20	1730/40
占用土地		亩	1395.92	6799.43	8195.35
拆迁建筑物		平方米	61545	69900	131445

3. 初步设计批复

2014年4月,交通运输部批复雅安至康定高速公路初步设计。线路全长134.46千米,设置10处设置互通式立交。全线采用双向四车道高速公路标准,设计速度80千米/小时,路基宽度 24.5 米。初步设计批复概算 230.3 亿元。

二、施工图设计

1. 施工图设计单位

四川雅康高速公路有限责任公司采用招标方式选择勘察设计单位,见表 14-3。

雅康高速公路项目设计单位　　　　　　　表 14-3

设 计 单 位	合同段号	设 计 内 容
四川省公路规划勘察设计研究院	A13	K0+000～K16+602.721 主体工程初勘、初测、初设、详勘、施设以及后续服务和施工招标配合;交通工程及沿线设施初勘、初测、初设、详勘、定测、施设以及后续服务和施工招标配合
四川省公路规划勘察设计研究院	A7	AK0+000～AK63+360 主体工程施工图勘察设计以及后续服务和施工招标配合;全线施工图勘察设计牵头汇总工作
中交第一公路勘察设计研究院有限公司	A8	LK83+700～K118+494 主体工程施工图勘察设计以及后续服务和施工招标配合
新疆交通规划勘察设计研究院	B5	K0+000～K118+494 交通工程、沿线设施施工图勘察设计以及后续服务和施工招标配合

2. 二郎山隧道

二郎山为青衣江与大渡河的分水岭,呈南北向展布,为深切高山区地形,山势陡峭,沟谷深切,海拔 2000～4000 米,相对高差 1000～2000 米。

二郎山隧道位于龙门山断裂、鲜水河断裂和川滇断裂 3 条活动性断裂组成的 Y 字形构造体系交汇部位,隧道穿越 12 条断裂、11 套地层、12 种岩性,为“高地震烈度、高地应力、高压涌突水”隧道(图 14-1)。隧道雅安段以三叠系、泥盆系、志留系和奥陶系的板岩、灰岩、粉砂岩等沉积岩为主;隧道康定段以花岗岩、安山岩、闪长岩等岩浆岩为主。主要不良地质有:区域活动断裂、高地应力岩爆及大变形、高压涌突水、瓦斯及洞口巨厚覆盖层等。隧道下穿大熊猫栖息地保护区南缘,施工环保要求高。“千里川藏线,天堑二郎山”,被誉为“川藏第一隧”的雅康高速公路二郎山隧道是雅安至康定高速公路“一桥一隧”重点控制性工程之一。

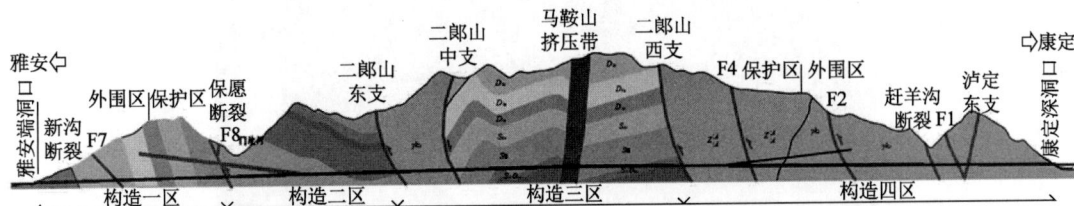

图 14-1　二郎山隧道地质剖面图

二郎山隧道(图 14-2)长 13.4 千米,最大埋深 1500 米,其中,左线长 13459 米,右线长 13406 米。二郎山隧道洞身左、右测量线间距 40 米。隧道纵坡为人字坡,坡度为 +2%/-0.5%。

洞身平面设置大半径 S 曲线,曲线半径分别为 8020 米和 7980 米。

图 14-2　二郎山隧道入口

二郎山隧道通风采用三区段送排式通风,通风分段长度为 3680 米 + 5320 米 + 4406 米;雅安端为无轨运输斜井,地面风机房,送排风共用 1 个斜井,右线斜井 2246 米/ + 12.96%,左线斜井 2305 米/ + 12.49%;康定端为无轨运输斜井,地下风机房,左右线送排风各 1 个风井,送风斜井 1716 米/ + 10.56%,排风斜井 1734 米/ + 11.09%。

隧道采用双向四车道高速公路标准,设计速度 80 千米/小时,隧道建筑限界 10.25 米 × 5.0 米,汽车荷载等级为公路-Ⅰ级。

根据二郎山隧道面临的工程难度,围绕"安全、绿色、节能"的建设理念,成功解决了隧道抗震、高地应力、地下水环境保护等技术难题:

①采用超预期抗震设计理念与思路,穿越区域活动性断裂,隧道断面整体扩大 40 厘米,为震后加固预留空间,并保证加固后不降低隧道的服务水平。

②设置四车道大断面洞内景观带(图 14-3)及交通转换通道,提高隧道防灾救援能力,有效缓解驾乘人员的视觉疲劳和心理压抑感,实现"长隧短运",提高了行车舒适度和安全性。

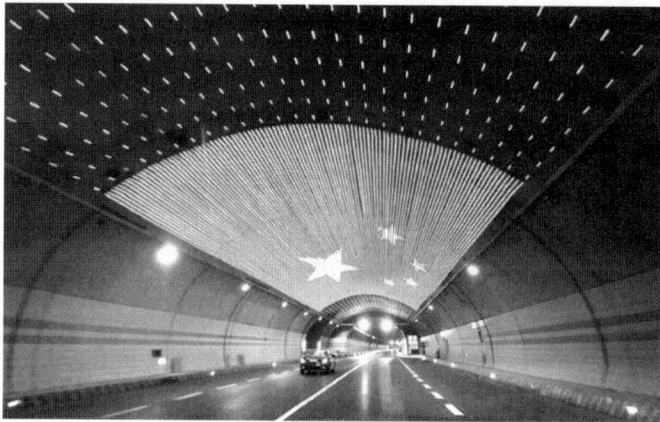

图 14-3　二郎山隧道五星红旗

③为保护生态环境,斜井完全实现从洞内向洞外反打施工。避免了在外围保护区修建临时便道8千米及4.3万平方米的生态植被破坏,最大限度地保护环境,同时减小了工程规模,节约工程造价。

④在隧道内设置自流水高位消防水池,取消抽水设备,提高消防可靠性并实现节能。

⑤创造性提出了利用隧道斜井高差大引水发电的新举措,发电量可完全满足隧道照明用电,解决了超特长公路隧道运营用电成本高的难题。

3. 泸定大渡河特大桥

泸定大渡河特大桥(图 14-4)位于泸定县咱里村,大桥西接海子山、东接二郎山,全桥上跨大渡河江面,南距下游泸定县城4千米,距泸定水电站坝址2千米,距著名的红军桥5.2千米(图 14-5),是雅安至康定高速公路"一桥一隧"重点控制性工程之一。

图 14-4　泸定大渡河特大桥

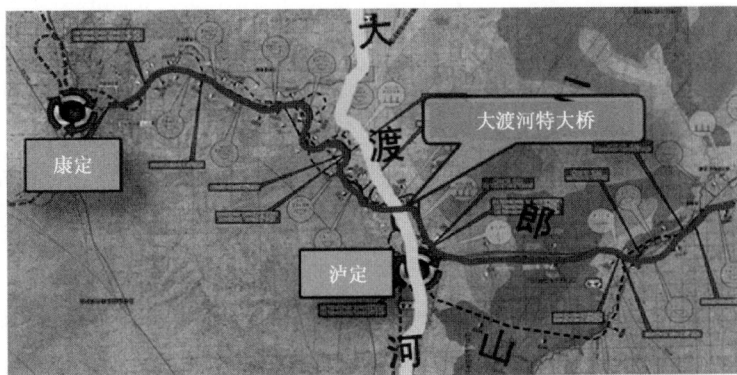

图 14-5　泸定大渡河特大桥地理位置图

泸定大渡河特大桥是一座建在高海拔、高地震烈度山区、复杂风场环境下的大跨径钢梁悬索桥,被誉为"川藏第一桥"。

大渡河特大桥全长 1411 米，主跨 1100 米，边跨分别为 220 米和 253 米，桥面距河水面 239 米，桁宽 27 米、桁高 8.2 米。索塔高 188 米。主缆垂跨比为 1 : 9，两根主缆横向中心间距 27 米、纵向吊杆间距 10 米，共 187 根钢索。雅安岸右线引桥 3×34 米、左线引桥 3×30 米箱梁；康定岸引桥 2×3×34 米两联箱梁。大桥抗震设防烈度为Ⅸ度。桥面为双向四车道高速公路，设计速度 80 千米/小时。

大渡河特大桥为双塔、单跨悬索桥，采用钢筋混凝土叠合梁桥道系，主梁为钢桁加劲梁；雅安岸采用隧道锚，康定岸采用重力锚。两岸主塔采用门形结构，钢筋—混凝土塔柱、波形钢腹板预应力混凝土组合横梁、群桩基础；两岸桥塔处各设 1 对竖直向支座、2 对横向抗风支座和 1 对纵向阻尼装置。两岸引桥均采用现浇预应力混凝土连续箱梁，以适应两岸平曲线及场地地形条件。

泸定大渡河特大桥桥址处建设条件复杂，突出表现在 3 个方面：一是抗震要求高，大桥位于四川省三大断裂带的交汇区域，地震基本烈度为Ⅷ度；二是风环境复杂，桥址区位于高山峡谷区，具有风速高、湍流强、风攻角大等特点，加上干热河谷热力驱动效应，风场特别紊乱；三是边坡问题突出，两岸边坡高陡，坡度超过 35°，又是岩土二元结构，地震时边坡垮塌会形成碎屑流。

工程设计面临的难点是：一是在地质条件差、地灾风险高的峡谷山区选择相对最优的桥位；二是合理确定桥面高程，预留泸定至石棉高速公路的枢纽立交衔接条件，并实现全路段的造价最省；三是面对极其复杂的建设条件，提升结构抗灾能力，保证工程安全；四是深入研究施工工艺，保证高塔、深锚等工程的顺利实施。

设计创新主要有以下亮点：一是首次将防屈曲钢支撑用作悬索桥的中央扣，在强烈地震时，中央扣屈服耗能，从而保证主梁安全；二是首次将波形钢腹板与混凝土顶底板的组合结构作为桥塔横梁，充分利用两者的结构优点，既克服了混凝土横梁和钢横梁在抗震方面的不足，又简化了塔柱—横梁联结构造。

为解决大桥隧道锚和泸定隧道的施工冲突干扰，采用反向平曲线设计，将左右两幅泸定隧道分离，布置在大桥隧道锚的外侧。一方面，极大地减小了隧道锚和公路隧道的相互影响；另一方面，在隧道与隧道锚之间设置横通道，既作为施工期的运输通道，加快施工进度，又能作为完工后的检修通道。

为消除地震时边坡垮塌形成的碎屑流对大桥的威胁，创新边坡防护理念，将雅安岸第一排和第二排抗滑桩按人字形布置，采用"疏导"的方式，将强震产生的碎屑流沿斜向导出大桥范围，确保碎屑流不危害大桥构造物。

4. 对岩交通枢纽

对岩枢纽立交位于雅安市对岩镇坎坡村，与成雅高速公路（雅西高速公路）交叉，节点位置设置十字形枢纽互通式立交(图 14-6、图 14-7)。

图 14-6　雅康高速公路对岩枢纽效果图

图 14-7　雅康高速公路对岩枢纽互通

　　立交方案采用角对称方式设置"半定向混合型"互通式立交。主要交通流(成都~康定)方向采用定向匝道,次要交通流在满足交通容量的条件下左转方向采用环形匝道,草坝~西昌左转方向匝道采用定向匝道。

　　对岩枢纽连接成雅、雅西高速公路,上下 4 层,8 条匝道,8 万立方米混凝土,桥长 5 千米,工程量集中;4 次跨越运营高速公路,18 次跨越国道 108 线。

　　立交区主线长 2453.69 米,曲线最小半径为 750 米;被交线成雅高速公路改线长 1877.057米,曲线最小半径为 720 米。8 条匝道总长 3437.12 米。

　　立交等级:与成雅、雅西高速公路一级交叉;主线和被交叉线设计速度 80 千米/小时;定向匝道设计速度 50~60 千米/小时,环形匝道设计速度 40 千米/小时;汽车荷载为公路-Ⅰ级;桥梁设计净高不低于 5.5 米;抗震设防烈度为Ⅶ度。

　　对岩枢纽互通为四川省内最大规模枢纽互通之一。经过反复论证,设计采用大跨径钢箱梁(65 米、600 吨)顶推跨越运营高速公路,确保了施工安全和建设工期。

第四节 工程建设

一、重要节点

2013 年 12 月,四川雅康高速公路有限责任公司成立。

2014 年 4 月,雅康高速公路召开动工仪式。

2014 年 9 月,雅康高速公路全线正式全面开工。

2015 年 7 月,二郎山特长隧道康定端斜井正式施工。

2015 年 8 月,泸定大渡河大桥主墩桩基施工全面完成。

2016 年 7 月,雅康高速公路草对段提前贯通。

2016 年 11 月,泸定大渡河大桥康定岸主墩索塔封顶。

2017 年 9 月,二郎山特长隧道实现双洞安全贯通。

2017 年 12 月,雅安至泸定段试通车运行。

2018 年 12 月,雅康高速公路全线建成通车。

2019 年 11 月,雅康高速公路通过"五好"高速公路验收。

二、主要建设单位

雅康高速公路建设的所有工程均实行公开招标。雅康高速公路全线共分土建施工合同段 19 个,路面施工合同段 3 个,交安施工合同段 3 个,房建施工合同段 6 个,绿化施工合同段 6 个;机电施工合同段 11 个,土建、房建、机电、交安设施、路面、绿化等施工监理合同段 11 个。雅康高速公路建设、施工及监理单位详见表 14-4(省去绿化、机电和交安单位)。

雅康高速公路参建单位名录　　　　　　　　　表 14-4

专业	合同段号	施工单位名称	合同段号	监理单位
土建	C1	中铁隧道股份有限公司	JL1	四川省公路工程监理事务所
	C2	中铁十二局集团有限公司		
	C3	中交路桥建设有限公司	JL2	四川国际工程监理有限公司
	C4	中铁二局第四工程有限公司		
	C5	中交一公局海威工程建设有限公司		
	C6	道隧集团工程有限公司	JL3	北京泰克华诚技术信息咨询有限公司
	C7	四川路航建设工程有限责任公司		
	C8	中国水电建设集团路桥工程有限公司		
	C9	江西省交通工程集团公司	JL4	浙江公路水运工程监理有限公司
	C10	中铁十四局集团有限公司		
	C11	四川川交路桥有限责任公司		

专业	合同段号	施工单位名称	合同段号	监理单位
土建	C12	中交第四公路工程局有限公司	JL5	北京交科工程咨询有限公司
	C13	成都华川公路建设集团有限公司		
	C14	中铁二十局集团第二工程有限公司		
	C15	四川公路桥梁建设集团有限公司	JL6	四川公路工程咨询监理公司
	C16	四川交投建设工程股份有限公司 C16-1 合同段(联合体),中交第一公路工程局有限公司 C16-2 合同段	JL7	四川省公路工程监理事务所
	C17	中铁隧道股份有限公司		
	C18	中铁隧道局集团有限公司		
	C19	成都市路桥工程股份有限公司		
路面	LM1	道隧集团工程有限公司	JL8	四川公路工程咨询监理公司
	LM2	成都市路桥工程股份有限公司	JL9	北京交科工程咨询有限公司
	LM3	四川交投建设工程股份有限公司	JL10	四川省公路工程监理事务所
房建	FJ1	重庆建工集团股份有限公司	JL8	四川公路工程咨询监理公司
	FJ2	中建四局第三建筑工程有限公司		
	FJ3	北京八达岭金宸建筑有限公司	JL9	北京交科工程咨询有限公司
	FJ4	四川众能建筑工程有限公司		
	FJ5	丰润建设集团有限公司	JL10	四川省公路工程监理事务所
	FJ6	中城北方西南建筑有限公司		

三、建设管理

1. 质量管理

建设过程中,坚持施工、监理、检测、计量、支付程序,保证工程施工质量安全与工程进度过程受控。加强施工现场管理,要求参建各方坚持"三化"(标准化、机械化、程序化)、"四个集中"(混凝土集中生产、材料集中堆放、钢筋集中加工和梁板集中预制)。加强重要工点视频监控管理工作和试验数据实时上传系统管理工作,努力提高项目信息化管理水平。各混凝土拌和站采用自动计量监控系统,开展试验检测数据打假等专项活动,重点加强桥梁梁板、隧道二次衬砌、沥青混凝土、机电等工程质量动态管控。加强档案管理,推进全线竣工档案电子化工作。

2. 安全管理

建立施工现场和运营管理安全管理长效机制,完善安全生产合同,落实安全责任。推行"一法三卡"工作制度,督促、检查、落实施工营地和土石方爆破、梁板架设、隧道通风、超前地质预报、开挖、路面前后场、取弃土场等重点工点、重点工序安全施工措施。重点桥隧工程建立视频实时监控系统,掌握安全动态。做好应急预案演练,加强应急体系建设。

3. 进度管理

严格按照总体目标、年度计划、按日统计、按月控制、按季考核的办法实施进度管理。加强进度动态管控,每月根据各合同段实际进展情况正排工序、倒排工期,对计划进行调整,使项目进度全过程处于均衡受控状态。加强并联推进管理,确保桥梁上下部、隧道开挖与二次衬砌、路基与路面、房建与绿化、机电与交安等工程施工同步推进。

4. 精细管理

牢固树立"细节决定成败、精细决定品质"的思想,形成"管理精细化到实施精细化再到工程精细化"的管理链,抓住关键环节,严格遵守技术规范与操作规程。加强合同管理,达到目标管理合同化、合同管理程序化、执行程序信息化。参建各方执行2个程序(监理、试验检测)、3个系统(视频监控、试验数据、计量支付)和4个专(专业监控、专题会议、专家咨询、专项费用)机制。

5. 费用管理

加强招标管理,严格实行前价控后价,招标估算价控制在同口径预算内,变更设计造价控制在审批预算内,计量支付造价控制在合同内;严格按合同和变更设计办法完成新增单价的审查、报备工作;认真实行造价台账动态控制管理。实施"动态设计、动态施工、动态咨询、动态计量"机制,加强设计后期服务管理。

第五节 运 营 管 理

一、运营情况

从开通试运营至2020年3月,雅康高速公路累计通行车辆约2000万辆次,日均交通量约1.2万辆,历史最高峰时车流量高达8.2万辆。在2018年8月、2019年2月、2019年5月、2019年8月、2019年10月出现峰值。月交通量趋势见图14-8。

随着甘孜经济的快速发展,雅康高速公路收费收入保持稳定增长。据收费系统统计数据,雅康高速公路自开通以来,2018年1月1日—12月31日,通行费收入为6495.3万元,月均收入541.275万元。2019年,全线通行费收入10023.8万元,月均收入835.32万元。通行费收入及增长情况见表14-5。

雅康高速公路收费收入及增长情况(单位:万元)　表14-5

项　　目	2018 年	2019 年
年代收费收入	6495.3	10023.8
月均代收费收入	541.275	835.32
比上年月均增长(%)	—	54.32%

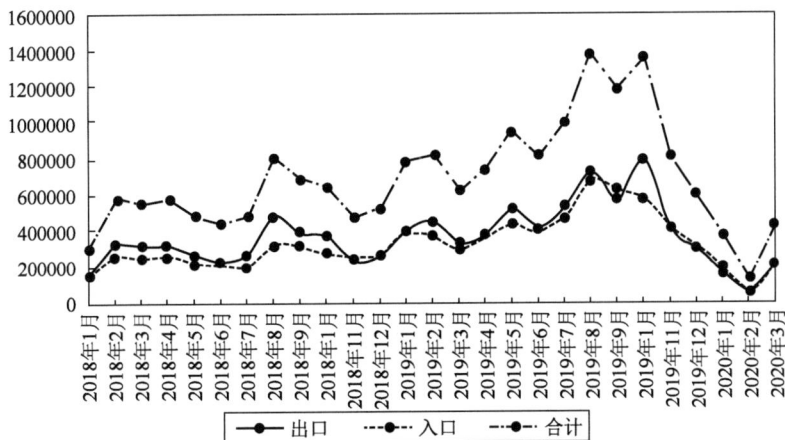

图 14-8　雅康高速月交通量(出入口)趋势图

二、养护管理

雅康高速公路养护工作具有桥隧比高、海拔变化跨度高、科技含量高的特点,推广应用新材料、新设备、新技术,逐步实现由被动养护向预防性养护转变,由局部养护向全面养护转变,由常规型养护向精细化养护转变。

1. 养护管理体系

四川雅康高速公路有限责任公司建立了一套健全的养护管理体系,编制修订了《日常养护维修管理办法》《专项养护工程及大修养护工程管理办法》等制度、办法 37 余项。

2. 智慧高速管理

四川雅康高速公路有限责任公司针对雅康高速公路重大节点工程建立 BIM❶ 模型,开发了 BIM + 3D GIS❷ 的高速公路综合运营管理系统。基于 BIM + 3D GIS 的数字化平台,实现对隧道、桥梁在运营过程中健康状况的实时动态监测。通过接入隧道、桥梁健康监测数据,绑定 BIM 模型位置,在 BIM 模型中标定传感器等位置,查看传感器数值以及调取查看结构具体位置的数据信息、图表信息、安全报告等,及时发现和预警潜在的危险,为隧道、桥梁的安全运营、管理提供科学的数据支持。

3. 泸定大渡河特大桥健康监测

建立了泸定大渡河特大桥健康监测系统,采用健康监测与信息化人工巡检相结合的综合监测方法,对泸定大渡河特大桥进行实时动态健康监测。主要监测内容包括:风速风向、环境温湿度、车辆荷载、地震动等环境参数及荷载源监测;主塔位移、锚碇位移、主梁空间位移、索

---

❶ BIM:建筑信息模型。

❷ GIS:地理信息系统。

力、结构应变、塔梁纵向相对位移、结构振动等结构响应监测;结构耐久性能监测,如主梁钢构件的腐蚀、起皮、焊缝开裂的监测,主塔、桥面板混凝土破损、裂缝监测,缆索和吊索护套破损、索夹位移监测等;电子化巡检(包括支座、伸缩缝等)、视频监测等。

三、运营安全管理

雅康高速公路是典型山区高速公路,沿线气候条件恶劣;地形条件复杂,地质灾害频发;冰雪团雾路段与隧道群、长大纵坡组合出现;日常车流量巨大,军、警车辆保障任务频繁。在运营过程中,面临诸多安全管理问题。采取主要措施如下:

1. 加强超长特长隧道管理

一是加大监控巡查力度,增加测速、违章高清抓拍装置;二是推进隧道洞内洞外亮化工程,提高隧道可识别性;三是制订隧道安全设施养护计划,一隧一档,落实责任;四是配置隧道洞内应急物资储备箱。

2. 加强长大纵坡及隧道群管理

一是采取客、货车辆分道行驶、错速行驶、强制加水等措施;二是在长大纵坡隧道群段实行冬季管控;三是将永临结合便道纳入应急管理体系,保留部分隧道施工临时便道及设施;四是加强宣传。

3. 加强泸定大渡河特大桥管理

一是加强实时监测,重视横风管理,把风速检测实时数据传给监控中心,当风速达到临界值不利于车辆通行时,立刻实施交通管制;二是及时通过电台、网络、信息等发布路况信息;三是设置收费值班岗亭,加强应急收费及管制、疏散。

4. 加强高陡边坡管理

一是将北斗地质灾害监测系统接入指挥中心,实时对报警监测点的数据进行汇总,对报警点边坡后期的处置情况做详细记录;二是在监测点加装视频监控,将视频监控接入指挥中心,当监测点出现报警,利用视频监控对其进行远程观察,如有异常及时处置。

第六节 工程创新

1. 二郎山隧道技术创新

二郎山隧道全长 13459 米,建成时是全国建成通车的高海拔地区长度最长的高速公路隧道,被誉为"川藏第一隧"。隧道位于Ⅷ度地震烈度区,穿越 13 条区域性断裂带,建设地质条件极其复杂,被誉为"地质博物馆"。

创立了基于构造损伤分区的综合勘察技术。在长达 8.3 千米保护区不设钻孔情况下,运用基于构造损伤分区的综合勘察技术,查明了隧道工程地质,解决了自然保护区内复杂艰险山区长大深埋公路隧道勘察技术难题。

首次采用超预期抗震设计理念与方法。穿越区域活动性断裂,将隧道抗震设防划分为洞口段(洞口浅埋段和过渡段)、断层破碎带段(断层核心段和过渡段)及软硬岩交界段,为运营安全、地震灾害预留了抗震变形及补强空间,建立了地震动力响应计算方法和抗震减震综合对策,保证地震时隧道的安全性。

创新了长隧道运营安全防灾救援新技术。设置2处四车道大断面洞内景观带及交通转换通道,把隧道分为3段,提高隧道防灾救援能力、行车舒适度和安全性。隧道内设置高位自流水消防水池,提高消防可靠性。

创新了特长隧道运营节能。利用隧道与斜井口高差、引天然水发电,实现年发电400万千瓦时,解决了特长公路隧道运营用电成本高的难题。利用二郎山隧道各斜井口和两端主洞口气象差异,设置自然风道,建立了以自然风为动力的辅助通风节能技术体系,实现年节电210万千瓦时。

解决了超长距离施工通风、控制测量技术难题。运用超长距离多通道施工网络通风技术,钻爆法施工独头掘进达到7333米。研发了长大隧道自由测站边角精密测量控制技术工法,形成了完善的公路隧道机械化施工综合配套技术。

2. 泸定大渡河特大桥技术创新

泸定大渡河特大桥桥址处建设条件复杂,大桥位于四川省3大断裂带的交汇区域,地震基本烈度为Ⅷ度,抗震要求高;桥址区位于高山峡谷区,风环境复杂,风场紊乱,具有风速高、湍流强、风攻角大等特点;两岸边坡高陡,坡度超过35°,地震时边坡垮塌会形成碎屑流。

建设过程中开展了系列技术攻关:

①首次将防屈曲钢支撑用作悬索桥的中央扣。防屈曲钢支撑两端以铰接形式与缆、梁连接,只承受轴向力而不产生弯矩。在强烈地震时,中央扣屈服耗能,从而保证主梁安全。

②首次将波形钢腹板与混凝土顶底板的组合结构作为桥塔横梁,既克服了混凝土横梁和钢横梁在抗震方面的不足,又简化了塔柱—横梁联结构造。

③采用反向平曲线设计,将左右两幅泸定隧道分离,布置在大桥隧道锚的外侧,极大地减小了隧道锚和公路隧道的相互影响,同时在隧道与隧道锚之间设置横通道,既作为施工运输通道,又作为检修通道。

④创新边坡防护理念,将雅安岸第一排和第二排抗滑桩按人字形布置,采用"疏导"的方式,将强震产生的碎屑流沿斜向导出大桥范围,确保碎屑流不危害大桥构造物。

⑤施工过程中通过大数据确定钢桁梁吊装天窗期,并对缆索吊装系统结构本身进行优化,确保在山区复杂风场环境下钢桁梁吊装施工的安全性。

⑥合理设计施工便道线性指标,有效解决高陡边坡运输困难问题。

⑦在高海拔峡谷地区、复杂强劲风场条件下,采用缆索吊装系统架设千米级钢桁梁,并采用空间索的方法布置承重索,解决狭窄空间环境下主索不能布置的问题。

⑧大桥上部施工采用 BNLAS 系统进行全过程状态监控,确保大桥的最终成型与设计的高度吻合。

3. 桥隧混凝土施工工艺创新

成功研制了隧道整体式双侧壁电缆沟移动式模架、自行式液压防护棚架、隧道施工用移动式发电机组等新设备;采取了水压爆破、巷道式通风 + 射流式水幕降尘、智能架桥机、结构物二维码实名制、桥梁混凝土护栏和桥面铺装施工工艺指南等新工艺,取得国家实用新型专利 54 项、工法 9 个。

4. 增强特长隧道及隧道群行车舒适体验

采用新技术改进隧道照明,使用 LED❶ 视觉动态照明系统,在隧道内营造良好的行车环境,舒缓行车心理压力,提高行车舒适度,降低行车安全风险(图 14-9)。

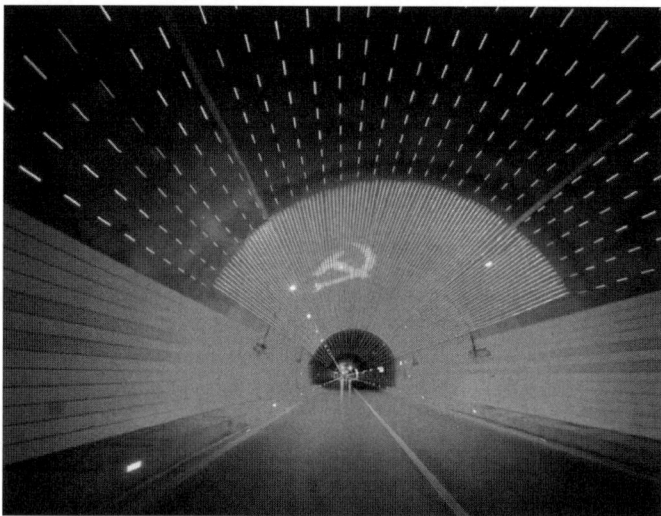

图 14-9 大杠山特长隧道党旗

5. 创新环境保护措施

二郎山隧道全过程绿色建造技术,采用生态选线,以隧道方式下穿自然保护区,洞口及斜井口位于外围保护区,康定端斜井首次采用完全反打技术,在国内首次实现斜井洞内反打,避免了在外围保护区修建临时便道工程,有效保护二郎山大熊猫保护区生态环境,减少约 4.3 万平方米的地表及植被破坏。二郎山特长隧道 338 万立方米洞渣全部用于隧道工程建筑材料和

---

❶ LED:发光二极管。

互通综合体工程,创新喇叭河互通综合体消化了附近 6 个隧道 100 万立方米的弃渣,既有效解决弃渣难题,又节约弃渣占地、提升服务功能,实现了工程建设与自然环境和谐发展。设置了 7.2 千米声屏障。在水环境敏感点设置了 288 套雨污收集系统。全面实施绿化工程,所有上下边坡、互通立交、弃渣场均实施生态恢复。

第七节　工程价值

雅康高速公路结束了四川甘孜不通高速公路的历史,从根本上改变了甘孜交通落后的条件,拉近了成都平原与川西藏族群众聚居区的时空距离,方便了当地群众的出行,对加强民族团结、维护藏族群众聚居区社会稳定具有积极的意义,项目建成通车极大地促进了甘孜经济社会跨越式发展。甘孜旅游资源丰富,便利的交通,为甘孜旅游业的发展带来了契机。2019 年甘孜全年接待游客 3300 余万人次,同比增长 48%,综合收入 363 亿元,同比增长 62%。

雅康高速公路完善了区域高速公路网。雅康高速公路沟通内地与藏族群众聚居区,既是成都平原经济区、川南经济区和攀西经济区连接甘孜进而通往西藏的重要通道,也是国家高速公路网雅安至新疆喀什叶城的重要组成部分。国道 318 相关路段基本为二级公路,二郎山路段蜿蜒曲折,交通通行条件差。本项目的建设不仅完善了国家高速公路网和四川省高速公路网布局,缩短雅安至康定里程约 40 千米,缩短行车时间 2 小时,而且极大地改善了行车条件,提高了通行能力,增强了行车安全。

雅康高速公路提高了我国藏族群众聚居区高速公路建设水平。雅康高速公路是首条从四川盆地向青藏高原快速攀升的高速公路,沿线地形地质条件十分复杂,气候条件恶劣,生态环境脆弱,工程建设十分艰巨。二郎山隧道和大渡河特大桥建设中进行了多项技术创新,为今后藏族群众聚居区高速公路建设积累了经验,提升了我国藏族群众聚居区公路修建技术水平。泸定大渡河特大桥获古斯塔夫·林登少金奖,雅康高速公路荣获"新中国成立 70 周年影响四川十大工程"获评,为全国"最美高速"。

执笔人:王春苗　黄兵

第十五章　上海南浦大桥

第一节　项目概况

　　上海南浦大桥工程(以下简称"南浦大桥")是一项以桥梁工程为主体的综合性土木工程。南浦大桥位于上海市区东南黄浦江南码头渡口,西起鲁班路立交,上跨黄浦江水道,东至张江立交,北距延安东路越江隧道 4.2 千米,南距打浦路越江隧道 3.3 千米;线路全长 8364 米,主桥长 836 米;桥面为双向六车道城市快速路,设计速度 60 千米/小时;总造价 8.2 亿元人民币;始建于 1988 年,于 1991 年 11 月 19 日工程竣工, 1991 年 12 月 1 日通车运营。南浦大桥是上海市第一座跨越黄浦江的特大跨度桥梁,作为一项标志性工程和重大基础设施,其建成通车极大缓解了浦东、浦西之间的交通压力,有效改善了浦东地区的投资环境。

　　南浦大桥主体工程由主桥、浦西引桥、浦东引桥 3 部分组成。主桥采用主跨 423 米的双塔双索面漂浮体系叠合梁斜拉桥,设 6 个行车道,两侧各有 2.25 米宽的观光人行道。浦西引桥设半径为 100~110 米复曲线环圈,主引桥由 6 车道分岔为 4 车道引向陆家浜路、其余 2 车道分别设上、下分引桥引向中山南路两端,南端与内环线相接,设计全长 3751 米。浦东引桥主引桥径直而下直至地面,设有复曲线上、下分引桥与浦东南路相接,设计全长 3746 米。

　　除主体工程外,南浦大桥地面设有配套道路工程 15 万平方米、雨污水排水管道工程 10 千米。全桥配有独立的电力、照明系统和泛光照明,配有 4500 平方米养护管理用房。在黄浦江东岸各进出口共设有 16 个收费口,在黄浦江西岸设有养护管理所,配有交通监控中心和相应的外场设备。主桥上配有养护桁车、观光电梯及其他养护设备,构成配套的管理设施。全桥组成独立、有效的运营管理系统,全面发挥桥梁的运营功能。

　　两岸除设置观光电梯及桥头广场外,黄浦江西岸临江保留原有外马路,并于下游侧设人渡码头,引桥环圈内地面广场中间以陆家浜路穿越,四分之三布置为大片绿地和管理用房,美化桥头环境,四分之一范围辟有四路公交终点站,集观光游览与便利交通为一体。黄浦江东岸临江沿主桥范围上游侧与中华船厂毗邻,下游侧与煤场相隔,设条形桥头广场,构成独立的观光游览范围(图 15-1)。

图 15-1　南浦大桥总体实景照片

第二节　规划与决策

一、项目酝酿

1979 年 5 月 16 日,上海市城市建设局根据上海市建委《关于黄浦江建桥问题进行调研并提出方案的通知》,邀请上海市建筑规划局、规划办公室、上海市政工程设计院、上海港务局、上海航道局、上海市人民防空办公室、同济大学、上海市科学技术协会等单位,对编制大桥方案的准备事项交换了意见,会议决定由上海市政工程设计院负责方案的编制工作。1980 年 4 月,完成了《黄浦江大桥初步方案报告》。1981 年 9 月,正式报送《黄浦江大桥可行性研究初步报告》。1983 年 10 月,编制了《黄浦江大桥预可行性研究报告》。

二、项目立项

1986 年 7 月 4 日,上海市人民政府向国务院报送了《关于建设黄浦江大桥工程项目建议书的请示》。

1986 年 8 月 4 日,国务院作了批复,《国务院对上海市关于建设黄浦江大桥工程项目建议书的批复》原则上同意《关于建设黄浦江大桥工程项目建议书的请示》,批复该工程建设总投资为 4.2 亿元,全部由上海市自行筹措,其中外资 7200 万美元,同意争取利用国外贷款解决,并要求认真进行调查研究,广泛听取各方面意见,做好建设方案的技术经济论证,在此基础上,抓紧编制项目的可行性研究报告,报国务院审批。

三、项目可行性研究

1987 年 7 月底,上海市政工程设计院编制了《上海市黄浦江大桥可行性研究报告》,并于

11月上报了《上海市黄浦江大桥可行性研究报告补充资料(一)》。补充资料着重研究了3个主桥方案——预应力混凝土斜拉桥、钢—钢筋混凝土叠合梁斜拉桥、钢斜拉桥。

1987年12月17—21日,上海市投资咨询公司组织专家对可行性研究报告进行预评估。根据预评估意见,于1988年1月完成了《上海市黄浦江大桥可行性研究报告(修订稿)》。

1988年3月,国家计划委员会委托中国国际工程咨询公司(现中国国际工程咨询有限公司,以下简称"中咨公司")对可行性研究报告进行评估。中咨公司组织桥梁专家论证评估,同意推荐南浦大桥采用钢—钢筋混凝土叠合梁斜拉桥型方案。国务院于1988年7月正式批准项目可行性研究报告,桥位定在南码头附近,定名为上海南浦大桥。为加强大桥工程技术指导,大桥建设指挥部成立了大桥工程技术顾问组,聘请全国著名桥梁结构专家承担大桥设计、施工等重大环节的咨询工作。

1988年6月,《黄浦江大桥工程扩大初步设计》完成,8月被上海市建委批准。批准后的大桥主跨为423米的钢—钢筋混凝土叠合梁斜拉桥,浦西引桥为复式螺旋曲线形钢筋混凝土梁桥,总投资为8.2亿元。

根据国际惯例,亚洲开发银行贷款项目需对工程进行技术审查合格后方能贷款。亚洲开发银行指定日本长大公司集团组织3人小组对南浦大桥进行审查,其重点是工程设计。亚洲开发银行的技术审查自1988年12月至1990年7月共5轮。设计单位提供了设计图纸及大量设计资料和计算书。通过严格的技术审查,外国专家们一致认为南浦大桥是安全可靠的。通过审查与交流,既取得了贷款的成功,也使我国的斜拉桥技术走向新的历史发展阶段。

第三节 工 程 设 计

一、总体设计

南浦大桥是上海市重要的市政交通枢纽,又是市区的重要景点,应展现当代桥梁建筑的艺术魅力。作为上海面向世界的重要象征,大桥设计的总构思是在造型新颖、先进合理、功能为主、施工方便、节约投资的前提下,力求结构单纯、简洁、朴素、大方。

大桥总体线型设计中,斜拉桥采用了圆弧形曲线,降低了引桥的高度和长度,节约了投资和后期运营费用。浦西引桥的线型设计结合城市规划和交通运输需要,主引桥采用了复式螺旋曲线的桥梁线型,和浦东长圆形引桥一起与主桥斜拉桥有机地融为一体,充分体现出现代化大都市桥梁的特色与风采,是大桥总体造型构思的主旋律。同时复螺旋曲线引桥优美的建筑造型,更具有连续、无穷的变化和动感。通过建筑师对大桥色彩、灯光、辅助建筑物等的建筑设计构思,共同为大桥添色增辉。

二、主桥设计

1. 主桥纵、横断面

南浦大桥主桥桥型方案为跨径 423 米双塔双索面、主梁纵向飘移的连续体系斜拉桥（图 15-2）。在立面布置上，边跨在离主塔 94.5 米处设置辅助墩，边跨尾段设平衡重。叠合梁锚墩间长度 76.5 米。塔至锚墩边跨长 171 米，加过渡孔长 40.5 米，主桥总长 846 米。顺桥向塔中心设 1 对 0 号拉索，由塔向主跨、边跨各设 22 对拉索，全桥共 180 索。0 号索至 1 号索之间距离为 22.5 米。梁段部分标准索距为 9 米，边跨尾段密索区为 4.5 米。横梁间距除支撑 0 号段横向限位块将横梁加密至 2.25 米外，其余间距均为 4.5 米，人行道悬臂梁间距为 9.0 米。

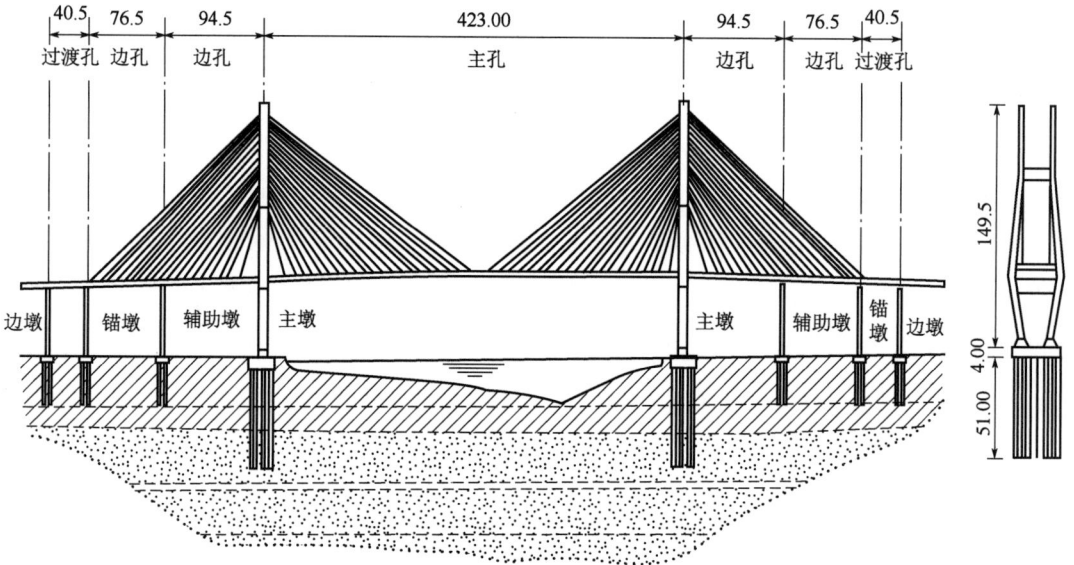

图 15-2　南浦大桥主桥示意图（单位：米）

南浦大桥为双塔双索面钢—混凝土叠合梁斜拉桥，混凝土桥面板厚 260 毫米，钢梁由焊接工字形双主梁和焊接工字形横梁组成。桥面设 6 车道，两侧各设 2 米宽人行道，两钢主梁间距 24.55 米，上下游两索面间距 25.0 米，桥面总宽 30.35 米。

2. 主塔

南浦大桥主塔为折线 H 形（花瓶式）钢筋混凝土结构，柱高 154 米。主塔采用钢管桩群桩基础，结构采用清水混凝土（3 天强度 ≥30 兆帕，28 天强度 ≥40 兆帕）。塔身设计共分 5 个部分：下塔柱变截面尺寸由 5 米×10 米向上收小到 4 米×7 米，斜率为 1：5.7；中塔柱断面为 4 米×7 米，壁厚 70 厘米，向内倾斜，斜率为 1：8.5，截面为菱矩形环；上塔柱竖向垂直，空腔内置有 19 对锚固钢横梁；塔柱上、下横梁为空腹箱形断面，8 米×6.7 米，壁厚 70 厘米，跨度分别为 25 米和 37 米，上横梁为压弯杆件，下横梁为拉弯杆件，故下横梁四壁均设置预应力束，以承受拉力、扭力和上塔柱锚固力。塔顶设置航空标志灯及避雷针。塔柱内设有照明、排水、供电及自然通风系统,并布置了供检修的人行爬梯平台及简易提升装置。抗震设防烈度为Ⅶ度。

3.桥面系

主桥桥面板结构上不设混凝土填层,直接铺设桥面沥青混凝土铺装层,由下层 20 毫米厚的细骨粒及面层 30 毫米厚的粗骨粒组成,并在国内首次采用预制 C60 混凝土桥面板。在桥面预制板之间的纵、横向现浇接缝处采用玻璃纤维布及特别研制的 AWP-4B 型聚氨酯涂料防水层。预制人行道板采用红地砖铺砌。主桥桥面排水系统由防撞栏杆两侧的泄水孔直接在高空泄水,不另设置顺桥向排水管。

三、浦西引桥设计

浦西引桥长 3814 米,桥面面积约 62390 平方米。引桥的设计荷载为汽-超 20 级,验算荷载为挂-120,特种荷载为特 – 300(载重 200 吨)。浦西引桥采用半径为 100 米、110 米和 125 米的复曲线螺旋形作为主引桥桥形,主引桥为 6 车道,经绕 5/4 圈之后向各分引桥方向分岔。

陆家浜路分引桥(W1)为双向 4 车道,跨越中山南路后连接陆家浜路。中山南路的南北上下行 4 个单向双车道分引桥(W2、W3、W4、W5),以定线式从螺旋形主圈展开,其中中山南路南下行分引桥(W5)以半径 99.77 米的平曲线汇入主引桥,下层绕行 3/4 圈后沿切线跨越中山南路转弯接地。沿中山南路北向上行分引桥(W3)从董家渡路以南起始爬坡,越过陆家浜路分引桥(W1)后再降坡切入主圈。

四、浦东引桥设计

浦东引桥分为主引桥、上行分引桥及下行分引桥 3 个部分。主引桥 6 个车道通向杨高路,分引桥 4 个车道与浦东南路相接。主引桥全长 1446 米,由 49 孔桥梁组成,分引桥全长 2523 米,由 110 孔桥梁组成,总建筑面积 62270 平方米。

主引桥全宽 25 米,沿主桥轴线向东延伸,从上海港务局预制品厂通过,当延伸到浦东南路交叉口时向北折直通杨高路。全线在跨越浦东南路、下行分引桥、临沂路、文登路 4 处设立交。主引桥线型顺直,坐落在分引桥上空,体现了在浦东引桥中的主导地位。

上、下分引桥分别与主引桥的北、南分岔口相接,下行分引桥由第 19 孔主引桥的南侧下穿到北侧,与上分引桥并列形成复曲线圆形内包环道。转向浦东南路后,以半径 90 米的平曲线半径分为 2 支,转向浦东南路的南、北两侧,形成 4 座分引桥与浦东南路顺接,其中跨越浦东南路的上、下分引桥交叉形成上行分引桥、下行分引桥、地面道路 3 层立交。分引桥是联系大桥与浦东南路主干道的纽带。

五、照明和供配电系统设计

南浦大桥照明和供配电系统是综合照明功能、节能技术和利用结构空间进行优化设计的。

全桥照明工程包含行车照明、主塔泛光照明、航空障碍照明、航道标志照明、主塔腹腔维护照明以及附属设施照明(监控中心、管理楼、收费口、观光电梯等)6个系统。全桥共安装行车照明灯564套,敷设电缆73千米,泛光照明灯112套,辅助照明灯具300套以上。

供配电系统采取放射式低压联网,在浦东、浦西各设1座高压配电站,分别供给浦东4座变电站和浦西5座变电站用电,其用电容量除照明配电外,还需供给6台观光电梯、1台主桥检修行车、4台索塔内升降设备等动力配电和控制系统。

六、交通监控系统设计

南浦大桥交通监控系统是我国大型桥梁上进行现代化监控管理的首次尝试。该交通监控系统是一个综合性的自动控制系统,是由21台微型计算机构成的计算机网络系统,包括摄像机、可变限速板、车辆检测器、紧急电话、信号灯、风速风向仪等外场设施。系统设有中央控制室,中央控制室内的计算机系统将采集的信息显示在地图屏及彩色显示器上,大桥管理人员可根据屏幕上显示的信息对交通实施引导管理和控制。该系统配有6个子系统:资料采集子系统、图像监视子系统、通信联络子系统、控制调度子系统、管理决策子系统、自检报警子系统。系统的主要技术指标是:采样周期<6秒,控制命令延时<2秒,信息传输误传率<1×10^{-4},设备故障平均修复时间<0.5小时。

第四节　工程建设

一、重要节点

1988年12月15日,南浦大桥工程开工建设。

1989年5月—1990年3月,先后完成了大桥交通监控系统的技术设计、设计优化和施工设计。

1990年3月—1991年11月,全面完成了安装调试。

1990年6月,第三代新型平行钢丝防护斜拉索通过专家评审,并投入成品索批量生产。至1991年5月,圆满地完成了供货任务,满足了大桥建设的需要。

1990年7月,主塔封顶。

1991年6月8日,主桥合龙。

1991年9月,国产大位移伸缩缝成功安装在主桥浦东侧。

1991年11月19日,南浦大桥工程全面竣工并交付使用,所有附属工程一次到位,历时2年11个月,创造了重大市政工程主体、附属工程全面交付使用的范例。

二、工程科研

南浦大桥建设时,我国建造斜拉桥的历史尚短,当时虽有从试验到建成200米跨度的工程实例,但要建造一跨超过400米的大型斜拉桥,特别是叠合梁结构的大跨度斜拉桥,无论从结构的可靠度、设计计算理论,还是制作工艺、施工方法,以及配套产品的开发、应用,都有一系列新的课题需要研究、解决。只有依靠科技攻关解决工程设计、施工、产品配套中的技术难题,才能保证工程的质量,加快建设速度,为高速、安全、可靠地建成此大型桥梁奠定基础。为此,从1988年开始逐批、分项地开展了有关科研工作,主要的科研项目如表15-1所示。

上海南浦大桥科研项目一览表 表 15-1

序号	科 研 类 别	科 研 项 目
1	结构可靠度研究和试验分析	桥结构抗风稳定性的试验和研究
		地震危险性分析
		主桥结构的荷载试验和动力特性测试
2	设计计算理论的研究	桥面混凝土徐变、收缩及剪力滞的综合分析研究
		预应力曲线连续梁内力分析及合理配索研究
3	结构构造设计与试验	叠合梁的锚箱设计与试验
		叠合梁钢主梁与混凝土的联结—栓钉剪力器的抗剪能力试验
4	新材料、新产品及新设施的研究和开发	高强度混凝土和接缝混凝土的研究
		大直径(22毫米)抗剪栓钉的研制和使用
		大直径高强度螺栓的应用和发展
		新型桥面防水层的研制和使用及桥面沥青铺装层防滑和黏结性能研究、桥面沥青铺装层结构组合和性能研究
		新型平行钢丝防护缆索的研制
		大位移伸缩缝的研制和使用
		新型交通监控系统
5	钢结构加工工艺和生产技术准备的研究	钢结构加工工艺研究
		设备的技术准备
		构件焊接、抗脆断能力与疲劳性能的研究
6	其他项目的试验研究	主塔钢管桩动载、静载试验
		桥面沥青混凝土抗滑层研究
		钢筋冷压套筒接头试验

三、解决工程技术方案与难点的方式

南浦大桥结构新颖、技术复杂,有较多的技术难题需要及时解决,并且需要接受贷款单位——亚洲开发银行委派的专家审查。因此在项目的可行性研究、扩大初步设计文件审查、施工设计和工程施工中,随着工程的进展,仍然有许多工程技术问题需要按轻、重、前、后顺序一一组织解决。解决的方式有以下几种:对国内一般尚未解决而工程设计或施工需要解决的技术难题或尚未应用过的产品,进行专题研究并按时提交研究成果;对重大的节点设计,由设计单位提出方案,组织有关单位共同讨论研究或邀请有关国内外专家进行咨询、讨论,以决定实施方案;对一些专项技术标准和技术要求,由设计单位提出初稿,组织有关施工单位、监理单位共同讨论后,由设计单位修改定稿、实施;在施工中由设计单位或施工单位提出的设计变更,均由指挥部有关部门统一签署后下发执行。

这样,在整个工程的实施中,各类技术问题的解决既有比较充分的科学依据,又能统一认识,有利于步调一致。开发、研究项目应用或推广的产品指标明确,针对性强,能及时地应用于工程,保证工程的进度和质量要求。

四、施工组织管理

1. 工程管理机构

为了高效、优质地完成工程目标,在上海市政府"9·4 专项"(利用专项资金解决重大项目)市政工程领导小组直接领导下,成立了黄浦江大桥工程建设指挥部(以下简称"指挥部"),具体负责工程的组织实施。指挥部下设大桥建设公司,作为具有法人资格的经济实体和办事机构。这样既能发挥和执行市政府的行政职能,又能作为工程业主发挥经济管理职能。指挥部负责工程的总体组织,协调设计、施工、地方各方面的关系,制订进度计划和年、季度计划,检查督促各参加单位按计划目标完成任务,组织项目的立项、可行性研究和扩大初步设计工作,负责工程投资控制、前期征地拆迁及"三通一平"工作,组织设计、施工、科研单位对重大方案的讨论,组织甲方材料设备的供应,参与亚洲开发银行贷款的经济与技术谈判,全面实施对工程的管理。

为了有利于及时沟通信息,迅速处理工程中发生的问题,及时协调设计、施工、监理等单位之间的关系,指挥部派出现场工作小组进驻工地,并提出指挥部与各参加单位的相互关系应是"同一目标、同心同德、同甘共苦、同舟共济"。在开展相互间劳动竞赛的同时,提倡社会主义协作精神,在材料设备上相互支持,在施工技术上公开交流,人力财力上相互支援,有效地将各个参建单位团结在一起,为共同目标而努力奋斗。

2. 工程的招投标管理

南浦大桥根据亚洲开发银行贷款项目的贷款条件,以及为有效控制投资、降低成本,满足优质、高效完成工程的目标,在工程队伍的选择,材料、设备的采购,施工监理单位的选择,科研项目承担单位的选择等各方面采用了各种招投标形式来进行管理。

在施工招标方面,为了能顺利地完成全部工程,根据工程技术性质、工程规模、施工区域等各种因素,划分为 10 个合同段:

第 1 合同段——浦东主引桥及龙阳路道路、排水管道工程。

第 2 合同段——主桥工程(按工程性质又分为:2-1 合同段,主桥基础工程;2-2 合同段,主桥土建及安装工程:2-3合同段,主桥钢结构制造工程)。

第3合同段——浦西引桥及部分分引桥工程。

第4合同段——浦东主引桥及部分分引桥工程。

第5合同段——浦西分引桥及中山南路南段道路、排水管道工程。

第6合同段——浦西分引桥、陆家浜路、中山南路北段道路、排水管道工程。

第7合同段——浦东分引桥及浦东南路道路排水管道工程。

第8合同段——全桥沥青混凝土面层铺装工程。

第9合同段——交通监控设备安装及调试工程。

第10合同段——照明设备安装及调试工程。

根据划分的以上合同段,先后在国内公开招标、择优选取施工队伍,委托上海市建设银行招标咨询公司联合组织实施。做法上广泛参考国内外施工招标实例,结合工程自身的特点,编制出一套简洁、严谨、明确、具有自身特有风格的招标文件。

招标过程中始终贯彻平等竞争的原则。详细拟定了招标的程序和时间,在开标前经上海市主管部门审定办法和密封标底,在开标时一并公布。整个招标过程(如审定文件、资质审查、发放标书、投标、开标、评标、定标等)均委托上海市公证处公证,从而使平等竞争原则在程序上和法律上得到保证。

招标工作小组对各投标单位的标书进行全面的分析。施工单位的选择主要遵循以下原则:投标价格合理;施工方案先进可靠;具有较强的施工技术装备力量;承担过一定数量的重点工程,并具备良好的企业信誉。在评标综合报告中,根据评标办法的规定,按照以上原则推荐1至2家中标候选单位供评标领导小组选择。评标领导小组由上级主管部门、设计单位、投资公司、筹资银行的代表及指挥部的领导组成,决标的方式是少数服从多数。

同样,在选择施工质量监理单位方面也采用招标形式,按照各工程合同段,结合工程的专业特点,向社会公开招标。评标、决标顺序为:审查投标的质量监理单位的资质;按指挥部提供的技术资料、监理范围、内容、编写监理工作计划并上报;指挥部组织专家对投标单位进行技术答辩,进一步了解投标单位的技术力量、组织机构、检测仪器,确保监理质量的手段、措施及控制施工质量措施的可行性;召开评标工作小组会议进行综合分析,提供推荐意见;指挥部组织有关领导和专家评议工作小组意见,并择优选择;中标单位根据专家意见在征求指挥部、设计、施工单位意见后,重新编制详细监理工作计划,作为共同遵守的监理依据。

在工程物资采购方面,亚洲开发银行为了保证贷款真正用于项目建设,使之发挥对亚太地区发展中国家经济建设的财政支持作用,促进亚洲开发银行成员国间贸易发展和经济合作,按规定进行国际招标,以期公平、经济、有效地用好贷款,并通过国际招标形式进一步扩大采购市场。将从市场采购现货的供应方式变成了期货贸易方式,减小了物价上涨带来的风险,能有效控制工程投资。

同样,在科研单位的选择方面,根据工程课题,制订课题的目标、计划,选择专业技术力量雄厚、设备条件优越的相关单位,按目标、要求提出研究的技术路线、方法、成果形式、经费等研究计划,经指挥部审议后择优选择。

3. 工程的质量管理

大桥的工程质量监督和监理是在健全施工单位自身质量体系的前提下,通过政府监督和社会监理的形式实现的,以确保工程质量始终处于受控状态。

政府监督方面,成立上海市建设工程质量监督总站黄浦江大桥工程质量监督组,行政上归口黄浦江大桥工程建设指挥部领导,业务上归口上海市建设工程质量监督总站领导。严格按照《上海市建设工程质量监督暂行条例》对大桥工程范围内的项目质量进行全面监督。

社会监理方面,按合同段和专业性,选择有资质的质量监理专业机构进行委托监理,执行施工质量监理任务。监理单位依据签订的委托监理合同、设计图纸以及国家、行业和上海市地方规范并参照部分国际标准,对大桥工程实施全过程质量跟踪监理。

从原材料开始,对每道工序进行严格把关,并做必要的抽检试验,使工程质量自始至终处于受控状态,确保最终成品的质量。

五、资金保障

南浦大桥工程概算总投资8.2亿元,由建设前期费用与工程费用两大部分组成。其中前期费用包括征地和动拆迁费用、动迁用房建设费和地上、地下管线搬迁费40338万元,占总概算的49%。实际工程费用仅耗资41662万元,前期费用比例之高是以往市政工程建设中少有的。南浦大桥利用亚洲开发银行贷款7000万美元,商业联合融资4800万美元。汇率按当期每100美元兑人民币371元计。大桥工程批准概算为820000000元,工程总决算为978451476元,其中银行利息为163780000元。根据包干协议的精神,银行利息由上海久事公司承担。剔除银行利息后,工程实际决算为814671476元,与概算相比较,节余5328524元。其中工程费概算为436414400元,决算为463954446元,亏27540046元。前期费概算为383585600元,决算为350717030元,节余32868570元。

第五节 运营管理

上海浦江桥隧运营管理有限公司大桥分公司(以下简称"大桥分公司")是南浦大桥的管养单位,是一家专门从事大型市政设施运行管理维护的国有企业,自1991年南浦大桥通车以来一直负责南浦大桥及相关附属设施、设备的运营、维护、管理。

一、养护管理

大桥的养护主要包括常规养护、定期综合检测、特殊检查、科研工作、应急预案、日常养护和专项工程等。南浦大桥结构安全,设施齐全,路面整洁,标识、标线完好,配套设施设备运行正常,总体通行顺畅,路况稳定。根据《城市桥梁养护技术标准》(CJJ 99—2017),由上海市路政局委托上海同济检测技术有限公司完成的《南浦大桥定期检查报告(2019 年)》认为:大桥整体综合评定为Ⅰ类养护的城市桥梁,全桥完好状态等级评定为合格级;浦西、浦东引桥桥梁完好状态分级均为 B 级,即"良好"。

1.管理体系

大桥分公司实行董事会领导下的总经理负责制,实行二级核算、三级管理的专业化管理模式。建立以市政设施管理为中心、静态与动态相结合的运行保障机制,执行专业化养护管理机制,落实组织、协调、督导、检验等管理职责,实现市政设施运营养护服务的全过程控制。

2.组织机构

大桥分公司作为以越江大桥养护运营为专业的分公司,下设 3 个独立的项目管理部,分别管辖南浦大桥、杨浦大桥、徐浦大桥 3 座大型越江设施的运营和养护管理,保障大桥设施安全和道路畅通。

3.管理优势

大桥分公司积累了逾 30 年的大桥运营管理和养护维修经验。积极汲取国内外先进的管理理念,不断探索创新养护方法,形成一套较为完整而科学的大型市政设施信息化、专业化管养模式。大桥分公司始终坚持与持续完善制度化、规范化、程序化、标准化管理,赢得了较好的社会声誉。

4.专业养护措施

为确保大桥自身结构、设施设备始终处于良好的使用状态,严格按照合同规定和有关标准督促养护单位做好日常巡查保洁、小修保养、路产修复、专项检查、养护应急值班工作,并定期对其执行情况进行检查。

在机械化养护方面,大桥共投入养护机械设备 54 台(辆),包括路面清扫、除雪融雪、供电照明、桥梁检测、登高检修、排障、电力维护、航标保护等,养护工作真正上升到机械化阶段,提高了专业化养护水平。

采取主动的、科学的、及时的预防性养护,推广应用节能环保的绿色养护技术工艺,选用污染少、技术含量高、先进的新工艺和设备,促进安全快速养护。将年度计划与大桥区域综合养护相衔接,将主通道划分为 8 个区域,合理优化人料机的配比,提高作业效率,实施区域全面性养护,做到"封一段、养一段、好一段"。

在定期专项检查检测方面,按照每年制订的养护检查检测计划,定期开展专项检查检测,例如:结构安全专项大检查,防台风高空易坠物专项检查,情报板、摄像机和机电附属设施专项检查,斜拉索专项检查,电梯年检,防雷接地测试,供配电系统电气试验及继电保护试验,变电站安全用具测试,人工无损检测等专项检查。

5. 科学养护与智能化养护

在智能化管理方面,大桥分公司通过开展越江桥梁设施状况数据分析评估等科研项目,以南浦大桥多年运维数据为基础,用多源信息融合的方法重建大桥状态评价体系,结合南浦大桥建立的健康监测系统的实时数据,为桥梁运营管理储备更为全面的桥梁养护技术。

大桥分公司以提高养护生产的综合效益为前提,逐步使养护生产机械设备智能化,目的是提高道路养护的作业质量和劳动生产率,降低养护生产成本,使道路养护作业水平与社会整体发展水平相对应。例如,研发路灯杆清洗装置、铰缝破损检测车、大位移伸缩缝监测装置、桥梁检测无人机、桥面温度采集装置、交通路锥自动收放装置等。

二、经营管理

1. 管理思路

持续贯彻"科学管理、精心养护、优质服务、安全畅通"的质量方针,秉持"预防为主,防治结合"的工作原则,执行服务社会客户、响应行业业主的管理宗旨,建立、健全大桥设施养护运营管理的各项规程制度。确保大桥设施养护运行管理的各个环节全过程、全覆盖和全天候过程控制。

树立以桥面养护为中心,以结构安全为重点的思想,改变重养护轻保洁的习惯,应用先进、环保的养护机械及技术,结合科学高效的管理手段,积累大桥养护维修的大数据,实现大桥运维的信息化,打造精品大桥、智慧大桥。

大桥分公司在组织架构设立,运营、养护、安全等管理体系的设置上,充分利用桥隧公司南浦、杨浦、徐浦三桥设施运行的管理优势,利用养护维修设备、应急抢修设备、运营管理设备种类全、规模大的作业优势及专业技术人员、抢险作业人员能快速集中的优势,全面形成大桥运行管理应急联动、维修养护资源整合的高效集约化的管理模式。

大桥分公司根据大型桥梁养护运行管理的经验,在借鉴国内外先进养护运行理念的基础上,确立了南浦大桥设施运行的管理思路。通过大桥分公司的养护运行管理,实现了南浦大桥设施运行质量在上海市管设施城市快速路评比中名列前茅,打造了行业标杆设施,建成了城市示范桥梁。

2. 运行情况

南浦大桥通车以来,交通量稳步增长。以流量统计口径为例,日均通行量由 2016 年的 105094 辆增长至 2019 年的 118933 辆。2018 年大桥全年通行各类车辆约 4109 万辆,日均 11.2 万辆;2019 年大桥全年通行各类车辆约 4341 万辆,日均 11.8 万辆,交通流量呈明显上升趋势。

第六节　工　程　创　新

一、工程方案创新

1. 抓住主桥进度、带动全面工程

按照主桥主塔打桩→承台→塔柱→钢梁及桥面板安装挂索→合龙→桥面铺装→桥面系的顺序进行施工,是整个工程的关键线路。为确保关键线路上关键节点的实现,根据总工期的要求和施工能力,提出了1990年7月主塔封顶,1991年6月主桥合龙、全桥贯通,1991年底大桥全面建成通车的节点目标。并将此目标层层分解,倒排进度,落实钢梁制造、缆索制造、电梯、监控设备安装等分目标,并以主桥进度带动引桥工程和道路、管线辅助工程等配套设施,形成以线带面、全面推进、你追我赶的施工局面。

由于目标明确,措施、关键节点都按照指挥部的总目标、总要求得到落实,并提前按质完成。如150米塔柱施工仅用了8个月时间;钢梁拼装提前于1991年6月8日合龙;各项配套工程夜以继日,在1991年11月19日提前45天完成大桥施工任务,而且所有附属工程一次到位,创造了重大市政工程主体、附属工程全面交付使用的范例。

2. 完善斜拉桥计算理论

斜拉桥是一个高次超静定结构,其发展与电子计算机在工程上的应用密切相关。设计南浦大桥时,考虑到桥面宽达30.35米,混凝土桥面板与钢梁叠合后,由混凝土板收缩、徐变所产生的应力重分布,主塔的收缩、徐变在斜拉桥中引起的内力重分布以及材料非线性和结构非线性变化等因素,使用了大型计算机,按索、塔、梁板三维组合结构进行空间分析,使之更接近于实际结构受力情况。

3. 设计反顶装置解决叠合梁斜拉桥混凝土桥面板抗裂

为了解决叠合梁斜拉桥混凝土桥面板裂缝问题,设计了一套反顶装置,在拼梁时对钢框架进行反顶,待接缝混凝土达到强度后松除反顶,使小纵梁顶部桥面板获得3.0兆帕以上的预应力。在跨中120米及辅助墩顶30米范围内的桥面板内设纵向、横向预应力索。通过1:1的实体模拟试验,将南浦大桥的索、梁锚固结构改成焊接在腹板和翼板上的拉索锚具箱,解决了斜拉桥索锚固于主梁上翼缘而导致该处混凝土桥面板易开裂的问题。在南浦大桥施工中采用可承受140~150吨质量,用临时拉索及索架构成的三角桁架,在主梁安装脱钩前拉住钢框架,使结点板处弯矩为零。采取这些措施防止成桥后叠合梁裂缝的产生。

4. 采用先进的交通监控系统

除小部分硬件如摄像机等为进口外,交通监控系统的设计、制造、安装均由国内科研单位

承担,计算技术、模糊控制技术、图像信息处理技术及系统技术首次在大型桥梁的监控过程中得到了全面的应用,运行可靠。监控系统在内环线通车后与内环线的监控系统互联互通,形成完整的交通监控网络。

二、工程技术创新

南浦大桥是大跨度的叠合梁斜拉桥结构,无论从理论上还是到实践上,对设计、施工、建设单位都是一项新事物。我国原有的公路、铁路设计、施工规范不尽适用,国外的有关标准和规范又不能照抄照搬。为此,在指挥部的组织领导下,在参建的设计、科研、施工和制造单位的通力合作下,大桥建设指挥部、上海市建筑工程管理局、上海市政工程设计研究院、同济大学和众多的科研院所,针对设计、施工中的关键技术,共开展了 41 项专项研究攻关,均取得了成果,部分具有较高的学术价值。

在立项选择上,指挥部和各科研单位以应用研究为主,着重解决设计、施工中的重大问题,如为了研究南浦大桥独特的钢梁—索的锚固结构,在上海市政工程设计研究院、沪东造船厂、大桥建设指挥部等单位的共同合作下,做了 1∶1 的钢锚箱实体试验,取得了重要的数据。通过开展"南浦大桥施工技术成套研究"等课题研究,解决了施工中的一系列重大技术问题。同时,为了在基础理论和学术上对大跨度斜拉桥做深入的探索,组织开展了多项科研项目,从解决工程急需问题出发,进行较为深入的研究,取得了具有较高价值的实用和学术研究成果,如南浦大桥的抗风抗震课题成果,解决了大桥整体稳定的重大课题,对大跨悬索结构的抗风稳定性起到重要的参考指导价值。南浦大桥作为优秀基建项目,被评为国家科学技术进步奖一等奖。

三、施工、制造技术创新

南浦大桥在我国桥梁用钢中应用符合 DIN 标准的"可焊接细晶粒结构钢"STE 355 和 STE 460 钢。南浦大桥有中最厚的钢板达 135 毫米,焊接获得成功,并进行了 80 毫米厚钢板的对接焊。焊接工艺和焊接接头经过了严格的疲劳试验和评定。在钢结构现场拼装中,使用了 M22 和 M30 高强度螺栓,其中 M30 高强度螺栓为首次采用。南浦大桥有近 50 万个栓孔,安装 14 万套高强度螺栓,在工地拼接时无错孔和扩孔。南浦大桥中作为抗剪器的 22 毫米直径焊钉(栓钉)采用国产镇静钢冷拔后冷镦形成,经各项强度与疲劳试验,证明达到国外同类产品的要求。南浦大桥 488 块高质量高精度的预制桥面板和微膨胀接缝混凝土的研制成功,确保了钢—混凝土叠合梁的共同受力。采用新型平行钢丝工艺生产了共计 180 根斜拉索,最长达 223 米,最粗由 265 根直径 7 毫米镀锌进口钢丝编绕而成,缆索外包聚酯布,再以热挤聚乙烯(PE)和聚碳酸酯(PC)塑料层保护。

在主塔施工中,开发设计了"爬模",以每天 1.4 米的速度完成了 150 米高的南浦大桥主塔的混凝土浇筑,并在高空不解体完成不同斜率的转换。拼装钢梁和桥面板的桥面吊机,施工时的梁塔临时钳固装置,泵送高度为 150 米混凝土的研制与施工,证明我国的施工队伍在机具、工艺上完全能适应大型叠合梁斜拉桥的建造。

南浦大桥浦东引桥 4 根三跨 95m 和四跨 120.5m 连续曲线预应力箱梁在工地浇筑,曲率半径 90 米。浦西引桥预应力曲线箱梁跨长 31.725 ~ 43.012 米。主引桥的半径由 100 米、110米、125 米组成。在现场预制后,由 2 台 300 吨吊机抬吊就位。曲梁最大质量 250 吨,最大重心偏距 26 厘米,起重高度 48 米,创我国预制、吊装大型曲线箱梁的新纪录。

四、施工组织创新

1. 全过程的工程质量监理

南浦大桥的建设实现了全过程的质量监理。从前期研究、设计开始直至建设施工、验收阶段,都将质量放在第一位。在建设过程中,率先推行了社会监理这一国际通用的监理制度。选择了具备较高素质的质量监理队伍,对各合同段进行了全过程的监理。实行了政府监督、施工单位质保体系、社会监理的三级管理网络。在各自的职责范围内实行质量监控,使施工质量自始至终处于受控状态。

在前期工作中,对预可行性研究、可行性研究、扩大初步设计阶段及施工图设计阶段,都进行了系统的质量监控,重大课题都经过了国内外专家的详细论证。在施工图实施阶段,在上海市建设委员会领导下进行了认真的设计复查,对钢结构也组织了专家复核审查。

施工单位通过对每项施工方案的设计、比选和优化,施工前进行大量的技术准备工作和配比模拟试验。通过科研项目来攻克有关的技术难题,以技术措施保证工程质量目标的实现。同时,依靠质量保证组织体系、管理制度及操作规范来实现工程质量的控制。

经过 4 次公开招标,择优选择了 8 家社会监理单位承担了大桥的工程质量监理任务。监理单位不仅严把监理关,还主动协助建设、施工、设计单位,对施工方案、工程实施和发生的有关技术质量问题想办法、找措施,以促进工程质量的提高。

经上海市建设工程质量监督总站批复,成立了上海市建设工程质量监督总站黄浦江大桥工程质量监督组,加强对工程质量的监督。

2. 合理划分合同段

整个工程按技术性质、工程规模、施工区域等各种因素划分为 10 个合同段。按照"公平、公正、公开"的原则,进行招标,选择了信誉好、实力强、有实绩的施工单位。同时,通过公平竞争,控制了造价。施工单位通过招投标,将外部压力作为提高企业素质和施工水平的动力,在施工技术、施工质量、施工组织上都做到精益求精。通过劳动竞赛,在工期、质量、造价控制方面争创一流。

3. 认真编制施工组织设计和施工大纲

南浦大桥主要参建单位对每项重大的施工项目都编制了详尽的施工组织计划和施工大纲。由施工单位的上级主管技术领导审核签署后执行。重大技术方案和首次采用的施工技术,都经过建设、设计、施工单位的认真讨论,重要部分组织专家论证。因此,技术准备充分,做到了方案先行。如承台大体积混凝土施工方案、塔柱泵送混凝土配合比及施工方案、下横梁施工方案与施工组织设计等都经过了反复、认真的讨论和修改。由于技术方案可靠,施工组织设计得到了较全面的贯彻落实。施工中没有发生过因施工方案失败导致损失、退工或质量事故的情况。通过施工组织设计和技术方案的成功实施,为组织大型叠合梁斜拉桥的施工积累了宝贵的经验。

4. 合理配置工程机械

参加南浦大桥施工的主要施工力量为上海市建筑工程管理局的下属公司,另外铁三局、上海市第一市政工程有限公司等单位充分发挥了路桥、市政工程专业队伍的优势,合理配备工程机械,创造了利用改装后的 HC88 吊机和混凝土泵送机械建造 150 米高塔等记录。设计研制了 4 台专用的桥面拼梁吊机。参加引桥施工的单位用 2 台 300 吨履带吊架设了 159 根预应力曲线箱梁,最大质量 250 吨,最大重心偏距 26 厘米,起重高度 48 米。在狭窄的场地上全部安全吊装就位,创造了我国大型曲线箱梁吊装的新纪录。充分挖掘机械设备潜力,合理配置工程机械,发挥企业优势。

5. 明确技术责任制

从建设前期的研究开始,就明确了各阶段各参建单位的技术责任制。设计单位、施工单位、科研单位各司其职,通过合同形式明确技术责任和相应经济责任。按照"谁设计,谁负责"和"谁施工,谁负责"的原则,做到职责分明,层层有人负责、把关,确保了设计、施工在技术上的精益求精。

第七节 工 程 价 值

南浦大桥是上海市区第一座跨越黄浦江的大桥,落成于 1991 年 11 月 19 日,是我国自行设计、自行建造的双塔双索面叠合梁斜拉桥,2013 年增加了浦东内环线连接段及环龙路上、下匝道,是上海城市快速路内环线的重要过江枢纽。

南浦大桥建筑设计充分表现了大桥的结构合理性和现代化的科学技术成就,将建筑美学与现代交通工程结构的内在本质融为一体。南浦大桥是上海重要的市政交通工程,是城市空间构成的中心点之一,也是上海城市空间的重要标志。

自 20 世纪 80 年代以来,上海建造斜拉桥走过了试验、摸索和实践的阶段。南浦大桥作为一座技术复杂、结构新颖的大跨度桥梁,主梁采用叠合梁漂浮体系,在设计、制造、施工等各领域进行了大量、广泛的研究工作,应用先进技术解决了一系列重大课题,为保证大桥工程的建设速度和质量奠定了基础。同时,通过紧密结合工程实践,瞄准国际桥梁设计研究、制造等方面的先进技术,研制出一整套适用的工艺、技术、装备和机具,把斜拉桥的设计、施工和管理提高到了一个新的水平,为我国大型斜拉桥建造技术走向世界奠定了坚实基础。

执笔人:王军　林元培　岳贵平

第十六章　苏通长江公路大桥

第一节　工程概况

苏通长江公路大桥(以下简称"苏通大桥",见图 16-1)位于江苏省东部的南通市和苏州市之间,西距江阴大桥 82 千米,东距长江入海口 108 千米,是沈阳至海口国家高速公路(G15)跨越长江的重要工程。

图 16-1　苏通大桥总体实景照片

苏通大桥工程路线全长 32.4 千米,由跨江大桥和南、北岸接线组成,其中,跨江大桥 8146 米,北接线 15.0 千米,南接线 9.2 千米。跨江大桥由主跨 1088 米双塔双索面斜拉桥、主跨 268 米连续刚构辅桥以及跨径 30 米、50 米和 75 米的连续梁引桥组成。全线采用双向六车道高速公路标准。跨江大桥计算行车速度 100 千米/小时,接线 120 千米/小时。桥涵设计荷载为汽车-超 20 级、挂车-120。主孔通航净空尺度高 62 米、宽 891 米,满足 5 万吨级集装箱货轮和 4.8 万吨级船队通航需要。

苏通大桥于 20 世纪 90 年代初开始酝酿,2001 年国家正式批准立项。项目业主为江苏苏通大桥有限责任公司。2003 年 6 月 27 日开工建设,2008 年 4 月建成通车。总投资约 80.04 亿元,项目建设资本金占总投资的 37.48%;其余为国内银行贷款。2019 年,大桥平均车流量约 10 万辆/日,最高达 13.6 万辆/日(以上为折算小客车数量)。

苏通大桥北岸连接盐城至南通高速公路、南京至南通高速公路、南通至启东高速公路,南岸连接苏州至嘉兴至杭州高速公路、沿江高速公路。作为重要的节点工程,苏通大桥对于完善国家和江苏省高速公路网、促进区域协调发展以及沿江两岸整体开发、改善长江安全航运条件、缓解过江交通压力等具有十分重要的意义。

苏通大桥主桥采用主跨 1088 米双塔斜拉桥方案,是我国自主设计和建造的世界首座突破千米级跨径的斜拉桥,属于在世界上有重大影响的特大型桥梁工程,是国家科技支撑计划支持的首个重大公路交通工程项目。先后荣获国家科学技术进步奖一等奖、中国勘察设计协会国庆 60 周年"十佳感动中国工程设计大奖"、中国公路学会科学技术奖特等奖、中国土木工程詹天佑奖等多项重要奖励,同时还荣获国际咨询工程师联合会(FIDIC)"百年杰出项目奖"、国际桥梁大会(IBC)"乔治·理查德森大奖"、美国土木工程师协会土木工程杰出工程成就奖等国际重要奖项。

第二节 规划与决策

一、项目酝酿

20 世纪 80 年代,江苏省苏南地区借助地理优势,乡镇企业异军突起,成为经济改革的一面旗帜,长江黄金水道在对国家经济建设发展起到重要作用的同时,也成为长江南北交通的天堑,影响苏南、苏北区域经济的协同发展。苏南、苏北经济社会发展的不均衡,引起了江苏省委的高度重视,提出"积极提高苏南、加快苏北发展"的发展战略。在此背景下,江苏省开始筹划南京长江大桥以外的第二条过江交通通道。

1987 年 6 月,受江苏省交通厅委托,铁道部第二勘察设计院完成了《江苏省长江第二通道规划工作报告》。根据长江南京以下沿江地理位置、城市交通、地形地貌、地质水文、河床稳定、航运和施工条件等因素,提出了 12 个通道位置、25 个桥型方案。其中就有连接江阴～靖江的西山通道位置(后建成的江阴大桥)、连接镇江～扬州的金山通道位置(后建的润扬大桥)和连接南通～常熟的南通农场通道位置(后建的苏通大桥)。

以此为契机,南通市着手开展过江通道建设项目研究,拉开了筹建苏通大桥的序幕。

二、项目规划

20 世纪 80 年代末,我国公路交通的瓶颈制约状况进一步加剧,"行路难"问题成为当时国民经济发展的突出矛盾,特别是交通干线和城市出入口公路严重阻塞,全国道路交通平均时速仅为 30 千米,干线公路道路交通平均时速也仅为 37 千米,混合交通严重。

1991 年 6 月,交通部向国务院报送了《关于国道主干线系统规划布局方案的报告》。

1992 年,国道主干线系统规划得到国务院认可,这是我国公路发展史上第一个经缜密研究、科学论证的国家主干线公路网规划,总规模约 3.5 万千米,其中高速公路约 2.6 万千米。

2004 年,国务院审议通过了《国家高速公路网规划》,明确了苏通大桥是《国家高速公路网规划》中沈阳至海口国家高速公路(G15)的重要组成部分。

三、项目立项

1. 预可行性研究

苏通大桥的预可行性研究始于 1991 年,南通市计划委员会组织完成了《南通长江公路隧道调查报告》,并于 1993 年委托上海市隧道工程轨道交通设计研究院完成了《南通长江通道预可行性研究报告》。为深化研究,1996 年 11—12 月,江苏省交通厅与南通市人民政府共同组织,并由中交公路规划设计院、上海市隧道工程轨道交通设计研究院承担完成了《南通长江公路通道预可行性研究报告》的编制工作。

2. 批复项目建议书

1998 年 12 月,江苏省向国家发展计划委员会上报苏通大桥项目预可行性研究报告。

1999 年 4 月,交通部组织专家进行行业评审。

1999 年 9 月,受国家发展计划委员会委托,中国国际工程咨询公司(现中国国际工程咨询有限公司以下简称"中咨公司")组织专家对项目建议书进行评估。

2000 年 11 月,交通部完成了苏通大桥预可行性研究行业评审。

2001 年 6 月,国家发展计划委员会批准苏通大桥项目建议书,项目正式立项。

3. 主要批复意见

为改善过江交通条件,加强长江两岸经济联系,发挥上海及苏南地区向苏北地区的辐射作用,建设南通河段过江通道是必要的。桥梁方案在投资、设计施工技术和经验、建设周期、通过能力、行车安全、服务水平,以及管运成本等方面的综合技术经济比较优于隧道方案,过江通道拟采用桥梁方案。暂定南通农场至徐六泾桥位。大桥桥位、桥型、通航净空标准及其他具体技术指标在可行性研究阶段论证确定。

四、项目可行性研究

1. 可行性研究

苏通大桥的可行性研究工作始于 1999 年 7 月,江苏省交通厅通过招标确定中交公路规划设计院、江苏省交通规划设计院和同济大学联合体为工程可行性研究报告编制单位。

可行性研究工作分两个阶段实施:第一阶段,组织开展有关专题和桥梁科研工作,为可行性研究奠定基础;第二阶段,以专题和桥梁科研成果为基础,完成可行性研究报告的编制。2001 年 8 月,正式报告编制完成。

2. 批复可行性研究报告

2001 年 9 月,江苏省发展计划委员会将预审会后完善的可行性研究报告上报国家发展计划委员会和有关部门。

2001 年 12 月,交通部和江苏省邀请国内外著名桥梁专家在南京召开了"苏通长江公路大桥技术研讨会",随后通过了交通部行业审查。

2001 年 12 月,交通部批准了苏通大桥通航净空尺度和技术要求;长江水利委员会批准了苏通大桥建设利用长江岸线水域。

2002 年 2 月,国家发展计划委员会委托中咨公司在北京组织召开了咨询评估会。

2002 年 9 月,江苏省国土资源厅批准苏通大桥建设用地预审。

2002 年 11 月,经国务院批准,国家发展计划委员会批复了苏通大桥项目可行性研究报告。

3. 主要内容批复

苏通大桥位于长江下游徐六泾节点附近。大桥全长约 7680 米,两岸接线长约 24 千米,其中北岸接线长 15 千米,起自南通至启东高速公路的小海互通立交,接盐城至南通高速公路;南岸接线长约 9 千米,止于沿江高速公路和苏州至嘉兴至杭州高速公路交汇处的董浜互通立交,接苏州至嘉兴至杭州高速公路。

全线采用双向六车道高速公路标准建设,其中,长江大桥计算行车速度采用 100 千米/小时,桥宽采用 34 米(不含布索区);两岸接线计算行车速度采用 120 千米/小时,路基宽度采用 35 米。项目估算总投资 58.7 亿元,资本金占总投资的 37.48%,其余通过国内银行贷款解决。

根据通航净空宽度,结合斜拉桥结构设计特点和技术经济的合理性,主跨跨径暂定为 1088 米,需在初步设计阶段进一步比选优化。主桥双塔斜拉桥方案尚有许多关键技术问题待深化研究。

第三节　工　程　设　计

苏通大桥跨江大桥设计包括初步设计、技术设计、施工图设计 3 个阶段。

2002 年 2 月底,全面启动初步设计工作。

2002 年 11 月,完成初步设计文件并送审。

2003 年 3 月,交通部下发《关于苏通长江公路大桥初步设计的批复》。

2003 年 11 月,完成技术设计中间成果资料。

2004 年 1 月,编制完成技术设计文件和设计指南正式稿。

2004 年 2 月,受交通部委托,江苏省交通厅在南京主持召开苏通大桥技术设计审查会,技术设计通过了专家组审查。

2003 年 1—12 月,陆续完成了主桥基础及墩身、北引桥 30 米和 50 米跨径、主桥索塔、上部结构和附属设施等施工图设计文件。

设计过程中,针对项目桥址处气象条件较差、水文条件复杂、基岩埋藏深、通航标准高的特点,完成了大量的资料调查和近 30 项针对性专题研究成果,为设计、施工提供了第一手翔实资料。

一、主要设计单位

跨江大桥主体结构设计单位:以中交公路规划设计院为主体单位、江苏省交通规划设计院和同济大学建筑设计研究院为参与单位组成的设计联合体。

跨江大桥钢桥面铺装设计单位:东南大学建筑设计研究院。

跨江大桥设计咨询单位:丹麦 COWI 公司、中铁大桥局设计院、日本长大公司。

二、初步设计

(一)设计内容

初步设计阶段结合跨径选择与布置,对桥型方案及结构方案进行了深入研究和比较。

1.桥型方案研究与比选

主桥重点对斜拉桥方案进行了研究,辅桥、引桥重点对梁桥方案进行了研究,桥型方案研究、比选情况见表 16-1。

初步设计型方案研究、比选情况一览表　表 16-1

位置	主要控制条件	桥型方案	推荐方案
主桥	1.通航要求; 2.技术经济合理性; 3.水文、地质条件; 4.兼顾景观协调	1.主桥:(2×100 米 +300 米 +1088 米 +300 米 +2×100 米)斜拉桥;主梁:扁平钢箱梁; 2.主桥:(157 米 +312 米 +1088 米 +312 米 +157 米)斜拉桥;主梁:扁平钢箱梁; 3.主桥:(2×100 米 +300 米 +1088 米 +300 米 +2×100 米)斜拉桥;主梁:钢—混叠合梁; 4.主桥:(110 米 +300 米 +1088 米 +300 米 +110 米)斜拉桥;主梁:钢—混混合梁; 5.主桥:(2×100 米 +300 米 +1088 米 +300 米 +2×100 米)斜拉桥;主梁:钢—混混合梁	主桥:2×100 米 +300 米 +1088 米 +300 米 +2×100 米斜拉桥;主梁:扁平钢箱梁
辅桥专用航道桥	1.通航要求; 2.技术经济合理性; 3.全桥景观协调	1.140 米 +268 米 +140 米三跨连续预应力混凝土连续刚构; 2.140 米 +268 米 +140 米三跨连续钢箱梁	140 米 +268 米 +140 米三跨连续预应力混凝土连续刚构
引桥	1.技术经济合理性; 2.全桥景观协调	1.深水区采用 75 米或 100 米跨径预应力混凝土连续箱梁; 2.陆域和浅水区采用 30 米和 50 米跨径预应力混凝土连续箱梁	30 米、50 米、75 米跨径预应力混凝土连续箱梁

2. 结构方案研究与比选

主桥推荐采用主跨 1088 米斜拉桥方案,鉴于技术难度较大,初步设计对主要结构方案开展了研究比较,见表 16-2。

初步设计主桥结构方案研究、比选情况一览表　　表 16-2

结构部位	比选内容与方案	推 荐 方 案
结构体系	纵向全漂浮、纵向设阻尼或弹性约束的半漂浮,塔梁固接,索塔处设竖向支座	纵向设阻尼或弹性约束的半漂浮
主梁	断面外形,高度,纵隔板与横隔板形式,索梁锚固方式,钢箱梁工地连接方式	底板水平宽度较大的流线型箱梁、梁高 4.0 米、桁架式(局部实腹式)纵隔板、实腹式横隔板、锚箱式锚固、栓焊结合连接
索塔	塔形,塔柱横断面形式,材料,索塔锚固方式	倒 Y 形塔、钢筋混凝土、钢锚箱并对预应力锚固方式再做进一步比较
斜拉索	类型,索距,减振措施	按平行钢绞线控制设计、标准索距 16 米、气动与阻尼减振器结合
基础	沉井基础:钢沉井和钢筋混凝土沉井。 桩基础:钻孔灌注桩、钢管打入桩。 围堰形式:双壁钢围堰、锁口钢管桩围堰、钢套箱	钢沉井基础
防撞	船舶交通管理(VTS)主动防护系统 + 缓冲消能防撞设施。 防撞设施:独立防撞墩、群桩防撞墩、浮体系泊系统、浮式缓冲消能	VTS 主动防护系统 + 浮式缓冲消能防撞设施

(二)初步设计批复

2002 年 11 月 17 日,江苏省发展计划委员会、交通厅在南京召开苏通大桥初步设计预审会。初步设计通过省内预审后上报交通部。

2002 年 11 月 27—12 月 8 日,交通部公路司邀请专家在北京主持召开了苏通长江公路大桥初步设计阶段桥区河势及河床稳定分析、水文计算分析、工程地质勘察、气象观测及风参数研究、地震与地震动参数研究、船舶撞击力分析等设计基础资料审查会。

2002 年 12 月 24—26 日,交通部在南通主持召开了苏通大桥初步设计审查会。会议邀请了包括陈新、郑皆连、周君亮 3 位院士在内的 38 位专家对初步设计进行审查。

2003 年 2 月,国家环境保护总局以国环评审〔2003〕67 号文批复了《苏通大桥项目建设环境影响评价报告书》。

2003 年 3 月 27 日,交通部以交公路发〔2003〕95 号文批复了苏通大桥初步设计。

三、技术设计

根据交通部初步设计批复及其审核意见,通过结构分析和必要的试验,对主桥技术设计工作,对结构体系、索塔锚固区构造、抗风性能、主梁架设方案、防撞方案等关键技术问题展开重点研究,形成了技术设计文件。

(一)关键技术论证内容

1.结构体系

进一步研究了全漂浮、纵向设阻尼或弹性约束的半漂浮、塔梁固接、索塔处设竖向支座等方案,推荐纵向设阻尼限位约束的半漂浮体系。

2.索塔锚固区构造

进一步研究了不同预应力锚固方式、不同钢锚箱锚固方式等方案,推荐采用不设预应力的钢锚箱锚固方式。

3.抗风性能

进一步研究了不同施工阶段与成桥阶段抗风安全性、主梁与索塔涡振、斜拉索风雨激振及振动参数、斜拉索减振阻尼器效果和减振方案、减小施工期风振的措施和效果等内容,研究的主要结论包括:施工阶段与成桥阶段抗风安全性均满足要求,涡振发生概率较小;斜拉索采用表面凹坑和设置螺旋线的气动措施可解决风雨振影响,同时在主梁索端设置阻尼器并预留辅助索;建议施工期设置调谐质量阻尼器(TMD)等措施。

4.主梁架设方案

进一步研究了悬臂吊机架设、边跨支架拼装、不同节段长度大型浮式起重机架设等5种架设方案,推荐采用悬臂吊机与边跨50米节段大型浮式起重机架设结合方案。

5.基础防撞

进一步研究了VTS主动防护系统 + 缓冲消能防撞设施、VTS主动防护系统 + 利用套箱自身防撞设施,推荐采用VTS主动防护系统 + 利用套箱自身防撞设施。

(二)技术设计批复

2004年2月11—13日,受交通部委托,江苏省交通厅在南京主持召开苏通大桥技术设计审查会,技术设计通过专家组审查。

2004年5月10日,江苏省交通厅以苏交计〔2004〕62号《关于苏通长江公路大桥技术设计的批复》批复了项目技术设计文件。

四、施工图设计

（一）主桥设计

1. 桥型方案

采用主跨 1088 米的双塔双索面斜拉桥,边跨设置 3 个桥墩,跨径布置为 100 米 + 100 米 + 300 米 + 1088 米 + 300 米 + 100 米 + 100 米 = 2088 米。

2. 结构体系

索塔与主梁之间仅设置横向抗风支座和纵向具有限位功能的黏滞阻尼器,不设竖向支座。主梁与过渡墩及辅助墩之间设置纵向滑动支座,并限制横向相对位移。

3. 主梁

采用封闭式流线型扁平钢箱梁;外腹板、索塔区段顶底板和锚箱构件所需厚度较大的钢板采用 Q370q 钢材,其他构件采用 Q345q 钢材。

斜拉索在主梁上的锚固采用锚箱式,锚箱安装在主梁腹板外侧。

4. 斜拉索

采用 1770 兆帕平行钢丝斜拉索,最大规格为 PES7-313,单根最大质量为 59 吨。

斜拉索设计寿命为 50 年,并考虑可更换性。

斜拉索减振措施的目标为拉索的最大侧向振幅控制在其长度的 1/1700 以内,采用阻尼器、气动措施并用的减振方案,并在斜拉索和主梁预留安装辅助索用构件,将来视实际情况决定是否安装。

5. 索塔

索塔采用倒 Y 形,并在主梁下方设置下横梁 1 道。索塔总高 300.40 米。

塔柱采用空心箱形断面,上塔柱为对称单箱单室,中、下塔柱为不对称单箱单室断面。

斜拉索在索塔上的锚固:第 1~3 对直接锚固在上塔柱的混凝土底座上,其他采用钢锚箱锚固。钢锚箱包裹在上塔柱混凝土中。钢锚箱采用节段制作,节段间采用高强螺栓连接;钢锚箱与索塔之间侧向接触面采用剪力钉连接,最下端直接支撑于混凝土底座上。

6. 墩身

辅助墩与过渡墩均采用普通钢筋混凝土分离式矩形薄壁空心墩,墩高约 60 米。

7. 基础

索塔基础采用 131 根(另设 4 个备用桩位)280 厘米/250 厘米直径钻孔灌注桩基础,梅花形布置,桩长 117 米左右。承台为哑铃形,每个塔柱下承台平面尺寸为 5135 厘米 × 4810 厘米,厚度由边缘的500厘米变化到最厚处的1332.4厘米;两承台之间采用1105厘米×2810厘米系梁连接,厚度为600厘米。

近塔辅助墩基础采用36根280厘米/250厘米直径钻孔灌注桩基础,行列式布置,桩长100米左右。

远塔辅助墩和过渡墩基础均采用19根280厘米/250厘米直径钻孔灌注桩基础。

所有钻孔灌注桩均按摩擦桩设计,并考虑钢护筒与桩基础共同受力。

为提高桩基承载力,钻孔灌注桩均采用了后压浆技术。

8. 防船撞

根据有关专题研究成果,主桥基础整体防撞能力满足设防标准要求,不设置以消能为目的的防撞消能设施。

为保证高水位时塔柱和墩身能够承受船舶局部撞击力,根据结构自身特点,对可能受到撞击区域进行了必要的局部加强。

为保证在低水位条件下钻孔桩不被船舶直接撞击,采取了局部加厚封底混凝土并用钢桁架加强其整体性、利用承台施工用钢套箱中浇筑一定高度的仓壁混凝土等措施。

考虑到苏通大桥桥位处的航道特点,应在桥位区域设置主动防撞系统,进一步降低大桥受船舶撞击风险,确保大桥和航行安全。

(二)辅桥设计

1. 桥型方案

跨径布置为140米+268米+140米=548米,上部结构上、下行分幅布置,主墩顶部两幅桥箱梁用横隔梁连接;两主墩与主梁固结,两过渡墩顶设置纵向滑动支座。

2. 主要结构设计

(1)主梁

采用单箱单室直腹板混凝土结构,根部梁高1500厘米,跨中梁高450厘米,梁高采用1.6次抛物线变化。

在主梁顶底板纵向、顶板横向、腹板竖向布置了预应力索。顶板纵向预应力束采用在顶板锚固和下弯到腹板下部锚固相结合的方法布置。考虑收缩徐变影响,中跨底板留有部分合龙束,在中跨合龙1年后或正式竣工验收前的适当时间进行张拉。设置了一定数量的体外预应力钢束作为备用钢束。

(2)墩身

主墩墩身采用空心双薄壁混凝土墩,双薄壁墩柱中心线纵桥向间距为950厘米,高度约3500厘米。

（3）基础

主墩为整体式基础,采用 42 根 280 厘米/250 厘米直径钻孔灌注桩基础,梅花形布置;北主墩桩长为 104.3 米,南主墩桩长为 115.3 米。承台平面尺寸 4960 厘米×3320 厘米,厚度为 700 厘米。

过渡墩为分离式基础,采用 9 根(一幅桥)180 厘米直径钻孔灌注桩基础,行列式布置。桩长 110 米。

所有钻孔灌注桩均按摩擦桩设计,主墩钻孔桩基础进行桩底注浆。

（4）防撞措施

防撞措施考虑同主桥。

（三）引桥设计

1.30 米跨径连续梁桥

采用 12 孔一联预应力混凝土等截面连续箱梁,上、下行分幅布置,单箱单室斜腹板断面。箱梁为双向预应力混凝土结构,除布置纵向预应力束外,在桥面板内设置了横向预应力束。

下部结构上、下行分幅布置,采用矩形薄壁墩身,并设置装饰性凹槽;基础采用分离式,单幅桥设置 4 根 120 厘米直径钻孔灌注桩,按摩擦桩设计;采用埋置式桥台,单幅桥设置 3 根 150 厘米直径钻孔灌注桩,按摩擦桩设计。

2.50 米跨径连续梁桥

北引桥和南引桥 50 米跨径预应力混凝土等截面连续箱梁各有 33 孔,分成 3 联,每联 11 孔,上、下行分幅布置,单箱单室斜腹板断面。

箱梁为双向预应力混凝土结构,除布置纵向预应力束外,在桥面板内设置了横向预应力束。采用滑模逐跨现浇法施工。

下部结构上、下行分幅布置。采用矩形薄壁墩身,横桥向宽为 650 厘米,纵桥向厚根据墩受力不同分别为 250 厘米、290 厘米、320 厘米、340 厘米。基础单幅桥设置 5 根或 6 根 150 厘米直径钻孔灌注桩基础,按摩擦桩设计,桩长约 70 米。

3.75 米跨径连续梁桥

北引桥 75 米跨共分 2 联,跨径布置分别为 50 米 +9×75 米和 10×75 米,辅桥 75 米连续梁桥共 1 联,跨径布置为 5×75 米,为预应力混凝土等截面连续箱梁,采用上、下行分幅布置,单箱单室斜腹板断面。

箱梁为双向预应力混凝土结构,除布置纵向预应力束外,在桥面板内设置了横向预应力束。纵向预应力采用体内体外相结合的方式布置。上部结构采用节段预制、架桥机悬拼工法进行施工,箱梁为预制结构,采用密齿形剪力键,环氧树脂接缝,转向块采用横梁式。

下部结构上、下行分幅布置。采用矩形薄壁墩身，横桥向宽为 650 厘米，纵桥向厚根据墩受力不同分别为 420 厘米、450 厘米。基础单幅桥设置 8 根或 9 根 180 厘米直径钻孔灌注桩基础，按摩擦桩设计，桩长约 90 米。

五、主要科研专题内容

初步设计、技术设计和施工图设计阶段相继开展了相关科研工作，研究进程紧密结合各设计阶段的主要任务，分阶段提供研究成果，有力地支撑了各阶段设计工作。与设计有关的主要科研项目见表 16-3。

与设计有关的主要科研项目一览表　　　　　　表 16-3

序号	分　类	项 目 名 称	主 要 工 作 内 容
1	结构抗风稳定性分析及试验研究	结构抗风性能分析与试验研究	1. 主桥成桥和施工状态的抗风稳定性和抗风安全措施研究；各种气动参数的识别，涡振和风荷载研究。 2. 专用航道桥最大悬臂状态的抗风安全。 3. 进行风洞试验
2		主桥主梁断面高雷诺数下三分力及涡激共振风洞试验研究	1. 进行主梁断面大比例、高雷诺数下风洞试验，研究涡激共振问题。 2. 测量高雷诺数下主梁断面三分力系数，提供准确可靠的风荷载系数
3		主桥斜拉索风/雨激振、测力和阻尼器实索减振优化试验研究	1. 无气动措施斜拉索风/雨激振的机理研究。 2. 表面凹坑和螺旋线气动措施减振效果的比较。 3. 对各种直径斜拉索的螺旋线气动措施设计参数优化。 4. 斜拉索顺桥向风荷载计算方法研究
4		主桥超长斜拉索的振动和减振研究	1. 研究斜拉索的振动机理。 2. 提出减振措施
5	结构抗震性能研究	设计地震动参数研究	各种地震重现期下地震动参数的分析研究
6		结构抗震性能分析研究	研究结构抗震性能，提出结构地震反应和抗震对策，进行抗震安全性评价
7	塔、梁关键构造模型试验研究	主桥索梁锚固区静载和疲劳试验研究	1. 静载试验：研究锚固区在静力荷载作用下受力状况、承载能力及安全储备。 2. 疲劳试验：研究锚固区在疲劳荷载作用下受力状况、承载能力及安全储备
8		索塔锚固区受力机理分析研究	1. 研究钢锚箱结构的受力特点，通过数值模拟分析计算研究结构受力状况和安全度。 2. 通过构件试验，研究剪力钉的受力变形性能和机理
9		主桥索塔锚固区足尺模型试验研究	1. 研究锚固区受力状况、承载能力及安全储备。 2. 研究有关施工工艺等
10		主桥扁平钢箱梁局部模型试验	1. 研究钢箱梁 U 肋加劲桥面板的极限承载力。 2. 研究钢箱梁外腹板的极限承载力。 3. 研究钢箱梁横隔板的极限承载力

序号	分 类	项 目 名 称	主 要 工 作 内 容
11	主桥结构受力特性分析研究	主桥静力稳定性分析研究	结构静力稳定性分析与评价
12		主桥非线性影响分析研究	结构非线性影响分析研究
13		主桥钢箱梁合理结构及受力特性研究	研究主梁及钢桥面板结构受力特性,提出构造优化建议
14	辅桥连续刚构桥设计计算分析及试验研究	辅桥连续刚构桥箱梁截面抗剪设计方法和空间受力特性研究	1.抗剪配筋设计方法研究。 2.箱梁结构应力分布研究、箱梁零号块和预应力锚固区局部空间应力分析
15		辅桥连续刚构桥混凝土收缩徐变规律参数试验研究	1.研究混凝土收缩徐变参数和收缩徐变规律。 2.研究收缩徐变计算方法
16	引桥设计方法的研究	引桥体外预应力技术应用研究	1.研究体外预应力设计方法。 2.研究体外索预应力体系应用、构造设计等
17	基础防撞	基础防撞研究	1.基础防撞方案比选。 2.浮式缓冲消能防撞设施设计。 3.船舶撞击效应分析
18	基础与土体共同作用受力特性的研究	主桥索塔群桩基础与土体共同作用数值模拟分析研究	通过数值模拟分析,研究基础与土体共同作用的受力特性
19		主桥索塔群桩基础与土体共同作用离心模型试验研究	通过离心模型试验,研究基础与土体共同作用的受力特性

六、设计咨询

苏通大桥工程建设过程中引入了设计全过程咨询理念,通过招标等方式邀请了丹麦COWI公司、中铁大桥局设计院、日本长大公司等国内外有实力的设计咨询单位担任设计咨询工作,承担了初步设计、技术设计、施工图设计全过程、全方位的设计咨询工作。

第四节 工 程 建 设

苏通大桥建设项目包括北岸接线工程、跨江大桥工程和南岸接线工程,自2003年6月主桥基础开工建设,经过4年多的施工建设,完成了主桥的基础、索塔、主梁、超长斜拉索、桥面铺装等关键节点工程,克服了主塔基础河床永久防护、大规模群桩基础、超常规承台吊箱施工封底、超高索塔施工4项世界级技术难题。

一、重要节点

2003年6月,苏通大桥主桥基础正式开工。

2003年11月,苏通大桥建设技术顾问和技术专家组第一次会议。

2004年1月,钻孔桩开始施工。

2004 年 7 月,苏通大桥 B2、D1 合同段施工水域通航安全方案通过了由南通海事局组织的专家组评审,苏通大桥水上部分全线开工。

2004 年 12 月,苏通大桥主墩钢吊箱沉放到位并完成封底混凝土浇筑。

2005 年 5 月,苏通大桥主塔墩承台顺利完成全部浇筑任务。

2005 年 7 月,1786 根钻孔灌注桩暨全桥最后 1 根桩灌注完成。

2005 年 10 月 17 日,全国交通科技工作会议上宣布苏通大桥"超千米跨径斜拉桥建设关键技术"被交通部列为"十一五"重大科技攻关项目。

2005 年 12 月 16 日,主塔横梁浇筑全部完成,主体工程量过半。

2006 年 7 月,上部结构开始架设,大节段钢箱梁成功吊装到位。

2006 年 10 月,完成了 300 米世界最高钢筋混凝土桥塔的施工。

2007 年 5 月,跨径列当时中国第二位的 268 米连续钢构辅桥顺利合龙,南、北引桥相继贯通。

2007 年 6 月 18 日,当时世界第一大跨径斜拉桥实现中跨合龙。

2008 年 4 月,苏通大桥试通车。同年 6 月,苏通大桥正式通车。

2010 年 10 月,苏通大桥通过国家竣工验收。

二、工程建设难点

1. 主塔墩冲刷防护

由于冲刷机理复杂、防护工程结构设计及施工难度大、监测和验收困难等原因,在长江河口段深水区对主塔基础实施冲刷防护成为工程建设的主要难点之一。通过实施"袋装砂铺底、碎石反滤、块石罩面"的永久冲刷防护工程,采用多波速跟踪和水下地形快速成图技术指导防护施工,经定期监测,防护结构稳定,达到了预期效果。

2. 超大群桩基础施工

主塔基础施工水域 35 米水深、4 米/秒流速、28 米局部冲刷深度,常规钢管桩平台难以搭设。通过采用起始平台 + 钢护筒平台搭设技术和高性能优质膨润土泥浆集中制浆和循环净化技术,成功保证大桥全部 1786 根钻孔灌注桩在松软地质条件下的成桩质量,减少了泥皮和沉渣厚度,所有桩基全部为 I 类桩。

3. 超常规大体积承台施工

主塔基础承台钢吊箱为平面面积 5500 平方米、质量 5880 吨的哑铃形超大结构,沉放施工难度极大。通过采用计算机控制、液压千斤顶同步下放技术,成功实施了复杂工况条件下 40 台 250 吨和 350 吨千斤顶联动,下放位移同步性控制在 10 毫米以内。

4. 超高索塔施工

针对 300 米高塔风环境和混凝土技术要求高等特点,开展索塔施工技术研究,建立了基于全过程温度和风环境监测与修正的混凝土索塔形态测控技术,取得了索塔形态控制的良好精度。

三、省部联合指导大桥建设

2003 年 9 月,为确保苏通大桥建设质量、进度和安全,江苏省人民政府与交通部协商由省、部共同聘请以国际桥梁界知名专家、中国科学院院士、中国工程院院士为主的大桥技术顾问,组建苏通大桥技术专家组。

2003 年 11 月 18—20 日,苏通大桥建设技术顾问和技术专家组第一次会议在常熟召开,技术顾问和技术专家组对总体实施计划、主墩基础施工方案、主桥结构体系、索塔锚固区结构方案、主塔基础永久冲刷防护、基础防撞、钢箱梁架设等关键技术问题进行研讨,并给予明确的建议和意见。

其后,苏通大桥建设技术顾问和技术专家组先后于 2004 年 9 月、2005 年 4 月、2006 年 4 月、2007 年 3 月、2008 年 10 月工程建设重要节点召开了 5 次会议,就重要结构构造、关键施工技术和工艺、施工控制技术、钢桥面铺装、荷载试验、运营养护等重大技术问题为大桥建设提供了宝贵的咨询意见和建议。

四、建设管理

1. 管理机构

苏通大桥采取"省部协调领导、专家技术支持、公司筹措资金、指挥部建设管理"的政府主导和市场机制相结合的建设组织模式。

省部建设协调领导小组全面协调领导工程建设;江苏省苏通大桥建设指挥部对工程建设实施全面管理,下设 6 个处室:总工室、综合处、工程处、计划处、安全处、财务处。建设期全面实行监理制度,建立了苏通大桥建设的会议制度和协调机制。

2. 安全管理

针对苏通大桥施工特点及众多安全风险因素,坚持"安全第一,预防为主,综合治理"的指导思想,建立了由安全运行组织体系、生产责任体系、管理制度体系、防范控制体系、教育培训体系和安全应急体系组成的安全管理系统,创新了施工现场危险源点"监控法",形成了定性与定量相结合的施工现场安全评价方法,促进了安全管理的系统化、精细化和科学化。

3. 质量管理

在工程管理中,牢固树立全寿命周期质量的理念,坚持以系统性管理为指导,以方案、工艺为先导,以质量责任制为抓手,以质量检查体系为手段,以质量计划为工具,以质量文化建设为基础,强化全过程的质量控制。

通过质量管理,使所有分项工程实现合格率 100% ,优良率 100% 。跨江大桥 1786 根钻孔灌注桩全部一次检验为Ⅰ类桩。实测塔身轴线最大偏差 9 毫米、高程偏差 9 毫米,塔身倾斜度 1/42000;中跨合龙匹配误差仅 1 毫米,跨江大桥各项质量技术指标均优于设计和规范要求。

4. 进度管理

加强计划编制的科学性,充分考虑基础度汛、大悬臂防台风等工程风险的规避,确立关键节点进度目标,制订可行的总体实施计划,并分解形成年度、季度、月度施工计划以及三个月滚动计划。

5. 环境保护管理

树立绿色施工的理念,争创环境友好型工程。对可能造成环境污染的主要施工作业,采取了大量切实有效的环保措施,达到了预期目标。全桥 1786 根钻孔桩大部分桩基钻渣被作为建筑填料得到有效利用;对水上工点的垃圾、废油料进行集中收集、岸上处理;桩基钻孔护壁泥浆采用无毒无害的高性能优质膨润土泥浆,循环利用率达 60% 以上。

五、主要参建单位

江苏省苏通大桥建设指挥部履行建设期项目法人和总监办公室的职责,负责跨江大桥建设管理和接线监管。苏州市高速公路建设指挥部、南通市苏通大桥建设指挥部分别负责征地拆迁、地方关系协调以及南、北接线工程和张江互通项目的建设管理,履行接线工程业主代表和总监办公室的职责。江苏省交通厅工程质量监督站负责项目的质量监督。参建单位详见表 16-4 ~ 表 16-6。

跨江大桥主要参建单位 表 16-4

内　容	参　建　单　位	
设计单位	主体结构工程	中交公路规划设计院／江苏省交通规划设计院／同济大学建筑设计研究院联合体
	钢桥面铺装	东南大学建筑设计研究院
施工单位	引桥 B1、B2 标	中交第二航务工程局有限公司
	主桥基础 C1 标	中铁山桥、江苏金泰联合体
	主桥桥塔和上部结构安装 C3 标	上海宝钢集团公司
	钢箱梁制造 C5 标、钢锚箱制造	江苏法尔胜新日制铁缆索有限公司
	斜拉索钢丝 C6-1 标	中铁大桥局集团有限公司
	斜拉索制造 C6-2 标	
	辅桥 D1 标	
	主桥基础 C2 标	中交第二公路工程局有限公司
	引桥 D2 标	
	C3 标南塔	
	钢桥面铺装 C10 标	山东省路桥集团有限公司

内　容	参　建　单　位	
监理单位	主桥基础 C2 标	武汉大通公路桥梁咨询监理公司
	主桥桥塔和上部结构安装 C3 标	
	钢箱梁制造 C5 标	
	斜拉索钢丝 C6-1 标	
	斜拉索制造 C6-2 标	
	辅桥 D1 标	
	引桥 D2 标	
	C7、C9、C11 标	
	引桥 B1、B2 标	江苏省交通工程监理咨询有限公司
	主桥基础 C1 标	中铁武汉大桥工程建设咨询监理有限公司
	钢桥面铺装 C10 标	江苏东南交通工程咨询监理公司和东南大学联合体
中心试验室	江苏省交通科学研究院	
测量中心	河海大学土木工程学院	
境外咨询公司	丹麦 COWI 公司(技术与管理总体咨询)、日本新日铁公司(主桥施工方案咨询)、香港茂盛咨询公司(施工控制合作)、新加坡 YWL 公司(引桥短线预制悬拼施工控制)	
境内咨询单位	中铁大桥局设计院(跨江大桥结构设计复核)、西南交通大学(主桥施工控制)	

北接线主要参建单位　　　　　　　　　　　　　　表 16-5

合　同　段	工程内容	设计单位	施工单位	监理单位	设计咨询
A1	路基、桥涵	中交公路规划设计院、中国公路工程咨询监理总公司	中国路桥集团第一公路工程局第三工程公司	南京工苑建设监理咨询有限公司	—
A2			江苏省交通工程有限公司		
A3 + A5	路面		中国路桥集团国际建设股份有限公司		
B3 + A4 + A6			中国路桥集团第二公路局第三工程有限公司		

南接线主要参建单位　　　　　　　　　　　　　　表 16-6

合　同　段	工程内容	设计单位	施工单位	监理单位	设计咨询
F1	路基、桥涵	中交公路规划设计院	江苏恒基路桥总公司	南通市交通建设咨询监理公司	—
F2			苏州交通工程集团有限公司		
D3	路面		江苏恒基路桥总公司		
F3					

第五节　运营管理

苏通大桥运营管理采用以江苏交通控股有限公司为主导,苏通大桥有限责任公司为主体,各个执法监管单位为保障的运营管理模式。其中,苏通大桥有限责任公司作为苏通大桥的业主单位,依据相关管理制度负责对苏通大桥进行全面运营管理。

一、经营管理

1. 管理模式

以"资源共享、人员互动、各负其责、协同配合"为基础,构建"融合式、一体化"安全保畅责任共同体,全面开展"一路三方"联动机制。通过联合工作机制的正常运行,共同创造安全畅通的大桥通行环境。

2. 大桥运行特点

大桥通车以来,交通量稳步增长,日均通行量由 2008 年通车时的约 2 万辆/日,增长至 2019 年的约 10 万辆/日。逐渐达到饱和状态,增长趋势明显放缓。

2014—2019 年日均实际交通量情况如表 16-7 所示,2019 年苏通大桥日均车流量为 10.33 万辆。

苏通大桥交通量(单位:辆/日) 表 16-7

项 目	2014 年	2015 年	2016 年	2017 年	2018 年	2019 年
全线平均	69563	75411	86092	96868	101349	103268
比上年增长	—	8.4%	14.2%	12.5%	4.6%	1.9%

大桥货车流量占总流量的 60%,客车流量占总流量的 40%,货、客车流量比为 1.5:1。

二、养护管理

苏通大桥的养护主要包括:常规养护、定期综合检测、特殊检查、科研工作、应急预案、日常养护和专项工程等。

养护管理实行二级管理模式;苏通大桥有限责任公司总部设置工程技术部,负责养护管理工作;下设养护中心执行机构负责具体养护工作。

养护管理工作坚持"提升管理水平,推进科学养护,强化应急保障,确保优质服务"的目标,完善养护管理制度和规范体系,实现检查、维护工作制度化、规范化、标准化。

养护管理按照"保畅、保通、保安全"的管理目标,全力做好全线日常养护工作,确保全线结构安全及路容路貌良好。以巡查、检查、检测、监测为手段,开展桥梁定检、线形监测、河床河势检测、钢箱梁、斜拉索等各类专项检查、检测工作。

养护管理以科技创新为引领,以解决问题为导向,积极探索研究重要养护技术,开展大桥重点构件管理研究,建立"构件全覆盖、分解到岗位、管理全过程、生命全周期、绩效相挂钩"的管理责任机制,编制重点构件管理手册。

第六节 工 程 创 新

苏通大桥建立业主组织、企业为主体的"产学研"集成创新体系,攻克了工程实施和管理中的多项关键技术难题,为工程建设顺利推进提供了技术保障。

一、设计创新

1. 首创特大跨径斜拉桥限位 + 阻尼组合的结构体系

针对传统结构体系在跨径突破千米之后存在静、动力作用效应无法协调而难以满足结构受力需要的难题,首创了一种静力限位与动力阻尼组合的新型桥梁结构体系及关键装置,解决了千米级斜拉桥的结构体系技术难题。

2. 首创内置式钢锚箱组合结构斜拉索锚固体系

针对当时世界上最高的 300 米索塔的结构特点,在国内首创了内置式钢锚箱组合索塔锚固结构并发展了其设计方法,能充分发挥钢材抗拉性能好、混凝土抗压能力强的材料性能优势。

3. 提出特大型异形承台群桩基础 + 钢混变截面组合桩结构及其设计方法

针对地基弱、荷载大、群桩效应突出的技术难题,充分考虑桩—土相互作用和超长桩受力特性,提出了异形变截面哑铃形承台群桩布置和钢混组合变截面桩结构设计方案及其设计方法,解决了超大型桥梁群桩基础难题。

4. 首次提出了"恒载零弯矩"和应力"双控"设计理论和方法

针对国内外大跨径预应力混凝土连续刚构桥存在的开裂和跨中下挠等通病,首次提出了"恒载零弯矩"和应力"双控"设计理念,改进了预应力合理张拉时间与程序等,较好地解决了该类桥型的质量通病,发展了大跨径预应力混凝土连续刚构桥抗裂和变形控制设计技术。

二、施工技术创新

1. 超大基础工程实施工艺首创技术

首次采用永久钢护筒支承钻孔施工平台技术,保证了超大群桩基础平台的顺利搭设和使用安全,大大减少了临时结构用钢量;首次实现计算机控制多台液压千斤顶同步下放技术,实现超大钢吊箱下放位移同步性控制精度在 10 毫米以内。

2. 斜拉索制造技术

采用标准长度钢丝进行超长斜拉索长度精度控制,对每根斜拉索均进行长度和弹性模量测量,为施工控制提供依据;采用多种工艺,提高斜拉桥使用寿命到 50 年。

3.斜拉桥几何控制技术

研究形成了适用性强、控制精度高、操作简便的多构件、计划制造安装全过程几何控制技术和标准,使千米级斜拉桥的施工控制主要通过工厂预制构件进行控制,施工控制变得简洁,受环境影响小,误差大大降低,实现了高塔倾斜度从 1/3000 提高到 1/42000、主梁高程误差小于跨径的 1/4000、桥轴线误差小于跨径的 1/45000,解决了千米级斜拉桥施工控制技术难题。

三、材料和设备创新

1.高强钢丝

自主研发了 1770 兆帕斜拉索用高强钢丝。该钢丝特点为超高强度、低松弛、良好扭转性能,填补了国内空白。

2.超长斜拉索制作和架设成套专用设备

苏通大桥斜拉索长、重量大、精度要求高、制作和架设难度大,常规设备难以满足工程建设要求。针对这一难题,研发了长索制作专用设备,采用该设备能使斜拉索制作长度达到 800 米。

为解决超长斜拉索架设难题,研发了轻型吊具设备,不仅解决了 59 吨长索架设难题,而且实现了吊装过程的信息化控制。

3.多功能双桥面吊机

根据超大跨径斜拉桥受力特点和施工要求,研发了多功能双桥面吊机系统。采用该系统能有效解决宽重钢箱梁节段匹配变形差较大的难题。同时,该桥面吊机具备长索牵引角度调整功能,可有效降低悬臂前端施工荷载,提高设备利用率,降低施工风险。

4.轻型组合式三向调位系统

通过普通液压千斤顶实现调位系统的任意组合,解决了在支架狭小空间条件下调位系统搬运难题;采用调位同步性控制措施,满足几何控制调位精度要求,为大型构件调位匹配提供一种经济、高效的系统解决方案。

四、管理创新

1.创新管理模式

针对苏通大桥规模宏大、技术复杂、施工困难的特点,采取了"省部协调领导提供组织保证、专家技术支持提供智力资源、公司筹资提供资金保障、有效整合江苏交通全行业的建设管理资源组建指挥部实施建设管理"的政府主导和市场机制相结合的建设组织模式。保证了政府对国家重点大型复杂交通工程的领导和支撑,也使工程建设具有更强的社会资源整合、关键技术攻关、减少负面干扰和保证工程推进的实施能力。

2. 技术创新体系建设

建立了以企业为主体的技术创新体系。包括：以交通部和江苏省政府决策机构为主的引导系统；以江苏省苏通大桥建设指挥部为主的监督和管理系统；以两院院士和国内外高层次桥梁专家为主的咨询和指导系统；以相关大专院校、科研院所和国内外专业咨询机构为主的研究支持系统；以设计、施工等龙头企业为主的技术研发和应用系统。

3. 安全管理创新

针对苏通大桥工程安全风险因素，在安全控制理念的指导下，构建了全面安全管理体系，包括制度保障体系、预控防范体系、检查考核体系、事故应急预案体系、培训教育体系，各体系相互支撑，共同构成苏通大桥工程安全控制体系。

第七节　工　程　价　值

苏通大桥作为世界桥梁建设史上第一座跨径超千米的斜拉桥，提升了中国桥梁技术在世界工程领域的地位，曾被美国国家地理频道誉为"无与伦比的伟大工程之一"。

苏通大桥建设条件复杂、技术要求高、设计和施工难度大，建设过程中取得了丰硕的技术创新成果。

苏通大桥实现了斜拉桥千米跨越，有力推进了桥梁技术进步，提高了我国长大桥梁建设的国际竞争力，揭开了世界斜拉桥发展历史的新篇章。苏通大桥建设过程中，通过100多项专题研究和近30项国家科技支撑计划项目、交通部重大攻关专项和省级科研计划项目的实施，形成了千米级斜拉桥、大跨度预应力混凝土连续刚构与多跨长联预应力混凝土连续梁桥建设成套技术。项目先后荣获国家科学技术进步奖一等奖、中国土木工程詹天佑奖、中国建设工程鲁班奖、国庆60周年"十佳感动中国工程设计"大奖、全国优秀工程勘察设计奖金奖、国际咨询工程师联合会（FIDIC）"百年杰出项目奖"、国际桥梁大会（IBC）"乔治·理查德森奖"、美国土木工程协会"土木工程杰出成就奖"等多项国内外重大荣誉。

苏通大桥位于江阴以下至长江入海口约190千米的河段范围，其建设有利于长江下游公路过江通道均衡布局。苏通大桥北岸连接盐城至南通高速公路、南京至南通高速公路、南通至启动高速公路，南岸连接苏州至嘉兴至杭州高速公路、沿江高速公路，大桥的建设满足了两岸快速增长的过江交通需求。

苏通大桥是沟通长江两岸经济交流的关键枢纽，大桥的建成对于解除长江东部南北区域融合的交通瓶颈，推动长三角综合交通一体化发展进程和区域经济平衡发展，促进江苏沿海及苏北地区与上海的无缝对接，支撑项目服务区域的经济社会可持续发展，具有显著的社会和经济效益。

执笔人：徐进　袁洪　夏鹏飞

第十七章　杭州湾跨海大桥

第一节　工程概况

杭州湾跨海大桥(图 17-1)是国家高速公路沈(阳)海(口)高速公路(G15)的重要组成部分,位于杭州湾海域,连接浙江省嘉兴市和宁波市。

图 17-1　杭州湾跨海大桥实景照片

杭州湾跨海大桥北起嘉兴市海盐县郑家埭,跨越杭州湾海域,南至宁波市慈溪水路湾;线路全长 36 千米,桥梁总长 35.673 千米,大桥按双向六车道高速公路设计,设计速度 100 千米/小时,设计使用寿命 100 年。

杭州湾跨海大桥由北航道桥、南航道桥、引桥及海中平台组成。北航道桥采用主跨为 448 米钢箱梁斜拉桥。南航道桥采用主跨为 160 米的钢箱梁斜拉桥。引桥为预应力混凝土连续梁桥。海中平台由观光平台和观光塔两部分组成。

2003 年 6 月 8 日,举行奠基仪式,杭州湾跨海大桥进入建设阶段。2003 年 11 月 14 日,杭州湾跨海大桥开工建设。2007 年 6 月 26 日,完成合龙。2008 年 5 月 1 日,建成通车。2011 年 7 月 17 日,大桥通过国家竣工验收。

项目竣工决算总投资 134.54 亿元,其中建安工程为 110.29 亿元,设备投资 1.39 亿元,工程建设其他费用待摊投资 22.86 亿元。

2001 年 4 月,杭州湾跨海大桥工程指挥部(以下简称"指挥部")成立,具体负责杭州湾跨海大桥前期工作、工程建设及竣工验收。2001年10月,宁波市和嘉兴市共同出资成立杭州湾大桥发展有限公司,作为杭州湾跨海大桥工程的项目法人,负责大桥建设资金筹措、运营、收费还贷全过程。2008年,成立杭州湾跨海大桥管理局,负责协调大桥相关行政管理部门对大桥实行统一管理,对大桥业主的运营、养护、安全和服务等管理工作进行监督指导。

杭州湾跨海大桥对完善我国综合运输大通道、促进长江三角洲地区经济社会一体化发展具有十分重大的意义。杭州跨海大桥贯通荣登《中华人民共和国大事记》;大桥荣获国家科学技术进步奖二等奖、国际咨询工程师联合会(FIDIC)"工程项目优秀奖"、中国建设工程鲁班奖(国家优质工程)、中国土木工程詹天佑奖、全国优秀工程勘察设计奖银奖等多项荣誉。

第二节　规划与决策

一、项目提出

党的十一届三中全会后,为加快改革开放和外向型经济的发展,1979年6月,国务院批准宁波市区、宁波港对外开放;1984年5月,国务院批准宁波等14个沿海城市进一步对外开放。但杭州湾天堑阻隔了宁波与上海的直接联系,如何缩短宁波与上海间的时空距离,是萦绕在宁波人心中的一个问题❶。1985年1月23日,邓小平同志在同国务院有关领导谈话时指出发展"金三角"(指长江三角洲),如果把上海、宁波连起来,就可以解决上海的许多问题。1992年6月,国务院召开座谈会。会后,国家计划委员会出台了《九十年代长江三角洲及沿江地区经济发展总体思路》,提出修建一条"上海—宁波—福州—汕头—深圳沿海干线公路"的公路通道。1998年10月29日,宁波市杭州湾交通通道工程筹建处成立,拉开了筹建杭州湾跨海大桥的序幕。

二、规划依据

1992年,国务院审议通过《"五纵七横"国道主干线系统规划》,这是我国以高速公路为主的主骨架公路网规划,杭州湾跨海大桥是国家"五纵七横"国道主干线中的同江至三亚主干线的重要组成部分。

2004年,国务院审议通过《国家高速公路网规划》,规划了7条首都放射线、9条南北纵向线和18条东西横向线(简称"7918"网)。

2013年,国务院审议通过《国家公路网规划(2013年—2030年)》,其中,国家高速公路网由"7条首都放射线、11条北南纵线、18条东西横线"组成,杭州湾跨海大桥是沈(阳)——海

---

❶　中国共产党新闻网-邓小平纪念馆,《春风化雨入三江—重温邓小平关于宁波发展的重要指示》。

(口)高速公路(G15)的重要组成部分。

三、项目立项

1994年,宁波市政府委托林同炎李国豪土建工程咨询有限公司开展杭州湾交通通道规划研究。

1999年3月,宁波市杭州湾交通通道工程筹建处委托中交公路规划设计院开展杭州湾交通通道的预可行性研究。

2000年3月,中交公路规划设计院完成了《杭州湾交通通道预可行性研究报告》,对乍浦、独山、王盘山3个杭州湾通道桥位方案进行比选,推荐采用乍浦通道桥位方案。

2000年6月,浙江省政府第37次常务会议做出建设杭州湾跨海通道决定。

2000年8月,浙江省发展计划委员会向国家发展计划委员会上报杭州湾交通通道工程项目建议书。

2001年1月,交通部组织专家对预可行性研究报告进行评审,出具了行业审查意见,要求在预可行性研究阶段对隧道方案进行比选研究。

2001年6月,中国国际工程咨询公司(现中国国际工程咨询有限公司,以下简称"中咨公司")对杭州湾交通通道项目建议书进行评估,原则同意采用乍浦线位。

2002年4月,国务院第128次总理办公会议同意杭州湾跨海大桥立项。

2002年5月,国家发展计划委员会批复杭州湾跨海大桥项目建议书,主要内容如下:为使长江三角洲东部地区和浙江省公路网布局更加合理,杭州湾区域内陆上交通由"V"字形迂回交通变成为"A"字形直达式交通,充分发挥同江至三亚国道主干线整体功能,建设杭州湾跨海大桥工程是必要的;暂定为乍浦方案,起自杭州湾北岸乍浦,接在建的乍嘉苏高速公路和东西大道,跨越杭州湾,止于慈溪庵东七塘公路;拟采用桥梁方案,全长约40千米,其中跨海部分长约32千米,引线长约8千米;项目估算总投资77.19亿元。

四、项目可行性研究

2002年6月,中交公路规划设计院编制完成了《杭州湾跨海大桥工程可行性研究报告》,重点从建设条件、建设规模、技术标准、主要工程数量、投资估算等方面对线位方案一(乍浦方案)和线位方案三(王盘山方案)进行了同深度比较,并推荐乍浦桥位;推荐北航道桥型为双塔钢箱梁斜拉桥、南航道桥型为独塔钢箱梁斜拉桥、非通航孔桥为连续钢构桥。

2002年7月,浙江省发展计划委员会向国家发展计划委员会上报杭州湾跨海大桥工程可行性研究报告。

2002年8月,交通部在宁波对工程可行性研究报告进行评审,并出具了行业审查意见。

2002年8月,中咨公司对杭州湾跨海大桥工程可行性研究报告进行评估,同意大桥桥位采用乍浦方案,采用双向六车道高速公路标准。

2003年2月,国务院第151次总理办公会议讨论通过可行性研究报告。

2003年3月,国家发展计划委员会批复工程可行性研究报告,主要内容如下:杭州湾跨海大桥工程起自杭州湾北岸嘉兴市为乍浦郑家埭,通过北岸连接线,与沪杭高速公路和乍嘉苏高速公路连接,向南跨越杭州湾,止于宁波市慈溪庵东水路湾,通过南岸连接线、宁波绕城公路连接甬台温高速公路,全长约36千米,其中跨海大桥长约35.67千米,两岸引线长约0.33千米;全线采用双向六车道高速公路标准建设,其中,大桥设计速度采用100千米/小时,路基宽度采用35米;项目总投资107.7亿元;由宁波杭州湾大桥投资开发有限公司与嘉兴市杭州湾大桥投资开发有限公司组建宁波市杭州湾大桥发展有限公司,负责项目的筹资、建设及经营管理,经营年限为30年(含建设期)。

第三节 工 程 设 计

一、初步设计

1. 初步设计单位

中交公路规划设计院为杭州湾跨海大桥工程设计的第一设计合同段中标单位,负责全桥总体设计、景观设计、北航道桥设计、南航道桥设计、高墩区引桥设计,并负责初步设计文件汇总、汇编初步设计总概算。

中铁大桥勘测设计院与中交第三航务工程设计院联合体为第二设计合同段中标单位,负责配合第一合同段进行全桥总体设计,并负责低墩区引桥、引线工程设计,编制第二合同段概算,配合汇编初步设计总概算。

2. 初步设计主要内容

杭州湾跨海大桥起于嘉兴市郑家埭,通过北岸连接线与沪杭高速公路和乍嘉苏高速公路连接,跨越杭州湾,终于宁波市慈溪水路湾,通过南岸连接线、宁波绕城公路与甬台温高速公路相连,全长36千米。工程包括北引线、北引桥、北航道桥、中引桥、南航道桥、南引桥、南引线、交通工程设施及海中平台等。

初步设计阶段确定杭州湾跨海大桥北航道桥(主航道桥)采用(70米+160米+448米+160米+70米)钻石形双塔双索面钢箱梁斜拉桥桥型、南航道桥(辅航道桥)采用(100米+160米+318米)A形独塔双索面钢箱梁斜拉桥桥型、北引桥采用(3.5米+15×30米+10×50米+3×60米+50米+50米+80米+50米+24米×50米+7×70米)预应力混凝土连续梁桥型、中引桥采用(14×70米+134×70米+10×70米)预应力混凝土连续梁桥型、南引桥采用(10 × 70 米 + 86 × 70 米 + 203 × 50 米 + 80 米 + 5 × 50 米 + 60 × 30 米 + 50 米 + 34 × 30 米 + 3.5 米)预应力混凝土连续梁桥型。

海中平台总面积 1.2 万平方米,其中平台房建筑面积为 36617 平方米,共 6 层;观光塔总建筑面积为 5100 平方米,共 16 层,建筑高度为 145.6 米。

杭州湾跨海大桥主要技术标准见表 17-1。

杭州湾跨海大桥主要技术标准　　　　　　　　　　　　　表 17-1

公 路 等 级	高 速 公 路
设计使用年限	主桥:100 年。引桥:60 年
设计速度	主桥:100 千米/小时。引桥:120 千米/小时
设计荷载	汽车-超 20 级,挂车-120
坡度系数	纵坡:≤3%,横坡:2%
遇洪频率	主桥:300 年一遇。引桥:100 年一遇
抗风标准	运营:100 年。施工:30 年
通航水位	最高:5.19 米(1985 国家高程基准)
通航净空	北航道:325 米 × 47 米。南航道:125 米 × 31 米
通航吨位	北航道:3.5 万吨级海轮标准。南航道:0.3 万吨级海轮。副航道:0.03 万吨级海轮
船舶撞击	北航道:0.5 吨多用途船及 0.1 吨沿海货船; 南航道:0.3 吨沿海油轮及 0.03 吨渔政船;引桥:26 米沿海渔船
抗震等级	Ⅵ度

3. 初步设计批复

2003 年 1 月,浙江省发展计划委员会和浙江省交通厅联合召开了杭州湾跨海大桥工程初步设计预审会,完善了初步设计文件。

2003 年 3 月,浙江省交通厅向交通部报送初步设计文件。

2003 年 4 月,交通部组织专家对初步设计进行审查。

2003 年 8 月,交通部批复杭州湾跨海大桥初步设计,批复概算 117.62 亿元,其中建筑安装工程费 96.66 亿元,设备及工器具购置费 1.38 亿元,工程建设其他费 19.58 亿元。

二、施工图设计

(一)桥梁结构设计

1. 桥跨布置

根据沿线主要控制地物和功能要求,杭州湾跨海大桥桥跨布置见表 17-2。

<h2 style="text-align:center">杭州湾跨海大桥桥跨布置</h2>

表 17-2

区域位置	起讫桩号	工程长度（米）	桥跨布置	结构形式	施工方案	
					下部结构	上部结构
北引线	K49+000.000～K49+015.500	15.5	—	软土路基	道路工程	
北岸陆地、滩涂区引桥	K49+15.500～K51+579.000	2563.5	3.5米+15×30米+10×50米+3×60米+50米+50米+80米+50米+24×50米	预应力混凝土连续箱梁	直径为1.0米、1.5米、2.0米钻孔桩，旋转钻机成孔，承台、墩身现浇	30米梁满布支架现浇施工，50米梁移动模架现浇施工，其余各跨挂蓝悬臂施工
北航道桥北侧高墩区引桥	K51+579.000～K52+069.000	490	7×70米	预应力混凝土连续箱梁	直径为2.5米钻孔桩，旋转钻机成孔，承台、墩身现浇	整孔预制、浮式起重机整孔吊装施工
北航道桥	K52+069.000～K52+977.000	908	70米+160米+448米+160米+70米	5跨连续半漂浮体系钢箱梁斜拉桥	直径为2.5米、2.8米钻孔桩，旋转钻机成孔，承台、墩身现浇	桥面吊机架设
北航道桥南侧高墩区引桥	K52+977.000～K53+957.000	980	14×70米	预应力混凝土连续箱梁	直径为2.5米钻孔桩，旋转钻机成孔，承台、墩身现浇	整孔预制、浮式起重机整孔吊装施工
中引桥	K53+57.000～K63+337.000	9380	134×70米	预应力混凝土连续箱梁	直径为1.5米钢管桩，打桩船插打，直径2.5米钻孔桩，承台、墩身现浇	整孔预制、浮式起重机整孔吊装施工
南航道桥北侧高墩区引桥	K63+337.000～K64+037.000	700	10×70米	预应力混凝土连续箱梁	直径为2.5米钻孔桩，旋转钻机成孔，承台、墩身现浇	整孔预制、浮式起重机整孔吊装施工
南航道桥	K64+037.000～K64+615.000	578	100米+160米+318米	3跨连续半漂浮体系钢箱梁斜拉桥	直径为2.5米、2.8米钻孔桩，旋转钻机成孔，承台、墩身现浇	桥面吊机架设
南航道桥南侧高墩区引桥	K64+615.000～K65+315.000	700	10×70米	预应力混凝土连续箱梁	直径为2.5米钻孔桩，旋转钻机成孔，承台、墩身现浇	整孔预制、浮式起重机整孔吊装施工
南引桥水中低墩区	K65+315.000～K71+335.000	6020	86×70米	预应力混凝土连续箱梁	直径为1.5米、1.6米钢管桩，打桩船插打，直径2.5米钻孔桩，承台、墩身现浇	整孔预制、浮式起重机整孔吊装施工
南岸滩涂区引桥	K71+335.000～K81+435.000	10100	202×50米	预应力混凝土连续箱梁	直径1.5米钻孔桩，旋转钻机成孔，承台、墩身现浇	整孔预制、梁上运梁架设

区域位置	起讫桩号	工程长度（米）	桥跨布置	结构形式	施工方案	
					下部结构	上部结构
南岸陆地地区引桥	K81+435.000~K84+688.500	3253.5	50米+80米+50米+4×50米+60×30米+50米+34×30米+3.5米	预应力混凝土连续箱梁	直径1.5米、1.6米钻孔桩,旋转钻机成孔,承台、墩身现浇	满布鹰架现浇施工
南引线	K84+688.500~K85+000.000	311.5	—	软土路基	道路工程	

2. 北航道桥

北航道桥为 908 米的钻石形双塔双索面钢箱梁斜拉桥。

索塔采用钻石形塔,桥面以上为三角形结构;桥面以下两塔柱收腿,使整个塔呈钻石形。基础采用 2.8 米直径的钻孔桩 + 承台的整体基础。

主梁采用扁平钢箱梁,梁高 3.5 米,梁宽 37.1 米,钢箱梁采用工厂预制组件,组拼场组拼成节段,标准节段长 15 米,斜拉索与钢箱梁采用耳板锚固。

斜拉索采用平行钢丝成品斜拉索,斜拉索采用塔上张拉方式。

3. 南航道桥

南航道桥采用 578 米的 A 形独塔双索面钢箱梁斜拉桥。

索塔采用 A 形塔,基础采用 2.8 米直径的钻孔桩 + 承台的整体基础。

主梁采用扁平钢箱梁,梁高 3.5 米,梁宽为 37.1 米,钢箱梁采用工厂预制组件,组拼场组拼节段,标准节段长 15 米,斜拉索和钢箱梁采用耳板锚固。

斜拉索采用平行钢丝成品斜拉索,并采用塔上张拉方式。

(二)景观设计

杭州湾跨海大桥作为一座世界级跨海工程,在设计过程中引入了景观设计的理念,将工程功能设计与景观美学设计相结合,对大桥的总体线形、桥型、色彩、夜景、桥面系等景观因素进行了全面深入的研究和设计。

1. 杭州湾跨海大桥各组成部件的景观设计

北通航孔桥位于大桥的北岸,是景观的重点。考虑到钻石形斜拉桥基础小、结构合理,整体造型秀美、气势昂然,设计选用了钻石形双塔斜拉桥(图 17-2)。

南通航孔桥的 A 形单塔使得大桥视觉集中、形象完整,与斜拉索互为依托。同时 A 形单塔与双塔的组合,产生遥相呼应的视觉感受。此外,A 形塔的塔冠造型类似于先秦古钱,上窄下宽,似 A 字形,形态较为修长,与桥塔异曲同工(图 17-3)。

图 17-2　杭州湾跨海大桥北航道桥实景照片

图 17-3　杭州湾跨海大桥南航道桥实景照片

引桥桥墩为棱形变截面造型,与斜腹板梁形成较佳的契合;同时采用了流线型钢箱梁,达到高、低箱梁配合默契、平滑流畅的理想景观效果。

2. 海中平台的景观设计

杭州湾跨海大桥海中平台是杭州湾上一道新的亮点和标志性建筑。海中平台整体造型如"大鹏展翅",呈现出统一和谐的对称美(图 17-4)。

3. 色彩景观设计

大桥的色彩按照跨海长虹的设计构思,运用彩虹七色系列将大桥划分为 7 个区域,提升观赏兴趣和文化内涵。

4. 夜景设计

大桥以跨海银龙为主题营造有层次感和立体感的夜景效果,通过以下 3 个部分表现:南北引桥"银龙探海"、主航道桥"金三角之门"和海中平台的"海中明珠"。

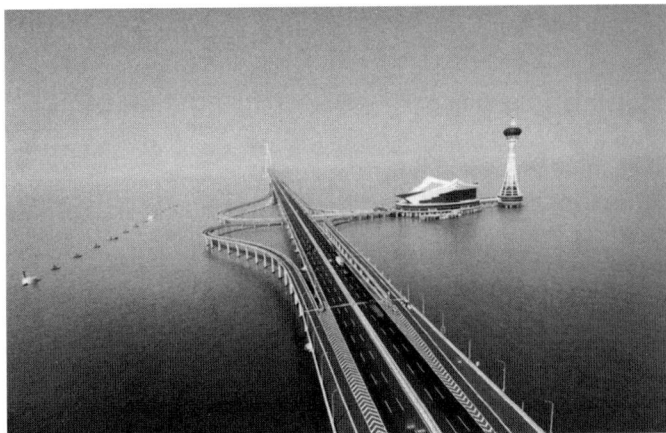

图 17-4 杭州湾跨海大桥海中平台实景照片

三、设计咨询

杭州湾跨海大桥工程建设过程中首次引入设计全过程咨询理念,中咨公司承担了大桥工程初步设计阶段设计咨询与设计优化、施工图设计阶段的施工图审核等技术咨询工作。在优化和完善工程方案、降低海域环境下施工风险、提高海洋环境下工程耐久性等方面取得明显成效。

第四节 工 程 建 设

一、重要节点

2003 年 6 月 8 日,杭州湾跨海大桥建设工程奠基。

2003 年 11 月 14 日,杭州湾跨海大桥主体工程开工。

2007 年 6 月 26 日,杭州湾跨海大桥贯通。

2008 年 4 月 17 日,杭州湾跨海大桥交工验收。

2008 年 5 月 1 日,杭州湾跨海大桥通行客车。

2008 年 10 月 11 日,杭州湾跨海大桥通行货车,全面正常运营。

2011 年 7 月 17 日,杭州湾跨海大桥通过国家竣工验收。

二、技术专家组

为加强杭州湾跨海大桥建设的专业指导,2003 年 6 月,浙江省人民政府和交通部联合成立杭州湾跨海大桥技术专家组,由胡希捷任组长,冯正霖、曹右安任副组长。大桥建设期间召开了 5 次技术专家组会议。

2003 年 12 月 9—10 日,杭州湾跨海大桥技术专家组第 1 次工作会议在杭州召开,技术专家组对杭州湾跨海大桥施工总体实施计划、工期安排、气象和水文观测、工程质量和安全、科研计划等进行了研讨并提出建议和意见。

2005 年 2 月 21—22 日,杭州湾跨海大桥技术专家组第 2 次工作会议在宁波慈溪召开,技术专家组对杭州湾跨海大桥 70 米箱梁预制工艺、50 米箱梁的制作与运架施工方案、海上预制墩身安装工艺等进行了研讨并提出建议和意见。

2006 年 2 月 24—26 日,杭州湾跨海大桥技术专家组第 3 次工作会议在宁波召开,技术专家组对杭州湾跨海大桥桥面铺装、运行管理、收费、超重检测系统、灾害天气对行车安全的影响和对策等进行了研讨并提出建议和意见。

2007 年 3 月 13—14 日,杭州湾跨海大桥技术专家组第 4 次工作会议在宁波慈溪召开,技术专家组对杭州湾跨海大桥申报国家科学技术进步奖等提出建议(图 17-5)。

图 17-5 时任交通部副部长、技术专家组组长胡希捷主持专家组会议

2008 年 4 月 18—19 日,杭州湾跨海大桥技术专家组第 5 次工作会议在宁波召开,技术专家组对杭州湾跨海大桥建设取得的成就给予了高度评价,并就做好大桥运营管理工作提出了要求。

三、主要建设单位

杭州湾跨海大桥全线共分 46 个施工合同段,其中附属工程 5 个、土建工程 27 个、房建工程 2 个、机电工程 4 个、交通安全设施 8 个。监理划分为主体、房建、机电工程、交安设施、房建、涂装、非通航孔防船撞工程等 13 个合同段。杭州湾跨海大桥主要施工单位与监理单位见表 17-3。

杭州湾跨海大桥施工单位及监理单位　　　　　　　　表 17-3

专业	合同段		工程项目	施工单位/监理单位
主体工程交通安全设施	I		北引线和北引桥、搭设北岸栈桥	浙江省交通工程建设集团有限公司/东北林业大学工程监理部
	II		北航道桥及北侧高墩区下部结构	广东省长大公路工程有限公司/广东虎门技术咨询有限公司
	III	A	南航道桥	中交第二航务工程局有限公司/武汉桥梁建筑工程监理有限公司
		B	海中平台基础及一层平台,以及主桥连接海中平台的匝道桥	路桥集团国际建设股份有限公司/武汉桥梁建筑工程监理有限公司
	IV		北岸航道桥南侧高墩区引桥下部及南航道桥两侧高墩区引桥下部	路桥集团国际建设股份有限公司/南华建设监理所
	V		中引桥 C01～C83 墩下部及全部海上预制墩制作安装	中交第二航务工程局有限公司/南华建设监理所
	VI		中引桥 C84～C133 墩下部及南引桥 E01～E17 及 D10 墩下部	中港第三航务工程局有限公司/南华建设监理所
	VII		南引桥 E18～E93 墩下部	中港第一航务工程局/南华建设监理所
	VIII		海上引桥 70 米整孔箱梁预制安装	中铁大桥局股份有限公司/铁科院(北京)工程咨询有限公司
	IX	A	南岸滩涂区引桥下部、搭设南岸栈桥	中铁四局股份有限公司/中国公路工程咨询监理总公司
		B	南岸滩涂区引桥下部	中铁十九局集团有限公司/中国公路工程咨询监理总公司
	X		南岸滩涂 50 米整孔箱梁预制安装及南岸陆地区 G01～G08 墩引桥上、下部	中铁二局股份有限公司/中国公路工程咨询监理总公司
	XI		南岸陆地区引桥及引线	宁波交通工程建设集团有限公司/江苏华宁交通工程咨询监理公司
	SP1		观光塔基础及海中平台连接栈桥施工	中港第二航务工程局/武汉桥梁建筑工程监理有限公司
	钢箱梁、钢锚具制造加工		南北航道桥钢箱梁、钢锚具和海中平台匝道桥钢箱梁制造及工地焊接	武汉重型工程有限公司/中国公路工程咨询总公司
	钢管桩加工 A1 标		钢管桩预制	宁波三鼎钢管工程有限公司和宁波科鑫腐蚀控制有限公司/上海舟艺建设工程咨询监理有限公司
	钢管桩加工 A2 标		钢管桩防腐涂装	宁波三鼎钢管工程有限公司和宁波科鑫腐蚀控制有限公司/上海舟艺建设工程咨询监理有限公司
	钢管桩阴极保护		海上引桥钢管桩阴极保护(牺牲阳极)	沈阳中科腐蚀控制工程技术中心联合体/南华建设监理所

专业	合同段	工程项目	施工单位/监理单位
主体工程交通安全设施	铺装Ⅰ	混凝土桥面铺装	中交第三公路工程局有限公司/宁波交通工程咨询监理有限公司
	铺装Ⅱ	南、北航道桥钢桥面铺装和连接海中平台的5条匝道路面工程	天津城建集团有限公司/广东虎门技术咨询有限公司
	混凝土结构表面防腐涂装	北引桥的箱梁、墩身、承台、装饰挂块、中缝挂块及防撞护栏底座的涂装	绍兴县防腐保温工程公司/中国船级社实业公司
		北航道桥和南航道桥、北航道桥南侧高墩区引桥和南航道桥高墩区引桥、中引桥及南引桥水中区的索塔、承台、墩身;海中平台匝道桥和下部结构混凝土涂装	宁波市象山防腐工程有限公司/中国船级社实业公司
		南引桥滩涂区承台、墩身;南引桥滩涂区南端三联箱梁;南引桥陆地区及服务区匝道桥的墩身、箱梁;海中平台周边装饰板外表面	上海申航基础工程有限公司/中国船级社实业公司
	栏Ⅰ	防撞护栏风障(立柱、横梁、紧固件)的加工制作及安装和涂装	浙江省交通工程建设集团有限公司/宁波交通工程咨询监理有限公司
	栏Ⅱ	约18千米钢护栏、20道检修平台、1200米声屏障工程的制作、安装与防腐工作	上海达润市政工程有限公司/宁波交通工程咨询监理有限公司
	伸缩缝	全桥伸缩缝的生产和安装施工	宁波路宝科技实业集团有限公司/宁波交通工程咨询监理有限公司
	交通安全设施	全桥范围标志、标线、突起路标、轮廓标、防眩板	宁波交通工程建设集团有限公司
		变配电	江苏中压电气工程有限公司/中国公路工程咨询集团有限公司
		监控通信收费	上海电科智能系统股份有限公司/中国公路工程咨询集团有限公司
	SZM	主要包括:桥上照明、景观照明	浙江中企实业有限公司/中国公路工程咨询集团有限公司
房建工程	房Ⅰ	监控通信收费分中心及南岸服务区(含养护工区)	浙江德盛建设集团有限公司/中国公路工程咨询集团有限公司
	房Ⅱ	北岸服务区	浙江勤业建工集团有限公司/宁波交通工程咨询监理有限公司
水运工程	SP2	海中平台码头包括码头、沉桩、二层平台、码头与平台连接栈桥及相关附属结构	中交第二航务工程局有限公司/武汉桥梁建筑工程监理有限公司
航标工程	航标工程	桥区水上助航标志18套、桥区水域警戒标志20套等	上海华海航标工程公司/南华建设监理所

专业	合同段	工程项目	施工单位/监理单位
—	非通航孔桥防撞	非通航孔桥防撞试验段工程实施、完工、缺陷修复及试桩平台拆除	路桥集团国际建设股份有限公司/宁波交通工程咨询监理有限公司
—	健康与安全监测	大桥结构健康及安全监测系统的设计与施工	交通部公路科学研究所
—	船舶交通管理系统	船舶交通管理系统	浙江海事局
—	景观工程	桥头标志工程	杭州美苑景观建筑设计工程有限公司/宁波交通工程咨询监理有限公司

四、建设管理

1. 管理机构

杭州湾跨海大桥工程建设期实行的是"项目公司筹资,指挥部建设管理"的模式,并账核算大桥建设和运营情况。

大桥现场管理实行"两个负责制",即指挥部工程管理处领导下的项目部负责制和指挥部领导下的驻地办负责制。工程管理处负责全桥工程质量、安全、进度、投资控制、信息、合同管理和项目管理工作协调。大桥南岸设 1 个项目部,大桥北岸设 3 个项目部,全桥主体工程共设有 9 个监理工程师办公室。

2. 质量控制

根据杭州湾跨海大桥建设之初确立的"优良工程、国家优质工程鲁班奖"的质量总目标,指挥部确定了"提高意识、强化责任,严格标准,完善手段,严肃处理"的质量管理工作思路,制订了 65 项制度和 108 项工程管理程序,编制了《杭州湾跨海大桥专用施工技术规范》及《杭州湾跨海大桥专项工程质量检验评定标准》。指挥部实行总工程师例会制度进行施工过程控制,每月组织各施工、监理单位总工程师或技术主管巡视施工现场,研讨并解决工程技术和质量管理中存在的问题。工程管理处和各项目部坚持每天现场巡查,对重要工序、关键部位等的施工进行跟班督查。质量部推行每周重点查、每月专项查、每季全面查"三查"制度。

3. 安全管理

指挥部建立并不断完善安全生产组织体系、安全管理规章制度、操作规程、防台风、海塘防汛(潮)应急预案等安全生产保障体系;构建了由业主单位、监理单位、施工单位组成的三级安全生产管理网络,落实各级安全生产责任;为加强对灾害性天气和自然现象的重点防控,制订了"三防"应急反应预案;应用信息化技术加强施工安全和质量管理,在大桥两岸对大桥建设进行视频监控;严格安全日常检查,强化施工过程中的安全监管。

4. 工程监理

杭州湾跨海大桥工程采取不设总监的一级管理模式。按施工合同合同段招标选定监理单位,组建 15 个驻地监理工程师办公室,对施工全过程的投资、工程质量、进度控制和合同管理、信息管理、安全管理、环保管理等行使全面监督管理的职责,并负责交工、竣工验收的有关工作。

第五节 运 营 管 理

从 2008 年 5 月 1 日杭州湾跨海大桥通车以来,形成了宁波市杭州湾大桥发展有限公司负责运营和养护、杭州湾跨海大桥管理局监督指导、各执法监管单位保障的运营管理模式。

一、运营情况

宁波市杭州湾跨海大桥发展有限公司负责大桥的运营管理工作。大桥通车以来,交通量稳步增长,日均交通量由 2008 年的 19791 辆增长至 2017 年的 36383 辆。2018 年国庆假期,杭州湾跨海大桥日均交通量为 7.9 万辆。到 2018 年杭州湾跨海大桥建成通车 10 周年,累计通行车辆 1.21 亿辆。

杭州湾跨海大桥收费标准(2015 年)为:一类车 80 元每车次,二类车 160 元每车次,三类车 240 元每车次,四类车 280 元每车次,五类车 320 元每车次。2010 年,大桥实现通行费收入 12.14 亿元,日均收入 332.47 万元;2011 年大桥实现通行收费收入 13.4 亿元,日均 367 万元;2017 年,大桥实现通行费收入 16 亿元,日均收入 439 万元。随着长江三角洲和杭州湾南北两岸经济的快速发展,大桥的收费收入仍将保持稳定增长趋势。

二、监督管理

杭州湾跨海大桥管理局受宁波和嘉兴两市政府委托,协调大桥相关行政管理部门对大桥实行统一管理,并依据《杭州湾跨海大桥管理暂行办法》对宁波市杭州湾跨海大桥发展有限公司的运营、安全、技术、养护、服务等工作进行监督指导。

杭州湾跨海大桥管理局创新了高速交警、海事、路政、消防、巡特警、治超等执法部门组成的"联勤""联席"管理机制。按照"统一调度、各司其职,密切协作、高效处置"的运营管理原则,制订了《杭州湾跨海大桥运营管理联勤工作办法》。"联勤"制由各相关联勤单位组成,各司其职、紧密配合,杭州湾跨海大桥管理局指挥中心负责监督协调。为保证联勤工作的有效实施,又实行了"联席"工作机制,杭州湾跨海大桥管理局召集各联勤单位的上级部门形成"联席"会议工作机制,每年召开一次,总结当年运营管理工作情况,对运营管理中的重大事项做出决定,协调各联勤单位关系并研究部署下阶段工作。

三、大桥养护

宁波市杭州湾大桥发展有限公司是杭州湾跨海大桥的业主单位,主要负责杭州湾跨海大桥及相关附属设施和设备的投资、建设、运营、维护、管理等工作。大桥的养护主要包括：常规养护、定期综合检测、特殊检查、科研工作、应急预案、日常养护和专项工程等。

宁波市杭州湾大桥发展有限公司建立了一套健全的养护管理体系，不断完善大桥养护工作管理办法、养护定额与相关标准规程，制订了14项养护工作管理程序、制度和规定，规范养护施工作业流程。

为确保大桥结构、设施设备始终处于良好的使用状态，宁波市杭州湾大桥发展有限公司严格做好日常巡查保洁、小修保养、路产修复、专项检查、联勤及养护应急值班工作；定期开展过火箱梁、钢管桩防腐、牺牲阳极、外加电流、大桥基础冲刷、沉降观测、耐久性检测和综合技术状况评估等专项检查检测；在夏季高温暴雨期开展排水设施检查、高温安全设施检查、设备防雷措施检查、防台风检查等工作。基于桥梁全寿命周期的理念，制订了杭州湾跨海大桥中长期养护规划，提高养护决策的科学化水平。

同时，宁波市杭州湾大桥发展有限公司积极推进机械化养护，编制了特大型桥梁机电养护规程，投入养护机械设备94台（辆），包括路面清扫、巡逻监测、除雪融雪、供电照明、桥梁检测、登高检修、排障、电力维护等，使养护工作真正实现机械化，提高了专业化养护水平。

宁波市杭州湾大桥发展有限公司大力推进养护管理信息化建设，开发了特大型桥梁智能化运维管理系统，包括结构健康与安全监测系统、桥梁养护管理系统、平台匝道桥智能化实时监测系统、特大型桥梁智能化机电管理系统4个子系统，提高了养护管理的智能化和信息化水平。

第六节　工程创新

杭州湾属于世界三大强潮海湾之一，风力大、潮差大、潮流急、冲刷深、腐蚀强，工程建设条件复杂。杭州湾跨海大桥全长36千米，混凝土耗用245万立方米，用钢量82万吨，工程规模巨大。建设过程面临缺少跨海桥梁建设技术规范、施工装备和管理经验，及海上施工船舶多、作业点多面广、安全和质量管理难度大等难题，指挥部提出了"工厂化、大型化、机械化、标准化"和"施工条件决定设计方案"的建桥理念，通过理念创新、技术创新、管理创新，克服了一系列技术难题。杭州湾跨海大桥的建设过程是一个不断创新的过程。

1.跨海长桥测量控制关键技术

杭州湾跨海大桥桥址处海面宽近32千米，中间无岛屿，无直接采用全球位系统（GPS）进行高精度工程测量的先例。杭州湾跨海大桥测量控制首次建立了用于桥梁施工的连续运行GPS工程参考站系统，通过连续运行的GPS工程参考站，实现实时平面定位精度3~5厘米、实时高程定位精度5~10厘米的控制目标，成功解决了海上钢管桩实时定位测量问题。开发的过渡曲面拟合法，使GPS拟合水准的测量精度小于3厘米，满足了海上墩承台施工高程控制的精度要求。

2. 大直径超长钢管桩成套技术

杭州湾跨海大桥海上中引桥、南引桥、北航道桥南侧高墩区、南航道桥两侧高墩区和海中平台，均采用钢管桩基础，钢管桩总计5513根，直径为1500毫米和1600毫米，桩长71～89米，总用钢量达37万吨。89米长桩是我国当时最长的钢管桩，大直径超长钢管桩不仅对沉桩设备和工艺提出了新的要求，也对钢管桩设计、制造和防腐蚀技术提出了新的挑战。

针对钢管桩超长、超大和变壁厚的特点，建立了连续生产、整桩制造的自动化生产线，新设备和新工艺提高了制桩效率，保证了制桩质量。

采用以熔结环氧涂层为主、辅以牺牲阳极的阴极保护联合防腐蚀方案，解决了在海洋中垂直方向腐蚀环境分布不均匀引起的局部严重腐蚀防护难题。

采用大船、大锤和船载GPS系统，依靠先进的装备，成功解决了在强潮海域中超长、超大钢管桩的沉桩、施工安全和生产效率等问题。

3. 海洋环境下长寿命混凝土结构耐久性技术

杭州湾跨海大桥设计使用年限为100年，主体结构除南、北航道桥为钢箱梁外，其余均为混凝土结构，全桥混凝土用量245万立方米，混凝土结构的耐久性问题非常突出，是必须解决的重大工程技术问题之一。

从整体结构的角度，制订了包括耐久性设计、施工、质量监测评定与运营阶段维护的整套技术文件。明确提出了海工耐久混凝土概念及其配合比设计原则、技术路线和对应配套技术指标，引进了混凝土氯离子扩散系数快速测试方法。

建立了耐久性长期监测系统，对所采取的耐久性措施进行验证，通过加速老化试验、现场长期暴露试验和原位耐久性监测，结合对周边既有海工建筑采集的数据，采用预测模型，对混凝土结构的耐久性进行评估和寿命预测。

4. 大吨位70米预应力混凝土箱梁预制运输架设技术

全桥70米箱梁共计540片，海上分布长度达18.27千米，单片箱梁吊装质量达2180吨，采用整孔预制吊装方案。预制梁共计44.8万立方米混凝土，湿接头等现浇混凝土共计1万立方米。要保证宽15.8米、长70米、高4米的混凝土箱梁从预制、移梁、运梁、架梁、由简支到连续不出现裂缝，是一项巨大的技术难题。

通过技术攻关，采用"二次张拉"等创新技术，解决了大型混凝土预制箱梁早期开裂等工程难题。研制了整体液压模板，实现了模板整体装拆；钢筋采用整体预制和吊装方案；开发了重型梁陆上搬运系统；研制了起吊质量3000吨的"天一号"中心起吊运架一体吊船，解决了强潮海域的架梁问题。通过技术创新形成了机械化程度高、施工质量好和生产效率高的制梁生产线。

5. 大吨位 50 米预应力混凝土箱梁预制和梁上运输架设技术

杭州湾跨海大桥南滩涂区引桥总长 10.1 千米,上部结构施工采用整孔预制、梁上运输、架桥机架设方案。该方案采用跨度 50 米预制箱梁,先简支、后连续,箱梁整孔预制、在梁上运输和架设,箱梁共计 404 孔(单幅),单梁质量 1430 吨。

整孔预制、梁上运输、架桥机架设施工方法,此前国外最大箱梁质量为 900 吨。杭州湾跨海大桥 50 米箱梁整孔预制、梁上运输、架桥机架设计体系转换,其规模和工艺当时在国内外为首次,是设计施工中必须解决的重大工程技术问题之一。

为最大限度分摊运梁荷载和最大限度减轻运输系统的重量,运梁车按作用在 4 片箱梁上设计,采用前、后车组分离方案和"软性"连接技术。研制了 50 米箱梁场内搬运、提梁、运输和架梁的成套设备。设备技术先进、运行稳定、架梁效率高,其运架质量超过了当时世界上同类工法水平。

6. 大纵坡小半径钢桥面铺装技术

杭州湾跨海大桥海中平台有 5 条匝道桥,总铺装面积 16347 平方米,最大纵坡 3.499%,最大横坡 7%,最大合成坡度 7.83%,最小曲率半径 72 米。

将原设计的双层环氧沥青钢桥面铺装体系变更为树脂沥青组合体系桥面铺装技术(EBCL + RA + SMA)。EBCL 环氧树脂黏结碎石层固化后,提供了高抗剪的可靠粗糙面,可以全幅摊铺,解决了海中平台匝道桥大纵坡、小半径钢桥面铺装的工程技术难题。

第七节　工 程 价 值

杭州湾跨海大桥的建设完善了国家运输大通道和长江三角洲地区交通网络。杭州湾跨海大桥缩短了宁波、舟山与杭州湾北岸上海、苏州、嘉兴等城市的距离,将宁波与上海之间的陆路距离缩短了 120 多千米,节约了运输时间,降低了交通运输成本,提高了交通运输效率,对于形成我国高速公路主骨架、完善长三角地区交通网络、促进区域交通运输一体化具有重要意义。

杭州湾跨海大桥建设取得了显著的社会经济效益。跨海大桥使沪杭甬三地间的路网格局从原先的"V"字形变为"A"字形,使得杭州湾两岸的天堑变成了通途,通过物流、信息流、资金流快速高效汇聚和扩散,极大地推动了长三角地区的合作与交流,对促进长江三角经济社会一体化发展具有十分重大的意义。

杭州湾跨海大桥是一项集大量技术创新于一体的世界级宏大工程。大桥建设采用了多项新技术、新工艺、新材料、新设备和新理论,海洋耐久混凝土技术、大吨位 70 米预应力混凝土箱梁整体预制及海上运输吊装成套技术、大吨位 50 米预应力混凝土箱梁整体预制及梁上运梁架设技术、大直径超长钢管桩整体制作沉桩技术、海上墩身整体预制安装技术等代表了当时我国桥梁建造技术最高水平。杭州湾跨海大桥依靠理念创新、技术创新及管理创新提升了我国桥梁技术水平。

习近平总书记在世界工程科技大会主旨演讲《让工程科技造福人类、创造未来》❶提道："我在浙江省工作了5年,亲历了全长36公里的杭州湾跨海大桥的修建。这一工程不仅促进了当地从交通末梢到交通枢纽的飞跃,更通过物流、资金流、信息流的汇聚和扩散影响了经济社会发展各个领域,促进了苏浙沪经济圈发展。"深刻地阐明了杭州湾跨海大桥建设的重大意义。

执笔人:王春苗　王仁贵

---

❶ 习近平.让工程科技造福人类、创造未来——在2014年国际工程科大会上的主旨演讲[N].人民日报,2014-06-04(01).

第十八章　港珠澳大桥

第一节　工程概况

港珠澳大桥(图18-1)是"一国两制"框架下粤港澳三地合作建设的大型跨海交通工程,是中国和世界工程史上一项具有里程碑意义的超大型工程。

图18-1　港珠澳大桥实景照片

大桥东连香港、西接珠海、澳门,起自香港国际机场东北侧的香港口岸人工岛,向西接珠海/澳门口岸人工岛、珠海连接线,止于珠海洪湾,总长约55千米(其中,珠海/澳门口岸到香港口岸约41.6千米)。香港登陆点位于大屿山机场西南的礁石湾,珠海登陆点为拱北,澳门登陆点为明珠,工程主要包括海中桥隧主体工程、香港口岸及香港连接线、珠海口岸及珠海连接线、澳门口岸及澳门连接线4项内容。海中桥隧主体工程由粤港澳三地共建共管,采用"政府出资本金,收费还贷"模式,资本金由中央政府、广东省政府、香港特别行政区政府、澳门特别行政区政府按比例出资,资本金以外部分由粤港澳三方共同组建的项目管理机构通过贷款来筹集。港、粤、澳三地政府分别负责口岸及连接线的投资。

海中桥隧主体工程东起粤港分界线,止于珠海/澳门口岸人工岛,总长约29.6千米(未含香港段6千米),采用桥隧组合方案,穿越伶仃洋主航道采用长约6.7千米特长海底隧道,在隧道两端各建一个人工岛实现桥隧转换,其余区段采用桥梁方案。主体工程按照六车道高速公路标准建设,设计速度100千米/小时,设计寿命为120年。

在香港国际机场东北侧通过填筑人工岛建设香港口岸,人工岛填海面积约 130 万平方米。香港连接线起自粤港分界线,全长约 12.6 千米,包括海上桥梁、穿山隧道和沿机场岛东岸的地面道路,为双向六车道城市快速路。

珠海口岸位于澳门明珠附近内地水域新建人工岛上,与澳门口岸同岛设置,人工岛面积共计 208.87 万平方米,分为珠海口岸管理区、澳门口岸管理区、大桥主体工程管理区 3 个区域。

珠海连接线起自珠海口岸人工岛,经湾仔、珠海保税区北,止于珠海洪湾,接珠江三角洲环线高速珠海南屏至洪湾段,全长约 13.43 千米,采用双向六车道高速公路标准建设,设计速度 80 千米/小时,在南湾、横琴北、洪湾 3 处设置互通式立交。

澳门口岸与珠海口岸同岛设置,位于明珠附近的人工岛上,澳门连接线自澳门口岸连接规划的澳门填海 A 区,长约 150 米。

21 世纪初,香港、澳门与内地有关方面提出修建连接香港、珠海与澳门跨海大桥的动议。2003 年 8 月 4 日,国务院正式批准三地政府开展港珠澳大桥的可行性研究前期工作。2009 年 3 月 12 日,时任国务院总理温家宝在十一届全国人大会议期间向媒体宣布"港珠澳大桥年内一定动工"。2009 年 12 月 15 日,时任中央政治局常委、国务院副总理李克强亲临珠海,出席港珠澳大桥开工典礼,宣布港珠澳大桥开工。2018 年 10 月 24 日,中共中央总书记、国家主席、中央军委主席习近平出席大桥开通仪式并宣布港珠澳大桥正式开通,中央政治局常委、国务院副总理韩正出席开通仪式并致辞。

港珠澳大桥的建成,彰显了"中国速度"与"中国制造",催生了大量科技创新,填补了诸多技术空白,充分展示了我国的综合国力和整体科学技术发展水平。大桥建成通车后,建立起珠江两岸新的陆路运输通道,改变了珠江西岸地区与香港之间以水运为主和陆路绕行的交通状况,完善了粤港澳地区高速公路网,有利于优化区域经济发展环境,促进粤港澳大湾区经济社会一体化建设,促进产业、资源更合理组合,为维护港澳长期繁荣稳定提供支持。

第二节　规划与决策

一、项目提出

改革开放后,香港与广东省珠江三角洲东岸地区逐步建立起越来越便捷的陆路运输通道,有力地推进了香港与珠江东岸地区经济的互动发展,但香港与珠江西岸一直缺少便捷的陆路通道,交通以水运或陆路绕行虎门为主。1987 年底,珠海市委、市政府提出"打通对外开放通道,建设一座连接珠海与香港的伶仃洋大桥",随后积极开展了项目前期工作。1998 年 12 月,国务院正式批准伶仃洋跨海大桥项目立项。但因种种原因,伶仃洋大桥项目未能继续推进。

2002 年,香港特别行政区政府提出了修建港珠澳大桥的建议。2002 年 7 月,国家发展计划委员会与香港特别行政区政府共同委托有关咨询机构完成了《香港与珠江西岸交通联系研究》,研究认为港珠澳大桥具有重大的政治、经济意义,宜尽早安排建设。

二、项目可行性研究

(一)可行性研究报告编制及重大事项研究

2003 年 8 月 4 日,国务院正式批准粤、港、澳三地政府开展港珠澳大桥前期工作,并同意三地联合成立港珠澳大桥前期工作协调小组(以下简称"协调小组"),全面开展项目各项前期工作。

2004 年 2 月 23 日,协调小组与中交公路规划设计院有限公司(以下简称"中交公规院")签订协议,由中交公规院牵头开展港珠澳大桥工程可行性研究,可行性研究应同时满足内地、香港及澳门三地相关技术规范及技术标准,符合三地现行有关建设工程的法律、法规及规范性文件的要求。

针对项目路线总体走向、不同体制下的跨界交通、跨界建设和运营管理模式、口岸设置、大桥投融资方式等问题,中交公规院联合国内多家单位开展了多项专题研究。2004 年 3 月 28 日—4 月 20 日,中交公规院赴香港、澳门、广东省三地开展调研,于 2004 年 11 月完成《港珠澳大桥工程可行性研究报告(初稿)》。

由于项目建设条件极其复杂,2005 年到 2008 年期间,协调小组针对《港珠澳大桥工程可行性研究报告(初稿)》提出的路线走向与登陆点、通航标准、口岸设置方案、融资及建设管理模式、穿越中华白海豚保护区及环境影响评估等问题进行协调。

2006 年 12 月,经国务院批准,成立了由国家发展和改革委员会(以下简称"国家发展改革委")牵头的港珠澳大桥专责小组,负责项目前期工作中重大问题的协调和解决。

1. 线位走向及桥隧方案论证

香港方面推荐香港着陆点位于大屿山碛石湾;澳门方面推荐澳门着陆点为澳门岛明珠;广东方面推荐珠海着陆点为拱北。可行性研究工作中对上述各登陆点及多条线位走向进行了研究。

2005 年 4 月 1—2 日,国家发展改革委在珠海主持召开了港珠澳大桥桥位技术方案论证会,推荐大桥东岸起点为香港碛石湾,西岸终点为珠海拱北/澳门明珠,推荐采用桥隧组合方案,粤、港、澳三地政府均同意论证会意见。

2. 口岸查验模式及设置方案论证

香港方面建议大桥采用"一地三检"口岸查验模式,在珠海拱北附近填海设置三地口岸;广东方面考虑到"一地三检"模式司法管辖及相关法律程序复杂,建议采用"三地三检"模式各自设立口岸。

2007年1月9日,港珠澳大桥专责小组在广州召开第一次会议,考虑港珠澳大桥横跨珠江口,长达30多千米,是具有重要战略地位的交通设施,口岸设置及查验模式不仅要考虑通关的便利,更要考虑到大桥的安全能否得到有效保障。会议明确口岸查验采用"三地三检"模式,并建议了三地口岸的选址,三地同意按会议意见推进。

3. 大桥融资建设模式

2004—2008年,三地政府按照"大桥主体工程吸引社会企业投资,口岸及连接线工程各自负责"的模式推动项目进展。2007年1月,港珠澳大桥专责小组第一次会议确定了融资方案:

①三地政府分别负责口岸和连接线的投资,大桥主体按照吸引企业、社会投资为基本模式。

②大桥主体融资方以内地企业为主(可由1家或多家联合)组成联合体,通过邀请招标方式选定构成联合体的投资者,含内地企业和港澳企业。但由于主体工程规模大、项目收费收入有限,投资人招标进展缓慢,中交公规院开始补充研究政府投资方案,针对不同资本金比例的项目融资方案进行了测算比较,并提出采用"效益费用比相等原则"划分三地政府出资比例。

2008年8月,粤港合作联席会议第十一次会议对外公布:大桥海中桥隧主体工程采用"政府全额出资本金方式",其余资金由粤港澳三方共同组建的项目管理机构通过贷款筹集。大桥建成后实行收费还贷。粤、港、澳三地政府分别负责口岸及连接线的投资。

4. 穿越中华白海豚保护区及环境影响评估

港珠澳大桥穿越珠江口中华白海豚国家级自然保护区的核心区、缓冲区及试验区,按照国家自然保护区管理法规,需要充分论证大桥建设对保护区的影响,在可接受条件下,施工期临时调整保护区功能,并完成环境影响报告审批。

2008年11月,国家渔业渔政管理局出具《关于港珠澳大桥工程对珠江口中华白海豚的影响专题研究报告意见的函》,提出:港珠澳大桥工程穿越中华白海豚保护区核心区约9千米、缓冲区约5.5千米,施工用海宽度2千米,共涉及海域约29平方千米,在施工期间可临时调整为实验区,施工结束后立即恢复为原功能区。

2009年8月,国家海洋局批复同意《港珠澳大桥工程海洋环境影响评价报告》的相关结论。

5. 隧道区通航标准

交通部水运司分别于2005年10月、2006年2月、2007年9月、10月多次组织评审及专家咨询会,对通航专题进行研究。2008年,交通运输部以《关于港珠澳大桥通航净空尺度和技术要求的批复》批复本桥通航技术标准及要求。

随着协调工作的推进,三地根据形成的共识,对《港珠澳大桥工程可行性研究报告(初稿)》逐步进行修编和完善,于2008年11月完成了《港珠澳大桥工程可行性研究报告》。

（二）可行性研究报告审批

2008 年 12 月 29 日,广东省发展改革委向国家发展改革委报送《关于上报港珠澳大桥工程可行性研究报告的请示》。

2009 年 2 月 24—27 日,交通运输部在珠海对《港珠澳大桥工程可行性研究报告》进行行业审查,向国家发展改革委出具了行业意见,认为项目建设是必要的、可行的,认同可行性研究报告提出的主要结论。

2009 年 2—6 月,受国家发展改革委委托,中国国际工程咨询公司(现中国国际工程咨询有限公司)组织专家分别在珠海、北京对《港珠澳大桥工程可行性研究报告》工程方案、系统工程和交通经济进行了专项研究,并召开现场专家评估会,重点对建设方案和技术标准,工程建设对河势、航道、生态环境等影响,交通量,投资估算,融资方案,项目组织构架和运作模式,项目经济可行性,系统工程,以及配套设施建设和运营管理进行了论证。评估认为项目的建设是必要的且可行,认同《港珠澳大桥工程可行性研究报告》的主要研究结论。

2009 年 10 月 28 日,时任国务院总理温家宝主持召开国务院常务会议,正式批准《港珠澳大桥工程可行性研究报告》。2009 年 11 月 4 日,国家发展改革委印发了《关于审批港珠澳大桥工程可行性研究报告的请示的通知》,批复内容如下:

①海中桥隧主体工程(粤港分界线至珠海和澳门口岸段)由粤港澳三地共同建设,香港段工程、三地口岸和连接线由三地各自建设。港珠澳大桥工程全部投资估算为 729.4 亿元,其中:海中桥隧主体工程 347.2 亿元、香港段工程 56.9 亿元、珠海口岸及人工岛 69.2 亿元、香港口岸及人工岛 79.1 亿元、澳门口岸及人工岛 55.5 亿元、珠海连接线 43.7 亿元、香港连接线 77.4 亿元、澳门连接线 0.4 亿元。

②海中桥隧主体工程采用碛石湾～拱北/明珠的线位方案,全长 35.6 千米,其中香港段长约 6 千米,粤港澳三地共同建设的主体工程长 29.6 千米。海中桥隧主体工程采用桥隧结合方案,穿越伶仃洋主航道约 6.7 千米采用隧道方案,其余路段(约 22.9 千米)采用桥梁方案。为实现桥隧转换和设置通风井,主体工程隧道两端各设置 1 个海中人工岛。

③海中桥隧主体工程采用双向六车道高速公路标准,设计速度采用 100 千米/小时,桥梁总宽 33.1 米,隧道宽度 28.5 米,大桥的设计使用寿命 120 年。通航标准按交通运输部《关于港珠澳大桥通航净空尺度和技术要求的批复》执行。

④主体工程采用政府还贷公路模式,资本金占海中桥隧主体工程估算投资的 45.3%,其中:中央政府出资 50 亿元、广东省政府出资 20 亿元、香港特别行政区政府出资 67.5 亿元、澳门特别行政区政府出资 19.8 亿元;资本金以外部分由项目法人通过银行贷款解决。

⑤项目法人为港珠澳大桥管理局,由广东省牵头、粤港澳三方共同组建,负责项目的具体实施和运营管理,建议批准项目的收费期限延长至 30 年。项目还清贷款后的运营、管理、养护

费用问题另专题研究。

⑥口岸采用"三地三检"模式分别由各方建设、各自独立管辖,香港口岸区设置在香港境内;内地(珠海)口岸和澳门口岸在澳门明珠附近内地水域填海同岛设置。珠海连接线起自珠海口岸人工岛,止于珠海洪湾,采用双向六车道高速公路标准,设计速度 80 千米/小时,在南湾、横琴北、洪湾 3 处设置互通式立交。由广东省按照政府还贷公路模式建设,项目资本金占估算投资的 35%,其余资金由广东省筹措解决。

⑦保留港珠澳大桥专责小组,仍然由国家发展改革委牵头,国家有关部门和粤港澳三地政府参加,主要履行中央政府明确的职责,协调项目建设过程中涉及中央事权和相关重大问题。设立港珠澳大桥三地联合工作委员会,由广东省政府作为召集人,香港特区政府、澳门特区政府参加,具体协调解决项目建设过程中涉及的重要问题。由交通运输部牵头组织成立项目技术专家组,为专责小组、三地联合工作委员会和项目法人在重大技术方案、施工方案的论证以及重大工程问题的处理措施等方面提供咨询和技术支持。

第三节　工 程 设 计

港珠澳大桥设计分为海中桥隧主体工程、三地口岸及连接线工程 3 部分。海中桥隧主体工程由港珠澳大桥管理局组织设计工作。其他部分按照属地原则由三地分别组织。

一、海中桥隧主体工程

(一)初步设计

1.初步设计过程

2009 年 3 月,中交公规院牵头的设计联合体 70 多人进驻珠海,开展港珠澳大桥海中桥隧主体工程初步设计,至 2009 年 12 月下旬,完成设计工作并提交 29 册勘察成果文件、54 册设计成果文件及 25 份专题研究报告。

2.初步设计主要内容

初步设计的总体设计目标为"设计世界级跨海通道,为用户提供优质服务,成为地标性建筑",设计指导思想是:全面实现"工厂化、大型化、标准化、装配化"。

初步设计研究推荐海中桥隧主体工程起自粤港分界线,与海中桥隧主体工程香港段相连,止于珠海/澳门口岸人工岛,采用桥隧结合方案,全长 29.6 千米,其中桥梁长 22.9 千米,隧道长 6 千米,设海中人工岛 2 处;工程采用双向六车道高速公路标准建设,设计速度 100 千米/小时,桥梁标准横断面宽 33.1 米,隧道宽度采用 2×14.25 米,净高采用 5.1 米。桥梁设计汽车荷载标准采用公路-Ⅰ级,同时满足香港《Structures Design Manual for Highways and Railways》中规定的活载要求,设计寿命120年,其余技术指标按《公路工程技术标准》(JTG B01—2003)有关规定执行。

根据大桥所处海洋环境、潮汐特征、水文条件、通航净空要求、工程地质条件等因素,推荐桥梁由通航孔桥、非通航孔桥及珠澳口岸人工岛连接桥组成。经技术经济比选,桥梁推荐方案如下:青州航道桥桥跨布置为110米+126米+458米+126米+110米=930米的双塔钢箱梁斜拉桥;江海直达船航道桥桥跨布置为129米+258米+258米+129米=774米的三塔钢箱梁斜拉桥;九洲航道桥桥跨布置为85米+127.5米+268米+127.5米+85米=693米的双塔钢箱梁斜拉桥;深水区非通航孔桥梁采用不小于110米跨径整幅钢箱梁;浅水区非通航孔桥推荐采用85米等跨径整幅钢箱梁;与人工岛连接的非通航孔桥跨径为35~50米,上、下行桥分幅布置,采用预应力混凝土刚构—连续梁结构体系。

隧道采用沉管隧道方案。隧道全长约6000米,其中沉管段长约5664米。横截面采用两孔单管廊布置,通风排烟采用纵向通风加重点排烟通道方案,沉管纵向采用节段式管节方案。先铺碎石基床基础,用桩基础对软弱地基进行加固。

推荐东、西人工岛岛形采用"蚝贝"外形方案。西岛全长625米,面积97962平方米,主要功能为运营、管理服务。东岛全长625米,面积101973平方米,除了养护救援功能外,附加服务功能。岛壁采用抛石斜坡堤结构,岛内吹填中粗砂并进行振冲密实处理形成人工岛陆域,地基处理采用部分开挖回填砂+挤密砂桩+砂井砂桩。

设计过程中由上海市政设计研究总院牵头的联合体开展全过程咨询审核工作。

3. 初步设计批复

2009年11月20日,广东省交通运输厅组织召开了初步设计省内预评审会。

2010年2月2—5日,交通运输部组织召开了专家审查会。

2010年4月1日,交通运输部对初步设计文件进行了批复,同意初步设计推荐方案,建筑安装工程费27411968084元,并要求增加技术设计阶段,对深水区非通航孔桥多种跨径方案进行全面深入的技术经济比选,择优选择跨径及方案;对浅水区非通航孔桥上部结构钢箱梁和预应力混凝土梁方案,上部结构的桥墩、承台、基础,无承台墩、柱及基础等进行全面的技术经济分析比较,择优选用。

(二)技术设计

1. 技术设计过程

2010年2月,中交公规院牵头的设计联合体进驻珠海开展海中主体工程桥梁技术设计,至2010年6月下旬,完成技术设计并提交了42册设计成果文件。

2. 技术设计主要内容

工程技术标准同初步设计。技术设计结合项目建设条件和环保要求等,对深水区非通航孔桥 110 米、130 米跨径整幅整墩钢箱连续梁桥方案以及 118 米跨径分墩分幅预应力混凝土箱梁刚构桥梁方案,进行了同深度的技术经济比较,推荐采用 110 米跨径整幅整墩钢箱连续梁桥方案。其中,跨越 Y13-1 气田管线采用 110 米 + 150 米 + 110 米跨径变截面钢箱连续梁桥梁方案;对浅水区非通航孔桥梁 85 米跨径整墩整幅钢箱连续梁桥、分墩分幅预应力混凝土连续刚构桥以及整墩分幅钢混组合梁桥方案进行了同深度的技术经济比较,推荐采用 85 米跨径钢混组合梁方案。对非通航孔桥下部结构开展了预制墩台与无承台方案比选,最终采用预制墩台方案,并细化了预制承台与基桩的连接构造及施工工艺。

3. 技术设计批复

2010 年 11 月,交通运输部批复港珠澳大桥海中主体工程技术设计,同意技术设计推荐的技术方案。

(三)施工图设计

1. 施工图设计过程

岛隧工程采用设计施工总承包方式进行建设,岛隧施工图设计在总体设计方案完成后,报广东省交通运输厅审批,然后根据工程施工进度安排,分批完成施工图文件,并经业主聘请咨询单位审核、业主单位批准后用于施工。岛隧施工图设计自 2011 年开始,至 2017 年完成。

桥梁及交通工程按照完成施工图设计后招标确定承包商模式进行组织。施工图设计于 2012 年开始,至 2013 年完成。

2. 施工图设计内容

大桥平面设计与香港侧工程保持顺接;纵面按最大纵坡小于 3% 控制,各控制点高程满足通航要求及机场航空限高要求,主体工程主线立面总体布置如图 18-2 所示。

1)桥梁工程

港珠澳大桥桥梁工程含 3 座通航孔桥及深水区非通航孔桥、浅水区非通航孔桥以及与东、西人工岛相接处非通航孔桥等。

(1)通航孔桥

青州航道桥:为双塔双索面钢箱梁斜拉桥,纵向半漂浮体系。主梁采用流线型扁平钢箱梁,斜拉索采用扇形布置,索塔采用横向 H 形框架,上横梁剪刀撑采用钢结构、“中国结”造型,索塔承台平面呈哑铃形(图 18-3)。

江海直达船航道桥:为三塔钢箱梁斜拉桥,纵向半漂浮体系。主梁采用倒梯形、带悬臂整幅单箱三室截面,斜拉索采用接近竖琴形中央索面,采用全钢结构塔身,海豚造型,钢结构部分采用工厂化制造、大节段整体吊装工法(图 18-4)。

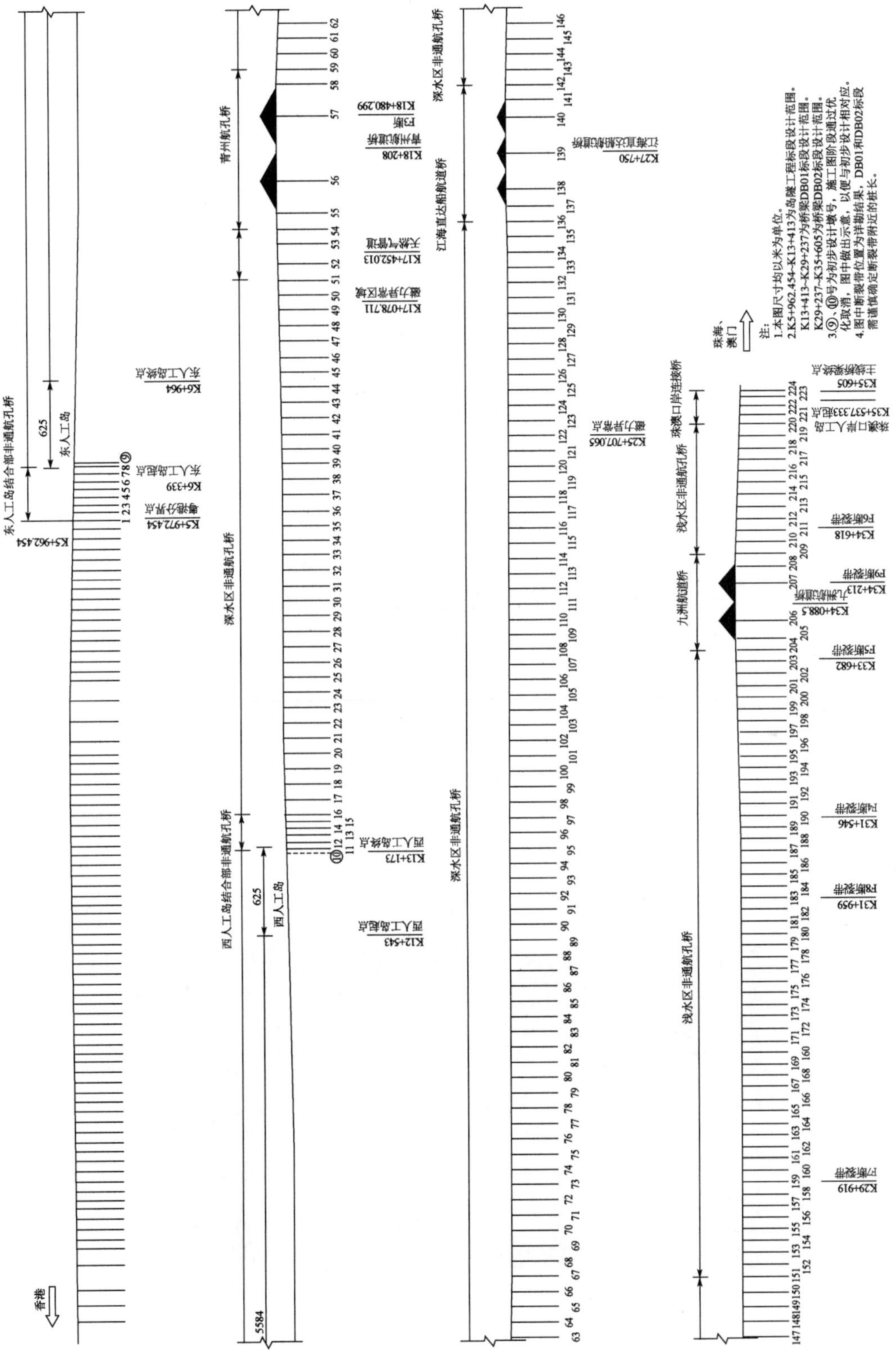

图18-2 主体工程桥、岛、隧总体布置

图18-3 青航道桥方案图

图18-4 江海直达船航道桥方案图

九洲航道桥:为双塔中央索面钢混组合梁斜拉桥,中跨设双向通航航道,采用塔、梁、墩固结体系,主梁为分离式开口钢箱+混凝土桥面板的组合截面,斜拉索采用竖琴形布置,主塔采用"风帆"造型的钢混结构,混凝土塔柱现浇施工,塔钢结构部分采用工厂化制造、大节段整体吊装工法(图18-5)。

图18-5 九洲航道桥方案图

3座通航孔桥的辅助墩、过渡墩采用预制节段拼装矩形空心墩身,与非通航孔桥墩形一致,墩身节段之间通过剪力键和预应力粗钢筋连接;基础采用钢管复合桩。

（2）非通航孔桥

深水区非通航孔桥:处于潮流主通道,选择110米等跨布置,采用整墩整幅钢箱梁,设置减隔震支座提高结构抗震能力,标准联采用6孔一联等跨等截面连续梁结构,为减少阻水比承台全部埋入海床,基础采用钢管复合桩,钢梁、承台及墩身均采用预制安装。

浅水区非通航孔桥:近珠澳口岸人工岛,水深3~4米,采用85米等跨布置,采用5~6孔一联整墩分幅组合梁布置形式,主梁采用"U形钢梁＋混凝土桥面板"的组合结构,基础采用钢管复合桩,承台顶埋入海床面,主梁、承台及墩身均采用预制安装方案。

人工岛结合部桥:西人工岛结合部桥自西人工岛向西跨径布置为3×49.8米＋2×49.8米。东人工岛结合部桥自东人工岛向东跨径布置为3×55米＋4×55米,与香港侧接线界面墩位于粤港分界线以东10米处,桥梁结构为预应力混凝土刚构桥或连续梁桥。东人工岛结合部桥梁构造、景观、附属设施等设计标准和香港连接线保持一致,西人工岛结合部桥梁构造、附属设施等同深水区非通航孔桥保持协调。

2）岛隧工程

岛隧主体工程的纵、平剖面如图18-6所示。

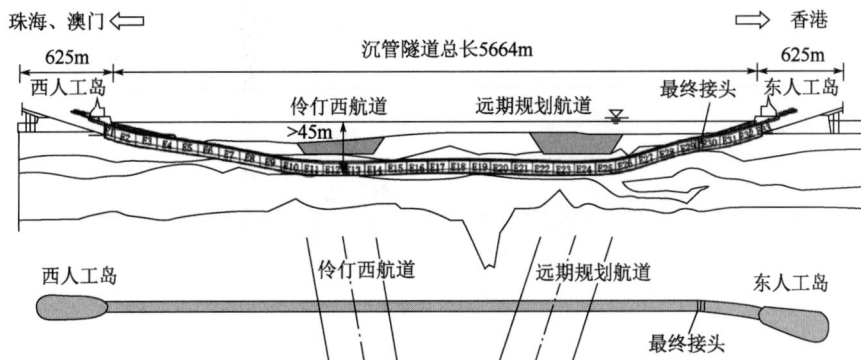

图18-6　岛隧工程纵、平剖面图

（1）东西人工岛

总体布置:西人工岛（图18-7）总面积97969平方米;东人工岛（图18-8）临近香港,总面积为101974平方米,东、西人工岛岛域填筑基本高程为5.00米,岛上建设有道路、排水、照明、房建等配套设施。

岛体结构及基础处理:东、西人工岛临近主航道、处于中华白海豚保护区的核心区,软土厚度超过30米,为满足工期及质量要求,需要在开工后18个月岛体工后沉降量小于20厘米,具备与沉管对接条件。为应对上述挑战,全球首创大直径快速成岛工法,采用直径22米钢圆筒及副格插入不透水黏土层,形成岛壁兼作基坑围护止水结构,岛内回填砂形成陆域,打设塑料排水板后设置井点降水,实现超载比达1.33~2.1的大超载比预压,快速完成软土地基固结处理,有效减少人工岛工后沉降(图18-9)。

图 18-7　隧道西人工岛照片

图 18-8　隧道东人工岛照片

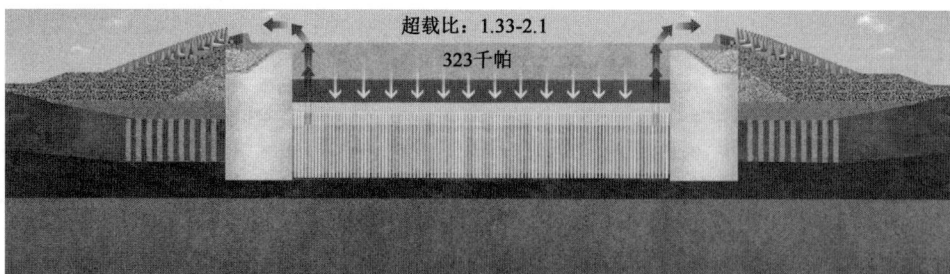

图 18-9　人工岛标准横截面图

（2）沉管隧道

隧道横截面:沉管隧道横截面为两孔单管廊结构,断面外包尺寸宽 37.95 米、高 11.4 米,如图 18-10 所示。

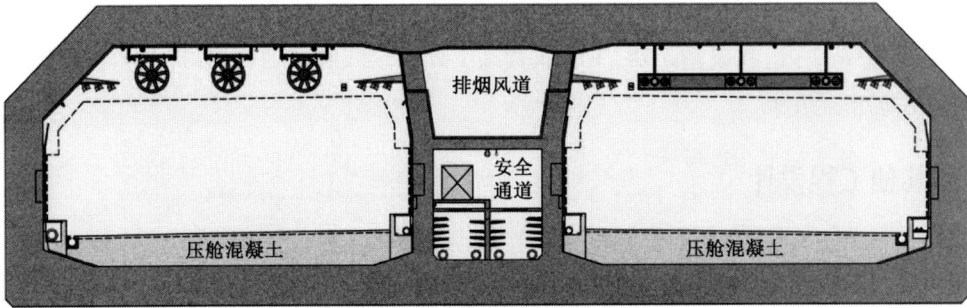

图 18-10　沉管隧道横截面图

管节结构:沉管隧道总长 5664 米,共分 33 个管节,标准管节长 180 米,由 8×22.5 米节段组成钢筋混凝土结构。为保证预制质量,应对 40 米水深条件实现混凝土管节自防水,自主研发工厂法沉管预制,在距隧址约 1200 米的牛头岛上建设占地 56 万平方米的现代化沉管预制工厂。

全隧约 3000 米沉管需埋置于海床 22.5 米以下,受力不同于常规浅埋隧道,全球首创的半刚性管节结构融合了刚性与柔性管节的优点。半刚性结构总体布置如图 18-11 所示。

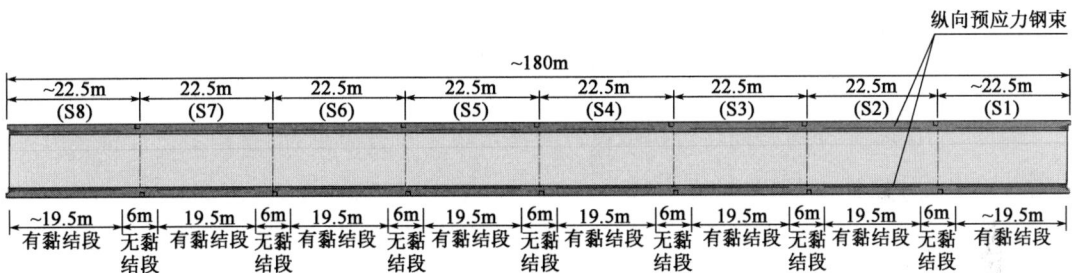

图 18-11　半刚性管节预应力纵断面布置图

为适应最大 28 米水深海洋条件、快速完成沉管合龙、降低工程风险,全球首创主动止水整体安装沉管最终接头。最终接头由工厂制造、现场安装,不含施工期临时荷载的质量约 6200 吨,远程浮运质量约 1500 吨。海上只用 1 天即完成了沉管合龙。

基槽及基础:沉管隧道底面位于软土层、砂层等,暗埋段位于新填筑的人工岛上,基础施工位于 10～40 米深的水下,沉管总沉降及差异沉降控制是施工控制关键点和难点。经研究,沉管中间段采用天然地基,暗埋段和沉管斜坡段分别采用 PHC 桩复合地基、高压旋喷桩复合地基、挤密砂桩复合地基进行软基加固,并首创 2 米厚块石基床与 1.3 米厚碎石基础垫层组成组合基床新垫层结构。

根据监测,港珠澳大桥的隧道总沉降基本在 7 厘米左右,而国际同类工程一般超过 20 厘米。

3)交通附属工程及房建工程设计

全线设置交通标志、标线、护栏、隔离栅、轮廓标、防眩、防撞、风障等交通安全设施及航空障碍灯、航道助航设施,设置全线交通监控系统。在桥梁、隧道、人工岛、管理中心、收费广场

(站)等设置照明设施,全线桥梁采用景观照明。全线设管理监控中心1处,监控所1处,养护工区1处,养护站2处,救援站3处,主线收费站1处。全线收费、管理养护及救援设施房屋建筑总面积67778平方米。

二、其他工程设计

(一)珠澳口岸人工岛设计

1. 初步设计

(1)初步设计过程

2009年7月7日,中交第四航务工程勘察设计院有限公司30多人进驻珠海开展珠澳口岸人工岛填海工程初步设计,至2009年8月23日完成初步设计工作,并提交14册勘察成果文件、8册设计成果文件及2份专题研究报告。

(2)初步设计主要内容

珠澳口岸人工岛填海工程初步设计工作对人工岛平面布置、护岸、陆域形成、地基处理以及交通船码头等方案进行了比选并提出推荐方案。

(3)初步设计批复

2009年10月,广东省交通厅对初步设计文件形成了审查意见:同意初步设计推荐方案;本项目初步设计概算为261923.46万元。

2. 施工图设计

珠海口岸和澳门口岸在澳门明珠附近内地水域填海同岛设置,填海面积208.87万平方米,分为3个区域:大桥主体工程管理区、珠海口岸管理区以及澳门口岸管理区。

珠澳口岸人工岛填海充分考虑技术、经济、环保、景观等要求。东、南护岸采用开挖换填进行地基处理,抛石斜坡堤岛壁;西、北护岸地基处理采用真空联合堆载预压,半直立式堤;岛上陆域采用吹填砂筑成,开挖换填加塑料排水板、堆载预压进行地基处理(图18-12)。

(二)珠海连接线

珠海连接线起自珠澳口岸人工岛,向西设拱北湾大桥连接珠海连接线人工岛,采用隧道方式从拱北口岸和澳门口岸之间地下穿过,经茂盛围管理区后,设前山河特大桥跨越前山河,经中富工业园上跨南湾大道设南湾互通立交,设南湾隧道穿越将军山,在横琴大桥北与南琴路交叉设置横琴北互通立交,设高架桥继续西行至港珠澳大桥项目终点洪湾,设洪湾枢纽互通立交与西部沿海高速公路月环至南屏支线延长线连接。连接线总长13430米,双向六车道,设计速度80千米/小时。

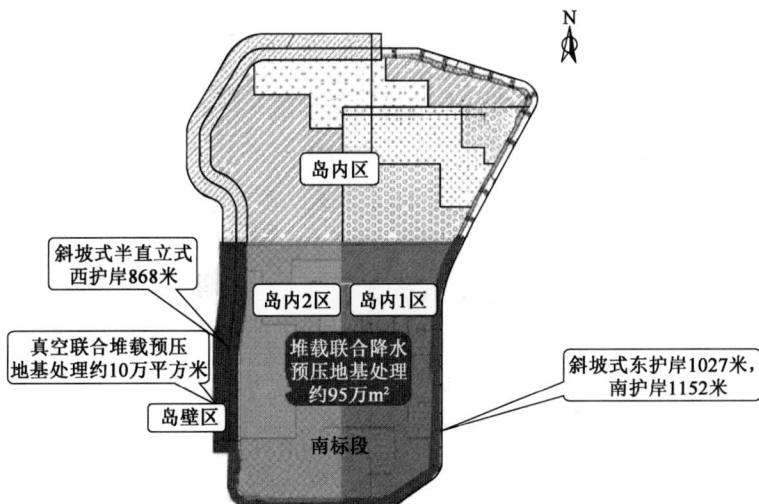

图 18-12　珠澳口岸人工岛平面总体图

(三)珠海口岸

珠海口岸位于珠澳口岸人工岛之上,实现了全国首创的出入境客货车辆"一站式"系统验放、边检"合作查验、一次放行"及卫生检疫"出境查验、入境监控"的查验模式。

口岸占地面积约 70.33 万平方米,按照"如意"造型设计,寓意"一地三通,如意牵手"。功能区主要包括旅检区(珠港旅检楼、珠澳旅检楼)、货检区、口岸办公区、市政配套区、口岸交通配套区(珠海侧交通中心)及交通连廊。

交通设计按照"立体疏导、逐级分流、单向循环"的原则设计车流动线,坚持大容量公交优先的原则,设置了大型客车、公交车停车场,同时在交通中心与旅检楼之间的负一楼之下,预留了地铁接驳线路;在交通连廊的北侧地面,也预留了有轨电车的通道和设备。旅检区设计采用立体叠层、高效集约、人车分离、出入分层、导入商业、动线融合的方式,让出入境的旅客可以便捷地到达口岸的任意一个区域。

珠澳旅检楼北侧以架空通廊形式连接珠港旅检楼,南侧与澳门侧的旅检功能区形成一栋建筑,满足"一楼两检"的便捷通关模式,此通关模式在国内为首例,可以有效缩短旅客的通关时间。

第四节　工 程 建 设

一、建设管理模式

粤港澳三地技术标准、建设法规、管理习惯、决策思维、法律制度、政府管理、技术条件、社会环境与文化的差异,使得三地政府在建设理念上存在不同,大桥建设需要同时满足三地要求,4 个主体工程同步建成,协调管理难度充满挑战。

为保证项目顺利建设推进,粤港澳三方政府签订"三地协议",为项目建设、运营及三地协调管理提供基本的法律基础。港珠澳大桥管理局负责建设海中岛桥隧主体工程;珠海市推进港珠澳大桥建设工作领导小组办公室负责建设珠海口岸工程;港珠澳大桥珠海连接线管理中心负责建设珠海连接线工程;香港特区路政署负责建设香港口岸及连接线工程;澳门特区建设发展办公室负责建设澳门口岸及连接线工程。

大桥项目建设协调管理架构如图 18-13 所示。

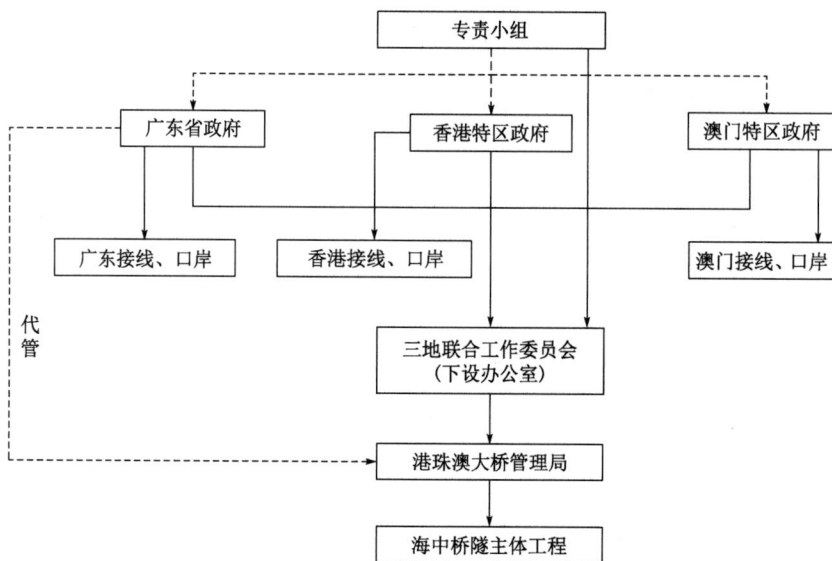

图 18-13　建设协调管理架构

二、工程建设重要节点

2009 年 12 月 15 日,时任国务院副总理李克强宣布港珠澳大桥正式开工建设。

2010 年 12 月 28 日,岛隧工程沉管隧道干坞预制动工。

2011 年 1 月 14 日,交通运输部批准主体工程岛隧工程开工报告。

2011 年 5 月 15 日,港珠澳大桥西人工岛首个大型钢圆筒完成振沉;2011 年 9 月 11 日,西人工岛最后一个钢圆筒振沉成功,西人工岛顺利成岛。

2011 年 9 月 22 日,东人工岛首个钢圆筒完成振沉;12 月 7 日,东人工岛顺利成岛。

2012 年 10 月 31 日,海中隧道首节沉管预制完成。

2012 年 12 月 16 日,港珠澳大桥主桥墩开钻。

2013 年 5 月 7 日,港珠澳大桥首节沉管在水下对接人工岛端口;7 月 30 日,岛隧工程首节 180 米标准管节完成浮运安装。

2013 年 6 月 3 日,首个承台墩身整体安装到位;6 月 21 日,大桥首个整体埋置式墩台安装完成;12 月 3 日,大桥首片组合梁架设完成,桥梁施工由下部结构转向上部结构。

2014 年 1 月 19 日,港珠澳大桥深海区首跨钢箱梁架设成功。

2014 年 8 月 19 日,大桥岛隧工程第 12 节海底隧道沉管安装成功,工程建设推进至隧道最深处。

2015 年 1 月 8 日,港珠澳大桥主体工程青州航道桥主塔成功封顶;2 月 3 日,九洲航道桥 206 号墩上塔柱整体竖转提升完成,这是国内首次采用整体竖转提升的方式安装上塔柱;8 月 23 日,江海直达船航道桥首座钢索塔完成吊装;9 月 6 日,港珠澳大桥 208 座海上墩台全部完工;11 月 22 日,九洲航道桥段主体完工。

2016 年 1 月 28 日,港珠澳大桥珠海连接线横琴北互通至洪湾互通段高速公路建成通车;2 月 28 日,大桥所有桥墩和人工岛主体工程完成;4 月 11 日,青州航道桥合龙贯通;6 月 2 日,江海直达船航道桥最后一座钢塔完成安装;6 月 29 日,港珠澳大桥主体桥梁全线合龙;9 月 27 日,港珠澳大桥主体桥梁工程贯通;12 月 28 日,港珠澳大桥拱北隧道首层导洞贯通。

2017 年 3 月 7 日,港珠澳大桥海底隧道最后一节沉管安装成功;3 月 26 日,沉管隧道最终接头钢壳混凝土浇筑完成;4 月 10 日,珠海连接线拱北隧道贯通;5 月 2 日,岛隧工程海底隧道的最终接头在伶仃洋主航道吊装下沉对接完成;5 月 22 日,海底隧道最终接头安装成功;7 月 7 日,港珠澳大桥主体工程全线贯通;12 月 28 日,港珠澳大桥主体工程桥面铺装完成;12 月 31 日,88 辆大巴车和工程车开过港珠澳大桥。

2018 年 1 月 1 日,港珠澳大桥全线亮灯,主体工程具备通车条件。

2018 年 2 月 6 日,港珠澳大桥主体工程完成交工验收。

2018 年 3 月 15 日,经国务院批准,港珠澳大桥澳门口岸管理区正式交付澳门特别行政区使用,依照澳门特别行政区法律实施管辖。

2018 年 9 月 28 日,港珠澳大桥开始进行粤港澳三地联合试运。

2018 年 10 月 23 日,港珠澳大桥开通仪式在广东珠海举行,国家主席习近平出席仪式并宣布大桥正式开通。

2018 年 10 月 24 日,港珠澳大桥及各口岸正式通车运营。

三、主要参建单位

1. 初步设计联合体

联合体牵头人:中交公路规划设计院有限公司。联合体成员:丹麦科威国际咨询公司、香港奥雅纳工程顾问、中交第一航务工程勘察设计院有限公司、上海市隧道工程轨道交通设计研究院。

2. 设计及施工咨询联营体

联合体牵头人:上海市政工程设计研究总院。联合体成员:林同棪国际集团、荷兰隧道工程咨询公司、广州地铁设计研究院。

3. 主体工程质量管理顾问

莫特麦克唐纳有限公司、莫特麦克唐纳咨询(北京)有限公司。

4. 岛隧工程设计施工总承包联合体

联合体牵头人:中国交通建设股份有限公司。联合体成员:中交公路规划设计院有限公司、艾奕康有限公司、丹麦科威国际咨询公司、上海城建(集团)公司、上海市隧道工程轨道交通设计研究院、中交第四航务工程勘察设计院有限公司。

5. 岛隧工程监理联合体

联合体牵头人:中铁武汉大桥工程咨询监理有限公司。联合体成员:广州港工程监理有限公司、广州市市政工程监理有限公司。

6. 桥梁工程参建单位

桥梁工程参建单位见表18-1。

桥梁工程主要参建单位

表18-1

内 容	合 同 段	参建单位
设计单位	桥梁工程施工图设计阶段勘察设计 DB01 标	中交公路规划设计院／日本长大株式会社
	桥梁工程施工图设计阶段勘察设计 DB02 标	中铁大桥勘测设计院有限公司/英国合乐集团有限公司
施工单位	桥梁工程钢箱梁采购与制造 CB01 标	中铁山桥集团有限公司
	桥梁工程钢箱梁采购与制造 CB02 标	武船重型工程股份有限公司
	桥梁工程土建工程施工 CB03 标	中交第一航务工程局有限公司/中交第二公路工程局有限公司
	桥梁工程土建工程施工 CB04 标	广东省长大公路工程有限公司
	桥梁工程土建工程及组合梁施工 CB05 标	中铁大桥局集团有限公司
	桥面铺装工程施工 CB06 标	重庆智翔铺道技术工程有限公司
	桥面铺装工程施工 CB07 标	广东省长大公路工程有限公司
监理单位	桥梁钢箱梁制造监理(SB01 标)合同段	中国船级社实业公司
	桥梁钢箱梁制造监理(SB02 标)合同段	武汉桥梁建筑工程监理有限公司
	桥梁工程土建工程施工监理(SB03 标)	铁四院(湖北)工程监理咨询有限公司/广州南华工程管理有限公司
	桥梁工程土建工程施工监理(SB04 标)	西安方舟工程咨询有限责任公司/中国船级社实业公司
	桥梁工程桥面铺装工程施工监理(SB05 标)	西安方舟工程咨询有限责任公司
试验研究	桥梁试桩工程施工及试验研究	广东省长大公路工程有限公司/交通运输部公路科学研究所
	桥梁埋置承台足尺模型工艺实验研究	中交第二航务工程局有限公司

续上表

内　容	合　同　段	参 建 单 位
中心试验室	广东华路交通科技有限公司/江苏省交通科学研究院	
测量中心	中铁大桥勘测设计院有限公司	
第三方试验检测	江苏法尔胜材料分析测试有限公司(钢箱梁、组合梁及索塔钢结构检测)	

7. 房建及交通工程参建单位

房建及交通工程主要参建单位见表18-2。

房建及交通工程主要参建单位　　　　表 18-2

内　容	合　同　段	参 建 单 位
设计单位	房建工程施工图设计	广东省建筑设计研究院
		中交第四航务工程勘察设计院有限公司
施工单位	房建工程施工 CA01 标	湖南建工集团有限公司
	交通工程施工 CA02 标	中国铁建电气化局集团有限公司/中国铁建电气化局集团第一工程有限公司
监理单位	房建工程施工监理 SA01 标	广东重工建设监理有限公司
	交通工程施工监理 SA02 标	重庆中宇工程咨询监理有限责任公司/珠海电力工程监理有限责任公司

第五节　运营管理

一、管理措施

1. 跨界运营政策措施

港珠澳大桥跨界通行管理复杂,需协调诸多涉及"一国两制"三地的公共管理事项,涉及粤港澳三地政府的合作,以及与相关政府部门(海关、边防、消防、交警、航道、海事、水利、环保、口岸、外汇等39个部门)的配合。为此,粤港澳三地政府成立了跨界通行政策协调小组,开展了包括跨界车辆配额制度、跨界车辆通行费、交通管理、营运养护、救援及应急预案、执法协调、通关便利等关键性公共管理事务的研究,研究成果填补了三地跨界通行政策研究的理论空白,符合人桥通车后"满足需求、交通顺畅、管理规范、通关便捷"的总体要求,并在粤港澳三地政府部门制订的港珠澳大桥跨界通行政策中得到了实际应用,为"一国两制"框架下粤港澳大湾区的融合发展发挥了"试验田"作用。

2. 大桥运营模式

港珠澳大桥主体工程采用"自行营运模式"。全线设置 1 处主线收费站,采用内地国标卡＋香港快易通的双 ETC❶ 系统兼容模式,方便两地牌车辆使用不停车收费系统,采取独立路段、独立结算的开放式收费管理模式。

3.运营管理机构

大桥主体工程设有 2 个管理中心,位于管理局的调度中心和西人工岛的监控中心。2 个监控中心在功能配置上实现相互备份,监控内容涵盖交通监控、收费监控、机电设备监控、电力监控、健康监测、部分设施监控等多个方面,最大限度提高突发事件的反应及处理效率。考虑大桥主体工程与粤港澳三地的连接路网紧密相连,采用粤港澳三地联动监控,加强三地信息交互,实现监控数据实时共享。

4.安全管控和应急管理

港珠澳大桥的安全管控包括水域通航安全保障、道路交通安全管控、消防应急保障、反恐及社会公共安全突发事件处置等,由港珠澳大桥管理局与监控、路政、养护等人员一起构成应急状态下安全保障力量,负责大桥车辆故障、事故引起的抛锚牵引等各类应急事件的处置和综合救援等。

港珠澳大桥的应急管理涉及多个政府事权部门,包括交警、消防、边检、海关、边防、海事、气象等,实行粤港澳三地联动救援,以大桥应急指挥中心为平台,粤港澳三地政府多个部门共同参与,建立了路政、拯救、养护、交警、消防、监控"六位一体"联勤联动机制,实现联合交叉巡查、信息互通、应急联动,及时处理大桥突发事件,保障救援服务的及时性、有效性,确保大桥的运行安全及通行畅通。

二、大桥运营情况

1.通行车辆要求

港珠澳大桥经过建设及运营管理准备,于 2018 年 10 月 24 日正式开通运营,可通行车辆包括跨境巴士、穿梭巴士、跨境出租车、货运车辆、跨境私家车等,结合区域跨境交通管理模式实行各类车辆配额管理。

2.交通管理规则

港珠澳大桥实行 24 小时通行。大桥桥隧主体工程段采用内地右侧通行规则,车辆抵达或离开香港、澳门口岸后,根据行车指示牌,按照标志行驶调整行车方式完成左右侧交通转换。在非紧急情况下,车辆在大桥主桥及口岸均不允许掉头。

大桥设计通行速度为 100 千米/小时,具体通行速度将根据通行情况、气候情况、交通事故处理、交通控制等因素进行调控。就大车而言,有关车辆在大桥主桥行驶时须使用慢线,车速

---

❶ ETC:Electronic Toll Collection,电子不停车收费。

限制为 80 千米/小时。基于属地原则,车辆须遵守当地政府对车辆的要求。经港珠澳大桥通行的所有港澳机动车(不入珠海境的港澳车辆),持有效期为 1 年的临时入境牌证;到期后可申请延期。粤港澳三方共同搭建三地信息共享平台,实现车辆及驾驶人的基本信息共享。

3. 大桥交通流量

自大桥开通至 2019 年 11 月 20 日 24 时,港珠澳大桥客运量共约 179 万人次,平均每日约 6.4 万人次,最高日约 10.3 万人次。

大桥通行车辆呈现以下 3 个特点:一是大桥通行车辆以客车为主,客车占比 97.58%(其中,穿梭巴士和小客车占比分别为 44.97% 和 30.54%),货车占比 2.42%;二是不停车收费比例高,电子不停车收费(ETC)车辆占收费车辆的 80.22%;三是周末高峰特征明显。每日通行高峰主要集中在 10~12 时和 17~19 时。

第六节　工 程 创 新

一、管理创新

1. 创新粤港澳三地政府对跨界基础设施合作协调监管机制

海中桥隧主体工程、珠海口岸、珠海连接线依内地法律设计建设,香港口岸及连接线按香港特区法律推进,澳门口岸及连接线依澳门特区法律管理;海中桥隧主体工程由粤港澳三地共建共管,具体建设运营事宜由港珠澳大桥管理局负责实施。三地口岸及连接线分别由各自属地机构负责建设、维护,是共建共管和分建分管集成的综合模式。

首创了三地合作协调监管机制。粤港澳三地政府创造性签署了《港珠澳大桥建设运营维护和管理三地政府协议》,为粤港澳三地协调监督提供制度基础,三地积极探索咨询顾问机制、三地会议机制、三地信息建设等与众不同的流程,促进粤港澳三方首席代表协调一致。

2. 创新国际咨询公司参与国内基建项目服务的合作模式与管理机制

为了既能满足国内法律法规的有关规定,又能有效引入国外的优质资源,通过中外合作联合模式,设置设计咨询复核、国内牵头联合等间接方式,针对核心关键环节引入了国外的优质资源。初步设计招标中引入丹麦科威国际咨询公司等国际优秀设计团队参与沉管隧道设计、桥梁钢箱梁设计等;桥梁工程施工图设计招标中引入 CHODAI(日本长大株式会社)、英国合乐集团有限公司等参与了钢箱梁结构设计、钢混组合梁结构设计等;桥面铺装阶段引入香港安达臣沥青公司、瑞士埃施利曼沥青工程公司等国际咨询公司;设计及施工咨询招标中引入荷兰隧道工程咨询公司、林同棪国际集团等;岛隧工程设计施工总承包招标中引入艾奕康有限公司、丹麦科威国际咨询公司等国外沉管隧道设计咨询复核团队。并且在施工过程中聘请了国际知名的莫特麦克唐纳工程顾问公司作为项目的质量管理顾问,助推项目管理水平提升。

3.创新以伙伴关系理念为基础的参建各方合同管理模式

合同是项目管理的核心,是项目管理的载体。根据港珠澳大桥的项目特点、工程现状和未来的管理需求,港珠澳大桥管理局提出以"大合同管理"的理念推进合同管理,即采用合同的驱动管理、风险管理、履约管理、信用管理等手段,以"进场普查、重点抽查、年度比较、高层互访"为指导思想开展合同履约检查,并完善程序管理,强化现场联络,牢牢把握核心关注,实现合同机制设计、过程控制、执行效果等项目管理关键环节的有机串联,实现合同管理的循环推进和优化完善。

4.创新超大复杂工程设计管理总承包管理方法

岛隧工程采用的设计施工总承包模式是目前国际重大项目采用较多的模式。为最大限度发挥设计施工的资源组合优势,岛隧工程整合了国内外的最优资源,进行了专业化分工,既强调经验互补,又注重专业类型互补,构建"开放兼容、务实创新、和谐共赢"的文化,让各成员单位能够充分发表意见和建议、充分沟通和交流;岛隧工程实施过程中,勘察、设计、施工、科研四方同步联动,优势互补,由总体技术组统一协调决策,取平衡性最优的方案。

二、主要技术创新

1.长大桥梁构件工厂化制造及整体预制、运输、安装技术

为提高建设质量、尽量减少现场工作量,港珠澳大桥提出了"大型化、工厂化、标准化、装配化"技术理念,并进行了系列技术创新,攻克高20米、质量达2000吨的桥墩及承台工厂预制、运输、现场大型浮式起重机整体安装、接高技术,创新桥墩预应力粗钢筋干接缝连接技术;创新钢箱梁焊接机器人设备及工艺,开发工厂环境钢箱梁组装工艺,实现120米长大钢箱梁工厂制造、整体运输,创新大型浮式起重机实现长120米、2400吨钢箱梁整跨安装技术;开发利用大型浮式起重机进行钢塔柱转体、整体吊装安装技术。

2.外海人工岛快速建造技术

为降低对环境影响、降低海上施工安全风险,满足沉管对接工期要求,依托东、西人工岛工程研发深插大圆筒及副格结构体系、施工工艺及设备。东、西人工岛采用120组直径22米、高40.5~50.5米的大直径钢圆筒,插入不透水层,圆筒间采用两道弧形钢板副格连接,快速形成人工岛围护结构,快速成岛,创造了221天完成筑岛面积20万平方米的世界工程记录。

3.软土沉管隧道沉降控制技术

港珠澳大桥沉管隧道部分区段处于软弱土层,且不均匀,软土最大厚度超过30米,首创采用组合基床＋复合地基的软土地基沉管隧道基础方案,形成了一套完善的自有挤密砂桩设计施工方法,并在沉管隧道软土地基段予以应用,有效改善地基,实现环保施工。

开发外海深水基础施工成套技术、装备和沉管基础施工质量管理系统,攻克深水基础控淤清淤难题。应用效果良好,沉管隧道总沉降量平均仅 7 厘米左右,而同类条件软土沉管隧道沉降一般为 20 厘米左右。

4. 工厂法预制生产曲线沉管技术

在全球首次采用工厂法进行曲线沉管预制,研究开发沉管工厂法预制技术,集成钢筋生产流水线、大型自动化液压模板、混凝土控裂、管节顶推成套技术,实现 40 米以上水深混凝土沉管无裂缝,防水成功。

5. 创新研发新型半刚性沉管隧道结构体系

港珠澳大桥沉管隧道有超过 3 千米为深埋段,所承受荷载是浅埋沉管 4~5 倍。开发了适合于半刚性沉管结构的永久预应力体系,基于材料断裂力学特性的"记忆接头",破解了沉管深埋难题。半刚性沉管结构将与整体式(刚性)沉管结构和节段式(柔性)沉管结构一起成为未来沉管隧道可选的 3 种纵向结构。

6. 创新整体式主动止水沉管最终接头技术

最终接头是沉管合龙的关键,世界上已建沉管多采用水下止水板止水后现浇合龙段方式,为保证质量、降低潜水作业风险、保障工期,耗时 3 年,科研、施工、设计三方同步进行,不断迭代调试,发明了整体式主动止水沉管最终接头技术,攻克了钢壳—高流动混凝土组合沉管结构技术、主动止水体系、液压顶升控制系统技术、6000 吨级构件水下 30 米精确吊装就位技术等,创造了沉管隧道最终接头新工法。

7. 外海沉管安装成套技术和装备

为完成质量约 8 万吨、长 180 米超大沉管外海浮运、系泊以及 40 米水深高精度对接安装,攻克了巨型沉管在受限海域拖航、锚泊定位、作业窗口管理等诸多难题,创新了深水沉管免调整精确定位技术,研发沉管安装船、无人沉放控制系统、拉合系统等 13 个系统,形成了具有中国自主知识产权的外海沉管安装成套技术方案。

第七节 工 程 价 值

港珠澳大桥是《国家公路网规划(2013—2030 年)》中珠三角地区环线[深圳、香港(口岸)、澳门(口岸)、珠海、中山、江门、佛山、花都、增城、东莞、深圳]的重要组成部分和跨越伶仃洋海域的关键性工程,在香港与珠江西岸地区、澳门之间形成便捷的公路运输通道。大桥通车后,驾车从香港到珠海的时间由原来的 3 个多小时缩减为 30 分钟,节约了港澳两地与内陆之间的时间距离成本,有利于珠江西岸地区与香港地区的经济社会联系、三地人员交流和经贸往来,加快产业结构调整和布局优化,促进粤港澳大湾区区域经济一体化协调发展。

港珠澳大桥连接香港、澳门、珠海三地,大桥的建成加深了内地与港澳之间政治、经济、文化联系,见证了中国工程技术发展前进的步伐,同时也体现了中国国力的不断壮大。

港珠澳大桥工程催生出了大量科技创新,填补了诸多国内国际空白,获得了大量拥有自主知识产权的专利技术与发明创造,体现了我国科技的迅猛发展。港珠澳大桥的建成更是彰显了国人无穷的智慧与力量,彰显了"中国速度"与"中国制造",充分展示了我国的综合国力和整体科学技术水平。同时,粤港澳三地成功创立的大桥工程跨界决策、建设模式和运管机制,对未来大湾区基础设施建设具有指导和借鉴意义,是极为宝贵的财富。

港珠澳大桥是"一国两制"框架下粤港澳三地首次合作建设的大型跨海交通工程,被誉为"世纪工程"。在这样一个大时代、大背景下,港珠澳大桥的建成,体现了我国正走向民族复兴的新阶段。

执笔人:徐进　刘晓东　宋小云

第十九章　武汉杨泗港长江大桥

第一节　工程概况

武汉市具有国家"中部崛起战略"的支点地位。杨泗港长江大桥是武汉市城市总体规划构建的快速交通骨架系统中的重要节点工程。杨泗港长江大桥位于长江中游白沙洲水道,上距白沙洲长江大桥约2.8千米,下距鹦鹉洲长江大桥约3.2千米,大桥工程起于汉阳岸国博立交,止于武昌岸八坦立交,全长4134.38米。大桥主要建设内容包括1700米单跨双层钢桁梁悬索桥、汉阳侧973米和武昌侧1461米的引桥工程,另外,在鹦鹉大道、滨江大道、临江大道3处设置疏解匝道,总用地规模48.91公顷。主桥按照双向十车道双层设计,上层为双向六车道城市快速路,设计速度80千米/小时,桥面宽34.3米;下层为双向分离式四车道城市主干道(按6车道划线使用),设计速度60千米/小时,两侧设3.5米宽非机动车道,桥面宽32.5米。

杨泗港长江大桥自2004年开始预可行性研究,2014年3月获得国家发展和改革委员会(以下简称"国家发展改革委")核准批复,2015年7月1日开工建设,历时四年半,于2019年10月8日建成通车。大桥设计使用寿命为100年。项目业主为武汉市城市建设投资开发集团有限公司。总投资约85亿元,项目资本金占35%,其余资金为银行贷款。2019年9月,大桥主体工程顺利通过竣工验收。

杨泗港长江大桥主跨1700米,为建成时国内跨度最大的悬索桥梁。双层双向10车道,是世界上通行能力最大的跨江大桥。锚碇地下连续墙及主塔沉井基础规模均位于世界前列。设计荷载470千牛/米、主缆张力65万千米、吊索拉力5000千牛,为世界同类最大。

大桥设置机动车道、非机动车道、人行观光道,集过江交通和观光于一体,是建成时长江上功能最完备的桥梁。作为武汉市的城市新名片(图19-1～图19-3),杨泗港长江大桥丰富了武汉"桥梁博物馆"的内涵。

图 19-1　全桥总体实景图

图 19-2　大桥上层实景图

图 19-3　大桥地面仰视图

第二节　规划决策

一、项目规划

武汉位于我国腹地中心、长江与汉江交汇处,是湖北省省会,是华中地区和长江中游的经济、科技、教育和文化中心,是我国中部地区重要的中心城市、国家历史文化名城,全国重要的工业基地和交通、通信枢纽。武汉主城区以长江、汉水及东西向山系为纽带,形成汉口、武昌、汉阳相对独立的城市功能体系,并在此基础上构建三镇一体化发展的总体格局。

2007 年 12 月 14 日,经报国务院同意,国家发展改革委批准"1 + 8"武汉城市圈为全国资源节约型和环境友好型社会建设综合配套改革试验区。2010 年 3 月,国务院批复了《武汉市城市总体规划(2010—2020 年)》,武汉市未来的发展总体目标是建设成为促进中部地区崛起的重要战略支点城市,进而为建设国际性城市奠定基础。规划依托"两江三镇、多轴多心"的城市空间结构,提出在武汉都市发展区构建"四环十八射"的快速骨架系统,形成环网结合、轴向放射的城市快速路体系。规划的武汉市市域范围内过长江通道共 11 座:长江大桥、长江二桥、青岛路隧道、二七路长江大桥、白沙洲长江大桥、天兴洲长江大桥、军山长江大桥、阳逻长江大桥、鹦鹉洲长江大桥、杨泗港长江大桥、黄家湖过江通道。

杨泗港长江大桥是武汉市路网规划的重要组成部分，随着武汉"1＋8"城市圈和市域开发建设的加快，城市中心区交通矛盾日益突出，过江交通紧张局面进一步加剧，适时启动杨泗港长江大桥的建设势在必行。

二、项目可行性研究

杨泗港过江通道项目前期工作自 2004 年开始，历时 10 年，共经历了项目预可行性研究、桥隧方案深化研究、工程可行性研究、项目核准等阶段。

1.项目预可行性研究

2004 年 5 月，武汉市城市建设投资开发集团有限公司（以下简称"武汉城投集团"）委托中铁大桥勘测设计院有限公司（以下简称"中铁大桥院"）进行武汉市快速交通体系中 2 座过江通道（含杨泗港通道）预可行性研究。

2004 年 12 月，中铁大桥院编制完成项目预可行性研究报告，根据武汉市路网跨越长江规划选址和区域自然条件，推荐杨泗港过江通道为桥梁跨越方案。

2012 年 3 月 15—16 日，武汉市发展改革委组织召开"武汉杨泗港过江通道预可行性研究专家咨询会"。专家咨询意见认为，杨泗港过江通道建设是必要的，通道采用桥梁建设方式，不考虑公轨合建，建设标准采用双向 10 车道以上，建议大桥采用双层方案并对两岸疏解进行深化研究。

2.桥隧方案深化研究

2009 年 5 月，武汉城投集团委托中铁大桥院、中交第二公路勘察设计院（以下简称"中交二公院"）、武汉市城市规划设计研究院（以下简称"市规划院"）和武汉市城市综合交通规划设计研究院（以下简称"市交规院"）进行杨泗港过江通道桥隧方案深化研究。其中项目建设必要性及紧迫性、通道交通流量分析、建设规模及技术标准论证、通道两岸疏解方案等由市规划院和市交规院完成，隧道工程方案由中交二公院完成，中铁大桥院负责桥梁工程方案深化研究工作。

2010 年 8 月 4 日，武汉市发展改革委组织召开了"武汉杨泗港过江通道阶段性研究成果专家咨询会"，会议认为桥梁方案在降低施工风险、运营维护成本及防灾等方面优于隧道方案，同时鉴于武汉地铁 11 号线与杨泗港通道项目建设不同期，暂不考虑公轨合建。

2010 年 11 月，武汉市政府专题会议确认前期研究成果，肯定专家咨询意见，确定采用桥梁过江方案，同意公路轨道分建。

2011 年 8 月 24 日，武汉市发展改革委组织项目业主、相关部门和单位召开杨泗港大桥桥跨布置方案、通航、防洪相关专题研讨会，认为杨泗港桥址河道外部条件复杂，通航、防洪等要求高,按照国家及行业规范要求,宜采用主跨 1700 米以上一跨越江的桥梁方案。

3. 前期专题研究

2012 年 3 月 5 日,武汉市发展改革委致函武汉城投集团,原则同意开展项目规划选址、用地预审、环境影响评价、防洪影响评价、通航论证等项目前期工作,为项目工程可行性研究报告的编制奠定基础。武汉城投集团陆续委托长江航道规划设计研究院、长江水利委员会水文局等单位完成各相关专题研究工作,详情见表 19-1。

主要专题研究承担单位 表 19-1

序 号	项 目 名 称	承 担 单 位
1	工程地质勘探	中铁大桥勘测设计院集团有限公司
2	原型观测、水文测验及工程测量	长江水利委员会水文局
3	河工模型试验	长江水利委员会水文局
4	防洪影响评价	长江水利委员会水文局
5	桥梁通航安全影响论证	长江航道规划设计研究院
6	环境影响评价	铁道第四勘察设计院
7	地震安全性评价	武汉地震工程研究院

2012 年 3 月 23 日,武汉市国土资源和规划局出具杨泗港大桥规划选址和用地预审意见函,同意据此开展项目可行性研究和环境影响评价工作。

2012 年 10 月 29 日,长江航道局通航安全影响论证专题报告出具《关于武汉杨泗港长江大桥建设与航道有关问题的报告》。

2012 年 11 月 15 日,长江水利委员会批复《武汉杨泗港长江大桥工程涉河方案》。

2012 年 12 月 2 日,受环境保护部委托,湖北省环境保护厅批复《杨泗港长江大桥环境影响报告书》。

2013 年 2 月 27 日,湖北省国土资源厅向国土资源部上报大桥建设用地预审初审意见。

2013 年 6 月 5 日,交通运输部批复《武汉杨泗港长江大桥通航安全影响论证报告》,提出:主通航孔净宽应不小于 830 米;主跨 2×900 米跨径布置方案对武汉航道整治建筑物的稳定和功能发挥有一定的影响,不宜采用;主跨 1700 米的桥跨方案可覆盖 3.5 米深槽水域变化范围,能够满足船舶通航要求。

2013 年 7 月 29 日,国土资源部批复《杨泗港长江大桥用地预审报告》。

4. 工程可行性研究

2011 年 11 月 7 日,武汉城投集团委托中铁大桥院编制项目工程可行性研究报告及项目核准报告。

工程可行性研究从 2012 年 3 月至 2014 年 4 月项目获得核准批复,历时 24 个月。其间中铁大桥院编制的文件有:

①《武汉杨泗港长江大桥工程可行性研究报告》(送审稿)(2013年3月)。

②《武汉杨泗港长江大桥工程可行性研究报告》(审查稿)(2013年7月)。

③《武汉杨泗港长江大桥工程可行性研究报告》(2013年9月)。

④《武汉杨泗港长江大桥工程可行性研究报告补充报告》(2013年9月)。

⑤《武汉杨泗港长江大桥工程可行性研究报告补充材料》(2013年9月)。

⑥《武汉杨泗港长江大桥工程可行性研究报告(修编稿)》(2013年10月)。

可行性研究报告重点对比分析了2×900米双主跨悬索桥方案、单跨1700米悬索桥方案和单跨1700米斜拉悬吊组合桥方案,分别见图19-4~图19-6。

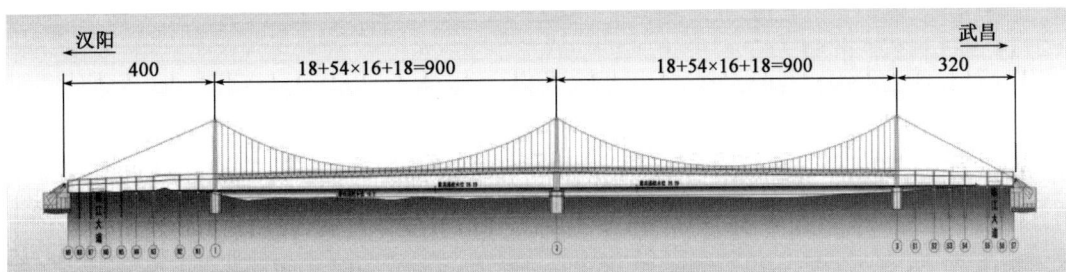

图19-4　2×900米双主跨悬索桥方案(单位:米)

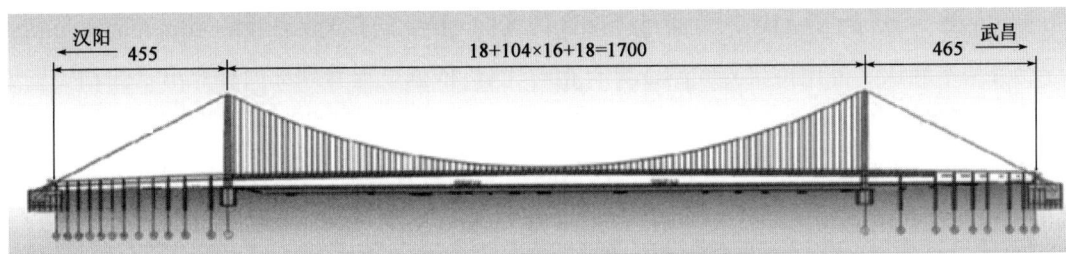

图19-5　单跨1700米悬索桥方案(单位:米)

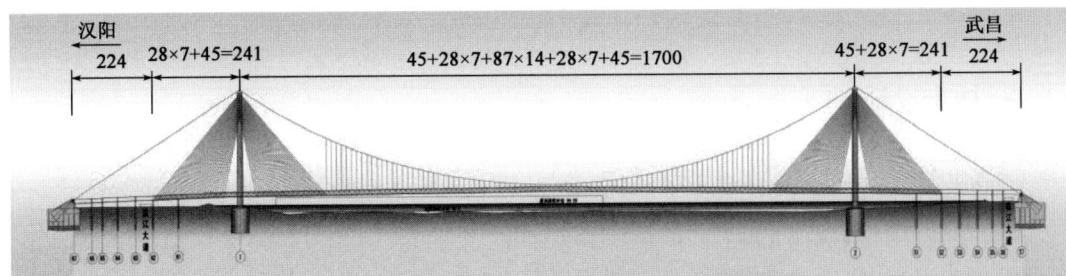

图19-6　单跨1700米斜拉悬吊组合桥方案(单位:米)

根据通航论证专题研究和相关批复,工程可行性研究报告放弃2×900米双主跨方案,认为:以我国现有建桥技术水平,1700米以上跨径的悬索桥和斜拉悬吊组合桥在技术上均可行。斜拉悬吊组合桥结合了斜拉和悬吊结构的优势,竖向刚度较大,可减少主缆、锚锭和吊索的数量,在特大跨度桥梁方案比选时具有很强的竞争力。但鉴于杨泗港长江大桥为城市桥梁,受规划和交通功能制约,经综合考虑,工程可行性研究报告推荐采用单跨 1700 米悬索桥方案。各桥型方案的综合比较见表 19-2。

主桥桥型方案综合比较表　　　　　　　　　　　　　表 19-2

桥型方案	单跨 1700 米悬索桥方案	单跨 1700 米斜拉悬吊组合桥方案
对疏解影响	对疏解无影响	大桥斜拉部分较长,汉阳侧下层与滨江大道连接匝道和上下层转换匝道设置困难,疏解功能相对较弱
桥梁景观	大跨悬索桥,地标建筑,景观最好	斜拉悬吊组合桥,结构新颖,景观独特
施工难易	工艺成熟,施工难度小	此类桥型建设经验少,施工难度较大
主桥建筑安装费	41.06 亿元	42.32 亿元

三、项目核准批复

2012 年 8 月 17 日,武汉市发展改革委提出武汉杨泗港长江大桥项目核准的请示。

2013 年 7 月,国家发展改革委委托中国国际工程咨询公司(现中国国际工程咨询有限公司,以下简称"中咨公司")对武汉杨泗港长江大桥工程项目申请报告进行咨询评估。

2013 年 10 月,中咨公司组织桥梁工程、交通规划、交通工程、工程造价等领域的多位知名专家对项目的建设必要性、规划符合性、行业准入、交通量预测、建设标准、建设规模、建设方案、投资估算等进行了全面评估。通过咨询评估,进一步核实了武汉城投集团的资金实力和建设经验;基本确认了采用桥梁方式越江具有相对优势;依据航道管理部门补充出具的相关意见确认了主桥 1700 米一跨过江的必要性及依据。

2014 年 3 月 11 日,以中咨公司项目评估的相关意见为基础,国家发展改革委核准了武汉杨泗港长江大桥的立项。

第三节　工　程　设　计

一、初步设计

1. 初步设计单位

设计单位:中铁大桥勘测设计院集团有限公司

设计范围:西起汉阳国博立交(不含国博立交),跨鹦鹉大道、滨江大道过江,武昌岸跨过八铺街堤、武金堤至八坦立交(不含八坦立交),全长约 4.13 千米,包括杨泗港长江大桥主桥、引桥、匝道工程以及道路、排水和绿化工程等。

2. 初步设计内容

桥梁部分:包含主桥(1700 米悬索桥)、主线引桥、鹦鹉大道与下层桥匝道、滨江大道与下层桥匝道、汉阳及武昌侧上下层桥转换匝道、武金堤路与上下层桥转换匝道、武金堤路至下层桥人行道桥、K12+900人行天桥1座。

道路部分:西起汉阳国博立交,跨鹦鹉大道、滨江大道、鹦鹉堤过江,武昌岸跨过长江路、武金堤、新武金堤路、金沙路、夹套河路至八坦立交,全长4.13千米。

3. 初步设计批复

2014年9月15日,武汉市发展改革委批复了杨泗港长江大桥初步设计及概算。主要批复内容是:

①建设规模:主桥长1700米,采用单跨双层钢桁架悬索桥;汉阳侧上下层引桥采用30~50米小跨径预应力混凝土连续梁(跨大堤处采用45米、70米跨径的钢箱梁结构),武昌侧上下层引桥涉水部分采用3×60米跨径钢桁梁结构,跨八铺街堤和武金堤采用40~70米小跨径预应力混凝土连续梁结构;设置鹦鹉大道、滨江大道、临江大道3处疏解匝道。

②通航标准:内河航道Ⅰ-(2)级,主孔通航净宽不低于830米、净高不小于18米,并不低于上下游相邻桥梁实际净高。

③设计概算总投资84.86亿元。

二、施工图设计

(一)总体设计

杨泗港长江大桥工程线路走向(图19-7)为:汉阳岸线路自国博立交起,沿已有汉新大道走行,跨过鹦鹉大道、滨江大道和长江堤防,沿规划控制的过江廊道垂直过江;武昌岸线路跨越长江堤防和长江路,沿已有八坦路走向前行,跨过武金堤和规划的新武金堤路,再跨过金沙路、2条湖北省木业集团铁路专用线和夹套河路后,至八坦立交。其中,跨江段主桥平面为直线布置,主桥段上下层纵断面为双向纵坡1.5%,引桥段上层主线桥纵断面共设7个变坡点,最大纵坡为3.4%,下层主线桥纵断面共设8个变坡点,最大纵坡为4.9%。

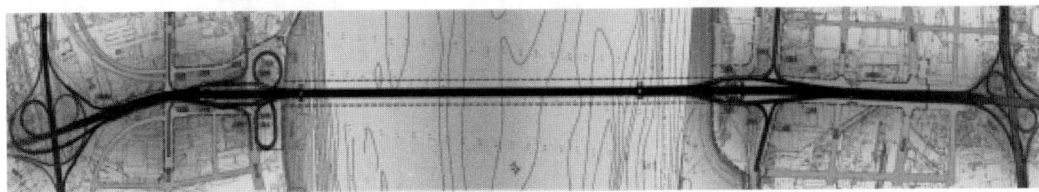

图19-7 杨泗港长江大桥平面布置示意

主桥上层桥面中间4个小车道(3.5米/车道)、两侧2个大车道(3.75米/车道),桥面两侧布置人行道,车道总宽32.5米;下层桥面中间2个小车道(3.5米/车道)、两侧2个大车道(3.75米/车道),两边布置非机动车道(3.5米/车道),车道总宽25.5米,两侧桁外布置检修道。两岸接线工程为双层高架＋地面辅道建设方式。上层桥城市快速路双向 6 车道与主桥对接,下层桥城市主干道双向 4 车道与主桥对接,非机动车道和人行道跨江后与地面相接。两岸接线地面辅道为 4~6 车道。主桥、引桥横断面布置示意图分别见图 19-8、图 19-9。

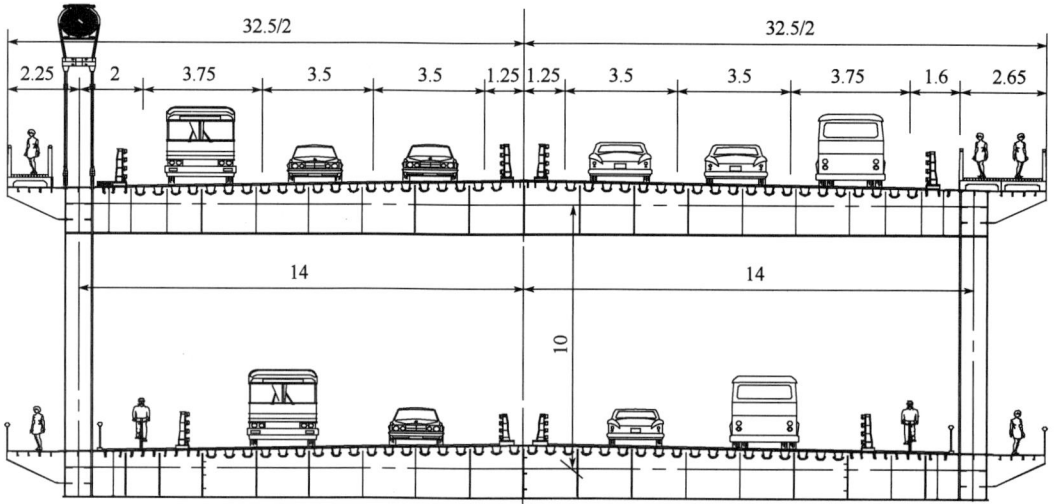

图 19-8　主桥横断面布置示意图(1/2 吊索区＋1/2 无索区,单位:米)

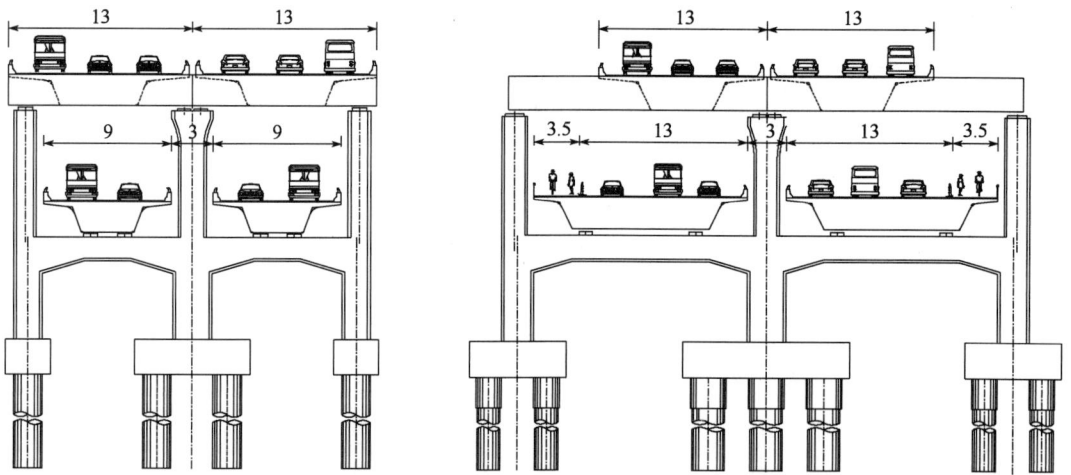

图 19-9　引桥横断面布置示意图(左图为标准段,右图为与主桥交接段,单位:米)

(二)桥梁结构设计

1. 主桥设计

主桥为主跨 1700 米钢桁梁悬索桥,主缆跨度布置为 465 米＋1700 米＋465 米＝2630 米(见图 19-10,边中跨比为 0.274)。全桥共 2 根主缆,采用预制平行钢丝索股法(PPWS)形成,每根主缆有索股 271 股,吊索与索夹为骑跨式连接,与钢加劲梁销接式连接,主缆锚固系统采用型钢锚固系统(图 19-11);主索鞍采用铸焊结合结构,鞍头用铸钢铸造,鞍身由钢板焊成。散索鞍为底座式结构,由上部的鞍体和下部的特制大吨位柱面钢支座组成,鞍体用铸钢铸造。

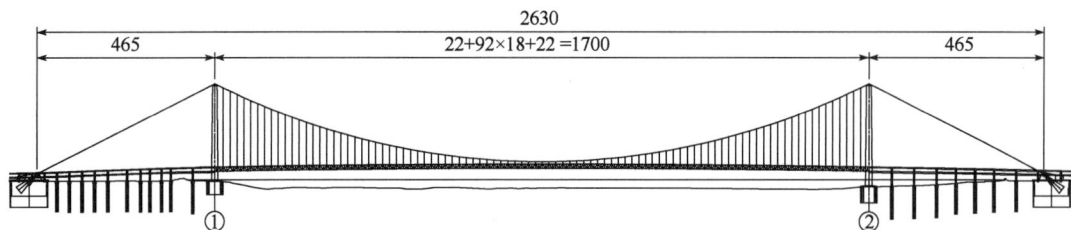

图 19-10　主桥悬索桥布置图(单位:米)

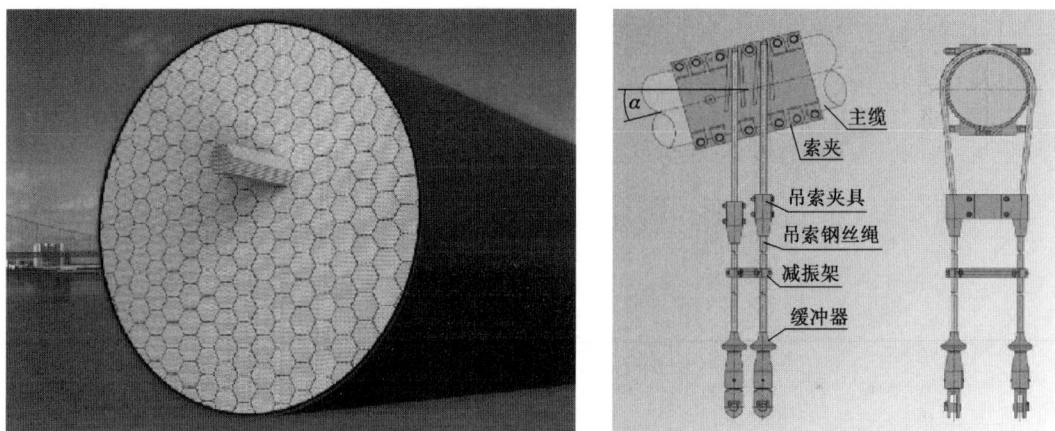

图 19-11　主缆及吊索结构布置图

杨泗港长江大桥加劲梁在国内首次采用全焊接华伦式钢桁架结构,上下层桥面均采用正交异性整体钢桥面板。主塔为门式钢筋混凝土桥塔,承台以上塔柱高 243.9 米,基础采用圆端形沉井结构(图 19-12)。锚碇基础采用圆形地下连续墙结构。

2. 南、北引道桥设计

根据国内外类似工程经验,杨泗港长江大桥主线引桥合理的跨径范围为 25 ~ 40 米,综合考虑经济性、施工难易以及城市景观等,汉阳(北)和武昌(南)侧引桥均选择跨径 30 米的预应力混凝土连续梁(图 19-13、图 19-14)。

对跨越长江大堤、主要道路、铁路专用线等位置,采用 40 ~ 60 米跨度,其中跨鹦鹉大道采用 38 + 57 米连续钢箱梁、跨汉阳大堤采用 2 × 57.5 米连续钢箱梁、跨武昌大堤采用 35 + 60 + 35 米混凝土连续梁、跨新武金堤路采用 50 米简支钢箱梁。

匝道桥直线部分跨度为 30 米,小半径曲线桥以 20 米作为基本跨度,部分跨越道路处节点桥采用合理孔跨以满足桥梁跨越道路的净宽要求。

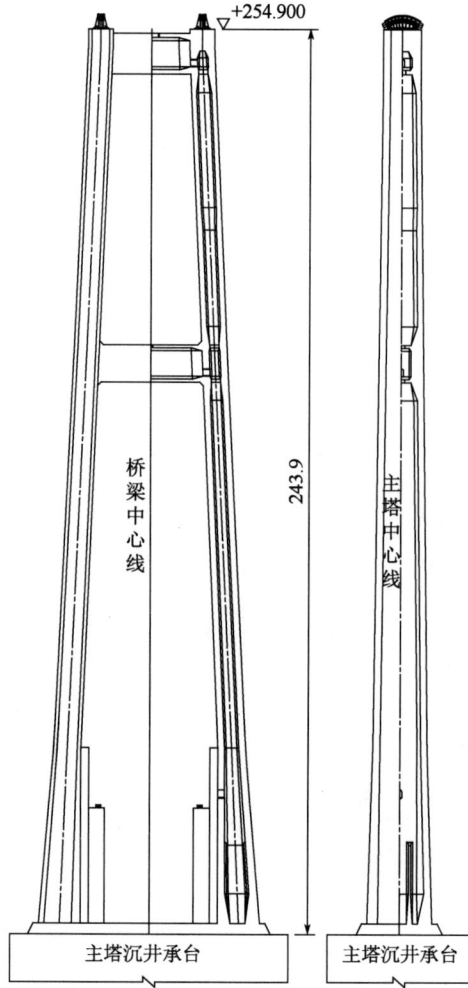

图 19-12　主塔结构布置图(单位:米)

(三)结构耐久性设计

1. 混凝土结构防护方案

杨泗港长江大桥所处环境类别为Ⅰ类。为提高混凝土结构的耐久性,设计时对较为重要、受力复杂的部位从结构细节的处理、混凝土的原材料、施工及质量验收等方面均做了细致的考虑:

①结构的形状和布置力求简单,减少暴露的表面积和棱角,有利于通风,并避免水汽在混凝土表面积聚。

②结构连接缝、施工缝位置避开不利的环境作用部位。

③将可能受雨淋或积水的水平表面做成斜面。如桥梁墩台的顶面设置成向边缘倾斜不小于5%的斜坡,或向中心倾斜并在中心处设置内埋的排水管等。

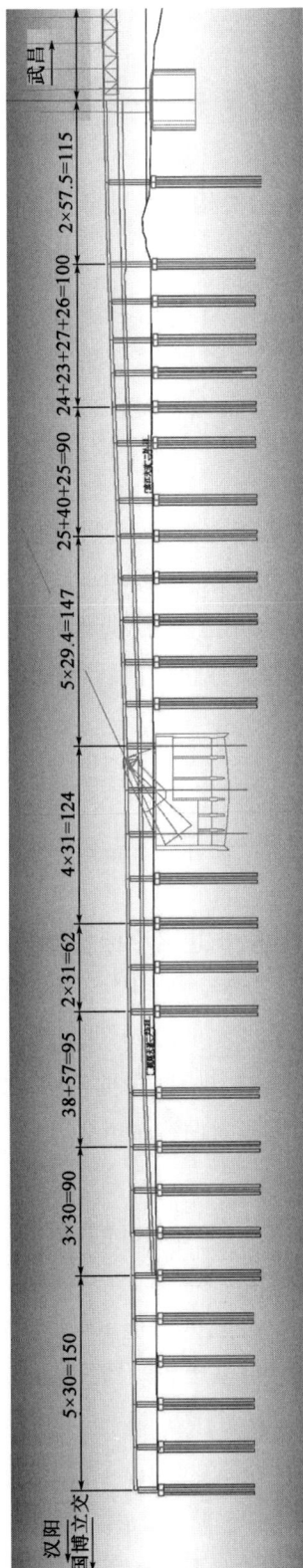

图19-13　汉阳侧北引道桥总体布置图(单位:米)

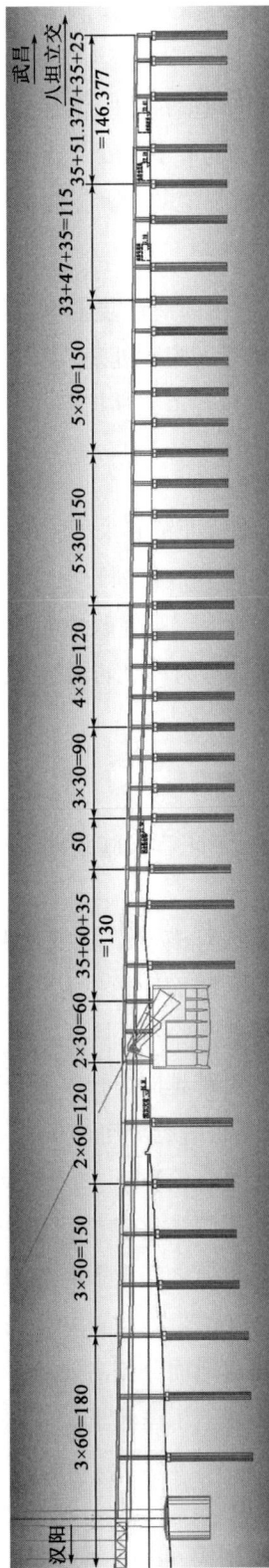

图19-14　武昌侧南引道桥总体布置图(单位:米)

④桥面侧边构件的外缘底面设滴水槽,排水管道的出口靠近混凝土结构构件表面,对预应力构件采取构造措施,防止雨水或渗漏水流过锚固封堵端的外表面。

⑤桥面铺装层与桥面结构之间设置可靠的防水层。

⑥钢筋保护层厚度取最小厚度与施工允许误差之和。

⑦主梁混凝土表面裂缝的计算宽度不超过全预应力类构件控制的允许值。

2. 钢结构防护方案

杨泗港长江大桥主桥防腐涂装工程通过国际招标、采购,选择技术先进、质量可靠的涂装方案,涂装体系工序有表面喷砂处理、表面粗糙度控制、底漆、两道面漆,实施过程中分别对钢梁内、外表面及桥面进行各道工序控制,涂装有效使用寿命均不小于30年。

(四)桥面系设计

杨泗港长江大桥钢桥面铺装采用防水性能好、变形能力强、运行噪声小、经济性好的浇筑式沥青混合料(GA)+高弹改性沥青混合料(SMA)铺装体系,即机动车道为30毫米下层浇筑式沥青混凝土+35毫米上层高弹改性沥青SMA、非机动车道为30毫米高弹改性沥青SMA、人行道(含主桁附近桥面板)为环氧防滑层+撒布2~3毫米原色玄武岩碎石,铺装层总厚度3~5毫米。

(五)交通工程设施设计

杨泗港长江大桥交通工程设施设计包括交通标志、交通标线、视线诱导设施、隔离设施、交通信号灯等。

交通标志:主要有人行横道标志、交叉路口指路标志、街道名称标志、线形诱导标志等。标志板材料采用铝合金板,版面反光膜为一级反光字膜,二级反光底膜,支承形式有单柱式、单悬臂式、双悬臂式及附着式。

交通标线:主要有可跨越同向行车道分界线、行车道边缘线、导向箭头、人行横道线、导流线、公交出入口标线、禁止跨越对向行车道分界线、可跨越对向行车道分界线。

视线诱导设施:主要有轮廓标、线型诱导标。

隔离设施:在道路两侧绿化带及桥下中间分车绿带均设置绿化隔离护栏,采用冷拉钢丝网片护栏;行车道与机动车道之间设置隔离护栏,保证道路安全。

交通信号灯:在交叉道口处设置悬臂式车道灯和立柱式人行横道灯。为保证主线的通行条件,在高架桥上桥匝道地面分流岛处预留独柱式信号灯基座,并设置预埋过街管及接线井同地面交通管线连通,控制上桥车流量。

三、设计咨询

杨泗港长江大桥采用了设计咨询模式,设计咨询单位为中交二公院,其主要负责初步设计和施工图设计的设计复核工作。

第四节　工　程　建　设

一、主要施工方法

1. 基础施工

主桥1700米悬索桥的2个桥塔均为沉井基础，采取4轮接高4轮下沉的总体施工方案。

针对桥塔底节超大下水重量沉井所采用的"沉井或围堰助浮装置的纵向封闭结构""沉井刃脚正下方土体水下爆破取土装置"获得了实用新型专利授权，"江河临边施工防护方法"获得发明专利授权。实施中针对沉井下沉需穿过深厚硬塑黏土层的特点，与国内钻机厂家联合开发了KQJ800B型搅吸泵，与荷兰达门公司共同研制了液压动力搅吸泵。

2. 主塔施工

汉阳和武昌主塔柱高分别为228.8米和240.8米，塔顶塔柱横向中心距28米，设上、中两道横梁。塔柱底节与塔座同步浇筑混凝土，剩余部分采用6米高标准节液压爬模施工。

3. 上部结构施工

大桥2根主缆横向间距28米，单根长约2850米、直径107.5厘米，由271根索股组成。每根索股质量约61.6吨，由91根直径6.2毫米的1960兆帕平行高强钢丝组成。吊索由抗拉强度为1960兆帕的钢芯钢丝绳组成，直径84毫米。

在大跨径悬索桥中首次采用锚杆与锚梁以精致螺栓连接，控制锚杆在主缆荷载下的变形。主缆架设采用双线往复对拉系统，并以基准索为准采用垂度调整法进行固定。加劲梁施工通过墩厚U肋与振动效应相结合的措施，保证其质量可靠。

在人行道施工过程中，上层人行道优化成了人行观光道，每侧宽度增加了0.9米，上层桥面总宽34.3米；下层桥城市主干路预留了公交专用道，下层桥面总宽32.5米，临时按双向六车道划线布置(图19-15)。

二、工程建设特点

1. 工程建设规模大

杨泗港长江大桥主跨1700米，在建成时是国内第一、世界第二大跨度的悬索桥，以及世界上跨度最大的钢桁梁悬索桥。

南(北)锚碇采用外径98米、壁厚1.5米、深度66米(59米)的圆形地连墙，单个锚碇混凝土方量约 31 万立方米。2 个主塔墩沉井平面尺寸为 77.2 米 × 40 米,高度分别为 38 米、50 米,基础规模大。

单根主缆索股长 2835 米,质量约 61.6 吨,全桥共 542 根索股,牵引距离长、重量大、牵引次数多;加劲梁采用钢桁梁,采用两节段整体起吊,起吊质量约 1000 吨,规模巨大,对施工机械及施工组织都是巨大挑战。

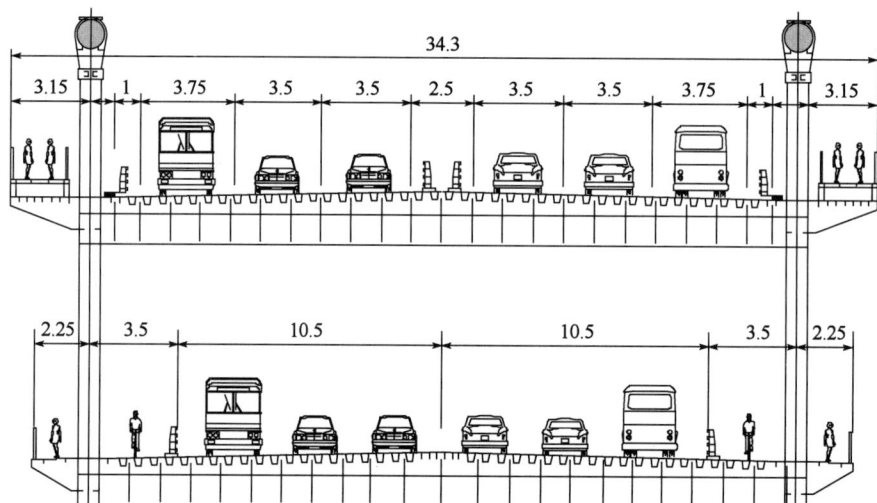

图 19-15 主桥上、下层桥面布置图(单位:米)

2. 立体交叉作业多

受工期因素影响,建设者制订了一系列快速施工方案,同时增加了立体交叉作业:

①塔柱上横梁施工与主索鞍安装、先导索架设同步。两座高墩塔沉井施工不同期,上横梁、塔顶门架、主索鞍错时施工吊装安装,及时开展先导索施工。

②索夹吊索安装与缆载吊机安装同步,交叉作业,减少缆载吊机占用工期时间。

③钢梁焊接与主缆缠丝、缠包带施工同步。一期恒载约占总恒载的 75%,一期恒载完成后即进行主缆缠丝施工;钢梁安装完成后即开始主缆缠丝、缠包带施工,减少缠丝、缠包带占用工期时间。

④桥面铺装与猫道拆除施工同步。立体交叉作业使安全风险增大,需加强现场安全管控。

3. 施工条件复杂

杨泗港长江大桥工程地处市区,施工场地受限,沿线结构物较多,人流量大,交通量大,特别是锚碇和引桥各施工范围建筑物多,拆迁难度大,施工受周边环境影响大。桥址处长江航运极为繁忙,处于武汉长江大桥上游且距离较近,长江水位和河床高程变化大,桥梁施工受长江航运和洪水影响大。

汉阳侧塔墩处于堤防岸坡边缘,沉井基础下沉深度达 40 米,基础施工对岸坡影响大,须采取有效措施对岸坡进行防护加固后方可施工;武汉侧塔墩墩位距离江中鱼骨坝仅 150 米,沉井浮运、定位需充分考虑鱼骨坝的影响;地质勘探资料显示,南、北引桥均有溶洞区,引桥桩基施工需要高度重视塌孔、埋钻等不良地质现象。

三、主要参建单位及任务

1. 施工和监理单位

施工单位是中铁大桥局股份有限公司(以下简称"中铁大桥局")、武汉武船投资控股有限公司、江苏法尔胜泓昇集团有限公司、柳州欧维姆机械股份有限公司 4 家单位的联合体。中铁大桥局为牵头单位。

监理工程分为 2 个合同段,合同段 1 的中标单位是中铁第四勘察设计研究院(湖北)工程监理咨询有限公司,合同段 2 的中标单位是中铁武汉大桥工程咨询监理有限公司和武汉飞虹建设监理有限公司(联合体)。

2. 科研单位

依托杨泗港长江大桥开展了多项科研工作,见表 19-3。

杨泗港长江大桥科研单位一览表　　　　　　　　　　　　　　　　表 19-3

序号	科研单位	研究内容
1	长江科学院	深大沉井基础周边土体加固和变形监测技术
2	同济大学	大跨度悬索桥抗震性能专题研究
3	西南交通大学	大跨度钢桁悬索桥抗风性能及模型试验专题研究
4	东南大学	双层正交异性板钢桁加劲梁桥面铺装研究
5	武汉理工大学	双层正交异性板钢桁加劲梁专题研究
6	武汉美城	大跨度双层悬索桥景观设计研究

四、建设管理

1. 项目管理机构

杨泗港长江大桥采用建设—移交模式。由中铁大桥局牵头的联合体按照投资比例出资组建武汉杨泗港大桥有限公司(其中,中铁大桥局投资占 50%),全面负责项目融资、建设及移交等建设管理,其组织机构图见图 19-16。

中铁大桥局与武汉杨泗港大桥有限公司签订总承包施工合同,成立总承包项目部。下设3 个项目部,分别负责汉阳岸主塔及汉阳岸引桥及附属施工,主塔、武昌岸引桥及附属施工,钢梁制造与运输,见图 19-17。

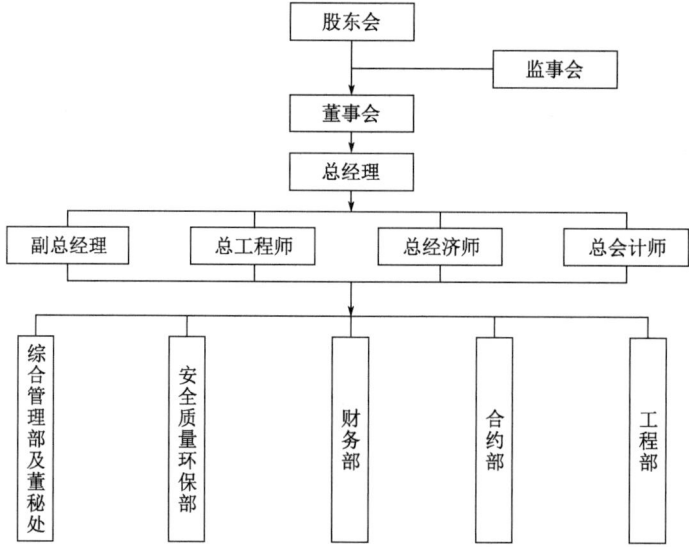

图 19-16 武汉杨泗港大桥有限公司组织机构图

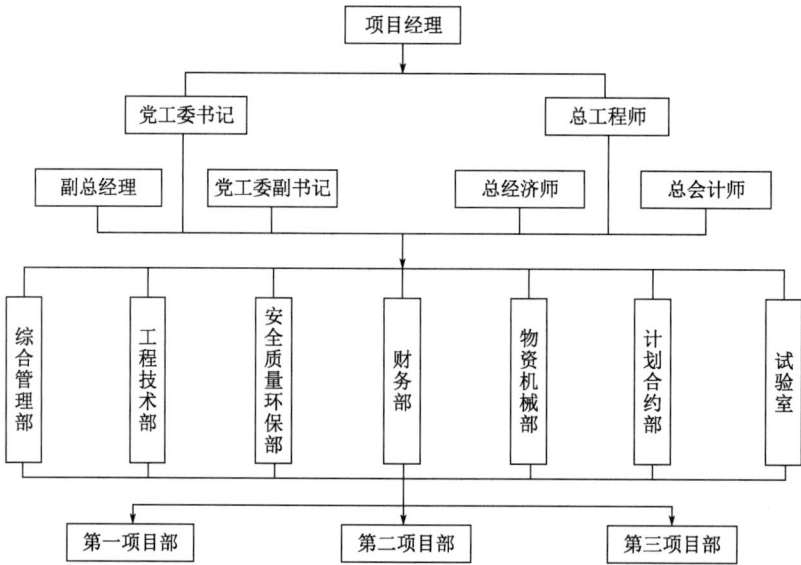

图 19-17 中铁大桥局武汉杨泗港长江大桥工程总承包项目部组织机构图

2. 质量管控

项目共划分子单位工程 11 个、分部工程 52 个、分项工程 257 个,实施全员、全过程、全方位质量管理模式,建立了工程首件制、隐蔽工程旁站及录影制、工程质量实名制、联合检查签证制、班组长安全质量责任制和安全措施保证制 6 个管理制度。做到相同工序首件完工后,联合建设、设计和监理单位对过程进行总结、分析、整改和完善。

施工管理方法采用安全质量责任矩阵法,开展钢沉井制造、钢筋加工、混凝土生产工厂化、安全质量隐患排查信息化管理,广泛应用塔式起重机视频远程监控系统、无人机检查,设立VR(虚拟现实)体验馆;试验、测量工作全部由专业化公司完成。实行现场技术员和质检员配备统一挎包(内装施工图纸、施工标准、检查表、检查工具)的背包管理和安全帽二维码管理,检查有工具、执行有标准、处罚有依据,随时接受公众监督。

3. 安全管理

项目实施的安全管理坚持一个核心,推行"三三三"安全管理理念。

一个核心:全面落实企业主体责任。

三大基础:建立健全安全保证和应急救援的体系建设;逐级分解管理目标、责任落实;建立安全质量管理程序、明确流程、规范行为的程序管理。

三个重点:大型设备和结构、人员培训及交底、考核及奖惩。

三项手段:源头抓方案、过程抓检查、结果抓落实。

第五节　运营管理

杨泗港长江大桥于2019年10月正式通车运营,武汉市城市运营公司(以下简称"市城运公司")专门成立了杨泗港大桥运维所,负责大桥的运营和养护管理。

一、养护管理

1. 管理体系

杨泗港长江大桥兼具公路和城市道路功能,桥梁养护管理主要遵从桥梁养护领域的专业技术规范和《武汉市城市桥梁隧道安全管理条例》。

为符合和适应特大型桥梁结构和运维特点,市城运公司组织编制了企业技术标准《桥梁管养标准化技术手册》,并筹备编制企业管理标准《桥梁管养标准化管理手册》,有序落实项目运维工作的时间、内容、方式、标准和责任。

2. 组织机构

市城运公司下设长江桥梁运维分公司、汉江桥梁运维分公司,按统一标准实施运营维护工作,对每座桥梁都设置独立的桥梁运维所,实行"两班四运转"。杨泗港大桥运维所隶属于长江桥梁运维分公司,主要负责杨泗港长江大桥的日常巡查、清扫保洁、桥产桥权、安全通行等管理工作。

市城运公司另设总工办、项目部、安全保卫部、监控指挥中心,统筹桥梁技术、维修、安全及集中监控调度工作,包括开展年度定期检查,委托资质单位实施专项检测和特殊检查,进行年度桥梁健康状况评价、桥梁综合管养情况评价、桥梁监控巡查、应急处置等。

3.管理制度

针对杨泗港长江大桥运营维护,建立了《桥梁管养工作制度》《桥梁经常性检查管理办法》《路桥供配电系统及机电设施管理办法》《电子巡查管理办法》《清扫保洁管理办法》《养护工程施工管理办法》《桥梁运营安全保护区工程管理办法》《桥梁检测实施管理办法》《信息系统管理办法》《路桥运营安全事故处置预案》《养护作业期间设施布置规范》等。

4.多级养护工作

杨泗港大桥运维所负责桥梁结构的日常养护和机械化养护工作,制订并执行预防性养护计划。

依据规范和条例要求,编制桥梁巡查和检测工作计划。一是全天有专职运维人员完成桥梁经常性检查、路产路桥管理和零星维护工作。二是开展年度定期检查,委托有资质单位实施专项检测和特殊检查,并进行以年度为周期的桥梁健康状况评价、桥梁综合管养情况评价和专家咨询会。三是对检测结果进行技术状况评定,结合交通、气象、病害的轻重及社会影响等因素,编制桥梁养护中长期和年度维修计划,适时开展小修保养、中修、大修等改造工程。

5.科学养护与智能化养护

科学养护主要是结合上年度检测报告制订巡检计划,形成周报月报体系,及时发现隐患,积极跟踪处理,随时调整重点养护工作。

杨泗港大桥的智慧管养平台与大桥同步建成,该系统集成了健康监测、日常巡查、病害维修、定期检测、综合评价、视频监控、建筑信息模型(BIM)、桥梁档案等桥梁管养的大部分日常工作。实现从桥梁病害发现到病害养护完成的闭环信息化管理,通过桥梁的实时综合评价,有效指导日常管养工作。

桥梁养护业务的信息化和规范化管理,不断提高数据的管理与共享水平,最终实现养护工作的信息网络化、数据标准化、资源合理化、业务规范化、决策科学化,实现桥梁养护的高效精细化管理。

二、经营管理

1.管理模式

杨泗港长江大桥纳入武汉市收费还贷整体系统中统一考虑,由市政府统一收费,不对大桥单独收费。

2.交通特点

杨泗港长江大桥的建成通车使得汉阳四新地区、博览中心,以及武昌南部的白沙洲、青菱地区的交通出行条件大大改善,创造了通达三镇的20分钟交通圈,对武汉的交通发展具有重要意义。

杨泗港长江大桥建成投入运营以来，两岸每日往返车辆在 4 万 ~ 5 万辆。从交通流向分析，汉阳至武昌往返双向车流量基本相等，上层车流量约为下层车流量的 3 倍。随着通车时间的延续，并伴随武汉市的不断发展，过桥车辆总数呈缓慢上升趋势，杨泗港长江大桥的联通作用不断显现。

第六节　工程创新

杨泗港长江大桥主跨跨径 1700 米，是建造时国内跨度最大的悬索桥，也是世界上跨度最大的双层悬索桥；大桥设计荷载 470 千牛每延米，主缆张力 65 万千牛、吊索拉力 5000 千牛，均为世界同类最大。在设计、建设和运营上采用多项先进理念和技术创新。

一、先进理念

1. 双层桥面设计

大桥采用双层桥面布置，上层为双向六车道城市快速路，两侧设置了人行观光道；下层为双向四车道城市主干路，两侧设置了非机动车道和人行道，是武汉市交通功能最齐全的跨江桥梁。

双层桥面布置方案在桥梁设计中并非首次，但是在超大跨度桥梁设计中尚无尝试。杨泗港大桥跨越长江，且属城市桥梁，双层桥面布置满足桥梁自身跨江功能要求，还兼具了城市规划中两岸交通组织等功能。同时，双层桥面布置的抗风稳定、整体美观也是非常重要的设计因素。上层为钢桥面＋现浇混凝土板，满足重车过江的需求，下层为正交异性板钢桥面，满足客车过江需要。通过对双层桁架的计算分析，主桁结构安全可靠，桥梁整体结构经济性强。

两岸的疏解设计不仅满足多种过江交通需求，而且与两岸的道路相匹配。参照武汉现有快速路的疏解方式，提出了"快慢结合、远近结合、上下结合"的交通疏解理念；上层主要服务武昌八坦立交和汉阳国博立交，及以远的汉阳四新地区、武昌南湖组团；下层主要服务武昌和汉阳滨江区域，以及公共交通通道；两岸均设置了上下层转换匝道满足远近距离的交通转换。

两岸疏解方案和设计理念得到了规划部门的认可，并获得了业主、专家和武汉市政府的一致肯定。

2. 上下桥通道设计

杨泗港长江大桥作为城市跨江桥梁，在设计过程中不仅要考虑桥梁自身的受力要求，还需要考虑两岸交通、江滩规划以及市民的要求等问题，虽然这属于桥梁附属工程，但体现了桥梁设计中以人为本的服务理念。

为实现市民上下桥的便捷性,采用双层桥面布置,上下层均设置人行道,其下层主桁架内侧还设置了非机动车和电动车专用道。为了让市民通行和观景,在主塔处人车分离,主桁架内侧通行非机动车,外侧人行道供行人通行,主塔立柱内电梯出口、人行梯道以及观光平台共用通道,方便行人通行和观景。杨泗港长江大桥成为武汉市交通功能最齐全的跨江大桥,在充分发挥大桥的交通功能,尤其是发挥非机动车道和人行道的交通功能上成效显著。

3. 高性能材料应用

主缆设计首次采用了大直径高强钢丝,单根直径 6.2 毫米、抗拉强度 1960 兆帕,较好地解决了主缆钢丝长效耐久性问题,推动了国产高强钢丝材料性能和生产技术的进步。主塔混凝土材料采用了 C60 高性能混凝土,具有国际先进水平。

4. 结构设计新颖

采用了双层公路桥中较为少见的全焊钢桁梁结构形式,不仅可以大大地减轻桥梁自重,而且可以保证结构的外观和质量,有效缩短了桥梁建设期,可节省钢材 5%,经济性优势明显。主桁架杆件视觉上显得整齐,通透性好,尤其是下层桥面设置了非机动车道和人行道,市民可以近距离接触桥梁结构,桥梁与行人亲和力强,体现了以人为本的桥梁设计理念,后续全焊接钢桁架方式逐步取代了螺栓连接方式,既满足桥梁功能要求,又考虑城市规划和道路的匹配性。

二、技术创新

1. 标准化、工厂化、信息化、装配化"四化"控制技术

采用国内先进的智能化、数字化和自动化钢筋加工机械设备,通过采用智能化数控系统及生产设备,从原材料全生命周期管理、生产智能化管理、质量管控智能化等方面提升搅拌站生产管理水平及智能化水平、实现混凝土生产从原材料管理到搅拌站生产组织、站内车辆调度等环节的自动化追踪、智能化管理。对试验室、材料存放场、生活区等重要区域安装高清摄像头进行 24 小时监控,试验室监控集成到施工管理平台,通过云服务器进行监控数据实时传输、存储。本项目所有机械,均以唯一的"二维码电子身份证"进行全面覆盖,做到一机一证。

2. 两节间大节段钢梁整体制造与吊装

钢桁梁全桥共 49 个节段,每个节段按 2 个吊索节间制造、安装,其中标准梁段 JJL1 长 36 米,质量约 1000 吨。各节段之间的工地连接除钢桥面板的纵向加劲肋和上下弦杆件竖板的纵向加劲肋采用高强度螺栓连接外,其余所有板件的工地连接均采用焊接。

为克服加劲梁施工桥位处航道繁忙、超宽超高大节段钢梁运输难度较大、大节段超重钢梁节段起吊设备及现场组织要求高、加劲梁自重占成桥总荷载的 55.17%、双层桥面二期恒载占总荷载比重大、梁段吊点不对称、架梁过程主缆线形变化大等困难,共进行了 5 种施工方案比

选,最终选定"成桥线形架梁部分配重+临时连接件"方案:

①一恒线形架梁方案。

②成桥线形架梁适时永久焊接。

③成桥线形架梁等额配重。

④成桥线形架梁加强梁段间临时连接件。

⑤成桥线形架梁部分配重+临时连接件。

3. 钢梁吊装、紧缆与缠丝大型装备研制

钢梁架设采用新制2×900吨双缆载吊机、紧缆机和缠丝机。缆载吊机提升系统采用2台大吨位液压千斤顶,双机抬吊可实现4吊点载荷均衡控制,钢绞线预收紧装置可实现动力快速收放并设置制动器,安全锚固装置具备自锁功能。

走行系统采用液压卷扬机,吊机在平缓坡走行时尾部反向牵引卷扬机与主牵引卷扬机间能实现联动控制。走行牵引锚固装置实现了轻量化,方便锚固和移位操作。走行防偏装置可实现自动纠偏。缆载吊机主控台具有防误操作功能,所有操作可在当前屏显示,双机并联动作时操控可以同屏显示。

通过试验结果表明:缆载吊机实现了设计目标、安全可靠。

4. 硬塑黏土层大型沉井施工

围绕杨泗港大桥主塔沉井施工存在的难题,在防护措施、工程方案、设备及工艺等方面进行技术创新,相关技术获得2项发明专利和2项实用新型专利授权。

①防护措施创新。大桥1号塔沉井一面临水、一面临近大堤。为保障大堤和沉井周围建筑的安全,施工过程中在沉井与大堤间创新设置"C"形防护结构。"C"形防护有效增强各防护桩的整体刚度,减小各防护桩的变形量,在短边防护桩均不设置内支撑或者锚拉结构,解决现有的临边施工时防护结构不易设置内支撑的问题,从而降低了防护的施工难度;对于2个短边防护部的圆弧结构产生的径向力,则通过各咬合桩消减抵抗。"江河临边施工防护方法"获得发明专利授权。

②2号塔沉井主动转向下河及助浮措施创新。2号塔底节钢壳沉井质量约6200吨,建造时为国内采用气囊法下水最大吨位的沉井。为解决沉井吃水不足和转向困难的难题,将下河托架和助浮措施进行一体化设计,主塔沉井下沉首次采用超厚黏土层条件下超大沉井下沉新技术;主桥加劲梁首次采用千吨级整体吊装新技术。"大型沉井或围堰的浮运方法"获得发明专利授权,"一种沉井或围堰助浮装置的纵向封闭结构"获得实用新型专利授权。

③设备及工艺创新。针对杨泗港大桥沉井下沉需穿过深厚硬塑黏土层的特点,工程方牵头在国内外广泛寻求合作对象,与国内钻机厂家联合开发了KQJ800B型搅吸泵,与荷兰达门公司共同研制了液压动力搅吸泵,设备性能参数根据硬塑黏土层力学指标进行专项设计。开

展取土工艺试验,最终形成沉井硬塑黏土层井孔区域采用专用疏浚抓斗＋搅吸泵＋高压射水取土,刃脚盲区采用爆破＋高压旋喷桩机高压射水＋斜向弯头吸泥机取土的工艺。与国内高校共同进行"武汉杨泗港长江大桥主塔沉井水下土层爆破关键技术研究"用于指导施工,建立爆破模型,分析爆破对沉井主体结构的影响,合理确定爆破位置及装药量,将爆破对周边环境及沉井结构的影响降低到最小。"沉井刃脚正下方土体水下爆破取土装置"实用新型专利获得授权。

第七节 工程价值

杨泗港长江大桥历经 10 多年论证和 4 年半的艰苦施工,于 2019 年 10 月 8 日建成通车。大桥建造期集多项新技术新理念于一体,创造了多个首次:主桥武昌岸桥塔底节钢沉井下水质量高达 6200 吨,建成时是国内外采用气囊法下水质量最大的沉井;主塔沉井下沉首次采用超厚黏土层条件下超大沉井下沉新技术;主桥加劲梁首次采用双层全焊加劲钢桁梁设计制造和千吨级整体吊装新技术;首次采用国产大直径高强钢丝主缆等新技术。

2016 年,本项目可行性研究报告获得全国优秀工程咨询成果一等奖,杨泗港大桥工程荣获 2016 年"江城十大魅力工地"称号,其他获奖还包括 2020 年度中国钢结构协会科学技术一等奖,2020 年度国际桥梁大会(IBC)乔治·理查德森奖等。

杨泗港长江大桥具有跨度大、影响因素多、周边交通路网系统复杂等特点,是一座世界级难度的桥梁工程。大桥的建设对武汉主城区城市交通系统的运行效率以及过江交通系统、两岸快速路系统的协调性都有较大提升,过江交通疏解同行人观光和谐相融,为市民的出行创造了更为便利的条件,社会效益显著。

执笔人:贾森 邵思远 宋小云

第二十章 秦岭终南山公路隧道

第一节 工 程 概 况

秦岭终南山公路隧道(以下简称"秦岭隧道"),是包头至茂名国家高速公路的控制性工程之一,是陕西省"2637"高速公路网西安至安康高速公路的重要组成部分,也是国家规划的包头—西安—重庆—北海和银川—西安—武汉两条公路西部大通道共用的特大型控制性工程,是"十五"期间陕西交通三大标志性工程之一。

秦岭隧道北起西安市长安区五台乡,南止于商洛市柞水县营盘镇,隧道北口(图 20-1)距西安市区 33 千米,单洞全长 18.02 千米,隧道净宽 10.5 米,限高 5 米,按双向 4 车道高速公路标准建设,设计速度 80 千米/小时,洞内设人字形纵坡,最大纵坡为 1.1%,最大埋深 1640 米。安全等级为一级,隧道结构设计基准期为 100 年。项目总投资 31.93 亿元(估算投资额)。

图 20-1 隧道北口图

2001 年 1 月 8 日,秦岭隧道开工建设,陕西秦岭终南山公路隧道有限责任公司为建设单位。2003 年 8 月 28 日,东线贯通。2004 年 9 月 26 日,西线贯通。2007 年 1 月 20 日,秦岭隧道建成通车。

秦岭是黄河水系和长江水系的分水岭,秦岭山脉山峦重叠,沟壑纵横,地形、地质条件复杂,自古就被视为难以逾越的天然屏障。秦岭隧道横穿秦岭山脉,断层、涌水、岩爆、瓦斯爆炸等灾害风险性大,建设难度极高。建设之时其规模居中国公路隧道之最、单洞长度居世界第二(仅次于挪威长24.51千米的莱尔多公路隧道),是我国高速公路隧道标志性和示范性工程。

秦岭隧道的建成通车,为我国长大公路隧道修建和运营积累了丰富资料和宝贵经验。相继荣获2008年住房和城乡建设部全国优秀工程勘察设计奖银奖、陕西省第十四次优秀工程设计一等奖、"中国高速公路30年·信息化经典工程奖"等多个奖项,2009年中国公路学会科学技术奖特等奖,2010年度国家科学技术进步奖一等奖、中国铁道工程建设协会"火车头优质工程奖",2011年陕西省科学技术奖一等奖、北京市科技进步三等奖、甘肃省科技进步三等奖,2014年第十二届中国土木工程詹天佑奖。

秦岭隧道建成后,西安至柞水的公路行驶里程缩短近60千米,运行时间节约2.5小时,避免了从海拔2000米左右的高度2次翻越山岭的难题,大大降低了冬季积雪对交通的影响(图20-2),显著改善了行车条件,提高了运输效率,对促进陕西省经济发展及西部大开发有着重要作用和意义。

图20-2 隧道穿越区域既有道路

第二节 规划与决策

一、项目酝酿

西安至安康公路西(安)柞(水)段,由国道210线和国道211线组成,全长约146千米,路线需翻越秦岭山脉。该段公路弯急坡陡,路线标准低,行车条件差,交通事故多,运输效率低。特别是冬季积雪严重,经常阻断交通、引发事故,影响秦岭南北的交通运输,难以满足陕西省南部地区经济发展的需要和不断激增的公路交通运输量。为降低跨越秦岭的路线高程,缩短公路里程,改善行车条件,采用隧道穿越秦岭是比较合理的方案。

根据国家重点开发中西部地区的精神,以及公路网发展规划,1990年,陕西省人民政府将西柞高速公路作为西安通向武汉、重庆的重要通道,列入国民经济和社会发展"九五"计划。陕西省交通厅将西柞高速公路及秦岭隧道列为"九五"期间重点项目。由于项目资金筹措等原因,项目一度搁置,但筹备工作一直未停,后又被列入陕西省"十五"重点项目,秦岭隧道被提上建设日程。

二、项目规划

西安—柞水—安康公路是内蒙古阿荣旗至广西北海公路翻越秦岭终南山的重要路段,也是 2004 年《国家高速公路网规划》和《国家公路网规划(2013—2030 年)》南北纵线包(头)茂(名)高速公路(G65)的重要组成部分,是陕西省"米"字形公路主骨架的重要组成部分。秦岭隧道是该路段的重要控制性工程。

秦岭隧道是国家高速公路网沟通黄河经济圈与长江经济圈的黄金通道,穿越我国南北气候分界线——秦岭,降低了冬季积雪对交通的影响,显著改善行车条件,提高了运输效率,对促进陕西省经济发展及西部大开发有着重要作用和意义。

三、项目立项

1999 年 3 月下旬,铁道部第一勘测设计院(现中铁第一勘察设计院集团有限公司,以下简称"铁一院")对利用秦岭铁路隧道平导建设公路隧道方案正式开展研究。

1999 年 4 月 6 日,陕西省交通厅主持召开了西康公路秦岭特长隧道方案研究座谈会,铁一院以建设西康铁路秦岭特长隧道的成功经验为基础,对秦岭特长公路隧道方案进行了多方案研究。

1999 年 5 月 18 日,铁一院就隧道路线方案、断面形式、运营通风、施工组织方案、投资估算等方面向陕西省人民政府进行汇报。

1999 年 7 月,铁一院就特长隧道运营通风问题进行了专题汇报。在方案研究期间,得到陕西省公路勘察设计院有力的配合和支持,并与陕西省交通厅多次进行技术研讨。

1999 年 10 月 26 日,陕西省人民政府省长办公会纪要要求加快前期工作进度。

1999 年 12 月,铁一院与陕西省公路勘察设计院联合完成《西康公路秦岭终南山特长隧道预可行性研究报告》。

1999 年 12 月 26—28 日,中交公路规划设计院组织专家赴现场踏勘调研,并于 2000 年 3 月形成了《关于西康公路秦岭终南山特长隧道预可行性研究报告的评估报告》,评估认为:终南山公路隧道项目具有重要意义,项目建设是必要的,同时认为隧道的建设规模宜控制在10 ~ 18 千米,预可行性研究报告提出的 5 个方案均属于世界级特长公路隧道,技术十分复杂,都具有重要的比较价值;下阶段应结合设计、施工、运营通风、监控、防灾救灾等方面进行各方案同等深度比较。

2002年2月6日,国家发展计划委员会正式批复项目建议书,同意项目立项。

四、项目可行性研究

2000年6月,陕西省发展计划委员会对《西安至安康高速公路秦岭终南山特长隧道工程可行性研究报告》进行了预审。预审专家组建议进一步深化方案研究,同时开展长大公路隧道专题科研及国内外的调研工作。编制单位在此基础上,重新修编完成了《西安至安康高速公路秦岭终南山特长隧道工程可行性研究报告》,及运营通风、监控系统方案和交通量调查分析研究3个专题报告(统称为"《可研报告》"),提出了运营通风、防灾救援、监控3个科研课题阶段成果。

2002年9月,陕西省发展计划委员会再次对《可研报告》进行预审。

2003年1月,交通部成立了由20位专家组成的评审专家委员会,对《可研报告》进行了行业评审。

2003年2月,受国家发展计划委员会委托,中国国际工程咨询公司(现中国国际工程咨询有限公司,以下简称"中咨公司")组织专家对《可研报告》进行现场调研和评估,评估专家组要求对《可研报告》提出的3个隧址方案进行同深度比选。

2003年3月,铁一院、陕西省公路勘察设计院和科研课题组修改完善《可研报告》。

2003年9月,交通部向国家发展和改革委员会上报行业审查意见。

2003年11月,中咨公司在北京主持召开《可研报告》咨询评估会。

2004年1月,中咨公司完成《关于西安至安康高速公路秦岭终南山公路隧道项目可行性研究报告的评估报告》。

2005年3月,国家发展和改革委员会正式批复《可研报告》,批复的主要内容为:采用四车道高速公路标准,设计速度80千米/小时,隧道方案为双洞四车道,单洞全长18.02千米。隧道净宽10.5米,隧道限高5米;隧道结构的设计基准期为100年;安全等级为一级。

第三节 工 程 设 计

一、初步设计

根据隧道南北口的接线条件,可行性研究报告研究了5个方案。初步设计阶段,在10~13千米长度方案比选中,筛选出综合条件相对较优的A1K、A2K方案与AK方案(图20-3)进行同精度比选。并按照隧道及接线线型计算行车速度提高为80千米/小时的标准,进一步研究比选,对岭北引线方案进行了优化。由于技术标准的提高,原方案比较起点处路线吊高约47~68米,比较起点由青岔(AK62+800~AK30+363)向前延伸至青沟口(AK26+400),向前延伸 3.968 千米。越岭隧道长度在 11 ~ 18 千米。

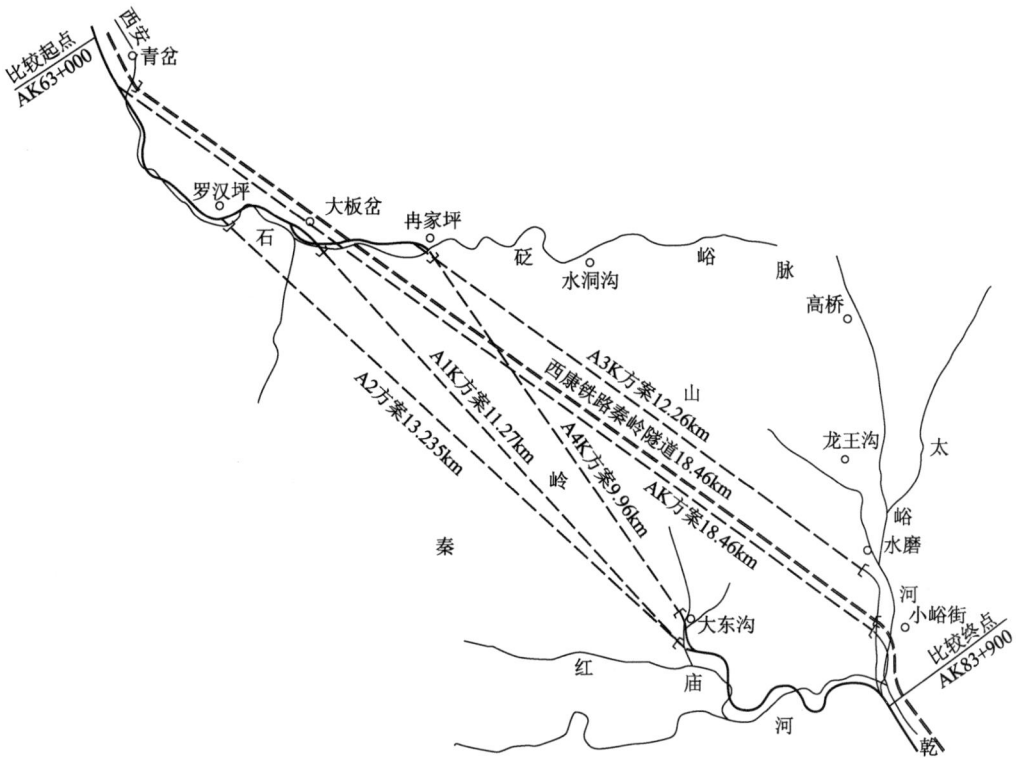

图 20-3 隧道线路方案示意图

各工程方案概况见表 20-1。

各工程方案概况 表 20-1

方 案 名 称	隧道长度(千米)	进口位置及高程	出口位置及高程	路线长度(千米)	投资总额(万元)
AK 方案	18.020	青岔 896 米	小峪街 1025 米	25.153	324811.5
A1K 方案	11.105	大板岔 1147 米	大东沟沟口 1121 米	26.9	271491.1
A2K 方案	13.175	罗汉坪 1017 米	大东沟沟口 1121 米	26.305	281778.4

通过引线技术指标、引线工程、地形、地质、运营安全、施工难度、建设工期、环境保护、建设投资、运营成本和效率等对 3 个方案进行综合比较,AK 方案虽然运营费用高,但路线短 1.747 ~ 1.152 千米,引线地段平、纵指标好,岭北引线地段避开了石砭峪峡谷崩塌、落石、泥石流等不良地质,并可利用铁路Ⅱ线平行导坑进行公路隧道施工,缩短工期,减少风险,节省投资,运营条件好,投资估算总额与其他方案相当,对生态环境影响较小,有着非常显著的社会效益等优点,故将 AK 方案作为推荐方案。

除路线方案的比选外,初步设计阶段还对运营通风及防灾、监控系统、照明及供配电、消防给水等方面进行了多方案的比选论证。

另外,考虑到长大隧道建设技术难度大,国内尚无可借鉴的工程经验,必须针对该特长公路隧道进行综合技术的系统研究,拟定开展秦岭终南山特长公路隧道综合技术研究包括:①隧道运营通风研究;②隧道运营监视与控制研究;③隧道防灾研究;④公路隧道信息技术研究;⑤隧道定额研究;⑥减噪路面研究;⑦隧道服务水平研究。在建设中根据需要再增加科研项目。

二、施工图设计

(一)总体设计

秦岭隧道北起西安市长安区五台乡,南止于商洛市柞水县营盘镇,隧道北口距西安市33千米,单洞全长18.02千米,双洞全长36.04千米,按双向四车道高速公路标准建设,设计速度80千米/小时,洞内设人字形纵坡,最大纵坡为1.1%,最大埋深1640米。安全等级为一级,隧道结构设计基准期为100年。

(二)建筑设计

秦岭隧道线形为直线,大致呈南北向布置,洞内设人字形纵坡,共有3个变坡段,横断面为三心圆曲墙式轮廓;洞内路面采用混凝土铺设,衬砌除进出口地段及悬挂风机地段采用模筑衬砌外,洞身其余地段结合地质条件设计为复合式衬砌;主线隧道设置通风竖井(图20-4)。

图20-4　隧道工程总体布置图

秦岭隧道采用双洞双线设计,横断面高7.6米、宽10.92米,最大纵坡为1.1%;单洞全长18.02千米,净宽10.5米,限高5米(图20-5)。上、下行线隧道每750米设1处紧急停车带,停车带有效长度30米、全长40米;2条隧道间每500米设1处行车横通道,横通道净宽4.5米、净高5.97米;每250米设1处人行横通道,断面净宽2米、净高2.5米。隧道进口高程896.9米,出口高程1025.4米。

图 20-5　隧道横断面布置图

(三) 交通工程及沿线设施

1. 总体构成

交通工程及沿线设施对于特长隧道的运营管理十分重要。秦岭隧道建设期间,国内尚无针对特长隧道交通工程的配置要求和设计规范。经多次论证,确定隧道的交通工程由监控系统,运营通风系统,运营照明系统,报警、防灾救援及供水系统,供配电系统,安全设施,收费系统,管理信息系统组成,如图 20-6 所示。

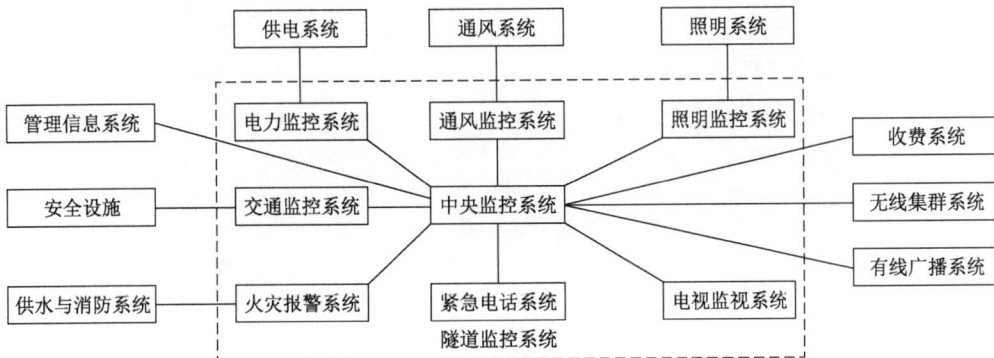

图 20-6　隧道交通工程系统图

2. 通风方案

针对秦岭隧道的自然条件、交通量、交通特性、工程方案条件、经济和技术条件等实际情况,通过对纵向分段、半横向、全横向、多竖井等各种通风方案进行对比研究分析,在通风专题研究成果的支持下,采用竖井送排式组合通风方案,以满足正常工况和火灾工况条件下的通风要求。隧道风机房见图20-7。

图20-7 隧道风机房实景图

3. 监控系统

通过监控专题的研究,建立了先进完善、安全可靠的智能监控和安全预警体系,确定了隧道的监控系统,设置了中央监控子系统、交通监控子系统、照明监控子系统、通风监控子系统、火灾报警子系统、闭路电视监视子系统、通信系统7个监控子系统,实现全过程、全方位、无盲区实时监控和事件快速处置(图20-8)。

图20-8 隧道监控室实景图

4. 报警、防灾救援及供水系统

通过对横通道及双洞通风的相互影响、多竖井或斜井等分段通风情况、火灾截流效应系统等研究,采用高速数据量测和采集系统进行数据瞬态同步采集,进行多竖井多通道多进出口的隧道火灾模式下网络通风研究,确定了隧道的报警、防灾救援及供水系统,见表20-2。

报警系统和消防系统的主要设施 表20-2

系统	用 途	主 要 设 施
报警、通报系统	通报隧道内发生火灾及事故	紧急电话每240米设1处;自动、手动报警按钮每50米设1处;火灾感温光纤
	洞外车辆禁止进洞,洞内车辆和乘客疏散逃逸	洞口交通信号灯和情报板;洞内车道表示器和情报板;有线广播;无线广播
消防设施	驾驶员等其他人员初期使用	灭火器每50米设1处
	消防及公众灭火	消防栓箱(水成膜泡沫消防栓),与灭火器同设于一处
避难、引导设施	避难通道	行人和行车横通道与另一座隧道连通,每250米间隔设1处,横通道内设便于双向开启的防火门
	紧急出口,横通道指示	指示标志,诱导照明
	排除火灾发生的烟雾	紧急状态的通风系统
监视系统	检测隧道内有害气体	CO、NO_x、烟雾浓度等检测器
	监测洞内交通密度,一般防塞车	闭路电视监视系统,视频检测器
救援系统	隧道救援、灭火用	贯通全洞的给水管环网,洞口高处的山上水池
		洞外消防、救援、救护用车

5. 其他工程

主要包括:供配电系统、运营照明系统、收费系统、管理机构及服务设施的设置、安全设施等的规划与设计。

三、设计特点

秦岭隧道建设时期,我国对于特长公路隧道的设计、施工、科研及运营管理缺少经验,为在设计中科学决策,采用了专题研究、广泛调研、咨询和交流等相关手段,不断完善相关设计工作。

1. 科学决策

2002年11月,在项目前期工作阶段即成立了由孙钧(中国科学院院士)、王梦恕(中国工程院院士)、郑颖人(中国工程院院士)、钱七虎(中国工程院院士)等12位全国知名专家组成的秦岭终南山公路隧道专家委员会,对重大设计环节和设计标准进行技术把关和咨询。专家委员会先后召开了多次会议,分别对项目设计、施工、科研工作中重大技术难题进行咨询评估,有效地解决了通风、机电控制、防灾救援、锚喷支护、人行横通道、行车横通道的设置等技术问题,为项目建设提供决策依据。

2. 专题研究

针对秦岭隧道的技术难点,在交通部西部交通建设科技基金支持下,成立了"秦岭终南山特长公路隧道关键技术研究"项目,开展特长隧道通风、防灾救援、监控、定额、环保、运营管理、信息 7 个方面的课题研究。其中运营通风技术、防灾救援技术、监控技术等多项成果通过专家鉴定,达到了世界领先水平,并相继应用到工程技术设计、建设管理和后续的运营管理中,整体提升了工程项目的技术水平。

3. 广泛调研、咨询和交流

项目在设计过程中邀请香港柏成公司、瑞士瓦特公司、挪威辛泰夫公司等知名机构,分别就运营通风、监控、防灾救援、供配电、照明、运营管理等技术进行交流和咨询。并委托挪威辛泰夫公司对照明效果进行模拟测试和验证,使隧道设计达到了国际先进水平。

同时对日本、美国、奥地利、德国、挪威等欧美国家的特长隧道进行实地调研考察,从感知到专题研究,积极汲取欧洲 3 起隧道大火灾经验教训,学习借鉴先进的控制模式、多种通风方式和照明方式等技术。隧道洞内采用特殊灯光带,以缓解驾驶员视觉疲劳,保证行车安全。通过不同的灯光和图案变化,可以将特长隧道分解成几个短隧道,从而消除驾驶员的焦虑情绪和压抑心理,此项理念和技术措施为亚洲首创。

4. 重视环保设计

为减少隧道工程建设对自然环境的影响,在选线过程中,进行了不同高程、不同长度共 5 个特长隧道方案的比选,并重点对长度在 9 ~ 18 千米的隧道方案进行论证,在满足设计规范要求的基础上,深入论证环境污染、环境保护等措施,力求避开牛背梁国家自然保护区。从节约投资、缩短工期、降低建设风险和减少对自然环境的影响等多方面进行综合比选后,决定采用 18.02 千米的特长隧道方案,使进口的高程降低到海拔 900 米以下,出口高程控制在海拔 1000 米左右,正常地下涌水量控制在 2 万立方米/昼夜以内。同时,设计了施工废水、废渣处理办法和防护措施,并给山区农民造地近 300 亩。设计方案减轻了山区修建公路对环境造成的不良影响,对保护秦岭地区的生态环境起到了积极作用。

第四节　工　程　建　设

秦岭隧道建设委托铁道部工程管理中心负责工程现场管理,后陕西省交通建设集团公司成立陕西省交通建设集团公司隧道分公司,统一管理隧道的建设及后期运营。

一、工程建设重要节点

2001 年 1 月 8 日,秦岭隧道开工建设。

2001 年 6 月 20 日,开始东线(上行单洞)第一试验段(1.58 千米)的施工,至 2001 年底完成 410 米的开挖工作量。

2002 年 3 月,安排第二试验段的施工。

2003 年 8 月,东线主隧道基本贯通。

2004 年 9 月 26 日,秦岭隧道西线(下行单洞)完成贯通。

2007 年 1 月 9 日,秦岭隧道通过交工验收。

2007 年 1 月 20 日,秦岭隧道建成通车。

二、工程建设关键技术

在交通部西部交通建设科技基金支持下,立项开展了"秦岭终南山特长公路隧道关键技术研究",由陕西省公路局组织,长安大学、西南交通大学、重庆交通科研设计院有限公司、厦门市路桥管理有限公司、中铁西南科学研究设计院近百名专家、教授和科技工作者参加,围绕特长隧道通风、防灾救援、监控、定额、环保、运营管理和信息 7 个方面的课题开展了研究,研究成果科学指导并解决了设计、施工和运营管理中的各类问题,提升了工程项目的技术水平,也为我国后来长大隧道的建设提供了很好的经验。

三、主要参建单位

秦岭隧道有设计单位 3 家、主体结构施工单位 8 家、主体监理单位 2 家、机电施工单位 10 家、机电监理单位 2 家。各参建单位详见表 20-3、表 20-4。

主体工程主要参建单位　　　　　　　　　　　　　　　　表 20-3

内　容	项　目	参　建　单　位
设计单位	主体结构工程	中铁第一勘察设计院有限公司、重庆交通科研设计院有限公司、陕西省公路勘察设计院
主体结构施工单位	土建工程	中铁一局集团有限公司
		中铁五局集团有限公司
		中铁十二局集团有限公司
		中铁十八局集团有限公司
	路面工程	中路通(北京)隧道工程公司
	竖井施工	中铁二十一局集团第三工程有限公司
		中交隧道工程局有限公司
		中铁二十局集团第二工程有限公司
监理单位	土建监理	陕西省交通建设工程监理总公司
		西安方舟工程咨询监理有限责任公司

机电工程主要参建单位 表 20-4

内 容	项 目	参建单位
机电施工单位	水消防安装	中铁隧道股份有限公司
	通信管道	亿阳信通股份有限公司
	消防、火灾报警	西安辉煌软件信息产业有限公司
	供配电(东线)	中铁三局集团电务工程有限公司
	供配电(西线)、电力监控	中化二建集团电仪安装工程有限公司
	风机、桥架安装	上海电器科学研究所(集团)有限公司
	监控系统	北京瑞华赢科技发展有限公司
	照明(东线)	深圳高力特通用电气有限公司
	照明(西线)	西安汉森电气工程有限公司
	广播、紧急电话	大连恒为电子有限公司
监理单位	机电工程监理	西安金路交通工程科技发展有限责任公司
		陕西金盾消防工程事务所

第五节 运营管理

秦岭隧道自 2007 年 1 月 20 日开通运营至 2020 年 3 月 31 日,共通行车辆约 5450 万辆 (年平均车流量为 419.24 万辆,日平均车流量为 11486 辆,2019 年 10 月 1 日创交通量高峰值, 单日车流量达 52865 辆)。截至 2020 年 3 月,秦岭隧道日均车流量约为 18000 辆,周末日均车 流量约为 25000 辆(以上为折算小客车数量),年平均车流量增长率约 8%。自通车至 2020 年 3 月 31 日,隧道(西安至安康方向)货车通行数量为 558 万辆,年平均货车车流量为 42.38 万 辆,日平均货车车流量为 1161 辆,货车占隧道交通量比重为 10.11%。

作为世界级的超长隧道,要确保其建成通车后的管理与养护水平同样能达到世界一流的 水平,做到交通安全、结构可靠、费用合理,实现"安全、畅通、经济"的运营目标,陕西交通建设 集团公司隧道分公司紧紧抓住制约运营目标实现的关键因素,系统管理养护对象,编制针对性 的管理养护对策并落实任务,建立有效的管理机制,创新成套管理理念与方法,为秦岭隧道安 全运营提供了重要保障。

1. 运营、养护理念

"预防为主、闭环控制、持续改进"核心管理理念。为实现公路隧道"安全、畅通、经济"运营 目标,在交通事故应急救援、结构病害处理和机电故障的排除方面认真贯彻了这一理念,如 图 20-9 所示。

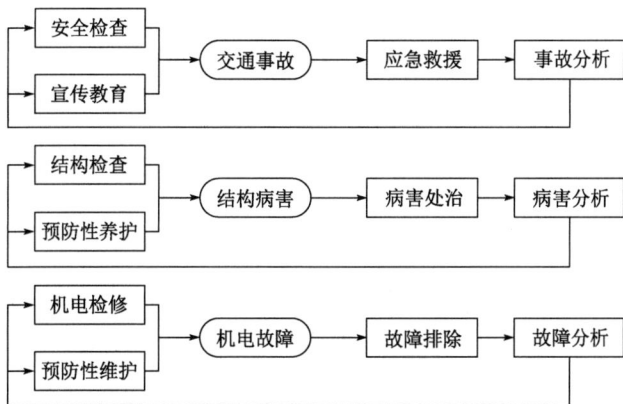

图 20-9　隧道管理理念

2. 隧道安全措施

结合国家法律法规和行业规定,借鉴国内外隧道安全管理经验,提出了预防为主的 8 项安全措施:制订秦岭隧道安全管理办法;编制隧道火灾应急救援预案;完善隧道自身救援力量配置;实行管养单位安全检查制度;长期开展隧道安全宣传活动;在国内首次采用高山消防水池,坚持定期举办隧道消防演习;提高机电设施养护质量;有针对性实施结构养护。

3. 安全检查体系

将安全检查作为常抓不懈、长年坚持的日常管理工作。隧道的安全检查工作分为日常安全检查、经常安全检查、定期安全检查和专业安全检查 4 类。其安全检查体系如图 20-10 所示。

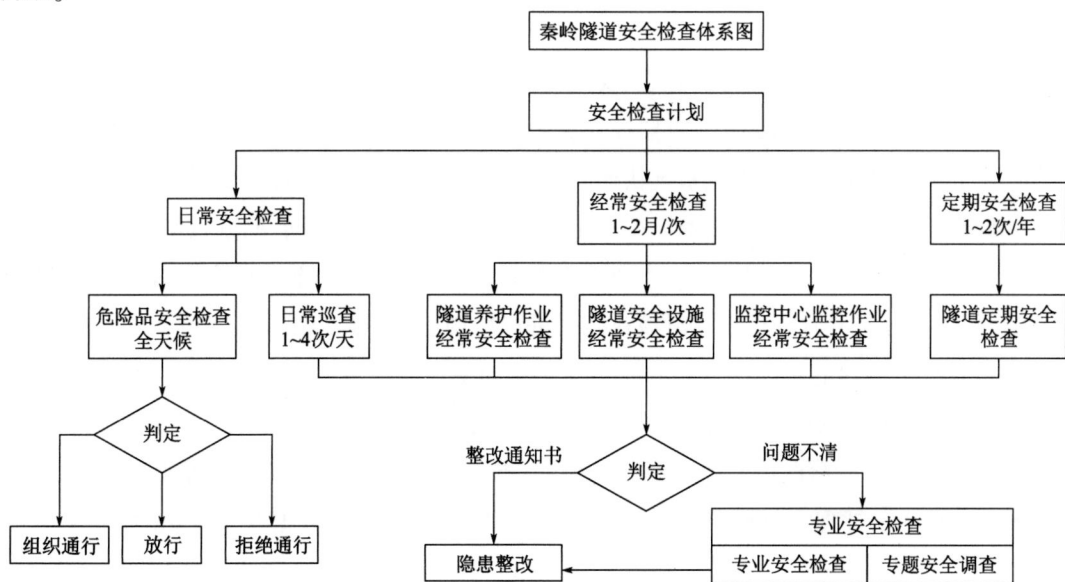

图 20-10　隧道安全检查体系

第六节　工程创新

秦岭隧道全长 18.02 千米,是建成时国内最长的公路隧道,涉及的运营管理、通风、监控、防灾救援等关键技术均属世界性难题。

2000 年,交通部组织多学科、跨行业的 52 家单位,产、学、研联合攻关秦岭终南山公路隧道建设与管理关键技术,历时 9 年,投入科研经费 3200 万元,开展现场试验 280 次、物理和数值模型模拟试验 360 次,并成立由 4 位院士及全国知名专家组成的 12 人专家委员会多次现场指导。项目获得 5 大类、40 余项科研成果,获国家专利 4 项,形成国家级工法 1 项、省部级工法 2 项,出版专著 5 部。项目基于"畅通、安全、环保"的理念,走自主创新与集成创新之路,最终形成建设与运营管理成套技术体系,奠定了我国特长公路隧道建设与运营管理的国际领先地位。具体为:

①创造性采用节能、高效的三竖井分段纵向通风技术;提出我国汽车基准排放量和公路隧道污染物浓度控制指标;揭示了隧道洞口和竖井污染气体扩散规律;解决了通风系统的分段长度、送排风口距离和角度、同井送排风分隔、井底分合流以及地下通风站的规模布局、功能和控制系统等系列关键技术难题,实现了自主创新。

②建立了集监控、报警、通风、救援和灭火为一体,具有国际领先水平的综合防灾救援技术体系;提出了节流效应、烟流阻力、动态网络防灾通风等新的计算方法,建立了火灾网络通风的控制原则,实现了自主创新。首次设立洞内外消防摩托值班室、洞内特殊灯光带,系统提出双洞互为救援、人车疏散方法和 142 种卡片模式救援技术预案,实现引进消化吸收再创新。

③首次建立了规模超大、智能先进、安全可靠的特长公路隧道监控系统;提出设施系统配置的功能设计法,开发集成 2.3 万点监控业务集成的中心控制系统,研制分布式信息采集和策略自动生成的软件实施隧道机电系统快速、准确的联动控制;实现了自主创新。

④创新特长公路隧道建设技术。采用了先进建设管理模式和综合勘察技术优选最佳隧道方案,实现引进消化吸收再创新。自主研发大断面硬岩隧道和竖井施工装备与成套技术,大断面隧道、超大直径竖井月掘进以及滑模衬砌月进尺均创造了中国纪录。

⑤将系统工程理论和方法应用于公路隧道管理中。在隧道机电系统中引入"功能位置"概念,建立了机电维护闭环控制体系;研发了特长公路隧道管理与养护系统(TMMS);建立了"编目、任务、管理"三阶段体系的通用管理模式;基于地理信息系统(GIS)、虚拟现实(VR)等信息技术,开发了管理系统软件,可实现隧道管理的立体展示、数据联动、三维定位和快速查询。

⑥特殊灯光带技术有效改善长距离驾驶视觉。为减轻特长隧道行车单调,缓解驾驶员的

疲劳,提高行车安全,通过在驾驶模拟器上的试验研究,确定了特殊灯光带的建设方案。在实施中将东、西2个隧道内每隔约5千米左右设置一处特殊灯光带(图20-11),每个隧道设3处。特殊灯光带长150米,由净宽10.5米渐变至20.9米、净高7.6米渐变至11.9米。通过不同的灯光变化、图案变化将特长隧道分为几个短隧道的景观,调节驾驶员情绪。

图 20-11 隧道内灯光实景图

第七节 工 程 价 值

秦岭隧道是包头至茂名国家高速公路(G65)上的重要控制性工程,也是陕西省"三纵四横五辐射"公路骨架网中沟通秦岭南北地区交通的控制性工程。秦岭隧道建成后,使西安至柞水的公路里程缩短近60千米,行车时间缩短了2.5小时;解决了在海拔2000米左右的高度2次翻越山岭的问题,有效降低了冬季积雪对交通的影响;建设过程中利用铁路隧道进行施工,节约工程投资3.54亿,缩短工期2年,利用本项目施工引水隧洞节省投资0.43亿元。

西安市是我国北方中西部地区的特大城市(国家中心城市),是贯通我国东西、辐射西北、西南的重要交通枢纽,是西北地区最大的商贸、金融、科技中心。秦岭隧道的建设对于完善国家和陕西省高速公路网,突破南北交通屏障,改善我国西北、西南交通运输条件,缩短公路运营里程,改善行车条件,提高运输效率等具有显著作用,对促进陕西省经济发展及西部大开发有着重要作用和意义。

秦岭隧道作为建成时中国自行设计施工的世界规模最大的双洞四车道公路隧道,引领了我国公路特长隧道的发展,为我国建设10千米以上超特长隧道奠定了理论和技术基础。项目建设中取得的各类科研成果被纳入国家和行业技术标准规范和工法,研究成果已直接应用于同类特长隧道建设与管理中,覆盖了四川、云南、广东、福建、湖南、湖北、安徽、重庆、山西、甘肃等省(自治区、直辖市)多项 8 千米以上特长公路隧道的设计建设。先进完善的隧道管理养护技术被广泛推广和借鉴,创新集成的特长隧道建设与管理技术已经直接应用于我国后续的多个特长公路隧道和地下工程,取得了显著的经济效益和社会效益,为我国企业参与国际特长隧道建设市场竞争奠定了坚实的基础。

执笔人:徐进　赵颖超

第二十一章　厦门翔安海底隧道

第一节　工程概况

厦门翔安海底隧道工程(以下简称"翔安隧道")是连接厦门市本岛和同安区陆地的重要通道,也是厦门市修建的第3条进出岛通道,路线总长8.71千米(按右线计),分五通互通、跨海隧道和西滨互通3部分,其中跨海隧道长6.05千米,采用设置服务隧道的三孔隧道方案,跨越海域宽4.2千米,工程场区海域最大水深29米,隧道最深处位于海平面下约70米,采用钻爆法施工。隧道按双向六车道高速公路标准建设,同时兼具城市道路功能,设计速度80千米/小时。海底隧道沿线设通风竖井2座、行车横通道5处、行人横通道12处。厦门岸接线长0.63千米并设五通互通1处。翔安岸接线2.02千米并设西滨互通1处。项目概算31.97亿元、其中建安费23.02亿元、设备及工器具购置费1.3亿元。

翔安隧道是我国大陆地区第1条海底隧道(图21-1),完全由我国自主完成勘测、设计和施工。项目建设规模大,地质条件复杂,工程经验少,技术难度高,施工风险大,海底风化深槽更是被业内专家称为世界级难题。项目实施过程中通过自主创新攻克技术难关,创造了优质工程,为我国海底隧道建设积累了宝贵的经验。

图21-1　厦门翔安海底隧道

翔安隧道工程于1998年正式开展规划论证,2003年通过前期技术论证及国家发展和改革委员会批复立项;2005年9月正式开工建设,2010年4月底建成通车,历时4年8个月。翔安隧道将厦门东部同安地区与本岛行车距离缩短了15千米左右,有效缓解了厦门进出岛交通压力,对构建海湾型城市框架、拓展城市发展空间、促进厦门及厦漳泉城市群经济社会发展具有重要意义。

第二节　规划与决策

一、项目提出

厦门岛是厦门市的政治、经济、文化中心,开发强度极高,岛内集中了厦门市 70% 的工业企业和 50% 以上的人口。到 1998 年,每日进出厦门岛的汽车交通量近 5 万辆,虽然海沧大桥分担了部分交通量,但厦门大桥日均交通量已达 3.4 万辆,超过设计通行能力。开辟厦门岛第 3 个进出岛通道显得十分迫切。

为拓展厦门发展空间,促进全市经济均衡发展,发挥厦门湾港口综合优势,厦门市提出建设厦门翔安海底隧道工程(东通道),沟通厦门岛至同安、泉州方向的交通联系,缓解厦门大桥交通压力,促进厦门环东海区域的开发,实现厦门市由海岛型城市向海湾型城市的战略转变。

1994 年,厦门市 1996—2000 年基础设施建设重点工程,正式把厦门东通道项目列入"九五""十五"期实施的重点工程。1996 年,在特区建设 15 周年之际,在厦门市计划委员会编制的跨世纪战略抉择中,明确提出在 1996—2010 年建成东通道工程。

二、规划依据

1998 年,厦门市交通委员会编制《厦门市交通运输"九五"计划及 2010 年发展规划》,明确提出建设厦门市"三环三辐射"路网主骨架的规划。

2000 年,福建省交通规划办公室编制《福建省省级干线公路网规划(2001—2020)》,将厦门东通道列为福建省干线公路网"八纵九横"布局方案中"纵一干线"(沿海大通道)的重要组成部分。

2001 年,厦门市交通委员会、厦门市公路局与交通部规划研究院共同编制《厦门对外干线公路通道规划(2002—2020 年)》,提出了"一主四射一环三联"的厦门市主要对外干线公路通道规划,将建设东通道提到了重要的议事日程上。

三、项目立项

1998 年 4 月,厦门路桥建设投资总公司委托中交第二公路勘察设计研究院有限公司开展厦门东通道项目预可行性研究,于 1998 年 11 月形成《厦门市东通道项目预可行性研究报告》,之后召开多次专题会议完善报告。

2001 年 3 月,厦门市针对东通道规划方案召开了市民意见征求会。

2002 年,厦门市政府工作报告明确提出加快东通道前期工作。

2002 年 10 月,厦门市发展计划委员会正式向国家发展计划委员会上报厦门东通道项目建议书。

2003 年 2 月,交通部出具了项目建议书行业审查意见,同意以第三线作为推荐线位,暂按暗挖隧道方案立项,要求在工程可行性研究阶段与桥梁方案同深度比选论证。

2003 年 3 月,受国家委托,原中国国际工程咨询公司(现中国国际工程咨询有限公司)组织专家对项目预可行性研究报告进行了评估,认为建设厦门东通道是必要的,隧道和桥梁方案各有优缺点,技术上都是可行的,建议下阶段做同等深度的技术经济比较。

2003 年 11 月,国务院总理办公会议讨论通过厦门东通道项目建议书。

2003 年 11 月,国家发展和改革委员会正式批复厦门东通道项目立项。

四、项目可行性研究

2002 年 3 月,厦门路桥建设投资总公司委托中交第二公路勘察设计研究院有限公司开展厦门东通道项目的工程可行性研究工作,重点围绕通道线位比选、桥隧方案比选、隧道工法比选及施工安全与运营安全等问题深入开展研究工作。项目可行性研究报告主要建设方案为:东通道由厦门岛向西与仙岳路相接,向东经五通码头跨海至内陆翔安区下店,与翔安大道相接;隧道全长 9 千米,其中跨海主体工程长 6 千米,隧道最深在海平面下约 70 米;按双向六车道设计,行车速度 80 千米/小时,建设工期 4 年。

2004 年 2 月,厦门发展和改革委员会向国家发展和改革委员会报送厦门东通道项目可行性研究报告。

2004 年 4 月,交通部对厦门东通道项目工程可行性研究报告进行行业评审,同意采用暗挖隧道方案。

2004 年 3 月,受国家发展和改革委员会委托,中国国际工程咨询公司组织专家对项目可行性研究报告进行评估,同意采用暗挖隧道方案、双向六车道建设标准。

2005 年 2 月,经国务院批准,国家发展和改革委员会批复厦门东通道项目工程可行性研究报告。

2005 年 4 月,经广泛征求社会各界意见,厦门东通道被正式命名为"翔安隧道"。

第三节　工 程 设 计

一、设计单位

2004 年 5 月,通过公开招标,中交第二公路勘察设计研究院有限公司和重庆交通科研设计院组成的联合体承担工程初步设计和施工图设计。

中交第二公路勘察设计研究院有限公司负责总体设计以及隧道土建、隧道通风与照明、接线工程、交通工程等设计工作。

重庆交通科研设计院负责隧道消防、供配电系统、监控系统等设计工作。

清华大学建筑设计研究院,负责隧道管理区房屋建筑、竖井建筑等设计工作。

设计咨询单位为香港奥雅纳工程顾问公司。

地质勘察单位为中铁大桥勘测设计院。

二、设计批复

2004 年 12 月,完成工程初步设计。

2005 年 4 月,完成施工图设计。

2005 年 5 月,交通部批准工程初步设计,批复概算 31.97 亿元。

2005 年 6 月,厦门市交通委批准工程施工图。

三、主要设计内容

翔安隧道起点位于厦门岛内翔安区仙岳路,下穿九龙江入海口,北至翔安区翔安大道起点,线路全长 8.71 千米(按右线计),其中跨海隧道长 6.05 千米。工程主要包括厦门岸接线及五通互通、跨海隧道、翔安岸接线及西滨互通 3 部分。

1. 设计标准

远景设计年年平均昼夜交通量为 94550 辆,主要技术指标见表 21-1。

主 要 技 术 指 标 表 21-1

项 目	标 准
公路等级	高速公路兼具城市快速路
服务水平	二级
设计速度	80 千米/小时
车道设置	双向六车道
路基宽度	16.25 米(城市道路部分 14.25 米)
隧道(单洞)建筑限界	行车隧道净宽:0.5 米 + 0.25 米 + 0.5 米 + 3×3.75 米 + 0.75 米 + 0.25 米 = 13.5 米 行车隧道净高:5.0 米
行车道布置	0.5 米 + 3×3.75 米 + 0.5 米 = 12.25 米
路面结构	沥青混凝土
曲线半径	一般 400 米,不设超高的曲线半径 2500 米
车辆荷载等级	汽车—超 20 级,挂车—120
地震基本烈度	Ⅶ度
洪水频率	道路 100 年一遇,隧道 300 年一遇

2. 线位布置

结合福建省公路规划及厦门市道路规划,充分考虑区域环境条件、城市规划、设施拆迁、与环岛路和仙岳路的衔接等,在厦门岛东部较大范围内对跨海通道线位方案进行了比选研究,并对建设场地附近路线方案进行了论证,设计起点在厦门岛店里村北侧,从城市快速主干道仙岳路起,经高林农场、店里村北,沿下边村南侧与环岛路相交,跨环岛路,沿北偏东跨海。跨海后与规划的环东海域公路相交,最后在林前村南侧接翔安大道。

3. 隧道断面布置

根据隧道功能、通风、养护维修及运营管理等方面要求,翔安隧道采用三孔隧道布置方案,两侧为行车主隧道,中间为服务隧道,海域段主洞左、右线测设线间距为 52 米,中间为服务隧道。隧道横断面布置如图 21-2 所示。

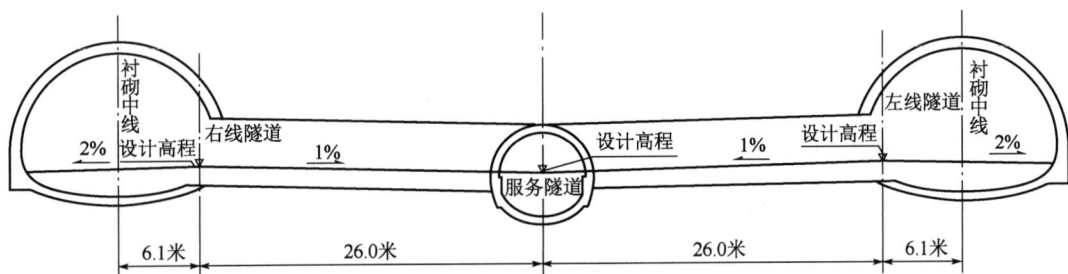

图 21-2　隧道横断面布置图

4. 隧道结构设计

海底隧道与陆地隧道作用荷载的不同之处在于,海底隧道除了覆盖层以外,还要承受很高的静水压力荷载。在Ⅱ、Ⅲ类围岩地段按初期支护承担大部分围岩压力、二次衬砌承担小部分围岩压力和全部静水压力;在Ⅳ、Ⅴ类围岩地段按初期支护承担全部围岩压力、二次衬砌承担全部静水压力模式考虑。

根据埋深、围岩级别和静水压力的不同,翔安隧道主洞设计了不同的衬砌支护结构参数。

5. 服务隧道设计

翔安隧道左、右行车隧道之间设置服务隧道。考虑 22 万伏特高压电缆、直径 1.0 米供水自来水管道预留空间及检修排水要求,服务隧道净宽为 6.5 米,净高为 2.5 米。设置服务隧道主要基于以下几点考虑:

①服务隧道作为运营期间的紧急避难通道,解决隧道运营期间突发灾害时人员避难、逃生和救援问题。同时,作为检修通道,便于隧道管理人员日常维护。

②利用服务隧道掘进可有效超前探明地质情况,并取得对局部不良地质地段处理的方法和工艺,保证主洞的掘进速度和安全。

③通过设置行车横洞,利用服务隧道,可为主隧道开辟多个工作面。同时,对于局部不良地质地段,可借助服务隧道先行处理,不影响其余段施工。

④服务隧道可作为检修通道,其上、下空间又可作为管线通道。

⑤市政跨海管线(22万伏高压输电管线和直径100厘米自来水输送管道)可在服务隧道内布设,管线维护、检修不会影响主隧道交通。

6. 横洞及竖井设计

为满足行车主隧道运营安全需要,共设置了12处行人横洞、5处行车横洞。行人横洞限界净空2.2米(宽)×2.2米(高);行车横洞限界净空4.0米(宽)×4.5米(高)。

根据通风需要,分别在两岸浅滩处隧道左、右线的主洞顶设置一直径为8.0米的竖井。竖井采用围堰筑岛方式修建,厦门端竖井采用钻爆法开挖、喷锚防护,同安端竖井采用双层钢插板内以注浆方式加固周围地层。在全强风化岩层中,竖井结构采用两次模筑混凝土;在弱微风化岩层中,采用喷锚防护和模筑混凝土。

7. 辅助施工设计

超前管棚适用于地质条件较差的海域强风化Ⅱ、Ⅲ类围岩地段和隧道进出口地段。洞口段采用直径108毫米钢管,长40米;洞身段采用直径51毫米中空自进式注浆锚杆,长15米,搭接长度大于3米。

超前自进式锚杆适用于陆域Ⅱ、Ⅲ类围岩地段,采用外径32毫米、长600厘米的热轧无缝钢管,锚杆环向间距约40厘米,外插角控制在14度,尾端支撑于钢架上,也可焊接于系统锚杆尾端,每排锚杆纵向至少需搭接1米。

全断面(帷幕)超前预注浆用于海域Ⅱ、Ⅲ类围岩地段,采用孔口管注浆,钻孔长30米,孔口管采用直径121毫米、壁厚4毫米、长300厘米热轧无缝钢管,作为止浆和孔口保护;钻孔以7～15度外插角向前方打入围岩,环向间距120厘米。注浆加固厚度控制在5米,注浆孔全断面布置,注浆压力控制在3.0～4.0兆帕。为保证注浆效果和均匀性,注浆应分段进行,即每钻进10米进行注浆,直到一孔结束。注浆起讫范围根据超前水平钻孔判定。

8. 衬砌防排水

隧道结构防排水采用全封闭防水衬砌,建设过程中隧道防水采取"以堵为主,堵、排结合"的原则进行治理。主要措施有:

①洞口设置集水井,对洞口来水进行截流。

②通过全断面(帷幕)注浆和超前自进式锚杆注浆,在隧道洞室四周形成约5米厚的注浆堵水圈,较好地封闭基岩中输水裂隙和涌水空间。

③根据帷幕注浆后地下水渗透量大小,调整衬砌初期支护中环向系统注浆锚杆对地层进行注浆堵水,进一步封闭地下水流经通道,减少地下水渗入量。

④初期支护和二次衬砌之间全断面铺设隧道防水层,选用抗老化能力较强、拉伸强度和断裂拉伸率较高的低密度聚乙烯防水卷材。

⑤二次衬砌采用全封闭现浇防水混凝土。

⑥施工缝、沉降缝均采用背贴式和中埋式橡胶止水带防水。

⑦采用刚度较大的模板台车,通过提高泵送混凝土压力以保证拱顶回填密实,解决初期支护和二次衬砌间的密贴问题,提高结构的抗水压能力。

9. 隧道通风

翔安隧道左、右线均划分为2段进行竖井轴流风机送排式通风,并辅以射流风机调压。风速适当,而且竖井分段设在隧道后部的起坡附近,可通过竖井高空排放,降低对环境的污染。分段后,缩短了排烟的路程。

10. 隧道监控

考虑长大公路隧道及海底隧道的特殊性,翔安隧道设置了以下9个监控系统:

①交通控制子系统。

②隧道通风控制子系统。

③隧道照明控制子系统。

④隧道紧急电话子系统。

⑤隧道闭路电视监视子系统。

⑥隧道火灾自动报警子系统。

⑦隧道有线广播子系统。

⑧移动通信子系统。

⑨电力监控子系统。

11. 隧道防灾与救援

长大隧道最大的灾害为火灾。翔安隧道防灾等级属于A级,消防等级为高危险级,隧道内不仅必须设置火灾检测报警设备、消防设备、避难指引设备等,还需配置完善的灭火设备。主要防火措施有:

①隧道内采用阻燃性材料或耐火材料,划分隧道防火分区。

②隧道内设置强力灭火系统和火灾自动报警系统。

③设置完善的疏散避难设施和定点急救避难场所等。

④隧道通风设计充分考虑到发生火灾时排烟的需要,具备瞬时反风功能,高温情况下能维持工作,并可远距离遥控启动。

⑤加强隧道消防管理和交通管理,如限制载有易燃易爆物及其他危险品的车辆进入隧道等,以及经常检查隧道的防火安全工作。

翔安隧道交通量较大,一旦发生事故,必须采取关闭隧道的方式,然后根据不同情况分别采取不同的控制策略。制订如下火灾处置方案:

①首先关闭火灾隧道,并根据交通流及阻塞情况对另一隧道进行交通管控。

②迅速通知相关单位进行救护,利用监控设施发布信息。

③利用有线、无线广播指引就近灭火,疏导隧道内外车辆驶离危险区域。

④情报板显示事故信息,关闭火灾隧道入口,并指示无灾隧道变为双向交通模式。

⑤变换信号灯,如事故附近信号灯变为"禁止通行"。

⑥火灾区域内消火栓指示灯闪烁指示。

⑦事故点上游车辆按正常方式驶离隧道,下游横洞防火门自动开启。

⑧调整火灾隧道通风风机方向及功率,控制烟的扩散,争取逃生时间。

⑨通过信号灯限制无火灾隧道交通量。

第四节 工程建设

一、重要节点

2005年4月30日,举行翔安隧道动工典礼仪式。

2005年7月,翔安隧道完成主体工程施工、监理招标。

2005年9月,翔安隧道五通侧明洞开工。

2005年9月,翔安隧道翔安侧明洞开工。

2006年3月,交通部批准翔安隧道施工许可申请书。

2007年1月,厦门岸斜井与右线隧道贯通。

2009年6月,翔安隧道右线隧道率先全线贯通。

2009年10月,服务隧道全线贯通。

2009年11月,左线隧道全线贯通。

2010年2月,时任中共中央总书记、国家主席胡锦涛莅临翔安隧道五通工地慰问工程建设者。

2010年4月,翔安隧道交工验收。

2010年4月26日,翔安隧道胜利通车。

二、主要参建单位

翔安隧道建设单位为厦门路桥建设集团有限公司(原厦门路桥建设投资总公司),负责项目前期工作、工程建设、运营管理等。厦门路桥建设集团有限公司先后组织建设了厦门大桥

（我国第 1 座跨海大桥）、海仓大桥、集美大桥等重点工程,积累了较为丰富的重大工程项目建设管理经验。

翔安隧道土建工程划分为 4 个施工合同段,划分方案如下:

A1 合同段:主要包括厦门端左线主隧道,相应里程的服务隧道,两隧道之间的横通道,隧道上方的通风竖井及洞内集水池通道;全长 3.66 千米。施工单位为中铁隧道局集团有限公司。

A2 合同段:主要为厦门端右线主隧道,主隧道与服务隧道之间的横通道,洞口建筑及五通互通;全长 3.77 千米。施工单位为中铁十八局集团有限公司。

A3 合同段:主要包括翔安端左线主隧道,相应里程的服务隧道,两隧道之间的横通道;全长 2.28 千米。施工单位为中铁二十二局集团有限公司。

A4 合同段:主要为翔安端右线主隧道,包括隧道上方的通风竖井,隧道与服务隧道之间的横通道,洞口建筑及翔安部分接线;全长 3.66 千米。施工单位为中铁一局集团有限公司。

监理单位为重庆中宇工程咨询监理有限公司、铁四院工程监理咨询有限公司。

三、主要施工方案

隧道采用新奥法施工。在Ⅱ类围岩地段主要采用中隔墙法开挖,在Ⅲ类围岩地段采用短台阶法开挖,在Ⅳ类以上围岩地段采用长台阶法开挖。隧道的施工难点主要为:陆地段全风化地层,浅滩段全强风化地层,海域段强风化深槽,浅滩地段竖井施工;由于海底隧道的特殊性,施工方案还需考虑施工防灾措施。

1. 浅滩段隧道施工方案

利用明洞和路基开挖土方对浅滩段隧道范围进行围堰填筑,隔离海水,形成工作平台。

利用钢板桩对浅滩进行分槽加固,钢板桩穿过全风化层到达强风化层,深度控制在 30 米。

强风化层至隧道底板以下 5 米范围采用注浆止水,形成止水墙,隔断地下水。

抽出围堰内海水,按 25 米间距布置 4~6 排降水井,降低地下水水位。

采用自进式超前管棚支护、注浆止水,超前自进式锚杆支护,中隔墙法开挖通过。

2. 海域段风化深槽施工方案

海域隧道穿过的地层主要是强风化花岗岩,局部存在破碎的深风化槽,主要考虑将注浆止水与加固围岩相结合,采用全断面(帷幕)超前预注浆技术进行处理,主要施工步骤如下:

①在施工掘进到达风化深槽位置 5 米范围时,采用全断面(帷幕)超前预注浆对前方 30 米、衬砌轮廓线外 5 米范围进行孔口管预注浆,加固地层。注浆孔从外向内分层施作,既可保证注浆质量,也可检查注浆效果。

②注浆完成后,采用自进式超前管棚支护、注浆止水,超前自进式锚杆支护,中隔墙法开

挖,完成初期支护。

③掘进10米后,施作二次衬砌。

④ 继续掘进到20米位置,完成二次衬砌后,施作止浆墙。

⑤重新进行以上工序,直到安全通过强风化深槽。

3. 竖井施工方案

根据通风和污染物排放的需要,分别在隧道 ZK8 + 000 和 YK11 + 150 两岸浅滩处设置 2 处通风竖井,其施工方法和步骤如下:

①在隧道 ZK8 + 000 和 YK11 + 150 地表浅滩,围筑直径约100米的人工岛,作为竖井通风机房平台,建成后作为景观,展示隧道建设成果。

②筑岛围堰按规范要求防护,设计高程5米,设计潮水频率为1/100,检算潮水频率为1/300。

③竖井口施工采用钢板桩防护,钢板穿透全风化层,嵌入强风化层中,桩底用钢管固定,钢管采用钻孔嵌入弱、微风化层3米以上。

④竖井开挖从上向下进行,采用锚喷支护,注浆锚杆封闭围岩裂隙,施作防水板后浇筑井壁。

⑤施工到隧道洞顶以上10米位置,竖井断面由圆形过渡到矩形,直到隧道底部。

四、建设管理

1. 组织机构

翔安隧道工程建设采取"政府宏观管理、项目业主责任制",厦门市政府设翔安隧道工程建设领导小组,政府有关监督机构进驻现场实施全过程监督,建设单位现场指挥部负责现场协调,形成多方协同的组织管理体系。

项目管理特色主要体现在两个方面:一是现场指挥部专门设立安全监督办公室,专门负责安全监管,贯彻落实"安全高于一切"的安全控制理念;二是聘请国内外知名专家担任项目政府工程顾问,为重大工程技术问题把关。

2. 质量控制

翔安隧道是我国内地第一条海底隧道,工程经验少,技术难度高,除采用国家规定的相关质量控制检验标准外,还采用了一些特殊的控制标准,这些标准均高于国家规范规定,如开挖变形量的控制值、海域风化段注浆堵水规定等。

翔安隧道工程采用"政府监督、社会监理、企业自检"的质量保证体系。省、市两级交通质监站联合组成质量监督办,驻现场对工程实施各个环节进行监督,每2个月进行1次全面质量安全大检查。翔安隧道实行两级监理体制,总监办代表业主对工程实施全方位管理,并聘请经验丰富的专家对隧道建设质量进行把关,每季度组织 1 次质量大检查;驻地监理工程师办公室对所监理合同段的施工现场进行全面管理,每月进行 1 次安全质量大检查。翔安隧道建设过程中特别重视施工企业自检在质量保证体系中的重要作用,从源头上把好工程质量关。

建设过程中重视对重点区段、重点工序的管理,对监控测量、超前地质预报、爆破管理、浅埋暗挖段施工质量、风化槽施工质量、富水砂层施工质量等重点内容进行严格的专项管理。同时,为了从技术和组织上保障施工方案的合理性,邀请国内外专家对软弱围岩段、富水砂层段、海域风化槽、隧道防排水、超前地质预报、工程事故处置等重大技术方案进行论证,施工单位根据论证和审查通过后的技术方案组织施工,保证了技术方案的合理性。

3. 安全管理

翔安隧道建设过程中恪守"安全高于一切、质量同于生命,防患胜于补救,责任重于泰山"的理念,坚持"安全 + 质量 = 1",紧紧抓住安全是海底隧道成功建设的关键、是重中之重的首要因素,以"零死亡、不塌方、不冒顶、不突水、不涌水"为目标的安全施工管理贯穿建设全过程。

重视并开展了海底隧道安全风险评估,聘请了香港奥雅纳工程顾问公司对工程进行初期、中期和后期风险评估,形成《翔安隧道工程风险评估与分析报告》。建设全过程重视安全风险管理,建立了完善的安全监管体系,建设指挥部成立施工安全监管办公室,驻地监理办配备安全监管工程师,明确施工单位是安全生产的责任主体,建立上下贯穿的施工安全监管工作运行系统。建设过程中形成了一些好的经验和做法,如隧道开挖"一炮三检"(每次爆破装炮前、起爆前和起爆后都由爆破人员对规定的安全项目进行检查确认)和隧道施工应急联动管理(起爆前要提前通知友邻施工单位按时撤离)。

海底隧道最大的特点是覆盖层以上是大海,水头高、压力大,因此,防止坍塌、透水、突水事故发生高于一切。针对海底风化槽段隧道,将施工技术、安全措施、人的安全技能、物的安全状态和环境安全条件紧密结合为一体。采用地质雷达、红外线探测等综合技术进行超前地质预报,提前制订安全方案;根据现场地质预报,动态调整设计方案;在风化槽地段采用全断面帷幕注浆;安装防突水装置和防水闸门;按照"严格工艺、严格管理、严格纪律"的要求提高安全保障,制订了《翔安隧道危险源监督管理办法》。建设过程中,重视安全应急管理,制订了行之有效的应急预案体系,加强应急救援教育培训,开展应急救援演练,时刻绷紧安全生产的弦,进一步提高了安全施工能力。

利用现代化信息手段加强施工安全监控,翔安隧道建立了施工安全监控管理系统,包含应急管理安全指示预警系统、远程监控成像系统、移动通信信号延伸系统、人员与车辆出入管理系统、应急逃生路线指示灯引导系统等,进一步加强了施工现场组织、调度、信息沟通、应急救援和安全监控。

第五节　运营管理

一、运营情况

翔安隧道实行建管养一体化的管理模式。由建设单位厦门路桥建设集团有限公司下属的厦门市路桥管理有限公司负责运营和维护管理。厦门市路桥管理有限公司是专业化的公路运营和维护管理单位，承担着厦门大桥、海沧大桥、集美大桥、杏林大桥、海沧隧道、厦漳高速等大型交通基础设施的运营管理，采用先进的桥隧养护管理系统科学养护，保证了这些重大交通基础设施的完好运营。

翔安隧道两端隧道口配套建设了管理区。五通端管理区总用地面积 22477 平方米，建筑面积 4282 平方米，主要有综合办公楼、中控室。翔安端管理区总用地面积 27009 平方米，建筑面积 8225 平方米，主要有综合办公楼、变电所、宿舍、仓库、收费和治超用房、交警和运管用房、公安用房、武警用房等。

最初，厦门翔安隧道收费站设置于翔安侧出岛车道，厦门岛进出岛所有公路通道收费统一管理，进岛方向不收费，出岛方向收费。每辆车的年费标准为 396 元/年，按次交费为 12 元/次。自 2019 年 5 月 1 日起，厦门市停止收取海沧大桥、厦门大桥、杏林大桥、集美大桥和翔安隧道(以下简称"四桥一隧")车辆通行费，翔安隧道免费通行。

2019 年，厦门"四桥一隧"日均进出岛车流量 54.13 万辆，其中进岛车流量日均 26.75 万辆，出岛车流量日均 27.38 万辆。翔安隧道全年进出岛车流量占"四桥一隧"总车流量比重为 17.72%。截至 2019 年，翔安隧道日均进出岛交通量约 9.1 万辆，非工作日的日均交通量约 8.9 万辆。

二、养护管理

1. 海底隧道腐蚀长期监测

海底隧道腐蚀是工程界普遍关注的问题，钢筋腐蚀直接影响运营期结构安全。翔安隧道高度重视运营期衬砌结构钢筋腐蚀长期监测，采用丹麦 Force 公司 Corrowatch 多探头腐蚀传感器和 ERE20 参比电极组成腐蚀传感器；同时，自主研发了电化学腐蚀传感器和物理腐蚀传感器，构成腐蚀监测系统，这是我国大型重点工程结构中是大规模钢筋腐蚀监测系统。实时和定期采集腐蚀传感器数据，通过监测混凝土内氯离子浓度、pH 值等，监测钢筋在混凝土中腐蚀开始、发展状态，进行结构安全状态评估，提前主动采取有效工程措施，从而确保隧道结构在设计基准期内的安全性。

2. 海底隧道结构长期监测

翔安隧道建设期就埋设了压力传感器、钢筋应变计、混凝土应变计、水压计、位移计、地震仪等传感器,厦门路桥建设集团有限公司自主开发了集数据采集、数据分析、结构安全性判定和预警为一体的自动化管理系统。运营期间通过光纤通信网络把传感器数据传输到中心控制系统,计算和分析隧道结构受力、变形等特点,进而评估结构的受力状况和安全性。

3. 结构维修养护检测

海底隧道土建结构运营养护检查分为日常检查、定期检查、特别检查、专项检查,这些动态信息的收集及规范化是隧道养护管理的基础。日常检查是对海底隧道结构外观状态进行日常巡视检查,以目视观察和触击声检查相结合;定期检查是为了发现日常检查中难以发现的衬砌损伤和劣化;专项检查是针对具体部位结构状态、劣化、腐蚀和渗漏水等进行的检查,是进一步了解结构状态的重要手段,主要包括衬砌裂缝、衬砌变形和下沉、衬砌背后空洞、衬砌劣化、衬砌起层剥落、衬砌渗漏水、衬砌表观病害等方面的检查。

4. 养护管理系统

海底隧道运营后,隧道结构经受车辆振动、气压、气温、湿度、潮汐、地震、水压等外界因素引起的反复动力和静力作用,再加上海水侵蚀,对隧道养护、维修、管理带来特殊的要求。翔安隧道专门开发了海底隧道维修养护计算机管理系统,由基础资料管理、结构病害常规检查数据库、结构病害专项检查数据库、结构安全性评价、长期检测数据管理、系统管理等模块组成。

第六节　工 程 创 新

1. 长距离饱和含水软土地层大跨度隧道建造技术

翔安隧道所穿地层在厦门端洞口陆地有近 700 米处于全强风化地段,在翔安端洞口陆地及浅滩约有1100 米处于全强风化地段,且局部存在长距离饱和含水砂层。因此,保证该段隧道施工的安全和快捷是关键性问题。

在施工过程中,根据地质及环境条件,沿隧道两侧施作封闭型土质围堰及地下隔水墙,采用深井降水技术,洞内采用超前小管棚支护,注浆止水,主洞采用交叉中隔墙法开挖,服务隧道采用台阶法开挖。要求初期支护及时封闭成环,同时必须加快二次衬砌施作时间,提高受力的整体性。

2. 海域段风化深槽施工技术

翔安隧道海域地段存在多处风化深槽,岩体主要为全、强风化花岗岩,每处长约 50～100 米,海水静水压力 0.5～0.7 兆帕,安全穿越这些风化深槽是隧道施工的难点。

建设过程中,主要采用超前帷幕(全断面帷幕、半断面帷幕或周边帷幕)预注浆配合长短结合的超前注浆小导管辅助施工措施进行处理,即:根据地质情况,在施工掘进到达风化深槽前 5 ~ 10 米时,施作混凝土止浆墙,采用超前预注浆对前方 30 米、衬砌内轮廓线外约 6 米范围内进行钻孔注浆止水并加固地层;全断面(帷幕)注浆完成后,采用超前管棚辅助施工措施进行超前支护、注浆止水并加固拱部围岩;主洞采用交叉中隔墙法开挖,服务隧道采用上下台阶法进行开挖,及时施作初期支护,掘进 10 米后,施作二次衬砌。

3. 水下钻爆隧道施工防突技术

海底隧道施工中的最大威胁是掘进中的突水突泥,一旦出现此类事故,将对人员安全和工程造成极大的损害。

翔安隧道在结构设计上,加强结构的自防水功能,采用高性能混凝土增强衬砌的抗腐蚀能力和抗渗透能力,如二次衬砌采用抗渗等级为 P12 的高性能双掺混凝土,以及采取分区防水的措施,对防水板与二次衬砌之间进行纵向分段隔离,降低纵向水力联系。在施工过程中,采用超前地质预报、预注浆止水、弱爆破短进尺分部开挖、及时封闭、水压监测等各种工程措施保证施工安全,同时,对可能出现的突水突泥事故提前准备并制订了应急方案,主要应急措施包括防水闸门、排水设备和逃生路线规划等,以尽可能地减少灾害影响范围,如在隧道的重要部位和关键路口设置防水闸门或挡水墙,出现突泥突水灾害时,人员离开危险区域后,迅速关闭防水闸门或挡水墙,阻止灾情进一步恶化。

4. 超前地质预报及评估技术

隧道具有隐蔽性、复杂性和不可预见性,常规的工程地质勘察具有局限性,特别是海底勘测技术难度大,勘测阶段地质资料不足、准确性不高。因此,施工时必须采用地质调查、地质素描及综合判断,特别是超前地质预报系统等综合手段,保证对前方开挖的地质情况做到科学预判,才能保证工程施工安全。

翔安隧道施工期间全程采用隧道地震波勘探法(TSP)超前探测系统、探地雷达和超前地质水平钻孔等超前地质预报手段对隧道掌子面前方的工程地质和水文地质进行比较准确、全面、系统的探测和判断,确定不良地质体的空间位置和危害程度,结合监控量测数据,综合考虑围岩和主动支护因素,及时调整隧道衬砌支护参数,提出措施和建议,指导隧道施工。同时,充分利用超前的服务隧道了解其洞身的地质情况,为主隧道的开挖积累经验。

5. 海底隧道动态设计及信息化施工技术

根据新奥法原理,需将现场监控量测列入施工组织设计、建设过程中。通过对翔安隧道围岩受力、变形的监测,判断隧道和围岩是否稳定和安全,评定初期支护和二次衬砌设计的合理性,从而指导隧道施工,反馈设计,及时变更设计,使得设计和施工配合更紧密,节省工程造价。根据隧道的围岩条件、支护类型和参数、施工方法等确定量测方案,并在施工过程中动态调整。

6. 海底隧道支护结构耐久性保障技术

由于海底隧道地下水具有较强的腐蚀性,因此在结构设计中必须采取有效的耐久性工程措施,确保隧道设计基准周期(100 年)的要求。

为保证海洋环境条件下 100 年以上耐久性设计要求,翔安隧道初期支护喷射混凝土采用具有抗海水侵蚀能力、强度等级不低于 C25、抗渗能力大于 S8 的湿喷喷射混凝土,锚杆必须进行浸锌处理(光亮型热浸锌),厚度大于 8 微米;二次衬砌混凝土抗渗等级为 S12,90 天氯离子扩散系数小于 2.0×10^{-12} 平方米/秒,衬砌混凝土强度等级不小于 C45,且混凝土 3 天抗压强度不低于 21 兆帕。

7. 隧道支护结构健康监测技术

为保证海底隧道结构具有良好的功能状态,翔安隧道采用了主动监测技术对隧道结构进行长期监测,以便及时掌握隧道结构的状态变化,从而判断隧道结构的可靠度,进而采取对应的控制策略,使隧道结构始终处于良好的可控状态。

结构健康监控系统主要由传感器、通信传输系统、数据采集系统、信息分析系统四部分构成。传感器主要采用光纤光栅传感器,部分采用振弦式传感器;通信传输系统采用光纤传输。光纤光栅传感器直接采用光纤传输;振弦式传感器有数据采集仪进行数据采集,数据采集仪留有 RS232 或 RS485 接口,该接口与光纤数据收发器交换数据,光纤数据收发器将该数据上网进行光纤传输。数据采集系统采用光纤光栅传感网络分析仪采集数据,该数据采集系统终端置于监控中心。通过运用多种力学方法分析采集数据,进而对隧道结构安全性进行评估,并提供合理、经济、有效的工程对策。

第七节 工 程 价 值

翔安隧道建设实现了施工零死亡,创世界海底隧道建设奇迹,交通运输部、国家安全生产监督管理总局联合发文对翔安隧道安全生产工作给予表彰。厦门翔安海底隧道建设与运营成套技术获中国公路学会科技进步奖一等奖。

厦门翔安海底隧道是我国建设的第一条海底隧道,工程地质条件十分复杂,建设规模大,工程经验少,技术难度高,海底施工风险大,尤其是需要克服穿越海底风化槽这一世界级难题,建设过程中通过技术创新,依靠科技进步,完全由国内自主勘测、设计和施工,取得了一批海底隧道关键技术成果,成为我国公路隧道发展的里程碑,为我国海底隧道工程建设积累了宝贵的经验。

翔安隧道的建成通车,打通了厦门岛的东侧进出岛交通通道,突破了厦门岛与翔安区隔海相望的地理屏障,将厦门岛到翔安的车程由 1 个多小时缩短到 10 分钟,极大地拉近了岛内外时空距离,对拓展厦门市发展空间,推动厦门岛内外均衡发展,促进厦漳泉城市群发展,加快海峡西岸经济区建设,具有重要而深远的意义。

厦门翔安隧道作为厦门市的第3条进出岛公路通道,是福建省"八纵九横"干线公路网重要组成部分,也是厦门市"一主四射一环三联"公路主骨架重要组成部分,对缓解进出厦门岛交通压力,完善厦门市交通网布局,优化区域公路网结构,增强我国沿海通道运输保障能力具有重要的作用。

执笔人:王春苗 郭小红

第二十二章　长江南京段上游过江通道

第一节　工 程 概 况

长江南京段上游过江通道(现称"应天大街隧道",以下简称"南京长江隧道")位于南京长江大桥(以下简称"长江一桥")与长江三桥之间,是南京主城区连接河西新城区和浦口区的过江快速路通道。采用"西隧东桥"方式,分别穿越长江主航道和夹江,设计使用年限100年。南京长江隧道于2005年3月获得国家发展和改革委员会核准并开工奠基,2005年9月30日开始施工,2009年8月22日实现全线贯通,2010年5月1日全线建成,2010年5月28日正式通车试运营。根据《中国国际工程咨询公司关于南京长江隧道工程概算调整的审查报告》(咨招标〔2010〕1092号),工程总投资约为39.86亿元。

南京长江隧道全长约5853米,总体布置见图22-1。隧道工程为项目主体工程,总长3837米,包括长3012米的盾构隧道、770米始发井、接收井和明挖段土建以及配套的机电设备安装工程。桥梁长度705米(主桥长455米),采用10~25米连续梁+(35米+77米+60米+248米+35米)独塔自锚式悬索桥,主梁分为两幅设置,最高通航水位10.398米,最低通航水位2.398米。隧道和桥梁均为双向六车道城市快速通道,设计速度80千米/小时。隧道采用2台直径14.93米泥水盾构机同向掘进施工,横断面按左、右线分离布置,每个隧道由车道板分为上、下两层,上层为行车道层;下层为服务层,分为电缆通道、救援通道和逃生通道3部分。桥梁主跨主梁采用钢箱梁,顶推施工,边跨及锚跨主梁采用预应力混凝土箱梁,支架现浇施工。

南京长江隧道建成时是长江上工程技术难度最大、挑战性最多的地下工程,是世界上同类地质条件直径最大(14.93米)的盾构隧道,水土压力(0.65兆帕)为盾构隧道世界之最,地层渗透性强,隧道穿越地层复杂(总长88.5%地段穿越粉细砂、砂砾、卵石地层),渗透性极强(最大渗透系数43.2米/天),盾构始发埋深浅(5.5米),江中覆土薄(最小10.49米,覆跨比0.7),使得项目超过世界同类工程的风险防范极限,同时还面临河床次深槽紧邻防洪堤坡脚、地形陡变、地层磨蚀性高等施工难题。密集的世界级技术难题使南京长江隧道成为国家"863计划"的科技示范工程,取得了多项创新成果。先后荣获国家科学技术进步奖二等奖2项,省部级及协会科技奖16项,知识产权26项,获全国优秀工程设计奖一等奖、全国铁路系统"火车头"奖章、中国建设工程鲁班奖、中国土木工程詹天佑奖、国家优质工程奖金质奖、全国项目管理成果一等奖等奖项。相关技术难题的成功破解,填补了我国在大直径、高水压、强透水、砂卵石复合地层中盾构施工的空白。

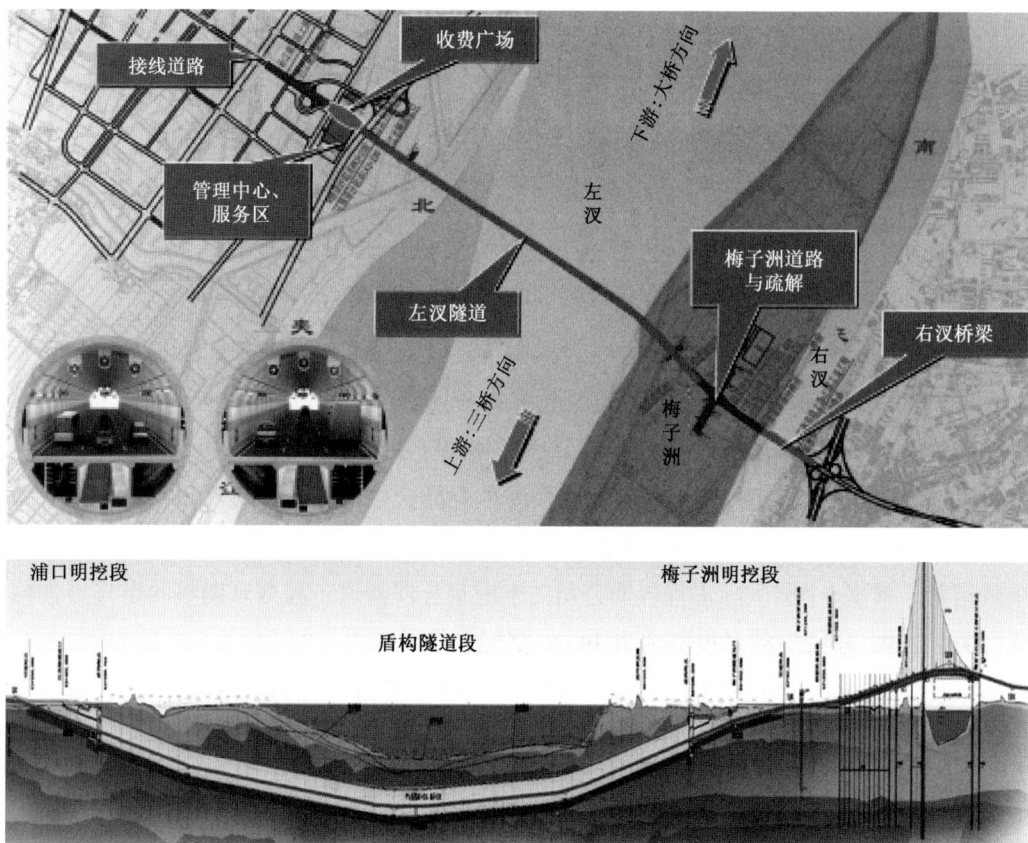

图 22-1　南京长江隧道总图

此外,南京长江隧道是国家投资体制改革后首批获得国家发展和改革委员会核准的项目之一,也是南京市第一次尝试运用市场化手段(为政府和社会资本合作项目,当时参照奥运设施建设称为"项目法人招标")建设的城市基础设施项目。

南京长江隧道是南京市跨江发展战略的标志性工程,彻底改变了以往南京市长江单一桥梁过江交通方式,也拓宽了政府投融资渠道,对于沿江开发、缓解跨江交通压力、减少车辆绕行和能源消耗具有重要作用,同时对推动产业升级、行业及区域经济发展贡献巨大。

第二节　规划与决策

一、项目建设背景

1. 城市过江交通严重饱和,亟待新增过江通道

南京是国家级公路主枢纽城市,有 4 条国道和 8 条省道经过南京或以南京为起点。这些

国道、省道都必须经由过江通道进行联通。当时南京已拥有长江一桥和长江二桥两座过江通道。长江一桥位于主城区西北,与江北的浦口相连,是江南、江北联系最直接、便捷的通道;长江二桥位于主城区东北,与江北的大厂、六合相连,主要是过境性的过江交通联系桥梁。

2003年6月,长江一桥对货车实施限行后,长江一桥的交通量维持在45000~50000辆/日,处于严重超饱和状态,长江二桥交通量上升到20000辆/日左右,饱和度和服务水平较好。据估计,长江一桥交通量中,95%以上为城市交通,过境交通已经极少,长江一桥已完全转化为一座城市桥梁。

当时已经建成的长江二桥和正在建设的长江三桥是高速公路过江的重要通道,虽可缓解长江一桥所承担的过境交通的压力,但不能解决城市内部的过江交通问题。随着城市化进程的加快以及汽车化的迅猛发展,跨江交通量仍将急剧增长,长江一桥的超饱和状态也无法由长江二桥、长江三桥来分流,唯有建设新的城市过江通道才能缓解。

2. 过江瓶颈已制约江北开发,亟待突破跨江发展门槛

由于长江阻隔,南京江北地区的发展一直迟缓。江北地区总面积和总人口分别占全市的36%和24%,而江北地区的2002年地区生产总值总量仅是全市的9.7%。江北地区的人均、地均地区生产总值指标也分别仅为全市平均水平的41%、27%。因为缺乏通道,江北不能很好地接受主城辐射。在江北行政区划调整完成后,南京用国际眼光高起点地修编"江北板块",城市过江通道缺乏成为江北发展的最大制约因素。

过江通道的建设,不仅可以解决当时存在的交通问题,还有助于缩小南京地区长江南北投资环境的差距,使江北地区的后发优势得到充分发挥,实现江北优秀环境资源与江南地区共享,推进江南、江北的一体化发展,加快实现共同富裕。在交通便捷的情况下,江北对主城居民会产生较大吸引力,有利于主城的人口疏散。

二、项目规划依据

长江南京段上游过江通道是《南京城市总体规划》确定的一条重要的城市过江快速通道。江南接主城滨江大道和纬七路(即应天西路),通过纬七路再接城西干道和城东干道;江北接江北滨江大道和浦珠路,将江南、江北的快速交通网络连为一体,形成横跨长江的一条东西向城市快速通道。

根据《南京城市总体规划》,南京都市发展是以长江为依托,以主城为核心,以主城及新市区、新城为主体,以绿色生态空间相间隔,以便捷的交通相联系的高度城市化地区。都市发展区发展的重点是主城,东山、仙林、浦口3个新市区,大厂、新尧、板桥、龙潭、雄洲5个新城和玉带、桥林2个新城发展备用空间。长江南京段上游过江通道是浦口新市区中心与主城、特别是河西新城联系的最直接的快速通道。

都市发展区要构筑"东西便捷、南北沟通、内外衔接、江城一体"的快速交通网络,形成都市发展区城镇间联系便捷的交通基础设施支撑体系。江南主城规划形成"两环八射"的快速路系统,浦口新市区规划形成"两纵五横"快速路系统,长江南北的快速路系统通过 4 个城市过江通道衔接,形成跨江成环、南北放射的格局。长江南京段上游过江通道是 4 个城市过江通道之一。该通道的建设可以促进城市跨江快速交通网架的构建、实现南北交通的顺畅联系、加速江南江北的一体化发展。

三、项目前期批复情况

2004 年 1 月,国家发展和改革委员会委托中国国际工程咨询公司(现中国国际工程咨询有限公司,以下简称"中咨公司")组织项目的立项评估。

2005 年 3 月,国家通过本项目的核准。

2006 年 4 月,江苏省发展和改革委员会组织对初步设计概算进行审查并批复初步设计,批复概算总投资 33.18 亿元。

2010 年 7 月,受江苏省发展和改革委员会委托,中咨公司对该项目概算调整进行审查,审定金额为 39.86 亿元。

四、南京市首次尝试政府和社会资本合作

南京长江隧道不仅是国家投资体制改革后首批获得国家发展和改革委员会核准的项目之一,也是南京市政府第一次尝试运用市场化手段运作、建设的城市基础设施项目。南京市发展和改革委员会委托中咨公司作为咨询单位进行咨询。

2004 年 10 月,中国铁道建筑总公司中标为项目法人。2005 年 1 月,中国铁道建筑总公司(控股80%)与南京市交通建设投资控股(集团)有限责任公司、南京市浦口区国有资产经营(控股)有限公司(各持股10%)签署合资经营协议,共同出资组建南京长江隧道有限责任公司。南京长江隧道有限责任公司设股东会、董事会、监事会和经理层,全权负责项目的投融资、建设、运营、管理和维护。

第三节 工 程 设 计

一、项目建设方案

南京长江隧道工程主要包括左汊隧道工程、右汊桥梁工程、接线道路、立交以及附属工程等。具体包括:

工程全长约 5853 米,主要由浦口接线道路、收费广场、左汊盾构隧道、梅子洲地面道路、梅

子洲疏解工程、右汊桥梁工程、管理中心以及服务区组成。

左汊隧道采用盾构法施工,由浦口引道段、明挖暗埋段、浦口盾构工作井、盾构段、梅子洲盾构工作井、梅子洲明挖暗埋段、梅子洲引道段组成,设计为双管盾构隧道。隧道江北起点进口里程为 K3+380 米,梅子洲隧道出口里程为 K6+854 米,隧道总长度 3474 米,其中盾构段为 K3+600~K6+533,盾构长度为 2933 米。

隧道工程包括圆形隧道横断面、矩形隧道横断面、引道光过渡段横断面以及引道敞开段横断面等 5 种横断面形式。圆形隧道段基本位于隧道中部的水底,是主要的隧道断面形式。经过多方案的比选,最终选定双管单层方案,其横断面见图 22-2。盾构隧道内径 13.30 米,外径 14.50 米,衬砌厚度 0.60 米。

隧道覆土厚度最大 30 米,最小 5.5 米(始发段)。江中段按最小覆土厚度不小于 1 倍盾构直径控制,局部不足 1 倍洞径,江中最小覆土厚度 10.2 米。为满足梅子洲接线道路 290 米的最小边坡长度要求,隧道内线路最大纵坡 4.5%,最小坡度 0.6%,最大坡长 1130 米,最小坡长 850 米;隧道段共设 3 个竖曲线,最小竖曲线半径为 7500 米。

浦口岸边段,结合基坑深度主要采用钻孔桩加止水帷幕以及 600~1000 毫米地下连续墙的围护结构形式。梅子洲岸边段,主要采用钻孔桩加止水帷幕和 600~1000 毫米地下连续墙的围护结构形式。浦口盾构始发井基坑深度为 23.8 米,梅子洲接收井基坑深度为 25.8 米,基坑深度均较深,采用 1000 毫米地下连续墙的围护形式。

右汊桥梁为独塔自锚式悬索桥,主桥一跨过江。主桥采用独塔自锚式悬索桥(图 22-3),孔跨布置为 35 米+77 米+60 米+248 米+35 米。主梁分为 2 幅设置。主塔位于 2 幅主梁的横桥向中间位置,为独柱形式。主缆在横桥向分为 2 股,在边跨为平行布置,锚固于横梁中部。主跨采用空间索形,锚固于横梁两端;主跨主梁采用钢箱梁,顶推施工;边跨及锚跨主梁采用预应力混凝土箱梁,支架现浇施工。梅子洲侧引桥为 2 联连续梁,均为 5 孔 25 米跨度。

梅子洲地面道路长约 280 米。穿洲公路上跨主线,设置 4 个单向右转匝道,匝道为单向双车道,左转车辆利用穿洲公路跨线桥头小型环岛掉头后,上穿洲公路跨线桥实现左转,从而实现穿洲公路通过过江通道与江南、江北的交通衔接(图 22-4)。

浦口地面道路全长约 1030 米(含收费广场 420 米)。地面道路两侧设置服务区,服务区布置管理中心、停车场、超市、餐厅、加油站等,管理中心总建筑面积为 4950 平方米,超市、餐厅总建筑面积为 5960 平方米。

二、主要技术标准

道路等级:城市快速路。

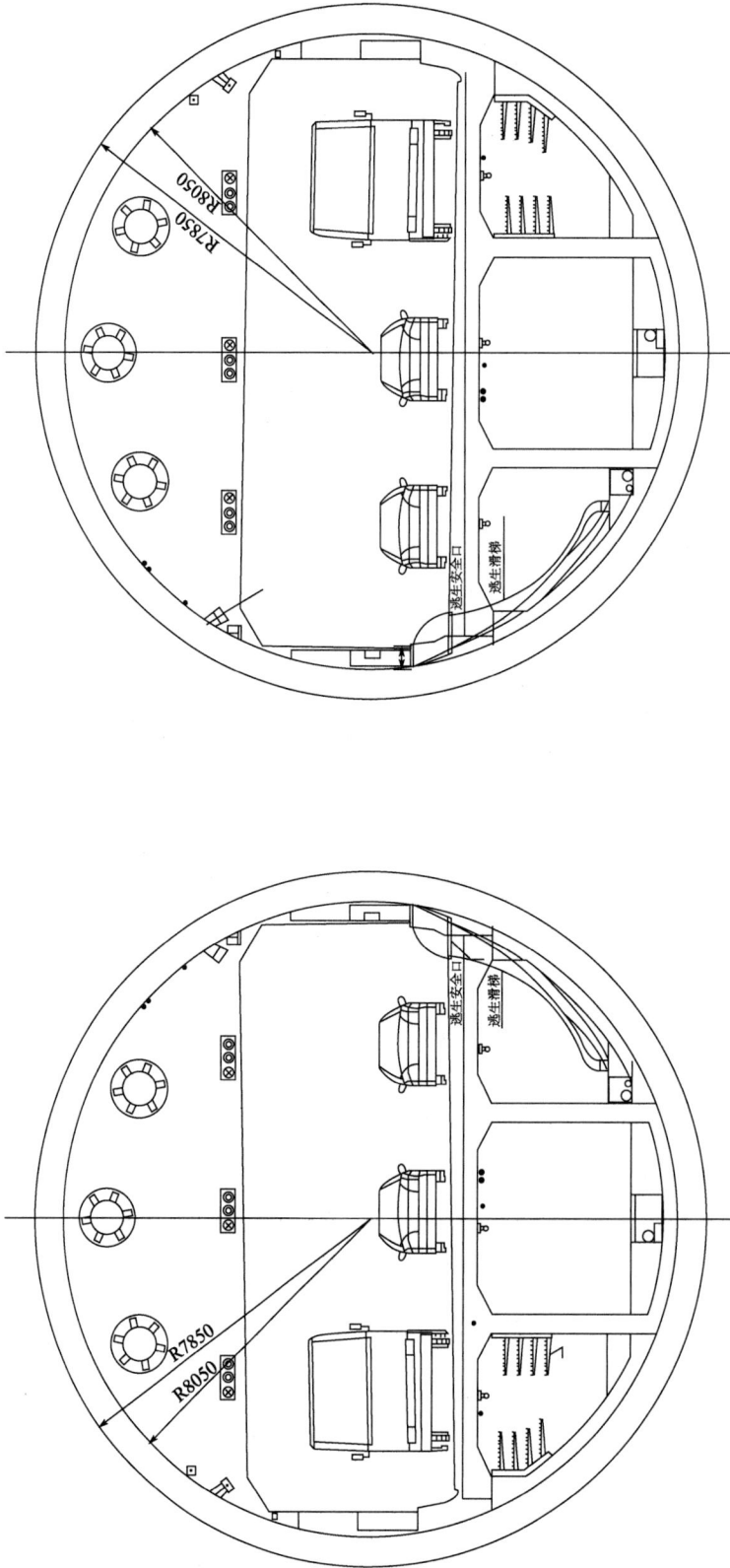

图22-2 双管单层隧道横断面图

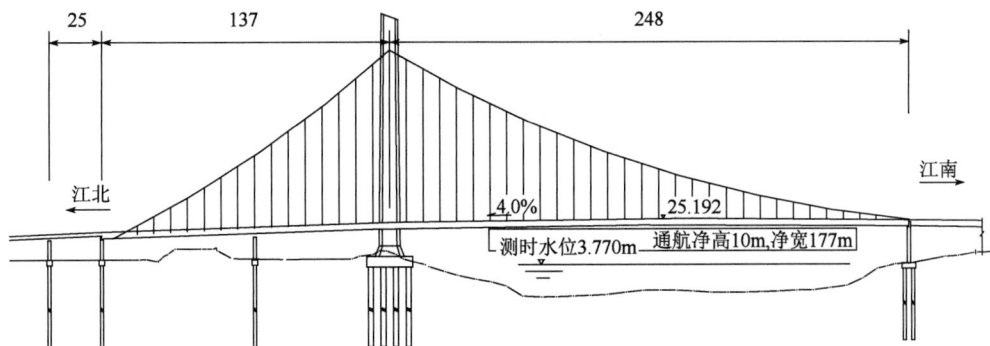

图 22-3 自锚式独塔悬索桥方案布置图(单位:米)

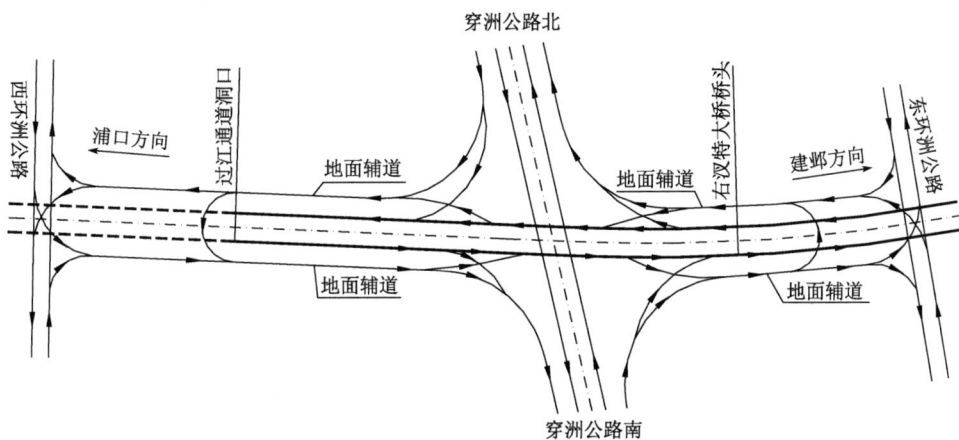

图 22-4 梅子洲道路交通疏解图

设计速度:80 千米/小时。

车道数:双向六车道。

道路限界:车道宽度:3.5 米 × 2 + 3.75 米;车道高度:4.5 米;路缘带宽度:0.5 米;侧向宽度:0.75 米。

道路最小平曲线半径:1000 米。

最大纵坡:4%,困难条件下不超过 4.5%。

竖曲线最小半径:道路凸形竖曲线最小为 4500 米,凹形竖曲线最小为 2700 米。

三、项目设计难点

南京长江隧道地处长江下游南京段,地质条件和河道水文条件十分复杂,工程设计和施工难度大,不可预见因素多,主要表现在:

1. 建设条件

(1)工程地质和水文地质条件

过江场地属下扬子地层区,地层上部均为第四系松散沉积物,下伏白垩系基岩。地层揭露概况为:第四系全新统地层以冲积类型为主,兼有河湖相沉积;岩性以粉质黏土、淤泥质粉质黏土、粉细砂为主。第四系上更新统属河床相,为长江古河道沉积,以粗颗粒的中粗砂、砾砂及卵砾石为主。白垩系上统浦口组属湖相沉积,岩性以泥岩为主,内夹数层泥质粉砂岩薄层透镜体。

场地地下水含水岩组主要为第四系松散岩类孔隙水和碎屑岩类孔隙—裂隙水。第四系松散岩类孔隙水又可分为潜水含水岩组和承压含水岩组,碎屑岩类孔隙—裂隙水主要为基岩裂隙水,第四系松散岩类孔隙潜水主要赋存于长江漫滩区上部地层,含水介质为黏性土、淤泥质土及粉土,其渗透性差,含水量贫乏,渗透系数为 $1.75 \times 10^{-7} \sim 19.5 \times 10^{-7}$ 厘米/秒。第四系松散岩类孔隙承压水主要分布于基岩上部松散层中,在漫滩区上覆淤泥质土及黏性土,在长江河道区直接与江水相通。含水介质为粉细砂及卵砾石层。粉细砂层室内渗透系数为 $2.06 \times 10^{-4} \sim 2.218 \times 10^{-4}$ 厘米/秒,卵砾石层渗透系数较大,单井涌水量一般 $100 \sim 1000$ 吨/天,与江水存在互补关系。白垩系泥岩裂隙不发育、孔隙性差、塑性强、富水性差,可视为相对隔水层。

拟建过江通道场地范围内无活动断裂通过,亦无 5 级以上破坏性地震发生的记载,过江通道断面附近属基本稳定区。根据《建筑抗震设计规范》(GB 50011—2001),场地抗震设防烈度为Ⅶ度,设计基本地震加速度为 $0.10g$(g 为重力加速度),设计地震分组位于第一组。桥隧工程按照设计基准期为 100 年对应的地震烈度进行抗震设防。

(2)河道水文条件

过江通道地处长江下游梅子洲汊道段,该河段左汊主航道江面宽 $2 \sim 3$ 千米,枯水期 10.0 米等深线全段贯通,宽度在 1000 米左右。梅子洲右汊南夹江宽 $250 \sim 400$ 米,5.0 米等深线全河段贯通。

河床平面变化:自 1985 年较大规模的护岸工程后,隧道工程段两岸岸线基本稳定,但河床仍存在一定幅度的冲淤变化,且其变化与长江大洪水作用关系密切。

深泓变化:在 20 世纪 70 到 80 年代实施护岸工程后,深泓断面最大刷深为 31.5 米,其中隧道工程断面最大刷深为 23.8 米。1985 年后,深泓在一定范围内做横向摆动,其中隧道工程断面深泓 1985—1998 年左摆 267 米、1998—2004 年右摆 120 米,呈现出"大水左移、小水右移"的规律。

横断面冲淤变化:1998—2004 年,横断面的两岸岸线保持稳定,滩槽的位置变化较小,河床中泓床面仍存在一定幅度的冲淤变化,如隧址上段普遍刷深、下段淤高。

工程段河势演变趋势:实施护岸工程以来,河段岸线及滩槽的变化趋小,整个河段河势趋于基本稳定。

模型试验研究成果:隧道工程的建设不会对隧址河段的水流和河势发生产生影响;典型年 300 年一遇水文条件下(考虑上游建坝),隧道过江断面最低冲深高程为 -30.96 米(1985 国家高程基准);水库联合运用后,在"1998—2004 年 +300 年一遇洪水"系列年条件下,隧址断面

最大冲深为 -31.4 米(1985 国家高程基准),深泓摆动幅度约 150 米。

2. 工程难点

为保证长江黄金水道未来通航能力的要求,项目采用左隧右桥建设方案。需要在长江下游水道条件下建设 2 条隧道外径 14.5 米、盾构段长度 2935 米的盾构隧道,盾构穿越的地层主要是粉细砂层和砾砂层。工程建设面临超大直径(14.5 米)、高水压(0.65 兆帕)、强渗透(穿越粉细砂、砾砂、圆砾地层占总掘进长度的 85%,最大渗透系数 43.2 米/天)、超浅覆土(始发处 5.5 米、深槽处 10.8 米)、河势条件复杂(历史最大水位差 8.7 米,河床冲淤最大变幅 9.2 米)、高磨蚀地层长距离掘进 6 大技术风险。在本工程设计之时,世界上已开工或建成的隧道外径接近或超过 14 米的盾构隧道仅有日本东京湾海底隧道(13.9 米)、荷兰绿色心脏隧道(14.5 米)、西班牙马德里 M30 隧道(14.65 米)等少数几座,可供借鉴的经验十分有限,面临的主要设计难题有:

①超大直径盾构隧道设计缺少同类工程经验借鉴。在粉细砂和圆砾等强渗透和高磨蚀地层中及高水压条件下,超大直径盾构隧道的设计理论和经验在国内几乎是空白,国外经验也很少,且没有类似水文、地质条件下的工程经验可供借鉴。

②超大直径水下盾构隧道埋置深度确定。在河势条件复杂、高水压、强渗透地层科学合理地确定超大直径水下盾构隧道的埋置深度,既要尽可能减小隧道坡度与长度,提高工程经济性,又要确保超大直径泥水平衡盾构安全掘进。

③盾构隧道结构耐久性研究。实现隧道设计使用年限达到 100 年,研究高水压、强渗透地层对结构耐久性的影响,评估混凝土管片在制作、拼装、使用过程中的各种不确定因素对耐久性的影响,合理确定耐久设计指标和制备控制指标,是保证结构耐久性的技术途径。

第四节 工 程 建 设

一、项目施工特点和难点

(一) 工程难点

1. 始发井、接收井深大基坑施工难度大

南京长江隧道始发井、接收井最大开挖尺寸为 24.6 米×46.9 米,最深 26.3 米,工程地处长江漫滩地带,地质条件极差,以粉细砂为主,地下水位高,地表、地下水丰富,基坑具有深、大、难、险的特点,施工难度大。

2. 管片预制、安装精度要求高,控制难度大

南京长江隧道设计使用年限为 100 年,水压高达 0.65 兆帕,管片将长期处于极高水压的

工作状态。同时直径 14.5 米的管片预制精度要求为 0.5 毫米,要将每一个截面上 10 片管片的制造、拼装达到设计精度要求,从管片生产的原材料开始,耐久性保证、配合比选择、工序质量控制,都是施工中需要克服的难题。

3. 始发埋深浅,保证安全质量难度大

规范一般要求始发埋深不小于 1 倍盾构直径,但南京长江盾构隧道始发埋深仅为 0.37 倍盾构直径(即 5.5 米),确保盾构安全始发是一个施工难题,难度大。

4. 江中冲槽段施工难度极大

盾构隧道靠近梅子洲一侧有一段长约 150 米的江中冲槽段,覆土厚度均不足 1 倍盾构直径,最小埋深仅 10.49 米,水深达到 21.5 米,同时前方以大坡度覆土厚度增加,地形起伏极大,稍有不慎就会导致塌方冒顶、江水连通。

5. 高水土压下盾构刀具出仓修复难度大

在高水土压力地段进行刀盘刀具的修复将面临两大困难:一是在高水土压力下进行刀盘刀具的焊接作业,如何保证工程及人员的安全;二是采用何种压力条件和泥浆指标方使掌子面长时间处于稳定状态。

6. 盾构接收难度大

近 15 米的超大直径盾构进入接收井,洞门密封一旦有 1 处产生涌水流砂等,将会直接导致土体失稳,从而带来一系列灾难性后果。

本项目一是在传统盾构施工基础上,形成了可靠的始发洞门加固技术、大直径泥水盾构始发与到达技术、潜覆土施工技术、大堤加固技术、穿越江中超浅覆土技术等,积累了完整的管理经验。二是形成了较为成熟的泥浆配比管理和泥浆成膜技术,尤其是在高渗透性、高水压砾砂地层中的成膜技术,实现了我国大直径泥水盾构在高压、高渗透地层施工的突破。三是形成了系统的泥膜—气压支护开挖面、带压开舱、高压进舱检查更换刀具技术。四是进行了刀盘刀具与地层适应性研究,通过分析原配刀具在南京长江隧道的失效过程,对刀具进行适应性改造,成功解决了江中复合地层刀具适应性问题,获得了最适合长江南京段地质情况的刀具设计类型。

(二)工程特点

作为世界级的越江工程,南京长江隧道面临高风险、高挑战性的世界级难题,其特点主要体现在 6 个方面:一是"大",即盾构直径超大,盾构机直径 14.93 米,建成时是世界上同类地质条件直径最大的盾构;二是"高",水土压力高达 0.65 兆帕,建成时在同类盾构隧道中为世界之最;三是"强",隧道穿越地层长度的 88.5% 为渗透系数达 10^{-2} 厘米/秒的强透水层;四是"薄",江底约 150 米长的冲槽段覆土厚度不足 1 倍盾构直径,最小埋深仅 10.49 米,始发段埋深仅 5.5 米,为建成时国内覆土最薄的盾构隧道;五是"长",在砂卵石层中连续掘进 3 千米一次越江,通过刀盘刀具磨损轨迹换算,3千米的南京长江隧道施工相当于在粉黏土地层中掘进30千米、相当于同样地质条件下地铁盾构连续掘进20千米。六是"险",隧道穿越粉土、粉细砂、砾砂、卵石和强风化岩层,地质条件异常复杂,同时地层中存在大量大块卵石、钢材、铁器等异物,这些异物对刀盘刀具和盾体都造成了很大伤害。

二、主要参建单位

设计单位为中铁第四勘察设计院集团有限公司。

隧道施工单位为中铁十四局集团有限公司。

桥梁施工单位为中铁十五局集团有限公司。

机电设备安装单位为中铁十四局集团电气化工程有限公司。

监理单位为北京铁城建设监理有限责任公司与上海建通工程建设有限公司联合体。

三、项目施工关键节点

南京长江隧道工程于2005年3月29日开工奠基,同年9月30日正式施工;隧道右线盾构机于2008年1月始发,左线盾构机于2008年5月始发;2009年5月20日左线隧道贯通,同年8月22日实现双线全线贯通;2010年4月30日工程建成并通过交工验收,5月28日全线正式通车运营;2012年8月通过竣工验收。

第五节　运营管理

以往,南京市公共基础设施项目都是由政府负责投资、建设、运营管理,最终导致政府财政负担加重、资金短缺及项目效益低下,使得政府无力建设后续的基础设施项目。在过江隧道项目上,南京市政府也面临着财政资金短缺问题,为了有效解决这一困难,南京市政府采取政府与社会资本合作(PPP)模式。另外,在南京市政府的大力支持下,中国工商银行江苏省分行、中国银行江苏省分行、中国建设银行江苏省分行和浙商银行4家银行向南京长江隧道有限责任公司提供贷款。南京长江隧道PPP项目的组织结构如图22-5所示。

经江苏省人民政府批准,2005年1月,中国铁道建筑总公司(出资80%)与南京市交通建设投资控股(集团)有限责任公司(出资10%)、南京市浦口区国有资产经营(控股)有限公司(出资10%)共同出资组建南京长江隧道有限责任公司(图22-6),南京市政府与南京长江隧道有限责任公司在特许经营协议中约定了特许经营的范围,主要包括车辆通行收费权、过江隧道的冠名权,电信、电力管道以及饮食、加油、车辆维修、商店等项目沿线的相关配套服务设施的经营权。南京长江隧道PPP项目特许期限为34年(含建设期),特许经营期限届满,南京长江隧道有限责任公司应在保证隧道全部资产及配套设施完好的情况下将其无偿移交给南京市政府或南京市政府指定的资产接收部门。南京长江隧道建成后,南京市政府考虑到市民对过江通道是否收费、收费高低和收费方式的极大关注,综合南京市经济社会发展需要。2010 年 5 月 26 日南京市政府与中国铁道建筑集团有限公司(原中国铁道建筑总公司)签订协议,收购中国铁道建筑集团有限公司(原中国铁道建筑总公司)持有的 80% 的股份,主动收回特许经营权,指定由南京市交通建设投资控股(集团)有限公司持股 90%,并组建新的长江隧道公司,项目完全成为市属国有资产,过江隧道的 BOT 模式终止。

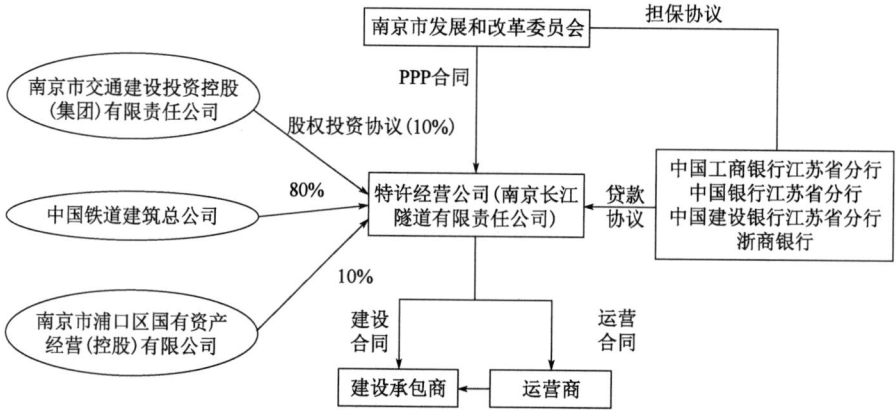

图 22-5 南京长江隧道 PPP 项目结构图

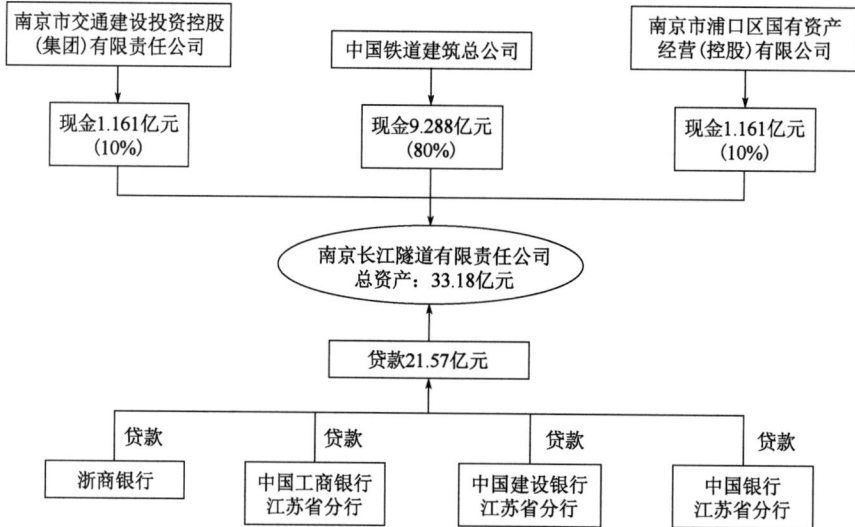

图 22-6 南京长江隧道项目的资金来源及结构

第六节 工程创新

一、南京长江隧道疏散通道设置的方案比选

为防灾、救援及通风需要,双线隧道一般按规范要求应设置安全联络通道。长江南京段上

游过江隧道功能定位为城市快速路,属市政工程,而《城市道路设计规范》(CJJ 37—90)对于水底隧道避难疏散设施的设置尚无确切的规定,隧道疏散通道的设置没有设计依据。

联络通道间距一般应从隧道使用者的逃生速度和救援人员的活动范围进行考虑。国外公路隧道的联络通道间距设计在 300 ~ 350 米,瑞士的公路隧道设计规程规定为 300 米左右,日本设定为 800 米。我国《公路隧道交通工程设计规范》(JTG/T D71—2004)要求"双洞上下分离的公路隧道之间应设置避难设施",避难设施包括行人横洞和行车横洞,行人横洞间距最大不超过 400 米,行车横洞间距最大不超过 1000 米;我国《地铁设计规范》(GB 50157—2003)要求"两条单线区间隧道之间,当隧道连贯长度大于 600 米时,应设联络通道"。

如参照国内外双线隧道规范,南京长江隧道宜设置横向联络通道。但从施工角度分析,联络通道施工条件非常不利,稍有不慎就会造成严重后果,施工风险很大。在南京长江隧道这种复杂的条件下,采用横向还是纵向形式设置安全疏散通道,不但关系到工程施工的安全及经济性,也关系到隧道运营期的防灾与安全(表 22-1)。

南京长江公路隧道疏散通道设置方式比较　　　　　　　　　　　　　　　　　表 22-1

项　　目	横向疏散通道	纵向疏散通道
施工风险	地质及水文较复杂,地层加固及开挖存在较大风险	主隧道不开口、不开挖,不存在施工风险
运营期间隧道结构受力性能风险	地层不均匀沉降及地震等偶然荷载会造成结合部位较大的应力集中和变形,使隧道运营存在一定的风险	结构受力简单,不存在开口及应力集中
疏散功能	横通道是传统的一种疏散方式,应用实例较多,其疏散功能较容易确认	纵向疏散通道属于较新的疏散方式,虽然应用实例相对较少,但在东京湾海底隧道得到成功应用。在南京长江隧道中,其疏散功能尚须进一步确认
工程经济性	横通道施工会增加相应的工程造价,经济性较低	不产生横通道施工费用

中咨公司受业主委托,对南京长江隧道疏散通道设置的方案进行了比选,通过对国内外水底隧道的规模、施工条件及疏散通道设置情况进行调研分析,并详细分析东京湾海底公路隧道的疏散通道设置及其配套的防灾救援设备。在此基础上,针对南京长江隧道的规模及施工条件,与东京湾海底公路隧道进行了对比分析,得出如下结论:

①南京长江隧道所处位置工程地质条件和水文地质条件比较复杂,地层透水性大、水压高。

②软弱、富水、透水性强的地层加固技术尚有许多制约,地层加固效果缺乏有效的评价标准。

③施作横向联络通道会导致工程造价增加,工期延长。

④考虑到地层不均匀沉降及地震等偶然荷载,与纵向疏散通道相比,横通道的接口部位会产生较明显的应力集中,易造成较大的结构变形,严重时会导致混凝土开裂,使得隧道运营期间存在一定的风险隐患。

⑤纵向疏散通道的逃生、救援及消防功能在东京湾海底公路隧道中已经得到充分的验证，其工程地质及水文条件与南京长江隧道比较相似，是一项值得借鉴的成功案例。

⑥大直径的圆形盾构隧道车道板下具有较大的空间，可以充分利用该空间构筑纵向逃生、救援通道，使工程设计、施工及经济性更趋于合理。

⑦设置纵向逃生通道，需要设置与其逃生方式、功能相适应的防灾、消防及救援设施，其功能和疏散效果需通过相应手段进行研究确认。

中咨公司的研究成果有效支撑了纵向逃生通道方案，为本项目的顺利安全实施创造了条件。此项研究为后续工程建设提供了良好的研究基础，其后的多个长江过江通道（如南京纬三路隧道、芜湖长江隧道）以此为借鉴，采用纵向逃生方式，以减少施工和运营风险，提高工程质量。

二、工程创新与新技术运用

1. 构建大直径盾构隧道设计、施工和运营过程结构安全体系

系统解决了隧道衬砌结构在高水土压力、强渗透地层施工稳定性、管片耐久性、耐火性能与灾后评估等技术难题。研究了超大直径盾构隧道结构体系与关键参数优化设计技术、考虑同步注浆浆液龄期对隧道抗浮力影响等因素的施工期结构稳定控制技术、高耐久性管片混凝土设计方法与制备技术、管片构件加载抗火性能与隧道整体抗火性能评估技术，首次研发了聚醚型聚氨酯防水条并进行了材料性能与防水性能系列试验，填补了国内空白，提高了接缝防水性能可靠性，形成了超大直径盾构隧道衬砌结构基于监控的施工安全控制技术。

2. 开发适用于高磨蚀性密实砂卵石砾石地层的刀具技术

开展了高磨蚀密实砂卵石砾石地层刀具配置技术、高水压不稳定地层刀具常压更换技术与进舱泥膜技术等科研项目，并成功应用于工程实施。

3. 研发多项大直径盾构掘进和开挖新技术

建立了高水压强渗透浅覆土、陡变地形下大直径泥水盾构掘进和开挖面稳定控制技术体系，保证了困难条件下穿越深槽与超浅覆土始发安全，突破了盾构隧道施工覆土厚度的常规极限值，有效缩短了隧道长度，提高了经济性。研究了强渗透地层地形陡变条件下深槽最小覆土厚度确定与施工控制技术及超大直径盾构超浅覆土始发技术。

第七节 工 程 价 值

1. 解决了多项世界级难题

南京长江隧道解决了高水压、强渗透及浅覆土等诸多世界级难题，为工程优化设计、安全

施工、质量控制、运营安全等提供了可靠的技术保障,也降低了工程建设成本,取得了我国水下隧道修建技术的重大突破,开启了我国水下隧道建设的新局面。南京长江隧道创造了建成时多项国内外第一:世界上在强渗透地层修建的直径最大的盾构隧道、世界上在强渗透地层中修建的覆跨比最小的盾构隧道、国内水压力最高的盾构法隧道、国内最长的城市道路水下隧道。

2. 推动了技术进步

形成了复杂建设环境条件下的水下隧道设计关键技术,为后续建设的其他水下隧道提供了非常有价值的示范与借鉴,推动了水下隧道修建技术的进步,主要表现在:

一是在"盾构隧道设计施工营运全过程结构安全保障技术"中,开发的"壳—弹簧—接触模型"丰富了盾构隧道计算方法,提高了结构计算精度;研发了"聚醚型聚氨酯防水条"新材料,填补了国内产品空白,提高了接缝防水性能;首次开展了加载条件下管片构件 1:1 足尺抗火模型试验,为隧道防火设计和火灾后承载能力评估提供了重要依据。

二是通过理论研究和工程实践,实现了在高水压、强渗透地层中超大直径盾构以 0.7 倍直径覆盖厚度安全穿越长江深槽,突破了以往同类地层条件下泥水平衡盾构掘进对覆土厚度的限制,为大量类似工程的方案论证提供佐证。

三是在"盾构隧道管片混凝土耐久性设计与制备控制技术"中,所建立的考虑拉应力和隧道环境下混凝土中性化寿命预测方法为耐久性设计提供更精确的方法,所建立的管片混凝土非线性湿传输模型和收缩变形计算方法,可更好地控制管片耐久性质量。

3. 获得了专业人才储备和多项技术奖项

本项目研究、设计和施工过程中,培养了大量科技人才,为推动水下隧道的技术进步提供了人才储备。南京长江隧道作为国家"863 计划"的科技示范工程,取得了多项创新成果,先后荣获国家科学技术进步奖二等奖 2 项,省部级及协会科技奖 16 项,知识产权 26 项,获全国优秀设计一等奖、全国铁路系统"火车头"奖章、中国建设工程鲁班奖、中国土木工程詹天佑奖、国家优质工程金质奖、全国项目管理成果一等奖等奖项。相关技术难题的成功破解,填补了在大直径、高水压、强透水、砂卵石复合地层中盾构施工空白。

(编写本章过程中,南京市发展和改革委员会、中铁第四勘察设计院集团有限公司提供了大力支持,在此一并致谢)

执笔人:尤伯军 方超 邵思远

第二十三章 长江口深水航道治理工程

第一节 工 程 概 况

长江口一般指长江下游徐六泾节点至拦门沙浅滩外缘 15 米等深线间的区域,长约 160 千米,平面形态呈喇叭形,徐六泾的江面宽约 5 千米,口门段启东嘴到南汇嘴宽约 90 千米。长江口自徐六泾以下,河槽总体上呈"三级分汊、四口入海"的河势格局,上段被崇明岛分为南、北两支;南支又被长兴岛、横沙岛分成南、北两港;南港再被九段沙分为南、北两槽。

河口拦门沙的治理是世界性的难题。历史上,受经济和技术发展水平限制,长江口航道一直局限于利用自然水深通航。随着船舶大型化的发展趋势,特别是远洋外贸集装箱干线船舶大型化发展迅速,对长江口航道的治理提出了迫切需求。但由于复杂的水动力和泥沙条件,径流、潮汐动力强劲,流域来水充沛,来沙量巨大,航道回淤量大,汊道纵横,浅滩众多,滩槽变化剧烈,长江口 4 条入海通道都存在大面积拦门沙浅滩;长江口水域风大、流急、浪高,水下地形复杂,整治工程量大,施工条件恶劣,河口演变规律复杂,使长江口航道治理成为长期未能解决的难题。

为加快建设上海国际航运中心,党中央作出浦东开发开放的重大战略决策,带动长江三角洲及长江流域发展新飞跃。1990 年 4 月 18 日,党中央、国务院正式宣布开发开放浦东;1992年,党的十四大作出了建设上海国际经济、金融、贸易中心的决定;1994 年,党中央提出把上海建成国际航运中心。为充分发挥长江黄金水道的作用,促进上海国际航运中心发展,为长三角地区经济的快速发展创造良好的基础设施条件,建设长江口深水航道治理工程势在必行。本项目本着"一次规划,分期实施,分期见效"的原则,计划用 10 年左右的时间实现长江口航道水深由 7.0 米(理论最低潮面下,下同)增深至 12.5 米的目标,满足第三、第四代集装箱船舶营运吃水的要求。本项目分三期实施:一期工程为 8.5 米,二期工程为 10.0 米,三期工程达到12.5 米。

1997 年 11 月,国务院批准了长江口深水航道治理一期工程可行性研究报告。1998 年 1月一期工程开工建设,2000 年完工,2002 年 9 月通过竣工验收。经过一期工程治理效果评估之后,国务院相继批准建设二期和三期工程,三期工程于 2010 年 3 月完工,2011 年 5 月通过国家竣工验收。通过一至三期工程的建设,实现了航道水深由 7.0 米分阶段增深到 8.5 米、10.0米和 12.5 米的治理目标。

长江口深水航道治理工程总投资 155.76 亿元,建设资金由交通部、上海市和江苏省共同承担,由长江口航道建设有限公司(2005 年后改制为交通部长江口航道管理局,现为交通运输部长江口航道管理局)具体组织实施。本项目共建设了 169.165 千米整治建筑物,疏浚土方 3.2 亿立方米,建成了一条长达 92.2 千米、底宽 350～400 米、水深达 12.5 米的双向航道,可满足第三代和第四代集装箱船和 5 万吨级船舶全潮双向通航的要求,同时兼顾第五代和第六代大型远洋集装箱船舶和 10 万吨级满载散货船及 20 万吨级减载散货船乘潮通过长江口的需要。长江口深水航道治理工程是国家重点工程,对于促进长江三角洲及长江整个流域经济飞跃,建设长江综合运输体系、上海国际航运中心和长江经济带,充分发挥长江黄金水道作用,完善我国港口布局,具有十分重要的意义。

第二节　规划与决策

一、项目提出

上海港 1843 年开埠以后,上海地区经济逐步发展,上海逐渐成为我国乃至远东的重要经济中心,并带动了长江流域社会经济的发展。长江口航道治理的构想由来已久。早在 1919 年,孙中山在《建国方略》中就提出了开发扬子江航道的设想。

20 世纪 40 年代以后,国际海运船舶进一步大型化,而长江河口受各汊道拦门沙滩顶水深不足的影响,加之连年战乱,入海航道缺乏浚深和维护,已不能适应船型发展的要求。

1973 年周恩来总理提出"三年改变港口面貌"以后,上海港航道建设的紧迫性日显突出。在交通部组织下,先后在长江口南槽和北槽采用单一疏浚的方法,开挖了 7.0 米水深的航道,以满足万吨海轮乘潮进出上海港的需要。改革开放以后,我国国民经济和国际贸易迅猛发展,沿海港口建设日新月异,航道等级及泊位能力普遍提高,逐渐适应了世界海运船舶大型化和集装箱化的趋势,上海港在我国改革开放和对外贸易中的作用更加突出。但长江入海航道水深不足与港口发展的矛盾日趋突出,大量需要进入上海港及长江下游港口的大型散货船和集装箱船不得不在长江口外减载或到其他港口转运,严重制约了上海和长江流域经济的发展。

1992 年,党的十四大提出以浦东开发开放为龙头,进一步开放长江沿岸城市,尽快把上海建成国际经济、金融、贸易中心之一,带动长江三角洲和整个长江流域地区经济的新飞跃。这是我国经济社会发展的重大战略决策。当时,长江口的航道条件成为制约长江三角洲和整个流域经济腾飞的一大障碍。

二、研究论证

在长江口深水航道治理工程立项前,交通部已经在较长期内组织开展了长江口航道治理的研究工作。研究工作分为 2 个阶段：

1. 第一阶段——1958 年开始至 20 世纪 90 年代初国家"八五"科技攻关之前

1958—1959 年，上海航道局组织开展了 3 次大规模的现场同步水文测验和地形测量。测验范围上达江阴河段，下至口外绿华山水域，取得了一批丰富的现场观测资料，在认识长江口自然规律方面迈出了第一步。

1962 年，上海航道局会同南京水利科学研究院和华东师范大学成立长江口治理研究委员会，下设综合技术组，负责制订长江口航道规划工作。

1973 年以前，长江口一直利用各汊道拦门沙滩顶 5.5～6.0 米的自然水深通航。1973 年，周恩来总理提出"三年改变港口面貌"。其时，由于横沙东滩窜沟冲开，约 1 亿立方米泥沙侵入北槽，决定选择南槽作为通海主航道。国家投资 3600 万元，将时称为长江口航道治理一期工程的南槽疏浚工程列为国家重点建设项目。1974 年南槽 7.0 米航槽开通并进入维护阶段。

1978 年，经国务院批准，长江口航道治理工程领导小组成立，由上海市、交通部和水利电力部领导负责，下设科技组和办公室，分别挂靠上海航道局和南京水利科学研究所。

1983 年，长江口航道治理工程领导小组更名为长江口开发整治领导小组。在其领导下，多家科研、规划、设计、施工、管理单位和高等院校参加了规模庞大的长江口综合治理研究工作。

1983 年，8310 号台风造成南槽大面积骤淤，平均淤厚达 50 厘米，南槽航道 7.0 米水深维护十分困难；此时北槽下段的过程性淤积已经结束，水深恢复。

从 1984 年开始，长江口航道改为以北槽为主航道，按 7.0 米水深疏浚维护，年维护量约为 1200 万立方米。

1958 年至 20 世纪 90 年代初，长江口航道治理研究工作取得了丰硕成果，采用现场测验、数学模型研究、物理模型试验、遥感图片分析和理论分析等手段，并通过长江口"三沙治理"、人工堵汊等现场试验性工程，基本摸清了长江口的发育模式和河床演变的一般规律，探索了长江口细颗粒泥沙絮凝及拦门沙成因等基本问题，尝试了人工干预洲滩及汊道变化的工程措施，为实施拦门沙航道治理积累了宝贵的资料和经验。

2. 第二阶段——"八五"科技攻关阶段(1990—1994 年)

交通部根据国家计划委员会和国家科学技术委员会的安排，开展了"长江口拦门沙航道演变规律研究"科技攻关专题，要求提出打通拦门沙 10.0 米航道的技术方案。

1992 年 10 月，党的十四大作出了以上海浦东开发开放为龙头，进一步开放长江沿岸城市，尽快把上海建成国际经济、金融、贸易中心，带动长江三角洲和整个长江流域地区经济的新飞跃的重大战略决策，有力地推动了长江口深水航道治理工程的前期研究。

在此背景下,1992 年交通部召集"八五"攻关项目主要参加单位,决定将攻关项目目标调整为:在弄清长江口各汊道拦门沙基本特性及演变规律的基础上,结合模型试验,提出长江口 12.5 米深水航道整治方案和达到预可行性研究报告深度的技术经济论证成果,并相应提出包括资金筹措、设计、施工、维护等重大关键问题的具有可操作性的意向性措施。在近百名科技人员的通力合作和艰苦努力下,1993 年底提前完成并全面实现了攻关项目规定的目标。

三、工程决策

由于复杂的水动力和泥沙条件,长江口 4 条入海通道都存在大尺度拦门沙浅滩,而河口拦门沙的治理一直是世界性的难题。美国密西西比河口的治理历经百年,荷兰莱茵河口的治理也经历了漫长的探索过程。

1994 年"长江口拦门沙航道演变规律与深水航道整治方案研究"攻关课题完成并通过国家验收。

1995 年 3 月,国家计划委员会、交通部和上海市人民政府联合评审通过了《长江口深水航道整治预可行性研究报告》。

1995 年 11 月,交通部、上海市人民政府向国家计划委员会报送了《关于报送〈长江口深水航道治理工程项目建议书〉的报告》。

为了加强长江口深水航道治理工程前期工作的组织领导,协调治理工程中有关工作,根据国务院领导听取长江口深水航道治理工程前期工作进展情况汇报的会议纪要,1996 年 4 月交通部印发了《关于筹备组建"长江口深水航道治理工程建设领导小组"有关事宜的通知》,拟在原长江口航道治理工程领导小组的基础上,成立长江口深水航道治理工程建设领导小组。

1996 年 11 月,长江口深水航道治理工程建设领导小组成立。

国务院和交通部领导对长江口深水航道治理工程的项目决策十分慎重,多次召开专家座谈会,充分听取各方面的意见。

1997 年 1 月 29 日,时任国务院总理李鹏主持召开了长江口深水航道治理工程专家座谈会,会议明确提出"尽早建成上海国际航运中心,发挥上海国际经济、贸易、金融中心的功能,必须加快长江口深水航道的治理"。

1997 年 9 月,长江口深水航道治理工程建设领导小组在北京组织召开了"长江口深水航道治理工程汇报会",会议由时任国务院副总理邹家华、吴邦国主持,时任全国政协副主席钱正英以及中国国际工程咨询公司(现中国国际工程咨询有限公司,以下简称"中咨公司")、专家顾问组、行业内专家和国家计划委员会、水利部、交通部、上海市、江苏省、浙江省代表共 100 余人参加了会议。这次汇报会同时包括了国家计划委员会对一期工程可行性研究报告的审查和中咨公司的评估内容。汇报会明确:解决大型集装箱船自由进出长江口的问题是开发和整治长江口拦门沙深水航道的主要目标,并确定以当时大型集装箱船中的巴拿马最大型和具有代表性的超巴拿马型集装箱船作为长江口深水航道的控制船型,将长江口深水航道的目标水深确定为 12.5 米,以满足第四代集装箱船和 5 万吨级船舶(实载吃水 11.5 米)全潮双向通航,第五、六代集装箱船和 10 万吨级散货船及油轮乘潮进出长江口的需要。

本着"一次规划,分期实施,分期见效"的原则,计划用 10 年左右的时间,实现长江口航道由工程前单纯依靠疏浚手段维持的 7.0 米水深增深至 12.5 米的目标。该工程分三期实施,逐步达到水深目标:一期工程为 8.5 米,二期工程为 10 米,三期工程达到 12.5 米。

1997 年 7 月,国家计划委员会批复了长江口深水航道治理一期工程项目建议书。

1997 年 11 月,国家计划委员会批复了一期工程可行性研究报告。

1997 年 12 月,交通部和国家计划委员会先后批准了一期工程初步设计和开工报告。

1998 年 1 月 27 日,长江口深水航道治理一期工程开工。

2001 年 2 月,受国家发展计划委员会委托,中咨公司邀请了 38 位专家(包括 8 位院士)编制完成了《长江口深水航道治理一期工程实施效果鉴定报告》,主要结论为:一期工程总体设计思想和设计方案合理,施工技术先进;实施后对稳定河势发挥了较好作用,航道实际回淤量比设计值大,航道中下段淤积严重;投资执行情况良好,工程效益好。

2001 年 12 月,国家发展计划委员会批准二期工程的可行性研究报告。

2002 年 4 月 28 日,二期工程开工建设。

2006 年 7 月,国家发展和改革委员会批准三期工程的可行性研究报告。

2006 年 9 月 30 日,三期工程开工建设。

第三节　工　程　设　计

一、指导思想

工程治理总体方案是在对长江口河势变化、流场及泥沙场主要特点认识的基础上,以长江口总体河势相对稳定和选择北槽先行治理两项重要研究结论为前提研究制订的。工程总体治理方案的指导思想如下:

①总体稳定的长江口河势是实施治理工程的前提条件。

②必须采用工程措施,稳定南、北槽分流口河势。

③必须稳定北槽南、北边界,归顺调整北槽流场。

④充分利用落潮流优势输沙入海。

⑤整治建筑物工程与疏浚工程相结合。

⑥以动态工程的观点实施长江口深水航道治理工程。

二、治理思路

长江口深水航道治理工程的治理思路是:抓住长江口总体河势相对稳定的有利时机,选择河道形态与建设条件最优的南港北槽进行治理。工程采用"整治+疏浚"的总体治理方案,即在北槽建设分流口及双导堤加长丁坝群的整治建筑物,发挥导流、挡沙、减淤的目的,为深水航道开挖和维护创造良好的条件;采用疏浚手段,实现航道的成槽及维护。

三、治理方案

1. 建设规模

长江口深水航道治理工程建设历经 13 年多,累计建成导堤、丁坝等各类整治建筑 169.165 千米。其中,南北槽分流口鱼嘴及堵(潜)堤 5.53 千米,南、北导堤 120.337 千米,丁坝群 34.711 千米,其他护滩堤坝 8.587 千米。建成水深 12.5 米、宽 350~400 米、长 92.268 千米的双向航道,完成疏浚工程量 3.2 亿立方米,见图 23-1。

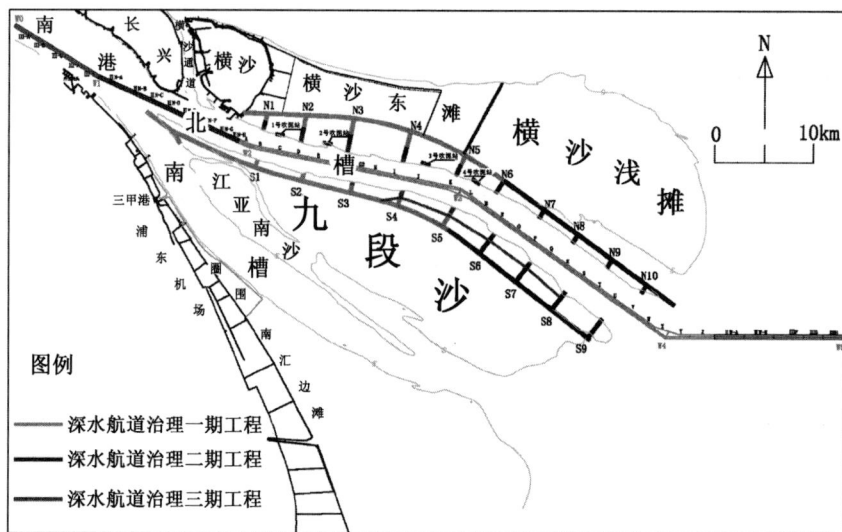

图 23-1 长江口 12.5 米深水航道治理工程平面布置图

2. 航道选线

一期工程航道主轴线按北槽河床的自然深泓布置。口外航道主轴线按出导堤头后向北偏折布设。一期工程航道总长度为 51.771 千米。

二期工程航道主轴线按已建一期工程航道主轴线布设,并分别向上、下游延伸。自北槽口外 10.0 米等深线至圆圆沙航道 10.0 米等深线处,航道总长度为 74.47 千米。

三期工程航道主轴线继续沿二期工程轴线向上、下游两端延伸至天然水深 12.5 米处,总长度为 92.2 千米。

航道通航深度、有效宽度情况见表 23-1。

航道通航深度、有效宽度（单位：米）   表 23-1

工 程 分 期	通 航 深 度	有 效 宽 度
一期工程	8.5	300
二期工程	10.0	350～400
三期工程	12.5	350～400

3. 整治建筑物布置

整治建筑物主体工程采用"分流口工程（鱼嘴和潜堤）、宽间距双导堤及长丁坝群"的布置形式，主要包括 3 大部分：

①分流口工程，由设在江亚南沙滩顶上的鱼嘴和向上游延伸的正向潜堤构成，由 3.2 千米潜堤和鱼嘴组成，鱼嘴由 1.6 千米南线堤和南导堤上段构成，另包括 0.73 千米的堵堤。分流口工程主要作用是固定江亚南沙，使其不受冲刷而后退，从而稳定南港北槽河势，保持南、北槽有利的分流、分沙比。

②南、北导堤工程，布置在北槽的南、北两侧，纵贯北槽。南导堤总长为 48.077 千米，布置在九段沙北侧滩面上；北导堤总长为 49.2 千米，布置在横沙东滩南侧滩面上。南、北导堤工程主要作用为：一是形成北槽优良河型，为修筑丁坝形成治导线提供依托；二是阻挡北槽两侧滩地泥沙在风浪作用下进入北槽航道；三是归集漫滩落潮水流和拦截江亚北槽的落潮分流，增强北槽的水流动力，并消除横沙东滩窜沟对北槽输沙不利影响。

③丁坝工程，以导堤为坝根布设，南导堤内侧设丁坝 9 座，合计长度为 14.04 千米；北导堤内侧设丁坝 10 座，合计长度 16.05 千米。丁坝工程主要作用是形成合理的治导线，使治导线范围内的流场分布有利于深水航道的成槽和维护。

4. 疏浚工程

疏浚工程共计疏浚土方 3.2 亿立方米，主要作用是通过疏浚成槽，开挖及维护深水航道。

5. 工程投资

本项目累计完成工程投资 155.76 亿元（经审计后的工程竣工决算价）。

四、主要参与单位

本项目的总体设计单位为中交上海航道勘察设计研究院有限公司，参与设计的单位有中交第三航务工程勘察设计院有限公司和中交第一航务工程勘察设计院有限公司。

参与科研的单位众多，主要技术成果达 30 项，参与单位达 24 家。

第四节 工 程 建 设

一、工程建设主要节点

长江口深水航道治理工程分三期实施,自 1998 年 1 月 27 日一期工程正式开工,至 2011 年 5 月 18 日三期工程通过国家竣工验收,12.5 米深水航道正式宣布开通,前后历经了 13 年零 112 个日历天。各期工程实施主要时间节点见表 23-2。

各期工程实施主要时间节点 表 23-2

实施阶段	开　　工	交 工 验 收	竣 工 验 收
一期工程	1998 年 1 月 27 日	2000 年 7 月 20 日	2002 年 9 月 22 日
二期工程	2002 年 4 月 28 日	2005 年 6 月 16 日	2005 年 11 月 21 日
三期工程	2006 年 9 月 30 日	2010 年 3 月 14 日	2011 年 5 月 18 日

二、工程建设难点

1. 自然条件复杂,治理难度大

长江口是巨型丰水多沙河口。

长江口水流既有径流和潮汐动力相互作用,又随月周期、涨落潮呈复杂变化,且季节性差异明显。长江口泥沙为陆、海双相来沙,泥沙条件复杂。长江口平面形态为多级分汊,拦门沙区段长度长。

2. 局部河势的变化存在不确定性

工程实施之前 40 余年的研究成果虽然揭示了长江口水沙运动及河床演变的基本规律,提出了总体治理方案,但整个长江口处于自然演变状态,洲滩不稳定,局部河势变化存在不确定性,北槽的来水来沙条件也存在一定的不确定性。

3. 滩面物质易发生冲蚀

整治建筑物设计位置的河床滩面主要由粉细砂组成,受水流作用易发生掀扬和运移。除天然流场的年、季变化导致滩面冲淤外,建筑物施工也将引起周边流场改变,致使沿堤流发育而加剧堤侧及堤头前方滩地的冲刷,导致工程量增加较大,甚至危及建筑物的稳定。

4. 地基承载力低,浪大流急

工程区段的地质条件具有"上硬下软,压缩性大,承载力低、部分堤段淤泥出露"的特点。多数堤段表层分布有厚度不均的粉细砂,下卧强度低、压缩性大的深厚淤泥质土层,地基承载力较低。由于长江口浪大流急,流场较复杂,整治建筑物既要具备导流、挡沙、减淤功能,也要具备抗浪稳定性以及较小的空隙结构和较低的空隙率,以防止大量漏水透沙。

在类似长江口这种软弱地基上采用传统的水工结构形式修建重力式结构,我国当时无先例,加之遇到了在波浪载荷重复作用下近表层软黏土强度大幅度降低的工程技术难题,对整治建筑物的结构设计提出更高的要求。

5. 工况条件差,施工强度高

工程位于长江口北槽的茫茫江面,平均距陆岸 50 千米,现场全部作业无陆基依托,无法采用传统测量定位手段。且夏有台风,冬有寒潮,水上作业船需要远距离避风,现场每年可作业天数仅为 140~180 天。

长江口深水航道治理一期至三期工程全部整治建筑物总长度约 170 千米,根据总进度安排,要求平均每个月建 2 千米以上的堤(坝)。如此大的工程规模和水上施工强度在国内水运工程建设史上前所未有。

6. 施工受通航船舶干扰较大

长江口北槽航道是万吨级以上船舶进出长江口的唯一通道,疏浚船舶施工受到船舶安全通航的严重制约。8.5 米深水航道开通前,北槽航道万吨级以上船舶日均通过量仅为 12.4 艘次;8.5 米深水航道建成后,2003 年日均通过量增加到 64 艘次;10.0 米深水航道建成后,2006 年日均通过量达到 79.5 艘次;12.5 米深水航道建成后,2010 年 4—8 月日均通过量达到 122.5 艘次。随着航道水深逐步加深,航道基建及维护疏浚工程量逐渐增加,在航道内施工的耙吸式挖泥船艘数也大量增加,协调施工与通航矛盾的难度大大增加。

综上所述,长江口自然条件的严峻程度和治理工程的难度在国内外河口治理史上前所未有,需要建设者提出科学合理的建设、设计、管理方案,有针对性地采取一系列科学的组织管理措施。同时,还要对工程实施过程中可能出现的重大工程技术难题有充分的思想准备,采取实事求是、科学合理的举措加以克服和解决。

三、主要参建单位

为了有效组织工程建设,工程开工之初,按照专业、精干、高效的原则,由交通部、上海市人民政府和江苏省人民政府组建了长江口航道建设有限公司,作为项目法人,负责工程的建设和管理;2005 年报请国务院同意后,改制为交通部长江口航道管理局,负责长江入海口河段航道的规划、管理、建设、维护和科研工作。本项目总体设计单位为中交上海航道勘察设计研究院有限公司。

工程施工共分为 17 个合同段,参建单位包括设计单位 3 家、施工单位 8 家、监理单位8 家。

长江口深水航道治理工程主要参建单位见表23-3。

长江口深水航道治理工程主要参建单位一览表　　　　　　表 23-3

工　程	合　同　段	设　计　单　位	施　工　单　位	监　理　单　位
一期工程	整治建筑物工程 N 合同段	中交上海航道勘察设计研究院有限公司	中交上海航道局有限公司	天津中北港湾工程建设监理有限公司
	整治建筑物工程 SW 合同段	中交第三航务工程勘察设计院有限公司	中交第三航务工程局有限公司	广州南华工程管理有限公司
	整治建筑物工程 SE 合同段	中交第一航务工程勘察设计院有限公司	中交第一航务工程局有限公司	上海远东水运工程建设监理咨询公司
	疏浚工程 D1.1 合同段	中交上海航道勘察设计研究院有限公司	长江航道局	广州南华工程管理有限公司、上海源深工程建设监理有限公司联合体
	疏浚工程 D1.4 合同段	中交上海航道勘察设计研究院有限公司	中交广州航道局有限公司	广州南华工程管理有限公司、上海源深工程建设监理有限公司联合体
	疏浚工程 D1.2、D1.3、D1.5 合同段	中交上海航道勘察设计研究院有限公司	中交上海航道局有限公司	长航监理有限公司
二期工程	整治建筑物工程 S Ⅱ A 合同段	中交上海航道勘察设计研究院有限公司	中交上海航道局有限公司	北京水规院京华工程管理有限公司
	整治建筑物工程 S Ⅱ B 合同段	中交第三航务工程勘察设计院有限公司	中交第二航务工程局有限公司	上海东华建设管理有限公司
	整治建筑物工程 N Ⅱ A 合同段	中交第三航务工程勘察设计院有限公司	中交第三航务工程局有限公司	天津中北港湾工程建设监理有限公司
	整治建筑物工程 N Ⅱ B 合同段	中交第一航务工程勘察设计院有限公司	中交第一航务工程局有限公司	广州南华工程管理有限公司
	整治建筑物工程 N Ⅱ C-1 合同段	中交第一航务工程勘察设计院有限公司	中交第三航务工程局有限公司	天津中北港湾工程建设监理有限公司
	整治建筑物工程 N Ⅱ C-2 合同段	中交第一航务工程勘察设计院有限公司	中交第一航务工程局有限公司	广州南华工程管理有限公司
	航道疏浚工程	中交上海航道勘察设计研究院有限公司	中港疏浚有限公司	广州华申建设工程管理有限公司

工　程	合　同　段	设 计 单 位	施 工 单 位	监 理 单 位
三期工程	航道疏浚工程	中交上海航道勘察设计研究院有限公司	中港疏浚有限公司	广州华申建设工程管理有限公司
	减淤工程	中交上海航道勘察设计研究院有限公司（丁坝加长工程）、中交第三航务工程勘察设计院有限公司（南导堤加高工程）	中交第三航务工程局有限公司	上海源深工程建设监理有限公司
	减淤工程	中交上海航道勘察设计研究院有限公司（丁坝加长工程）、中交第三航务工程勘察设计院有限公司（南导堤加高工程）	上海交通建设总承包有限公司	北京水规院京华工程管理有限公司
	长兴潜堤工程	中交上海航道勘察设计研究院有限公司	中交第一航务工程局有限公司	上海源深工程建设监理有限公司

第五节　运营管理

一、运行情况与效果

长江口深水航道治理一期工程于 2000 年 3 月实现了 8.5 米水深目标并试通航,2002 年 9 月通过国家竣工验收。

二期工程于 2005 年 3 月实现 10.0 米水深航道全面贯通,2005 年 11 月通过国家竣工验收。

三期工程于 2010 年 3 月实现 12.5 米水深航道全面贯通,2011 年 5 月通过国家竣工验收。

长江水运在长江沿线地区的大宗物资和外贸物资运输中发挥着主导作用,与沿江经济快速发展和对外开放不断深入相适应。伴随经济社会发展和长江口深水航道逐步增深,通过长江口的货运量迅速增长,航道效益初步显现。2000 年通过长江口的货运量为 2.2 亿吨,2005 年达到了 5.1 亿吨。12.5 米深水航道建成后,长江口货物通过量继续延续了快速增长的势头,2010 年通过长江口的货运量为 9.12 亿吨,2013 年增至 11.33 亿吨,2019 年进一步增至 15.22 亿吨。

2000 年北槽 7.0 米水深通航时,日均通过长江口吃水大于 9.0 米和 10.0 米的船舶分别为 12.4 和 0.4 艘次,无 5 万总吨以上的船舶通航;2010 年 4 月 1 日—2011 年 3 月 31 日,日均通过长江口吃水大于 9.0 米、10.0 米和 5 万总吨以上船舶艘次分别增加到 56.6 艘次、28.6 艘次和 12.1 艘次,较开通前增长显著。尤其是吃水大于 12.0 米的大型船舶从无到有,2012 年达到 912 艘次,2019 年达 1880 艘次。

长江口深水航道对上海国际航运中心建设和发展发挥了有力的支撑作用,直接带动了上海港及南京、苏州等江苏沿江港口的迅猛发展。2013 年,长江南京以下主要港口(不含洋山、金山及内河港口)生产性泊位达到 2382 个(其中万吨级以上泊位 517 个),完成货物吞吐量 21.41 亿吨;2019 年,长江南京以下主要港口完成货物吞吐量 28.27 亿吨。上海、南京、镇江、苏州、南通、江阴、泰州等港口继续保持亿吨大港地位。上海港 2019 年完成货物总吞吐量 7.18 亿吨、集装箱吞吐量 4330.3 万标准箱,位居全球集装箱和货物总吞吐量排名第一,一个依托长江口深水航道的举世瞩目的庞大港口群已经崛起。

主要运行效果如下:

1. 提高了船舶载货能力

工程治理前,经人工维护后的长江口航道仅能维持 7.0 米水深,许多大中型船舶进出长江口不能满载航行,货物需减载或转载进出长江口。长江口深水航道治理工程使得长江口深水航道水深逐期增深,不同吨级的集装箱船、散货船和油船载重量均明显增加。航道水深由 7.0 米增深至 12.5 米后,5 万吨级集装箱船、散货船和油船的载重量分别由 25867 吨、27644 吨和 26876 吨增加到 50883 吨、54986 吨和 53016 吨,增载比例均超过 95%。

2. 获得了显著的直接经济效益

长江口深水航道治理产生的直接经济效益主要为航运经济效益,是通过长江口深水航道的船舶运输货物产生的经济效益,包括船方经济效益和港方经济效益两部分。根据上海海事大学《长江口深水航道治理工程航运经济效益分析报告》,工程的主要直接经济效益如下:长江口深水航道治理后,截至 2010 年 8 月 31 日,大宗散货、石油及制成品和集装箱三大货种运输产生的直接经济效益显著,已经累计产生航运经济效益 790.57 亿元(其中,船方经济效益 628.42 亿元,港方经济效益 162.15 亿元)。随着 12.5 米深水航道的正式通航及逐步向上延伸,不断地适应沿江地区的经济社会发展,长江口航道的航运经济效益还将进一步增长。

3. 完善了综合运输体系

长江口深水航道治理工程的实施,有效解决了拦门沙水深不足的问题,大型船舶无须减载或转载即可进出长江口,外贸集装箱无须在境外中转,上海国际航运中心初步形成。

长江口深水航道治理增强了长江航道在沿江综合运输通道中主骨架的作用,强大的“出口”效应更促进了区域综合运输体系的形成和完善。同时,航道治理优化了水运量占区域综合运输总量的比重,形成了公路、铁路、航空、水运、管道等各种运输方式点、线、面相衔接,干支层次清晰,分工日趋明确,集疏运衔接配套的综合运输网络。

4. 推动了节能减排和绿色经济发展

与其他运输方式相比，水运具有投资效率高、能耗少、占地少、成本低、运能大、污染轻等优势。运载相同质量的大宗货物，水运能源消耗量最低，铁路次之，管道和公路较高。在面临资源和环境双重压力的情况下，实施长江口深水航道治理工程，加快发展长江航运，能够有效降低能源消耗、降低运输成本、满足环保要求，对促进经济发展方式转变，建设资源节约型、环境友好型社会具有重要的现实意义，是实现我国经济社会可持续发展的重要保障。

5. 促进了国土开发等方面的综合效益

长江口深水航道治理工程促进了长江口综合整治开发，附带产生了多方面的综合社会效益。工程建设中，结合水利和城市规划，部分利用航道疏浚土资源吹填造地，同时利用部分航道整治建筑物兼作滩涂促淤圈围建筑物，在长江口初步实现了航道和水土资源的综合开发利用。长江口深水航道的治理，还有利于长江口的河势控制，有利于岸线资源的开发和利用，有利于水资源综合开发利用，有利于促进沿江旅游业和水产养殖业的发展。

二、维护情况

长江口深水航道治理一期工程、二期工程和三期工程分别于 2010 年 7 月、2006 年 5 月和 2011 年 5 月开始维护，维护水深分别为 8.5 米、10.0 米和 12.5 米，航道维护长度分别为 51.77 千米、74.471 千米和 82.2 千米。长江口航道属潮汐河口航道且无备淤水深，维护类别为一类维护，考虑到长江口深水航道对国民经济发展的重要性，将航道通航水深保证率定为 95%。

自 2004 年开始，交通部和上海市共同推进疏浚土综合利用，年疏浚 6000 万立方米左右。其中，生态化利用 2500 万立方米，主要用于围造湿地，其余 3500 万立方米外抛至海上倾倒区。2009 年起，交通部和上海市进一步深化合作模式，以 2008 年国务院批准的《长江口综合整治开发规划》为依托，利用长江口航道疏浚土对横沙东滩等区域进行圈围整治。截至 2019 年，累计完成疏浚土吹泥上滩近 4 亿立方米，实现造陆约 110 平方千米。

第六节　工程创新

1. 监测技术

对工程全过程的水文、泥沙及河床地形条件等的变化实施动态监测，是长江口深水航道治理工程中的一项重要管理要求。监测范围之广、测验项目之多、连续性之强、难度之大、要求之高，均是我国水运工程历史上前所未有的。因此，对监测技术提出创新的要求。经十余年的实践探索和不断总结，主要形成了以下创新的监测技术：

①建成了长江口水文、泥沙、波浪自动监测系统。

②开发了声学多普勒流速剖面仪测沙技术。

③研发了近底水文泥沙观测技术。

④首次实现了潮汐河口全断面测潮流量整编与输沙率观测。

2. 模型试验技术

(1) 数学模型创新

首次建立了径流、潮流、波浪和盐水等多种复杂因素共同作用下的长江口全沙数学模型，解决了长江河口航道回淤预报的技术难题，阐明了长江口整治工程的作用机理，实现了长江口三维数值模拟计算平台的开发和应用，模拟和验证了长江口北槽水沙输运过程，提出了航道淤积量月度预测的方式，为系统分析回淤原因提供了科学依据，为优化航道疏浚工艺和维护管理提供了技术支撑。

(2) 物理模型试验技术

实现了长江口整体物理模型的口外旋转流场的模拟，为研究河口水流泥沙运动、工程平面布置、施工程序、抛泥区选划及整治效果等提供了技术保证；高透水性建筑物对整治效果影响的模拟，为判断透水结构对整治效果的影响提供了依据；悬沙自动加沙系统的开发和应用，解决了模型的冲淤相似和航道回淤相似的难题，为模型试验成果的可靠性提供了保障。

3. 水工结构创新

长江口水域宽广、工程规模大、工况恶劣，整治建筑物工程的结构设计必须适应工程区复杂多变的水深、潮流、波浪和地质条件，以确保建筑物自身安全稳定和整治功能的发挥。因此，水工建筑物结构设计必须考虑河床表层粉砂的高可动性，结构设计要适应局部地形冲淤变化且具备机械化快速施工条件的新型护底结构。为此，整治建筑物工程中采用了一系列创新的结构形式和设计方法，包括新型护底软体排结构、38.1千米袋装沙堤心斜坡堤结构、51.4千米半圆形堤身结构和2.6千米新型空心方块斜坡堤结构，成功实践了我国首例抗"软化"工程措施，首次将橡胶阻滑板用于水运工程等。同时，通过大量采用半圆体、空心方块等新型中空结构构件，为构建河口大型人工牡蛎礁和鱼礁系统、促进长江河口生态健康发展提供依托。

4. 施工工艺及装备

创新地采用了全球定位系统测量技术，建立了首级和二期全球定位系统控制网，实现了实时、动态、高精度平面与高程控制；创造性地将全球定位系统高程测量与超声波水深测量结合起来，实现了水下地形无验潮测量，开发了所有需定位作业施工的工序应用软件，把全球定位系统测量技术、传感器技术、计算机数据处理及图像显示技术等结合起来，提高了作业船的自动化、信息化施工水平，提高了施工效率和精度。

独创了大型专用作业船及配套施工工艺。研制了世界上独一无二的大型专用作业船，如软体排铺设船、袋装沙堤心成型及砂被铺设船、排水板打设船、基床抛石整平船、整平机、升降料斗式抛石船、沉箱安装船等。

5. 建设管理工作的创新

提供技术创新的平台,创造创新的条件和氛围,激励各参建方走技术创新之路的自觉性和积极性。一期工程中,建设单位主动为每个合同段提供1500万元用于奖励开发研制适合本项目条件的大型专用作业船;组织了全国性的整治建筑物设计方案竞赛及优化方案评审等活动,成功遴选出如优化的袋装沙堤心斜坡堤和半圆堤新型水工结构等优秀设计方案。

实行标准化、信息化管理。建设单位对工程建设过程中的全部技术经济行为都建立了文字档案,组织编写了适用于本项目的全部专项技术标准,建立了全工程的数据信息传输网络。

实施了严格、科学的动态管理。建设单位严密监测整体河势和整治建筑物推进及航槽疏浚过程中流场及河床的变化,并利用数学、物理模型开展必要的验证和研究,适时地对工程做出必要的设计变更,调整施工方案和施工计划,保证了工程顺利实施。

6. 所获奖励

截至2013年底,长江口深水航道治理工程先后获得国务院、省级政府(省部级)及各类协会奖励达到29项。"长江口深水航道治理工程成套技术"在2007年12月获得国家科学技术进步奖一等奖,如表23-4所示。

长江口深水航道治理工程所获主要奖励　　　　　　　表23-4

序号	获奖项目名称	获奖时间	奖项名称	奖励等级	授奖部门或组织
1	长江口深水航道治理工程成套技术	2007年	国家科学技术进步奖	一等奖	国务院
2	长江口深水航道治理工程成套技术	2006年	科学技术奖	特等奖	中国航海学会
3	河口海岸泥沙数学模型	1998年	科学进步奖	一等奖	水利部
4	长江口拦门沙航道演变规律及深水航道整治方案研究	1999年	科技进步奖	一等奖	交通部
5	长江口深水航道治理工程护底软体排铺设工艺及设备研究	2001年	科学技术奖	一等奖	上海市人民政府
6	波浪对地基土的软化作用及工程措施的研究	2009年	科学技术奖	一等奖	中国水运建设行业协会
7	长江口深水航道治理工程方案优化泥沙回淤设计波浪研究	2005年	科学技术奖	一等奖	中国航海学会
8	长江口南北港分汊河段航道整治关键技术研究	2013年	科学技术奖	一等奖	中国水运建设行业协会
9	坐底式基床抛石整平船	2001年	科学技术奖	二等奖	天津市人民政府
10	长江口深水航道治理工程袋装沙斜坡堤堤心充灌工艺与设备研究	2001年	科学技术奖	二等奖	上海市人民政府

续上表

序号	获奖项目名称	获奖时间	奖项名称	奖励等级	授奖部门或组织
11	步履式水下整平机研制	2004 年	科学技术奖	二等奖	中国航海学会
12	长江口深水航道治理工程二期工程施工顺序试验研究	2004 年	科学技术奖	二等奖	中国航海学会
13	大型半圆形沉箱预制出运安装成套工艺及装备研究	2005 年	科学技术奖	二等奖	中国航海学会
14	耙吸挖泥船计算机辅助疏浚决策系统	2005 年	科学技术奖	二等奖	中国航海学会
15	泥沙场观测新技术研究及应用	2010 年	科学技术奖	二等奖	中国航海学会
16	长江入海控制站水沙通量实时监测关键技术研究	2013 年	大禹水利科学技术奖	二等奖	中国水利学会
17	无验潮水下地形测量技术	1999 年	科学技术奖	三等奖	上海市人民政府
18	长江口深水航道治理工程疏浚土处理试验研究	2004 年	科学技术奖	三等奖	中国航海学会
19	长江口工程抛石整平船水下机床整平机	2004 年	科学技术奖	三等奖	上海市人民政府
20	长江口深水航道疏浚水力模型研究	2004 年	科学技术奖	三等奖	上海市人民政府
21	长江口工程抛石整平船水下机床整平机	2005 年	科学技术奖	三等奖	中国造船工程学会
22	货轮改装成 12000 立方米耙吸挖泥船"新海象"轮	2005 年	科学技术奖	三等奖	中国航海学会
23	长江口深水航道治理工程 NIIC 区段尺度结构形式对整治效果的影响	2005 年	科学技术奖	三等奖	中国航海学会
24	长江口深水航道治理工程水生生态修复关键技术研究及示范	2011 年	科学技术奖	三等奖	上海市人民政府
25	长江口深水航道治理工程一期工程	2004 年	第四届中国土木工程詹天佑奖		中国土木工程学会
26	长江口深水航道治理工程二期工程	2008 年	第八届中国土木工程詹天佑奖		中国土木工程学会
27	长江口深水航道治理工程一期工程	2005 年	2005 年度国家优质工程奖	金质奖	国家工程建设质量奖审定委员会
28	长江口深水航道治理工程二期工程	2008 年	2008 年度国家优质工程奖	金质奖	国家工程建设质量奖审定委员会
29	长江口深水航道治理工程三期工程	2013 年	2012—2013 年度国家优质工程奖		中国施工企业管理协会

第七节　生 态 环 保

长江口深水航道治理工程所处区域生态环境敏感复杂,拥有各类自然保护区,是上海市重要的水源地。工程的建设不可避免地对长江口生态环境产生一定影响。为减轻甚至消除这一影响,长江口深水航道治理工程实施和运行维护过程中,开展了大量生态环境监测和以增殖放流为主的生态补偿工作。

从 1997 年开始,建设单位组织相关单位以长江口深水航道治理工程水域为中心,对西自青草沙西段、东至 15 米等深线、北至北港、南至南槽的广袤水域持续开展了包括水质、沉积物、水生生态、渔业资源、鸟类、九段沙湿地、船舶污染、陆域基地、鱼类遗传多样性、导堤牡蛎礁、疏浚物扩散等多学科多专题的生态环境监测工作。根据需要逐年修订监测方案,积累了持续 20 余年的完整资料,为分析研究长江口区域生态环境变化情况、开展工程对生态环境影响评价工作、支撑运行维护期疏浚维护作业的有效开展起到了重要作用。

在工程建设和运行维护过程中,长江口航道管理局共组织开展了 15 次以增殖放流为主的水生生态系统修复工作,包括增殖放流底栖生物、游泳动物、河口重要经济鱼类等,比较有代表性的有:2001 年探索性地开展了长江口首次中华鲟试验性放流,共放流驯化中华鲟 3080 尾;2002 年依托已建北导堤构建我国第一个人工牡蛎礁群落系统,成为多种重要经济水生生物栖息地,并具备良好的水质净化功能;2004 年在长江口首次放流 2.5 万只中华绒螯蟹亲蟹,此后又数次放流,累计达到 11 万只,为恢复长江口区域中华绒螯蟹种质资源做出重要尝试。

第八节　工 程 价 值

长江口深水航道治理工程是促进上海国际航运中心建设、适应沿江地区经济社会和航运发展的重要基础设施。长江口深水航道增深和拓宽大大提高了大型船舶的通过能力,改善了航道通航条件,节约了货物运输时间,大幅降低了运输成本,显著提高了船舶营运水平,极大地释放了长江黄金水道的运输潜能,促进了沿江地区经济社会快速发展,产生了巨大的经济和社会效益。

1. 成为长江经济带发展和上海航运中心建设重要基础

长江横贯我国东、中、西部地区,长江沿线的沪、苏、皖、赣、鄂、湘、川、渝、滇七省二市在全国经济格局中占有十分重要的地位。依托长江黄金水道之利,各省市纷纷将经济发展的重心转向沿江开发,大力发展沿江经济带。依托长江黄金水道和沿岸众多大中城市,流域内布局了用水、耗能较多的钢铁、石化、电力、建材、各种加工业等产业,形成了较为完备的重化工业、加工制造和高新技术的产业组织和分工体系,形成了钢铁、石化、能源、汽车、机电、轻纺、建材等具有国际竞争力的战略产业集群,成为全球重要的制造业生产基地之一。

据财政部财政科学研究所研究成果,截至 2009 年,长江口深水航道治理工程拉动国内生产总值(GDP)增长约 6650 亿元,年均拉动 665 亿元。其中,工程投资共拉动 GDP 增长 208.44 亿元,一、二、三期工程投资分别拉动 GDP 增长 41.03 亿元、75.96 亿元和 91.45 亿元;货运量增加带动沿江地区 GDP 增长 6441 亿元,年均拉动 GDP 约 644.1 亿元;长江口深水航道治理工程共拉动财政收入增长约 1730 亿元,年均拉动 173 亿元。

长江口深水航道治理工程促进了长江航运的快速发展,有力地推动了产业集群的快速崛起和产业结构的优化调整。在拉动地区经济快速增长的同时,长江口深水航道的建设还有力地促进了区域经济的一体化,包括促进长三角区域一体化、长江流域经济一体化乃至东中西部地区协调发展。

2. 促进了国家和区域战略实施

长江口航道是长江水运船舶入海的必经之路,是长江黄金水道中通航条件最好、货流密度最大的区段,是关系到国民经济发展全局的重要战略运输通道。长江口深水航道治理工程的建成和使用,使长江航运网络与国际海上运输网络实现了"深水"对接,使长江口航运能力显著提高,长江沿岸特别是南京以下沿江港口功能显著增强,优化和改善了进出长江物资的运输体系。

长江口深水航道治理工程的实施,对促进国家及地方区域经济战略的实施产生了积极影响,拉动了长三角和长江流域经济快速增长,促进了长江综合运输体系建设、上海国际航运中心建设和长江经济带建设。

3. 推动了河口治理科学技术的进步

截至 2013 年底,长江口深水航道治理工程先后获得国务院、省级政府及各类协会奖励达到 29 项,其中 2007 年 12 月获得国家科学技术进步奖一等奖 1 项;获得各类型专利 13 项,其中发明专利 2 项,如表 23-5 所示。

长江口深水航道治理工程获得专利情况　　表 23-5

序号	项目名称	专利类型	专利权人
1	货物运输船改装耙吸挖泥船的方法	发明专利	上海航道局、中国船舶工业第 708 研究所
2	一种河工物理模型潮流模拟分布式控制系统与控制方法	发明专利	上海河口海岸科学研究中心
3	沉放沙袋与铺排两用船	实用新型	上海航道局
4	机织布充填沙袋	实用新型	上海航道勘测设计研究院
5	土工织物充填沙袋	实用新型	上海航道勘测设计研究院
6	空心方块斜坡式防波堤	实用新型	中交第一航务工程勘察设计院

续上表

序号	项 目 名 称	专 利 类 型	专 利 权 人
7	坐底式基床抛石整平机	实用新型	中港第一航务工程局
8	自升式抛石整平平台船	实用新型	中港第二航务工程局
9	单浆单舵耙吸挖泥船	实用新型	中国船舶工业第708研究所、上海航道局
10	泥门启闭机构	实用新型	中国船舶工业第708研究所、上海航道局
11	混凝土联锁片模板	实用新型	上海交通建设总承包
12	加筋沙被	实用新型	上海航道勘测设计研究院
13	一种透水框架	实用新型	上海河口海岸科学研究中心

执笔人：侯斌

第二十四章 长江南京以下 12.5 米深水 航道建设工程

第一节 工 程 概 况

长江是横跨我国东、中、西部的水运主通道,在我国综合交通运输网络中占据着十分重要的地位。长江干线航道自云南水富至长江口,经云南、重庆、四川、湖南、湖北、江西、安徽、江苏、上海 7 省 2 市,全长 2838 千米(图 24-1)。

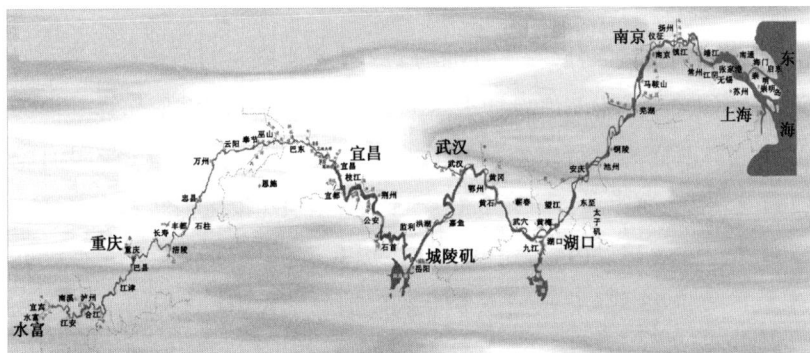

图 24-1 长江干线航道示意图

为更好发挥长江黄金水道的作用,带动长江三角洲经济发展,加快上海国际经济、贸易、金融、航运中心建设,1998 年,党中央、国务院决定实施长江口深水航道建设工程。经过三期工程建设,于 2010 年完工。长江口的航道水深由 7.5 米提升至 12.5 米,带来了良好的社会效益和经济效益。为充分发挥长江口深水航道的综合效益,促进长江黄金水道的发展,国务院批准继续实施 12.5 米深水航道向上延伸工程至南京。

长江南京以下 12.5 米深水航道建设工程是打造长江黄金水道、建设长江经济带、助力"一带一路"建设的重要举措,也是我国继长江口深水航道建设工程之后,技术最复杂、投资规模最大的内河航道整治工程。本工程分两期建设,一期工程建设江苏太仓至南通段,航道长度56 千米;二期工程建设南通至南京段,航道长度 227 千米。

一、地理位置

长江南京以下 12.5 米深水航道建设工程位于江苏省和上海市境内,长江下游潮汐河段,全长约 283 千米,自下而上涉及上海、苏州、南通、泰州、无锡、常州、扬州、镇江、南京等城市,涉及的港口有上海港(崇明三岛港区)、北岸的南通港(如皋港区)、泰州港、扬州港,南岸的苏州港(张家港港区)、无锡港(江阴港区)、常州港、镇江港、南京港。

二、建设内容

本工程按照建设航道关键控制性工程与疏浚工程相结合的治理思路,对存在碍航浅区的河段实施整治工程,达到稳定局部河势、改善航道边界条件的目的,同时辅以疏浚措施,实现 12.5 米深水航道建设目标。

一期工程对长江干线太仓荡茜闸至南通天生港约 56 千米河段内的通州沙、白茆沙河段进行整治,航道设计水深 12.5 米(当地理论最低潮面),设计宽度 500 米,转弯半径 1500 米,边坡 1∶10。主要建设内容:建设潜堤 34.95 千米、丁坝 11 座、护堤坝 4 座,加固护岸 2 千米,疏浚通州沙北侧 2 处区域和白茆沙南侧 2 处区域,基建疏浚工程量 215 万立方米,配备相应的导助航设施及其他相关配套设施,批复总投资 51.7 亿元。

二期工程对南通天生港至南京新生圩港约 227 千米河段内的福姜沙水道、口岸直水道、和畅洲水道和仪征水道进行整治,航道设计水深 12.5 米(其中江阴以下起算基面为当地理论最低潮面,江阴以上起算基面为航行基准面),优良河段通航宽度 500 米,受限河段单向航道通航宽度 230～260 米,双向航道通行宽度 350～500 米,无须疏浚区段转弯半径 3000 米,疏浚区段转弯半径 1500 米。主要建设内容:建设(潜)主堤 6 道(总长约 20.4 千米)、丁坝 30 座(总长 18.8 千米)、护滩带 23 座(总长约 4.7 千米)、护底带 4 道(总长约 1.5 千米),加固护岸约 48.3 千米,疏浚多处航道浅区(2495 万立方米),并配套建设导助航设施及其他相关设施,批复总投资 71.5 亿元。

2012 年 8 月一期工程开工建设,2015 年 12 月一期工程竣工验收并正式投入运行;2015 年 6 月二期工程开工建设,2019 年 5 月二期工程竣工验收并正式投入运行。工程总工期 7 年。工程总投资 123.2 亿元。

第二节　规划与决策

一、项目背景

2005 年 11 月,交通部和长江干线沿线 7 省 2 市共同召开了"合力建设黄金水道,促进长江经济发展"高层座谈会,正式吹响了长江黄金水道大建设、大发展的号角。为与长江口深水航道治理工程水深目标对接,2005 年长江航道局实施了长江南京—浏河口河段 10.5 米深水航道建设工程。

2010 年 3 月，长江口深水航道治理工程顺利建成开通，12.5 米深水航道上延至江苏太仓，满足第三、四代集装箱船和 5 万吨级船舶全潮双向通航的要求，同时兼顾满足第五、六代大型远洋集装箱船、10 万吨级满载散货船及 20 万吨级散货船减载乘潮通航的要求。为充分发挥长江口深水航道的综合效益，促进长江黄金水道的发展，带动长江三角洲经济发展，加快上海国际经济、贸易、金融、航运中心建设，迫切需要将长江口 12.5 米深水航道继续上延至南京。

2010 年 5 月，国务院《长江三角洲地区区域规划》中明确提出推进长江口 12.5 米深水航道向上延伸工程建设。

2011 年 1 月，《国务院关于加快长江等内河水运发展的意见》（国发〔2011〕2 号）指出要"稳步推进长江口 12.5 米深水航道向上延伸工程"。

2011 年 3 月，交通运输部《关于贯彻〈国务院关于加快长江等内河水运发展的意见〉的实施意见》提出，长江下游"重点实施南京以下 12.5 米深水航道建设工程"。

2011 年 3 月下旬，时任国务院副总理张德江考察长江航道，在荆州市宣布国家内河高等级航道"十二五"期建设启动，长江南京以下 12.5 米深水航道建设工程进入前期研究阶段。

二、论证过程

为充分释放长江黄金水道的航运潜力，从 20 世纪 70 年代开始，有关单位对"三沙"（即福姜沙、通州沙和白茆沙）河段的河床演变以及航道整治工程进行了大量的研究工作。

2008 年，长江航道局正式启动"三沙"深水航道整治工程方案研究。

2009 年，委托相关单位完成了"长江下游白茆沙水道深水航道控导工程预可行性研究""长江下游通州沙水道深水航道整治控导工程预可行性研究""长江下游福姜沙水道深水航道治理控导工程预可行性研究"，对该河段的浅滩特性、演变规律和航道整治方案有了全面、深入的把握，为南京以下深水航道整治工程建设打下了良好基础。

2010 年 4 月，交通运输部明确长江南京以下 12.5 米深水航道建设工程按照"整体考虑、自下而上、分段逐步推进"的总体思路实施，并与江苏省政府达成了"部省共建、加快推进前期工作"的共识。

2010 年 10 月，交通运输部与江苏省政府联合组织开展了长江口 12.5 米深水航道延伸至南通天生港区航道建设工程前期工作，成立项目建设领导小组，协调推进项目前期工作，将该工程分别纳入交通运输部和江苏省"十二五"期交通发展建设规划，由部、省共同出资建设。

2011 年 4 月 15 日，长江南京以下深水航道建设工程领导小组成立暨领导小组第一次会议在江苏南京召开，宣布成立建设工程领导小组及办公室、建设工程指挥部、工程咨询专家组，标志着长江南京以下 12.5 米深水航道建设工程正式进入启动阶段。

三、项目决策

2011 年 11 月,中交上海航道勘察设计研究院有限公司、长江航道规划设计研究院编制完成了《长江南京以下 12.5 米深水航道建设工程一期工程(太仓至南通段)工程预可行性研究报告》。随后,交通运输部和江苏省联合向国家发展和改革委员会(以下简称"国家发展改革委")报送《长江南京以下 12.5 米深水航道建设工程一期工程(太仓至南通段)项目建议书》。

2011 年 11 月,受国家发展改革委委托,中国国际工程咨询公司(现中国国际工程咨询有限公司)在北京组织开展一期工程项目建议书的咨询评估会,重点对建设必要性、建设时机、建设方案合理性等进行了评估,于 12 月向国家发展改革委报送了《关于长江南京以下 12.5 米深水航道建设一期工程(项目建议书)的咨询评估报告》。

2012 年 2 月,国家发展改革委以发改基础〔2012〕499 号文对一期工程项目建议书进行了批复,总投资约 51.7 亿元,由交通运输部和江苏省人民政府安排资金解决。

2012 年 4 月,交通运输部和江苏省联合向国家发展改革委报送《长江南京以下 12.5 米深水航道一期工程工程可行性研究报告》及相应的专题研究报告。

2012 年 5 月,受国家发展改革委委托,中国国际工程咨询公司在北京组织开展一期工程可行性研究报告的咨询评估会,重点对建设规模和投资估算等进行了评估。同月,向国家发展改革委报送了《关于长江南京以下 12.5 米深水航道建设一期工程(可研报告)的咨询评估报告》。

2012 年 7 月 23 日,国家发展改革委以发改基础〔2012〕2190 号文对一期工程可行性研究报告进行批复,项目建设单位为长江南京以下深水航道建设工程指挥部(以下简称"工程指挥部"),项目总投资约 51.7 亿元,由交通运输部安排内河水运建设专项资金 28.43 亿元、国家发展改革委安排中央预算内投资 12.92 亿元、江苏省人民政府安排财政性资金 10.34 亿元解决。

2012 年 10 月,工程指挥部启动二期工程前期工作,此后开展了多次勘察、试验及分析研究。

2013 年 5 月,中交上海航道勘察设计研究院有限公司牵头多家设计单位完成了《长江南京以下 12.5 米深水航道二期工程工程可行性研究报告》及相应专题研究报告。

2013 年 12 月,交通运输部和江苏省联合向国家发展改革委报送《长江南京以下 12.5 米深水航道二期工程工程可行性研究报告》及相应的专题研究报告。

2014 年 3—12 月,受国家发展改革委委托,中国国际工程咨询公司在北京组织召开可行性研究报告咨询评估会,对二期工程可行性研究报告提出的"十二五"末初通目标及建设方案提出补充论证的建议。9 月 24—25 日,进行项目现场调研并召开专题讨论会。12 月,出具《关于长江南京以下 12.5 米深水航道二期工程(可研报告)的咨询评估报告》。

2015 年 5 月,国家发展改革委发改基础〔2015〕1084 号文对二期工程可行性研究报告进行批复。项目法人为长江南京以下深水航道建设工程指挥部;建设范围为长江南京至南通227千米河段,初步实现12.5米深水航道由南通(天生港区)上延至南京(新生圩港区);总投资73.06亿元,由中央资金和江苏省财政性资金按8:2出资,中央资金中,国家发展改革委中央预算内投资和交通运输部内河水运建设专项资金按1:2分摊。

为巩固12.5米深水航道建设成果,进一步改善航道维护和通航环境,在一期工程、二期工程的基础上,交通运输部在《水运"十三五"发展规划》中提出长江南京以下12.5米深水航道后续完善工程(不涉及增加航道水深标准),以实现12.5米深水航道"由通到畅"的目标,工程投资预估算55亿元。长江航道局于2019年底启动了前期工作,2020年1月,通过公开招标的方式确定了前期工作承担单位,具体见表24-1。

长江南京以下12.5米深水航道后续完善工程前期工作承担单位　　　表24-1

序号	专　题	研　究　内　容	承　担　单　位
1	工程可行性研究报告编制	工程可行性、长河段数模研究	长江航道规划设计研究院(牵头单位)和中交上海航道勘察设计研究院有限公司(联合体)
2	原型观测	仪征水道、和畅洲水道、口岸直水道3个工程河段的地形测量及水文测验	中交上海航道勘察设计研究院有限公司(牵头单位)和长江航道规划设计研究院(联合体)
		福姜沙水道地形测量及水文测验	上海河口海岸科学研究中心(牵头单位)和长江南京航道局(联合体)
		通州沙水道地形测量及水文测验	长江航道测量(武汉)中心(牵头单位)和长江水利委员会水文局长江口水文水资源勘测局(联合体)
3	地质勘察	仪征水道、和畅洲水道、口岸直水道、福姜沙水道4个工程河段的地质勘察	中国建筑西南勘察设计研究院有限公司
		通州沙水道1个工程河段的地质勘察	中交上海航道勘察设计研究院有限公司
4	数学模型	通州沙河段潮流泥沙数模研究	南京水利科学研究院
		福姜沙水道潮流泥沙数模研究	上海河口海岸科学研究中心(牵头单位)和长江航道规划设计研究院(联合体)
		口岸直水道潮流泥沙数模研究	武汉大学
		和畅洲水道潮流泥沙数模研究	交通运输部天津水运工程科学研究所
		仪征水道潮流泥沙数模研究	南京水利科学研究院

序号	专题	研究内容	承担单位
5	物理模型	通州沙河段航道工程总平面布置物理模型研究	上海河口海岸科学研究中心
		福姜沙水道航道工程总平面布置物理模型研究	南京水利科学研究院
		口岸直水道航道工程总平面布置物理模型研究	—
		和畅洲水道航道工程总平面布置物理模型研究	长江航道规划设计研究院
		仪征水道航道工程总平面布置物理模型研究	长江水利委员会长江科学院(牵头单位)和长江航道规划设计研究院(联合体)
6	生态专题	水生生态现状调查及航道整治工程影响评价专题 鱼类产卵场调查及航道整治工程影响评价专题	中国水产科学研究院长江水产研究所(牵头单位)、中国水产科学研究院淡水渔业研究中心和长江水利委员会长江科学院(联合体)
		对镇江长江豚类自然保护区影响评价专题报告 对国家级水产种质资源保护区影响评价专题报告	中国水产科学研究院淡水渔业研究中心(牵头单位)和中国水产科学研究院长江水产研究所(联合体)
7	环评专题	完善工程环境影响评价	中交第二航务工程勘察设计院有限公司
8	洪评专题	完善工程洪水影响评价	长江水利委员会水文局(牵头单位)和南京水利科学研究院(联合体)
9	社会稳定性分析专题	完善工程社会稳定风险评估	武汉大学
10	社会经济效益评价专题	完善工程经济社会效益分析	武汉理工大学(牵头单位)和武汉大学(联合体)

第三节　工程设计

一、整治思路

　　长江南京以下12.5米深水航道建设工程按照建设航道关键控制性工程与疏浚工程相结合的治理思路,对存在碍航浅段的白茆沙、通州沙、福姜沙、口岸直、和畅洲和仪征水道等分汊河段实施整治,以稳定局部河势、改善航道边界条件,并辅以疏浚措施,实现深水航道建设目标。根据工程河段自然条件、河势变化和工程目标定位,航道治理思路为"固滩、稳槽、导流、增深"。

二、航道平面布置

长江南京以下 12.5 米深水航道建设工程中,水深不足 12.5 米的航道浅段主要分布在白茆沙水道、通州沙水道、福姜沙水道、口岸直水道、和畅洲水道和仪征水道,其他水道自然水深已经满足 12.5 米深水航道建设要求。结合现状航道和河势条件,优良河段的航道宽度为 500 米,受限河段航道宽度经综合论证后确定,见表 24-2。

长江南京以下 12.5 米深水航道宽度表　　　　　　　表 24-2

水道/河段		总 体 方 案	
		单向或双向	航道宽度(米)
白茆沙水道		双向	500
通州沙水道		双向	500
福姜沙水道		福中双向(双向)	260
		福北单向(上行)	260
口岸直水道	鳗鱼沙段	右汊单向(下行)	230
		左汊单向(上行)	230
	落成洲段	左汊双向	350
和畅洲水道		右汊单向	250
仪征水道		右汊双向	500

三、整治方案

针对白茆沙沙头持续冲刷后退、白茆沙南水道向东拓宽的状况,在白茆沙上部高滩南北边缘布置护滩潜堤固滩防冲、稳定沙头,在白茆沙头部及向上游局部延伸区域布置潜堤,以增强护滩效果;在头部潜堤及南侧堤南侧布置丁坝以增加护滩范围,适当增强浅段落潮动力。整治建筑物包括白茆沙头部潜堤、白茆沙北堤、北侧护堤坝、白茆沙南堤、南侧丁坝(图 24-2)。

针对通州沙、狼山沙左缘冲刷后退,通州沙东水道下段主泓不断西偏弯曲的情况,在通州沙下部左缘和狼山沙左缘及尾部布置护滩潜堤,封堵通州沙—狼山沙窜沟,并在上述潜堤的外侧布置丁坝以保护主堤堤身安全、防止潜堤外侧滩坡冲刷、稳定深槽;在狼山沙沙尾及南侧布置护滩潜堤以保护处于冲刷状态的狼山沙下沙体。整治建筑物包括通州沙—狼山沙潜堤、狼山沙尾部潜堤、通州沙潜堤左侧丁坝(图 24-3)。

在双涧沙守护工程的基础上,进一步加强双涧沙头部守护。在双涧沙南、北侧滩面实施丁坝等导流护滩工程,增强福北浅段水动力,改善航道建设及维护条件。整治建筑物包括双涧沙头部潜堤、潜堤北侧丁坝及南侧丁坝、消能抛石堤(图 24-4)。

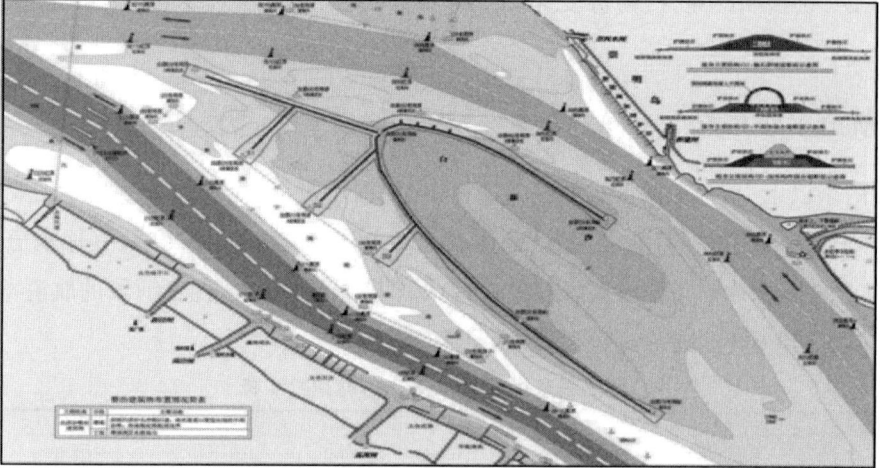

图 24-2 白茆沙水道整治建筑物平面布置图

图 24-3 通州沙水道整治建筑物平面布置图

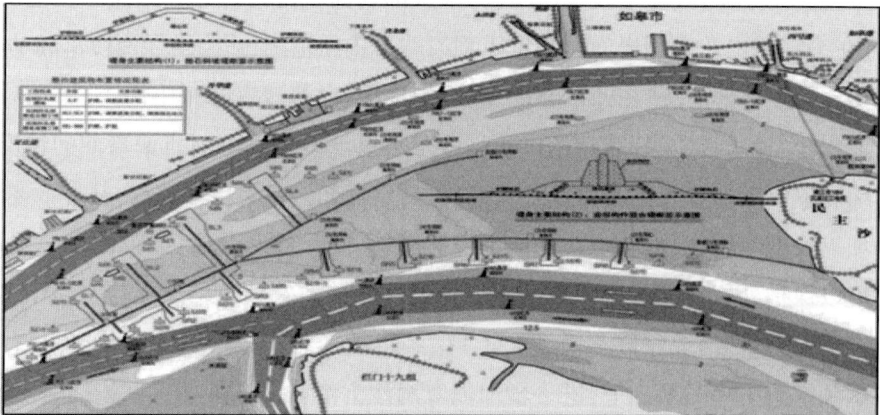

图 24-4 福姜沙水道(双涧沙)整治建筑物平面布置图

针对福姜沙水道左汊主流摆动、双涧沙沙体冲淤变化引起福姜沙水道深槽不稳定的情况，实施福姜沙左缘丁坝工程，以守护福姜沙左缘边滩、束窄福姜沙左汊河宽，改善二级分汊口的入流条件（图 24-5）。

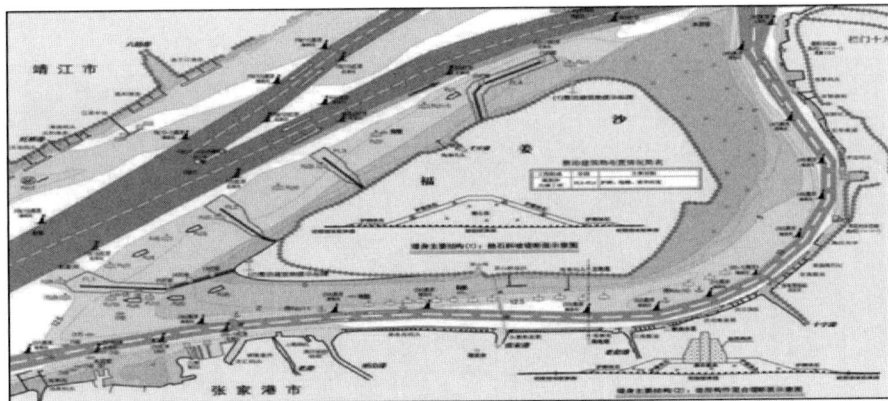

图 24-5　福姜沙水道（福姜沙）整治建筑物平面布置图

针对口岸直水道鳗鱼沙河段水流动力频繁摆动，心滩中下段冲刷导致航槽不稳的情况，在鳗鱼沙心滩滩头守护工程基础上，对鳗鱼沙滩面继续加强守护，以稳定滩槽格局、稳定航道边界条件、维持良好的滩槽格局。整治建筑物包括鳗鱼沙潜堤和护滩带等（图 24-6）。

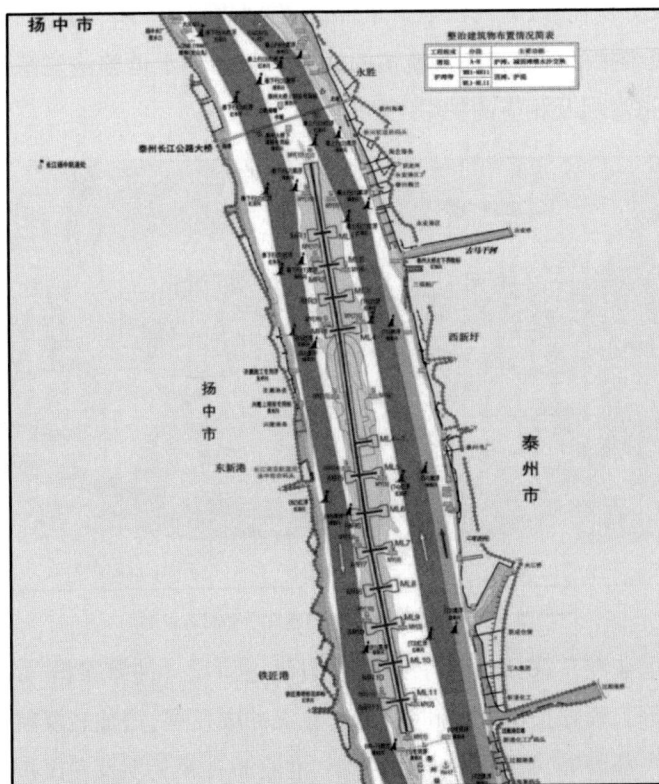

图 24-6　口岸直水道（鳗鱼沙）整治建筑物平面布置图

针对口岸直水道三益桥浅滩淤长南压挤压航槽、落成洲洲头冲刷后退、右汊持续冲刷发展的情况,在落成洲洲头守护工程基础上,采取潜堤和丁坝继续加强洲头守护、适当增强左汊航道浅段动力、同时适当限制落成洲右汊冲刷发展等措施以稳定左右汊分流比。落成洲段整治建筑物包括头部潜堤及丁坝、右汊护底带等(图24-7)。

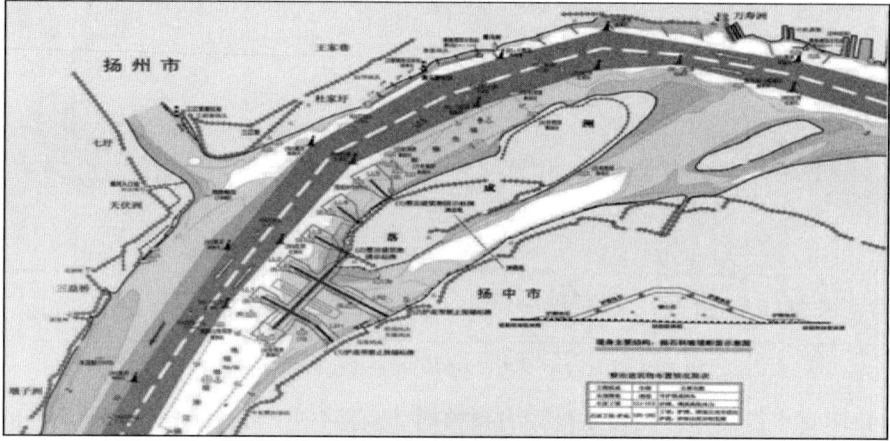

图24-7 口岸直水道(落成洲)整治建筑物平面布置图

针对和畅洲水道左汊分流比迅猛增加、右汊淤积萎缩的情况,通过在左汊实施限流潜坝工程,适当调整左右汊分流比,改善右汊航道条件;在右汊进口段右岸实施切滩工程,以改善右汊进流条件,通过疏浚维护措施维持右汊航道的通畅。和畅洲水道整治建筑物包括左汊口门已建潜坝下游新建2道潜坝及相应的护岸工程等(图24-8)。

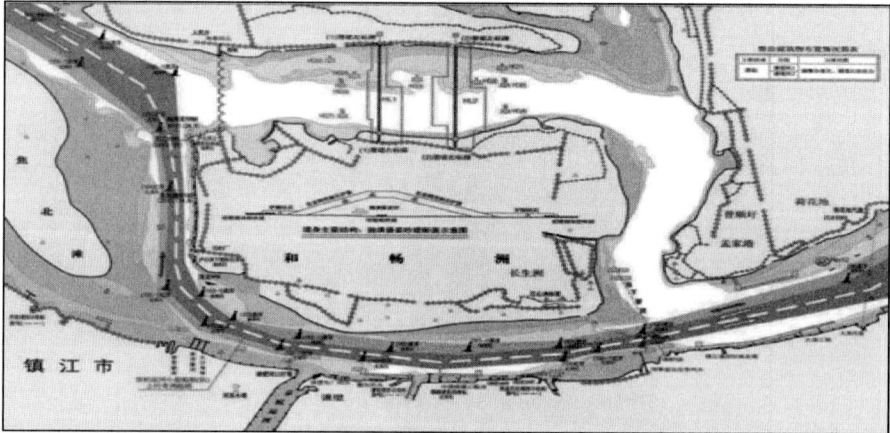

图24-8 和畅洲左汊整治建筑物平面布置图

针对仪征水道世业洲左汊分流比持续增加、右汊进口段"冲滩淤槽"的态势,在世业洲头部建设潜堤和丁坝等工程守护世业洲洲头,抑制左汊冲刷发展,增加右汊航槽水流动力。整治建筑物包括世业洲头部潜堤、头部潜堤两侧丁坝、世业洲右缘丁坝及左汊护底带等(图24-9)。

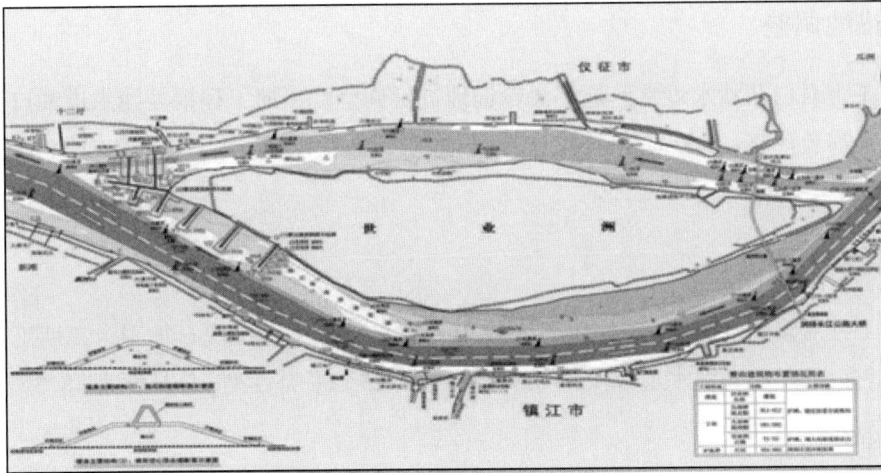

图 24-9　仪征水道整治建筑物平面布置图

四、疏浚工程

重点对白茆沙水道、通州沙水道、福姜沙水道、口岸直水道、和畅州水道和仪征水道的浅段进行疏浚,基建疏浚土处理采用艏吹方案,试运营期航道维护采用"随淤随挖"方式。

一期工程基建疏浚工程量 208.4 万立方米,试运行维护疏浚方量约为 182.8 万立方米;二期工程基建疏浚工程量 1138.0 万立方米,试运行维护疏浚方量约为 1087.8 万立方米。

五、航标工程

航标工程包括主航道航标、整治建筑物航标、锚地航标等配布及调整内容。

1. 主航道助航设施

一期工程主航道航标配布 59 座,其中浮标 58 座,岸标 1 座,更换浮标 35 座,调整浮标位置 14 座。

二期工程主航道新设航标 8 座,调整航标 139 座,新设虚拟航标 12 座。

2. 整治建筑物工程及锚地助航设施

一期工程新设专用浮标 10 座,其中灯桩 12 座。调整锚地助航标志 6 座。

二期工程新设整治建筑物航标 76 座,调整 59 座,新设灯桩 7 座,新设岸标标牌 12 座。新设锚地助航标志 16 座,调整 7 座,撤销 10 座。

为保护二期工程整治建筑物、保障船舶通航安全,根据长航局明电〔2017〕111 号要求,增加了 13 座警示浮舟(含 1 座备品),抛设后取得了很好的警戒效果,为深水航道安全畅通提供了保障。

六、锚地调整

一期工程对白茆沙水道常熟港下海轮锚地进行调整。二期工程福姜沙水道和口岸直水道的 5 个锚地需要调整:12 号海轮锚地、福中锚地、泰州海轮锚地、镇江危险品锚地、镇江海轮联检锚地。

七、护岸工程

一期工程对崇明新建闸上游护岸长约 2.0 千米的范围采用抛块石加固。二期工程福姜沙水道、口岸直水道、和畅洲水道以及仪征水道共布置 15 段护岸工程,总长度为 48.3 千米。

八、配套设施

建设无线网模块、前端采集模块、综合显示模块、网络支撑模块等安全监管设施,2 艘航标综合测量船、4 座水位站等航道管理配套设施,以及 3 座船舶自动识别系统(Automatic Identification System, AIS) 基站。

第四节　工　程　建　设

一、工程建设重要节点

2011 年 4 月 15 日,长江南京以下深水航道建设工程指挥部成立。

2012 年 7 月 23 日,一期工程可行性研究报告获得国家发展改革委批复。

2012 年 7 月 30 日,一期工程初步设计获得交通运输部批复。

2012 年 8 月 28 日,一期工程开工建设。

2012 年 10 月 20 日,二期工程前期工作启动。

2014 年 7 月 9 日,一期工程交工验收并投入试运行。

2015 年 5 月 13 日,二期工程可行性研究报告获得国家发展改革委批复。

2015 年 5 月 25 日,二期工程初步设计获得交通运输部批复。

2015 年 6 月 29 日,二期工程开工建设。

2015 年 12 月 2 日,一期工程通过交通运输部、江苏省的联合竣工验收并投入运行。

2018 年 4 月 24 日,二期工程交工验收并投入试运行。

2019 年 5 月 20 日,二期工程通过交通运输部、江苏省的联合竣工验收并正式投入运行。

二、工程建设难点

工程河段处于潮汐分汊河段,位于平原冲积河流下游,受径流和潮流的双重动力作用,水沙运动复杂,河型类型多样;在不同的来水来沙条件下,河道主动力轴线易发生摆动,主支汊易位、洲滩更替频繁,河床演变特征复杂。针对潮汐分汊河段航道整治,工程主要存在以下建设难点:

1. 整治建筑物设计施工技术复杂

长江下游感潮河段受径流和潮流的双重作用,与其他河段相比,水沙输移特性和河床演变规律有其自身特点,工程所处河段水流条件十分复杂。二期工程和畅洲水道水深达40米、洪季最大流速达3米/秒,且河床质以粉细沙为主、易冲易沉,因此,深水大流速条件下整治建筑物护底范围的确定是总体设计的关键技术问题。同时由于堤身高度较高,针对不同河段特点的整治建筑物结构形式及施工工艺的设计是二期工程的难点。

2. 施工期通航安全管理压力大

工程河段里程长,沿线港口多、船舶流量大,随着工程进展,不同阶段航道状况和边界条件不断发生变化,因此航道通航条件和保证率不一样,对工序衔接提出了较高要求。工程施工不能影响现有10.5米主航道和相关推荐航路营运及沿岸港口码头作业。此外,工程河段现有航道局部区段通航安全压力较大,施工期通航安全要求很高。

3. 需开展动态监测与动态管理

工程具有河段长、施工周期长、工程量大、工艺复杂、施工强度大、可作业天数少等特点,同时施工作业需兼顾生态、水资源、水环境等方面的保护需求。为保证工程整治效果,需开展动态监测与动态管理工作。

由于工程河段局部河床冲淤速率快、沿江涉水工程设施建设和规划状况不一等因素的影响,总体设计的基础和边界条件时刻处于发展变化状态。因此,为及时、准确掌握工程实施引起的水流、泥沙和地形变化,并为工程顺利实施和正确评估工程效果提供科学依据,迫切需要在工程施工期和试运行期开展动态监测和动态管理。

4. 项目外部限制条件多、综合协调难度大

由于长江南京以下河段沿江区域是江苏省乃至长江流域经济较为发达的地区,沿岸码头、河道整治工程和涉水设施较多,通航条件复杂,工程设计需充分了解沿江涉水设施现状和规划。由于沿江两岸对12.5米深水航道的需求均十分迫切,相关主管部门、地方政府及沿江企业对工程方案的诉求不一致,外部限制条件多、项目综合协调难度大,分汊河段通航汊道的合理选择是工程设计的重点和难点(包括生态保护的要求)。因此,二期工程航道设计需充分听取各方意见,努力兼顾航道、海事、水利、渔业和地方等各方需求,力争共赢局面,以保证项目顺利实施。

5.水生生态环保要求高

工程河段水生生物种类多样,渔业资源丰富,是很多重要经济鱼类的栖息场所,工程河段涉及1处镇江长江豚类省级自然保护区、多个国家级水产种质资源保护区(长江靖江段中华绒螯蟹及鳜鱼、长江如皋段刀鲚、长江扬州段四大家鱼、长江扬中段暗纹东方鲀及刀鲚等)、10余处生态红线、多处饮用水水源保护区和取水口,社会关注度高,生态环保要求高,环境保护工作十分艰巨,工程建设与环境保护协调发展的难度较大。

工程设计过程中需秉承"生态优先、绿色发展"的理念,在和畅洲水道通航汊道的选择上考虑镇江长江豚类省级自然保护区与深水航道的关系问题;将生物保护及生境构建等理念融入潮汐河段航道整治建筑物结构设计中,研发新型生态结构,建设生态航道;施工过程中考虑如何避开鱼类繁殖期和仔幼鱼发育期,做到工程施工与环境保护协调发展。

6.参建单位多,协调工作量大

工程参建单位众多,各单位的工程组织和管理流程不一,在技术标准的理解和应用方面也存在差异,不同工序衔接较为复杂,工程管理的战线长、头绪多,有必要建成高效沟通的管理机制和流程,使科研设计和施工过程中出现的各种新问题得到及时研究、反馈和解决,保证工程设计的效率和质量。

三、主要参建单位

一期工程参建单位16家,二期工程参建单位22家,分别见表24-3、表24-4。

一期工程主要参建单位一览表　　　　　　　　　　　表24-3

序号	分　类	合　同　段	单　位
1	建设单位	—	长江南京以下深水航道建设工程指挥部
2	设计	总体设计	中交上海航道勘察设计研究院有限公司、长江航道规划设计研究院联合体
3		通州沙整治建筑物结构设计	中交第一航务工程勘察设计院有限公司、中交第二航务工程勘察设计院有限公司联合体
4		白茆沙整治建筑物结构设计	中交第三航务工程勘察设计院有限公司、中交水运规划设计院有限公司联合体
5	监理	通州沙整治建筑物施工监理	天津中北港湾工程建设监理有限公司、上海东华建设管理有限公司联合体
6		白茆沙整治建筑物施工监理	中交水规院京华工程监理有限公司、广州南华工程管理有限公司联合体
7		疏浚工程施工监理	天津中北港湾工程建设监理有限公司

续上表

序号	分 类	合 同 段	单 位
8	施工	通州沙Ⅰ合同段	长江航道局
9		通州沙Ⅱ合同段	中交第一航务工程局有限公司
10		白茆沙Ⅰ合同段	中交上海航道局有限公司
11		白茆沙Ⅱ合同段	中交第三航务工程局有限公司
12		疏浚工程	中港疏浚有限公司
13		试运行维护疏浚工程	长江航道局
14	安全质量监督	—	长江航务管理局
15	检测	—	苏交科集团股份有限公司
16	审计	—	北京中交会计师事务所有限公司、江苏正中国际工程咨询有限公司联合体

二期工程主要参建单位一览表 表 24-4

序号	分 类	合 同 段	单 位
1	建设单位	—	长江南京以下深水航道建设工程指挥部
2	设计	Ⅰ标—总体设计	中交上海航道勘察设计研究院有限公司、长江航道规划设计研究院、长江勘测规划设计研究有限责任公司联合体
3		Ⅱ标—福姜沙和口岸直水道整治建筑物工程结构设计	中交第一航务工程勘察设计院有限公司、中交第二航务工程勘察设计院有限公司联合体
4		Ⅲ标—和畅洲和仪征水道整治建筑物工程结构设计	中交第三航务工程勘察设计院有限公司和中交水运规划设计院有限公司联合体
5	监理	福姜沙水道整治工程合同段	天津中北港湾工程建设监理有限公司和天津天科工程监理咨询事务所联合体
6		口岸直水道整治工程Ⅰ合同段	北京水规院京华工程管理有限公司和武汉中澳工程项目管理有限责任公司联合体
7		口岸直水道整治工程Ⅱ合同段	广州华申建设工程管理有限公司和江苏科兴项目管理有限公司联合体
8		和畅洲水道整治工程合同段	广州南华工程管理有限公司和南京公正工程监理有限公司联合体
9		仪征水道整治工程合同段	上海东华建设管理有限公司和武汉长航科达工程监理有限公司联合体
10		疏浚工程施工监理	广州华申建设工程管理有限公司
11		环境监理单位	江苏润环环境科技有限公司

序号	分 类	合 同 段	单 位
12	施工	福姜沙水道整治工程合同段	中交第三航务工程局有限公司
13		口岸直水道整治工程 I 合同段	长江航道局
14		口岸直水道整治工程 II 合同段	中交天津航道局有限公司
15		和畅洲水道整治工程合同段	中交第一航务工程局有限公司
16		仪征水道整治工程合同段	中交第二航务工程局有限公司
17		初通基建与初通维护疏浚工程	长江航道局
18		后续基建疏浚及疏浚期初通航道维护工程 I 合同段	中交上海航道局有限公司
19		后续基建疏浚及疏浚期初通航道维护工程 II 合同段、试运行维护疏浚工程	长江航道局
20	安全质量监督	—	长江航务管理局
21	检测	—	苏交科集团股份有限公司
22	审计	—	北京中交会计师事务所有限公司、江苏正中国际工程咨询有限公司联合体

四、工程验收

一期工程对长江干线太仓至南通约 56 千米河段实施通州沙下段至狼山沙尾部、白茆沙中上段等整治工程和疏浚工程,实现 12.5 米深水航道由太仓(荡茜闸)上延至南通(天生港区)。新建潜堤 34.95 千米、丁坝 11 座、护堤坝 4 座。对通州沙北侧 2 处区域和白茆沙南侧 2 处区域进行疏浚,疏浚总长度约 6 千米,基建疏浚工程量 215 万立方米,加固护岸 2 千米,配备相应的导助航设施及其他相关配套设施。一期工程于 2015 年 12 月 2 日通过交通运输部和江苏省人民政府联合组织的竣工验收,工程决算投资 39.2 亿元。验收委员会认为:长江南京以下 12.5 米深水航道一期工程的顺利建成和投入运营对贯彻落实党中央、国务院关于依托黄金水道建设长江经济带重大战略决策,带动长江流域及江苏沿江地区经济发展具有十分重要的意义;长江南京以下 12.5 米深水航道一期工程已按国家批准的建设规模、标准和设计要求建成,工程质量合格;在试运行期保持了 100% 的通航水深保证率,航道通过能力明显提高,社会经济效益显著,整治效果良好,实现了整治目标;工程竣工决算已通过审计,投资执行情况良好;工程环保、档案均已通过主管部门专项验收;具备竣工验收条件,同意一期工程通过竣工验收。

二期工程在长江干线南通天生港区至南京新生圩港区约 227 千米河段,建设 12.5 米深水航道。主要建设内容为:新建潜堤 6 道(总长约 20.4 千米)、丁坝 30 座(总长约 18.8 千米)、护滩带 23 座(总长约 4.7 千米)、护底带 4 道(总长约 1.5 千米),加固护岸长约 48.3 千米;对局部航段浅区进行疏浚 2495 万立方米,并配套建设导助航设施及其他相关设施。二期工程于

2019 年 5 月 20 日通过竣工验收,工程决算投资 66.5 亿元。验收委员会认为:建设长江南京以下 12.5 米深水航道二期工程是交通运输部和江苏省人民政府贯彻落实党中央、国务院决策部署的重要举措,对推进长江经济带、长三角区域一体化等国家重大战略实施,促进长江经济带综合交通运输体系建设等具有十分重要的意义;长江南京以下 12.5 米深水航道二期工程已按国家批准的建设规模、标准和设计文件要求建设完成;整治建筑物结构安全稳定,试运行期通航水深保证率 100%,航道通过能力明显提高,社会经济效益显著,生态环境保护措施得到全面落实,工程竣工档案资料完整规范,工程竣工决算已通过审计,工程质量合格;同意通过竣工验收。

第五节　运　营　管　理

一、运行情况

一期工程于 2014 年 7 月完成交工验收,2015 年 12 月通过交通运输部和江苏省联合组织的竣工验收后,一期工程河段正式按 12.5 米水深运行,运行管理单位为长江航道局。

二期工程于 2016 年 6 月实现 12.5 米初通目标,其疏浚工程和主航道航标工程交工验收,7 月实现 12.5 米深水航道初通南京;2017 年 6 月底完成整治建筑物工程交工验收;2017 年 11 月底完成后续疏浚工程交工验收。2018 年 4 月 18 日,12.5 米深水航道二期工程通过第三方检测,标志着二期工程深水航道贯通。2018 年 4 月 24 日,二期工程通过交工验收并进入试运行期。2019 年 5 月,完成竣工验收,同时移交长江航道局负责运行管理。

长江南京以下 12.5 米深水航道一、二期工程实施后,有力促进了运输船舶大型化和沿江港口大型化发展,为长江经济带运输结构调整创造了有利条件,运输船舶的大型化水平明显提升,沿江港口的大型化水平明显提升,对沿江地区运输结构调整、产业布局、对外开放等也有巨大支撑作用。

二、维护情况

2014 年 8 月,一期工程按照理论最低潮面以下 12.5 米水深标准进行试运行。

2015 年 12 月,一期工程正式按照理论最低潮面以下 12.5 米水深的建设目标运行,保证率 95%。

2016 年 7 月,二期工程按照 12.5 米水深初通南京的目标试运行,其中江阴长江大桥以下河段采用理论最低潮面控制,以上河段采用航行基准面控制。

2018 年 4 月,二期工程按照 12.5 米水深的建设目标试运行,其中江阴长江大桥以下河段采用理论最低潮面控制,以上河段采用航行基准面控制。

2019年5月,二期工程正式按照12.5米水深的建设目标运行,其中江阴长江大桥以下河段采用理论最低潮面控制,以上河段采用航行基准面控制。

2019年10月,交通运输部批复撤销长江南京以下深水航道建设工程指挥部,由长江航道局履行一期、二期工程建设单位职责,同时负责深水航道的观测、维护和后续完善工程的前期工作及实施。

2019年,一期、二期工程河段全年的维护疏浚量为2100万立方米,工程达到预期效果。同时,长江航道局积极与江苏省沿江市县开展疏浚土综合利用,与泰州市签订了综合利用协议,长江南京以下12.5米深水航道整治的综合效益凸显。

第六节　工 程 创 新

1. 潮汐河口长航道的多站联合乘潮水位计算法

现行规范中乘潮水位的计算常用单站计算法,该方法主要适用于短航道,没考虑潮波的传播速度和潮波的变形。长江南京以下12.5米深水航道工程位于长江口感潮河段,一方面潮波变形明显,另一方面通过工程河段的船舶航行需与下游至长江口北槽口外航道一体化考虑,因而传统的乘潮水位计算方法不再适用。二期工程设计过程中综合考虑了船舶的通航方式(包括航速、航向及是否编队)和潮波的传播过程,创新提出了适用于潮汐河口长航道的多站联合计算法。该方法物理过程清晰,很好地弥补了单潮位站控制法在计算潮汐河口乘潮水位时的缺陷,填补了潮汐河口长航道乘潮水位计算领域的空白。

2. 潮流界以下河段整治水位和整治线宽度计算法

根据潮流界以下河段河床底质易冲易沉、水沙运动同步性好的特征,提出了基于输沙能力的潮流界以下河段整治水位和整治线宽度计算的新方法。整治水位计算考虑了不同频率的径流、潮汐组合,并以净输沙能力(潮周期内涨、落潮输沙能力之和)为统计对象,计算航道整治水位。推导建立了整治水位、整治线宽度联合关系式,结合涨、落潮输沙量与水位的函数关系,计算潮流界以下河段整治线宽度。"长江潮流界变动段航道整治技术研究"获得2018年度中国水运建设行业协会科学技术奖特等奖,"一种确定潮流界以下沙质河床河段整治水位的方法"获得国家发明专利。

3. 提出了潮汐分汊河段整治建筑物布置形式

针对整治目标的不同,航道整治工程可分为守护型工程和调整型工程。守护工程主要通过守护良好洲滩或规模较小的控导工程稳定滩体,保持有利的通航条件或促进航道向优良状态发展。针对3种不同的典型分汊河段,采用数学模型和物理模型研究Y形建筑物的护滩效果,提出了护滩效果评价指标,揭示了Y形建筑物工作机理,针对潮汐分汊河段守护的要求,提出了洲滩守护工程布置形式。根据长江南京以下 12.5 米深水航道建设工程河段水沙输移特征和河床演变特性,提出潮流界以下河段航道整治工程总体布置方法,显著提升了整治建筑物平面布置的研究效率及技术水平,具有重要学术理论意义和工程实际应用价值。"潮流界以下河段滩槽水沙输移特征及工程应用研究"荣获 2017 年度中国航海学会科学技术奖二等奖。

4. 潮汐河段软体排护底宽度的原则和方法

工程区域河床表面分布着深厚的易冲刷的粉细沙,整治建筑物工程的实施将引起局部流态变化产生冲刷,为保证整治建筑物结构安全,实现工程治理效果,工程护底设计尤为重要,而且优化护底设计对节约工程建设费用意义重大。在总结一期工程和类似工程整治建筑物护底设计经验的基础上,二期工程开展了护底范围确定方法专题研究,创造性地提出护底不仅应具备保证整治建筑物安全稳定的基本功能,且应兼具抑制局部过度冲刷进而与整治建筑物一起达成整治目标的功能,为合理确定整治建筑物护底范围起到重要的指导作用。设计团队通过研究摸清了潮汐河段软体排压载失稳机理,提出了合理确定护底宽度的原则和方法。采用该方法确定的冲刷深度更为科学、合理并符合工程实际。"潮汐河段护底软体排压载失稳机理及设计计算方法研究"荣获 2015 年中国水运建设行业协会科学技术奖三等奖。

5. 研发并应用齿形、塔形构件等新型堤身结构

针对本工程部分堤身高度最高达 14 米的特点,研发并首次成功应用了齿形构件、塔形构件等新型堤身结构。设计团队结合对单位工程处的波浪、水流及地基条件下的分析论证,研究并确定堤身高度在 6~8 米的区段采用 5 米高的齿形构件混合堤;在堤身高度大于 8 米的区段采用 7 米高的齿形构件混合堤;在部分江心洲头部潜堤及丁坝采用塔形构件混合堤,以减少石料用量。"长江潮汐河段航道整治建筑物新型结构研究"获得 2016 年度中国航海学会科学技术奖一等奖。

6. 研发并应用生态航道新技术

全面贯彻"共抓大保护,不搞大开发""生态优先、绿色发展"的指导思想,在二期工程研究、设计、施工和管理等过程中全面落实了生态航道建设的理念。为打造生态友好型航道工程,设计团队贯彻"生态优先、绿色发展"理念,创新研发并应用了贯穿生态保护新理念的生态护底、生态护滩(护岸)和生态堤身等生态航道新技术,为生态航道领域的理论进步及生态结构的推广应用做出了积极、有益的探索。"长江南京以下 12.5 米深水航道二期工程生态新结构研发与应用"获得 2018 年度中国水运建设行业协会科学技术奖三等奖。

7. 大型航道治理工程动态管理工作流程和机制

鉴于长江下游潮汐分汊河段航道整治技术的复杂性,需开展动态监测与动态管理工作以

保证工程整治效果。二期工程实施过程中完善了潮汐河段大型航道治理工程动态管理的组织机构和职责分工,优化动态管理工作流程,提出动态管理阈值和处理措施,集成创新动态管理机制。创新了感潮河段监测体系,建立并完善了工程建设全过程整治效果分析数学模型,实现工程的实时动态管理。基于 ArcGIS 和 Entity Framework 技术,建立了动态管理信息平台,工程参建单位实现信息共享,及时应对异常情况。在施工期和试运行期开展了航道平面优化、整治建筑物局部优化调整、局部异常冲刷处理等动态管理工作,极大提升了工程质量,实现了工程治理目标。"潮汐河段大型航道治理工程动态管理方法研究及其示范应用"获 2019 年度中国水运建设行业协会科学技术奖一等奖。

8. 制订深水航道整治建筑物质量检验专项标准

二期工程建设条件复杂,整治建筑物较多区段水深超过 15 米,整治建筑物长期处于淹没状态,在深水、大流速条件下,工程施工过程中抛石或袋装沙实际漂移距离大,成离散状,堤坝精确成型难度大,建成的整治建筑物会出现较大偏差。同时,大量新型生态结构应用于本工程中。针对上述情况,设计团队开展了深水淹没条件下建筑物质量检验标准和新型结构质量检验标准研究,提出了相应的质量检验标准、验收标准、检测方法,填补了空白,为二期工程的顺利验收提供了技术支撑。《长江南京以下 12.5 米深水航道建设工程整治建筑物质量检验专项标准》(JTS 265-3—2017)由交通运输部发布,在工程实施期间起到了指导施工的重要作用,也为工程的顺利验收提供了重要技术支撑。

第七节 工 程 价 值

长江南京以下 12.5 米深水航道建设工程有效地稳定了工程河段的河势,遏制了局部河势的不利变化趋势,稳定了河床边界条件。通航汊道分流比有所增加,航道浅段流场改善,航道条件逐步改善,航道维护量可控,达到了"固滩、稳槽、导(限)流、增深"的航道整治目标,效果显著。工程建成后,长江南通至南京河段航道水深从 10.5 米提高到 12.5 米,个别受限河段最小航宽从 200 米提高到 250 米,通航船型从 2.5 万吨级提高到 5 万吨级,可满足 5 万吨级集装箱船满载双向通航、5 万吨级其他海轮减载双向通航要求。工程具有以下重大意义:

1. 支撑国家重大战略实施

长江南京以下 12.5 米深水航道建设工程是国家打造黄金水道、建设长江经济带的重点工程,对贯彻落实"交通强国""长江经济带发展"等国家战略,进一步服务长江中上游地区,推动江苏经济社会高质发展,努力实现经济转型升级、提质增效发展,具有重要的战略意义。项目建成和使用后,长江航运与国际海上运输实现了"深水"对接,长江南京以下深水航道航运能力显著提高,长江沿岸特别是南京以下沿江港口功能显著增强,优化和改善了进出长江物资的运输体系;有利于贯彻落实"长江经济带发展"等国家战略,提升对内对外双向开放服务能力;有利于贯彻落实长三角区域一体化发展战略,发挥地区特色,促进区域经济协调发展;有利于加快推动沿江地区产业集聚,实现降本增效、高质量发展,支撑经济社会转型发展。

2. 完善长江下游综合交通立体走廊

党的十九大做出建设交通强国的战略部署,明确了全国交通运输发展的总战略,为新时代全国交通发展指明了发展方向。2018 年全国交通运输工作会议进一步明确,要构筑起交通强国的"四梁八柱"。长江南京以下 12.5 米深水航道建设工程完工后,大型船舶无须减载或转载即可进出长江口,外贸集装箱无须在境外中转,上海国际航运中心初步形成。增强了长江航道在沿江综合运输通道中主骨架的作用,促进了区域综合运输体系的形成和完善。同时,提升了水运量占区域综合运输总量的比重,形成了公路、铁路、航空、水运、管道等各种运输方式点、线、面相衔接,干支层次清晰,分工日趋明确,集疏运衔接配套的综合交通立体走廊。

3. 获得了显著的航运效益

一是运输船舶的大型化水平明显提升。工程实施以后,3 万吨级及以上大型船舶到港艘次由 2011 年的 9668 艘增长到 2019 年的 18073 艘,年均增长率 7.8%,其中 5 万吨级、10 万吨级、20 万吨级及以上到港船舶艘数分别是 2011 年的 2.9 倍、3.4 倍和 4.9 倍,年均分别增长 16.5%、19.1%和 25.5%,最大到港船舶达到 25 万吨级,南京港、镇江港到港船舶最大分别达到 7 万吨级、20 万吨级。

二是沿江港口大型泊位数量和能力显著增长。截至 2019 年底,江苏沿江港口共有 5 万吨级及以上码头泊位 178 个,形成货物通过能力 4.8 亿吨,码头泊位数和年货物通过能力分别是 2011 年的 1.76 倍和 1.89 倍。显著提高了沿江地区的港口岸线利用水平,为港口资源整合提供了基础条件,也为长江经济带生态绿色发展创造了有利条件。

三是为沿江地区运输结构调整创造了有利条件。工程实施以后,3 万吨级及以上大型船舶货物承运量由 2011 年的 2.6 亿吨增长到 2019 年的 7 亿吨,年均增长率 13.3%,其中 5 万、10 万和 20 万吨级及以上船舶承运量分别是 2011 年的 4.0 倍、7.6 倍和 7.4 倍,年均分别增长 21.9%、33.7%和 33.1%,长江运能大和成本低优势得到进一步发挥,为沿线地区大宗货物"公转水"创造了重要诱因,有利于提升水运在长江经济带综合交通立体走廊中的地位和作用。2019 年长江干线完成货物通过量 29.3 亿吨,分别是 2011 年(一期工程开工前)的 1.7 倍和 2014 年(二期工程开工前)的 1.4 倍。

4. 推动了深水航道整治工程技术进步

在长江南京以下 12.5 米深水航道工程建设过程中,建设施工形式多样,工程量大,且存在较多施工难点,为有效推进工程建设,保证工程进度,各单位充分发挥科技的力量,通过科研开发、技术创新攻克了系列难题,在航道整治理论方面、整治建筑物新型结构方面、航道整治施工及检测技术方面、生态航道建设技术方面、工程建设管理方面,取得多项重大科技创新成果。

5. 促进了节能减排和绿色经济发展

与其他运输方式比较,水运具有投资效率高、能耗少、占地少、成本低、运能大、污染轻等比较优势。运载相同质量的大宗货物,水运能源消耗量最低,铁路次之,管道和公路较高。

在生态环境方面,本工程将进一步改善沿江地区生态环境,使得沿江地区船舶节能减排效益进一步增加。据测算,工程实施后平均每年可节约能源714万吨标准煤,同时减少二氧化碳排放2142万吨、二氧化硫排放28.6万吨、氮氧化物排放37.8万吨,有利于降低能源消耗和污染排放,发挥良好的生态环境效益。实施长江南京以下12.5米深水航道建设工程,能够有效降低能源消耗、降低运输成本、满足环保要求,对促进经济发展方式转变,建设资源节约型、环境友好型社会具有重要的现实意义,是实现我国经济社会可持续发展的重要保障。

执笔人:白慧明

第二十五章　唐山港曹妃甸港区矿石专用码头一期工程

第一节　工程概况

曹妃甸岛(图25-1)位于唐山市南部约70千米处。孙中山在《建国方略》中就曾设想在渤海湾建设"与纽约等大"之"北方深水大港"。1985年7月,河北省交通厅为了普查河北沿海港址资源,委托交通部水运规划设计院完成了《河北省天津市沿海港址概况》,发现曹妃甸是河北、天津沿岸水位最深的港址,从甸头向前延伸500米,水深即达25米,甸前最深槽水深可达36米(渤海最深点)。曹妃甸经1条水深达27米的天然水道,可直通黄海,是渤海唯一不需要开挖航道和港池即可建设30万吨级大型泊位的天然港址,水道与深槽的天然结合,构成了曹妃甸建设大型深水港口得天独厚的优势。

图25-1　尚未开发的曹妃甸

1981年首都钢铁公司(以下简称"首钢")实行改制后,为解决国内铁矿石资源不足的问题,于1992年收购了秘鲁铁矿公司98.4%的股份,获得相应铁矿石资源的开发和利用权。为满足进口铁矿石大型船舶运输的需求,1993年8月,首钢经多方案比选后,选择在河北唐山曹妃甸建设大型专业铁矿石泊位。

1992—2003年,唐山市人民政府、京唐港港务局、首钢、中国石油化工集团有限公司(原中国石油化工总公司)等机构,先后委托国内十余家设计、勘察、科研单位参与曹妃甸港区开发的前期研究和论证工作。

京唐港曹妃甸港区矿石专用码头工程项目(即唐山港曹妃甸港区矿石专用码头一期工程1号泊位)1997年9月申请立项,是曹妃甸港区第一个申请立项的码头泊位项目。由于曹妃甸港区是新建港区,对于项目服务对象、市场需求、码头布局、选址、建设等均需开展详细论证,前期论证工作周期较长,且当时我国钢铁行业发展还在起步阶段,市场并不成熟,故经过多轮研究论证等工作,项目最终于2005年3月29日获得国家发展和改革委员会核准批复。核准主要内容:新建1个20万吨级进口矿石接卸专用泊位及配套设施,码头水工结构可预留25万吨级船舶靠泊的需要,设计年接卸能力1300万吨,码头岸线长约470米。由于项目初步设计、实际建设方案和内容在国家发展和改革委员会核准基础上调整变更为按2个泊位(一期1号、2号)码头结构一次完成,设备系统按2个泊位配置设计,较国家发展和改革委员会的核准批复有较大调整,岸线使用、用地、环评等多项审批程序环节及文件需重新调整补充,导致直至2019年6月28日该项目初步设计才获得河北省交通运输厅的批复。

唐山港曹妃甸港区矿石专用码头一期工程项目概况:

①建设规模:建设2个25万吨级矿石泊位(水工结构按靠泊30万吨级船舶设计建设)及基础配套工程,岸线长808米,设计年通过能力3000万吨。

②总平面布置:项目位于曹妃甸港区中区甸头区,码头主体采用连片式布置,主平台长735米,宽31米;通过1座长195.4米、宽17.6米的引桥与后方陆域相连。码头前沿停泊水域宽116米,设计底高程-25米。回旋水域长678米,宽1017米,设计底高程-25米。堆场位于码头北侧。

③航道及锚地:进出港利用渤海深槽天然水道,无须开挖航道。利用唐山港曹妃甸港区港外东侧锚地作为锚地。

④装卸工艺:码头布置6台额定能力2500吨/小时的桥式抓斗卸船机;堆场内设5条作业线,其中配置额定能力7500吨/小时的堆料机1台,配置额定能力3600吨/小时的取料机2台,配置额定能力3600吨/小时的堆取料机2台;水平运输采用皮带机。

⑤水工建筑物:码头主平台采用钢管桩高桩梁板结构,系揽墩采用钢管桩高桩墩台式结构,4座抗冰墩采用锥面低承台桩基结构,引桥采用系杆钢管混凝土拱桥方案。

⑥工程概算26亿元。

项目业主为唐山曹妃甸实业开发有限责任公司(2008年更名为唐山曹妃甸实业港务有限公司),主体工程于2004年10月7日开工,2005年12月10日完工。2006—2019年累计接卸船舶2638艘,完成吞吐量41349万吨。

唐山港曹妃甸港区矿石专用码头一期工程(图25-2～图25-4)是曹妃甸港区开发建设的起步工程,极大地推动了曹妃甸港区的开发与建设,为北方建设外海开敞式大码头提供了经验,完善了河北、我国北方乃至全国矿石码头的港口布局,促进了唐山市钢铁工业生产力向沿海布局的调整,同时也为首钢搬迁至曹妃甸提供了可能,为其矿石运输提供了基础支撑及必要的条件。

图 25-2　逐步建设中的曹妃甸港区

图 25-3　曹妃甸港区矿石专用码头鸟瞰图 1

图 25-4　曹妃甸港区矿石专用码头鸟瞰图 2

第二节　规划与决策

一、项目提出

曹妃甸是唐山沿海的一座沙岛。1919 年孙中山在《建国方略》就提出了在渤海湾建设"与

399

纽约等大"之"北方深水大港"。1985 年(党中央、国务院宣布开放 14 个沿海城市的第 2 年),交通部决定联合地方政府对我国沿海港址进行普查。河北省交通厅为了探明河北沿海港址资源,委托交通部水运规划设计院,对河北省沿海港址进行了全线普查,发现曹妃甸是河北、天津沿岸水位最深的港址。1985 年 7 月,河北省交通厅与交通部水运规划设计院完成的《河北省天津市沿海港址概况》提出:曹妃甸从甸头向前延伸 500 米,水深即达 25 米,甸前深槽水深达 36 米,是渤海最深点,经 1 条水深达 27 米的天然水道,可直通黄海。水道与深槽的天然结合,构成了曹妃甸建设大型深水港口得天独厚的优势。该水域是渤海唯一不需要开挖航道和港池即可建设 30 万吨级大型泊位的天然港址。但当时对于何时开发、如何建设曹妃甸港区,既没有可借鉴的成熟案例和经验,也没有建设所需的相关理论及风、浪、流等建设条件资料。

1981 年首钢改制,试点实行了承包责任制,逐年递增的利润指标和国内铁矿石资源的不足,要求其必须不断扩大产能,并必然要通过进口国外铁矿石满足生产需要。为此,首钢于 1992 年收购了秘鲁铁矿公司 98.4% 的股份,获得了秘鲁铁矿公司所属矿区一定范围内铁矿石资源的开发和利用权。为满足进口铁矿石运输需求,需要选址建设大型专业铁矿石泊位。

1993 年 8 月,首钢在广东湛江的东海岛、辽宁旅顺的双岛湾、河北唐山的曹妃甸 3 个备选港址中进行选择。考虑到曹妃甸滩前水位深、滩后面积大,具有填筑人工岛、建设停靠 30 万吨级货轮的更优的港深条件,其位于天津港和秦皇岛港中间部位,更适合建设我国北方最大的进口铁矿石中转码头,且曹妃甸距离北京只有 200 多千米,所以首钢最终选择在河北唐山曹妃甸建设大型专业铁矿石泊位。

1992—2003 年,唐山市人民政府和京唐港港务局联合首钢、中国石油化工集团有限公司(原中国石油化工总公司)等机构,先后委托国内十余家设计、勘察、科研单位参与曹妃甸港区开发的前期研究和论证工作,为唐山港曹妃甸港区矿石专用码头一期工程(曹妃甸港区第一个申请立项的泊位工程项目)和曹妃甸港区的整体开发奠定了坚实的基础。

2004 年 12 月 27 日,时任国务院总理温家宝主持召开国务院常务会议,审议并原则通过《长江三角洲、珠江三角洲、渤海湾三区域沿海港口建设规划》。该规划的批准,使得曹妃甸建设上升到国家重点工程建设层面。而在此之后,多位党和国家领导人到曹妃甸视察,并认为曹妃甸为"黄金宝地",要求将其"规划好,建设好,管理好"。

二、港址论证

针对曹妃甸港区的选址论证,相关科研、设计、勘探等单位对曹妃甸海区地理地貌、气象水文、泥沙运动、岸滩稳定、地形地质等方面进行了大量深入研究,对曹妃甸港址的论证大体可分为 3 个阶段:

①早期研究阶段:自 1958 年至 20 世纪 90 年代初,属于一般性的地质、地貌科学普查工作。

②中期研究阶段:1992—1995年,这个阶段开展了海洋工程地质调查工作和海洋水文初步勘测工作,对港区工程地质环境条件进行了论述和评价,对拟建港址的气象、潮汐、潮流、波浪、海冰及泥沙等海洋水文要素进行了初步分析和计算。

③近期研究阶段:自1996年至21世纪初期,针对曹妃甸深槽深水岸线资源的开发利用(建设25万吨级及以上深水码头工程)和曹妃甸岛北侧大片浅滩土地资源的开发利用,进行了系统的研究工作。

几个研究阶段形成的主要选址研究论证成果有:

1. 关于曹妃甸海域滩槽稳定性及泥沙输移规律的分析和研究成果

1993年8月,河北省科学院、河北省计划经济委员会地理研究所编制完成《冀东海岸带沙坝泻湖地貌资源的评价与开发》。

1993年12月,首钢编制完成《首钢兰宝港填海建港预可行性报告之海洋水文调研报告》。

1994年7月,唐山市计划委员会编制完成《曹妃甸港填海建港工程预可行性研究报告》。

1995年4月,首钢编制完成《首钢兰宝港工可研阶段勘察方案》《兰宝港地区地貌及稳定性分析》等。

1996年11—12月,南京大学海岸与海岛开发国家试点实验室编制完成《京唐港曹妃甸港区海洋动力地貌调查报告》。

1997年5月,南京水利科学研究院编制完成《京唐港曹妃甸港区泥沙运动及冲淤趋势分析报告》。

2004年4月,交通部天津水运工程科学研究所编制完成《曹妃甸港区水文泥沙及冲淤演变分析报告》。

2. 关于曹妃甸港区气象、水文、地形、地质等方面的勘测工作及研究成果

1996年9月,天津海上安全监督局海测大队在拟建的曹妃甸矿石码头附近进行了30平方千米范围的1∶10000地形测量,其中滩涂10平方千米,水域20平方千米。

1996年10月,天津水运工程勘察设计院勘测处编制完成《曹妃甸水文测验技术报告》。11月,编制完成《曹妃甸水文流速及含沙量计算成果报告》。

1996年10月和1997年5月,交通部第一航务工程勘察设计院在曹妃甸东西近40千米范围内进行了9条固定断面的地形测量。

1997年1月,国家海洋信息中心根据1996年9—10月的实测结果,整理了《曹妃甸附近海域潮汐资料》。

1997年1月,石油勘探开发科学研究院遥感地质所和国家海洋环境预报中心分别编制完成《渤海湾近年冰情的概要分析报告》和《渤海湾冰情分析技术报告》。

2000年4月,国家海洋局海洋环境保护研究所、国家海洋局海洋环境监测中心、大连海洋工

程勘察设计和环境保护开发中心编制完成《京唐港曹妃甸工程码头海区冰情调查与分析报告》。

2000 年 10 月—2001 年 10 月,青岛环海海洋工程勘察研究院编制完成《京塘港曹妃甸港区矿石专用码头工程潮汐观测报告》。

2000 年 11 月,交通部第一航务工程勘察设计院在曹妃甸甸头附近进行了面积为 42 平方千米的 1:2000 地形测量。

2001 年 2 月,河北省工程地震勘察研究院编制完成《京唐港曹妃甸港区地震安全性评价报告》。

2003 年 11 月,国家海洋局海洋环境保护研究所、大连海洋工程勘察设计和环境保护开发中心编制完成《曹妃甸工业区 30 万吨矿石专用码头工程海流调查报告》。

2003 年 12 月,国家海洋环境预报中心编制完成《京唐港曹妃甸港区波浪数值推算报告》。

3. 关于工程方案实施后对海域自然条件的影响研究成果

1997 年 5 月,南京水利科学研究院编制完成《京唐港曹妃甸港区数学模型实验报告》。

1998 年 2 月,南京水利科学研究院编制完成《京唐港曹妃甸港区潮汐水流物理模型试验研究及泥沙问题分析研究报告》。

2004 年 4 月,南京水利科学研究院编制完成《曹妃甸工业区曹妃甸港总体规划潮流数学模型试验报告》。

2004 年 7 月,天津水运工程科学研究所编制完成《曹妃甸港区波浪、潮流、泥沙数值模拟研究报告》。

2004 年 7 月,天津水运工程科学研究所编制完成《曹妃甸港区潮流、泥沙物理模型试验研究报告》。

20 世纪 90 年代中后期至 21 世纪初的研究表明,曹妃甸接岸大堤和深水码头工程的建设对地区宏观环境不构成重大影响,深槽水深可以较好维持,曹妃甸岛的岸线稳定性可以维持,曹妃甸具有建设大型深水港的基本地貌条件,甸头可建设大型深水码头。

三、布局规划

随着 20 世纪 90 年代对曹妃甸港区港址选择及相关科研工作的逐步深入,针对曹妃甸港区的规划研究主要分以下 4 个阶段:

第一阶段:在对曹妃甸滩槽稳定性的必要条件尚未充分认识的条件下,为指导曹妃甸甸头深水岸线的利用,京唐港港务局与中交水运规划设计院有限公司结合对运输需求的预测,于 1997 年编制完成《京唐港曹妃甸港区总体布局规划》,确定规划期内曹妃甸以进口原油和铁矿石为主,规划预测 2010 年、2020 年原油和铁矿石吞吐量分别为 2960 万吨和 4360 万吨。当时已经认识到曹妃甸进一步发展的最好途径就是利用自身优势发展大型港口工业,因此,在进行港区总体布局时,考虑了曹妃甸土地资源的优势,并划定一部分沙甸、滩涂作为港区后方的开发用地,但港区的岸线规划及围垦基本局限在利用甸前深槽区域与连接后方陆域为主,规划推荐基本方案见图25-5。

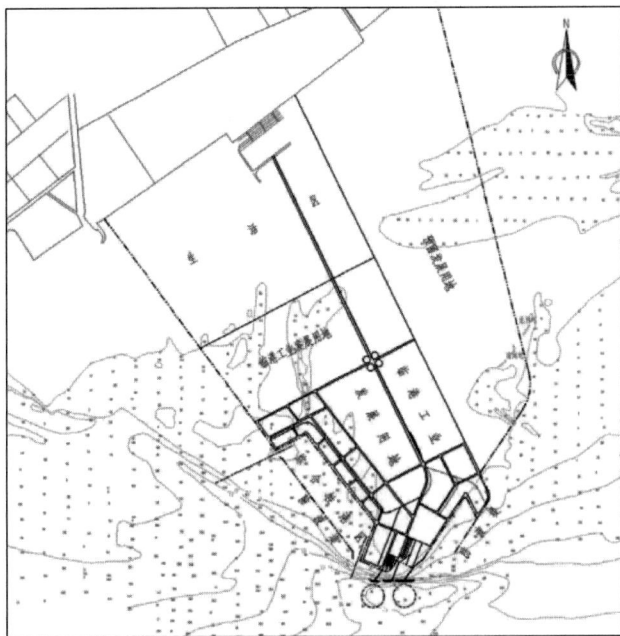

图25-5　1997年曹妃甸港区规划方案示意图

第二阶段:在连岛大堤建成、首钢落户曹妃甸之后,由于腹地经济发展所带来的运输需求已经大大超过1997年的运量预测,中交水运规划设计院有限公司与国家发展和改革委员会综合运输研究所于2005年编制完成《唐山港曹妃甸港区总体布局规划》,预测港口承担的主要货类为:矿石、原油、钢铁、煤炭、集装箱及其他。确定曹妃甸港区将是一个以矿石、煤炭、原油等大宗原料和战略能源物资进出口装卸、中转及物流组织为主要功能的专业枢纽港,也将成为一个为工业区内众多大型企业原料、产成品集疏运服务以及为港区腹地经济发展服务的综合枢纽港。结合远期发展,整个港区分为靠近甸头的大型开敞式码头区域、东港池以及西侧预留公用港池3部分,整个港区分为大宗干散货作业区、原油和液化天然气作业区、杂货作业区、集装箱作业区、化工品作业区以及其他预留作业区。规划推荐基本方案见图25-6。

第三阶段:为进一步加强对曹妃甸资源开发的控制和指导,充分发挥曹妃甸优良的区位优势、优越的建港条件,以港口资源开发为驱动,以资源的和谐开发、可持续发展为主要目标,港区开发带动综合交通运输体系的发展,带动工业区和新区的开发,交通部规划研究院于2007年编制完成《唐山港总体规划》。根据规划,曹妃甸港区将发展成为一个服务于曹妃甸循环经济示范区和大宗散货转运为主的大型综合性港区,将为临港冶金、石化、能源、装备制造、建材等大型重化工业服务;利用深水岸线资源优势,发展大宗原材料转运功能,并承担"北煤南运"的重要任务。规划曹妃甸港区利用岸线 68.6 千米,可建设各类泊位 260 个。规划推荐基本方案见图 25-7。

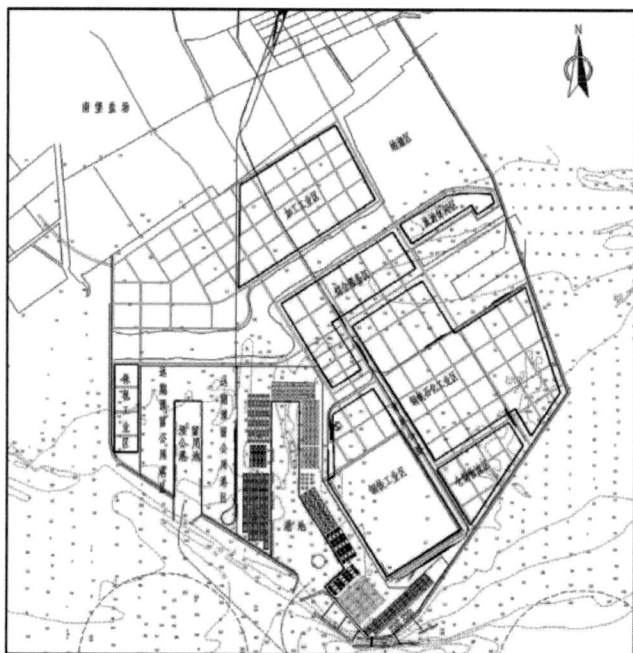

图 25-6　2005 年曹妃甸港区规划方案示意图

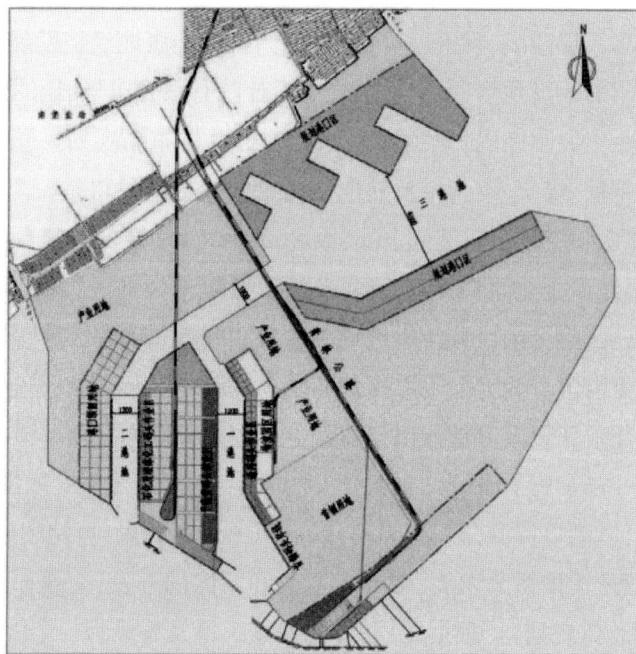

图 25-7　2007 年曹妃甸港区规划方案示意图

第四阶段:为进一步提升唐山港的功能定位,拓展港口资源,完善港口布局,调整优化港口规划方案,在2007年《唐山港总体规划》实施的基础上,交通运输部规划研究院2015年1月编制完成《唐山港总体规划(修订)》,河北省人民政府以《河北省人民政府关于唐山港总体规划(修订)的批复》(冀政字〔2015〕3号)批复了《唐山港总体规划(修订)》。根据规划,曹妃甸港区利用岸线33.6千米,规划码头岸线116千米,可建设各类泊位375个,见图25-8。

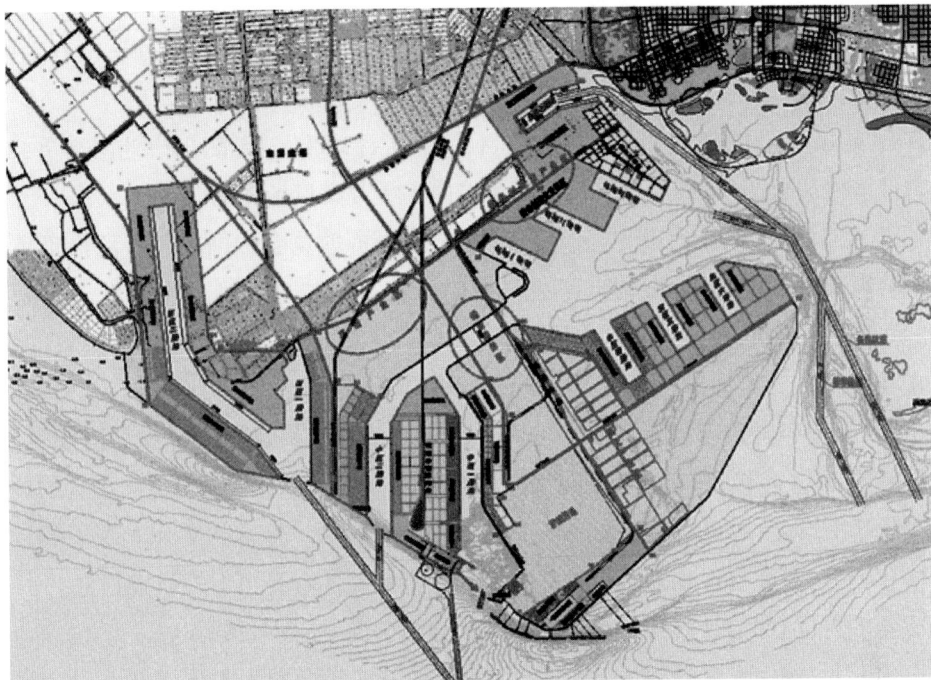

图25-8　2015曹妃甸港区规划方案示意图

四、项目决策

曹妃甸港区第一个申请立项的是唐山港曹妃甸港区矿石专用码头一期工程。

1997年7月,中交水运规划设计院有限公司编制完成《京唐港曹妃甸港区矿石专用码头预可行性研究报告》。

1997年9月,河北省计划委员会以冀计交〔1997〕742号文将《关于京唐港曹妃甸港区矿石专用码头及港区、外部铁路运输道路工程预可行性研究报告(代项目建议书)》上报国家计划委员会申请立项。

1998年3月,河北省计划委员会以冀计能交〔1998〕140号文件将《曹妃甸港区20万吨级矿石码头预可行性研究报告及项目建议书》上报国家计划委员会申请立项。

2000年5月,国家发展计划委员会对蒲天惠、张玉江等全国人大代表在九届全国人大三次会议上提出的《尽快批复京唐港曹妃甸港区矿石专用码头工程项目建议书的建议》予以答复:已委托中国国际工程咨询公司组织专家进行评估,待评估报告完成后将进行综合研究,提出意见上报国务院决策。

2000年6月,中国国际工程咨询公司(现中国国际工程咨询有限公司)受国家发展计划委员会委托,对《京唐港曹妃甸港区矿石专用码头项目建议书》组织评估。评估认为我国进口铁矿石是长期发展战略,虽然曹妃甸港区矿石专用码头的建设符合北方地区进口铁矿石接卸点布局规划,并且可以提高港口服务水平,但考虑"十五"期间全国钢铁行业,特别是华北地区钢铁行业处于全面调整阶段,项目腹地内主要受益者首钢是否迁址,迁往何处还没有定论,运量预测中不确定因素较多,建议项目暂缓立项。

2001年4月,为推进曹妃甸矿石码头项目,河北省计划委员会、唐山市计划委员会在北京召开京唐港曹妃甸20万吨级进口铁矿石码头接岸大堤方案设计咨询会。

2001年6月,第二届亚太经济合作组织(APEC)投资博览会中国吸收外商投资重大项目新闻发布会召开,将京唐港曹妃甸港区进口铁矿石接卸泊位项目列入国家发展计划委员会228项重大吸收外资项目。

2001年10月,曹妃甸矿石码头引堤工程方案评审会在北京召开。

2002年3月,中国国际工程咨询公司认为曹妃甸矿石码头建设的客观环境发生了变化,关于曹妃甸港20万吨级进口矿石码头的建设,需要在向国家发展计划委员会出具的评估意见基础上进行复议。

2002年5月,河北省计划委员会批复曹妃甸通港铁路工程预可行性研究报告。

2002年6月,河北省计划委员会批复曹妃甸通岛公路工程项目建议书。

2002年6月,国家发展计划委员会对蒲天惠、张玉江等全国人大代表在九届全国人大五次会议上提出的《加快京唐港曹妃甸港区矿石专用码头建设的建议》予以答复:将综合研究新形势、新特点、新变化,待机遇成熟后抓紧办理。

2003年5月,河北省计划委员会以冀计基础〔2003〕458号文批复曹妃甸工业区矿石专用码头方案。批复主要内容:建设20万吨级进口矿石专用码头1座,年通过能力1300万吨。

2003年6月,中国国际工程咨询公司受唐山市委托,组织对曹妃甸20万吨级(水工结构兼顾25万吨级)矿石码头建设开展进一步论证,论证结论是:在曹妃甸港区建设大型矿石专用码头,符合我国北方地区进口铁矿石接卸港的合理布局规划,有利于华北地区钢铁企业提高经济效益,促进环渤海经济的快速发展,尽早建设曹妃甸20万吨级(水工结构兼顾25万吨级)矿石码头是必要的。

2005年1月,环境保护部以环审〔2005〕34号,对该项目工程环境影响报告书进行了批复。

2005年3月29日,国家发展和改革委员会以发改交运〔2005〕526号,对京唐港曹妃甸港区矿石专用码头工程项目核准批复。核准主要内容:新建1个20万吨级进口矿石接卸专用泊位及配套设施,码头水工结构可预留 25 万吨级船舶靠泊的需要,设计年接卸能力 1300 万吨,码头岸线长约 470 米。

第三节 工 程 设 计

曹妃甸港区矿石专用码头工程项目初步设计实际从 2004 年 3 月已开始,由于初步设计、实际建设方案和内容较 2005 年 3 月 29 日的核准批复有了较大调整,多项审批程序环节及文件不能满足要求,需重新调整补办,至 2019 年 6 月 28 日河北省交通运输厅批复该项目初步设计止,共历时 15 年 3 个月。

一、初步设计

2003 年底,由秦皇岛港股份有限公司、首钢、河北省建设投资公司、唐山钢铁集团有限责任公司、唐山港口投资有限公司 5 家国有企业组建了唐山曹妃甸实业开发有限责任公司(现唐山曹妃甸实业港务有限公司),作为曹妃甸矿石码头的建设开发主体,负责进行市场调研、勘察试验、专家论证等前期工作,同时负责曹妃甸岛通路等基础设施建设工作。

在河北省钢产量由 2000 年的 1230.1 万吨激增至 2003 年的 4065.06 万吨的钢铁行业快速发展的背景下,以及首钢搬迁到曹妃甸已基本确定的情况下,按核准批复新建 1 个 20 万吨级泊位明显不足。为顺应和满足腹地内钢铁企业对铁矿石进口运输的需求,同时考虑到顺岸一次性建设 2 个大型泊位较建设 1 个泊位,作业整体效率更高,岸线利用更有效,更能节约工期、节省投资,唐山曹妃甸实业港务有限公司决定对项目建设内容进行调整,初步设计将方案调整变更为按 2 个泊位(一期 1 号、2 号)码头结构一次完成,设备系统按 2 个泊位配置设计,较 2005 年国家发展和改革委员会核准的内容有较大调整。

二、初步设计单位

唐山港曹妃甸港区矿石专用码头一期工程初步设计由中交第一航务工程勘察设计院有限公司和中交水运规划设计院有限公司共同完成。中交第一航务工程勘察设计院有限公司负责总体布置、装卸工艺、堆场道路、给排水、供电、通信、控制、除尘等配套设施以及生产辅助建筑物的设计及施工条件、概算的编制和汇总。中交水运规划设计院有限公司负责码头、栈桥(引堤)水工建筑物的设计及相应的施工条件、概算的编制。

三、初步设计内容

初步设计方案拟建 2 个 25 万吨级开敞式进口铁矿石泊位(水工结构兼顾 30 万吨级)及其配套设施,年进口铁矿石 3000 万吨、煤炭 110 万吨。

1. 总平面布置

码头位于 25 米等深线处,码头长 792 米,宽 31 米,顶面高程 12 米。码头与堆场之间通过 194 米栈桥和 190 米引堤相连,栈桥(引堤)宽 16 米。堆场区位于码头后方的浅滩处,其天然高程 2 米左右。堆场陆域形成采用吹填方式。堆场区宽 612 米,长 2200 米。堆场区东西两端为预留用地。辅建区位于堆场区西端的北侧。

2. 装卸工艺

码头装卸工艺设计采用 2500 吨/小时桥式抓斗卸船机,2 个泊位配置 6 台。堆场共布置 5 条作业线。

3. 水工建筑物

码头采用钢管桩方案;栈桥采用系杆钢管混凝土拱桥;引堤为抛石斜坡堤,采用栅栏板护面;护岸和内堤拟采用斜坡堤结构形式,护面分别为栅栏板、砌石和四脚空心块。

4. 陆域形成和地基处理

港区陆域为吹填造陆形成,地基处理采用强夯法进行。

5. 供电

港区新建 35 千伏变电站 1 座。堆场设置 3 座 6 千伏变电所,辅建区设置 1 座 6 千伏变电所。码头上设置 1 座箱式变电站。

6. 给排水

水源接管点位于堆场区东北侧,给水系统分为除尘洒水供水系统和生活及生产供水系统。

7. 采暖、除尘

项目采用集中供热,部分距辅建区较远、采暖面积较小的建筑单体,采用局部采暖方式。为满足环保要求,在整个装卸系统内设有干式除尘系统和洒水除尘系统。

8. 通信

新建通信站、港区程控交换机系统、港区各类调度通信系统、船岸通信、港区光纤信息传输平台及港区通信线路。另外还设置了船舶交通服务(VTS)系统。

9. 控制和计算机管理

控制及计算机管理系统设备包括可编程逻辑控制器(PLC)、互动电视服务器(ITV)系统、控制柜、控制电源柜、中控室操作台、计算机视觉图像处理器(CGP)、管理服务器、网络交换机、投影显示装置、工作站、打印机、控制系统网络连接所需的设备及相关部件和连接材料。

主要技术经济指标见表 25-1。主要工程数量见表 25-2。

主要技术经济指标表　　　　　　　　　　　　　　　　表 25-1

序　号	项 目 名 称	单　位	数　量	备　注
1	泊位数量	个	2	25 万吨级（水工结构兼顾 30 万吨级）
2	码头长度	米	792	
3	栈桥（引堤）	米	384	其中引堤 190 米
4	护岸（围堰）长度	米	7533	其中围堰长度 3357 米
5	填方量	万立方米	555.2	
6	设计吞吐量	万吨/年	3110	其中 110 万吨为煤炭
7	堆场面积	万平方米	58	堆存容量：矿石 796 万吨，煤炭 21 万吨
8	总装机容量	千瓦	37741	
9	日最高用水量	立方米	8481	不包括消防用水量
10	总建筑面积	平方米	37326.2	
11	道路面积	万平方米	10.4	
12	工程概算	万元	269165.14	
13	施工工期	月	22	
14	财务内部收益率	%	9.11	全部投资税后
15	财务内部收益率	%	10.26	自有资金税后
16	投资回收期	年	10.6	税后

主要工程数量表　　　　　　　　　　　　　　　　表 25-2

序　号	项 目 名 称	单　位	工 程 量	备　注
一	护岸工程	米	7533	含堆场东护岸、南护岸、西护岸、堆场及辅建区内护岸
1	大型充填袋	立方米	243140	
2	铺设土工布倒滤层	平方米	187043	
3	铺筑二片石垫层	立方米	17799	
4	浆砌块石块体	立方米	8166	
5	抛填或干砌块石	立方米	57994	
6	预制钢筋混凝土栅栏板	立方米	626	
7	安装钢筋混凝土栅栏板	块	279	
8	预制四脚空心块	立方米	7159	
9	安装四脚空心块	块	5485	
10	浇筑混凝土胸墙	立方米	10520	
二	陆域吹填工程	万立方米	616.37	含护岸后填方

续上表

序 号	项目名称	单 位	工 程 量	备 注
三	地基处理工程	万平方米	119	强夯法
四	码头工程			
1	码头主体工程	米	792	钢管桩高桩梁板结构
2	栈桥工程	米	190	钢栈桥墩式结构
3	引堤工程	米	190	抛石斜坡堤结构
五	堆场轨道梁	米	7495	
1	浇筑轨道梁及皮带机基础钢筋混凝土	米	34477	
2	浆砌块石挡土墙	立方米	22485	
3	挖填土方	立方米	84658	其中挖方18738
4	铺筑基层及面层	平方米	73427	
5	安装钢轨	米	14990	
六	铺筑道路堆场面层	万平方米	94	高强联锁块面层
七	辅助建筑工程	平方米	37336.7	
1	综合楼及办公楼等	平方米	8765.7	
2	变电站、变电所建筑工程	平方米	7864.2	
3	其他生产辅助建筑	平方米	7093.5	
4	生活建筑	平方米	13613.3	
八	供电系统工程			
1	35千伏变电站	座	1	
2	1号~4号变电所	座	4	
3	供电照明外网	项	1	
九	给排水、消防系统、洒水除尘系统	项	1	
十	污水处理系统	项	1	
十一	通信及导助航设施	项	1	
十二	供热、通风、除尘系统	项	1	
十三	装卸系统设备安装工程			
1	安装码头卸船机	台	6	作业效率（Q）=2500吨/小时
2	安装堆、取料机	台	5	
3	安装皮带机	米	12561.5	带宽（B）=1800/1600/1200
4	转接机房	座	12	
5	汽车装车楼	座	4	
6	控制系统	套	1	
十四	其他配套工程			

四、初步设计批复

2017 年 10 月 24 日,河北省发展和改革委员会以《河北省发展和改革委员会关于唐山港曹妃甸港区矿石码头一期工程 2 号泊位工程项目核准的批复》(冀发改基础〔2017〕1350 号)批复了唐山港曹妃甸港区矿石码头一期工程 2 号泊位工程,建设规模为 1 个 25 万吨级矿石泊位(水工结构按靠泊 30 万吨级船舶设计建设)及基础配套工程,码头长 338 米,设计年通过能力 1500 万吨。

2018 年 10 月 29 日,河北省发展和改革委员会在《关于调整唐山港曹妃甸港区矿石码头一期工程 1 号泊位工程建设规模、标准及部分建设内容的复函》(冀发改函〔2018〕511 号)中同意码头泊位建设等级由 20 万吨级调整为 25 万吨级(水工结构按靠泊 30 万吨级船舶设计建设),设计年通过能力由 1300 万吨调整为 1500 万吨。

2019 年 6 月 28 日,河北省交通运输厅以《河北省交通运输厅关于唐山港曹妃甸港区矿石码头一期工程 1 号泊位工程和 2 号泊位工程初步设计的批复》(冀交函公〔2019〕1007 号)批复了项目的初步设计。项目建设内容为:建设 2 个 25 万吨级矿石泊位(水工结构按靠泊 30 万吨级船舶设计建设)及基础配套工程,岸线长 808 米;设计年通过能力 3000 万吨;1 号泊位工程建设 1 个 25 万吨级矿石泊位(水工结构按靠泊 30 万吨级船舶设计建设)及基础配套工程,岸线长 470 米,设计年通过能力 1500 万吨;2 号泊位工程建设 1 个 25 万吨级矿石泊位(水工结构按靠泊 30 万吨级船舶设计建设)及基础配套工程,岸线长 338 米,设计年通过能力 1500 万吨;工程概算 260934.61 万元。

第四节　工 程 建 设

一、工程主要节点

2003 年 11 月,秦皇岛港务集团公司成立秦皇岛港曹妃甸建设开发指挥部。

2003 年 12 月—2004 年 3 月,建设及实施方案论证、确定。

2004 年 3—9 月,陆域形成、设备系统、码头主体工程招投标、施工准备。

2004 年 4 月 15 日—2005 年 5 月 17 日,陆域形成工程施工。

2004 年 10 月 7 日—2005 年 11 月 10 日,装卸系统设备工程(包括装卸工艺系统设备、地基处理、堆场道路、供电通信、控制、给排水消防、环境保护、除尘动力、房建工程等)施工。

2004 年 10 月 7 日—2005 年 11 月 10 日,水工结构(码头主体、引桥、引堤、系缆墩和抗冰墩设施)施工。

2005 年 10 月 30 日,工程完工。

2005 年 11 月 9 日,工程通过河北省水运工程质量安全监督局交工验收。

在工程建设期间,2005 年 4 月 8 日,时任中共中央政治局常委、国务院副总理黄菊到矿石码头一期考察;2005 年 10 月 22 日,时任中共中央政治局常委、国务院副总理曾培炎到矿石码头一期视察;2005 年 10 月 28 日,时任中共中央政治局常委、全国政协主席贾庆林到矿石码头一期考察。

2006 年 7 月 6 日,曹妃甸矿石码头一期工程通过唐山市公安局消防处消防验收。

2011 年 3 月 7 日,工程通过河北省卫生厅对项目的职业卫生审查。

2012 年 3 月 23 日,环境保护部出具了《关于曹妃甸矿石码头一期工程竣工环境保护验收意见的函》(环验〔2012〕61 号)。

2014 年 9 月 4 日,国家安全生产监督管理总局出具了《关于唐山曹妃甸实业港务有限公司〈唐山港曹妃甸港区矿石码头一期工程安全验收评价报告〉备案的函》(管二函〔2014〕192 号)。

2019 年 7 月 12 日,河北海事局出具了《河北海事局关于唐山港曹妃甸港区矿石码头一期工程通航安全核查的核准意见》(冀海通航〔2019〕72 号)。

2019 年 7 月 23 日,曹妃甸海事局发布项目航行通告。

二、工程建设难点

工程建设难点有:对曹妃甸地区动力地貌的形成和演变尚缺乏系统的研究;滩槽并存的复杂地形、在环境水动力作用下较易变形的粉沙海床底质;外海相对较强的潮流动力条件、复杂的风浪等自然条件以及直接面向渤海湾口;较为严重的冰情结合较强的潮流动力,极易对外海开敞式码头结构造成破坏等。以上建设难点均给开敞式码头的合理布置、码头水工建筑物的防冰技术以及建设提出了较高要求。

开敞式码头处于较强潮流场和冰情较为严重区域,设计及防护难度大,在我国为首例;直接面向外海开敞水域的大型泊位的设计方法还没有较多的经验积累,对于一些技术问题,当时已有的规范、标准尚无法提供明确的规定;有些新技术、新结构尚无使用先例,必须通过科学研究、工艺革新和技术创新并典型试验使用成功后方可全面应用于工程实践。

三、主要参建单位

工程建设单位:唐山曹妃甸实业开发有限责任公司(现唐山曹妃甸实业港务有限公司)。

设计单位:中交第一航务工程勘察设计院有限公司、中交水运规划设计院有限公司。

施工单位:中港第一航务工程局第一航务工程公司(现中交一航局第一工程有限公司)、中交天津航道局有限公司、中国港湾建设(集团)总公司(现中国交通建设股份有限公司)。

工程监理单位:天津中北港湾工程建设监理有限公司(现天津中北工程建设监理有限公

司）、中国船级社实业公司、秦皇岛方圆港湾工程监理有限公司。

第五节　运营管理

一、项目业主情况

唐山港曹妃甸港区矿石码头一期工程项目业主为唐山曹妃甸实业开发有限责任公司，是由秦皇岛港股份有限公司、首钢集团有限公司、唐山钢铁集团有限责任公司、河北建投交通投资有限责任公司、唐山港集团股份有限公司5家国有企业于2003年共同出资组建的法人实体，2008年更名为唐山曹妃甸实业港务有限公司。

二、码头试运行

唐山港曹妃甸港区矿石码头一期工程于2005年12月18日开始投入试运行，试运行时间为6个月，主要装卸货种为散货（金属矿石等）。为组织码头试运营，唐山曹妃甸实业开发有限责任公司成立了生产领导组，下设安全生产小组和后勤保障小组。

试运行主要生产参数：

①泊位年营运天数：315天。

②堆场年营运天数：350天。

③作业班制：3班/日（汽车装车2班制）。

④日作业小时数：21小时（汽车装车14小时）。

⑤港口生产不平衡系数：卸船1.25，铁路1.2，公路1.3。

⑥疏港方式及比例：首钢曹妃甸钢厂1300万吨/年（通过皮带输送），铁路装车1200万吨/年，公路装车500万吨/年。

三、总体运行情况概述

唐山港曹妃甸港区矿石码头一期工程投产第一年2006年即完成矿石吞吐量1105万吨，接卸船舶87艘。2006—2019年累计接卸船舶2638艘，完成吞吐量41349万吨。项目投产至2019年，年均完成矿石吞吐量2954万吨，接卸船舶188艘，详见表25-3。

2006—2019年码头接卸船舶艘次及吞吐量　　　　　　　　　　　表25-3

年份（年）	接卸船舶（艘）	吞吐量（万吨）
2006	87	1105
2007	170	2009
2008	194	2534
2009	285	4735

年份(年)	接卸船舶(艘)	吞吐量(万吨)
2010	258	4266
2011	204	3225
2012	182	2863
2013	188	2830
2014	229	3694
2015	208	3458
2016	170	2830
2017	172	3063
2018	143	2394
2019	148	2343
合计	2638	41349

四、码头预期目标实现

由于当时首钢在北京已经没有发展空间,本项目的建设可满足首钢在曹妃甸建厂发展的需要,使首钢进口铁矿石(特别是秘鲁铁矿石)一程直接运送至曹妃甸,改变了首钢进口秘鲁铁矿石需经浙江宁波码头中转换船,至天津或秦皇岛港口后,再转运至首钢的不经济运输线路,既降低了企业矿石运输成本,也符合首钢发展规划和实际生产需求。

第六节　工　程　创　新

1. 开敞式码头总体布置优化技术

根据我国规范标准与国外有关标准的差异,结合港区外海开敞式码头的建设,通过物理模型试验和数学模型计算分析研究,提出了开敞式码头轴线方位确定方法,并在此基础上提出了开敞式码头泊位长度和系揽墩布置优化确定方法,解决了外海开敞式码头总体布置关键技术,丰富完善了《海港总体设计规范》(JTS 165)中关于开敞式码头长度和《港口工程荷载规范》(JTS 144-1)中关于冰荷载部分的内容。

2. 外海开敞式码头海冰防护技术

给出了计算直立桩(墩)、锥面实体的冰荷载推荐公式,给出了直立桩柱特定条件下的遮蔽系数计算方法。该计算方法为新版港口工程荷载规范的修编提供了重要参考。

提出锥面低承台桩基抗冰结构,为渤海湾地区抗冰设计提供了新的思路和工程实例。

申报1项实用新型专利(专利名称:抗冰墩,专利号:ZL 2008 2 0000345.7)。抗冰墩具有成本低、能适应冰荷载不同方向的特点,实现了抗冰设计思路的新突破,有效降低了工程投资。

第七节　工 程 价 值

1. 推动了曹妃甸港区整体开发和建设,促进了冀北地区经济发展和对外开放

项目作为曹妃甸港区开发建设的龙头项目,其关于曹妃甸海域滩槽稳定性及泥沙输移规律的分析和研究,关于曹妃甸港区气象、水文、地形、地质等方面的勘测工作及研究,关于工程方案实施后对海域自然条件的影响研究等现场勘测资料、潮流观测资料、泥沙环境条件分析资料等,为曹妃甸港区的综合布局规划、整体开发建设提供了有力支撑。自 2005 年至 2019 年底,曹妃甸港区陆续建成了矿石码头、煤码头、原油码头、通用散货码头、多用途码头、液体化工码头、液化天然气码头、通用杂货码头等 101 个码头,形成通过能力合计 48559.5 万吨。根据规划,曹妃甸港区西起双龙河口、东至青龙河口,将以填筑、开挖相结合的方式形成港口水域及陆域,港区最终围填面积将超过 280 平方千米,港口岸线 69.5 千米,形成我国单体围填规模最大的港区。

2. 为北方建设外海开敞式大码头提供了借鉴经验

项目在风高、浪大、流急、多冰、水深等自然条件复杂的北方海域建设大型开敞式码头,在我国为首例。项目的成功建设,为曹妃甸港区乃至我国北方后续建设直接面向外海开敞水域的大型泊位积累了设计方法和大量宝贵的经验,补充完善了国内外海开敞式大码头建设方面的技术标准和规范,也为我国后续大规模浅滩填筑深水岸线资源开发积累了丰富的实践经验。

3. 完善了我国北方沿海地区港口布局

1992 年,我国尚无 30 万吨级大型专业矿石码头,特别是 30 万吨级的开敞式矿石专业码头。本项目成功的建设以及曹妃甸港区的建设为河北省及我国北方乃至全国沿海港口布局的优化提供了可能。2006 年 8 月 16 日,国务院审议并通过的《全国沿海港口布局规划》提出,津冀沿海港口以秦皇岛、天津、黄骅、唐山等港口为主布局专业化煤炭装船港;以秦皇岛、天津、唐山等港口为主布局大型、专业化的石油(特别是原油及其储备)、天然气、铁矿石和粮食等大宗散货的中转储运设施;以天津港为主布局集装箱干线港,相应布局秦皇岛、黄骅、唐山港等支线或喂给港口;以天津港为主布局旅客运输及商品汽车中转储运等设施。

4. 对京津冀生产力布局调整和产业结构优化具有重大战略意义和重要支撑作用

项目建成前,河北省无大型铁矿石进口码头,首钢等北京市及河北省钢铁企业在满足自身企业发展、进口国外铁矿石时,不得不通过浙江宁波或大连等码头中转换船,至天津或秦皇岛港口后,再转运至钢厂,曹妃甸矿石码头乃至整个港区的建设,使河北省内钢铁企业进口铁矿石一程可直接运送至曹妃甸,改变了需二次中转换船的不经济运输方式,降低了企业矿石运输成本,增强了企业的竞争力。项目的建设使河北省钢铁产业生产力布局向沿海转移,对京津冀生产力布局调整和产业结构优化均具有重大战略意义和重要支撑作用。

5. 对北京市大气环境质量的改善和北京市的城市发展具有积极促进作用

首钢作为传统的重工业企业,其生产运营会产生大量的污染物。曹妃甸矿石码头的建设,使得首钢可以搬迁,对优化北京生态环境、改善北京市大气环境质量、调整北京的产业格局、实现北京市城市定位和贯彻科学发展观有重要意义,也有利于促进北京城区的协调发展、缓解城市中心的交通拥堵压力、加快北京建设宜居城市和城市总体规划的实现。

执笔人:王智

第二十六章　上海国际航运中心
洋山深水港区

第一节　工　程　概　况

1995 年国务院做出建设上海国际航运中心的重大决策,建设洋山深水港区是上海国际航运中心重要的基础性工程。洋山深水港区(图 26-1)地处长江口与杭州湾交界处崎岖列岛海区,距上海市南汇咀约 33 千米。在强潮流、高含沙海域的外海岛礁建设超大型集装箱港区,代表了世界筑港技术的先进水平。2002 年洋山深水港区开工建设,至 2008 年完成了洋山一期、二期、三期工程,在小洋山南侧 5600 米的岸线建成了 16 个集装箱泊位,设计年通过能力 930 万标准箱(Twenty-feet Equivalent Unit, TEU)。随着洋山深水港区的持续建设,上海港集装箱枢纽的积聚和辐射作用进一步凸现,2010 年吞吐量达 2907 万标准箱,超越新加坡港成为世界第一大集装箱港。

图 26-1　洋山深水港区鸟瞰图

全自动化集装箱码头是近年来港口业发展的新趋势。洋山深水港区四期工程(以下简称"洋山四期工程")以一次建设全球最大的规模和体量,成为全自动化码头的"集大成者"。洋山四期工程规划建设 7 个大型深水集装箱泊位,码头岸线长 2350 米,年设计通过能力达 630 万标准箱,是全球首座一次建成 7 个泊位的自动化集装箱码头工程,竣工决算总投资 137.54 亿元。

2014 年 12 月 23 日,洋山四期工程动工建设,2018 年 12 月 29 日竣工验收(图 26-2)。以打造高可靠、高效率、世界一流水平的全自动化集装箱码头为目标,按照"中国大脑、中国制造、中国品牌、中国标准和中国服务"的要求,经过 3 年的不懈努力,建设成了一座真正掌握全自主核心技术的全自动化集装箱码头。

图 26-2　洋山深水港区四期工程全貌

工程概况如下:

1. 建设地点

位于浙江省舟山市小洋山岛链最西端,颗珠山汉道以西,东海大桥的港桥连接段海堤南侧。

2. 建设规模及代表船型

建设 7 个 5 万 ~ 7 万吨级集装箱泊位(水工结构按靠泊 15 万吨级集装箱船设计)、工作船码头及必要的配套设施,占用岸线 2800 米(集装箱码头岸线 2350 米、工作船码头岸线 450 米),年设计年集装箱通过能力 630 万标准箱,设计代表船型为 5 万、7 万吨级集装箱船,兼靠船型为 10 万吨级、15 万吨级集装箱船。

3. 总平面布置

小洋山作业区西部平面形态采用保留颗珠山汉道方案。码头采用顺岸满堂式布置,码头前沿线方位角取 N106° ~ N286°,码头长 2350 米,码头面高程 7.5 米(小洋山理论最低潮面,下同);集装箱码头前沿停泊水域宽 81 米;5 万 ~ 7 万吨级码头前沿、回旋水域底高程分别为 -15.5 米、-14.5 米;回旋圆直径顺码头方向取 3 倍船长为 900 米、垂直码头方向取 2 倍船长为 600 米。工作船泊位长 350 米,码头面高程 +7.3 米;码头前停泊水域宽 33 米,前沿底高程 -6.5 米。本工程与洋山二期工程连接水域宽 250 ~ 1227 米。纵深平均 500 米,布置前沿作业线、集装箱堆场、集装箱进出闸口、道路堆场等。为改善西部码头作业条件,码头西端向西延伸建设 1500 米导流堤。

4. 装卸工艺

采用自动化方案。码头装卸采用 16 台双 40 英尺(ft)集装箱装卸桥,水平运输采用 80 台电池动力或气电混合动力的自动导引运输车(AGV),堆场作业近期配置 88 台自动化轨道式集装箱龙门起重机(ARMG),超限箱、危险品箱、冷藏箱等特殊箱采用常规的集卡 + 轮胎吊工艺,配备 6 台电动轮胎式龙门起重机、15 套集装箱牵引车 + 半挂车等。

5. 水工建筑物

采用预制横梁高桩码头 + 斜顶桩板桩承台接岸结构方案。码头宽 37 米,排架间距 12 米,基桩为直径 1.5 米钢管桩,上部结构由现浇桩帽和预制安装预应力横梁、纵梁、轨道梁、面板及现浇混凝土面层组成。接岸结构宽 23 米,由斜顶桩板桩承台、减压棱体、现浇挡土墙及连接码头与承台、承台与挡土墙的简支板组成。承台桩基采用 2 米、1.9 米、1.5 米直径的 3 排钢管桩,上部结构采用现浇承台、面层。

6. 陆域形成、地基处理

港区陆域面积 223.16 万平方米,陆域形成采用吹填疏浚土、吹填砂和回填开山石渣相结合的方案。天然地基加固采用插塑料排水板结合堆载预压的排水固结法;回填层加固方案根据不同回填情况采用振冲法、振动碾压法及强夯法进行加固。

第二节　规划与决策

一、项目提出

至 2008 年底,上海国际航运中心洋山深水港区一期～三期工程 16 个深水泊位先后建成投产。2006—2012 年,上海港集装箱吞吐量快速、稳定增长,由 2171.8 万标准箱增长至 3252.9 万标准箱,年均增长 7%,其中洋山深水港区集装箱吞吐量由 323 万标准箱增长至 1415 万标准箱,年均增长 27.9%,占上海港集装箱吞吐量的比重由 15% 增长至 43%。凭借优越的自然条件以及集装箱物流运输综合服务体系的进一步完善,洋山深水港区在上海港集装箱运输中占据越来越重要的位置。

基于上海港集装箱运输所表现的强劲增长态势、对我国经济快速增长的良好预期,以及国际上集装箱船舶大型化趋势,上海港对新增集装箱码头尤其是深水集装箱码头的要求十分迫切。但是,除洋山深水港区外,上海港已无可大规模开发的深水岸线,因此加快洋山深水港区后续工程的建设显得十分必要和紧迫。上海同盛投资(集团)有限公司(以下简称"同盛集团")作为洋山深水港区投资、开发、建设的主体,按照洋山深水港区建设的总体规划要求和发展需求的趋势,于2008年8月向上海市发展和改革委员会提交了《关于开展洋山深水港区西港区工程前期工作的请示》(沪同盛投计〔2008〕71号),洋山四期工程前期研究工作正式启动。

二、总体规划

根据《洋山深水港区控制性详细规划》,洋山深水港区由小洋山作业区和沈家湾作业区组成,其中小洋山作业区规划为专业化集装箱码头作业区,码头岸线长9350米,共布置25个深水集装箱泊位。从平面布局来看,小洋山作业区由颗珠山汊道划分为东、西两个部分,洋山深水港区一期～三期工程位于颗珠山汊道东侧,洋山四期工程位于颗珠山汊道东侧,详见图26-3。

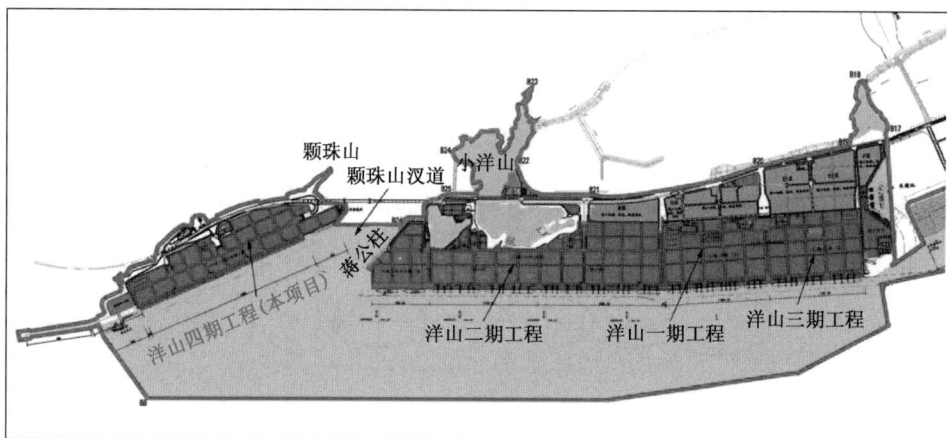

图26-3　洋山深水港区鸟瞰图

2013年5月15日,浙江省住房和城乡建设厅出具《(国家级)上海国际航运中心洋山四期工程建设项目选址审查意见》(浙规选审字第〔2013〕052号),原则同意项目选址。

三、可行性研究与项目核准

洋山四期工程地处我国东部沿海长江口与杭州湾交界处的浙江省舟山市嵊泗县崎岖列岛海区,是上海国际航运中心的重要组成部分,是国家重大交通基础设施工程,也是上海市和浙江省联合建设的重大项目。

2008年8月28日,上海市发展和改革委员会印发《上海市发改委关于开展上海国际航运中心洋山深水港区西港区工程前期工作的通知》(沪发改城〔2008〕283号),同意项目单位同盛集团先期开展洋山深水港区西港区工程有关前期准备工作。在洋山深水港区西港区平面形态论证确定后,2009年10月,同盛集团委托中交第三航务工程勘察设计院有限公司开展洋山四期工程可行性研究工作。

2010 年 10 月,编制完成《洋山深水港区四期工程可行性研究报告》。以此为基础,项目单位委托多家咨询单位分别开展环境影响评价、安全预评价、海域使用论证、节能评估、水土保持方案、通航安全影响论证、职业病危害预评价及社会稳定风险评估等专项论证工作,并报请国家相关主管部门审批。

2013 年 1 月 23 日,浙江省发展和改革委员会印发《浙江省发展改革委关于同意洋山深水港区四期工程开展前期工作的通知》,项目选址、用地预审等前期工作正式开展。

2013 年 2 月,根据世界集装箱码头发展趋势和及上海港技术升级发展的需要,受同盛集团委托,中交第三航务工程勘察设计院有限公司对洋山四期工程全自动化集装箱码头方案进行了研究,完成了《洋山深水港区四期工程工程可行性研究报告补充报告》,通过对集卡(牵引车 + 半挂车) + 场桥(ERTG/RMG)方案和全自动化方案进行比较,调整采用全自动化集装箱码头方案,调增 8.82 亿元。相关咨询单位基于此对各专项论证报告进行了补充论证。同盛集团报请各专项主管部门审批。

2012 年 5 月 25 日,水利部出具《关于上海国际航运中心洋山深水港区四期工程水土保持方案的批复》(环审〔2012〕153 号)。

2012 年 6 月 11 日,环境保护部出具《关于上海国际航运中心洋山深水港区四期工程环境影响报告书的批复》(环审〔2012〕153 号)。

2013 年 1 月 25 日,交通运输部出具《交通运输部关于上海国际航运中心洋山深水港区四期工程通过安全条件审查的函》(厅函水〔2013〕19 号)。

2013 年 5 月 15 日,国家安全生产监督管理总局出具《建设项目职业病危害预评价报告审核意见书》(安健项目预审字〔2013〕39 号)。

2013 年 5 月 15 日,浙江省住房和城乡建设厅出具《(国家级)上海国际航运中心洋山深水港区四期工程建设项目选址审查意见》(浙规选审字第〔2013〕052 号)。

2013 年 7 月 30 日,国家海洋局出具《国家海洋局关于上海国际航运中心洋山深水港区四期工程导流堤工程项目用海预审意见的函》(国海管字〔2013〕537 号)。

2013 年 8 月 21 日,浙江省发展和改革委员会出具《浙江省发展改革委关于报送洋山深水港区四期工程社会稳定风险评估的函》(浙发改函〔2013〕341 号)。

2014 年 4 月 14 日,国土资源部出具《关于上海国际航运中心洋山深水港区四期工程建设用地预审意见的复函》(国审资预审字〔2014〕31 号)。

2014 年 5 月 16 日,上海海事局出具《上海海事局关于上海国际航运中心洋山深水港区四期工程通航安全影响论证的审查意见》(沪海通航〔2014〕190 号)。

2014 年 8 月 19 日,交通运输部出具《交通运输部关于上海国际航运中心洋山深水港区四期工程项目的意见》(交规划函〔2014〕684 号)。

2014 年 8 月 26 日,中国国际工程咨询公司(现中国国际工程咨询有限公司)出具《关于上海国际航运中心洋山四期工程项目(申请报告)的核准评估报告》。

2014 年 8 月 27 日,国家发展和改革委员会出具《国家发展改革委办公厅关于上海国际航运中心洋山深水港区四期工程节能评估报告的审查意见》(发改办环资〔2014〕2011 号)。

2014 年 10 月 18 日,国家发展和改革委员会正式印发《国家发展改革委关于上海国际航运中心洋山深水港区四期工程核准的批复》(发改基础〔2014〕2353 号)。项目单位为同盛集团,建设规模为新建 5 个 5 万吨级和 2 个 7 万吨级集装箱泊位(水工结构按靠泊 15 万吨级集装箱船舶设计和建设)以及 1 个工作船泊位等配套设施,泊位总长 2800 米,设计年通过能力 630 万标准箱。总投资 128.48 亿元,其中资本金占 30% ,由项目单位以自有资金投入,资本金以外资金利用国内银行贷款解决。

第三节　工　程　设　计

洋山四期工程虽然具备 2800 米长的深水岸线,但陆域相对狭窄,平均陆域纵深不足 500 米,港区综合效能的发挥受到了狭窄用地的严重制约。要实现年通过能力 600 万标准箱以上的目标,传统集装箱码头技术已无法满足,只有采用更为先进的全自动化集装箱码头技术。

一、项目总体布置

洋山四期工程总体布置的主要制约因素是陆域的狭长,关键在于如何有效提升堆场容量和土地利用效率。相对于传统集装箱堆场,自动化集装箱堆场具有堆垛密度高、场地利用率高、堆存容量大的优点,因此实现堆场容量的突破需要尽可能扩大自动化集装箱堆场的规模,并合理安排辅助堆场及生产、生活辅助功能区。在充分研究世界自动化集装箱码头技术的基础上,结合洋山四期工程的资源条件,提出的功能分区主要包括(图 26-4):

①进(出)港闸口。

②码头前方作业区。

③自动化堆场。

④特殊集装箱堆场(包括危险品箱堆场、超限箱堆场)。

⑤生产及生活辅助区(包括生产管理区、机修区、口岸查验区、内集卡停车场等)。

⑥港外辅助功能区(外集卡停车场、工作船码头、港外配套区)。

⑦其他(东海大桥、工作船码头)。

洋山四期工程总体功能布置采用了以下方案:

①优化进出港流程。进、出港闸口分别布置于港区陆域的东、西两端,东进西出。外来车辆在港内东进西出,单向行驶,交通组织相对简单、顺畅和高效,道路需求相对较小,与提、送箱流程更为契合。

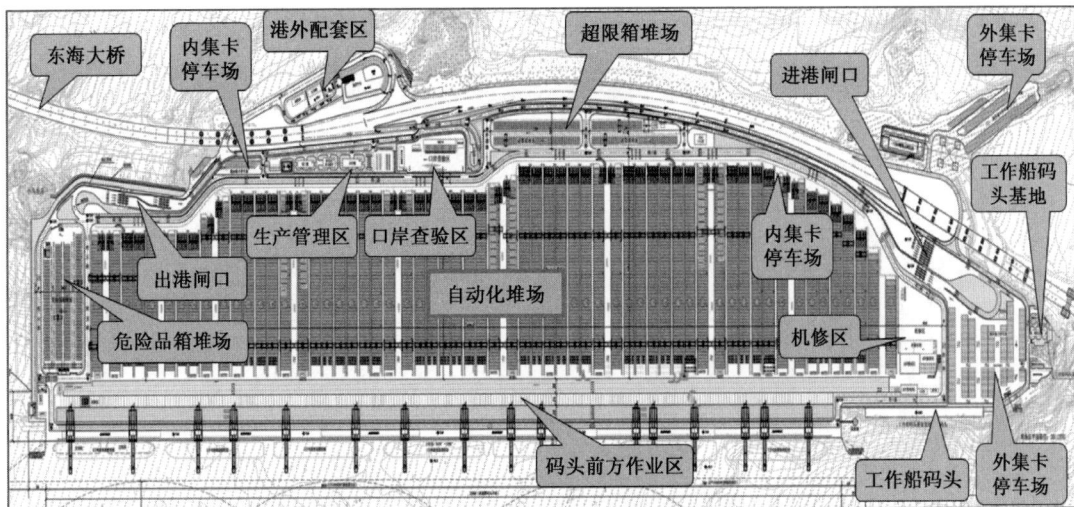

图 26-4 洋山四期工程总体功能布置示意图

②设置作业分区。集装箱码头及后方约 120 米范围内布置为码头前方作业地带,包括自动化作业区和人工作业区,二者之间采用围网进行物理隔离,确保作业高效、安全、有序,见图 26-5。

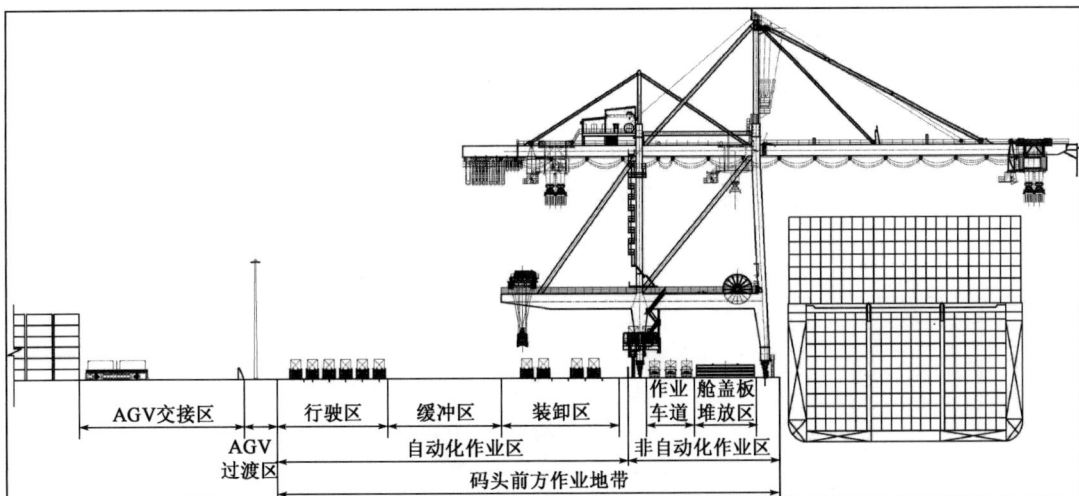

图 26-5 洋山四期工程码头前方作业地带布置示意图

③首创 3 种自动化轨道吊混合布置的新模式。与码头前方作业地带对应的、陆域最核心的区域布置为自动化集装箱堆场,堆场的纵深根据陆域的地块形状做最大化的设计。在国外成功经验的基础上,针对洋山深水港水—水中转比例高的特点,堆场的工艺平面布置首创无悬臂、单悬臂、双悬臂 3 种自动化轨道吊混合布置的新模式,在能力和效率上取得突破,详见图 26-6。

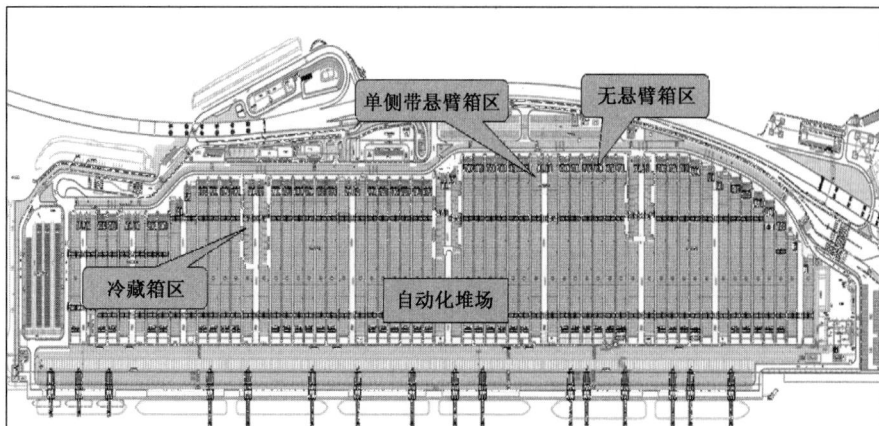

图 26-6 自动化集装箱堆场平面布置示意图

④合理利用不规则的空间。在自动化堆场北侧、东侧的不规则的地块,因地制宜地布置超限箱堆场、生产管理区、口岸查验区、机修区、港外集卡停车场、工作船码头及基地。危险品堆场布置在自动化集装箱堆场西侧,主要考虑到远离人员集中的生产管理区,也是夏季常风向的下游侧。利用东海大桥北侧的大乌龟岛开山区布置港外配套区(高位水库、公安、消防),利用颗珠山岛北侧开山区布置港外 110 千伏变电站。

二、自动化装卸工艺

根据建设目标和自动化集装箱码头技术现状,洋山四期工程采用了"双小车岸桥 + AGV + ARMG"的装卸工艺系统,该系统具有自动化程度高、全电力驱动、节能环保等的优点(图 26-7)。

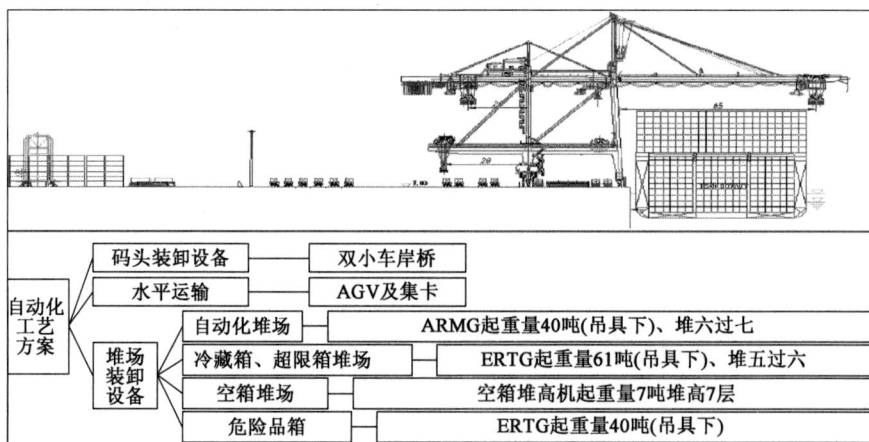

图 26-7 自动化装卸工艺系统图

424

1. 码头装卸

洋山四期工程水—水中转比例高达50%,到港船型中除5万～15万吨级的干线船外,还包括大量1000～5000吨级的支线船。为加强干、支线船的衔接,提升港区吞吐能力和服务水平,采用"专用+混靠"相结合的泊位配置方式,将西侧的300米岸线用于支线船作业,不足部分采用干、支线船舶混靠方式解决。

码头装卸均采用双小车集装箱岸桥。共配置16台岸桥,其中3台为支线船专用岸桥,岸桥主小车和副小车均配置双20英尺❶吊具,吊具下起质量为65吨,采用主小车人工操控、副小车全自动的作业模式。其余13台主小车配置双40英尺箱吊具,副小车配置双20英尺吊具,吊具下起质量为65吨,采用主小车自动化+人工确认的远程操控、副小车全自动化的作业模式。

在岸桥陆侧轨后设置封闭的隔离围栏,将危险品箱、超限箱的装卸车作业与自动化作业区隔离。AGV与码头岸桥的装卸交接车道布置于岸桥后伸距的正下方;危险品箱、超限箱的装卸车作业车道布置于岸桥轨内,通过常规集装箱牵引车、平板车实现与后方专用堆场间的水平运输。岸桥轨内设3条特殊箱集卡通道及舱盖板堆存区,装卸船时特殊箱运输车辆绕自动化堆场逆时针运行。

2. 水平运输

码头与自动化堆场间的水平运输采用提升式AGV。每台AGV小车可装载1个40英尺/45英尺或2个20英尺集装箱,车体为15米×3米×10米(长度×宽度×转弯半径),动力采用锂电池。

在AGV的运行区域地面上埋设磁钉,AGV车身的底部前后各安装磁钉感应天线,通过地面磁钉的位置来确定AGV的位置。AGV与中控室管理系统间采用无线信号传输的方式,根据实时的位置、车流沿由计算机控制系统提供的最优路径自动行驶。

3. 自动化堆场装卸

采用自动化轨道式龙门起重机(简称"轨道吊")作业,每条箱区采用双机配置。为确保集卡作业的安全,陆侧轨道吊采用自动化+人工确认的远程操控,其余作业过程均为全自动化的模式,海侧轨道吊采用全自动化的作业模式。

针对洋山四期工程集装箱水—水中转比例高,且存在不同营运公司之间的互拖箱作业的特点,集装箱堆场采用了无悬臂、单侧悬臂和双侧悬臂3种型式的自动化轨道吊,典型布置见图26-8。

---

❶　1英尺=0.3048米。

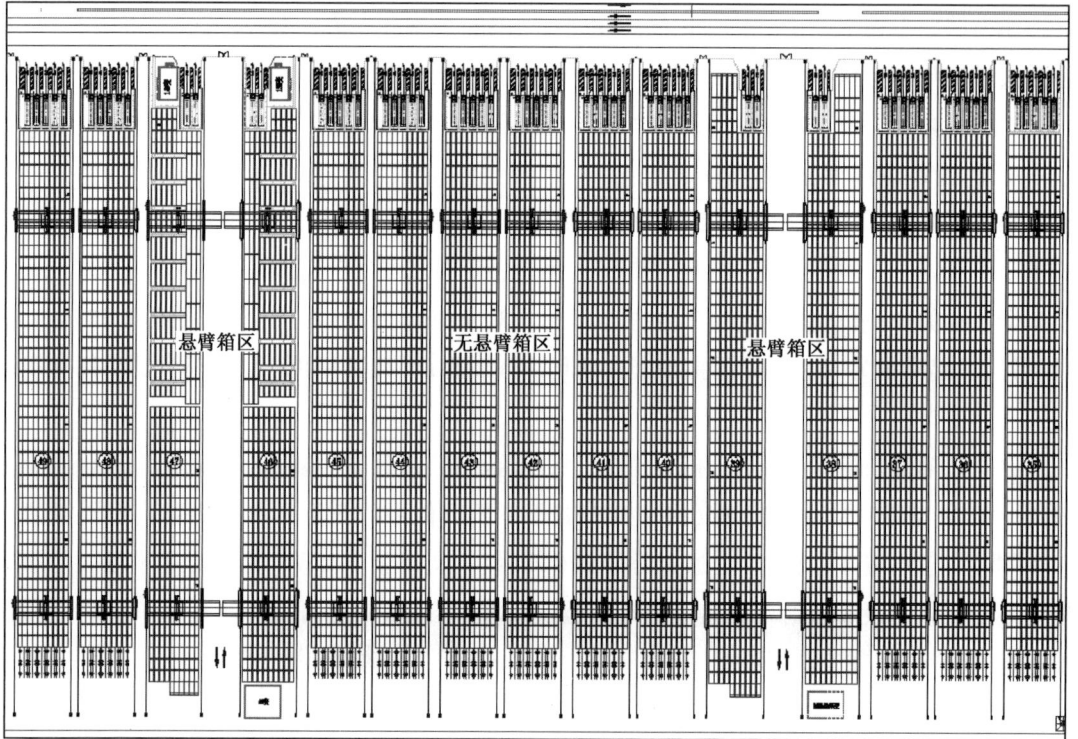

图 26-8 采用单侧悬臂和无悬臂轨道吊的堆场典型布置图

①无悬臂轨道吊。箱区以堆放水—陆转运的集装箱为主,也可根据作业需要在海侧堆放水—水中转箱。交接区设在箱区的两端部,海侧为 AGV 交接区,每个箱区设 5 个 AGV 支架。陆侧为集卡交接区,每个箱区布置 5 个集卡车位。

②单侧悬臂轨道吊。箱区以堆放水—水中转箱为主,也可堆放部分水—陆转运箱。AGV交接区设在轨道吊的悬臂下,采用 AGV 将集装箱运输至箱区指定排位的交接方式,大幅减少轨道吊的大车运行距离。

③双侧悬臂轨道吊。箱区主要用于互拖集装箱的堆放,设在自动化堆场的西侧端部箱区,主要是结合港区的港内外交通条件。为简化互拖集卡的交通组织、缩短运输距离,轨道吊堆场内侧悬臂用于 AGV 作业,外侧悬臂用于互拖集卡作业自动化堆场。

轨道吊的轨距为 31 米,轨内布置 10 列箱,堆高 6 层,起升高度为 19.75 米,单侧悬臂轨道吊的外伸距为 4.75 米。根据自动化堆场不同形式轨道吊的作业特点,为提高堆场装卸效率,无悬臂箱区海侧轨道吊配置双 20 英尺箱吊具,吊具下起质量 61 吨,其余轨道吊配置单箱吊具,吊具下起质量为 40 吨。

第四节　工程建设

洋山四期工程包括航道与导助航设施、水工建筑物、装卸工艺与设备、陆域形成和道路、堆场、生产与辅助建筑物、供电与照明、控制系统、信息与通信、给排水工程等,自2014年12月开工,经过约3年的施工建设,圆满完成了建设任务。

一、工程建设重要节点

2014年12月23日,洋山四期工程举行开工典礼(图26-9),全面开工建设。

图26-9　2014年12月23日开工仪式

2017年12月10日,洋山四期工程开港试运营(图26-10)。

图26-10　2017年12月10日开港仪式

2018年12月29日,洋山四期工程正式通过国家验收。

二、工程建设难点与特点

一是建设规模空前。一次建设7个5万~7万吨级集装箱泊位(水工结构均按照靠泊15

万吨级集装箱船舶设计和建造),码头长 2350 米,近期设计年通过能力 400 万标准箱以上;陆域面积 128 万平方米,回填泥沙量 1450 万立方米,开山爆破石方约 228 万立方米;建设道路堆场面积 149 万平方米;配套建筑物面积 7.03 万平方米;水域泥沙疏浚量 1234.2 万立方米;工程总投资 128.48 亿元,建成时为国内一次性建设规模最大的港口项目。

二是建设时间紧、任务重。建设工期短,智能化水平、技术难度高,从全面开工到交工验收,时间不足 3 年。在国内首次建设全自动化大型集装箱泊位,自动化设备及管理系统调试复杂,一边科技攻关、一边生产建设,对科学组织、合理施工及科技创新提出了更高要求。

三是技术标准高、施工难度大。采用了全新自动化装卸工艺,装卸设备对于轨道吊基础的沉降、位移等提出了更高的要求,自动化水平运输设备对于路面的磁场环境有着更严苛的限制,对道路面层、轨道基础结构提出了全新的设计和施工要求。项目单位开展了一系列的工程建设创新实践,历经 3 年时间的建设,按期完成建设任务,顺利投入运营。

三、主要参建单位

洋山四期工程建设汇集了国内众多在港口工程建设领域经验丰富的设计、施工和监理等单位。

主要设计单位有:中交第三航务工程勘察设计院有限公司,中交上海航道勘察设计研究院有限公司,上海电力设计院有限公司,上海市政工程设计研究总院。

主要施工单位有:中交第三航务工程局有限公司,中建港务建设有限公司,中交上海航道局有限公司,连云港明达工程爆破公司,华东送变电工程公司,上海城建道路工程有限公司,上海东捷建设(集团)有限公司。

主要设备供货单位有:上海振华重工(集团)股份有限公司,上海海勃物流软件有限公司。

主要监理单位有:中交水规院京华工程监理有限公司,天津中北港湾工程建设监理事务所,上海东华建设管理有限公司,广州南华工程管理有限公司,上海远东水运工程建设监理咨询公司,上海国际港口工程咨询有限公司,上海电力监理咨询有限公司,上海市合流工程监理有限公司,上海容基工程项目管理有限公司。

生产准备和使用单位为上海国际港务(集团)股份有限公司(以下简称"上港集团")尚东集装箱码头分公司。

四、工程验收

洋山四期工程共建设 5 个 5 万吨级和 2 个 7 万吨级集装箱泊位(码头结构均按靠泊 15 万吨级集装箱船设计和建设)、工作船码头和必要的配套设施,岸线全长 2700 米。设计年通过能力 630 万标准箱,近期 400 万标准箱。

2018 年 12 月 24—25 日,上海市交通委员会组织了洋山四期工程的验收工作。经现场核查,洋山四期工程均按批准的建设内容和标准建成,工程质量合格;竣工验收手续和归档资料基本齐全;经生产试运行,满足使用要求。竣工验收现场核查组一致同意洋山四期工程通过现场核查,竣工验收合格,并核发港口工程建设项目竣工验收证书。

第五节　运　营　管　理

上港集团尚东集装箱码头分公司是洋山四期工程的运营单位。2017 年 12 月 10 日,上海洋山港四期自动化码头"第 1 箱"集装箱落地,正式开通试运营,经过调试的首批 10 台桥吊、40 台轨道吊、50 台自动导引车 AGV 投入安全高效运行。基于自动化装卸设备和智能操作系统,工程实现了关键岗位的机器人替代和生产过程的智能优化调度控制,相比传统码头,生产效率提升幅度达 30%,人力资源节约幅度达 70%,员工的劳动环境得到明显改善。洋山四期码头 2018 年完成集装箱吞吐量 201 万标准箱,2019 年完成 327 万标准箱,实现了集装箱吞吐量稳步增长。

一、筹备、运营重要节点

2016 年 4 月 18 日,上港集团洋山四期生产筹备工作组成立。

2016 年 5 月 15 日,洋山四期第一批设备,3 台支线岸桥 126 号、127 号、128 号运抵码头,19 日全部上岸。6 月 20 日,第一台 AGV(801)运抵现场。6 月 27 日,第一批(5 台)轨道吊运抵码头,30 日上岸。

2016 年 7 月 12 日,上港集团洋山四期生产筹备组与上海海勃物流软件有限公司召开首次软件系统专题沟通会议,确定软件调试事宜。

2016 年 8 月 9 日,上港集团批准《洋山四期生产筹备工作方案》,面向全上海港启动员工招聘及生产筹备工作。

2016 年 8 月 29 日,首批设备单机功能调试基本结束,进入双机种联动调试阶段。

2016 年 12 月 6 日,上港集团尚东集装箱码头分公司(以下简称"尚东分公司")正式成立,原上港集团洋山四期生产筹备工作组整建制转入上港集团尚东分公司。

2016 年 12 月 19 日,洋山四期进行第一次实船驳船测试。

2017 年 1 月 5 日,驳船"集海洋山"靠泊码头,用于多机种联合调试。

2017 年 3 月 23 日,首次开展 4 条路 12 小时实船联调压力测试。

2017 年 9 月 18 日,尚东分公司开始四班二运转制翻班。同日,中远"波士顿"轮靠泊码头,进行多船同靠、全系统功能运作测试。

2017 年 11 月 9 日,4 台特殊作业用电动轮胎吊运抵码头。

2017 年 12 月 8—9 日,"中海天王星""摩纳哥马士基""中海之夏"集装箱船先后靠泊。

2017 年 12 月 10 日,洋山四期正式开港。

2020年2月,洋山四期正式核定为20万吨级集装箱船舶减载靠泊。

2020年4月,洋山四期口岸正式开放。

二、管理措施

为解决洋山四期工程自动化码头建设与运营的衔接、有效合作,码头建设管理和运营单位开展了一系列的管理创新实践,确保码头按期顺利建成和试生产运营。

1.建设与运营的无缝衔接

洋山四期自动化码头采用建设与运营无缝衔接的模式,打通建设与运营的界线,确保设施设备、系统有限衔接和运营高效。码头建设指挥部成立了安全准备部,在组建之初就同时吸纳了运营管理人员和工程运维人员,有效参与码头设计、招标、合同、安全、质量、施工等过程,为后续建设与运营提供设施系统保证。

2.基于问题导向的统筹协调

采用自主研发的生产管理系统、创新的系统架构、国内配套的多个新研发的设备管控系统叠加致使调试难度大,出现意想不到的问题多。项目团队每天聚焦一个具体问题,提出解决方案,每周聚焦解决一个大问题,引导系统和设备进行联合改进,不断提升系统的稳定性和设备的可靠性,稳步提升调试质量和加快调试进程。同步开展"夜课堂""尚学堂""尚匠攻关"等活动,有效推进调试步骤。

3.过程化管控及持续提升的管理手段

尚东分公司设立新型中央控制室,以计划为龙头、智能化模块为核心,将生产过程中的设备实时状态监测、信息流监控、货物流动和操作管控等集成到一起,形成集计划、执行反馈、动态改进、持续提升为一体的大生产管控模式。另成立持续提升项目团队,针对过程中出现的问题进行持续改进,通过全面质量管理"计划,执行,检查,处理"(PDCA)循环,实现螺旋式提升,生产效率从最初的18自然箱/小时提升至28自然箱/小时。

第六节　工　程　创　新

1.自动化集装箱码头设计的成套技术体系

通过洋山四期工程的实践,建立了自动化集装箱码头设计的完整技术体系,涉及自动化装卸工艺、总平面布置、码头结构、道路堆场结构、供电、通信、控制、土建等近20个专业领域,成果纳入行业标准《自动化集装箱码头设计规范》(JTS/T 174—2019)、上海市《自动化集装箱码头建设技术标准》及上海市工程建设标准外文版《自动化集装箱码头设计标准》。

2. 超大型自动化集装箱堆场布局新模式

针对超大型集装箱枢纽港水—水中转比例高、干支线船舶混合作业、港区间互拖箱作业量大等特点，提出了自动化集装箱堆场无悬臂、单侧悬臂和双侧悬臂 3 种自动化轨道吊混合布局模式。与国外采用的单一轨道吊堆场布局模式相比，该模式可根据水—水中转比例以及港区间互拖箱量，按照效率与箱容量平衡的原则，优化 3 种型式轨道吊的配置比例和混合布置模式，解决了堆场海陆侧轨道吊作业量不平衡、海侧大型船舶装卸效率要求高、互拖箱成本高和交通组织复杂等诸多难题，提高了自动化集装箱码头的适应性，具有广泛的推广前景。该创新成果获得中国港口协会 2016 年度科技进步一等奖。

3. 双重可调式轨道基础及轨枕结构

国内外 ARMG 采用的轨道基础主要为轨枕道砟、桩基轨道梁、可调性弹性地基梁 3 种。但对于深厚软土地基而言，传统的基础方案都不能最佳满足自动化码头工程的使用要求。基于此原因，将轨枕道砟基础形式与 U 形轨道槽、可调基座有机结合，研发了自动化集装箱堆场 AMRG 设备的新型非桩基基础结构形式——双重可调式轨道基础（专利号：ZL 2015 2 0335589.2）和新型轨枕结构（专利号：ZL2016 2 0431072.6），并制订了相应的施工安装验收标准，解决了对堆场后期残余沉降的适应性问题。刚性轨道基础槽及传力杆的设置，增加了轨道基础对不均匀沉降的协调能力，可有效控制小范围不均匀沉降，保证了设备运行所需的精度；可调式新型轨枕的改良使其具备了快速及高精度调整的特性；其与道砟结构的结合形式也满足了近、远期调整的需要。此结构形式在国内外自动化码头是首次应用，属于国际首创。研发了自动化集装箱堆场轨道沉降无人在线监测装置（专利号：ZL 2017 2 0422478.2），满足了自动化集装箱码头堆场长期沉降监测的需求。

4. 自主研发"多元无人实体协同控制的智能码头操作系统"（ITOS）

原有的自动化码头操作控制系统将计划与控制分割，缺乏统一的规划与计算原则；传统技术主要面向功能层，缺乏复杂环境下事件任务的动态决策能力。由此导致协同性差，交互响应迟缓，作业效率低下，无法满足洋山四期大规模高效率作业的实际需求。针对上述问题，提出了基于分布式数据处理技术的全域计划与控制的融合架构，创建动态事件任务的实时连续决策模型，研发了一套多元无人实体协同控制的智能码头操作系统（海勃全自动化码头机械智能交互作业系统应用软件 V1.0，计算机软件著作权登记号：2017SR192212），极大提升了码头作业效率，实现了超大规模自动化码头的高效运营。

第七节　工 程 价 值

洋山四期工程建成时是全球一次建设、单体最大的全自动化集装箱码头，也是全球自动化程度最高的集装箱码头之一，集装箱装卸、水平运输、堆场装卸环节实现全过程智能化的操作。

按照"中国大脑、中国品牌、中国制造、中国标准和中国服务"的要求,在启动之初即以"高可靠、高效率、世界先进水平"为目标,打造世界一流的、更加高效、节能、安全、绿色的全自动化集装箱码头。工程从设计、施工、系统、自动化装备、综合营运等多方面均融入了创新、安全、高效、绿色的理念。上港集团自主研发的码头智能生产管理控制系统(TOS系统)和中交振华重工自主研发的智能控制系统(ECS系统),两者共同组成了洋山四期码头的"大脑"与"神经"。这两套系统的研制与应用,实现了从中国创造向中国智造的转变,在装备制造、新技术应用、集成创新以及运营模式上实现了里程碑式的跨越升级与重大变革。

洋山四期工程的成功建设促进了长江三角洲地区集装箱合理运输体系的形成,为上海港进一步巩固集装箱吞吐能力世界第一地位,加速跻身世界航运中心前列提供了全新动力。洋山深水港区已经成为国际远洋干线班轮超大型船舶挂靠的重点港区,未来将在参与国际竞争、立足国际远洋班轮的主靠港地位、发挥航线组织和提高国内外市场的吸引力方面发挥更大的作用,提高了上海国际航运中心集装箱国际枢纽港的地位。

洋山四期工程开通运营后受到了全球政要、港航同行及社会的广泛关注和高度评价。2018年,习近平总书记、李克强总理分别视频连线洋山四期,对工程建设取得的成绩予以充分肯定,鼓励广大干部职工要有勇创世界一流的志气和勇气,努力创造更多世界第一;同时,嘱托把洋山港建设好、管理好、发展好,加强软环境建设,不断提高港口运营管理能力、综合服务能力,在我国全面扩大开放、"一带一路"建设中发挥更大作用。

执笔人:白慧明 刘广红

第二十七章　重庆江北国际机场东航站区及第三跑道建设工程

第一节　工程概况

一、重庆机场概况

重庆江北国际机场(以下简称"重庆机场")位于重庆市东北方向的渝北区,距重庆市中心(渝中区解放碑)直线距离 19 千米、公路距离 25 千米,于 1990 年 1 月建成通航。

重庆机场按照满足客运终端年(2025 年左右)旅客吞吐量 8000 万人次、货运远期(2050 年)货邮吞吐量 300 万吨的目标设计。共规划 4 条跑道:第一跑道长 3200 米、第二跑道长 3600 米、第三跑道长 3800 米、第四跑道长 3400 米;第一、二跑道是一组近距跑道,等级为 4E,间距 380 米;第二、三跑道为远距跑道,间距 1620 米,第三跑道等级为 4F;第三、四跑道是一组近距跑道,间距 380 米,第四跑道等级为 4F。规划东、西两个航站区,按照"东区为主、西区为辅"的模式。西航站区有 T1 和 T2 两座航站楼,承担 1500 万人次旅客吞吐量;东航站区有 T3A 和 T3B 两座航站楼,承担 6500 万人次旅客吞吐量。机场终端规划总用地面积为 36.64 平方千米(图 27-1)。

重庆机场规划有航空、公路、轨道交通方式的结合,实现航空、轨道、公路等多种交通方式的方便换乘,增强区域航空辐射和城市轨道交通服务能力(图 27-2)。道路交通方面,规划"三横四纵高(快)速路网",三横包括绕城高速、国道 319 机场段、机场南联络线,四纵包括国道 210 机场路(机场快速路)、机场北通道、渝邻高速机场段、渝航大道(第二机场高速公路)。轨道交通方面,规划城市轨道交通 3 号线、10 号线、15 号线、26 号线以及高速铁路、铁路枢纽东环线机场支线接入。综合交通枢纽方面,T3A 航站楼前设有综合交通枢纽,包括机场交通换乘枢纽、轨道交通站、铁路站台。

按照机场总体规划,重庆机场秉承"统一规划、分步实施"的原则实施机场建设工程,其主要建设历程包括:

1990 年 1 月,重庆机场建成通航,建有 1 条长 2800 米的跑道,1.6 万平方米的 T1 航站楼。项目总投资 3.39 亿元。

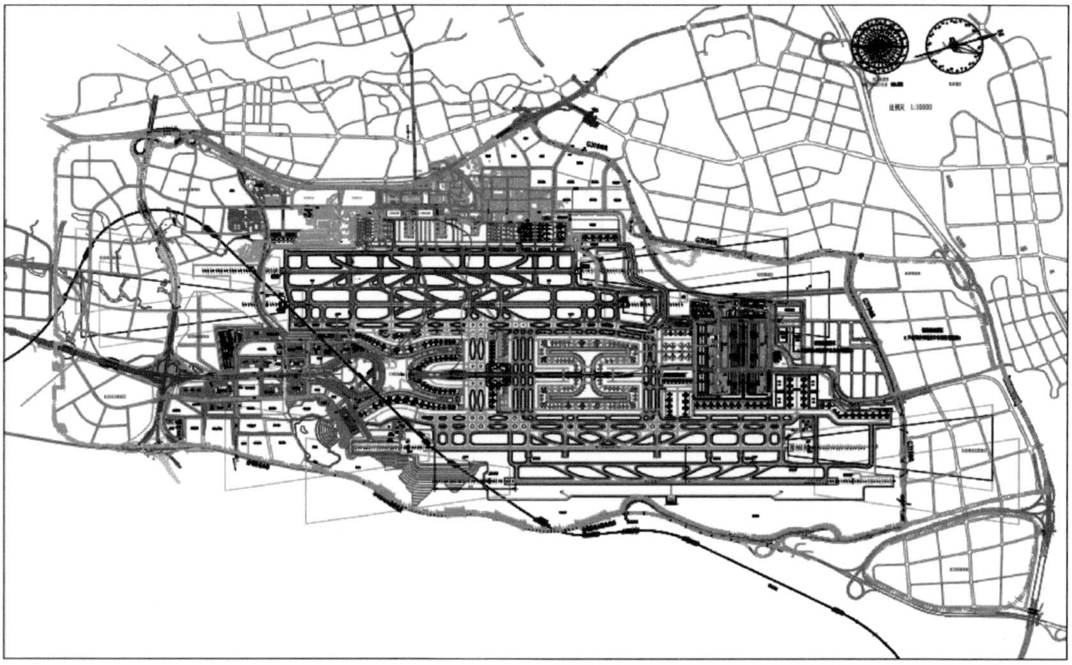

图 27-1　重庆机场终端总平面规划示意图

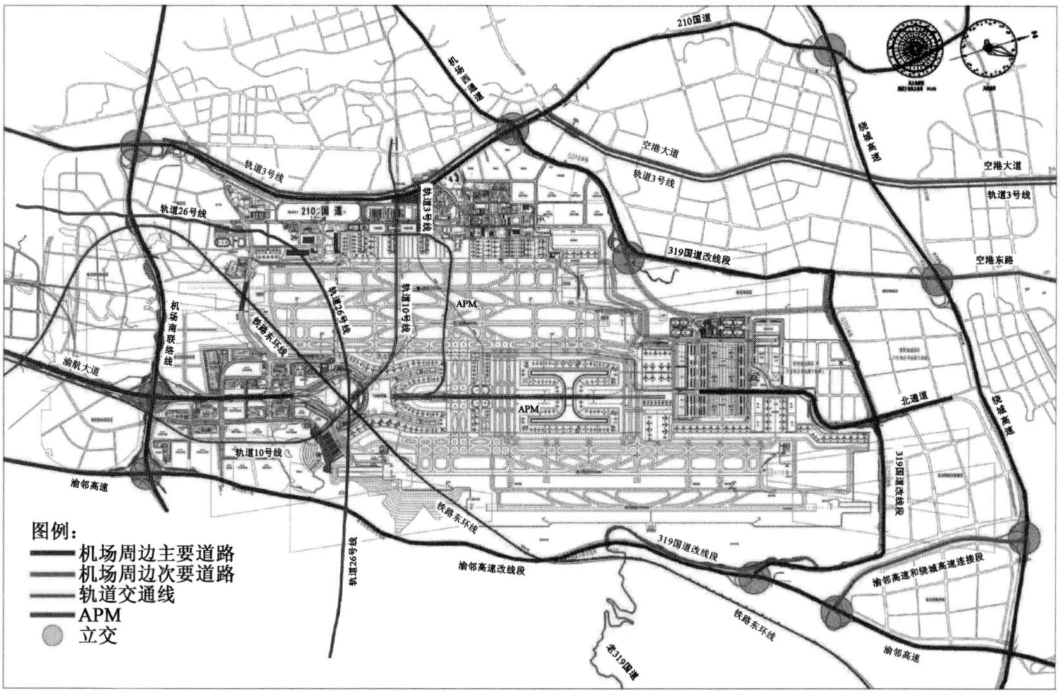

图例：
━━━　机场周边主要道路
━━━　机场周边次要道路
━━━　轨道交通线
━━━　APM
●　　立交

图 27-2　重庆机场综合交通规划布置示意图

2004年12月,重庆机场航站区及配套设施扩建工程建成投用。工程按满足2010年旅客吞吐量700万人次、货邮吞吐量18万吨的需求设计,延长第一跑道至3200米,新建8.4万平方米的T2B航站楼以及相关配套设施。项目总投资16.1亿元。

2010年12月,重庆机场第二跑道及配套设施扩建工程建成投用。工程按满足2015年旅客吞吐量3000万人次、货邮吞吐量45万吨的需求设计,建设长3600米的第二跑道、8.6万平方米的T2A航站楼以及相关配套设施。项目总投资32.7亿元。

2017年8月,重庆机场东航站区及第三跑道建设工程建成投用。工程按满足2020年旅客吞吐量4500万人次、货邮吞吐量110万吨的需求设计,建设长3800米的第三跑道、53.7万平方米的T3A航站楼以及相关配套设施。项目总投资295.63亿元。

2019年1月,重庆机场启动T3B航站楼及第四跑道建设工程前期工作,拟按满足终端年(2025年左右)旅客吞吐量8000万人次、2030年货邮吞吐量120万吨的需求设计,建设长3400米的第四跑道、35万平方米的T3B航站楼以及相关配套设施。项目总投资211.3亿元。工程计划于2024年建成投用。

重庆机场主要建设历程见图27-3。

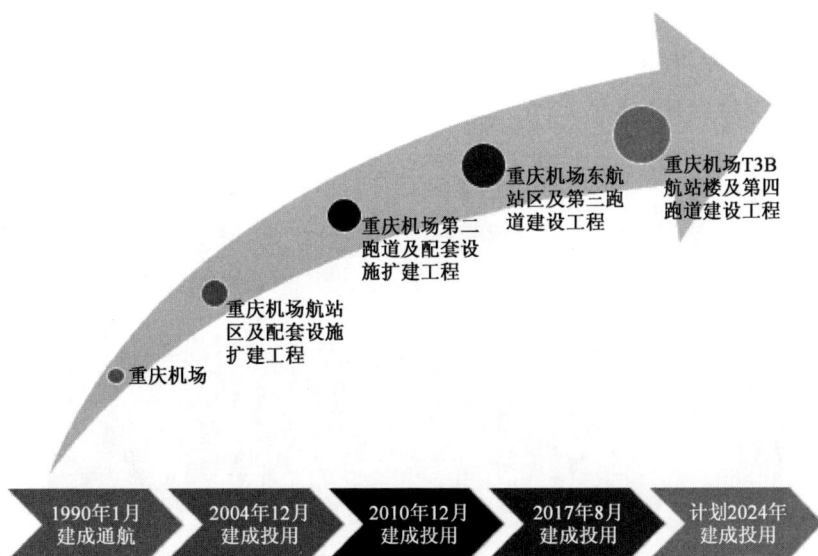

图27-3　重庆机场主要建设历程示意图

二、东航站区及第三跑道建设工程概况

重庆机场东航站区及第三跑道建设工程是中国民用航空局和重庆市"十二五""十三五"的重点建设项目,也是重庆机场发展史上规模最大、投资最多的建设项目。本期工程主要建设内容包括6个方面:一是1条长3800米、宽60米的第三跑道及相应的滑行道系统;二是53.7万平方米的T3A航站楼;三是35万平方米的综合交通枢纽(含停车楼);四是90万平方

435

米的站坪,新增 94 个机位;五是 10 万平方米的货运站及配套用房、4 万平方米的货运代理库房;六是 30 万平方米的辅助生产配套设施及业务用房。另外,配套建设空管工程、供油工程等。征地面积 16 平方千米。工程总投资估算 295.63 亿元,其中机场工程 282.09 亿元,项目法人为重庆机场集团有限公司。工程于 2013 年 9 月正式开工,于 2017 年 8 月建成投用。

T3A 航站楼平面呈 H 形环抱布局,由中央大厅及 4 个指廊构成,其"两江汇流"的建筑形态,寓意长江、嘉陵江在重庆交汇。航站楼南北长约 1060 米,东西宽约 750 米,建筑高约 48 米,利于楼内资源集约使用、灵活调配。旅客步行至登机口平均距离仅 400 米,距最远端登机口为 700 米,运行效率较高。功能流程方面,按地下 2 层、地上 4 层布局,地下用于各种交通方式衔接,地上承担了进出港功能,旅客流程便捷顺畅,实现人性化服务。

第三跑道等级为 4F,可起降空客 380、波音 747 等大型客机;设置了Ⅲ类仪表着陆系统,可保障能见度 200 米的特殊天气情况下飞机正常起飞;配套了 2 条平行滑行道,运行效率大幅提升。

综合交通枢纽位于 T3A 航站楼南侧,共 7 层(地上 3 层、地下 4 层),集城际铁路、轨道交通、出租车、长途汽车、城市大巴及社会车辆等多种交通方式于一体,交通换乘方便。

随着东航站区及第三跑道建设工程(图 27-4)的投用,重庆机场成为我国中西部地区首个拥有 3 座航站楼、实现 3 条跑道同时运行的机场,进一步提升了重庆机场的枢纽功能,对于促进重庆地区经济社会发展和对外开放、加快建成长江上游经济中心、打造内陆开放高地、实现国家对重庆战略定位等具有重要意义。

图 27-4 重庆机场东航站区及第三跑道建设工程全貌

第二节 规划与决策

一、项目提出

随着西部大开发战略的深入实施,重庆市经济社会持续快速发展,对外开放步伐进一步加快,重庆机场航空业务量持续快速增长,2000—2010年旅客吞吐量、货邮吞吐量和飞机起降量年均增长21.3%、11.1%和16.7%,2010年实现旅客吞吐量1580万人次、货邮吞吐量19.6万吨、飞机起降量14.6万架次。重庆机场既有航站区设施容量已经饱和,预计飞行区容量将于2015年前后饱和。重庆机场是我国重要的大型机场和区域枢纽机场,在全国民用机场网络中占有重要地位,极具发展潜力,为提高重庆机场的安全运行保障能力、服务水平和竞争力,满足航空运输市场的发展需求,重庆市政府提出对重庆机场进行扩建,启动重庆机场东航站区及第三跑道建设工程前期工作。

二、项目立项

2010年12月,为满足重庆市经济社会发展和航空业务量增长需要,重庆市发展和改革委员会向国家发展和改革委员会上报了由中国民航机场建设集团公司等单位编制的重庆机场东航站区及第三跑道工程项目建议书,提出本工程按满足2020年旅客吞吐量4500万人次、货邮吞吐量110万吨、飞机起降量37.3万架次的目标设计,主要建设内容包括:新建3800米×60米的第三跑道及相应的滑行道系统、94个机位的站坪、50万平方米的航站楼,以及货运站、空管、供油等配套设施。申报项目总投资275.08亿元。

2011年2月,中国国际工程咨询公司(现中国国际工程咨询有限公司)受国家发展和改革委员会委托对该项目进行评估。评估按照"根据区域经济、综合交通发展、空域状况以及民航业务量预测,重点论证本工程的必要性、建设时机、建设规模及投资的合理性"的要求,在充分论证项目建设的必要性、合理的建设规模及投资的基础上,针对重庆机场周边空域使用矛盾突出的问题,建议地方政府会同有关部门建立空域使用协调机制,结合空管设施建设和机场功能布局调整,开展专题研究论证工作,协商制订解决空域使用矛盾的方案和措施。随后,重庆市政府积极组织相关单位开展空域专题研究,加强与主管部门沟通协调,为项目立项审批创造了条件。

2012年4月,国家发展和改革委员会批准重庆机场东航站区及第三跑道建设工程立项,本工程按照2020年旅客吞吐量4500万人次、货邮吞吐量110万吨、飞机起降量37.3万架次的目标设计,飞行区等级指标4F,新建1条长3800米的第三跑道、45万平方米的航站楼、94个机位的站坪,配套建设空管工程、供油工程等。项目总投资262.93亿元。

三、项目可行性研究

2012年5月,重庆市发展和改革委员会向国家发展和改革委员会上报了由中国民航机场建设集团公司等单位编制的重庆机场东航站区及第三跑道建设工程可行性研究报告,提出本工程按满足2020年旅客吞吐量4500万人次、货邮吞吐量110万吨的目标设计,主要建设内容包括:新建3800米×60米的第三跑道和相应的滑行道系统、94个机位的站坪、50万平方米的航站楼,以及货运站、空管、供油等配套设施;申报项目总投资303.58亿元。

2012 年 6 月,中国国际工程咨询公司受国家发展和改革委员会委托,按照"根据区域经济状况、综合交通发展、民航业务量预测,论证本工程合理的建设规模、内容和投资"的委托要求,对项目可行性进行了分析论证和评估。可行性研究阶段,建设单位和设计单位结合航站楼方案征集,提出新建 T3A 航站楼建筑面积 60 万平方米(含挑檐、管廊、登机桥固定端、架空层的特种车库等)。评估对航站楼规模超出立项批复的 45 万平方米的主要原因做了具体分析,提出对航站楼设计方案进行优化调整的意见,包括适当收缩挑檐、指廊宽度,压缩业务用房面积,部分主管廊移至室外并适当减小室内管廊高度和宽度,适当减少部分附属用房及轨道交通旅客值机厅面积,部分架空层面积用作特种车库等。经优化调整后,T3A 航站楼建筑面积控制为 53 万平方米。

2013 年 4 月,国家发展和改革委员会批复重庆机场东航站区及第三跑道建设工程可行性研究报告。本工程按照 2020 年旅客吞吐量 4500 万人次、货邮吞吐量 110 万吨、飞机起降量 37.3 万架次的目标设计,飞行区等级指标 4F,新建 1 条 3800 米 × 60 米的第三跑道及相应的滑行道系统、53 万平方米的 T3A 航站楼、94 个机位(含 14 个货机位)的站坪,配套建设空管工程、供油工程等(图 27-5)。项目总投资估算为 295.63 亿元,其中机场工程 282.09 亿元、空管工程 10.1 亿元、供油工程 3.44 亿元。资金来源为:机场工程资本金 112 亿元(由国家发展和改革委员会、中国民用航空局、重庆市政府出资),资本金以外投资由项目法人重庆机场集团有限公司申请银行贷款解决;空管工程投资由中国民用航空局全额安排民航发展基金,项目法人为中国民用航空西南地区空中交通管理局;供油工程投资中,航油工程由项目法人中国航空油料有限公司筹措解决,汽车加油站工程由项目法人中国航油集团石油有限公司安排自有资金解决。

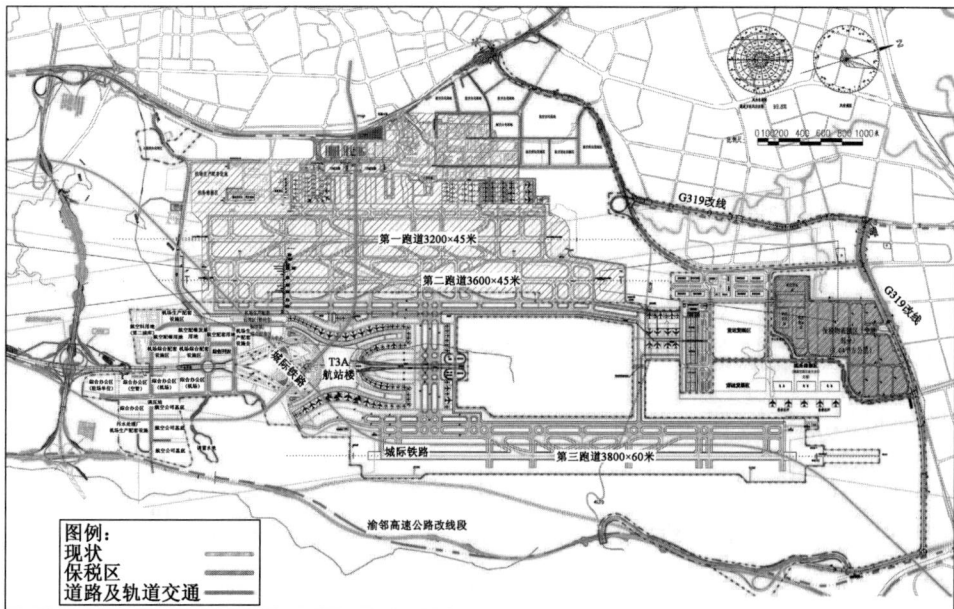

图 27-5 重庆机场东航站区及第三跑道建设工程总平面示意图

第三节　工　程　设　计

2013 年 8 月 30 日,中国民用航空局和重庆市政府联合批复了重庆机场东航站区及第三跑道建设工程初步设计及概算,批复的工程总概算为 282.0678 亿元。

一、飞行区设计

本工程扩建场地是典型的山岭重丘地形,地势高差大,海拔高度最低约 210 米,最高约 463 米。跑道构型的合理确定对项目建成后运行及投资控制有重要的影响。飞行区设计由中国民航机场建设集团公司负责。综合考虑土石方工程量、飞机地面运行效率等因素,设计单位提出 64 套不同组合的跑道构型,经综合比选最终确定了跑道实施构型,即在第二跑道东侧 1620 米处平行设置 3800 米×60 米的第三跑道,第三跑道与第二跑道南端向北错开 1600 米,配套相应的平行滑行道、垂直联络滑行道、快速滑行道等,提高跑道利用效率,缩短飞机滑行和等待时间。

第三跑道建成后,与第一、二跑道构成远距平行跑道,可实施独立平行仪表进近或平行仪表离场的运行方式,提高机场飞行容量,重庆机场将成为继北京首都机场、上海浦东机场、广州白云机场之后,全国第 4 个拥有 3 条同时运行跑道的机场。

二、航站楼设计

T3A 航站楼设计从方案征集、设计招标、优化方案,再到初步设计、施工图设计,历时 4 年多。

航站楼方案征集工作于 2009 年 4 月启动,中国建筑西南设计研究院有限公司等国内外 21 个单位组成 8 个联合体参加投标:①中国建筑西南设计研究院有限公司、巴黎机场建设工程设计公司(ADPI)、中铁二院工程集团有限责任公司联合体;②北京市建筑设计研究院、荷兰机场顾问公司(NACO)联合体;③中国民航机场建设集团公司、新加坡新工工程咨询有限公司(CPG)联合体;④阿特金斯顾问(深圳)有限公司、中国航空工业规划设计研究院联合体;⑤沈阳杰克逊建筑设计有限公司(JACKSON)、广东省建筑设计研究院联合体;⑥英国奥雅纳有限公司(ARUP)等 4 家联合体;⑦美国霍克国际(亚洲太平洋)有限公司(HOK)、兰德隆与布朗交通技术咨询(上海)有限公司、华东建筑设计研究院有限公司联合体;⑧中建国际(深圳)设计顾问有限公司等 3 家联合体。

2009 年 9 月,经方案征集开标评标后,中国建筑西南设计研究院有限公司联合体、北京市建筑设计研究院联合体、中国民航机场建设集团公司联合体 3 个投标方案入围候选名单。

2009 年 10 月,重庆市领导在听取重庆机场集团有限公司关于东航站区设计方案和航站楼入围方案的情况汇报后,同意以中国建筑西南设计研究院有限公司联合体方案为基础,广泛吸收其他方案优点进行优化完善。

经过在航站楼外形、陆侧交通、屋面设计、楼前换乘中心及绿化景观等方面的多轮方案优化后,中国建筑西南设计研究院有限公司联合体于 2010 年 1 月提交了 T3A 航站楼 A 和 B 两个优化方案。

2010 年 3 月,重庆市政府第 63 次常务会议审议决定采用中国建筑西南设计研究院有限公司联合体优化的 B 方案(图 27-6)。

图 27-6　T3A 航站楼 B 方案构型图

在概念设计方案的基础上,T3A 航站楼初步设计由中国建筑西南设计研究院有限公司牵头负责。采用主楼加弧形指廊构型,由主楼加 A、B、C、D 四个指廊组成,B 指廊、D 指廊局部为国际进出港分流指廊,其余均为国内进出港分流指廊。主楼为地上 4 层、地下 2 层,指廊为地上 3 层。T3A 航站楼总建筑面积为 53.7 万平方米。

第四节　工 程 建 设

重庆机场东航站区及第三跑道建设工程包括机场工程、空管工程、供油工程等,自 2013 年 9 月正式开工,历经 4 年左右的建设,于 2017 年 8 月投入运营,圆满完成了建设任务。

一、工程重要节点

2013 年 10 月 15 日,T3A 航站楼第一根钢柱吊装(图 27-7)。

2015 年 10 月 30 日,重庆机场集团有限公司成立重庆机场东区运营准备工作领导小组。

2015 年 12 月 5 日,T3A 航站楼钢结构最后一榀网架单元安装就位(图 27-8)。

2015 年 12 月 22 日,T3A 航站楼大厅整体钢结构吊装完成(图 27-9)。

图 27-7　T3A 航站楼第一根钢柱完成吊装

图 27-8　T3A 航站楼钢结构最后一榀网架单元安装

图 27-9　T3A 航站楼大厅整体钢结构吊装完成

2016 年 1 月 12 日,重庆机场集团有限公司印发《重庆江北国际机场东区运营准备工作总体方案》。

2017年1月16日,中国民用航空局空中交通管理局下发了《关于新辟重庆江北机场进离场航线并调整班机航线走向的通知》。

2017年3月30日,重庆机场扩建第三跑道飞行程序获中国民用航空西南地区管理局批复,包括飞行程序、运行最低标准。

2017年4月11日,第三跑道实现全面贯通(图27-10),助航灯光具备调试条件。

图27-10 重庆机场第三跑道全面贯通

2017年4月18—19日,重庆机场集团有限公司组织开展重庆机场东航站区及第三跑道建设工程竣工验收(图27-11)。

图27-11 重庆机场东航站区及第三跑道建设工程竣工验收会

2017年5月3日,重庆机场集团有限公司发布了《重庆江北国际机场使用手册(东区投用换证版)》。

2017年5月10日,重庆机场成功开展东区第一次综合演练。

2017年5月15日,中国民航飞行校验中心C680飞机在重庆机场西跑道上降落,第三跑道完成投产校验。

2017年5月16—17日,四川航空公司使用A320、A319飞机完成3条跑道过渡飞行程序的真机试飞工作。

2017年5月17日,重庆机场东航站区及第三跑道建设工程空管工程通过了中国民用航空西南地区空中交通管理局组织的竣工验收。

2017年6月10日,重庆机场成功开展东区第二次综合演练。

2017年6月20日,中国国际航空公司B747-8飞机顺利完成2次平稳起降(图27-12),标志着重庆机场新建第三跑道试飞工作圆满成功,新建第三跑道及相应配套设施基本具备适航条件。

图 27-12　2017 年 6 月 20 日国航 B747 – 8 飞机完成第三跑道试飞

2017 年 7 月 3 日,重庆机场东航站区及第三跑道建设工程飞行区及空管工程通过了中国民用航空西南地区管理局组织的行业验收。

2017 年 7 月 20 日,重庆机场东航站区及第三跑道建设工程航站区及货运区民航专业工程通过了中国民用航空西南地区管理局组织的行业验收。

2017 年 7 月 21 日,重庆机场成功开展第三次综合演练,近 3700 名模拟旅客参与了本次演练。与前两次演练相比,此次演练涵盖科目全、设备多、规模大,海关边防等联检单位全部参与,更趋"实战",为东航站区正式运营打好基础。

2017 年 8 月 29 日,山东航空 SC8880 航班执行首飞任务(图 27-13),标志着重庆机场东航站区及第三跑道建设工程正式投用。

图 27-13　2017 年 8 月 29 日山东航空 SC8880 航班首飞

二、工程建设难点

重庆机场东航站区及第三跑道建设工程存在诸多难点:

1. 建设规模大

红线内建筑总面积超过 140 万平方米,站坪 90 万平方米,土石方挖填量达 1.5 亿立方米,单跑道土石方工程量创全国之最。

2. 施工技术难度大

航站楼单层面积大、建筑曲线曲面多,超长混凝土、大跨度钢结构等复杂,第三跑道最大垂直填方高度达90余米、边坡高度差达160米,对填方、边坡和沉降控制提出了很高的要求。

3. 协调管理难度大

全场施工区域广、作业多、施工环节复杂交叉。仅在施工和设备供应方面,有200余家单位参加建设,使用大型机械超过1万台,给协调管理工作带来了极大的挑战。

三、主要参建单位

重庆机场东航站区及第三跑道建设工程采用公开招标的方式选择参建单位,汇集了全国21个省市的200余家单位参加建设,采用了全球17个国家的设施设备,参建人员超过10万人次。

中国建筑第八工程局有限公司等67家施工企业承担了航站区工程的施工任务;中国华西企业有限公司等21家施工企业承担了飞行区工程的施工任务;重庆工业设备安装集团有限公司等21家施工企业承担了工作区和货运区等配套工程;西安西北民航项目管理有限公司、北京中企建发监理咨询有限公司负责民航专业项目监理;中咨工程建设监理有限公司(现中咨工程管理咨询有限公司)负责T3A航站楼工程监理;重庆赛迪工程咨询有限公司负责综合交通枢纽、高架桥、工作区项目监理;重庆华兴工程咨询有限公司负责货运区工程监理。

工程主要合同段参建单位见表27-1~表27-3。

航站区工程主要合同段和参建单位 表27-1

工程名称	合同段	施工单位	监理单位
新建T3A航站楼土建(A、B及E区)施工及项目管理总承包工程	1标	中国建筑第八工程局有限公司	中咨工程建设监理有限公司
新建T3A航站楼土建(C、D区)施工	2标	北京城建集团有限责任公司	
新建T3A航站楼及综合交通枢纽钢结构工程	1标	中建钢构有限公司	
	2标	浙江精工钢结构有限公司	
新建T3A航站楼金属屋面工程	1标	中建钢构有限公司 瑞基德建筑材料(厦门)有限公司	
	2标	江苏合发集团有限责任公司 霍高文建筑系统(广州)有限公司	
新建T3A航站楼幕墙工程	1标	江河创建集团股份有限公司	
	2标	深圳市三鑫幕墙工程有限公司	
新建T3A航站楼综合安装工程	1标	中建安装工程有限公司	
	2标	四川省工业设备安装公司	
新建T3A航站楼、综合交通枢纽和机场信息中心(ITC)大楼消防工程	1标	北京利华消防工程有限公司	
	2标	深圳深港建设工程发展有限公司	

工 程 名 称	合同段	施 工 单 位	监理单位
新建 T3A 航站楼、综合交通枢纽和 ITC 大楼信息通信类项目及弱电工程技术总承包项目	1 标	中国民用航空总局第二研究所	西安西北民航项目管理有限公司
安全防范系统和陆侧交通监控系统项目	1 标	北京中航弱电系统工程有限公司	
新建 T3A 航站楼、综合交通枢纽和 ITC 大楼楼宇自控工程	1 标	中船重工(武汉)凌久高科有限公司	
新建 T3A 航站楼、综合交通枢纽和 ITC 大楼离港控制系统/安检信息管理系统工程	1 标	北京京航安机场有限公司	
新建 T3A 航站楼、综合交通枢纽和 ITC 大楼室内装饰工程	1 标	深圳市深装总装饰工程工业有限公司	中咨工程建设监理有限公司
	2 标	深圳城市建筑装饰工程有限公司	
	3 标	中建三局装饰有限公司	
	4 标	湖南六建装饰设计工程有限责任公司	
	5 标	中国建筑装饰集团有限公司	
	6 标	北京港源建筑装饰工程有限公司	
	7 标	浙江亚厦装饰股份有限公司	
	8 标	上海中建八局装饰有限责任公司	
新建 T3A 航站楼、综合交通枢纽和 ITC 大楼综合布线及机房集成工程	1 标	上海华宇电子工程有限公司	西安西北民航项目管理有限公司
新建 T3A 航站楼前高架桥及道路交通工程	1 标	湖南省建筑工程集团总公司	重庆赛迪工程咨询有限公司
新建综合交通枢纽土建施工及项目管理总承包工程	1 标	重庆建工集团股份有限公司	
新建综合交通枢和 ITC 大楼综合安装工程	1 标	广东省工业设备安装公司	
新建 ITC 大楼土建施工及项目施工管理总承包工程	1 标	重庆建工住宅建设有限公司	
新建 T3A 航站楼行李处理系统采购及安装工程	1 标	民航成都物流技术有限公司	中咨工程建设监理有限公司

飞行区工程主要合同段和参建单位　　表 27-2

工 程 名 称	合同段	施 工 单 位	监理单位
飞行区场道工程	1 标	中国华西企业有限公司	北京中企建发监理咨询有限公司
	2 标	中国航空港建设第九工程总队	
	3 标	四川省场道工程有限公司	
	4 标	中国中铁航空港建设集团有限公司	
	5 标	中南航空港建设公司	
	6 标	西北民航机场建设有限责任公司	西安西北民航项目管理有限公司
	7 标	中国航空港建设第十工程总队	
	8 标	中国航空港建设第二工程总队	
	9 标	中国航空港建设第八工程总队	
	10 标	北京中航空港建设工程有限公司	
飞行区停机坪、机务维修机库、货运站区地基处理及场平工程	1 标	四川场道工程有限公司	
消防执勤点及灯光变电站工程	1 标	江西建工第三建筑有限公司	北京中企建发监理咨询有限公司
飞行区助航灯光、站坪照明及机务用电安装工程	1 标	四川华西安装工程有限公司	
	2 标	北京中航空港建设工程有限公司	
	3 标	北京京航安机场工程有限公司	
飞行区消防安装工程	1 标	中航机场系统设施建设有限公司	
	2 标	四川双龙安装工程有限公司	
仪表着陆系统房建及设备安装工程	1 标	成都西南民航空管工程建设有限责任公司	
飞行区弱电系统工程	1 标	北京中航弱电系统工程有限公司	

工作区及货运区工程主要合同段和参建单位　　表 27-3

工 程 名 称	合同段	施 工 单 位	监理单位
旅客过夜用房及办公业务用房片区土建工程	1 标	湖南省建筑工程集团总公司	重庆赛迪工程咨询有限公司
机场办公业务用房片区室内装饰工程	1 标	中建三局装饰有限公司	
公安业务用房及武警用房、机务特种车库及车辆维修用房工程	1 标	北京城建集团有限责任公司	
安检、急救及保安备勤用房、物资仓库及场务导航业务用房土建工程	1 标	重庆城建控股(集团)有限责任公司	
生活服务中心及值班宿舍工程	1 标	中太建设集团股份有限公司	
联检用房工程	1 标	湖南省地质建设工程(集团)总公司	
商务办公楼土建工程	1 标	中国华西企业股份有限公司	
场区综合安装工程	1 标	重庆工业设备安装集团有限公司	
三通一平(水电安装)工程	1 标	江西省发达建筑集团有限公司	
雨水调蓄池工程	1 标	中国水利水电第十四工程局有限公司	
工作区及货运区弱电工程	1 标	北京中航弱电系统工程有限公司	
110 千伏变电站及线路工程总承包	1 标	重庆电力建设总公司	
航空货运站区工程	1 标	重庆工业设备安装集团有限公司	重庆华兴工程咨询有限公司
货运代理库房及配套办公区工程	1 标	重庆建工第三建设有限公司	

四、建设和运营筹备措施

为解决重庆机场东航站区及第三跑道建设工程建设和运营筹备中的诸多问题，重庆机场集团有限公司采取了一系列措施，确保工程按期顺利建成和投运。

1. 成立市级层面协调机构一体化推进

针对工程规模体量大、功能类型复杂、专业涵盖面广、技术难度大、外部交叉干扰多、参建单位众多的特点，成立了市级层面的协调机构，秉承统筹推进理念，着力破解工程建设难题。按照"一体化"建设原则，统筹把控项目建设整体、项目建设界面、项目建设时序，注重先行先试、管理创新、测试调整，解决建设资金、征地拆迁、外围配套项目建设、铁路机场支线建设等重难点问题，为加快项目建设创造了良好的外部条件。

2. 建立"11852"的工程管理体系

践行"责任、诚信、共赢"的建设理念，营造通力合作的工程建设氛围；建立《东区扩建工程管理手册》制度体系，涵盖行政管理、工程管理、规章制度等各个方面100余项规定，规范建设管理流程；抓好项目建设全过程涉及的征地拆迁、勘察设计、监督审查、造价控制、招标组织、施工组织管理、档案管理、整改验收环节，确保关键节点落实到位；强化工程目标管理，实现安全管理、质量控制、工期控制、投资控制、廉洁建设五大目标；做好工程决算和财务决算，为工程收尾奠定坚实基础。

3. 建设运营一体化

为充分保障建设工作、运营准备同步推行、同轴推进，实现提早对接、全面对接、闭环对接，积极落实建设运营一体化，一方面让建设者"走出去"，深入运行一线，了解运行需求；另一方面请运行使用单位"走进来"，根据工程重要节点，参与设备材料招标采购、重要工序验收、样板段确认、安装调试同步跟踪，广泛收集意见，并及时将需求和意见反馈到工程建设部门，做到"满足使用是基本、满意使用是根本。"

4. 加强空域协调

为解决空域资源紧缺对重庆机场造成的限制，通过反复研究、统筹考虑，创新提出"过渡空域"概念，随后组织召开40多次专题会议，协调数十家空管单位，统揽解决了各类复杂问题，编写了《重庆江北国际机场三跑道过渡空域方案》，并对方案进行了安全评估，开创国内空域安全评估先河的同时，有效解决了重庆机场空域资源瓶颈。

5. 对接报批程序

积极主动开展衔接，强化与中国民用航空局、中国民用航空局空中交通管理局、中国民用航空西南地区管理局及重庆市有关单位的全面对接，召开协调及现场办公会议80余次，在规定时间内完成了导航设备校飞、第三跑道试飞、航行情报原始资料申报、机场使用细则修订、机场使用许可证换发等投用前的全部报批程序,创造了大型枢纽机场行业验收后1个月即投用的纪录。

6. 转场提质不减量

深入研究本场航班运行的实际情况,形成了高效联动的沟通协调机制,制订了全面系统的《东区工程搬迁期间航班实施计划》,巧妙利用时间差和运行规则,做到航空器"零拖移、零滑移""低成本、高效率",实现了"枢纽机场转场提质不减量"创新举措,得到了行业内外的一致好评。

第五节　运　营　管　理

一、运营成效

东航站区及第三跑道建设工程投运后,大幅度提升了重庆机场综合保障能力,助推重庆机场迈上了"三个新台阶":

1. 运输生产迈上新台阶

重庆机场旅客吞吐量、货邮吞吐量、飞机起降量从2017年的3871.5万人次、36.6万吨、28.9万架次分别提升至2019年的4478.7万人次、41.1万吨、31.8万架次,2019年旅客吞吐量增速位列全国十大机场首位,跻身世界机场50强。

2. 国际枢纽建设迈上新台阶

重庆机场是《全国民用运输机场规划》确定的10个国际航空枢纽之一,至2019年底累计开通国际(地区)航线95条(较2017年新增国际航线27条),通航5大洲33个国家73个城市,进一步搭建起重庆与世界互联互通的空中桥梁。

3. 机场运行模式迈上新台阶

重庆机场全面接管航空器地面管制,建成投用机场协同决策系统(A-CDM)系统,各单位全面入驻运控大厅,运行协调管理委员会实体化运行,有力提升重庆机场运行效率和保障能力。2019年重庆机场平均航班放行正常率达89.37%,位列全国三十大机场第二位。

二、管理措施

在运营过程中,重庆机场集团有限公司采取了一系列管理创新实践,充分发挥东航站区及第三跑道建设工程效益。

1. 围绕旅客需求至上,不断升级真情服务

全面推动服务攻坚,对接"民航服务质量重点攻坚"专项行动,实施84条针对性措施,实

现放行和始发航班正常率均达到 85%、自助值机旅客占比达到 70% 以上等目标。大力推动服务创新，上线常旅客会员系统，调整航班自助值机关闭时间，优化急特旅客专用通道，推出"行到家""货到门"等商旅创新产品。优化升级出行体验，在国内首批推出全流程"无纸化"乘机、临时身份证明自助办理、离境退税办理、停车场无感支付等便民举措，采取到达行李"可视化"服务，旅客满意度显著提升。

2. 围绕效益提升，稳定提高经营质量

深挖资源价值，开展东航站区航站楼综合服务柜台、闲置业务用房整租，实施部分基地航空公司土地划转等资源开发工作。着力开拓新业务，推出"重庆飞·畅逸行"商旅服务产品，在航站楼引入自助服务设施、共享按摩椅、休息舱等新项目。推动航空物流快速发展，引入中国国际货运航空入驻东航站区 1 号货运站，吸引 72 家物流企业到重庆机场开展航空物流业务，深化与顺丰速运普洛斯、东航物流的战略合作，联合开发航空货运与物流项目。

3. 围绕效率升级，高效发挥运营效能

推出跨航司、跨代理、跨航站楼行李中转和货邮"空联空"中转服务，试行"舱到舱"机坪快转，同区机坪货物中转时间压缩 50%，大力提升中转效率。通过优化第三跑道飞行程序、投用 Ⅱ 类仪表着陆系统、提高低能见度起飞标准、A-CDM 系统接入空管流量信息和航空公司数据等措施，大幅度提升航空器运行效率；大力优化高度层使用，有效提升整体空域容量；利用全面接管机坪优势，简化航空器拖移、试车、维修申请程序，大幅提升保障效率。实现首件行李在旅客到达行李转盘 10 分钟内交付，大幅度提升行李提取效率，落地 144 小时过境免签政策，推动海关、边检等部门简化手续，大幅度提升通关效率。

4. 围绕国际航空枢纽建设，显著增强航空枢纽功能

引入厦门航空成立重庆分公司，壮大基地航空公司规模。加强中转功能和中转服务建设，启用国际转国际中转通道，打造跨航司中转服务和渝悦中转产品。初步形成重庆至巫山、黔江的市域干支航线联动格局，开通面向"一带一路"沿线国家航线 64 条和国际（地区）货运航线 18 条，丰富航线网络布局。积极推进多式联运，与成铁重庆车站签订合作框架协议，在航站楼设立空铁联运"一站式"服务区，综合交通体系不断完善。编制完成重庆国际航空枢纽战略规划，明确建设思路、发展目标和战略任务，指导重庆国际航空枢纽建设和发展。

第六节　工程创新

东航站区及第三跑道建设工程是重庆民航发展的重大标志性工程，在工程设计、建设和运营中做了很多技术创新，处于同等规模机场的前列。T3A 航站楼及综合交通枢纽工程项目获得 2018—2019 年度中国建设工程鲁班奖。

1.航站楼设计

①流程便捷。航站楼前出发层设置"3 + 3 + 3"布局的 9 条车道,区分为大巴车、出租车、社会车辆、旅客上下、车辆进出方便快捷;航站楼呈"H"形布局,近机位比例超过 80% ,旅客过检后到登机口的平均距离 400 米,优于国内外同层级机场。

②换乘高效。形成了 1 条城铁、2 条轨道、3 条横向和 4 条纵向高速公路共 10 条外部交通通道,构建了内畅外联的交通网络。建设了集城际铁路、轨道交通、地面交通等多种功能于一体的综合交通枢纽,实现了航空运输与其他交通方式的无缝衔接。

③设计人性化。采用行李系统岛式多级安检模式,大幅缩短开包距离和开包时间;设置23 间母婴室,设立女士专用安检通道、军人优先通道以及残障人士专用设施,彰显人性化关怀;建设投用 32 台自助行李托运设备、旅客自助信息服务系统、停车楼反向寻车系统等服务设施,提升旅客乘机体验和服务品质。

2.新技术工艺应用

T3A 航站楼基础结构大量采用预应力结构体系、高性能补偿收缩混凝土、超大型大跨度屋面钢结构等新技术、新工艺、新材料,抗震性能强,有力保障航站楼基础结构的安全性。T3A 航站楼钢结构工程荣获中国建筑工程钢结构金奖。

T3A 航站楼玻璃幕墙大面积采用不锈钢单拉索点驳接形式,屋面采用 4 条侧向立式采光天窗,既满足了采光、排烟、抗风、防水的技术要求,又体现了航站楼简洁大气、轻盈通透的设计理念。单索点式幕墙面积约 7.5 万平方米,建成时是亚洲最大的单体索幕墙体系。

T3A 航站楼采用建筑信息模型(BIM)技术进行分区施工可视化协调管理、综合管线仿真设计、建筑材料安装操作等,保障各专业之间的有效衔接,提高了安装精度。该项应用获得 3 项中国建筑工程 BIM 应用奖项。

道面混凝土施工首次采用滑模摊铺技术,缩短了施工时间,提高了混凝土的耐久性,增强了饰面美观度。

导航台站安装了 8 套高清摄像头,实现对导航设备运行状况的实时监控、动态查看、应急处理告警,确保远程无人值守的安全可靠性。

3.信息技术应用

建设机场协同决策系统、无线指挥调度系统,覆盖机场航班保障全业务流程,实时监控和管理航班保障情况,提高航班保障的运行效率、安全性和可靠性。

投用智能化统一安防集成平台,联网整合全场超过 8000 个视频资源、安防资源,通过 2.5维地图呈现,实现视频分析、人数统计、告警联动、资产管理、联勤保障等智慧化应用,形成覆盖全场的"天眼"监控平台。

建设物联网技术的围界监控系统,在物理屏障的基础上,综合利用震动探测、智能视频分析、告警联动等信息技术,实现智能化入侵探测,每天误报率为每千米 2 次以下,最大限度确保机场安全生产。

采用国内首套"开环式"射频识别(RFID)自动行李处理系统,兼容 RFID 和传统条码,具备了实现行李全流程跟踪的技术要求。出港托运行李读码率达到 98% 以上,降低弃包率 85% 以上,提升行李人工分拣效率 20% 以上。

4.节能环保措施

遵循"绿色、环保、节能"理念,T3A 航站楼达到了重庆市绿色"二星"建筑标准。主要节能环保措施如下:

①玻璃幕墙采用双银低辐射(Low-e)夹胶中空玻璃,有效减少太阳热能辐射,在单银 Low-e 玻璃基础上节能 20% ~30% ,同时降低可见光反射率,减少光污染。

②空调系统采用水蓄冷技术,利用峰谷电价,节约运行费用。空调水系统采用大温差技术及多级泵变流量技术,减少空调水系统的输配流量和水泵的压力,节约水系统的输送能耗。

③采用发光二极管(LED)灯具、非晶合金变压器等节能设备,相比节能灯、日光灯、射灯等传统照明用电消耗降低 50% ,相比硅钢片干式变压器空载损耗可节约 65% ~70% 。

④利用能源管理系统、智能集成系统实现能效指标可视化管理,实现了温度、湿度、二氧化碳浓度等自动化调节,确保运行高效节能。

第七节　工　程　价　值

重庆市是全国 4 个直辖市之一,是西部大开发的重要战略支点,处在"一带一路"和长江经济带的联结点上,是国家中心城市,也是国家重点打造的四大国际性综合交通枢纽之一,在国家区域发展和对外开放格局中具有突出战略地位,承担着新时期引领内陆开放,在西部地区带头开放、带动开放等重要战略使命。重庆机场东航站区及第三跑道建设工程是西部大开发、"一带一路"建设、长江经济带发展的重要基础设施,是打造国际性综合交通枢纽、推进重庆市和民航"十三五"规划落地的重大基础设施项目,是新时代推进西部大开发的标志性工程,是重庆建设内陆开放高地的重要支撑,为重庆在推进新时代西部大开发中更好地发挥支撑作用、在推进共建"一带一路"中更好地发挥带动作用、在推进长江经济带绿色发展中更好地发挥示范作用提供了重要战略支撑平台。

东航站区及第三跑道建设工程投用后,重庆机场形成 3 条跑道、70 万平方米航站楼和 25 万平方米航空货站、东西双航站区同时运营的格局,运输生产能力得到大幅提升,进一步加快建设国际航空枢纽,符合民航发展战略,是实现从民航大国向民航强国转变的重要举措。重庆机场发挥其显著的区位优势和产业集聚作用,以服务成渝地区双城经济圈为核心基点,促进成渝机场群协同发展,带动交通、贸易和旅游等相关产业发展,为重庆加快建设国际门户枢纽城市,打造西部地区国际合作交流重要枢纽节点,增强作为国家中心城市的辐射带动功能和战略支点作用,为在更高层级参与国际合作与竞争注入新动能。

重庆机场东航站区及第三跑道建设工程形成专利技术18项,4项科技成果被鉴定为国内领先水平,在新技术应用、质量控制、项目管理等方面进行了创新,对我国民航重大工程建设具有重要的参考价值。

执笔人:苏志欣

第二十八章　深圳宝安国际机场

第一节　工程概况

深圳宝安国际机场(以下简称"深圳机场")位于广东省深圳市宝安区珠江口东岸,距市政府直线距离27千米,2019年旅客吞吐量为2078万人次,是世界百强机场之一、国际枢纽机场、中国十二大干线机场之一、中国四大航空货运中心及快件集散中心之一,定位为立足粤港澳大湾区、面向亚太、辐射全球的国际航空枢纽和航空物流枢纽、粤港澳大湾区世界级机场群的核心枢纽和粤港澳大湾区重要的国际性综合交通枢纽。

深圳机场于2011年3月被世界权威货运杂志《Air Cargo News》评为全球"年度最佳货运机场",是首个获得该奖项的国内机场;2016年6月被货运专业杂志《Asia Cargo News》评为"亚洲最具潜质货运机场";2018年4月获"CAPSE(民航旅客服务测评)2017最佳机场服务与设施"奖;2018年5月第九届世界航空公司排行榜新闻发布会公布"世界十大美丽机场"排行榜,深圳机场摘得桂冠;2018年7月通过国际机场理事会(Airports Council International,ACI)机场碳排放1级认证,成为国内继首都国际机场之后,第二个通过ACI认证的机场;2019年获"全球能源管理领导奖—能源管理洞察力"奖。

深圳机场于1984年3月启动项目前期工作,采用滚动发展模式,历经新机场工程、航站楼扩建工程(一期)、飞行区(二跑道)扩建工程、航站楼扩建工程(二期)、卫星厅工程和三跑道扩建工程等阶段。截至2020年3月,深圳机场拥有3400米×45米(4E)和3800米×60米(4F)的2条平行跑道(间距1600米)及相应的滑行道系统;222个机位的站坪,总面积61.8万平方米的航站楼(A、B及国际航站楼共计16.7万平方米,T3航站楼45.1万平方米,见图28-1),以及空管、供油、消防救援等设施;机场占地2820万平方米,设计容量为年旅客吞吐量5200万人次,2019年完成旅客吞吐量5293万人次、货邮吞吐量128.3万吨和飞机起降量37万架次,分别居全国第5、4和4位(不含港澳台地区)。

深圳机场总体规划(2019年版)明确:近期(2030年)在第二跑道西侧550米处规划3600米×45米的三跑道及滑行道系统,366个站坪机位,T4航站楼(满足年旅客吞吐量6100万人次使用需求)以及北货运区、机务维修区、空管、供油、消防救援等配套设施,总用地面积2761.19万平方米。远期(2050年)满足年旅客吞吐量8000万人次、货邮吞吐量450万吨、飞机起降量54.9万架次需求,扩建北货运区、新建东北货运区,总用地面积2831.84万平方米。

图 28-1　深圳机场 T3 航站楼全貌

第二节　规划与决策

一、项目提出

1979 年,深圳成为经济特区,但因没有民用运输机场,缺少航空运输方式,特区的经济社会发展受制约。1983 年 11 月,为改善珠三角地区交通运输环境,促进深圳经济发展,深圳市政府提出新建深圳机场。1984 年 2 月,成立深圳国际机场可行性研究领导小组办公室(以下简称"领导小组办公室")。

二、选址论证

深圳机场备选场址为深湾场址、长安场址和黄田场址。通过综合考虑地理条件、与周边机场直线距离、与香港新界罗湖桥和尖沙咀轮渡站的距离、跑道方位和利用系数、障碍物限制起飞面、地形地质条件、空域和航路、居民迁移、城市规划、噪声影响、地面交通、公共设施、服务效果等方面因素,经多方案深入比选后,最终确定黄田场址作为深圳机场的建设场址。

采用黄田场址主要基于以下理由:一是深湾场址对深圳市区和香港新界存在严重的噪声影响,且从长远来看,深湾场址将妨碍城市发展;二是长安场址远离深圳市主城区,旅客使用不便,同时会增加深圳经济特区和香港旅客的边界管理难度;三是黄田场址可划入深圳经济特区,可简化旅客进出境手续,虽然场地条件较为复杂,但可采取适当的工程技术手段予以解决。

1986 年 12 月,中国国际工程咨询公司(现中国国际工程咨询有限公司,以下简称"中咨公司")对黄田场址进行评估,认为黄田场址为最优方案。

三、确定场址

1987 年 5 月 21 日,国务院、中央军委批复同意分期建设深圳机场,并要求对白石洲场址作为备选场址的可行性做进一步论证后再报审批。

1988 年 1 月,国务院领导在深圳召集有关单位和专家,再次就场址选择征求意见,考虑到白石洲场址问题较多,难以协调解决,最终决定采用黄田场址。

四、项目可行性研究

1. 新建深圳机场

1988 年 4 月,中国民用航空机场设计院编制完成《新建深圳机场可行性研究报告》,提出迫切需要新建深圳民用运输机场,服务深圳经济特区,缓解周边机场空运压力。机场近期(目标年 2000 年)建 1 条 3400 米的跑道、滑行道系统和停机坪;终端规划为 2 条平行跑道,满足年旅客吞吐量 2000 万人次以上的使用需求。

1988 年 4 月 15—16 日,中国民用航空总局和深圳市政府在北京召开深圳机场可行性研究报告汇报会,主要研究以下问题:一是跑道长度拟定为 3400 米;二是设计机型拟由 MD-82 改为 B747;三是由中国民航工程咨询有限公司(以下简称“民咨公司”)提出《深圳机场可行性研究报告》和《深圳机场设计任务书》,由深圳市报请国家计划委员会审批;五是投资按 4.8 亿元上报,最终投资待初设报批时审定;六是空域问题由国家计划委员会与军队协调后,在审批设计任务书中正式确定跑道方位。

1988 年 4 月底,中国民用航空机场设计院出具《深圳机场工程设计任务书》,提出近期(2000 年)建 1 条 3400 米 × 60 米的跑道,1 条宽 44 米的平行滑行道,2 条快速滑行道及 2 条端联络道,15 个停机位(10.2 万平方米)的客机坪,5 个机位(3 万平方米)的停机坪;按满足高峰小时 1600 ~ 2200 人的要求建设 3 万平方米的航站楼;按年货邮吞吐量 8.5 万吨的使用要求建设 8500 平方米的货运楼,配套建设空管、助航灯光、消防、供油、暖通、给排水、供电等设施,总投资 4.95 亿元。

1988 年 8 月 4 日,国家计划委员会批复新建深圳机场项目,同意按照 2000 年客运量 340 万人次的目标,按 B747 型飞机最大起飞全重设计,建 1 条 3400 米的跑道,航站区按照满足高峰小时 1600 ~ 2000 人次设计,总投资 4.95 亿元。

2. 航站楼扩建工程(一期)

深圳机场于 1991 年 11 月建成通航后,旅客吞吐量快速增长。1994 年 11 月,受深圳机场委托,中国民航机场建设公司编制完成《深圳机场航站楼扩建工程预可行性研究报告》,预测 2005 年旅客吞吐量 1200 万人次、飞机起降量 7.21 万架次;将既有 3.8 万平方米的航站楼按国内流程改造,规划扩建 11.4 万平方米的航站楼(第一阶段建 6 万平方米)、12 个机位的站坪、3 万平方米的停车场和 1 座高架桥,总投资 10.95 亿元,视情建设剩余工程。1995 年 5 月 6 日,国家计委批复深圳机场航站楼扩建工程项目建议书。

1995 年 11 月 30 日,中国民航建设工程公司编制完成《深圳机场航站楼扩建工程可行性研究报告》,规划航站楼总面积为 15 万平方米,除已既有的 3 万平方米外,扩建 12 万平方米,全部为国内航班使用(第一阶段按满足 2000 年旅客吞吐量使用需求,扩建 6 万平方米),以及 15 个机位约 22 万平方米的站坪、3 万平方米的停车场和 1 座高架桥,总投资 11.7 亿元。

1996 年 2 月 5 日,国家计划委员会批复航站楼扩建工程可行性研究报告,明确按 2005 年旅客吞吐量使用需求一次规划,按满足 2000 年旅客吞吐量使用需求先期建设 6 万平方米的航站楼、22 万平方米的站坪,总投资约 12 亿元。

1996 年 2 月 9 日,中咨公司受国家计划委员会委托对《深圳机场航站楼扩建工程可行性研究报告》进行评估,对工程范围、建设规模和技术要求进行了分析论证,认为满足使用要求。

1996 年 7 月 25 日,国家计划委员会批复航站楼扩建工程可行性研究报告,明确按满足 2005 年旅客吞吐量 1200 万人次需求规划设计,扩建 6.6 万平方米的航站楼,新建 13 个机位、约 22 万平方米的站坪,新建 650 个车位、约 3 万平方米的停车场;配套建设变电站、供水站、空调站、污水处理厂等设施;工程总投资控制在 12.5 亿元以内。

1998 年 12 月 26 日和 2004 年 1 月 15 日,深圳机场航站楼 A 楼和 B 楼先后建成投入使用。

3. 飞行区扩建工程

2002 年 12 月,深圳市政府和深圳机场公司[现深圳市机场(集团)有限公司]组成深圳机场第二跑道项目前期工作小组办公室(以下简称"前期工作办公室"),委托中国民航机场规划设计研究总院开展飞行区扩建工程预可行性研究及可行性研究的前期工作。

2003 年 9 月 11 日,前期工作办公室组织召开了《深圳机场航空业务量预测报告》专家咨询会。同年 11 月 10 日,组织召开机场跑道构型研讨会,从 20 多个跑道构型方案中优选出 2 个,作为基础方案进行总平面规划的深化论证工作。

2004 年 4 月 28 日,前期工作办公室召开了《深圳机场二跑道项目跑道构型专家征询会》,确定以"远距跑道构型"和"近距跑道构型"两种方案为基础进行总平面规划的设计工作。

2004 年 7 月 15—16 日,中咨公司受前期工作办公室委托,在北京组织召开了《深圳机场二跑道项目预可研报告》咨询会,认为建设第二跑道、扩建航站设施是必要的和紧迫的,跑道构型宜采用远距方案,在既有跑道西侧 1600 米处建 1 条平行跑道,南端向北错开 1000 米,入口内移 200 米。

2006 年 5 月底,中国民航机场规划设计研究总院编制完成《深圳机场飞行区扩建工程可行性研究报告(报审稿)》,提出设计目标年为 2020 年,先按 2015 年的需求扩建航站区,包括旅客航站区工程、站坪及滑行道工程、货运区工程、供电工程、暖通工程、给排水工程、航空食品、机场生产辅助及生活设施工程等内容。

2006年10月,国家发展和改革委员会(以下简称"国家发展改革委")批复飞行区扩建工程可行性研究报告,明确按满足F类飞机使用要求,在现有跑道西侧新建3600米×60米的第二跑道,两条跑道中心线间距为1600米,新建3600米×25米的平行滑行道;新建外海堤14.6千米,根据使用功能实施填海造地的软基处理工程;将客货运码头迁至机场南侧,建设2个500吨级的客运泊位、3个1000吨级的货运泊位和2个客货混用泊位,实施陆域形成、软基处理、港池及航道疏浚工程,建设码头水工结构、候船楼、货运仓库和配置工艺设备等。

2007年11月23日,深圳市政府提出支持美国联合包裹运输服务公司(United Parcel Service, Inc.,简称UPS)亚洲枢纽转运中心落户深圳,承诺适当延长深圳机场二跑道,满足所有机型满载运行需求。

2008年3月和9月,受深圳机场扩建工程指挥部委托,中国民用机场建设集团公司编制完成了《深圳宝安国际机场二跑道延长至3800米项目咨询报告》和《深圳机场飞行区扩建工程可行性研究报告—补充报告》,认为延长二跑道至3800米是必要的;深圳机场跑道南端净空条件较差,北端净空条件较好,跑道向北延长200米的空域协调和飞行程序方案调整难度不大;建议二跑道延长工程与二跑道工程同步实施。

2009年12月30日,国家发展改革委办公厅批复同意深圳机场飞行区扩建工程二跑道长度调整方案,项目总投资相应增加2483万元,利用企业自有资金建设。

4.航站楼扩建工程(二期)

为解决深圳机场航站区容量饱和问题,2008年1月23日,深圳市发展改革委向国家发展改革委上报了由中国民航机场建设集团公司编制的《深圳机场航站楼扩建工程(二期)项目可行性研究报告》,提出设计目标年为2020年,预测旅客吞吐量为4500万人次、货邮吞吐量为240万吨;航站楼和站坪按2020年建设,航站楼配套设施及车辆按照2015年需求建设。主要内容包括:新建30万平米的航站楼、76个机位的站坪、7.5万平方米的货运站、7个机位的货机坪,扩建供油工程设施;工程总投资91.17万元,建设工期4年。

2008年4月,中咨公司受国家发展改革委委托对航站楼扩建工程(二期)项目可行性研究报告进行评估,同意新建航站楼及各类配套设施,评估调整后的工程总投资为90.44亿元。

2009年5月6日,深圳市发展改革委向国家发展改革委上报航站楼二期扩建工程的调整报告,提出将新航站楼面积由30万平方米调整为39.5万平方米,相应增加站坪机位及相关配套设施;工程总投资调整为114.99亿元,建设工期调整为3年。

2009年7月,中咨公司受国家发展改革委委托对该项目进行评估,在维持原评估报告关于项目建设必要性和业务量预测结果的基础上,重点对新航站楼的建设规模进行论证,对相关配套设施方案和投资进行评估,提出本工程东、西指廊应与主楼同期建成,新建航站楼总建筑面积调整为45.1万平方米,工程总投资调整为120.46亿元。

2011年上半年,国家发展改革委批复深圳机场航站区及配套设施扩建工程,明确按照满足2020年旅客吞吐量4500万人次的使用要求,新建45万平方米的航站楼、2条3400米长的平行滑行道、74个机位的客机坪、7个机位的货机坪、7.5万平方米的货运站、9万平方米的地面交通中心、14万平方米的停车楼、长度为430米的高架桥、长度为1670米的主进场路、6万平方米的行政和生产生活辅助设施,配套建设供电、供冷、给排水、污物处理、消防等设施;新建2个1万立方米的油罐,扩建站坪管线加油系统,迁建航空加油站。项目总投资为120.46亿元。

5. 卫星厅工程

为适应深圳机场航空业务量快速增长的需要,2016年12月,中国民航机场建设集团公司编制完成《深圳机场卫星厅工程可行性研究报告》,提出设计目标年为2025年,在T3航站楼北侧建设23.5万平方米的卫星厅(呈X形,见图28-2),主体结构采用钢筋混凝土框架结构,主楼、指廊屋顶采用大跨度钢桁架+钢网架结构,设置42个固定桥、64个活动桥,满足年旅客吞吐量2200万人次的使用需求。卫星厅地上4层、地下1层,通过旅客捷运系统与T3航站楼连接。布置机位63个(其中近机位53个),硬化面积110万平方米。卫星厅旅客办票、交运行李及安检全部在T3主楼内完成,T3航站楼和卫星厅通过自动旅客捷运系统(Automated People Mover System,APM)连接。

图28-2 卫星厅鸟瞰图

2017年6月22日,中国民用航空中南地区管理局出具意见认为建设卫星厅十分必要,同意按2025年旅客吞吐量5200万人次(其中卫星厅承担2200万人次)进行设计。

6. 三跑道扩建工程

为适应深圳机场"国际航空枢纽"的新定位,满足《粤港澳大湾区规划纲要》和《关于支持深圳建设中国特色社会主义先行示范区的意见》需求,2016 年 12 月,中国民航机场建设集团公司编制完成了《深圳机场三跑道扩建工程预可行性研究报告》。

2017 年 9 月,中咨公司受中国民用航空局委托对《深圳机场三跑道扩建工程预可研报告》进行评估,认为实施深圳机场三跑道扩建工程是必要的,2030 年旅客吞吐量、货邮吞吐量和飞机起降量分别为 8000 万人次、260 万吨和 53 万架次。

2018 年 1 月 25 日,中国民用航空局向国家发展改革委出具了行业审查意见,同意深圳机场三跑道建设工程。

2018 年 1 月 26 日,深圳市发展改革委向国家发展改革委报送了《深圳机场三跑道扩建工程项目预可行性研究报告》,经民咨公司评估后,国家发展改革委于 2019 年 3 月 28 日批复深圳机场三跑道扩建工程项目建议书,项目总投资为 93.5 亿元。

2019 年 6 月 21 日,中国民用航空中南地区管理局组织相关单位召开了深圳机场三跑道扩建空域使用协调会,就空域使用需求、外围航路航线及进离场程序方案进行研讨,形成了工作计划。

2019 年 7 月 25—26 日,民咨公司受中国民用航空局委托对该项目进行评估,认为建设是必要的。

2019 年 9 月,中国民用航空局向国家发展改革委出具了行业审查意见,同意按照 2030 年旅客吞吐量 8000 万人次、货邮吞吐量 260 万吨、飞机起降量 56.2 万架次的需求设计,飞行区等级指标为 4F,项目总投资 155.68 亿元。

2019 年 12 月 29—31 日,中咨公司受国家发展改革委委托对三跑道项目可行性研究报告进行评估,认为该项目符合国家、行业和地方相关规划,有利于解决机场飞行区保障能力不足的问题,适应航空业务量增长需要,服务世界级机场群和自身国际航空枢纽建设,促进当地经济社会和旅游业发展,建设是必要的。

2020 年 2 月 24 日,国家发展改革委批复深圳机场三跑道扩建工程可行性研究报告,同意按满足 2030 年旅客吞吐量 8000 万人次、货邮吞吐量 260 万吨的目标设计;飞行区等级指标为 4F,主要建设机场工程和空管工程,项目总投资为 123.3 亿元。

第三节　工　程　设　计

一、机场总体规划

1. 总体规划(1993 年版)

1993 年 4 月 27 日,深圳机场与荷兰机场顾问公司(Netherlands Airport Consultants,NACO B.V.)签署了深圳机场总体规划咨询服务协议,并于同年完成了《深圳国际机场总平面规划

(1993 年版)》,提出机场近期(2002 年)旅客吞吐量 1400 万～1975 万人次、货邮行吞吐量 50 万～70 万吨、飞机起降量 9.79 万～13.06 万次;远期(2022 年)旅客吞吐量 4000 万～4780 万人次、货邮吞吐量 140 万～180 万吨、飞机起降量 20.55 万～23.44 万次,建设 3 座航站楼、2 条远距平行跑道(跑道间距 2000 米)、36 万平方米的旅客航站楼。

2. 总体规划(2005 年版)

自建成开航后,深圳机场航空运输量持续快速增长,飞行区、航站区能力不足的问题十分突出。2003 年初,前期工作办公室分别委托深圳市城市交通规划研究中心开展"深圳机场枢纽交通规划"研究、武汉华中理工大学开展"深圳机场航空业务量预测及分析"研究、澳大利亚 Sinclair Knight Merz 公司开展"深圳宝安国际机场总体规划调整专题研究"、广东鑫鹏民航技术服务中心开展《深圳机场扩建项目(第二跑道)航空器运行/航行服务程序》研究。

2004 年 11 月,《深圳机场总体规划(2005 年版送审稿)》编制完成,一是航站区基本保留 1993 年版的规划框架,以东航站区为主,西航站区为辅;二是飞行区布局由远期建设 2 条跑道调整为 3 条跑道;三是在南货运区集中发展航空货运和物流产业,与周边地区联动开发;四是保留进场交通的南北贯通,丰富和完善外部交通网络。

2005 年 9 月 20 日,中国民用航空总局批复《深圳机场总体规划(2005 年版)》:近期目标年(2015 年)按满足旅客吞吐量 3000 万人次、货邮吞吐量 150 万吨、飞机起降量 26.8 万架次进行规划,用地面积 2264 万平方米;远期(2035 年)按满足旅客吞吐量 6000 万人次、货邮吞吐量 400 万吨、飞机起降量 48.9 万架次进行规划控制,用地总面积 2612 万平方米;飞行区指标由 4E 调整为 4F。

3. 总体规划(2015 年版)

随着我国民航事业及地区经济的快速发展,深圳机场航空业务量增长迅速,2013 年实现旅客吞吐量 3227 万人次,远超 2005 年版总体规划预测的机场 2010 年旅客吞吐量 2200 万人次。为使机场规划与城市规划发展相协调,确保长远发展和安全运行,有效解决机场既有设施容量与快速增长的航空业务需求之间的矛盾,深圳机场公司决定对《深圳机场总体规划(2005 年版)》进行再次修编。

中国民航机场建设集团公司在 2005 年版总体规划基础上,调整了机场未来航空业务预测量,分析整合了用地需求,结合市场需求、辐射范围以及在"珠三角"地区和"深圳经济圈"的功能定位,于 2014 年 12 月形成了《深圳机场总体规划(2015 年版)》,提出近期目标年为 2025 年,预测旅客吞吐量为 5200 万人次、货邮吞吐量为 280 万吨、飞机起降量为 37.7 万架次,高峰小时飞机起降量为 107 架次。按照分期建设的思路,规划 2025 年航空业务量使用需求的条件,先期按照 2020 年的航空业务量使用需求进行建设,2025 年机场设施根据航空业务量发展情况,在既有设施基础上扩建,布局基本不变,预留用地满足 2025 年建设条件。

机场远期目标年为 2040 年,预测旅客吞吐量为 6300 万人次、货邮吞吐量为 450 万吨、飞机起降量为 43.4 万架次,高峰小时飞机起降量为 111 架次,达到 3 条跑道的终端容量,也是深圳机场的终端规模。

2015 年 7 月,中国民用航空局和深圳市政府联合批复了《深圳机场总体规划(2015 年版)》,该版总体规划指导了机场以 T3 航站楼、二跑道为代表的扩建工程,截至 2019 年底主要设施均已建成投产。

4. 总体规划(2019 年版)

随着《中国民用航空发展第十三个五年规划》《深圳市国民经济和社会发展第十三个五年规划纲要》的实施和深圳机场业务量的增长,机场设施建设滞后问题仍需进一步解决。

2017 年 7 月,深圳机场委托中国民航机场建设集团公司开展深圳机场总体规划修编工作,主要包括机场定位及业务规模、跑滑系统优化、航站区布局调整、综合交通衔接方案研究等内容,要求在优化机场现状设施建设规划的同时,重点规划 T4 航站楼片区。

2018 年 10 月,中国民航机场建设集团公司编制完成了《深圳机场总体规划(2019 年版报审稿)》。同年 11 月,中国民用航空局组织召开两次专家评审会议,结合审查总体规划方案调整情况及相关专题研究情况,认为调整后的机场总体规划方案基本合理可行。

2019 年 2 月,党中央和国务院印发的《粤港澳大湾区发展规划纲要》提出,建设世界级机场群,提升广州和深圳机场国际枢纽竞争力。2019 年 8 月,党中央和国务院《关于支持深圳建设中国特色社会主义先行示范区的意见》提出,到 2035 年把深圳建成具有全球影响力的创新创业创意之都。2019 年 5 月,深圳市印发《深圳建设交通强国城市范例行动方案(2019—2035年)》,明确提出"推进深圳宝安国际机场扩容升级,推进卫星厅、三跑道、T4 航站楼以及捷运系统等工程建设,打造面向亚太、辐射全球的大湾区核心国际枢纽机场。加强与惠州合作,发挥惠州平潭机场作为深圳第二机场功能,完善深圳至惠州平潭机场陆路集疏运体系。打造具备较强国际竞争力的基地航空公司,积极引导开通战略性远程航线,深耕国际重点航线,实现深圳与世界主要枢纽城市的连通,打造面向亚太、连接欧美澳、衔接'一带一路'的航线网络"。粤港澳大湾区经济和人口聚集效应强,人流、物流集中度高,航空运输需求旺盛,经济社会发展潜力大。深圳机场作为粤港澳大湾区的大型枢纽机场,航空客货市场资源充足,极具发展潜力。

2019 年版总体规划提出深圳机场近期(2030 年)旅客吞吐量为 9500 万人次,但受制于场地条件,机场可布置 3 条跑道,设施终端容量约为 8000 万人次/年,预计 2028 年前后达到。随着深圳机场国际枢纽战略稳步推进,将呈现国际业务比例扩大的结构性调整变化;货运业务近期(2030 年)年吞吐量为 260 万吨、远期(2050 年)达到 450 万吨的终端规模。

规划 T3 航站楼承担旅客吞吐量 4500 万人次/年,以国内旅客为主;T4 航站楼承担旅客吞吐量 3100 万人次/年,以国际旅客为主,兼顾国内旅客使用;卫星厅空侧容量为旅客吞吐量 2200 万人次/年,保障国内旅客使用,旅客相关业务由 T3 和 T4 航站楼共同承担;A、B 楼承担 1500 万人次/年,保障国内旅客使用。上述设施共同满足机场终端规模 8000 万人次/年的使用需求。

机场卫星厅和三跑道将分别于 2021 年、2023 年建成投入使用,T4 航站楼和 A、B 楼将于 2024 年建成投产。三跑道、卫星厅、T4 航站楼和 A、B 楼未投产前,充分挖掘 T3 航站楼及卫星厅潜力,保障机场使用需求。2019 年版总体规划建议尽快启动 T4 航站楼前期工作,对接机场北部片区相关规划,保障 T4 航站楼与相关轨道交通项目有效衔接,打造便捷的航空综合交通枢纽;尽早启动深圳第二机场的前期工作,统筹解决深圳机场客运需求溢出问题。深圳机场远期总平面规划图见图 28-3。

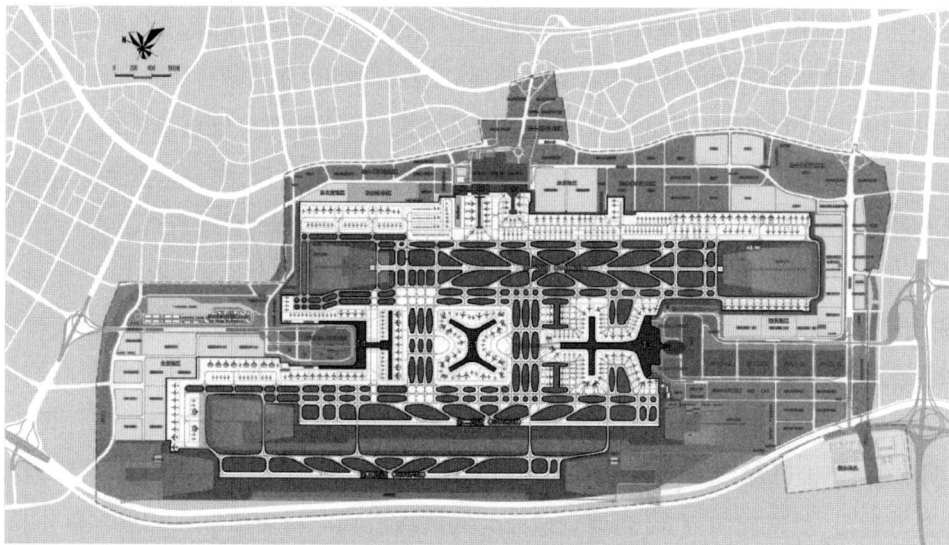

图 28-3 深圳机场远期总平面规划图

2020 年 3 月 24 日,中国民用航空局批复同意《深圳宝安国际机场总体规划(2019 年版)》。深圳机场定位为立足粤港澳大湾区、面向亚太、辐射全球的国际航空枢纽和航空物流枢纽,粤港澳大湾区世界级机场群的核心枢纽和粤港澳大湾区重要的国际性综合交通枢纽。

二、机场设计

1.飞行区设计

深圳属亚热带季风气候,春夏主导风为偏南风,秋冬多为偏北风。根据气候和环境因素,深圳机场规划"1 组远距跑道 +1 条近距跑道"构型,3 条跑道平行设置,根据机场 2009—2019 年的气象资料统计分析,侧风风速不大于 6.7 米/秒的跑道风力负荷为 98.5%。平行跑道运行简单灵活,容量大,飞机起降风险小,满足机场使用需求。

截至 2019 年底,深圳机场有 3400 米 ×45 米的一跑道(4E)和 3800 米 ×60 米的二跑道 (4F),间距 1600 米,南端向北错开 600 米,以及相应的滑行道系统。两条跑道间设有 2 条独立 联络通道及 2 条站坪滑行道,均为 F 类。机场有 222 个(22B96C44D55E5F)停机位,其中客机 位 173 个,通用航空和公务机位共 49 个。一跑道主降方向为 Ⅱ 类、次降方向为 Ⅰ 类精密进近 灯光系统;二跑道主、次降方向均为 Ⅰ 类精密进近灯光系统。

深圳机场三跑道扩建项目拟在二跑道西侧 550 米处规划 3600 米 ×45 米的三跑道,飞行 区指标为 4F,其北端向北错开 850 米;三跑道东侧 200 米处规划 1 条等长的平行滑行道,相应 规划快速出口滑行道、端滑行道、旁通滑行道、穿越滑行道和绕行滑行道等滑行系统;升降带平 整宽度为跑道中心线两侧各 75 ~ 105 米;滑行带平整宽度为滑行道中心线两侧各 40 米;端安 全区为 240 米 ×120 米。

2. 航站楼设计

截至 2019 年底,深圳机场东航站区位于一跑道东侧,由总建筑面积 16.7 万平方米的 A、B 航站楼和国际航站楼组成,暂停使用;西航站区位于一跑道与二跑道之间,建有 45.1 万平方米 的 T3 航站楼,采用"主楼 + 翼廊 + 指廊"构型,设计容量为年旅客吞吐量 4500 万人次。T3 航 站楼前设有 5.7 万平方米的地面交通中心(Ground Transportion Center,GTC),地铁 1 号线和 11 号线与 T3 航站楼接驳,11 号线预留的机场北站与 T4 航站楼同期建设;20 号线于 T4 航站楼前 设站,穗莞深城际铁路在 T4 和 T3 航站楼前设站。

T3 航站楼由意大利福克萨斯建筑设计事务所(Studio Fuksas)设计,采用"主楼 + 翼廊 + 指廊"构型(图 28-4),楼前设有地面交通中心,实现机场与轨道交通衔接。2008 年 10 月,北京 市建筑设计研究院完成 T3 航站楼初步设计方案。2013 年 11 月 28 日,T3 航站楼建成投产后, A、B、D 楼停用,A 楼空侧改为公务机运营区域,A、B 楼空侧廊桥全部拆除。

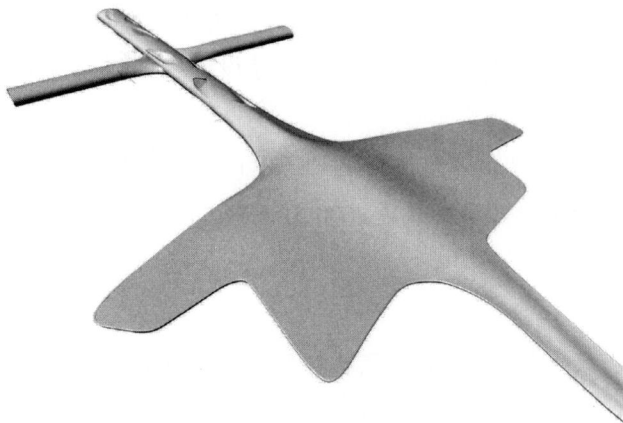

图 28-4 T3 航站楼构型图

2015 年 12 月,广东省建筑设计研究院、兰德隆与布朗环球服务公司(Landrum & Brown)和凯达环球有限公司(Aedas Limited)联合体中标深圳机场卫星厅方案。

第四节 工 程 建 设

一、深圳机场建设重要节点

1987 年 5 月 21 日,国务院批准新建深圳民用机场。

1989 年 5 月 20 日,深圳机场正式动工建设。

1991 年 10 月 12 日,深圳机场建成通航。一期主要建设项目包括跑道 3400 米 × 45 米、航站楼(B 楼)3.8 万平方米(扩建后达到 7.42 万平方米)以及相关配套设施。

1997 年 2 月 21 日,深圳机场启动航站楼扩建工程,1998 年 11 月建成投用。航站楼(A 楼)按满足旅客吞吐量 1200 万人次的需求建设,总面积 7.26 万平方米,相应扩建站坪、停车场等设施。

1998 年 12 月 26 日,A 楼建成投入使用。

2002 年 1 月 16 日,深圳机场物流园区正式开工建设。

2004 年,深圳机场 B 楼改扩建工程竣工投产。

2005 年底,深圳机场启动填海造地与飞行区工程、航站区工程,主要包括 1 条 3800 米 × 60 米的远距第二跑道和 45 万平方米的 T3 航站楼。

2007 年,在 A 楼北侧新建 2.1 万平方米的临时国际候机楼,于 2008 年底投入运行。

2008 年 10 月 24 日,UPS 亚洲转运中心项目奠基。

2011 年 7 月,二跑道及配套滑行道系统建成投用。

2013 年 11 月 28 日,T3 航站楼投入使用。深圳机场进入大飞行区、大航站区时代。

2018 年 12 月 21 日,深圳机场卫星厅工程开工建设,设计年旅客吞吐量为 2200 万人次,通过捷运系统与 T3 航站楼连接。

2020 年 3 月 18 日,深圳机场三跑道扩建工程开工建设,规模为 3600 米 × 45 米,飞行区等级为 4F,机场设计能力达到年旅客吞吐量 8000 万人次、货邮吞吐量 260 万吨。

二、工程建设难点

深圳机场规模大、航班多、运行效率高,机场改扩建工程的主要难点是不停航施工。既要保证机场运行安全顺畅,又要保证施工进度。

卫星厅建设项目结构托换是工程建设重大难点。卫星厅下方已建成的地铁 11 号线及穗莞深城际轨道,需进行结构托换;11 号线上方采用托板转换方式,承托地铁周边加桩和转换厚板上部荷载;穗莞深城际轨道上方采用灌注桩+转换厚板承托上部荷载。

三、主要参建单位

1. 决策和设计阶段

决策和设计阶段主要参与单位有:中国民航工程咨询公司(中国民航工程咨询有限公司),中国民航机场建设工程公司,中国国际工程咨询公司,英国机场集团(British Airports Group,BAA),广东省建筑设计研究院和兰德隆与布朗环球服务公司(Landrum & Brown),荷兰机场顾问公司(Netherlands Airport Consultants,NACO B. V.),深圳市城市交通规划研究中心,澳大利亚 Sinclair Knight Merz 公司,广东鑫鹏民航技术服务中心,范德兰德物流自动化系统有限公司(Vanderland Logistics Automation System Co.，Ltd)。

2. 施工阶段

深圳机场的建设汇集了国内众多工程建设领域经验丰富的施工和监理单位、共有7家施工总承包单位、约40家施工分包单位参与,高峰期施工人数达6000多人。主要参建单位包括:中国铁道科学研究院深圳研究设计院[铁科院(深圳)研究设计院有限公司],中国建筑东北设计研究院有限公司,广州中南民航工程咨询监理有限公司,中国民航机场建设集团有限公司,中国电建集团华东勘测设计研究院有限公司,广东省建筑设计研究院(广东省建筑设计研究院有限公司),兰德隆与布朗环球服务公司(Landrum & Brown),凯达环球有限公司(Aedas Limited),中国电建集团航空港建设有限公司,中国航空港建设第八工程总队,北京市建筑设计研究院有限公司,中国航空港建设第十工程总队,中南航空港建设公司,中国航空港建设第九工程总队,中国建筑第八工程局有限公司,中国华西企业集团有限公司,四川省场道工程有限公司,中国葛洲坝集团股份有限公司,中铁二局集团建筑有限公司。

四、项目法人

深圳机场各单项工程的项目法人均为深圳市机场(集团)有限公司。

第五节 运 营 管 理

一、机场运营重要节点

1991年10月12日,深圳机场正式通航。

1993年1月12日,深圳机场开通至香港的海上运输航线,成为国内第一个实现海、陆、空联运的航空港。

1993 年 5 月 16 日,深圳机场首条国际航线(深圳—新加坡航线)开通,升级为国际机场。

1994 年 6 月 17 日,深圳机场(集团)有限公司成立。

1996 年 12 月,深圳机场成为全国第四大航空港。

1998 年 4 月 20 日,深圳机场在深交所上市。

2000 年 5 月,深圳机场成为亚洲首个"国际卫生机场"。

2003 年,深圳机场年旅客吞吐量首破 1000 万人次,跨入全球百强机场行列。

2007 年,深圳机场年旅客吞吐量首破 2000 万人次,跨入世界繁忙机场行列。

2011 年 7 月 26 日,二跑道启用,深圳机场进入双跑道运行时代。

2013 年,深圳机场年旅客吞吐量首破 3000 万人次,10 年内实现年旅客吞吐量千万级"三连跳"。

2014 年 5 月 18 日,空客 A380 飞机在深圳机场首航,标志着深圳机场具备保障超大型宽体客机的运营能力。

2015 年 11 月 11 日,深圳机场口岸实行 24 小时通关,进一步突破机场国际业务发展瓶颈。

2016 年,机场年货邮吞吐量首破 100 万吨,全年新开国际航线 12 条,实现洲际客运航线通达欧美澳。

2017 年 9 月 28 日,深圳—莫斯科航线首航,国际航空枢纽建设持续加速。

2017 年 10 月 16 日,深圳国际快件运营中心升级启用,实现集中审单、集中查验、自动分拣"一站式"快速通关。

2017 年,年旅客吞吐量首破 4000 万人次。

2018 年 4 月,深圳机场(集团)有限公司正式启动数字化转型工作。

2018 年 8 月 28 日,首都航空 JD5759(北京—澳门)航班备降深圳机场,深圳机场快速有序地完成了现场应急处置,被业内称为"教科书式的案例"。

2019 年 5 月 27 日,以"湾区之心、连通世界"为主题的深圳机场国际航线通达全球 50 城暨"深圳—罗马"航线发布仪式举行,深圳机场国际客运通航城市增至 50 个,洲际航线突破 20 条。

2019 年,深圳机场年旅客吞吐量突破 5000 万人次。

二、管理措施

1. 建设与运营一体化的管理模式

制度建设方面,制订了 20 项工程管理规定及办法、50 余项运营安全生产规定及办法,并不断完善。

工程实施方面,以 T3 航站楼适应性改造不停航施工为例,机场工程管理与运营部门共同确定工作内容,形成《T3 航站楼适应性改造不停运施工指导手册》,制订项目施工计划及进出场策略,分析各分项施工的影响,明确不停运施工保障措施,确立不停航施工专项方案及开工审批管理办法,提出不停运施工风险分析及应对策略,保证了 T3 航站楼施工期间的正常运行。

2.基于目标导向的进度总体管控

深圳机场新一期扩建工程包括卫星厅航站楼及其配套工程、三跑道项目和配套工程。为加强组织领导,深圳机场委托中国电建华东勘测设计研究院有限公司编制了工程总进度计划、工程年度计划目标、重要子项工程进度目标、各项目总进度计划主要节点及总进度计划,对报批报建、设计、招标、施工、验收等各个阶段进度进行总体控制。

3.基于问题导向的统筹协调

深圳机场位于珠江口,地处粤港澳大湾区中心区域,建设协调涉及各部委、军民航和各级地方政府,工程建设采取问题导向进行统筹协调解决。建立了机场规划建设领导小组会、宝安区联席会、与深圳市土地投资开发中心联席会、机场集团党委会、董事长专题会、总经理办公会、指挥长办公会、工程建设及运行工作例会、项目进度推进专题会等,加强与各部门沟通协调,建立问题清单和任务清单,及时协调解决工程建设、运营中存在的问题。

4.信息化管理手段

深圳机场 2018 年启动建设机位资源智能分配系统,该系统采用人工智能算法提供机位滚动分配方案,预测航班延误和占用机位资源情况,可实现自动化调度、全局优化、灵活可配置、系统可管理、能力可拓展等功能。系统提供全景平面图、进度甘特图、指标比较图、机位剩余曲线图等多维度可视化功能,同时支持对航班靠桥率、廊桥周转率、机位分地服、分机型使用的详情分析,以及机位压力状态的直观展示。

该系统可有效提升机场运行安全管理水平、显著提高旅客乘机体验、提高机场整体运行效率、降低运行成本等。该系统成为民航信息化技术创新探索的先驱者。未来深圳机场将继续基于人工智能技术进行尝试创新,引领民航信息化发展,服务于建设大湾区世界级机场群的战略目标。

第六节　工　程　创　新

1.智慧机场建设

2019 年 12 月,民航中南地区智慧机场建设现场会在深圳机场召开,会上发布了《民航中南地区管理局关于支持深圳机场建设智慧机场先行示范的指导意见》和《深圳智慧机场数字化转型白皮书》，明确基于5G❶ + WiFi❷ 6 等新技术构建基础连接，依托人工智能视频分析技术、智能安防平台SOC❸技术、人脸OneID技术打造大运控、大安防、大服务三大业务体系，实现旅客"五合一"通关、自助行李托运、自助安检、毫米波安检、刷脸登机，机场运营实现智能运行中心（Intelligent Operations Center，IOC）、人工智能机位分配、地面服务管理系统、车辆定位监控系统、eLTE❹无线专网、飞行区全景视频、航班保障节点自动采集、大数据中心、行李全流程跟踪、智能安防管控、5G + 4K❺、行李装卸可视化等。

2020 年，深圳机场在全国率先利用无感红外测温设备，实现了进出港旅客健康监测全覆盖；通过深圳机场"指尖"申报小程序，率先实现旅客健康信息无纸化申报。

2. 航站楼创新设计

深圳机场 T3 航站楼（图 28-5）由意大利福克萨斯建筑设计事务所（Studio Fuksas）设计，整栋大楼包裹在一个钢结构的、有变化肌理的双层表皮内，流线型动感设计和从自然演变而来的生态形式，带来想象力和冲击力，唤起对传统中国色彩和符号的记忆。

图 28-5　深圳机场 T3 航站楼出发大厅

2013 年 12 月，深圳机场 T3 航站楼获得国际空间设计大奖"艾特奖"（Idea-Tops）的"最佳交通空间"奖项。总体评价是：通过动线展示、轨道设计及灯光设计的完美运用，对公共空间进行了丰富的设计表达。

T3 航站楼建筑造型及室内"六角形"天花营造出具有流动性的空间，卫星厅建筑形象圆

---

❶ 5G：第五代移动通信技术。

❷ WiFi：无线宽带。

❸ SOC：系统级芯片。

❹ eLTE：增强的长期演进技术。

❺ 4K：4096 × 2160 的超高清分辨率。

润、简洁,其他建筑及室内空间设计从群体游动的"飞鱼"蝠鲼意象提取元素,通过阵列式的室外遮阳构件和天窗下方的"太阳膜"天花,体现流动主题。

卫星厅可提供多样化的旅客体验,航站楼内设有时光隧道式捷运系统,具有未来感的捷运站、温馨亲和的木色候机厅、展现科技体验的双子星广场(图28-6)、全国首创的体现人文关怀的观景平台和母婴候机室等,是一座绿色、智慧型的航站楼,达到绿色三星建筑标准,使用大面积整体无缝地坪的环保材料,广泛利用再生能源及清洁能源,具有特色"L"形外遮阳系统;引入大数据、云计算、物联网技术、室内无线通信位置定位技术,运用无纸化通关、自助登机、托运行李信息自动读取等手段,打造智慧机场,优化出行体验。

图28-6　深圳机场卫星厅双子星广场效果图

3. 新技术工艺应用

卫星厅的双子星广场上方屋面天窗采用电致调光玻璃,通过系统控制改变玻璃颜色深浅,从而控制进入建筑的自然光量,旅客在双子星广场可以看到简洁的结构体系及玻璃天窗。

高级地面活动引导及控制系统(Advanced Surface Movement Guidance and Control System, A-SMGCS)系统是实施机场飞机和车辆的运行监视、冲突报警、路线规划引导的运行系统,可有效降低飞机与飞机、飞机与车辆、车辆与车辆在滑行道、跑道和机坪范围内的运行冲突,引导飞机、车辆按照最佳路线运行,提高机场周转率、运行效率和安全性。

4. 信息技术应用

深圳机场三跑道项目陆域工程广泛应用建筑信息模型(Building Information Modeling, BIM)技术,获得第七届"龙图杯"全国BIM大赛设计组二等奖、第九届"创新杯"BIM应用大赛水运工程类BIM应用第二名、第四届"科创杯"BIM大赛最佳BIM设计应用二等奖、第四届国际BIM大奖赛暨高峰论坛最佳"一带一路"BIM应用大奖。卫星厅设计采用三维设计软件优化建筑造型,把屋面及玻璃板块归集为几种标准类型,达到标准化单元式建造。

第七节　工　程　价　值

深圳机场是《全国民用运输机场布局规划》确定的全国重点发展的 10 个国际枢纽机场之一,与广州白云机场优势互补,发挥双核心作用,协同区域内其他机场共同打造珠三角世界级机场群。

深圳机场的建设,填补了区域机场布局空白,为深圳经济特区的发展奠定了基础,加强了内地与香港的联系,促进了珠三角地区经济社会快速发展。

深圳机场的建设发展,有利于助力粤港澳大湾区世界级城市群和深圳中国特色社会主义先行示范区建设。《推动共建丝绸之路经济带和 21 世纪海上丝绸之路的愿景与行动》提出,发挥香港、澳门特别行政区独特优势,打造粤港澳大湾区。《粤港澳大湾区发展规划纲要》提出,建设世界级机场群,提升广州和深圳机场国际枢纽竞争力。党中央和国务院《关于支持深圳建设中国特色社会主义先行示范区的意见》提出,到 2035 年,把深圳建成具有全球影响力的创新创业创意之都。粤港澳大湾区经济和人口聚集效应强,人流、物流集中度高,航空运输需求旺盛,经济社会发展潜力大。深圳机场是粤港澳大湾区的大型枢纽机场,有利于带动区域经济社会发展,助力我国基本实现社会主义现代化的奋斗目标。

深圳机场的建设发展,将助力打造国际航空枢纽和世界级机场群。深圳是我国综合交通枢纽城市。国家《国民经济和社会发展第十三个五年规划纲要》提出,建设京津冀、长三角、粤港澳大湾区世界级机场群,加快建设深圳等国际航空枢纽。《全国民用运输机场布局规划》提出,到 2025 年,形成北京、上海、广州三大世界级机场群,成都、昆明、深圳、重庆等国际枢纽作用显著增强。《广东省深化泛珠三角区域合作实施意见》明确,推进广州白云国际机场世界级航空枢纽和深圳宝安国际机场国际航运建设,推进粤港澳大湾区世界级机场群建设。深圳机场的建设发展,有利于提升深圳国际航空枢纽功能,形成布局合理、分工明确、功能完善的粤港澳大湾区机场群。

深圳机场定位为国际航空枢纽机场,将依托深圳"特区、湾区、自贸区"的独特优势,坚持客货运并举,构建发达高效的"海陆空铁"综合交通运输体系,打造面向亚太、连接欧美的客货运输网络,建成珠三角世界级机场群中重要的核心机场、"一带一路"倡议中更具辐射能力的重要国际航空枢纽。

执笔人:李孝荣　　王云闯　　杨海斌　　程兴民　　刘国旗

第二十九章　郑州新郑国际机场

第一节　工程概况

郑州新郑国际机场(以下简称"郑州机场",见图29-1)位于河南省郑州市东南方向的航空港经济综合实验区,距市中心25千米,是全国首个国家级临空经济示范区——郑州航空港经济综合实验区核心组成部分,定位为国际航空货运枢纽、现代国际综合交通枢纽、航空物流改革创新试验区、中部崛起的新动力源。2019年,郑州机场完成旅客吞吐量2913万人次、货邮吞吐量52万吨,全国(不含港澳台地区)排名分别为第12位和第7位,客、货运规模连续3年位居中部地区"双第一"。

图 29-1　郑州机场近景图

郑州机场于1997年8月28日建成通航。截至2020年10月,机场拥有2条分别长3400米和3600米的跑道以及配套的滑行道系统(飞行区指标为4F),2座总面积61.77万平方米的航站楼,27.4万平方米的综合交通换乘中心,124个机位的站坪,5座总面积10.96万平方米的货运站,以及空管、供油等生产生活辅助设施。

郑州机场建成后实施了两次扩建,其中2012年12月开工的二期扩建工程是"十二五"期间民航和河南省重点工程之一,也是郑州航空港经济综合实验区发展规划中的核心工程,工程建成后基本形成了以航空为核心,集城铁、地铁、长途巴士、公交、出租车等多种交通方式为一体的现代综合交通枢纽,有力支撑了郑州机场航空运输和航空港经济综合实验区高质量发展。

货运方面基本形成了横跨欧美亚三大经济区、覆盖全球主要经济体的枢纽航线网络,成为中部地区融入"一带一路"的重要开放门户和引领中部、服务全国、辐射全球的空中经济廊道。

二期扩建工程的主要建设内容为:飞行区指标为 4F,新建 48.6 万平方米的 2 号航站楼、27.4 万平方米综合交通换乘中心(Ground Traffic Center, 简称 GTC)和 5.3 万平方米的国际货运站,3600 米×60 米的跑道和滑行道系统,79 个机位的客机坪、4 个机位的货机坪,以及空管工程、供油工程、航食配餐中心等辅助生产生活设施。工程新征用地 5.7 平方千米,投资约182.89 亿元(不含空管、供油等工程)。2013 年 9 月全面开工建设,2015 年 12 月建成投用。建成后机场保障能力达年旅客吞吐量 4000 万人次、货邮吞吐量 50 万吨。

新建 2 号航站楼为航站区主航站楼,紧邻 1 号航站楼东侧,正对迎宾大道布置,建筑整体以"象"为形态主题,寓意是与河南的简称"豫"字同源,平面呈"X"形布置,由主楼和 4 个指廊组成,地下 2 层,地上 4 层,地下二层为穿越 2 号航站楼的城际铁路及轨道交通。航站楼流程高效顺畅,设备设施齐全,使用简单便利。郑州机场 GTC 是继上海虹桥机场后,全国第二个实现与城际铁路、地铁等多种交通方式有效衔接的综合交通中心,可实现与城际铁路、地铁上下垂直换乘。2017 年,郑州机场 2 号航站楼、综合交通换乘中心、空管工程荣获中国建设工程鲁班奖(国家优质工程),机场综合楼工程荣获国家优质工程奖。

二期扩建工程建成投用后,郑州机场不断延伸物流链、产业链,完善枢纽功能,有力带动郑州航空港实验区乃至中部地区发展水平不断提高,在服务地方经济社会高质量发展方面发挥了积极作用。

第二节　规划与决策

一、历史沿革

1. 郑州燕庄机场

郑州燕庄机场始建于 1942 年,位于郑州市东郊,距市中心 6 千米,占地 1.33 平方千米,建有 1 条长 300 多米的土质跑道。1950 年,中国人民解放军进驻郑州燕庄机场后,重建 1 条长1960 米的混凝土跑道。1960 年,燕庄机场转为军民合用机场。改革开放以后,郑州燕庄机场历经几次扩建,到 1994 年占地规模已达 2.8 平方千米,飞行区指标为 4C,跑道长 2400 米,机坪面积 3.6 万平方米,航站楼建筑面积 1.2 万平方米。郑州燕庄机场民用航空业务于 1997 年8 月 28 日转场至郑州新郑国际机场。

2. 郑州新郑国际机场

郑州新郑国际机场自 1984 年开始筹建,同年启动了选址、立项和申报工作。1992 年 9

月,新郑机场建设指挥部成立。1994 年 8 月 18 日动工建设,1997 年 8 月 28 日建成通航。飞行区指标为 4E,跑道长 3400 米,机场占地面积 4.6 平方千米。机坪面积 11 万平方米,航站楼建筑面积 4.59 万平方米,年旅客保障能力为 380 万人次,货邮保障能力为 3.04 万吨。

3. 郑州新郑国际机场一期改扩建工程

为适应航空和经济的快速发展,2004 年郑州机场一期改扩建工程启动,主要建设内容包括:扩建航站楼 6.3 万平方米,地下室 1 万平方米;扩建客机坪 7.25 万平方米,新建货机坪 7.6 万平方米;为保持建筑风格的一致和协调,对原有航站楼 4.59 万平方米进行统一改造、装修;临时国际厅 3600 平方米,完善相关配套设施。工程总投资约 14.07 亿元。

一期改扩建项目分两阶段实施。2005 年 8 月先行建设扩建工程,包括站坪扩建工程、新建货运机坪工程、航站楼扩建工程及相关配套设施,2006 年 11 月完工,2007 年 1 月通过行业验收并投入使用;2007 年 4 月启动改建工程,包括改造原有航站楼及相关配套设施,2007 年 11 月底竣工启用。改扩建工程全面完成后,T1 航站楼(图 29-2)建筑面积达到 10.8 万平方米,机坪面积达到 25.6 万平方米;停机位由原来的 14 个增加到 31 个,年旅客保障能力由原来的 380 万人次增加到 1200 万人次、货邮保障能力由原来的 3.04 万吨增加到 35 万吨。

图 29-2　1 号航站楼效果图

二、项目提出

河南省是我国人口大省和经济大省,随着经济社会快速发展,人均收入水平进入对民航产生潜在需求的区间。“十一五”期间,郑州机场运输规模呈现强劲增长态势,2006—2007 年连续两年保持 30% 左右的高速增长,2008 年中国民用航空局将郑州机场确定为全国八大区域性枢纽机场之一。《全国民用机场布局规划(2008 年)》提出,提升郑州机场在中部崛起中的地位,对郑州机场在国家中部崛起战略和区域经济中所扮演的角色寄予厚望。《中国民用航空发展第十一个五年规划》将郑州机场定位为“中型机场”,2011—2020 年发展为“大型机场”。

2007 年 11 月,河南省政府颁布《郑州国际航空枢纽暨港区建设规划纲要》,提出实施民航优先发展战略,明确了郑州机场全国大型枢纽机场和国际货运枢纽的发展定位,按照 2020 年旅客吞吐量 3000 万人次、货邮吞吐量 60 万吨的发展目标,建设大型枢纽机场的要求,高起点规划,分步骤实施,加快机场基础设施和配套服务设施建设,建设 2 号航站楼、第二跑道和联络滑行道系统,突出"以人为本""零距离换乘"理念,统筹规划轻轨、城际轨道交通、城市公共交通、机场大巴、长途客运、出租车、社会车辆等运输方式,促进区域内多种运输方式立体交汇和有机衔接,形成一体化综合交通换乘枢纽。

2009 年 6 月《郑州新郑国际机场总体规划(2009 年)》获得中国民用航空局和河南省政府的联合批复,为郑州机场新一轮基础设施建设提供了规划依据。2009 年河南省政府工作报告提出以建设航空枢纽等为突破口推进中原城市群建设,要求加快实施郑州机场改扩建工程。郑州机场启动了二期工程预可行性研究和航站区规划及 2 号航站楼概念性方案(图 29-3)征集工作。

图 29-3 郑州机场二期工程效果图

三、空域协调

郑州地区空域紧张、飞行矛盾突出,解决郑州机场第二跑道空域使用问题,是保证工程前期工作顺利推进的前提。在河南省政府和相关部门的支持配合下,郑州机场先后组织召开多次空域协调会。

2010 年 9 月,河南省发展和改革委员会、郑州市政府以及相关部门在郑州机场召开空域协调会,专题研究空域规划和飞行程序问题,签订空域使用初步协议。

2010 年 11 月,郑州飞行管制分区召开协调会,研究郑州机场南部地区进离场分离和周口地区班机航线分流问题,同意在机场南部新辟航路航线,有效缓解郑州地区空域紧张的问题,

提高郑州机场跑道利用率,使起降量由每天 240 架次提高到 450 架次,基本满足年旅客吞吐量
1600 万人次的保障要求。

2010 年 12 月,郑州机场第二跑道进离场飞行程序空域研讨会召开,确定了飞行程序初步
设计方案,正式同意在机场北侧建设第二跑道。

2011 年 2 月,郑州机场第二跑道建设及空域规划和飞行程序正式获批。

2011 年 7 月,郑州地区空域结构调整暨郑州新郑国际机场进离场航线分离协调会召开,
会议期间全面优化了航路航线,制订了郑州机场进离场分离方案,民航班机进离场效率提高一
倍多,空域资源得到了合理释放和充分利用,为二期工程竣工后实现双跑道独立运行提供了充
足的空域保障。

四、项目立项

2010 年 9 月,河南省发展和改革委员会向国家发展和改革委员会报送了《郑州新郑国际
机场二期扩建工程预可行性研究报告》。同年,10 月,国家发展和改革委员会委托中国国际工
程咨询公司(现中国国际工程咨询有限公司,以下简称“中咨公司”)评估该项目,评估重点为
“郑州机场未来航空业务量预测,本期扩建的必要性、合理规模”。

中咨公司组织专家、有关部门和单位,先后在郑州和北京组织召开咨询论证会,经综合分
析论证,于 2011 年 3 月出具了咨询评估报告,明确为适应郑州机场航空业务量增长的需要,促
进当地经济社会发展,项目建设是必要的。评估综合分析地方经济社会发展与综合交通体系
现状及规划等因素,考虑高铁开通运营对航空业务量的影响,调整了航空业务量预测值,并在
此基础上优化调整了建设方案、内容和规模。

2011 年 11 月 21 日,国家发展和改革委员会进行立项批复,同意实施郑州机场二期扩建
工程,本期工程按 2020 年旅客吞吐量 2900 万人次、货邮吞吐量 50 万吨的目标设计,主要建设
内容为:飞行区指标为 4F,在第一跑道北侧 2050 米处建设 1 条长 3600 米的第二跑道和滑行道
系统;新建 31 万平方米的第二航站楼、69 个机位的站坪;配套建设空管、供油及其他相关生产
生活设施。项目总投资为 136.38 亿元。

五、项目可行性研究

2012 年 4 月,河南省发展和改革委员会向国家发展和改革委员会报送了《郑州新郑国际机
场二期扩建工程可行性研究报告》。同年,5 月国家发展和改革委员会委托中咨公司评估该项
目,要求“根据区域经济情况、综合交通发展和航空业务量预测,重点论证本期扩建工程合理的建
设内容、标准、规模及投资,以及建设内容、规模、投资等较项目建议书变化的原因及合理性”。

中咨公司组织专家、有关部门和单位,对本项目进行评估,经综合分析论证,于 2012 年 6
月出具咨询评估报告,认为可行性研究报告对航空运输市场需求的相关分析符合在国家战略

引领下的当地经济社会和综合交通发展态势,预测结果合理;评估在充分利用既有设施设备的基础上,根据实际业务需求,确定了建设方案、内容和规模,并优化调整了征地红线。

2012 年 12 月 20 日,国家发展和改革委员会批复《郑州新郑国际机场二期扩建工程可行性研究报告》,项目总投资为 154.18 亿元,其中:机场工程 147.65 亿元,资本金比例为 50%,资金来源为民航局安排民航发展基金 6.5 亿元、中央财政返还民航发展基金 6.3 亿元、河南省安排财政性资金 47.9 亿元、郑州市安排财政性资金 11.1 亿元、河南省机场集团安排自有资金 2 亿元、机场工程资本金以外的建设资金利用银行贷款解决;空管工程 5.92 亿元,由民航局安排民航发展基金解决;供油工程 0.61 亿元,资本金比例为 35%,由华南蓝天航空油料有限公司安排自有资金解决,其余利用银行贷款。

第三节　工　程　设　计

一、机场总体规划

2009 年 6 月 25 日,中国民用航空局与河南省政府联合批复郑州新郑国际机场总体规划,机场近期目标年为 2020 年,远期目标年为 2040 年。近期按满足 2020 年旅客吞吐量 2700 万人次、货邮吞吐量 58 万吨、飞机起降 24.8 万架次进行规划;远期按满足 2040 年旅客吞吐量 6000 万人次、货邮吞吐量 200 万吨、飞机起降 53.8 万架次进行规划控制。

飞行区指标按北侧 4F、南侧 4E 标准规划。近期在第一跑道北侧规划长度为 3600 米、间距为 2050 米的远距平行第二跑道,西端相对第一跑道向东错开 800 米。在 1 号航站楼东侧规划 1 组跑道间联络道。远期在第二跑道北侧规划长度为 3000 米、间距为 380 米的第三跑道,西端相对第二跑道平齐。在第一跑道南侧规划长度为 3000 米、间距为 365 米的第四跑道,西端相对第一跑道平齐。第二、第三、第四跑道两端均设置精密进近灯光系统。在远期航站楼东侧规划 1 组跑道间联络道。

近期在第二跑道南侧 190 米处、287.5 米处各规划 1 条长度为 3600 米的平行滑行道,在第一跑道北侧 265 米处规划第二平行滑行道。远期在第二跑道北侧 190 米处规划 1 条长度为 3000 米的平行滑行道,在第一跑道南侧 182.5 米、第四跑道南侧 182.5 米处各规划 1 条长度为 3000 米的平行滑行道。

在 1 号航站楼北侧规划近期 2 号航站楼,在 2 号航站楼东侧跑道联络道之间规划远期航站楼,在航站楼前规划停车场及进出场道路。近期规划 87 个站坪机位,其中近机位 71 个、远机位 16 个。远期规划站坪机位 156 个,其中近机位 129 个、远机位 27 个。近期在第一跑道西北侧规划货运区。远期在第四跑道南侧规划货运区。货机坪及货运设施按照使用需要分期建设(图 29-4)。

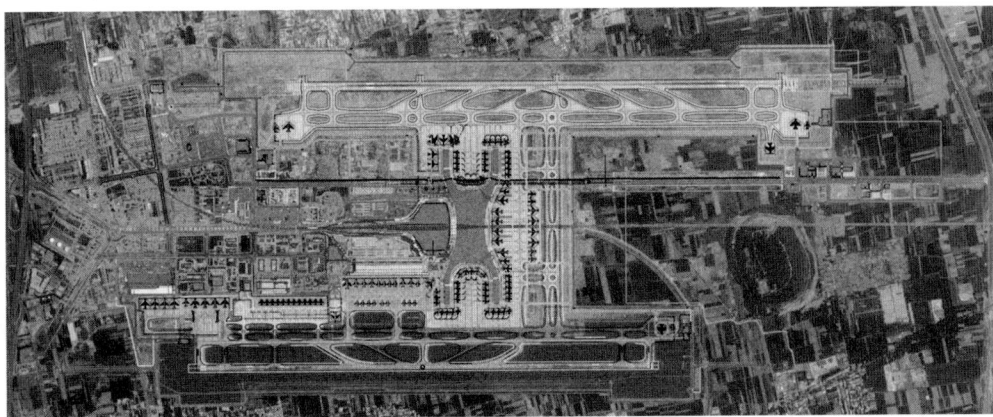

图 29-4 郑州机场二期工程总平面图

二、临空经济区规划

2007 年 11 月,河南省委、省政府提出要充分发挥航空枢纽集散效应,大力发展临空产业和相关服务业,促进产业聚集,加大推动航空货运发展的力度,以航空货运带动航空运输业加快发展。对临空经济区即郑州航空港区进行整体规划,按照"区港一体、协调发展"的理念,航空港地区整体按"一核二区"布局,"一核"即机场核心区,"二区"即机场北部的物流商贸区和南部的临空产业区。

2010 年 10 月 24 日,经国务院批准正式设立郑州新郑综合保税区。

2012 年 11 月 17 日,国务院批准《中原经济区规划》,提出以郑州航空港为主体,以综合保税区和关联产业园区为载体,以综合交通枢纽为依托,以发展航空货运为突破口,建设郑州航空港经济综合实验区。

2013 年 3 月 7 日,国务院批准《郑州航空港经济综合实验区发展规划(2013—2025 年)》,郑州航空港经济综合实验区成为全国首个国家级航空港经济发展先行区。实验区规划面积 415 平方千米,定位为国际航空物流中心、以航空经济为引领的现代产业基地、中国内陆地区对外开放重要门户、现代航空都市、中原经济区核心增长极,重点发展航空物流业、高端制造业、现代服务业等具有临空指向性和关联性的高端产业,培育临空高端服务功能和知识创新功能,构筑中原经济区一体化框架下具有明显特色和竞争力的空港产业体系。空间布局以空港为核心,两翼展开三大功能布局,整体构建"一核领三区、两廊系三心、两轴连三环"的城市空间结构。

三、机场设计

1. 飞行区设计

在第一跑道北侧新建机场第二跑道,与第一跑道平行,跑道间距 2050 米,满足独立平行进近要求,跑道衔接合理,运行方便,整体配套设施配置适当,功能完备,有效增加了机场跑道容量,提高航空业务量水平。合理的规划布局,为机场远期发展预留充足的建设空间,为后期机场多跑道运行奠定了基础,保证郑州机场的可持续发展。机场飞行区设计由上海民航新时代机场设计研究院有限公司负责。2013 年 6 月 14 日,中国民用航空局和河南省政府联合批复了郑州机场二期工程飞行区初步设计。

2.航站楼设计

郑州机场航站区规划及 2 号航站楼概念性设计方案征集工作于 2009 年 11 月 20 日启动,3 家设计经验丰富、国际知名的规划设计单位应邀参加了竞标,最终确定了兰德隆与布朗交通技术咨询(上海)有限公司与中国建筑东北设计研究院有限公司联合体提交的方案为中标方案。该方案最大特点是:将机场城市、生态环保、综合枢纽等概念融入设计方案,与批复的《郑州新郑国际机场总体规划》相衔接。2010 年 10 月 9 日该规划设计方案获得河南省政府批示同意。2 号航站楼工程初步设计由中国建筑东北设计研究院有限公司负责,2013 年 6 月 14 日获民航局和河南省政府联合批复。

第四节 工 程 建 设

郑州机场二期工程同步实施空管工程、供油工程、城际铁路、轨道交通工程、市政配套工程等,自 2013 年 9 月实质性开工,2015 年 12 月 19 日建成投用,历时 2 年多。

一、工程建设重要节点

2012 年 12 月 19 日,郑州机场二期扩建工程举行开工典礼(图 29-5),局部开工飞行区工程(土石方及地基处理、水库回填等)。

2013 年 9 月 29 日,航站区工程正式开工,标志着郑州机场二期扩建工程全面开工建设。

2014 年 10 月 10 日,2 号航站楼主体结构封顶。

2014 年 10 月 20 日,指廊钢结构、金属屋面完成。

2014 年 12 月 31 日,主楼金属屋面、幕墙封围完成。

2015 年 6 月 30 日,GTC 主体结构封顶、网架工程及北飞行区、南北联络滑行道道面工程施工完成。

2015 年 8 月 27 日,飞行区完工并通过竣工验收。

2015 年 9 月 24 日,国务院总理李克强视察郑州机场二期工程建设情况。

2015 年 10 月 15 日,郑州机场二期工程通过试飞验证(图 29-6)。

2015 年 10 月 17 日,飞行区工程通过行业验收。

2015 年 11 月 25 日,2 号航站楼通过民航行业验收。

图 29-5　郑州机场二期工程奠基仪式

图 29-6　郑州机场二期工程试飞成功

2015 年 12 月 15 日,GTC 完工并通过竣工验收。

二、工程建设难点

1. 投资规模大,建设内容多

机场主体工程总投资超过 180 亿元。同步建设了空管工程、供油工程、城际铁路工程、地铁工程、东西贯穿路市政配套等工程。

2. 建设工期短,建设标准高

工程全面开工后,300 多家单位、1 万多人参建,推进速度超常规,仅用 2 年多时间完成了同类工程通常需要4年才能完成的建设任务。工程建设期间未发生重大质量、安全事故,2号航站楼、GTC、空管工程被中国建筑业协会授予中国建设工程鲁班奖(国家优质工程)。

3.交叉施工多,组织协调难

2号航站楼及站坪下有东西贯穿路、地铁、城铁、捷运通道、行李隧道5条隧道同时穿过,交叉作业多、技术复杂。建设单位采取一系列新工艺新技术,创造性发明了超长转换梁高密度大直径钢筋整体吊装装置,科学采用"计算机控制液压累积提升"等创新施工工艺,确保了2号航站楼与城铁交叉部位转换梁、主体混凝土结构、钢结构、飞行区土石方工程等关键工序按期完成。

4.征迁难度大,施工环境复杂

郑州机场二期工程新征地5.7平方千米,涉及6个村庄、1座市场(国有土地),是航空港实验区自2013年获得批复后一次性规模最大、耗资最多、涉及面最广的征迁行动。

三、主要参建单位

郑州机场二期工程建设汇集了国内工程建设领域经验丰富的施工、监理等单位,建设期共有300多家参建单位,施工高峰期人数达到1万多人。

1.飞行区工程

飞行区工程分为13个合同段,主要参建单位见表29-1。

飞行区工程合同段和参建单位   表29-1

合同段	施工单位	监理单位	主要施工区域
FXQSG-01	中国航空港建设第二工程总队	广州民航机场工程咨询监理有限公司	北飞行区跑道、滑行道系统轴线B6600西侧及西侧除冰坪的土石方、地基处理、基础、道面、排水及附属巡场道、围界等
FXQSG-02	中南航空港建设公司	广州民航机场工程咨询监理有限公司	北飞行区跑道、滑行道系统轴线B6600东侧及东侧除冰坪、隔离机位站坪的土石方、地基处理、基础、道面、排水及附属巡场道、围界等
FXQSG-03	中国航空港建设第二工程总队	广州民航机场工程咨询监理有限公司	机场现状跑道北侧,主要施工任务包括新建航站楼、站坪区域土石方工程、地基处理工程、排水工程等
FXQSG-04	中南航空港建设公司	广州民航机场工程咨询监理有限公司	机场现状跑道北侧,主要施工任务包括新建航站楼、站坪区域土石方工程、地基处理工程、排水工程等
FXQSG-05	北京中航空港建设工程有限公司	西安西北民航项目管理有限公司	2号航站楼区域站坪、南北垂直联络道的基础、道面及附属巡场道、围界工程

合同段	施工单位	监理单位	主要施工区域
FXQSG-06	西北民航机场建设集团有限责任公司	西安西北民航项目管理有限公司	南飞行区货运站坪扩建工程的土石方、地基处理、基础、道面、排水、消防工程及附属巡场道、围界工程
FXQSG-08	上海公路桥梁(集团)有限公司	河南高建工程管理有限公司	1条东西向贯穿2号航站楼站坪的地下隧道土建工程
FXQSG-09	中铁十六局集团第四工程有限公司	河南高建工程管理有限公司	1条行李隧道及1条旅客捷运通道土建工程
FXQSG-10	中国化学工程第十一建设有限公司	广州民航机场工程咨询监理有限公司	跑道及新建站坪消防管网工程
FXQSG-11	北京京航安机场工程有限公司	广州民航机场工程咨询监理有限公司	北飞行区和新建站坪区域助航灯光
FXQSG-12	北京中航空港建设工程有限公司	西安西北民航项目管理有限公司	2号航站楼站坪高杆灯及登机牌
FXQSG-14	安阳建工(集团)有限责任公司	广州民航机场工程咨询监理有限公司	1、2号灯光站,1、2号消防站,灌装站,21个岗亭,3个道口,主降航向台及主降下滑台,次降航向台及次降下滑台
FXQSG-16	民航中南空管设备工程公司	广州民航机场工程咨询监理有限公司	通信、导航及监视工程的设备安装

2. 航站区工程

航站区工程分为 28 个合同段,主要参建单位见表29-2。

航站区工程合同段和参建单位　　　　　　　　　　　　　表 29-2

合同段	施工单位	监理单位	主要施工区域
T2ZJSG01	中建三局集团有限公司	中咨工程管理咨询有限公司(原中咨工程建设监理有限公司,下同)	2号航站楼22轴以北水泥粉煤灰碎石桩
T2ZJSG02	中国建筑第八工程局有限公司	中咨工程管理咨询有限公司	2号航站楼22轴以南水泥粉煤灰碎石桩

合同段	施工单位	监理单位	主要施工区域
T2ZJSG03	河南省建设基础工程有限公司	中咨工程管理咨询有限公司	2号航站楼灌注桩
T2SG04	中建三局集团有限公司	中咨工程管理咨询有限公司	2号航站楼施工总承包管理,22轴以北结构、普通装修、水电安装工程
T2SG05	中国建筑第八工程局有限公司	中咨工程管理咨询有限公司	2号航站楼22轴以南结构、普通装修、水电安装工程
T2SG06	浙江东南网架股份有限公司	中咨工程管理咨询有限公司	2号航站楼22轴以北钢结构
T2SG07	中建钢构有限公司	中咨工程管理咨询有限公司	2号航站楼22轴以南钢结构
T2SG08	深圳市三鑫幕墙工程有限公司	中咨工程管理咨询有限公司	2号航站楼西南指廊南立面、南侧港湾至东北指廊东立面的幕墙
T2SG09	江河创建集团股份有限公司	中咨工程管理咨询有限公司	2号航站楼东北指廊北立面、北侧港湾至西南指廊西立面
T2SG10	中建三局集团有限公司	中咨工程管理咨询有限公司	2号航站楼通风空调工程
T2SG11	北京利华消防工程有限公司	中咨工程管理咨询有限公司	2号航站楼消防系统工程
T2SG12	长沙广大建筑装饰有限公司	中咨工程管理咨询有限公司	2号航站楼东北、西北指廊3至5层以2/01轴北侧为界所有公共区域精装
T2SG13	天津华惠安信装饰工程有限公司	中咨工程管理咨询有限公司	2号航站楼东南、西南指廊3至5层以27轴南侧为界所有公共区域精装
T2SG14	上海蓝天房屋装饰工程有限公司	中咨工程管理咨询有限公司	2号航站楼大屋面天花、普通照明灯具、装饰装修
T2SG15	深圳市深装总装饰股份有限公司	中咨工程管理咨询有限公司	2号航站楼3至5层2/01轴至27轴范围内精装

续上表

合同段	施 工 单 位	监 理 单 位	主要施工区域
T2SG16	深圳城市建筑装饰工程有限公司	中咨工程管理咨询有限公司	2 号航站楼 2 层公共区域精修
T2SG17	深圳远鹏装饰集团有限公司	中咨工程管理咨询有限公司	2 号航站楼 1 层大厅、地下 1 层公共区域、贵宾区区域精修
T2SG18	上海中建八局装饰有限责任公司	中咨工程管理咨询有限公司	2 号航站楼两舱、贵宾区精装
GTCSG01	河南省昊鼎建筑基础工程有限公司	上海建科工程咨询有限公司	GTC 桩基工程
GTCSG02	中国建筑第五工程局有限公司	上海建科工程咨询有限公司	GTC 结构工程、普通装修、水电安装工程
GTCSG03	上海宝冶集团有限公司	上海建科工程咨询有限公司	GTC 钢结构
GTCSG04	北京港源幕墙有限公司	上海建科工程咨询有限公司	GTC 幕墙工程
GTCSG05	河南泉舜工程有限公司	上海建科工程咨询有限公司	GTC 通风空调工程
GTCSG06	河南省北方合创消防工程有限公司	上海建科工程咨询有限公司	GTC 消防工程施工
GTCSG07	中铁三局集团有限公司	上海建科工程咨询有限公司	航站区陆侧道路、高架桥及室外管网
GTCSG08	北京港源建筑装饰工程有限公司	上海建科工程咨询有限公司	GTC 6 米层交通疏散厅 1/6 轴~2/43 轴公共区域精装
GTCSG09	深圳瑞和建筑装饰股份有限公司	上海建科工程咨询有限公司	GTC 6 米层天花吊顶及灯具等精装
GTCSG10	深圳市晶宫设计装饰工程有限公司	上海建科工程咨询有限公司	GTC 1.3 米标高层、-2.5 米标高层、-6.3 米标高层精装

3.配套区工程

配套区工程分为31个合同段,主要参建单位见表29-3。

配套区工程合同段和参建单位　　　　　　　　表29-3

合同段	施 工 单 位	监 理 单 位	主要施工区域
PTQSG-05	中国中铁航空港建设集团有限公司	河南省万安工程建设监理有限公司	西工作区应急救援中心、武警业务用房、公安保安业务用房、大客车停车场及综合办公楼
PTQSG-06	中国水利水电第十一工程局有限公司	河南省万安工程建设监理有限公司	西工作区供水站、中水站及垃圾中转站
PTQSG-08	中国有色金属工业第六冶金建设有限公司	河南省万安工程建设监理有限公司	西工作区道路及市政配套工程
PTQSG-10	河南五建建设集团有限公司	河南省育兴建设工程管理有限公司	东工作区基础保障业务用房、场道保障业务用房、机务工程业务用房和小区
PTHYHS-01	河南国基建设集团有限公司	郑州中兴工程监理有限公司	货运站及特运库工程
PTHYHS-03	河南五建建设集团有限公司	郑州中兴工程监理有限公司	航空配餐中心工程

4.弱电信息类工程

弱电信息类工程分为12个合同段,主要参建单位见表29-4。

设备信息系统合同段和参建单位　　　　　　　　表29-4

合同段	施 工 单 位	监 理 单 位	主要施工区域
RDSG-01	中国民用航空总局第二研究所	西安西北民航项目管理有限公司	航班信息集成系统工程施工及信息系统
RDSG-02	厦门兆翔智能科技有限公司	西安西北民航项目管理有限公司	T2离港系统(含离港系统、安检信息管理系统)
RDSG-03	厦门兆翔智能科技有限公司	西安西北民航项目管理有限公司	航站区航显、广播、网络系统工程
RDSG-04	北京中航空港建设工程有限公司	西安西北民航项目管理有限公司	安全防范系统工程
RDSG-05	北京泰豪智能工程有限公司	西安西北民航项目管理有限公司	机场建筑设备监控系统、智能照明控制系统及销售终端(POS)系统设备采购及施工

续上表

合同段	施工单位	监理单位	主要施工区域
RDSG-06	上海华宇电子工程有限公司	西安西北民航项目管理有限公司	航站区综合布线系统采购及施工
RDSG-07	中国电子系统工程总公司	西安西北民航项目管理有限公司	功能中心系统、智能停车场管理系统设备采购及施工
RDSG-08	天津京信通信系统有限公司	西安西北民航项目管理有限公司	数字集群通信系统、甚高频通信系统、无线宽带通信系统、800兆室内覆盖系统
SBCG-02	范德兰德工业控股有限公司和范德兰德物流自动化系统(上海)有限公司联合体	西安西北民航项目管理有限公司	2号航站楼行李处理系统设备
SBCG-05	浙江创联信息技术股份有限公司		飞机泊位引导系统采购及安装
SBCG-06	英德拉挪威有限公司;英德拉澳大利亚公司		仪表着陆系统(ILS)及测距仪(DME)
SBCG-11	深圳中集天达空港设备有限公司	西安西北民航项目管理有限公司	2号航站楼登机桥设备采购及安装

第五节　运营管理

郑州机场二期扩建工程建设期间,建立了高效完备的沟通协调机制和强有力的目标控制机制,确保了项目按期顺利建成和投运。郑州机场二期工程建成投用后,综合保障能力显著提升,客货运量持续高速增长,客、货运吞吐量分别由2015年的1729.7万人次和40.3万吨,增至2019年的2912.9万人次和52.2万吨,平均增速分别为13.9%和6.7%。

一、运营筹备重要节点

2015年1月,郑州机场二期扩建工程转场投运总体布局及方案制订工作正式启动。

2015年11月16日,郑州机场二期扩建工程接管工作方案经审议通过。

2015年11—12月,三次综合模拟演练顺利完成。

2015年12月19日,山东航空公司、港龙航空公司成功转场,2号航站楼开始试运营。

2015年12月22日,时任河南省委书记郭庚茂、省长谢伏瞻等领导出席郑州机场二期工程转场投运动员大会,标志着郑州机场正式迈入"双跑道、双航站楼、多货站"运营新模式。

2016年3月6日,18家在郑州机场运营的航空公司成功转场。

2016年3月30日,圆满实现全面转场。

二、管理措施

机场建设和运营单位开展了一系列管理创新实践,解决工程建设和运营中的诸多难题,确保机场按期建成投运。

1. 有力的督查制度

2014 年,河南省航空港经济实验区建设领导小组制订出台了"周协调、月督查"制度,坚持每月带领省直各有关单位对工程进度进行督查,现场办公解决工程推进难题,研究部署各项工作,强力推进工程建设进度。为进一步强化日常督导,二期工程建设指挥部成立了 2 个督导组,24 小时驻守现场,实行"日协调、周督查"工作机制,保障了工程建设与投运目标的实现。

2. 高效的协调联动机制

机场二期工程建设规模大,内容多,协调面广,涉及民航行业主管部门及省市各有关方面,健全的协调联动机制保障了工程的顺利实施和建成投用。二期工程建设指挥部与郑州市政府、航空港经济综合试验区、河南省能源局、河南省电力公司及轨道交通等单位建立联席会议制度,协调解决工程推进过程中各项重点难点问题。

3. 科学的目标控制机制

按照"倒排工期、重点管控;统筹兼顾、均衡推进;优化细化、科学合理;节约投资、注重时效"的原则,编制了总体进度计划和网络计划,科学指导工程建设。按照总体进度计划,2 次编制和修订了三级节点计划和月、周分解计划及关键工程日分解计划,同时还编制了确保 2015 年底建成投用化解风险预控工作方案,建立工作台账,进度控制实行"日上报、日对比、日修正",科学指导组织施工。

4. 完善的管理长效机制

工程建设过程中,严格按照"安全零事故、质量零缺陷、廉政零违纪、汛期零水灾"的目标,以"铁标准、铁面孔、铁手腕",狠抓源头控制、过程控制、责任落实、实体工程、监督管理、重奖重罚、问题整改 7 个方面,先后编制了 59 项内控管理制度,进一步规范安全、质量、进度、投资管理,形成了完善高效的制度体系,为各项工作提供了制度遵循,形成有力、有序、可控的管理长效机制。

第六节　工程创新

一、先进理念

1. 高近机位配比,运行高效

2 号航站楼共设有 71 个近机位,近期可基本实现 100% 近机位运作,并可满足 A380 的停靠要求。航站楼采用 X 形布局,最大限度缩短了旅客步行距离,大大提高了旅客出行的舒适度和机场空侧运营的效率。

2.公交优先,交通设施集中布置

在 GTC 单体建筑设计中,采用公交优先、集中布置的设计原则,优先布置大运量的公共交通方式,使其与航站楼连接最为便利,由于更多地采用了竖向垂直换乘的理念,将多种交通方式上下叠合、垂直布局,既高效利用了土地,又提高了换乘效率,同时大大减少了旅客的步行距离,旅客自航站楼步行 155 米即可到达铁路站厅的换乘电梯,是我国现用的综合程度最高、旅客换乘步行距离最短的机场综合交通枢纽之一。

3.可转换机位提高灵活度

在机位的设置分配上,充分考虑郑州机场航班特点,将部分机位设计成国际国内可转换机位,提高航站楼近机位的利用率。平面设计中充分考虑未来的使用发展,对值机、安检、行李处理及国际进出境流程等的设备设施都考虑一定的余量和灵活度,以应对将来的发展变化。

二、航站楼创新设计

1.创新设计提升室内环境

主楼出发大厅采用了国内首创的渐变式间隔翻转板的吊顶形式(图 29-7),最大限度地避免了眩光,使阳光变得柔和温馨,营造出一种自然、惬意的室内环境。天窗下错落有致而富于变化的翻转板吊顶,层层叠叠,巧妙解决了采光、通风、排烟等诸多技术问题,打造出光与影的梦幻特质,仿佛晨光映射下泛着微波的水面,创造出美轮美奂、移步换景的室内效果。

图 29-7　2 号航站楼渐变式间隔翻转板吊顶

2.流线便捷,出行方便

将 2 号航站楼到达层行李提取厅抬升至 6 米,空侧直接与到达登机桥平层连接,陆侧则通过室内连桥与 GTC 换乘大厅平层连接,还将出租车到达车道边分别设置在 GTC 两侧屋面平台上。以上设计不仅大大提升道路通行能力,更为旅客空陆换乘创造安全、舒适的步行系统,避免传统机场到达道边人车混流、人车争道的现象,真正做到全天候的零换层、零换乘,最大限度方便旅客出行。

3. 新材料和新工艺的使用

航站楼设计采用多项新材料、新工艺,创造独具特色的室内效果,在国内航站楼室内设计中首次引入新型材料玻璃纤维加强石膏板(Glass Fiber Reinforced Gypsum,GRG)进行商业形象设计,具有整体任意造型、无缝拼接、吸音、防火、环保等鲜明特点。白色流线型的 GRG 墙面结合色彩丰富的商业橱窗使商业中心新颖、前卫,让旅客在休闲购物的同时领略建筑艺术带来的视觉享受。

4. 创新结构设计

航站楼主楼设计中采用了对布置主要设备最经济有效的柱网,即到港层采用 18 米 × 18 米柱网,离港出发大厅则采用 8 组巨型柱支撑整个屋面,将结构对平面流程的影响减到最小。支撑钢屋盖的四叉撑巨柱采用了变截面的锥形管,体态优美,最长斜撑长度达 34 米。每组四叉撑支撑约 6300 平方米的建筑面积,8 组四叉撑和周边 32 根斜柱及 20 根直柱共同承担起出发大厅 7 万多平方米的钢屋盖,其支撑屋盖面积之巨属国内罕见。

三、新技术工艺应用

1. 超大风管内法兰式连接

2 号航站楼主楼区域地下管沟风管安装面积达 7000 平方米,风管规格为 3500 毫米 × 1600 毫米、3500 毫米 × 1100 毫米、3400 毫米 × 1600 毫米,管沟截面尺寸为 3900 毫米 × 3800 毫米,管沟风管系统最多为上下 3 层重叠排布。根据其特点,超大规格矩形风管首次应用内法兰连接技术,解决了风管沟操作空间狭小的难题。使用螺栓连接代替吊杆式及焊接式支架,提高了工作效率,缩短了工期,节约了成本。

2. 巨型转换结构体系

为解决 2 号航站楼与下穿城际铁路交叉施工难题,设计了巨型转换梁结构,转换梁为三跨连续梁结构,跨度 54 米,最大截面尺寸为 1800 毫米 × 5000 毫米,单条转换梁的混凝土方量为 700 立方米,为国内最大巨型截面转换结构;创新提出了高密度大直径钢筋整体吊装技术,解决巨型转换梁工期紧、荷载大、钢筋直径大、钢筋间距小、混凝土体积大、冬季施工难等问题,提高施工效率达 4 倍以上。

3. 飞行区压实系统监控

飞行区工程重点施工工艺(强夯、冲击碾压、振动碾压等)在土石方工程中使用压实系统监控。系统实现了施工过程的实时监测,克服了常规质量控制手段受人为因素干扰大、管理粗放等弊端,有效保证和提高了施工质量。

4.滑模摊铺施工技术

2015 年 4 月,北京中航空港建设工程有限公司首次使用 SP 500 型滑模摊铺机在郑州机场进行了滑模摊铺试验,检验数据证明滑模道面平整度和强度等参数均优于传统的施工方式。在当年停机位工程施工中,使用 SP 500 型滑模摊铺机摊铺 30 多道平行的混凝土板块,平均每个板块约长 100 米、宽 5 米。距工地 3 千米远的 2 个混凝土拌和站为施工源源不断地供应混凝土,保障了摊铺独立仓与填仓的顺利实施。

四、信息技术应用及节能环保措施

新建 2 号航站楼采用自助值机、自助验证等智能验证通道设备。采用智能影像识别系统(人脸、车辆)等技术。采用能源监测系统和建筑设备管理系统,在对空调、照明、电梯、给排水等设备的用电能耗以及建筑物耗水量和耗气量进行分区、分项实时监测的同时,对建筑物内空调通风系统及给排水系统等用电设备进行有效自动化管理。航显系统前端设备具有环境照度探测功能,屏幕亮度根据环境照度自行调整,从而降低设备用电量;供配电系统中,将标识系统、公共区域有线电视系统供电回路纳入智能照明管理系统控制,对设备用电时间进行有效控制,减少用电量。公共区域照明采用智能照明控制系统,通过预先设定的程序或感光元件使照明灯具实现自动开启或关闭,并分区、分时控制,从而减少建筑物照明系统的用电量。

第七节　工　程　价　值

郑州机场二期工程建成投用后,进入"双跑道、双航站楼、多机坪、多货站"运营新阶段,形成了航空与城际、地铁、高速、大巴、出租车、公交等多种交通方式"无缝衔接"的综合交通体系,综合保障能力显著提升,客货运量持续高速增长,2017—2019 年,客、货运吞吐量连续 3 年位居中部地区"双第一"。

机场二期工程使郑州机场弥补了基础设施短板,围绕"建设大枢纽、发展大物流、培育大产业"的发展思路,机场不断延伸和完善物流链、产业链,成为"空中丝绸之路"的重要节点机场,在与周边机场竞争中抢占了发展先机。随着郑州机场枢纽功能的不断完善,基地航空公司加速引进,先进制造业、现代服务业等临空产业加速集聚成群,有力带动郑州航空港实验区发展水平不断提高,形成了较强的区位竞争优势,带动当地经济持续高质量发展,在服务地方经济社会高质量发展方面发挥了积极作用。

执笔人:徐晓明　胡铂

第三十章 广州新白云国际机场

第一节 工程概况

广州白云国际机场(以下简称"广州机场")始建于 20 世纪 30 年代,距广州市中心(海珠广场)直线距离约 6 千米,东面为白云山区,南侧紧邻城市建成区,跑道呈南北走向,飞机起落航线穿越城市上空。为解决广州机场能力饱和、无发展余地,且严重制约城市规划发展的矛盾,1997 年 7 月国务院、中央军委印发《关于同意迁建广州白云国际机场的批复》(国函〔1997〕64 号),同意迁建广州机场,新机场场址位于广州市北部白云区人和镇与花都市(今花都区)新华镇交界处附近,距广州市中心直线距离 28 千米、公路距离 34 千米(图 30-1)。一期工程按照满足 2010 年旅客吞吐量 2500 万人次、货邮吞吐量 100 万吨的目标设计,飞行区指标为 4F(可满足 A380 及以下机型使用),新建 2 条远距平行跑道、35 万平方米的航站楼(图 30-2),于 2001 年 4 月正式开工建设,2004 年 8 月建成通航,总投资 196 亿元。其中,机场工程由中国民用航空总局、广东省人民政府和广州市人民政府共同投资,空管工程由中国民用航空中南地区管理局投资,供油工程由中国航空油料总公司投资,航空公司基地工程由中国南方航空公司投资。机场工程的项目法人为广州白云国际机场有限公司(由广州白云国际机场集团公司和广州交通投资有限公司合资组建),全面负责新机场的建设、运营和管理。

广州新白云国际机场(以下简称"广州新机场")一期工程是我国"九五""十五"期间重点建设项目之一,其具有规模大、功能强,起点高、技术新,统一规划、统一开发,法人负责、分块实施等特点。广州新机场是我国第一个同时建设 2 条跑道、同时投用,实施双跑道独立运行的机场,第一个按中枢理念设计、建设和运营的机场,也是当时我国民航历史上一次性投资最大的基建项目。2006 年,广州新机场一期工程以排名第一获得第五届中国土木工程詹天佑奖。

一期工程投产运行后,机场使用条件得到极大改善,航空业务量快速增长,2006 年广州新机场实现旅客吞吐量 2622 万人次,货邮吞吐量 65.3 万吨、飞机起降量 23.2 万架次,突破一期工程设计容量。2006 年 8 月,T1 航站楼改扩建工程开工,新建 15 万平方米的东三、西三指廊,机场设计容量扩充至年旅客吞吐量 3500 万人次。2007 年,结合机场发展需要,民航局和广州市政府联合批复《广州白云国际机场总体规划(2007 年修订版)》,在一期工程总体规划基础上,对跑道长度、间距,航站楼构型及站坪机位布置进行了调整优化,规划 5 条 3 组远距跑道(图 30-3)。

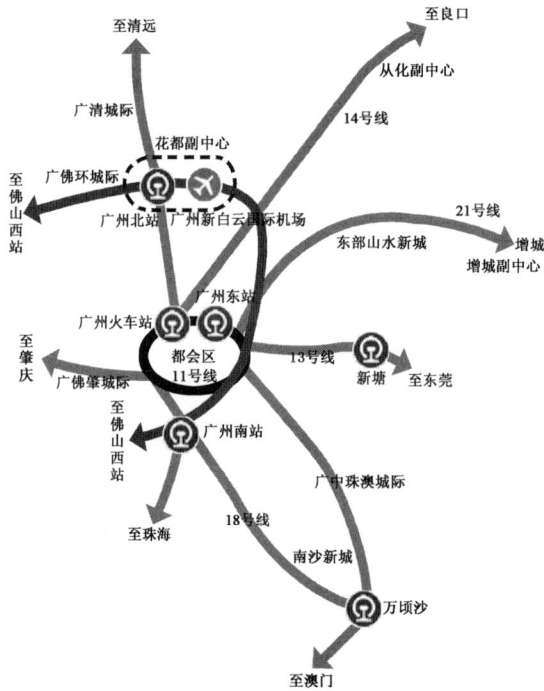

图 30-1　广州新机场与城市位置关系

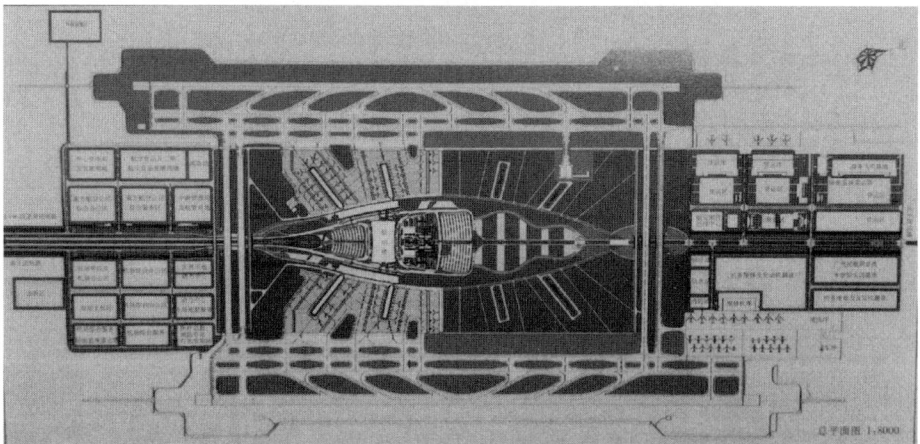

图 30-2　广州新机场一期工程总平面示意图

2010 年,广州新机场旅客吞吐量达 4096 万人次,二期工程前期工作启动。2012 年,国家发展和改革委员会批复广州新机场二期工程可行性研究报告,主要建设内容包括:新建 1 条 3800 米长的跑道和 62 万平方米的 T2 航站楼,机场设计容量为年旅客吞吐量 8000 万人次,项目总投资 188.54 亿元。

2019 年广州新机场实现旅客吞吐量 7338 万人次、货邮吞吐量 192 万吨、飞机起降量 49.1 万架次(均位居全国第 3 位,不含港澳台地区),飞行区和航站区已接近饱和。2020 年 5

月,国家发展和改革委员会批复广州新机场三期扩建工程,按照满足年旅客吞吐量 1.2 亿人次、货邮吞吐量 380 万吨的使用需求设计,新建第四、第五跑道和东航站区 T3 航站楼(图 30-4)。

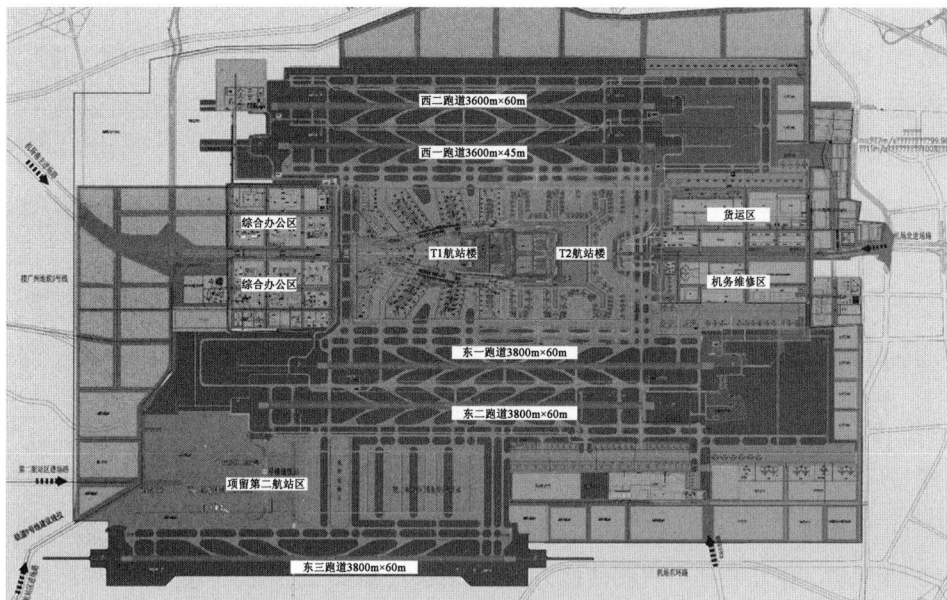

图 30-3　2007 年版机场总体规划总平面示意图

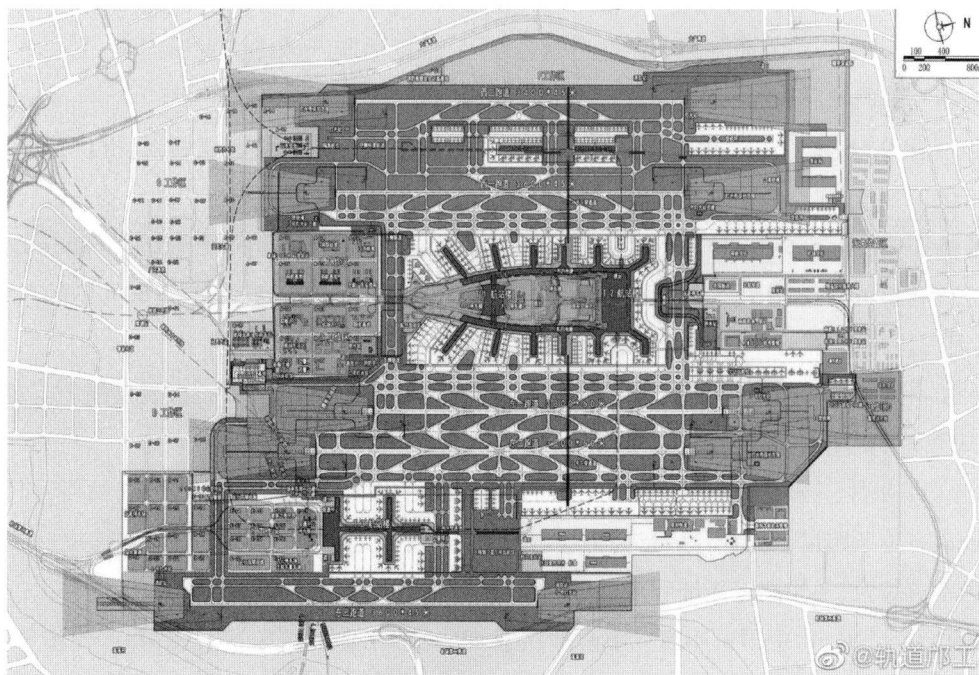

图 30-4　广州新机场三期扩建工程总平面示意图

为满足粤港澳大湾区和珠三角世界级机场群建设需要,2020年4月中国民用航空局批复《广州白云国际机场总体规划(2020年版)》,结合机场业务量增长、机队结构变化、管制运行水平和陆侧集疏运系统能力的提升,在2007年版机场总体规划确定的跑道构型基础上,将西一与西二跑道间距由400米调整为915米,跑道运行模式由原规划的混合运行调整为具备隔离平行运行、独立平行离场和相关平行仪表进近功能,进一步提升了飞行区容量;同时,规划引入高速铁路、城际铁路和城市轨道交通,提升陆侧集疏运能力;机场规划终端容量为年旅客吞吐量1.4亿人次、货邮吞吐量600万吨。

第二节 规划与决策

一、项目提出

广州机场始建于1932年,位于广州市北部,距市中心直线距离约6千米,曾为军用机场,新中国成立后由民航广州办事处接管。1963年,经国务院批准,按照国际机场标准进行全面扩建,历时4年完成了飞行区和航站区设施改造,飞行区指标提升为4E,拥有1条长3380米、宽60米的跑道,7.96万平方米的航站楼,可起降B747、A340及以下机型。

广州市地处我国经济发展最活跃的珠三角地区,随着改革开放不断深化,广州地区航空业务量快速增长。广州机场邻近市区,受周边城市建设、地形限制等制约,难以进行大规模扩建,处于饱和运行状态,一方面制约了航空运输业发展,难以适应区域经济发展需要;另一方面与城市规划发展的矛盾愈加突出,存在运行安全隐患和噪声影响。

1984年9月,国务院以(84)国函字139号文批复广州市城市总体规划,指出:"白云机场紧邻市区,对市区建筑高度限制和噪声干扰影响较大,其飞行区不宜再行扩建。为适应民航事业发展的需要,结合珠江三角洲的经济发展和城镇布局,由广东省会同中国民航局和有关部门着手进行新机场的选址工作。"按照批复要求,广东省和广州市组织开展了新机场的选址工作,但因占地较多、搬迁量大等因素未能选定。

1990年10月,国家计划委员会在国家土地总体规划纲要中指出:"积极发展航空运输,相应解决广州等机场的建设问题"。

1991年8月,广州市政府常务会审议通过的《广州十年规划和"八五"计划纲要》针对白云机场只有1条跑道、能力不足、布局不合理、已无发展余地、综合服务功能不配套等问题,提出机场不再扩大,尽快选定新址和规划好新机场,争取在"九五"时期动工兴建等建议。

1992年12月,由中国民用航空中南地区管理局牵头,会同机场有限公司、广州市等单位和专家组成工作组,开展新机场选址工作。

1993年3月,中国民用航空总局组成"广州新机场场址考察专家组"对花县(今花都区)、番禺和从化 3 个场址进行了实地勘察和技术论证,并提出了书面意见,认为花县场址较优,推荐采用。

1993 年 5 月,广东省人民政府和中国民用航空总局联合上报《关于迁建广州白云国际机场的请示》。

二、项目立项

1995 年 6 月,中国民用航空总局和广东省人民政府向国务院、中央军委上报了《关于上报广州白云国际机场迁建工程项目建议书的请示》(民航总局〔1995〕179 号)。

1997 年 7 月,国务院、中央军委以国函〔1997〕64 号文批准同意迁建广州机场,新机场场址位于广州市白云区人和镇与花都市新华镇交界处附近。新机场建成使用后,老机场飞行区停止使用,其土地交由中国民用航空总局和广州市人民政府共同组织开发,开发所得资金主要用于新机场建设。新机场建设实行项目法人责任制及项目资本金制度。中国民用航空总局、广东省人民政府及广州市人民政府按有关规定组建机场公司(中国民用航空总局出资 51%,广东省和广州市共出资 49%),负责新机场的建设、运营和管理。

三、项目可行性研究

1998 年 1 月,中国民用航空总局和广东省人民政府向国家计划委员会报送了《关于广州白云国际机场迁建工程可行性研究报告的请示》(粤府〔1998〕6 号)。

1998 年 4 月,中国国际工程咨询公司(现中国国际工程咨询有限公司)与国家开发银行受国家计划委员会委托,对项目可研报告进行评估和贷款条件评审。中国国际工程咨询公司综合考虑广州地区经济社会和民航运输发展、机场建设工期等因素,对建设目标年、航空业务量预测、飞行区指标及航站楼、货运等设施提出了优化调整意见,并于 1999 年 5 月向国家发展计划委员会报送了《关于广州白云国际机场迁建工程可行性研究报告的评估报告》(咨交通〔1999〕157 号),评估主要意见包括:迁建广州机场是必要的和迫切的,机场定位为我国三大门户枢纽机场之一,以 2005 年为设计目标年偏近,应调整为 2010 年;为适应未来机型发展,飞行区指标由 4E 调整为 4F 等。

1999 年 10 月,国家发展计划委员会计基础〔1999〕1674 号文批复广州白云国际机场迁建工程可行性研究报告。

第三节 工 程 设 计

一、机场总体规划

(一)研究过程

机场总平面规划是机场建设工程可行性研究的重要基础之一。中国民航机场建设总公司和民航中南机场设计研究院自1997年进行了多轮研究比选,对广州新机场2条跑道的飞行程序进行了研究和论证。

1997年12月,白云国际机场迁建工程指挥部(以下简称"工程指挥部")以招标方式向国内外征集一期工程航站区设计方案,共有4家国外设计公司和3家国内设计公司参加,并最终评选出3个入围方案:荷兰NACO和英国Foster & Partners公司联合设计方案,法国Aero ports de Paris公司设计方案,美国Parsons和URS Greiner公司联合设计方案。经过综合比选和优化,最终确定Parsons的航站楼设计方案中标(图30-5)。

图30-5 广州新机场一期工程航站楼中标方案

1999年6月,中国民用航空总局机场司在广州组织召开广州新白云国际机场总平面规划预审查会,国家发展计划委员会、中国民用航空总局各有关司局、中国国际工程咨询公司、国家开发银行、中国民用航空中南地区管理局、中国民用航空中南地区空中交通管理局、白云国际机场、南方航空公司、中国航空油料总公司及蓝天公司、广州市各有关部门的领导和专家参加了会议,建议对规划方案进一步论证、比较和调整。

1999年11月,中国民用航空总局批准广州新白云国际机场总平面规划并指出:广州新机场是我国重要的口岸机场和国内三大枢纽机场之一,在民用机场布局中处于十分重要的位置,一期工程按2010年旅客吞吐量2500万人次、货邮吞吐量100万吨规划建设,各功能分区适当预留发展余地。

(二)规划原则

1.统一规划、一次征地、分期建设

广州新机场建设涉及机场、空管、供油和航空公司等多个项目法人主体,为防止无序建设,总平面规划从全局出发,统筹安排各种设施的规模和布局,促进机场的均衡协调发展。同时,按照"统一规划、分期建设、滚动发展"的原则,合理规划近远期方案,既便于一期工程的实施,又方便扩建,做好近远期发展有效衔接,合理确定分期建设的适当时机。近期建设相对集中布局,远期发展成片预留,既节约建设和运营费用,又减少未来扩建对机场运行的影响。

2. 保障安全、注重效益、高效便捷

规划充分注重飞行安全,严格按照我国和国际民航组织的有关标准,切实保护机场净空条件,通信、导航、航管、目视助航等设施设备完备,安全保卫、应急处置等设施与枢纽机场规模相匹配。

规划充分注重机场的经营开发,充分发挥机场作为人流、物流和信息流的重要平台作用,配置相关服务设施,创造商业机会,促进机场和航空公司开展多种服务,提高盈利水平和企业效益。

规划充分注重机场运行效率和服务水平的提高,优化空侧跑滑系统构型,合理布局航站区位置,减少飞机地面滑行距离,提高运行效率;陆侧道路交通和轨道交通便捷换乘衔接,尽量减少旅客步行距离,避免人流和车流交差。

3. 尊重科学、合理布局、保护环境

规划以航空业务量预测为基础,以跑道构型、航站综合体为主导,提出了东西飞行区、南北工作区和中心航站区的总体框架,并从组织大交通的规划构思,对高速公路、轨道交通和场内道路等不同交通方式进行综合布局,利用交通单循环方式保证客货分流、各行其道,形成便捷、畅通、高效、安全的地面集疏运体系。同时,规划统筹考虑机场建设与周边城镇协调发展等社会环境问题,对施工、运营期间的环境影响提出了防治措施,加强绿地建设,严格保护流溪河水源保护区,促进机场建设与环境保护协调发展。

4. 优化核心、统筹局域、协调发展

规划妥善处理机场和城市的关系,合理规划利用机场周边土地,促进与城市的协调发展。城市总体规划将机场周边建设统筹考虑,结合机场发展和运行的特点,制订周边地区的控制性规划方案,既考虑净空保护、降低噪声影响、水源保护、生态绿化等要求,又考虑临空经济和周边城镇建设发展需要,形成机场核心区、不可建设区和规划控制区三个圈层,为机场长远发展预留空间。

二、工程设计

一期工程设计主要包括飞行区、航站区、工作区及陆侧交通系统。飞行区分列东、西两侧,一次建设两条跑道;航站区位于场内中央部位,建设 T1 航站楼、航管大楼、停车楼及机场酒店等;工作区分为南、北两区,通过主进场路连接,集中了机场当局、基地航空公司和各大主场单

位办公区及航空食品区、油库区、环保设施区、货运区、飞机维修等功能区;陆侧交通系统主要包括与机场高速相衔接的进场道路、航站楼高架桥系统及客货集散系统。

(一) 以跑道构型为主导的飞行区规划设计

1. 跑道系统

广州新机场作为大型国际枢纽机场,需要具备起降大型运输机的能力,跑道规划按照满足高峰小时飞机起降量 100 架次的使用需求,一期规划 3 条平行跑道;飞行区指标按 4F 规划,能够满足各类机型起降需求,通过对各机型航程、业务载荷的分析计算,东跑道为 3800 米长、60 米宽,西跑道为 3600 米长、45 米宽;跑滑间距严格按照国际民航组织标准中的规定预留尺寸。

2. 滑行道系统

滑行道系统包括平行滑行道、快速出口滑行道、跑道联络滑行道和机坪滑行道。

①平行滑行道:东跑道、西跑道为独立运行跑道,为了降低飞机地面滑行等待时间和冲突,充分发挥跑道容量,每条跑道各规划 2 条平行滑行道。

②快速出口滑行道:为保障着陆飞机能以较高的速度脱离跑道,提高跑道的容量,在跑道与平行滑行道之间设置 6 条快速出口滑行道,主、次降方向各设置 3 条。同时,结合各类机型着陆性能计算数据,合理确定快速出口滑行道的位置。

③跑道联络滑行道:为缩短飞机滑行距离和时间,在东、西跑道之间设置 4 条联络滑行道,考虑航站区占地情况,将联络滑行道分为 2 组(每组 2 条),分别设在航站区南、北两侧,满足主、次降方向运行的使用需要。此外,针对航站区采用贯穿式构型,结合主进场路方案,设计 2 座跨越东、西飞行区的飞机联络道桥。

④站坪滑行道:为提高站坪调度和机位使用灵活性,站坪滑行道均按 E 类设计。

(二) 以流程交通为主导的航站区规划设计

旅客航站系统由航站楼、陆侧、空侧组成。

1. 航站楼

航站楼按照中枢机场设计理念,充分考虑大容量客流和中转需求,采用集中处理值机手续,分散登机、加强中转,到达和出发旅客分流;增加近机位数量,方便旅客使用,满足航空公司运行要求;主楼航站楼与旅客过夜用房、停车楼及陆侧交通系统有效衔接,各建筑物联结自然顺畅。

2. 陆侧

航站楼与各主要建筑由环路联结,形成出港在上、到港在下、到达与出发分开,双层环路为主、轨道交通为辅的陆侧交通系统。主进场路(南进场路)正对航站楼,在进入机场后以部分立交方式组织交通,避免工作区车流与主车流平面交叉。在航站楼办票厅前后规划停车场和一定规模的停车楼,供旅客车辆停放。

3.空侧

航站楼空侧按照远期建筑体量规划预留,一期工程建设 T1 航站楼,提供机位数量约 60 个,并为远期机位布置预留充足空间。空侧规划设计中既要考虑大型枢纽机场宽体客机使用需求,同时也考虑一定比例的中短途航程使用的 C 类窄体客机的需求。

(三)以功能组合为主导的工作区规划设计

1.货运区

考虑作为主要客流来源的主城区位于机场南部,机场北侧村镇分布稀疏,按照"客货分流"原则,采用"南客北货"布局格局,货运区集中布置在机场北侧,相应布置海关监管区。货运道路从机场高速路北延线和花都大道相连,满足货运交通需求。

2.机务维修区

考虑本场机务维修业务和广州民航职业技术学院实训基地教学需要,将机务维修区布置在机场东北侧,毗邻航空公司停机坪,相应建设机库,满足机场和航空公司的机务维修、学生实训等需求。

3.油库区

油库区规划在主进场路东侧、驻场单位南侧,处于来油方向,并距飞行区较近,油品储运合理。设计形成一个较封闭的区域,南侧为远期发展留有余地。航空加油站布置在南联络通道和航站区间的三角地带内。

4.其他功能区

机场公司用地布置在航站楼的南侧、主进场路的东侧,靠近主进场路一侧建设办公用房,为主进场路增添街景效果,另一侧距飞行区相对较近,规划修缮、清洁等部门,与空侧联系较为便捷。远期在南边有发展余地。

中国民用航空中南地区管理局及航管、南方航空公司的办公以及生产辅助设施布置在机场南部工作区进场路的西侧,靠近主进场路一侧建设办公性用房,航空食品区布置在航站楼南侧,毗邻航空公司基地,其位置距离航站楼较近,缩短了食品车的运输距离,便于食品及时装机。

动力区布置在距离航站楼较近、靠近机场动力负荷中心的地方。供水站规划在次进场路东侧毗邻机务维修区,位于自来水进场方向。污水处理站、垃圾焚烧站布置在西跑道西南侧隐蔽位置,处于主导风向的下风侧,减少污染。

(四)以通畅便捷为主导的交通网规划设计

规划发达的新机场交通网络,构建以机场高速公路为主,联通广州市区内环路、北环高速、北二环高速等多条高速公路的客运快速通道。场前道路采用贯穿式设计,旅客可从南、北两个方向进场;轨道交通直达航站楼负二层,方便旅客换乘衔接。结合总平面布局方案,机场北侧规划货运专用道路,形成"南客北货"的交通组织格局,避免客货车流交叉,降低主、次进场道路的通行能力。工作区道路采用矩形网格化布置,通过环形立交桥相互联通。

(五)工程结构设计的领先技术

1. 基础设计

一期工程设计和施工阶段共完成了约4200个钻探孔,其中约有1/4的钻孔发现有土洞、溶洞或溶沟、溶槽;约有1/3的钻孔发现有软土,场区内土洞最深达29米,溶洞最深达2米,基岩的埋深为15~60米,地基条件存在多方面影响基础稳定性的因素。

一期工程对天然地基浅基础、中等深度摩擦桩基础以及端承桩深基础等进行了试验和分析比较,得出主要结论为:在石灰岩岩溶地区,摩擦桩是一种可行的基础形式,但普通的摩擦桩承载力低、不经济,可用后压水泥浆加固,单桩宜用桩底压浆,多桩承台用桩侧压浆的效果较好,但浅基础的长期稳定性受水文地质情况变化的影响比较大。

2. 混凝土结构设计

航站楼混凝土结构的特点是结构单元长、柱网大。其中,地下部分混凝土结构的最大长度为325米,地上部分结构单元的最大长度为108米。主楼及连接楼柱网均为18米×18米,指廊柱网为12米×12米。主框架梁为宽扁梁结构,基础筏板为大体积混凝土板。根据方案设计特点,混凝土楼盖采用不同的预应力结构,充分发挥有黏结结构和无黏结结构的优点;不承受水平力的混凝土框架结构设计,可有效减少大跨度建筑的用钢量。

3. 点式玻璃幕墙设计

航站楼外围护结构主要为点式玻璃幕墙,少部分为有框玻璃幕墙及金属板幕墙,幕墙总面积约14万平方米,其中点式玻璃幕墙约2.3万平方米,属预应力自平衡索结构点支式玻璃幕墙。

(1)玻璃支承型式方案

玻璃幕墙采用拉索结构点驳接式方案,通过用不锈钢扣件,将玻璃与主支承结构连成有机整体,形成通透、柔顺的幕墙表面。四点支承型式能够更好地适应玻璃在风荷作用下的变形现象,使最大应力均发生在两孔之间的中部,玻璃的强度能得到有效的利用,同时,球铰的自由转动,释放了节点对玻璃的扭转约束,使孔洞边应力减小,避免最大应力发生在孔洞边玻璃强度最薄弱处。

(2)幕墙支承结构体系方案

航站楼主楼三层出发层的柱距为9米,最高约33米。水平设9米不锈钢自平衡拉索桁架,垂直设钢桁架(柱距9米),桁架宽约1.5米,平面外稳定由两侧对称拉索拉力保证。端部及伸缩缝处设三角形桁架作为支座,用以抵抗水平索拉力。钢桁架顶纵向设1道三角形水平钢桁架,用以承受玻璃自重(吊索连接);竖直钢桁架上部与屋架上弦设一活动机构连接,此机构只能传递水平风力,不能传递垂直力,且能较好地适应屋面上下变形,保证结构安全。该设计方案的特点是传力简洁、幕墙通透、安全可靠、施工简便。

第四节　工　程　建　设

一、建设管理组织方案

1. 总体架构

一期工程由于采用直接面向工程项目的多元主体投资体制,并全面实行建设项目法人责任制,各项目法人之间按照以下原则,承担整个一期工程的建设和管理任务:

①集中立项,统一规划。一期工程整合为一个建设项目报国务院批准立项,审定投资规模和建设方案。整个建设项目所包含的机场、空管、供油和航空公司基地各子项工程系统,统一完成总体规划,确定功能分区、布局和建设要求。

②统一征地,统一开发。整个建设项目的用地范围,根据总体规划方案,由白云国际机场有限公司统一征用,并统一组织建设用地的前期综合开发,然后将开发好的熟地供各子项工程建设使用。

③法人负责,分块建设。各子项工程系统实行独立的建设项目法人责任制,按照批准的建设方案和投资规模,自主进行建设资金的筹集,组织项目的实施和目标控制。在整个工程总进度目标的指导和协调下,独立组建现场项目管理机构,完成该子项工程系统的建设任务。

④财务归口,独立核算。即各分指挥部实行独立的经济核算,在此基础上实行财务报告由工程指挥部计划财务处归口管理,编制合并报表。

2. 内部关系

一期工程各投资主体的项目法人具有相对独立性,各自组建建设管理班子,即各子项工程的建设指挥部(图30-6)。各指挥部在总体的管理方针和目标指导下,协同推进子项工程项目建设,以保证建设项目总目标的实现。

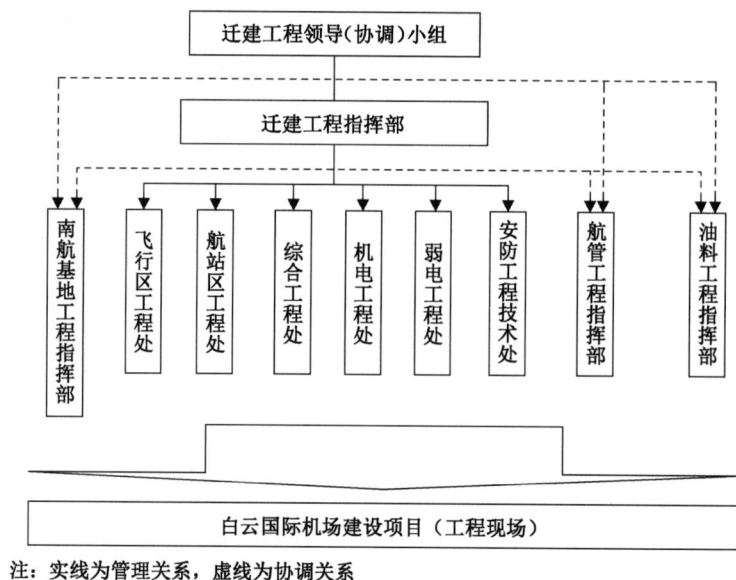

注：实线为管理关系，虚线为协调关系

图 30-6 全场性建设管理组织系统构架

在领导关系上,各指挥部受其项目法人的直接领导,在授权管理下,对项目法人直接负责;指挥部与指挥部之间不存在领导与被领导的关系。

在目标管理上,既要按照"谁投资、谁建设、谁管理、谁运营"的原则,贯彻执行各项目法人的管理方针和目标,又要做到保证局部服从整体,步调一致地实现整个一期工程的管理总目标。在利益主体不同的情况下,通过建立强有力的迁建工程领导小组进行整体重大问题的协调。

在相互协调上,第一层面的日常协调是明确在各指挥部之间,确立工程指挥部为协调中心。各指挥部之间加强沟通、协调,建立一定的工作制度:一是各分指挥部的协调工作由工程指挥部负责,必要时就其工作中出现的问题,由工程指挥部统一综合提交政府和有关方面研究解决;二是建立各指挥部联席会议制度,通报各自工作情况,研究解决工作中的问题;三是各指挥部的文件信息通过工程指挥部一个口子对外,派专人跟踪督办;四是专业性、技术性较强,需上报政府的文件,要经过有关的分指挥部会签。第二层面的重大问题协调由迁建工程领导小组统筹把握。

一期工程的上述做法,有效解决了建设过程的组织管理问题,既保证总体目标实现,又充分发挥独立法人的自助管理作用,对于全面履行建设项目法人责任制起到了积极的作用。

二、运行机制

在建立统一组织系统框架后,还要形成一套行之有效的运行机制,来保障组织系统运行的

效率和效益,一期工程在建设管理运行机制方面可总结为以下几方面经验:

1.统一指挥、分层次管理机制

统一指挥就是确立工程指挥部在建设管理中的最高领导、决策和指挥的地位,指挥长是建设过程的最高管理者、决策者和指挥官。工程指挥部的各职能部门是最高指挥机构的工作班子,一方面为重大问题决策提供技术、经济、管理和法规方面的业务支撑;另一方面在分工授权的条件下,明确部门的管理责任和工作目标,使建设管理总目标进行第一次分解和落实,并建立相应的考核评价标准,形成激励和约束机制。

第二层面是各工程处对施工总包及施工监理单位的管理机制,主要是工程处处长作为项目经理,对项目的投资、质量管理和进度目标负责,在工程指挥部的授权下,直接介入设计、招标投标和施工过程,通过优化或改善设计、优选施工及监理单位、审核和批准施工方案、跟踪施工安装作业过程、严格验收把关、规范结算签证等实际运作环节,调动施工和监理单位的积极性,把工程指挥部方针、决策和部署,通过合同管理,全面有效地贯彻到施工和监理单位中。

第三层面是发挥监理和施工管理总承包单位对各平行承包商的现场监控和指导作用,使工程处一级的项目管理方针、计划和目标要求,能够全面地贯彻到各个作业点和施工班组中去。这是项目运行的第一现场,是实现一切管理目标的基础和保证。

2.强化履约责任的承包商自主管理机制

承包商内部管理状况,是对建设项目管理产生最直接、最大影响的方面。如何强化承包商的履约责任和自主管理机制,是业主进行建设项目管理所必须认真考虑的重要问题。工程指挥部通过招标阶段仔细筛选、严格承包商履约责任、深化控制承包商管理方案等措施,强化承包履约责任,促进承包商的自主管理。

3.依托施工管理总承包及监理单位的协调监控机制

一期工程航站区建设引入了施工管理总承包单位来解决业主自行协调和监控能力不足的问题。施工管理总承包单位和监理单位成为业主对施工承包商进行管理和监控的两只手,起到强化业主管理的作用,构成了项目管理运行机制的一个重要方面。通过明确施工管理总承包单位的地位和责任,使各平行承包商归口由施工管理总承包单位进行综合管理;同时,工程处或监理单位的指令,都要经过施工管理总承包单位对下进行贯彻落实。

三、主要参建单位

一期工程主要设计单位13家,施工单位36家,监理单位6家,其中中国建筑工程总公司负责航站楼总承包管理,具体情况见表30-1。

一期工程主要参建单位 表 30-1

类别	序号	单 位 名 称	工 作 范 围
业主单位	—	广州白云国际机场有限公司 广州白云国际机场迁建工程指挥部	—
设计单位	1	美国 PARSONS 公司	航站区设计（水电、市政）
	2	美国 URSOGREINER 公司	航站区设计（建筑结构）
	3	广东省建筑设计研究院	航站区施工图设计
	4	中国民航机场建设总公司	飞行区、消防救援工程、配餐小区、场区道路照明工程设计
	5	中南机场设计研究院	飞行区设计
	6	广州白云国际机场规划设计所	职工食堂、宿舍、集团二级公司办公楼设计
	7	广州市设计院	停车楼、旅客过夜用房设计
	8	北京大地建筑事务所	综合办公楼、A4 地块二级公司办公楼设计
	9	广州市政设计院	环保设施区工程
	10	广东省集美设计装饰工程公司	航站区绿化、南北工作区绿化、南北进场路绿化设计
	11	广州市电力设计院	110 千伏输变电工程设计
	12	深圳市洪涛装饰工程公司	贵宾区合同段装修方案设计
	13	广州珠江装修工程公司	头等舱合同段装修方案设计
施工	1	中国建筑工程总公司	旅客航站楼总承包管理及主楼和南、北出港高架桥上部土建工程
	2	中国建筑第八工程局有限公司	旅客航站楼东、西高架连廊和连接楼及指廊上部土建工程
	3	中国建筑第八工程局有限公司、上海市安装工程有限公司	旅客航站楼安装工程
	4	深圳三鑫特种玻璃技术股份有限公司	旅客航站楼幕墙制作与安装工程（一合同段）
	5	中山市盛兴幕墙有限公司	旅客航站楼幕墙制作与安装工程（二合同段）
	6	陕西艺林实业有限责任公司	旅客航站楼幕墙制作与安装工程
	7	中国海外建筑有限公司	旅客航站楼工作区、办公区装修（一合同段）
	8	深圳华丽装修家私企业公司和深圳市深装总装饰工程工业有限公司联合体	旅客航站楼工作区、办公区装修（二合同段）
	9	广东省建筑装饰工程公司	旅客航站楼工作区、办公区装修（三合同段）
	10	中南航空港建设公司	飞行区土石方及排水工程
	11	空军第一建筑安装工程总队	飞行区土石方及排水工程
	12	上海隧道工程股份有限公司	飞行区土石方及排水工程
	13	四川省场道工程公司	飞行区土石方及排水工程

类别	序号	单 位 名 称	工 作 范 围
施工	14	中国建筑第三工程局有限公司、江南造船(集团)有限公司、上海中远川崎重工钢结构有限公司联合体	旅客航站楼钢结构工程
	15	广州市建筑集团有限公司、上海市机械施工公司、浙江东南网架集团有限公司联合体	旅客航站楼钢结构工程
	16	广州铁路集团工程总公司	东南景观排水渠工程
	17	广州花都第一建筑有限公司	西南景观排水渠工程
	18	广州市建筑集团有限公司	旅客过夜用房桩基础工程
	19	深圳市建设投资控股公司	机场停车楼土建工程
	20	广州工程总承包集团有限公司	机场污水污物处理工程
	21	广东省建筑集团有限公司	A3 地块(综合办公楼)土建
	22	广州市电力工程公司	航站楼 10 千伏变电站安装工程
	23	中铁大桥局集团第三工程有限公司	南、北进场路工程
	24	广州市建筑集团有限公司	旅客过夜用房桩基础工程
	25	广东棕榈园林工程有限公司	南进场路绿化工程
	26	顺德萃芳园园艺工程有限公司	北进场路绿化工程
	27	广州市杰赛科技发展有限公司	航站楼控制中心与弱电机房工程
	28	广州工程总承包集团有限公司和杭州大地网制造有限公司联合体	登机桥固定廊道工程
	29	中铁十九局集团第二工程有限公司	飞行区服务车道、防吹坪沥青混凝土工程
	30	上海隧道工程股份有限公司	飞行区桥梁工程
	31	中建一局(集团)有限公司	飞行区桥梁工程
	32	中铁十九工程局集团第二工程有限公司	飞行区桥梁工程
	33	广州市公路实业发展公司	机场交通标志、标线工程
	34	广州南方电力建设集团有限公司	110 千伏变电站及其送电工程
	35	广州市第四建筑工程有限公司	A4 地块(公安、安检综合楼)工程
	36	广州市市政工程机械施工有限公司	场内 10 千伏供电管网预埋工程
监理	1	上海市建筑科学研究院建设工程咨询监理部和广东海外建设监理有限公司	航站楼总体监理
	2	西北民航机场建设监理有限公司	东飞行区工程监理
	3	南京工苑建设监理公司	西飞行区工程监理
	4	中航工程监理有限责任公司	西飞行区助航灯光工程监理
	5	广州建筑工程监理公司	场区道路工程、综合管线工程、停车楼工程监理
	6	广州珠江工程建设监理公司	旅客过夜用房工程监理、综合办公楼工程监理
保证担保	1	长安保证担保公司	—
	2	银行保函	—
招标代理	1	中仪国际招标公司	设备材料采购
	2	中机国际招标公司	设备材料采购
	3	广东机械进出口国际招标有限公司	设备材料采购

第五节 运营管理

广州白云国际机场股份有限公司(原广州白云国际机场有限公司)为广州新机场的管理和运营机构,于2003年4月28日在上海证券交易所挂牌上市。2019年,公司总资产250亿元,实现营业收入78.7亿元,归属于上市公司股东的净利润10亿元,经营状况良好。

广州新机场一期工程于2004年8月建成通航,投产后原广州机场业务全部转场至新机场运行。随着机场设施条件改善和保障能力大幅提升,航空业务量快速增长。2006年广州新机场旅客吞吐量达到2622万人次,突破一期工程设计容量。2010年,白云机场跻身国际机场协会(ACI)全球机场旅客满意度测评"世界十佳服务机场"。

2012年,国家发展和改革委员会批复机场二期扩建工程可研报告,按照2020年旅客吞吐量8000万人次的需求设计,新建第三跑道和T2航站楼。第三跑道和T2航站楼分别于2015年和2018年投产运行。

2019年广州新机场实现旅客吞吐量7338万人次、货邮吞吐量192万吨、飞机起降量49.1万架次(均位居全国第3位,不含港澳台地区),同比分别增长5.2%、1.6%和2.9%;中国南方航空股份有限公司为其主基地航空公司;本场运营的航空公司近80家,航线通达国内外230多个通航点,其中国际及地区航点超过90个,完成旅客吞吐量约1871万人次,同比增长8%,占机场总旅客吞吐量的25.5%;中转品质不断提升,实现中转旅客吞吐量912.5万人次,同比增长3.1%;航班时刻放量取得突破,高峰小时容量提高至78架次;运行效率进一步提高,全年放行正常率89.1%,创历史新高;通关政策进一步优化,"144小时过境免签"政策正式落地,惠及53个国家。

第六节 工程创新

1.航站楼岩溶地质下的冲孔灌注桩施工技术

航站楼所处地带工程地质条件异常复杂,各种岩溶现象普遍发育,土溶洞纵横交错,淤泥沙层漫布四周,塌孔问题十分突出,属工程地质条件复杂场地。

针对特殊的地质条件,航站楼的主体结构采用嵌岩冲孔桩。岩溶地质使得冲孔灌注桩施工难度增加,溶洞、高倾角溶隙、陡坎等各种岩溶现象易破坏冲孔桩端基岩反力体的完整性,进而发生过量位移,导致承载力大幅下降,影响结构稳定性和安全。因此,解决岩溶地质条件下冲孔灌注桩的施工成为一项关键的技术难题。工程指挥部多次组织设计、监理、施工、质检等单位召开专题研讨会,采用量身定制的处理方案,对每根桩遇到的不同地质条件进行逐一研究,提出解决方案,保证了施工质量和进度,还解决了基础监测和质量评定的标准问题,确保了

506

航站楼基础工程的设计质量。

2.航站楼钢结构整体曲线滑移施工技术

航站楼主楼采取圆弧形平面布置,屋盖从中央向两边倾斜,外形独特的曲屋面造型给钢结构施工增加了难度。在结构上,主航站楼屋面采用双曲面空间管桁架结构及人字形柱支承体系,管桁架截面为倒三角形,桁架跨度大,单榀重量重,结构形式复杂,所有桁架的长度、安装高度、安装角度均不同,需要一对一制作安装。经过综合比较,航站楼钢桁架安装采用地面分段拼装、高空分组组对、桁架与胎架整体曲线滑移的施工技术,为滑移施工技术增添新的思路。

3.飞行区场道地基蓝派冲击压实技术

与航站区桩基础工程施工相比,飞行区场地范围更宽,地下条件更复杂。一期工程通过三维地震法等对场区进行了补充勘察,确定物探异常区,并采用充填后袖阀注浆法对未填充或半填充类型土(溶)洞进行处理,采用袖阀管注浆法对全充填类型土(溶)洞及淤泥质土透镜体进行处理,确保了场道地基的稳定性。同时,采用蓝派冲击碾压技术对跑道、滑行道、停机坪及高填方区域进行碾压,最大限度地减少工后沉降和沉降差异,提高场道的使用寿命。

4.飞行区水泥碎石基层机械化施工技术

飞行区道面工程质量标准高、施工难度大,水泥碎石基层施工在国内机场施工领域首次采取集中拌和、机械化摊铺大面积作业,道面混凝土施工在国内民航机场施工领域首次使用改进创新的高效自行排式振捣机技术,解决了厚型道面一次摊铺、一次全幅振捣的技术难题,使混凝土道面振捣工艺上了一个新台阶。

第七节　工 程 价 值

广州新白云国际机场着眼于珠三角地区及全国经济社会发展需要,以高起点、高标准的战略构思进行规划和设计,是我国民航史上意义重大的里程碑,该项目建设是区域经济社会发展的必然要求。

广州新白云国际机场是珠三角区域经济发展的重要战略性基础设施,区域对外开放的重要窗口,其建设、运营和发展,对于改善投资环境、扩大招商引资,提升广州在全球产业链、供应链中的地位,引领区域经济发展和产业转型升级,完善区域综合交通运输体系,落实国家"一带一路"倡议,推进粤港澳大湾区建设等具有重要意义。

一期工程采用先进理念、高新技术、新型材料,首次在国内采用中枢机场理念进行设计,切实贯彻"以人为本"的思想;广泛运用先进的施工技术,诸多项目创造了我国机场建设的新范例;建立了符合实际的工程管理模式,充分发挥业主、监理、施工单位的能动性和积极性,建立规范化的管理制度,为我国民用机场建设创造了许多新的经验。该工程荣获 2006 年第五届中国土木工程詹天佑奖。

执笔人:关羽

第三十一章 上海浦东国际机场二期建设工程

第一节 工 程 概 况

一、浦东机场概况

上海浦东国际机场(以下简称"浦东机场",见图31-1)位于上海市浦东新区的濒海地带,距市中心(人民广场)直线距离约30千米,距虹桥机场直线距离约40千米。1999年9月,浦东机场一期工程建成投入使用。

图31-1　浦东机场全景

浦东机场一期工程运营后又历经了多次扩建。2007年完成了第一次大规模扩建(即机场二期工程),主要内容为新建第二跑道和第三跑道、T2航站楼等设施。2012年和2014年,第四、五跑道先后投入使用。2019年完成的第二次大规模扩建即三期工程,主要内容为新建航站楼卫星厅及各项生产辅助设施。这些扩建工程为浦东机场可持续发展提供了有力保障。

浦东机场飞行区指标为4F,拥有4条运营跑道,第五跑道建成后尚未投用;共152万平方米的航站楼,其中T1航站楼36万平方米、T2航站楼54万平方米、卫星厅62万平方米;234个客机位、62个货机位和30个维修机位,共326个机位,机场工程累计投资585亿元以上;以及空管工程、供油工程等各项配套设施。

浦东机场已形成磁悬浮、城市轨道交通、城市快速路和高速公路等多种交通方式相互融合、顺畅便捷的对外交通运输体系。华夏高架、迎宾高架与中环、外环等城市高架快速路互联互通,确保旅客能快速抵达机场,另外,浦东机场还通过多条省际高速公路与周边地区相连。轨道交通2号线连接浦东机场和虹桥机场,上海市还规划建设机场联络线,进一步缩短浦东机场和虹桥机场的通行时间。以浦东机场为中心的综合交通运输体系日渐完善。

在浦东机场主体单位上海机场(集团)有限公司(以下简称"上海机场集团")和空管、供油、航空公司等驻场单位的共同努力下,2019年浦东机场实现旅客吞吐量7615万人次,居我国(含港澳台,下同)第2位、全球第9位;实现货邮吞吐量363万吨,居我国第2位、全球第3位。

为巩固提升以浦东机场为主、虹桥机场为辅的上海国际航空枢纽地位,增强面向长三角、全国乃至全球的辐射能力,中国民用航空局与上海市政府规划浦东机场2030年要实现旅客吞吐量1.3亿人次、货邮吞吐量590万吨、飞机起降量80.5万次的目标。上海机场集团开展相应研究,主要内容包括完善飞行区跑滑系统、在卫星厅南侧规划T3航站楼、扩大货运区规模、进一步完善综合交通和其他配套设施等(图31-2)。浦东机场将在长江三角洲世界级机场群中发挥更加重要的引领作用。

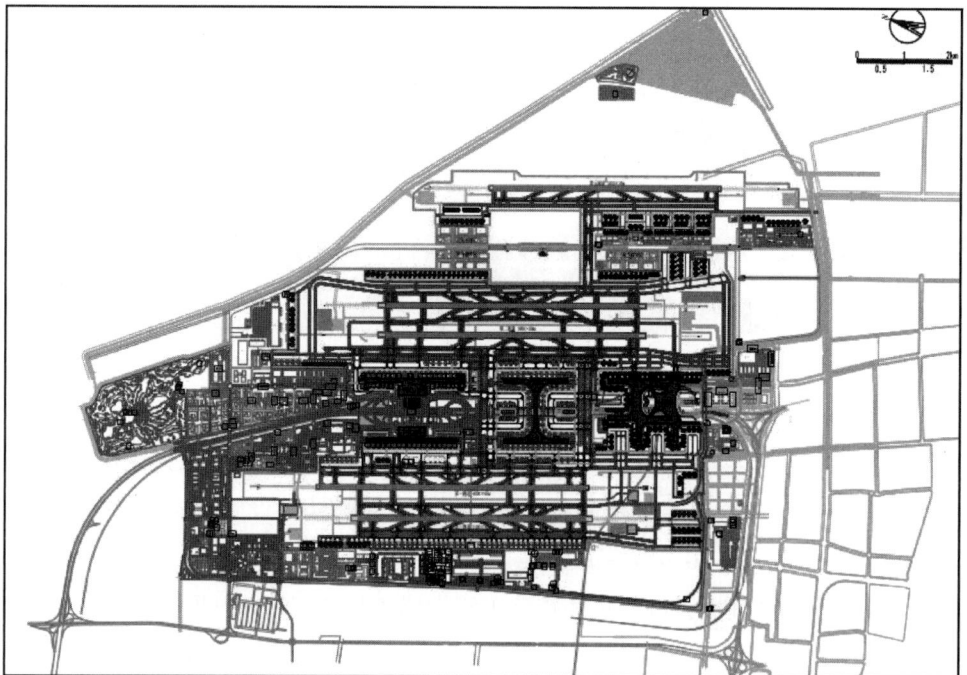

图31-2 浦东机场总平面规划(2019年版)示意图

二、二期建设工程概况

浦东机场二期建设工程是国家"十五""十一五"的重点建设项目,也是浦东机场发展史上规模最大的建设项目。本期工程建成的主要内容包括:3800 米×60 米的第二跑道和 3400 米×60 米的第三跑道,由单跑道运行变为多跑道运行;54 万平方米的 T2 航站楼,由单航站楼运营变为双航站楼运营;58 个机位共 75.6 万平方米,17.3 万平方米的公共交通中心,37 万平方米的货运站;配套建设空管工程、供油工程等设施。2008 年 3 月投入使用。

二跑道和三跑道等级均为 4F,可起降空客 380、波音 747 等大型客机;三跑道作为国内首次规划设计并第一个投入运行的非独立平行近距离跑道,在减少包括土地资源占用的同时,运行效率也得到较好保障,为全国其他机场提供了宝贵经验。

T2 航站楼主楼为 5 层布局,地上 3 层,局部地下 2 层。候机长廊为 4 层布局,连接廊为 7 层布局。整体流程自上而下分为国际出发层、国内出发层和到达混流层 3 个旅客活动层,便于航空公司的中枢运作需要,较好地适应了国际与国内之间中转旅客比例较大、国际航班波与国内航班波在时间上错开的特点,为提高可转换机位和近机位的使用效率创造了必要条件。在满足"最小的步行距离"和提供"最短的衔接时间"的同时,也实现了管理方便和资源节约的目标。

交通中心位于 T1 和 T2 航站楼之间,集轨道交通、机场大巴、长途汽车、出租车、旅游大巴及社会车辆等多种交通方式于一体,交通换乘方便。

随着二期工程投用使用,浦东机场整体设施能力大幅提升,为实现浦东机场为主的上海国际航空枢纽目标奠定了坚实基础,对于促进上海经济社会发展和对外开放、加快建成长江三角洲经济中心、实现国家对上海战略定位等具有重要意义。

第二节　规划与决策

一、项目提出

随着上海经济社会持续快速发展、国家浦东开发战略的深入实施,浦东机场航空业务持续快速增长,2003 年实现旅客吞吐量 1506 万人次、货邮吞吐量 136 万吨、飞机起降量 13.4 万架次,货邮吞吐量、飞机起降量超过或远远超过当初一期工程以 2005 年为目标年设定的 50 万吨和 12.6 万架次,预计 2004 年旅客吞吐量也将超过当初设定的 2000 万人次。为满足航空业务量高速增长的需要、更好地保障 2008 年北京奥运会和 2010 年上海世博会,二期建设迫在眉睫。工程建设首先要尽快完成对 1996 年版的机场总体规划的修编工作,以期指导浦东机场近期建设和远期发展。

二、机场总体规划修编

2004 年 9 月 3 日,中国民用航空总局与上海市政府批准了《上海浦东国际机场总体规划

(2004年修订版)》,明确浦东机场是我国大型航空枢纽机场,近期按满足2015年旅客吞吐量6000万人次、货邮吞吐量420万吨、飞机起降量49.1万架次规划建设;远期按满足年旅客吞吐量8000万人次、年货邮吞吐量570万吨、年飞机起降量65.3万架次控制发展用地,用地面积约45.6平方千米。飞行区指标规划为4F,在一跑道东侧2260米处规划建设二跑道,在一跑道西侧460米处规划建设三跑道,在二跑道以东440米处规划建设四跑道,在四跑道以东1220米处规划建设五跑道;在T1航站楼东侧规划建设T2航站楼,T1和T2航站楼之间规划交通中心,南面依次规划T3航站楼,东、西卫星厅;三跑道以西规划为西货运区、机务维修区及航空公司基地发展区域;在四、五跑道之间规划建设辅助塔台。在原有场内交通网络基础上,对场内交通设施进行调整、扩容,并与城市道路和轨道交通合理衔接(图31-3)。

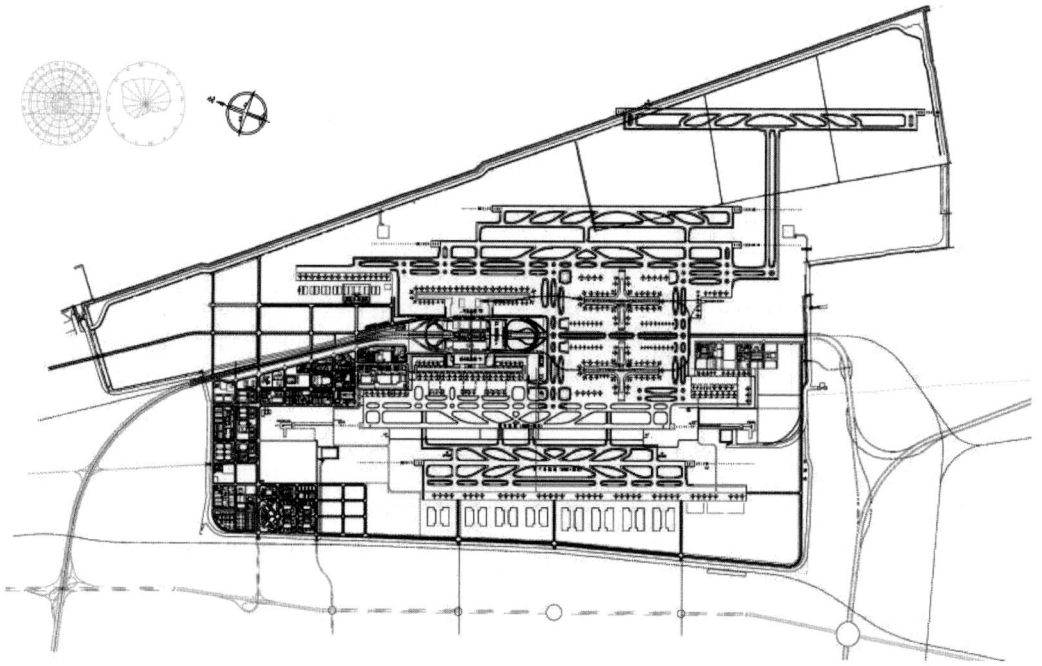

图31-3 浦东机场总平面规划(2004年版)示意图

三、项目立项

为满足2008年北京奥运会、2010年上海世博会以及上海地区经济社会发展需求,促进上海国际航空枢纽建设,2004年8月,上海市发展和改革委员会向国家发展和改革委员会(以下简称"国家发展改革委")上报了由中国民航机场建设总公司等设计单位编制的浦东机场扩建工程项目建议书。

2004年10月,国家发展改革委委托中国国际工程咨询公司(现中国国际工程咨询有限公司,以下简称"中咨公司")对该项目进行评估。中咨公司认为实施二期工程是必要的,在对设计目标年、航空业务量预测和建设规模等进行论证后,于2005年1月以《关于上海浦东国际机场扩建工程项目建议书的评估报告》(咨交通〔2005〕23号)上报国家发展改革委。

2005年5月,国家发展改革委采纳了中咨公司的评估意见,批复上海浦东国际机场扩建工程项目立项,以2015年为目标年,按照年旅客吞吐量5700万人次、货邮吞吐量400万吨、飞机起降量45万架次设计,飞行区等级指标4F,新建1条长3400米的三跑道(注:为满足2008年北京奥运会需要,二期工程中的二跑道在中咨公司完成评估、国家发展改革委批复后,已先行实施并于2005年3月建成投入使用)、48万平方米的航站楼、78万平方米的站坪以及货运站和公共交通中心,配套建设空管工程、供油工程等。项目总投资200.8亿元。

四、项目可行性研究

2005年6月,上海市发展和改革委员会向国家发展改革委上报了中国民航机场建设总公司等设计单位编制的上海浦东国际机场扩建工程可行性研究报告。同月,国家发展改革委委托中咨公司对该项目进行评估。中咨公司在进一步分析了航空运输市场需求后适当调增了业务量(将项目建议书阶段的目标年2015年旅客吞吐量5700万人次调增为6000万人次,货邮吞吐量由400万吨调增为420万吨,飞机起降量由45万架次调增为49万架次),深入论证了建设方案,对投资进行了必要核增,较可行性研究报告增加1.52亿元,较立项批复增加了8.5亿元。

2005年8月,中咨公司以《关于上海浦东国际机场扩建工程可行性研究报告的咨询评估报告》(咨交通〔2005〕1036号)上报国家发展改革委。

国家发展改革委采纳了中咨公司的评估意见,经报国务院批准,于2005年11月批复同意浦东机场扩建工程项目可行性研究报告。

二期建设工程以2015年为目标年,按照年旅客吞吐量6000万人次、货邮吞吐量420万吨、飞机起降量49万架次设计,在一跑道西侧460米处新建3400米×60米的三跑道、48.6万平方米的T2航站楼、58个机位共74.7万平方米的站坪、17.3万平方米的公共交通中心、37万平方米的货运站;配套建设空管工程、供油工程、东航配套工程等设施,新增用地约8.35平方千米,项目总投资估算为209.27亿元。

批复的总投资估算中,机场工程为198.83亿元,由中国民用航空总局安排民航基金8.7亿,上海市政府安排专项资金40亿元,上海机场集团及其所属企业安排自有资金38.5亿元,其余111.63亿元由上海机场集团通过银行贷款解决;空管工程为1.2亿元,由中国民用航空总局安排民航专项基金解决;供油工程的场外工程6.33亿元由上海机场集团和中国航空油料集团有限公司按照51%:49%的比例各自使用自有资金解决,供油工程场内工程

2.91 亿元由上海浦东机场航空油料有限责任公司自有资金解决;东航配套工程投资由中国东方航空股份有限公司筹措解决,未计入本项目总投资。

第三节　工　程　设　计

一、飞行区设计

浦东机场三跑道与位于其东侧 460 米的一跑道为 1 组近距跑道,实行一起一降的分开平行运行方式,三跑道主要用于飞机降落,同时兼顾西货运区的货运航班起飞。

三跑道是国内首次规划设计并第一个投入运行的非独立平行近距离跑道,其设计和使用开创了国内先河,为国内同类型机场的规划设计提供了宝贵经验。浦东机场飞行区设计由中国民航机场建设总公司负责。

二、航站楼设计

浦东机场二期工程航站区规划及航站楼设计经历了国际方案征集、设计招标、优化方案,再到初步设计、施工图设计等阶段。

方案征集工作于 2003 年 8 月启动,国内外 5 家设计机构(含联合体)提交了航站区规划及航站楼概念方案,包括:①法国巴黎机场国际工程公司(ADPI)和保罗·安德鲁建筑师事务所(Paul Andreu Architecte);②美国墨菲/扬建筑师事务所(Murphy/Jahn Architects,2012 年更名为 JAHN Architects);③美国兰德隆与布朗环球服务有限公司(Landrum & Brown);④维克多管理有限公司(VICTOR);⑤奥雅纳工程顾问有限公司(ARUP)。

2004 年 2 月,由 13 位国内外知名建筑师、机场规划设计专家、机场运营管理专家组成的评委会对 5 个应征方案进行了评审,评委会认为 5 个方案各有千秋,富有创造力,体现了世界新一代大型枢纽机场发展的新理念、新技术,具有世界一流的水平。评委会在 5 个应征方案中,推荐美国兰德隆与布朗环球服务有限公司、奥雅纳工程顾问有限公司提交的 2 个方案为备选方案。在从枢纽功能、总体规划、分期建设、进度控制等方面进一步综合研究论证后,推荐兰德隆与布朗公司提交的方案为中选方案。随后,浦东机场建设指挥部(以下简称“指挥部”)确定了华东建筑设计研究院有限公司为设计总承包单位,要求以兰德隆与布朗公司的方案为基础,承担航站区及航站楼的设计工作。

2006 年 12 月,中国民用航空总局、上海市政府联合批准了浦东机场二期建设工程机场工程初步设计。

第四节　工程建设

浦东机场二期工程建设项目主要包括机场工程、空管工程、供油工程等;其中,机场工程包括新建二跑道(已先期开工)、三跑道、T2航站区工程(图31-4、图31-5)、综合配套工程和西货运区工程。自2004年1月二跑道开始建设、2005年12月各项工程全面开工,历经4年建设,于2008年3月按期投入使用。

图31-4　浦东机场二期工程航站楼土建结构实景

图31-5　浦东机场二期工程航站楼夜景

一、工程重要节点

二期工程在航站区、飞行区、综合配套及西货运区的工程重要节点共有46个,见表31-1。

515

浦东机场扩建工程关键性控制节点一览表

表 31-1

分区工程	分区节点序号	关键性控制节点	
航站区工程（14个）	1	2005 年 3 月	完成航站楼桩基工程
	2	2005 年 8 月	完成航站楼地下结构工程和交通中心桩基工程
	3	2005 年 10 月	航站楼长廊钢结构开始吊装
	4	2005 年 12 月	完成航站楼土建结构
	5	2006 年 6 月	完成航站楼长廊钢结构吊装，行李系统到货开始安装
	6	2006 年 8 月	完成磁浮宾馆主体结构
	7	2006 年 9 月	完成航站楼主体钢结构吊装和交通中心主体结构
	8	2006 年 11 月	完成航站楼屋面工程，航站楼幕墙工程基本完成
	9	2006 年 12 月	完成航站楼信息集成系统深化设计
	10	2007 年 7 月	完成航站楼室内主要装饰工程
	11	2007 年 10 月	完成航站楼配套宾馆工程
	12	2007 年 11 月	完成航站楼、交通中心航班生产类设备及系统联动调试
	13	2007 年 12 月	完成航站楼、交通中心机电及其他弱电类设备安装及系统调试
	14	2007 年 12 月	完成航站楼、交通中心工程竣工及初验
飞行区工程（12个）	1	2005 年 7 月	东货运区竣工验收
	2	2005 年 9 月	第三跑道地基处理试验总结、方案确定
	3	2005 年 12 月	第四跑道堆载预压完工
	4	2006 年 1 月	航站楼站坪场道及助航灯光工程开工、第三跑道地基处理开工
	5	2006 年 8 月	航站楼站坪航油管网完工
	6	2006 年 9 月	第三跑道地基处理完工
	7	2006 年 10 月	第三跑道场道及助航灯光工程开工、西货运机坪航油管线开工
	8	2006 年 12 月	西货运机坪地基处理工程开工，航站坪具备登机桥安装施工条件
	9	2007 年 6 月	完成航站楼站坪工程
	10	2007 年 9 月	完成第三跑道主体工程
	11	2007 年 10 月	完成南进场市政道路（地道段）主体工程
	12	2007 年 12 月	完成第三跑道、西货运机坪工程竣工及初验
综合配套工程（14个）	1	2005 年 5 月	运营指挥中心、能源中心开工
	2	2005 年 8 月	南进场路施工便道完工
	3	2005 年 9 月	东西飞行区通道、东工作区道路开工
	4	2005 年 10 月	5 号 35 千伏变电站开工
	5	2005 年 12 月	东工作区雨污水泵站开工
	6	2006 年 3 月	航站区立交道路开工
	7	2006 年 6 月	东西飞行区联络通道完工、南进场市政道路（地面段）开工

续上表

分区工程	分区节点序号	关键性控制节点	
综合配套工程（14个）	8	2006 年 8 月	完成能源中心建筑主体工程
	9	2006 年 12 月	运营指挥中心建筑安装工程完工,5 号 35 千伏变电站具备受电条件,航站区立交道路主体结构基本完成
	10	2007 年 1 月	5 号 35 千伏变电站具备送电条件
		2007 年 3 月	4 号 35 千伏变电站二阶段具备送电条件
	11	2007 年 4 月	西围场河基本贯通
	12	2007 年 9 月	完成南进场市政道路（地面段）;运营指挥中心竣工及初验
	13	2007 年 10 月	完成能源中心冷源的调试;西围场河及环场路工程竣工及初验
	14	2007 年 12 月	完成航站区立交及地面道路;能源中心竣工及初验
西货运区工程（6个）	1	2005 年 11 月	完成第三跑道用地征地动迁
	2	2005 年 12 月	完成西货运区规划及扩初设计
	3	2006 年 3 月	开展西货运区征地动迁工作,为施工进场创造条件
	4	2006 年 6 月	征地动迁工作全部完成,西货运区招商工作完成,货运站主体工程开工
	5	2007 年 8 月	西货运库货物处理系统工艺设备到货及安装
	6	2007 年 12 月	基本完成西货运区建筑安装工程

二、工程建设难点

在一跑道和建设中的三跑道之间建设 6 条联络滑行道等设施,是国内第一例真正意义上的不停航施工,是二期工程建设中一项"重中之重"和"难中之难"的工程。尤其是距离一跑道中心线两侧 75 米内"咽喉"位置的施工,是施工建设与运行安全矛盾最为突出、极为敏感的区域,对现场管理和施工组织也提出了极高的要求。在飞机机翼下、机轮旁大面积、近距离、多接口的禁区内不停航施工在全国机场建设史上为首例。

(一) 与一般新建机场工程施工相比存在的突出难点

1. 施工环境复杂,安全隐患多

施工区域管线种类繁多,保护工作量大。飞行区不停航施工的施工空间既不能超过一定的高度,又要避开地上和地下的各种管线。飞行区不停航施工的时间段受到多种制约因素的影响,往往难以自主安排。许多情况下,留给不停航施工的时间段仅仅是夜间很短的几个小时,每天施工完毕后还必须将施工区恢复到满足适航条件的要求。

2. 涉及单位多,组织协调管理工作难度大

飞行区不停航施工管理不仅涉及参与工程建设的建设单位、设计单位、监理单位和施工单

517

位的协调问题,而且涉及与机场运行各相关部门的协调问题。施工和运行间必须保持有效的信息沟通机制,才能第一时间发现问题、上报问题和解决问题。

3.有效作业时间短,对工程施工不利

距跑道中心线两侧75米范围以内及跑道和滑行道之间的工程全部为夜间施工,有效作业时间短,施工安全管理难度大,每天退场前还需恢复达到适航条件。为了保证工期,所有施工必须在有限的时间内发挥到最佳状态,对现场管理和施工组织要求极高。

(二)不停航施工方案中行之有效的亮点

1.分区实施

针对飞行区不停航范围内影响安全的程度和实施的难度不均匀的特点,把飞行区不停航施工划分成不同的区域来实施,找出施工区域中安全方面的"重中之重"和施工方面的"难中之难"。

2.集中突破

为在紧急情况下对施工区域进行恢复并撤出施工区域,避免给机场运行造成严重影响,采取局部突破,集中力量打"歼灭战"的做法。例如,在二期工程建设中要在运行中的一跑道和新建的三跑道之间建设6条穿越滑行道,这是工程建设的难点问题,必须集中力量及时突破。为此指挥部选择具有丰富的禁区施工经验的施工单位进行施工,减轻了对机场运行的影响。

三、主要参建单位

浦东机场二期工程建设汇集了国内众多在工程建设领域经验丰富的施工和监理等单位,在项目单位的统筹下,按期顺利完成建设任务。

1.飞行区工程

飞行区工程分为38个合同段,主要参建单位见表31-2。

飞行区工程合同段和参建单位　　　　　　　　　表 31-2

序号	合同段名称	施 工 单 位	监 理 单 位
一、第二跑道工程			
1	堆载体卸载及土基处理工程一标	中国水利水电闽江工程局	上海华东民航机场建设监理有限公司
2	堆载体卸载及土基处理工程二标	上海隧道工程股份有限公司	上海华东民航机场建设监理有限公司
3	堆载体卸载及土基处理工程三标	中国航空港建设第三工程总队	上海华东民航机场建设监理有限公司
4	东侧穿越滑行道口卸载及地基处理一标	上海宝冶建设有限公司	上海华东民航机场建设监理有限公司
5	东侧穿越滑行道口卸载及地基处理二标	中国航空港建设第三工程总队	上海华东民航机场建设监理有限公司
6	东侧穿越滑行道口卸载及地基处理三标	中国航空港建设第二工程总队	上海华东民航机场建设监理有限公司

续上表

序号	合同段名称	施 工 单 位	监 理 单 位
7	新增滑行道口土方及地基处理一标	中国水利水电闽江工程局	上海华东民航机场建设监理有限公司
8	新增滑行道口土方及地基处理二标	上海宝冶建设有限公司	上海华东民航机场建设监理有限公司
9	新增滑行道口土方及地基处理三标	中国航空港建设第二工程总队	上海华东民航机场建设监理有限公司
10	跑道、滑行道场道工程一标	中国水利水电闽江工程局	上海华东民航机场建设监理有限公司
11	跑道、滑行道场道工程二标	上海宝冶建设有限公司	上海华东民航机场建设监理有限公司
12	跑道、滑行道场道工程三标	中国航空港建设第二工程总队	上海华东民航机场建设监理有限公司
13	跑道、滑行道场道工程四标	中国航空港建设第三工程总队	上海华东民航机场建设监理有限公司
14	东西向联络道土方及地基处理	中港第一航务工程局第四工程公司	上海华东民航机场建设监理有限公司
15	东西向联络道机坪及场道工程一标	中国航空港建设第二工程总队	上海华东民航机场建设监理有限公司
16	东西向联络道机坪及场道工程二标	中港第一航务工程局第四工程公司	上海华东民航机场建设监理有限公司
17	东西向联络道机坪及场道工程三标	中国航空港建设第三工程总队	上海华东民航机场建设监理有限公司
18	雨水泵站及调节水池土建安装	中国人民武装警察部队水电第二总队	上海华东民航机场建设监理有限公司
19	二跑道助航灯光	北京京航安机场工程有限公司	上海华东民航机场建设监理有限公司
二、第三跑道工程			
1	三跑道系统浅层地基处理一标	上海公路桥梁工程有限公司	上海华东民航机场建设监理有限公司
2	三跑道系统浅层地基处理二标	中国航空港建设第三工程总队	上海华东民航机场建设监理有限公司
3	三跑道系统浅层地基处理三标	中国航空港建设第九工程总队	上海华东民航机场建设监理有限公司
4	三跑道系统浅层地基处理四标	中港第一航务工程局第四工程公司	上海华东民航机场建设监理有限公司
5	三跑道系统场道工程一标	中国水利水电闽江工程局	上海华东民航机场建设监理有限公司
6	三跑道系统场道工程二标	中国航空港建设第二工程总队	上海华东民航机场建设监理有限公司
7	三跑道系统场道工程三标	中国航空港建设第三工程总队	上海华东民航机场建设监理有限公司
8	三跑道系统场道工程四标	中国航空港建设第九工程总队	上海华东民航机场建设监理有限公司
9	三跑道及西货运区货机坪助航灯光	北京京航安机场工程有限公司	上海华东民航机场建设监理有限公司
10	三跑道及西货机坪道面嵌缝	上海汇城建筑装饰有限公司	上海华东民航机场建设监理有限公司
11	雨水泵站及出水明渠北标	中国航空港建设第三工程总队	上海一测建设咨询有限公司
12	雨水泵站及出水明渠南标	中国航空港建设第二工程总队	上海一测建设咨询有限公司
13	南进场路地道及配套工程南标	上海隧道工程股份有限公司	上海三凯建设监理有限公司
14	南进场路地道及配套工程北标	上海市第七建筑有限公司	上海三凯建设监理有限公司
15	西货机坪地基处理	中国水利水电闽江工程局	上海华东民航机场建设监理有限公司
16	T2航站楼空侧站坪一标	中港第一航务工程局第四工程公司	上海华东民航机场建设监理有限公司
17	T2航站楼空侧站坪二标	中国水利水电闽江工程局	上海华东民航机场建设监理有限公司
18	T2航站楼空侧站坪二标	中国航空港建设第三工程总队	上海华东民航机场建设监理有限公司
19	灯光变电站及消防执勤点土建安装	江苏南通二建集团有限公司	上海一测建设咨询有限公司

2. 航站区工程

航站区工程分为 5 个合同段,主要参建单位见表 31-3。

航站区工程合同段和参建单位　　　　　　　　表 31-3

序号	合同段名称	施 工 单 位	监 理 单 位
1	T2 航站楼主楼	上海建工(集团)总公司	上海建科建设监理咨询有限公司
2	T2 航站楼主登机长廊	上海建工(集团)总公司	上海建科建设监理咨询有限公司
3	T2 航站楼主登机桥	上海建工(集团)总公司	上海建科建设监理咨询有限公司
4	T2 航站楼主连廊	上海建工(集团)总公司	上海建科建设监理咨询有限公司
5	T2 航站楼主交通中心	上海建工(集团)总公司	上海建科建设监理咨询有限公司

3. 工作区交通工程

工作区交通工程分为 34 个合同段,主要参建单位见表 31-4。

工作区工程合同段和参建单位　　　　　　　　表 31-4

序号	合同段名称	施 工 单 位	监 理 单 位
1	东货运站扩建仓库	宏润建设集团股份有限公司	上海市工程建设咨询监理有限公司
2	东货运区配套办公楼	宏润建设集团股份有限公司	上海市工程建设咨询监理有限公司
3	东货运区停车场及配套项目	宏润建设集团股份有限公司	上海市工程建设咨询监理有限公司
4	新建设备材料仓库工程	中国建筑第七工程局有限公司	上海市工程建设咨询监理有限公司
5	西货运区公共货站及配套工程	上海宝冶建设有限公司	上海建科建设监理咨询有限公司
6	西货运区配套办公楼	上海市第七建筑有限公司	上海建科建设监理咨询有限公司
7	UPS(联合包裹运送服务公司)转运中心	上海市第一建筑有限公司	上海一测建设咨询有限公司
8	新建 2 号能源中心	上海建工(集团)总公司	上海建科建设监理咨询有限公司
9	运行指挥中心(AOC)	上海市第一建筑有限公司	上海建科建设监理咨询有限公司
10	4 号 35 千伏变电所	上海建工(集团)总公司	上海建科建设监理咨询有限公司
11	5 号 35 千伏变电所中心变电所工程	上海市第七建筑有限公司	上海建科建设监理咨询有限公司
12	西货运区 10 千伏开关站	上海沪总企业发展有限公司	上海一测建设咨询有限公司
13	西围场河及市政配套道路一标	中国核工业华兴建设有限公司	上海宏波工程咨询管理有限公司
14	西围场河及市政配套道路二标	上海金山市政建设股份有限公司	上海宏波工程咨询管理有限公司
15	西围场河及市政配套道路三标	安徽省水利建筑安装总公司	上海宏波工程咨询管理有限公司
16	地面道路及南北立交系统	宏润建设集团股份有限公司	上海新光建设工程监理咨询有限公司
17	南进场路地面段道路	上海市第二建筑有限公司	上海三凯建设监理有限公司
18	东工作区道路及泵站一阶段南标	上海市第四建筑有限公司	上海三凯建设监理有限公司
19	东工作区道路及泵站一阶段北标	上海宝冶建设有限公司	上海三凯建设监理有限公司

续上表

序号	合同段名称	施工单位	监理单位
20	后续配套项目东工作区道路工程	中国航空港建设第二工程总队	上海新光建设工程监理咨询公司
21	南区给水泵站	腾达建设集团股份有限公司	上海新光建设工程监理咨询公司
22	第四跑道吹沙补土工程(陆上)一标	上海东海华庆工程有限公司	上海市工程建设咨询监理有限公司
23	第四跑道吹沙补土工程(陆上)二标	上海金山市政建设股份有限公司	上海市工程建设咨询监理有限公司
24	第四跑道吹沙补土工程(陆上)三标	上海市第五建筑有限公司	上海市工程建设咨询监理有限公司
25	第四跑道吹沙补土工程(水上)一标	浙江省第一水电建设有限公司	上海市工程建设咨询监理有限公司
26	第四跑道吹沙补土工程(水上)二标	广东金东海集团有限公司	上海市工程建设咨询监理有限公司
27	第四跑道吹沙补土工程(水上)三标	长江航道局	上海市工程建设咨询监理有限公司
28	航站区配套宾馆工程	中天建设集团浙江安装工程有限公司	上海建科建设监理咨询有限公司
29	职工过夜用房工程	上海市第一建筑有限公司	上海三凯建设监理有限公司
30	A1 地块和货运区域停车场工程	河北建设集团有限公司	上海宏波工程咨询管理有限公司
31	联检单位办公用房工程	江苏南通二建集团有限公司	上海一测建设咨询有限公司
32	武警用房工程	江苏南通二建集团有限公司	上海一测建设咨询有限公司
33	公安安保用房扩建工程	上海市第一建筑有限公司	上海浦桥工程建设监理有限公司
34	7 号出租车蓄车场及附属设施	上海市第七建筑有限公司	上海三凯建设监理有限公司

第五节　运营管理

　　指挥部很早就认识到,只有具备符合运营规律的机场设施体系,才能保障机场运营组织的高效运转。浦东机场二期工程启动之初,指挥部就坚定提出将以运营为导向的理念贯穿于规划设计、施工、验收及移交的全过程。在建设前期,指挥部坚持"功能为主"的原则,在组织结构中配备了众多在机场运营方面具有较丰富经验的人员,同时建立了与运营单位之间的沟通平台,邀请运营单位参与规划设计。在建设过程中,运营单位深度参与施工过程中面向使用功能的技术交流、设施管理规划的制订。竣工阶段,建设单位和运营单位共同研究制订运营预案、编制移交计划等。正是由于始终较好地贯彻了以运营为导向的理念,浦东机场二期工程项目建成后,实现了向运行无缝交接,与既有设施融为一体,为实现国际航空枢纽战略打下了坚实基础。

一、以运营为导向的理念全面融入机场建设

1. 配备运营人员进入指挥部

　　指挥部人员组成的一大特点是相当多的组成人员具有机场运营经验。其中,有近40%的高层管理者来自运营部门,部分高层管理者在指挥部工作的同时仍身兼运营部门的管理职务;

有近50%的中层管理者来自运营部门,大多具有丰富的运营管理实践经验;普通员工中也有相当多的人来自运营一线,有的还具有浦东机场一期工程建设的经历。正是由于组成人员对一期工程存在的缺憾(如中转功能考虑不足)、本工程的建设背景和未来需求有深刻的理解,所以指挥部清楚地认识到建设为运营服务的重要性,因而能始终坚持以运营为导向的建设理念,能全面预判运营可能遇到的问题,并及时提出合理化意见。

2. 构建建设与运营之间的沟通平台

为了保障沟通的有效性,能及时、准确地掌握运营者对建设的需求,指挥部精选人员成立了"航空业务部",专门与负责机场运营的上海国际机场股份有限公司、航空公司和联检单位等驻场单位沟通、听取意见,使机场股份公司成为指挥部智囊团的一部分。上海国际机场股份有限公司特别设置了"二期办",入驻指挥部办公楼,直接参与本工程的建设管理工作。

二、运营单位深度参与工程建设全过程

1. 参与未来机场运营模式的确定

指挥部、上海国际机场股份有限公司与上海机场集团组成联合课题组,采取规划建设和模式研究同步开展的形式,坚持运营模式确立先行、工程建设配套跟进的原则,使建设方向能够满足逐渐清晰的管理模式的需求。课题组结合上海机场集团战略目标和浦东机场总体建设规划,研究从生产经营型向管理型推进,机场管理形成专业化、社会化管理机制,提高运行效率、服务质量和安全保障能力。最终确定了机场运行指挥中心(AOC)为整个机场运行管理的指挥者和协调者,不仅为日后管理奠定了组织框架,同时在机场建设期间对设施布局等提供了指导意见,避免了在其他机场建设后期发生的不必要的整改和调整现象,真正实现了"建设为运营服务"的理念,使未来运行模式适应枢纽运作的要求。

2. 参与2座航站楼分配方案的确定

指挥部积极听取、协调航空公司和联检单位等驻场单位的意见,结合航空联盟要求、机场航班生产及运行情况、机场长期发展,先后召开各类专题会议30多场次,特别是在T2航站楼内部资源分配与使用方式、国内旅客安检模式、商业布局和招商等方面,广泛和深入地听取了各方的意见,最终确定了T1和T2航站楼的分工方案,为未来运营打下了良好基础。

三、实现工程建设向运行无缝交接

按照"交得出、通得过、转得起来"的原则,指挥部从2007年6月就开始着手制订《上海国际机场扩建工程验收工作计划》,上海国际机场股份有限公司参加了整个验收工作计划的制订,并与指挥部共同制订了资产移交计划。

为吸引更多的航空公司进驻机场,指挥部依托上海机场集团的力量,联合上海国际机场股

份有限公司共同编制了机场使用指南,更新了《航空资料汇编》和《机场使用手册》,详细介绍机场的规划布局、各类设施的主要技术参数及机场运营方式。

指挥部不仅按时保质地完成了工程建设任务,同时也为机场日后运营培训了大批专业人才,包括 3 大类共 279 项培训,其中现场培训 191 项、国内培训 54 项、出国培训 34 项。现场培训主要围绕机场运行期间设备的操作及维护,接受培训的人员不仅包括指挥部人员,同时还有来自上海国际机场股份有限公司、航空公司与联检单位的人员。国内培训主要涉及机电、暖通、给排水、强电、弱电和信息系统设备的工厂培训,培训对象包括上海国际机场股份有限公司的操作、维护维修和管理的主要技术骨干。出国培训主要涉及行李、集成、安检、电梯和货运系统等重要系统的培训。多数受培训人员在机场建成后到上海国际机场股份有限公司工作。这些培训为实现工程向运行无缝交接、整个机场高效运营打下了坚实基础。

四、优化信息系统整体业务流程,提高机场服务管理水平

根据国际航空枢纽定位、多航站楼运营模式,指挥部以业务流程管理为核心手段,对浦东机场信息系统整体业务流程进行了需求分析,建立了基于机场行业的分析方法和分析模型。分析模型包括旅客出发流程、航班到达流程、机场和航空公司计划处理流程、机场信息系统支持流程。

流程分析和管理理念打破了国内机场原有信息系统集成课题管理的固定形式,使机场行业的信息系统集成课题管理进入一个全新的阶段。在清晰地指引浦东机场信息系统建设的总体发展方向的同时,还为未来各阶段工程衔接和浦东、虹桥两机场的信息化管理的全面性、一致性打下良好基础,改善了上海机场运营环境,提高了企业竞争力。

2015 年,浦东机场实现旅客吞吐量 6010 万人次,实现了当初国家批复该项目 6000 万人次的目标;实现货邮吞吐量 328 万吨,明显低于当初 420 万吨的预期;实现飞机起降量 44.9 万架次,略低于当初 49 万架次的预期。

第六节　工 程 创 新

浦东机场二期工程较一期工程涉及的范围更广、工期更紧、难度更大、任务更重,具有立意新、总体规划要求高、周边环境复杂、多跑道系统涉及面广、软土地基处理难度大等特点,工程建设和管理过程中存在大量的技术难题需要解决,其中多数难题处于国内外相关研究领域的前沿,没有可以借鉴的经验,工程建设面临巨大挑战。指挥部以科学发展观为指导,本着尊重科学的求实精神和与时俱进的创新理念,最终形成了 5 个重点研究领域:机场规划研究、航站区关键技术研究、飞行区关键技术研究、信息技术研究和项目管理研究(表 31-5)。

浦东机场扩建工程科研项目一览表

表 31-5

序号	类　别	课 题 名 称	研 究 周 期
1	机场规划研究	浦东国际机场总体规划研究	2004 年 4 月—2007 年 10 月
2		浦东国际机场评估系统研究	2005 年 1 月—2006 年 12 月
3		长三角空铁联运实施可行性研究	2006 年 6 月—2008 年 10 月
4	航站区关键技术研究	浦东国际机场 T2 航站楼钢结构工程关键技术研究	2004 年 8 月—2007 年 10 月
5		浦东国际机场 T2 航站楼金属屋面系统研究	2005 年 10 月—2007 年 10 月
6		浦东国际机场二期工程节能研究	2004 年 1 月—2007 年 10 月
7		浦东国际机场 T2 航站楼行李系统技术应用和项目管理研究	2004 年 4 月—2007 年 10 月
8	飞行区关键技术研究	浦东国际机场二跑道工程关键技术研究	2003 年 4 月—2005 年 10 月
9		浦东国际机场飞行区地下穿越工程可行性和控制条件研究	2005 年 5 月—2005 年 12 月
10		软土地区机场飞行区地下穿越关键技术研究	2006 年 4 月—2007 年 3 月
11		浦东国际机场三跑道地基处理试验研究	2005 年 2 月—2005 年 12 月
12		浦东国际机场场道地基处理实践研究	2005 年 7 月—2006 年 12 月
13		防止机场道面混凝土板块边缝破损工程技术研究	2006 年 3 月—2007 年 12 月
14	信息技术研究	浦东国际机场综合交通信息化和智能化发展研究	2005 年 12 月—2006 年 12 月
15		枢纽交通智能服务核心技术研究与集成示范	2006 年 6 月—2008 年 12 月
16		浦东国际机场旅客安全信息系统研究	2005 年 1 月—2006 年 9 月
17		浦东机场信息系统整体业务流程分析研究	2006 年 3 月—2006 年 9 月
18		多机场多航站楼枢纽运营模式的信息系统集成研究	2006 年 11 月—2008 年 6 月
19		上海机场地理信息系统研究	2006 年 6 月—2008 年 12 月
20	项目管理研究及其他	大型机场可持续建设管理研究与应用	2006 年 6 月—2007 年 12 月
21		浦东国际机场两楼分工研究	2005 年 7 月—2006 年 9 月
22		浦东国际机场未来运行模式研究	2005 年 6 月—2007 年 12 月
23		浦东国际机场旅客流程设计研究	2004 年 9 月—2005 年 12 月

规划和信息技术领域方面,指挥部以"提供顺畅、便捷的人性化交通运输服务"为核心理念,统筹做好交通系统信息化和智能化技术的规划和建设工作;针对大型航空枢纽运营期高能耗的特点,重点研究机场建设中的节能技术,从而达到降低整个机场能源消耗的目的;围绕机场的基础设施建设,重点突破建设和养护的关键技术,提高建设质量,降低全寿命成本,是航站区和飞行区关键技术研究的思路。

项目管理方面,指挥部主要致力于变革管理理念,创新知识技能,提升管理能力;加强科技攻关,促进工程建设,走出了一条大型机场建设的新路子。

1. 科学创新的理念贯彻于机场总体规划始终

机场总体规划研究是机场建设发展的重要基础。指挥部在分析浦东机场既有总体规划和上海国际航空枢纽战略目标的基础上，对浦东机场面临的新形式、新要求、新挑战进行了分析和研究，包括规划设计的原则、需求预测、跑道与飞行区规划、航站楼与站坪规划、机场集疏运规划、一体化交通中心、信息弱电和机电系统规划、西货运物流园区规划、工作区设施规划、市政配套设施规划以及周边地区土地使用规划等内容，大大提高了国内关于大型国际机场总体规划研究的水平，为实现上海国际航空枢纽的目标奠定了良好的基础。其中，T2 航站楼的机位规划布局研究，在相似的航站楼正面长度和空间面积的情况下，比最初设计方案增加了 11 个机位，达到 42 个近机位。同时，总体规划促进了设计、建设、运行、管理和经营等方面的工作，是我国民航机场规划建设工作的典范。

2. 航站楼钢结构方案为同类工程提供了宝贵经验

T2 航站楼(图 31-4、图 31-5)钢屋盖的造型新颖，结构特殊，设计难度较大，工期紧，现场安装限制多，而且不能影响一期工程航站楼的航班正常运行及空防安全，这使得钢屋盖的结构设计安装工程面临巨大的挑战。工程伊始，指挥部就成立了专班，分别对航站楼钢屋盖工程的设计和施工安装进行研究，不但成功地解决了本工程遇到的一系列问题，也为类似工程的设计和施工提供了借鉴，同时还取得了数项专利。

设计方面首次采用新型大跨度钢结构体系优化设计，确保结构安全。完成了关键节点 Y 形钢柱顶铰接点以及张弦梁下弦的钢棒与腹杆连接节点的足尺试验；完成 CFD(计算机流体力学)数值风洞模拟分析研究，与刚性模型风洞试验的结果进行校核和进一步分析。钢结构水平跨越构件平均用钢量为 105 千克/平方米，相比一期工程平均用钢量大幅度降低，同时低于国内外其他同类工程。此外，结构设计还取得了"钢结构杆端万向铰接节点"专利。

施工实施方面选择合理的技术工艺路线，从而保证了工程的进度、质量、安全和费用目标的实现。完成了施工安装主楼和长廊技术路线的研究、钢结构安装工程总平面布置研究、主楼和长廊钢屋盖安装顺序及构件分段、长廊钢结构安装工艺研究、主楼钢结构安装工艺研究、钢结构屋盖的测量与焊接工艺研究等。

3. 节能环保措施持续发挥良好效用

作为大型公共交通建筑，枢纽机场能耗相当大。浦东机场坚持节约资源和保护环境，从工程建设方案的设计开始就把节约能源的研究工作放在突出的位置，积极研究与开发能源的节约、替代和循环利用技术，努力探索一条低投入、低消耗、低排放和高效率的节约型道路。

根据国内外大型机场及浦东机场一期的运营经验，指挥部组织力量把运行所需能耗约占整个机场运行能耗 68%、建筑面积达 48.5 万平方米的航站楼及其供冷供热作为整个工程建设节能研究的核心。取得的主要研究成果如下：

（1）两项措施实现能源中心节能

浦东机场二号能源中心是主要负责向 T2 航站楼和交通中心集中供冷供热的工程。浦东机场设计建造了 2 个直径 26 米、高 23.7 米的钢制拱顶储水罐，充分利用夜间电网低峰时段生产冷冻水并储存在 2 个容积各 1 万余立方米的蓄冷罐内，白天利用二次循环水泵送入冷冻水管网系统，由安装在共同沟内的大型冷冻水管道输送到航站楼，供给空气调节的终端设备使用。这种夜间蓄冷罐蓄冷的运行方式，对于电网的移峰填谷和能源的节约利用都有着显著的作用，效果显著。

（2）双管齐下锁定航站楼节能

①自然采光与遮阳。根据对上海的气候、日照能量、角度及路径的分析，采用建筑光环境模拟分析软件 Radiance，模拟不同的围护结构对室内照明和自然采光、遮阳反辐射等的影响，并进行定性和定量分析，按照计算结果提出在航站楼的屋顶开设 138 个巨型"龙眼"天窗来满足室内自然采光的要求。航站楼建筑的整体立面采用玻璃幕墙材料，在增大建筑室内外环境联系的同时，增加了自然采光，可在冬季得到充分的太阳辐射能量。为解决天窗和玻璃幕墙在夏季容易聚集过多的太阳热量并产生较强光差的问题，经过动态热模拟分析，在立面采用双层中空和反射镀膜玻璃，在天窗采用双层中空高透低辐射玻璃，并采用敷设遮阳膜技术。

②自然通风。依靠自然通风、引入天然"活气"的大胆设计，解决了航站楼内空气流通问题。通过建立航站楼的模型和计算机模拟，运用流体力学计算技术，对建筑表面的风向、风速和风压分布以及建筑内部自然通风条件下的热环境进行分析，结合建筑设计确定合理的自然通风开口位置及通风口的尺寸。

4. 将"难题工程"的二跑道工程打造成为"样板工程"

浦东机场完整地提出了以"场道地基—道面结构不协调变形全面控制"为核心的新技术思想；构建起一整套场道地基、道面结构和飞行区地下通道相统一的地基变形控制指标和标准；建立了大面积深厚不均匀场道软土地基变形预测、适用于 F 类飞机的水泥混凝土道面厚度设计以及飞行区箱式地下通道地基结构沉降分析 3 项理论和计算方法；开发了结合吹砂补土的堆载预压、"高真空降水 + 低能量强夯 + 冲击碾压"的浅层地基处理、道面结构服务性能与耐久性的改进、飞行区地下穿越箱式通道以及深层三轴水泥搅拌桩复合地基加固等实用技术。2006 年 7 月，在中国民用航空总局主持的科学技术成果鉴定会上，鉴定委员会一致评定该课题研究成果达到国际先进水平。

浦东机场将二跑道工程建设这一"难题工程"打造成为"样板工程"，创造了国内机场多个"第一"；于 2005 年被誉为是当时一段时期国内机场建设中质量最好的跑道之一；核心技术成果"机场场道工程技术与管理"在全国民航机场领域得到广泛传播和推广，有力推动了整个民航机场行业的科技进步；于 2007 年被评为 2006 年度国家市政金杯示范工程；"浦东国际机场第二跑道工程关键技术研究"成果荣获中国民用航空总局 2006 年度中国民用航空科学技术奖一等奖。

第七节 工 程 价 值

上海是长三角一体化发展的龙头,规划建设成为国际经济中心、国际金融中心、国际航运中心和国际贸易中心。建设上海航空枢纽是上海市政府和中国民用航空总局共同制定的目标,是上海加快建设"四个中心"的重要组成部分,也是推动我国由民航大国走向民航强国的重要战略举措。浦东机场二期建设工程是上海航空枢纽的核心工程,完善航空枢纽功能、保障和服务,为更好地保障 2008 年北京奥运会和 2010 年上海世博会、实现以浦东机场为主、虹桥机场为辅的上海国际航空枢纽目标奠定了坚实基础。

二期工程投用后,浦东机场形成 3 条跑道、2 座航站区同时运行的格局,枢纽运营保障能力得到大幅提升,依托上海显著的区位优势和产业集聚作用,吸引了 UPS(联合包裹运送服务公司)、FedEx(联邦快递公司)以及 DHL(敦豪快件公司)等国际物流巨头相继在浦东机场建设国际和区域转运中心,使浦东机场成为全球第一家同时吸引三大国际物流集成商落户建立地区级国际转运中心的机场,确立了浦东机场的国际货运枢纽地位。

浦东机场二期工程作为国内首次规划设计并第一个投入运行的非独立平行近距离(460米)跑道,其设计和使用开创了国内先河,在提高运行效率方面提供了新思路,为国内同类型机场的规划设计提供了宝贵经验。

执笔人:熊朝

第三十二章 青海玉树巴塘机场

第一节 工 程 概 况

玉树巴塘机场(以下简称"玉树机场",见图 32-1)位于玉树州玉树市巴塘乡上巴塘村,距省会西宁(省政府大楼)直线距离 625 千米、公路距离 809 千米,距州府(州政府大楼)直线距离 21 千米、公路距离 27 千米,高程 3904.8 米,属高高原机场,于 2007 年 5 月奠基并开工建设,2009 年 8 月建成通航。项目法人为青海省民用机场有限责任公司,总投资 55800 万元,资金来源为国家发展和改革委员会安排中央预算内专项资金 25300 万元,中国民用航空总局安排民航发展基金 28500 万元,其余 2000 万元由青海省筹措解决。2019 年机场实现旅客吞吐量 31.8714 万人次、货邮吞吐量 1771.9 吨、飞机起降 3578 架次。

图 32-1 玉树机场全景

玉树机场现状情况如下:

1.飞行区

机场飞行区指标为 4C,建有 1 条 3800 米×45 米的跑道,两侧道肩各宽 7.5 米,总宽 60 米;2 条垂直联络道,A 联络道为 224 米×18 米,两侧道肩各宽 3.5 米,总宽 25 米;B 联络道为 224 米×23 米,两侧道肩各宽 7.5 米,总宽 38 米;另有 1 条 215.5 米×18 米的军用垂直联络道。跑道主降端(28号)设Ⅰ类精密进近仪表着陆系统,次降端设非精密进近系统。

站坪设4个自滑进出的机位(3C1D)❶,军用停机坪为60米×200米,可保障1架伊尔-76飞机停放。跑道两端设60米×60米的防吹坪,升降带为3920米×300米。

2. 航站区

建有4258平方米的航站楼,建筑面宽100.54米,进深40.54米,建筑层数为1层(局部夹层),建筑高度13.50米,为一字形前列式一层式构型,集中办票、集中安检、分散登机。航站楼主体结构为钢筋混凝土柱轻钢屋架排架结构形式,屋面为钢结构保温压型板。建筑耐久年限为50年,防火等级为一级,建筑抗震设防类别为乙类,抗震设防烈度为Ⅶ度。建有4000平方米的停车场、200平方米的货运库及相关生产设施。

3. 助航灯光系统

跑道主降方向设Ⅰ类精密进近灯光系统和顺序闪光灯,次降方向设简易进近灯光系统,设有跑道中线灯、边灯、入口灯、入口翼排灯、末端灯、警戒灯、目视进近坡度指示灯、滑行道边灯、滑行引导标记牌及风向标,6基高杆灯及6座机务配电亭等。

4. 空管设施

建有1540平方米的航管综合楼、管制室面积为37平方米的塔台(与航管综合楼合建)及通信、导航、气象等设施。

5. 消防救援设施

机场消防和救援保障等级均为5级,建有458平方米的消防救援站,配备4辆消防车和1辆普通型救护车。

6. 供油设施

油库占地4400平方米,建有3×50立方米的储油罐、2×25立方米的油罐及各类建筑343平方米,配有1辆1.2万升和1辆1万升罐式加油车。

7. 供电设施

机场一路电源引自110千伏结古变电站,建有1座818平方米的35千伏变电站,内设2×2000千伏安变压器。

8. 供水及污水污物处理设施

建有1座200米深井,124平方米的水泵房、50立方米的生活水池和500立方米的消防水池;航站区设有216平方米的污水处理厂和1座简易垃圾收集棚。

---

❶ C代表可停放的最大机型为C类飞机,如波音737系列和空客320系列,D代表可停放的最大机型为D类机型,如波音757、767系列和空客330系列。

9. 供热供冷和供氧设施

采用燃煤锅炉供热,锅炉房建筑面积452平方米;无供冷设施。建有1座289平方米的制氧机房,配备3台制氧机组。

10. 安全保卫设施

安全保卫等级为四类,相应配置了各类安全保卫设施。

第二节　规划与决策

一、项目提出

由于玉树地区海拔高,交通十分不便,玉树机场建成前与周围地区只有公路交通联系,玉树州绝大部分的工业品、70%以上的粮食和生活用品需从外部靠公路运进。由于现有公路海拔高、路况差、耗时长、事故多,给进出旅客和货物运输带来不便,而且在途里程长,气候对公路运输影响大,极大地限制了玉树州的对外交往和开放,严重制约了地区经济的发展。2003年1月,国务院正式批准三江源自然保护区为国家级保护区。三江源自然保护区的生态系统脆弱,一旦遭到破坏,恢复困难,后果严重。因此,三江源自然保护区的生态环境保护和水土治理工作,成为玉树地区实施产业结构调整、经济可持续发展的关键。这需要快捷、便利、安全的交通条件,有效的行政管理,大量的人才、物资的引入和科研、监测、治理等生态保护措施的落实。为了改善当地落后的交通条件,保护三江源自然保护区生态环境,带动旅游业和地区经济发展,青海省提出建设玉树机场。

二、机场选址

玉树机场选址工作始于2000年,青海省机场建设协调领导小组办公室委托中国民用航空总局青海省局,组成以工程技术人员为主的选址小组,赴玉树州进行选址,初选了上巴塘、下巴塘、易灾区3个场址。易灾区场址净空条件较好,但距离城市过远,地基处理难度大。下巴塘场址是空军保留的旧机场场址,已于1963年停止使用,场址内已无任何设施,仅有原修建的土跑道痕迹,该场址土方工程量小,但侧净空和主降方向端净空条件差;上巴塘场址距离结古镇位置适中,利用214国道交通方便,跑道基准点高程3905米,地质条件稳定,主降方向端净空条件较好,次降方向及侧净空较差,但可以通过飞行程序设计满足使用要求。主要缺点是土方工程量较大。经综合分析论证比较,推荐上巴塘场址为玉树机场场址。

2001年1月16日,中国民用航空总局印发《关于青海玉树民用机场场址复查的意见》,原则同意上巴塘场址为玉树民用机场推荐场址。兰州军区空军司令部以〔2001〕司作字第103号文,原则同意该场址,并与青海省政府签订了《关于拟建玉树机场有关问题的协议》,商定

"玉树机场为军民共用机场,由地方政府申请国家投资,机场产权归地方政府,军方使用时由机场管理单位提供无偿保障"。

三、项目立项

2001 年 7 月 19 日,青海省政府向国务院和中央军委上报了《关于申请立项建设玉树巴塘民用机场的请示》(青政〔2001〕65 号)。

2004 年 5 月,青海省委托上海民航新时代机场设计研究院有限公司对《青海玉树机场预可行性研究报告》进行重新修编,修编后预可行性研究报告的主要内容是:玉树机场为国内民用支线机场,跑道长 3000 米、宽 45 米,航站楼按 2013 年旅客吞吐量 6 万人次设计,面积 1600 平方米,项目总投资 32916.57 万元。青海省发展和改革委员会以青发改交通〔2005〕30 号文,明确青海省民用机场有限责任公司为玉树机场项目法人,负责玉树机场建设期各项工作及今后的运营。

2006 年 3 月 28 日,青海省民用机场有限责任公司与陕西省机场集团公司联合重组,成为西部机场集团的全资子公司,改称西部机场集团青海机场有限公司。

2005 年,中国国际工程咨询公司(现中国国际工程咨询有限公司)受国家发展和改革委员会委托对玉树机场项目进行立项评估。经综合分析论证,建议对预选的上巴塘场址进行优化设计,将选址阶段提出的场址基准点沿跑道磁方位向东移 4000 米,并将跑道长度延长至3800 米。

2006 年 4 月,中国民用航空总局出具了《关于新建青海省玉树民用机场工程预可行性研究报告的意见》,同意在推荐的上巴塘场址(优化后)新建玉树机场,机场性质为国内小型民用机场,飞行区等级指标为 4C,满足 A319 等高原机型起降要求,以 2015 年为目标年设计,建设3800 米×45 米的跑道,1600 平方米的航站楼,2 个 C 类机位的站坪,配套建设空管、供油等设施。

2007 年 1 月,国务院、中央军委以国函〔2007〕12 号文批复了该项目的立项,同意建设玉树机场,机场性质为国内支线机场,场址位于青海省玉树州结古镇以南 18 千米处的上巴塘,建设规模为:飞行区按满足 A319、B737 等高原性能较好的 C 类飞机起降要求设计,跑道长度3800 米,航站楼按满足 2015 年旅客吞吐量 8 万人次的目标设计,建筑面积 1600 平方米,站坪按 2 架 C 类飞机自滑进出设计,建设 1 块 200 米×50 米军用停机坪,配套建设空管、供油、通信等设施。项目估算总投资 47776 万元。

四、项目可行性研究

2007 年 4 月 16 日,青海省发展和改革委员会向国家发展和改革委员会上报了《关于上报青海玉树民用机场可行性研究报告的请示》(青发改交通〔2007〕194 号)及该项目的可行性研究报告。上报的工程主要建设内容是:建设 1 条 3800 米 × 45 米的跑道、2000 平方米的航站楼,站坪按 2 架 C 类飞机自滑进出设计,面积 14460 平方米;建设 1 块 200 米 × 50 米军用停机坪;配套建设空管、助航、供电、供水等设施;项目估算总投资为 54098.71 万元。中国国际工程咨询公司受国家发展改革委委托对项目可行性研究报告进行评估。经综合分析论证,重点对航空业务量预测、项目建设内容和规模、工程投资进行了分析及优化调整。

2007 年 10 月,中国民用航空总局出具了《关于青海玉树民用机场可行性研究报告的意见》(民航函〔2007〕1044 号),提出加快玉树机场建设十分必要,主要建设规模以 2015 年为目标年进行设计,设计主要机型为 A319-115 和 A319-133,建设 3800 米 × 45 米的跑道、2000 平方米的航站楼、600 平方米航管业务用房及塔台、2 个 C 类机位的站坪,消防救援等级为 5 级,相应建设配套设施,项目估算总投资为 56148 万元。

2008 年 2 月 21 日,国家发展和改革委员会以发改交运〔2007〕485 号文批复了青海玉树机场项目的可行性研究报告,同意以 2015 年为建设目标年,按满足年旅客吞吐量 8 万人次、货邮吞吐量 375 吨进行设计,批复的建设规模为:飞行区等级指标为 4C;跑道长 3800 米,宽 45 米,两侧道肩各宽 1.5 米;1 条垂直联络滑行道,长 224 米,宽 18 米,两侧道肩各宽 3.5 米;跑道两端设飞机掉头坪;跑道主降方向采用 I 类精密进近仪表着陆系统,次降方向采用非精密仪表着陆系统;跑道东端设置 1 套精密进近坡度指示灯、1 座管制塔台,新建 600 平方米的航管用房,并与塔台、公安、安检用房合建并配置相应设备;跑道两端各设全向信标/测距台 1 套,配置气象自动观测系统;建设 2000 平方米的航站楼,14460 平方米的民航站坪,2000 平方米的军用停机坪,1600 平方米的停车场,120 平方米的货运业务用房,供油工程缓建;飞行区消防保障等级为 5 级,相应建设供电等配套生产生活设施;项目总投资 55800 万元,资金来源为国家发展和改革委员会一次性安排国债或中央预算内资金 25300 万元,中国民用航空总局安排民航专项基金 28500 万元,其余 2000 万元由青海省筹措解决。

第三节　工　程　设　计

一、机场总体规划

2007 年 12 月 28 日,青海机场有限公司以青〔2007〕174 号文向中国民用航空西北地区管理局上报了玉树机场的总体规划。中国民用航空西北地区管理局委托中国民航工程咨询公司进行评审。经综合分析论证,调整了机场近远期目标年,并相应调整了航空业务量预测值,增加了气象雷达。

2008 年 5 月 4 日,中国民用航空西北地区管理局以民航西北局发〔2008〕83 号文批复了青海玉树机场总体规划,提出玉树机场近期规划(目标年 2020 年)按满足年旅客吞吐量 11.5 万人次、货邮吞吐量 520 吨、飞机起降量 1369 架次的使用需求,远期规划(2040 年)按满足年旅客吞吐量 28 万人次、货邮吞吐量 1400 吨、飞机起降量 3111 架次的使用需求控制。机场近远期用地均为 231.09 万平方米。

机场近远期飞行区指标均为 4C,均按 1 条跑道规划,跑道长度均为 3800 米。近远期在跑道中部规划 1 条连接跑道与站坪的垂直联络道,不设置平行滑行道,在跑道与站坪间按 4D 标准预留 1 条平行滑行道位置以满足远景发展要求。

近期航站楼规划面积为 2000 平方米,航站楼远期规划面积为 4200 平方米。站坪面积近期按停放 2 架 C 类飞机自滑进出停放,远期规划站坪满足 4 架 C 类飞机自滑进出规划。近期停车场面积 1600 平方米,远期规划 2500 平方米。

机场近远期均采用程序管制方式,近期规划塔台管制室面积 30 平方米。远期对设备进行更新改造。近期规划航管用房为通信、气象和航管等部门使用的综合性建筑,建筑面积为 600 平方米。近期跑道东端按 I 类精密进近设置,西端按非精密进近设置,远期根据飞行程序要求设置导航台站。近期规划通信设施有航空移动通信设施、航空固定通信设施和地面无线通信设施,远期对设备进行更新、扩容或改造。近期规划气象设施有风廓线雷达、气象自动遥测站、气象自动观测系统、气象卫星云图以及常规气象观测设施。远期在对设备进行更新或改造的同时,增加 1 套气象雷达系统。

近期规划主降设 I 类助航灯光系统和目视进近坡度指示灯,及相应的滑行引导标记牌和机位标记牌系统,远期规划设双向 I 类助航灯光系统。

近期规划将机场办公用房、航管用房、公安安检业务用房、职工活动中心、综合仓库合并建设 1 座综合办公楼,面积 1410 平方米,同时将职工食堂、值班用房、生活服务用房和行政车库合并,建 1 座综合服务楼;远期根据发展需求,在预留发展区域规划机场办公、公安、安检用房。

近期规划货运库建筑面积 90 平方米,业务用房面积 50 平方米;远期货运用房总面积 360 平方米。

近期机场加油量为 9000 吨,规划将卸油站、储油库、机场油库合并建设,占地 1.19 万平方米;远期油库原址扩建,占地面积不变。

机场消防保障等级近远期均为 5 级,机场救援等级为 5 级。

机场对外规划 1 个人员、货物共用的出入口,位于航站区东北侧,规划进场路宽 7.5 米、红线宽 30 米。满足机场近远期发展需要。

在民航站坪西侧规划长 200 米、宽 60 米的空军站坪和 1 条连接机坪与跑道的垂直联络道。

玉树机场总平面图见图 32-2。

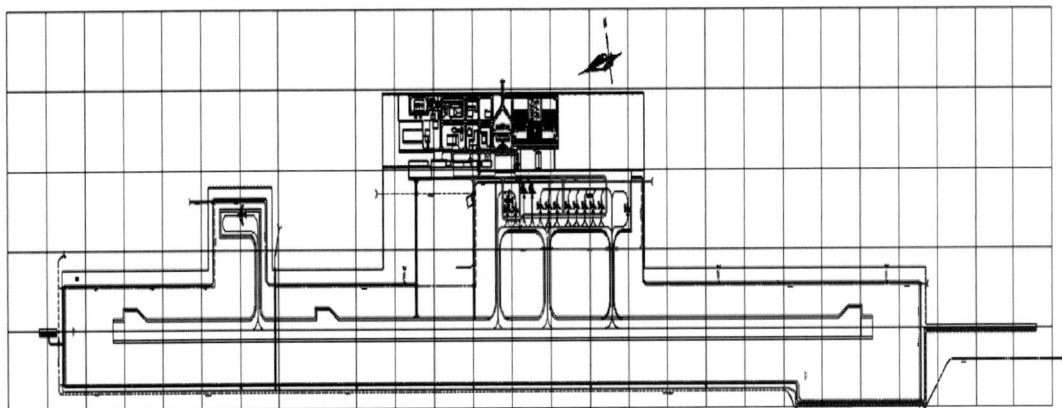

图 32-2　玉树机场总平面图

二、机场设计

2006 年 12 月 25 日,青海机场有限责任公司以青机场〔2006〕132 号文向中国民用航空西北地区管理局上报了玉树机场初步设计预审查的请示。中国民用航空西北地区管理局经商青海省政府,确定由青海省建设厅与中国民用航空西北地区管理局联合审批该项目的初步设计。

2008 年 3 月 7 日,青海省建设厅印发了《关于印发青海玉树民用机场初步设计预审意见的函》(青建设函〔2008〕41 号),对玉树机场的岩土工程勘察报告和初步设计进行了预评审,提出考虑以 1 架 A319 满载进出核算航站楼面积,将站坪机位数调整为 2 个 C 类机位等。

2008 年 5 月 15 日,青海省建设厅和中国民用航空西北地区管理局联合印发了《关于青海玉树民用机场初步设计的批复》(青建设〔2008〕317 号),批复的建设规模及内容为:工程用地总面积 227.93 万平方米;机场以 2015 年为建设目标年,按满足年旅客吞吐量 8 万人次、货邮吞吐量 375 吨进行设计;飞行区等级指标为 4C;跑道长 3800 米,宽 45 米,两侧道肩各宽 1.5 米;1 条垂直联络滑行道,长 224 米,宽 18 米,两侧道肩各宽 3.5 米;跑道两端设飞机掉头坪;跑道主降方向采用 I 类精密进近仪表着陆系统,次降方向采用非精密仪表着陆系统,跑道东端设置 1 套精密进近坡度指示灯;建管制塔台 1 座,600 平方米的航管用房,并与塔台、公安、安检用房合建并配置相应设备;跑道两端各设全向信标/测距台 1 套,配置气象自动遥测系统;航站楼建筑面积 2000 平方米,机场生产辅助和后勤设施建筑面积 6338 平方米(包括航管综合楼、综合服务楼、机务、场务、车库、货运库、消防救援中心、配电中心、锅炉房、水泵房、门卫房、污水处理站等用房),民航站坪 14460 平方米,军用停机坪 2000 平方米,停车场 1600 平方米;进场道路 0.958 千米(路面宽 7.5 米),桥梁 1 座(长 40.7 米、宽 11 米);建设锅炉房 1 处,太阳能集热器系统 1 处,购置安装 2 台燃煤热水锅炉;建简易加油站 1 座,供飞机、吹雪车、特种车等设备加油;机场内外各导航台采用市电主用、油机备用的供电方式;飞行区消防保障等级为5级,相应建设供电、暖通、供气、污水处理等配套生产生活设施;工程总概算55800万元。

三、设计变更

2006年12月26日,西部机场集团青海省机场建设指挥部向西部机场集团上报了《关于调整玉树民用机场航站楼建设面积的请示》(青机场建指〔2007〕17号),提出出于旅游业发展、避免短期重复建设和为旅客提供舒适、宽松的乘机环境的考虑,建议将机场航站楼建设面积由2000平方米调整为4000平方米。西部机场集团机场建设管理委员会于2007年9月18日以西部机场建委发〔2007〕15号文批复同意了该调整。

2007年9月14日,西部机场集团青海省机场建设指挥部向西部机场集团上报了关于调整玉树民用机场航站楼平面流程的请示。

2007年10月22日,西部机场集团机场建设管理委员会以西部机场建委发〔2007〕16号文批复了该航站楼平面流程调整。

2009年3月12日,西部机场集团青海机场有限公司以青机场〔2009〕51号文向青海省发展和改革委员会上报了关于调整玉树机场航站楼规模的请示,提出玉树机场是青海省"十一五"重点建设项目,该项目建设运营后将对玉树地区乃至青海省的经济发展产生积极的推动作用。国家发展和改革委员会批复的航站楼规模为2000平方米,根据批复的机场总体规划,玉树机场近期规划面积为2000平方米、远期规划面积为4200平方米,结合当地实际情况,玉树机场航站楼如按照2000平方米建设,一是无法合理布局旅客流程;二是当地建筑材料匮乏,工程施工所用材料均要由西宁地区远途运输,不利于分期建设和工程管理;三是短期再扩建成本高、难度大,涉及不停航施工,影响机场正常运营。基于此,考虑到玉树地区的民族特点、地理、气候、旅游等因素,宜将玉树机场航站楼近远期规模结合,一次性建成4200平方米。

2009年6月29日,青海省发展和改革委员会以青发改交通〔2009〕577号文批复了该请示,同意对玉树机场航站楼建设规模进行调整,在实际建设中将玉树机场航站楼近远期规模结合,一次性建成4200平方米。

2010年9月10日,青海省住房和城乡建设厅和中国民用航空西北地区管理局以青建设〔2010〕604号文,批复了玉树机场初步设计及概算调整,考虑航站楼建设规模扩大及材料、人工价格上涨等原因,同意航站楼工程概算由1600万元调整为4304.79万元。

第四节 工 程 建 设

一、建设管理原则

1. 集中立项,统一规划

作为一个建设项目,结合实际情况,统筹考虑建设方案和投资规模,统一制订总体规划,确定功能分区、布局和建设要求。

2.统一征地,统一开发

整个建设项目的用地范围,根据总体规划方案,由青海机场有限公司统一征用,并统一组织建设用地的前期综合整理,然后将熟地供各子项工程建设使用。

3.法人负责,分块建设

各子项工程系统按照批准的建设方案和投资规模,组织项目实施和目标控制。在工程总进度目标的指导和协调下,独立组建现场项目管理机构,完成该子项工程系统的建设任务。

4.财务归口,独立核算

各分指挥部实行独立的经济核算,在此基础上财务报告由工程指挥部计划财务处归口管理,编制合并报表。

二、工程建设节点

玉树机场于 2007 年 5 月 16 日奠基并开工建设,2007 年 10 月完成土方工程,并于 2009 年 4 月 25 日竣工,完成批复内容,6 月 6 日完成校飞,6 月 15 日完成竣工验收,6 月 20 日完成行业验收,8 月 1 日建成通航,较原计划提前 1 年。

三、主要参建单位

玉树机场项目汇集了国内众多在工程建设领域经验丰富的施工和监理单位,工程主要参建单位见表 32-1。

工 程 参 建 单 位　　　　　　　　　　　　表 32-1

合同段名称	施 工 单 位	监 理 单 位
飞行区道面工程	空军第七工程总队/西北民航机场建设公司	西北民航机场监理咨询有限公司
飞行区排水工程	西部机场集团建设有限公司	西北民航机场监理咨询有限公司
飞行区附属工程	西部机场集团建设有限公司	
飞行区绿化工程	玉树县草原工作站	
航站楼工程	青海省建筑总承包公司,西安艺格装饰有限公司	青海国安工程监理公司
空管工程		西北民航机场监理咨询有限公司
助航灯光工程	北京鑫源港工业发展有限公司	
供电工程	西部机场集团建设有限公司	青海国安工程监理公司
给排水及污物处理工程	青海省建筑总承包公司	
供热工程	青海省建筑总承包公司,西部机场集团建设有限公司	
生产辅助和行政后勤设施		

合同段名称	施工单位	监理单位
储加油工程	中国化学工程第十三建设有限公司,青海省建筑总承包公司	青海国安工程监理公司
总图工程	西部机场集团建设有限公司	
进场道路工程	空军第七工程总队	西北民航机场监理咨询有限公司

四、工程建设难点及解决措施

1. 工程建设难点

①自然环境恶劣,有效施工时间短。玉树机场地处青藏高原腹地,场址海拔3904.8米,属高原大陆性季风气候,年平均气温3.2℃,最低气温为 -42℃,气候条件恶劣,土壤冻结时间长,有效施工期短,加上高海拔气压低、缺氧等,施工人员的健康、机械设备的效能发挥都受到较大的影响。

②少数民族聚集区,协调沟通有困难。玉树州少数民族人口占比较高。由于生活习惯、宗教信仰、语言不通等问题,如不注重与当地民众的沟通协商,极易引发民族团结问题。

③基础设施落后,材料运输成本高。机场地处交通基础设施不完善的欠发达地区,运距远,路况不佳,建材及设备的运输成本高。尤其是冬季时间长,高海拔的道路结冰封路,很多急需的材料设备不能及时运抵现场,给工程建设进度增加了很多不可控因素。

2. 解决措施

建设管理单位充分考虑当地气象气候条件,采取加派施工班组等措施抢抓项目进度,在综合考虑气候因素条件下,积极协调施工材料供应方,提前采购储运施工材料。同时建设管理单位积极与地方政府加强沟通协商,积极在当地招募合适工作人员参与机场建设,争取当地政府的协调帮助及当地民众的理解支持。针对高原机场的实际情况,机场设备采购选取可靠性高、技术成熟、维护保养便利的设备,提高机场安全运行效率。

第五节 运营管理

西部机场集团青海机场有限公司是玉树机场的管理和运营机构。在地方政府的大力支持下,玉树机场业务生产实现快速发展态势。2013年,旅客吞吐量首次突破10万人次大关,成为青海省第一个年旅客吞吐量破10万人次的支线机场。2014年,玉树机场引入西藏航空,打破中国东方航空公司独家运营的局面。2017年,引入首都航空,旅客吞吐量突破26万人次,4年增长1.6倍。2018年,旅客吞吐量突破30万人次,再次刷新青海省支线机场发展记录。2019年,玉树机场有3家航空公司运营5个通航点。2019年,玉树机场完成旅客吞吐量

31.8714万人次,全国排名第 172 位;货邮吞吐量 1771.9 吨,全国排名第 101 位;飞机起降量 3578 架次,全国排名第 183 位,为当地旅游经济发展提供了重要支持。

玉树机场地处高海拔、高寒缺氧,机场按照高高原机场应急救护保障等级要求,成立了应急救护机构,按规范配备人员编制,落实医护人员配置比例和进修频率。同时,机场以绿色环保的理念,优化供热制冷系统,为旅客提供温暖舒适的出行环境,并加设供氧设施,保障乘机人员尤其是过站停留、延误等候、过夜休息等人员的生理和心理功能不受低氧环境的影响。同时,整个航站楼设有制氧设施,通过遍布全楼的弥散式喷头为航站楼各个角落输送氧气。玉树机场重视安全生产管理,配备了多台专门针对高原气候的热吹雪车、综合扫雪车、除冰车等,加强了飞行区的科学管理。玉树机场自投入运营以来未发生重大安全事故。

第六节　工　程　创　新

1. 提升机场道面混凝土抗冻性

玉树机场地处青藏高原腹地,海拔 3904.8 米,属高原大陆性季风气候,年最低气温为 -42 摄氏度、平均气温 3.2 摄氏度,月最大温差 34.5 摄氏度,日最大温差 29.8 摄氏度,具有正负温交替的天数为 228 天。在气温正负交替变换期间,大气降水沿道面接缝和裂隙渗入道面,以液态水的形式赋存于跑道道面面层中,在低温环境下结冰而体积膨胀,出现细微裂纹,经过长期冻融循环,道面会出现大面积裂纹和裂缝,并产生大量水泥混凝土碎石,成为跑道异物,严重威胁飞机起降安全。这对道面混凝土性能,特别是道面抗冻性能提出更高要求,为此,青海省机场建设指挥部委托中国民航机场建设公司和空军工程大学,成立玉树机场道面混凝土抗冻性研究课题组,对玉树机场道面施工配合比进行专项研究,根据研究成果和现场施工情况,确定混凝土水灰比为 0.43,水泥用量为 330 千克/立方米,保证混凝土抗冻性能达到 F300 要求,搅拌站出口混凝土含气量大于 3%,工作面混凝土含气量大于 2%,减水剂掺量为百分之一,引气剂掺量为万分之一,砂子含泥量小于 2%,碎石石粉含量小于 1%,水泥碱含量不超过 0.6%,每立方米混凝土总碱量不超过 3 千克,道面混凝土后台搅拌时间控制在 90 秒,站坪纤维混凝土后台搅拌控制在 120 秒,混凝土用 6 道抹子,养护由专人负责,养护时间不低于 14 天。这些措施有效提高了道面混凝土的抗冻性能,保障了飞机起降安全,降低了道面维护保养难度和费用。

2. 提高航站楼抗震性能

玉树机场航站楼采用多项抗震措施,做到"强柱弱梁、强剪弱弯、强节点、弱锚固",提高了结构的延性,具备良好的吸能效果,形成完整的空间体系,确保了建筑结构的整体性,从而提高了航站楼的抗震能力。航站楼作为乙类抗震设防的公共交通建筑,在地震时应保证使用功能不中断,避免非结构构件的破坏,危及人员和重要设备的安全,造成航站楼使用功能的丧失。因此,航站楼抗震安全设计加强了幕墙、围护墙、隔墙、女儿墙、雨篷、商标、广告牌、顶篷支架等非结构构件的可靠连接,使之满足传递地震力的强度要求和适应地震变形的延性要求,避免地震时倒塌伤人或砸坏重要设备。通过加强航站楼内的照明和应急电源系统、消防系统、采暖和空气调节系统、通信系统、工艺设备等附属机电设施的基座或连接件与建筑结构的可靠连接和锚固,满足地震时的使用功能要求,使设备在遭遇设防烈度的地震影响后能迅速恢复运转。

第七节 工程价值

玉树机场位于青海省玉树州巴塘草原,于 2009 年 8 月 1 日正式通航。为改善交通条件、方便民众出行,助推地方经济社会发展发挥了重要作用。

2010 年 4 月 14 日,玉树发生 7.1 级大地震,造成道路毁坏,地方交通受阻,通航仅 8 个月的玉树机场成了唯一的救援通道,发挥了应急救援生力军的关键作用。地震后仅 3 个小时,在西部机场集团和青海机场有限公司的指挥下,玉树机场即对外宣布正常开放,全面开展抗震救灾保障工作。2010 年 4 月 14 日—5 月 7 日,玉树机场共保障救援飞行 490 架次,运送救援人员 17051 人次,运送救灾物资 2174.86 吨,运送伤员 2133 人次,通过玉树机场转运的伤员无一死亡,彰显了偏远地区支线机场在应急救援中所能发挥的巨大作用,对促进全国支线机场建设产生了重大影响。在灾后重建和地方经济转型发展中,进一步打开了与省内外的交流窗口。

2019 年,玉树机场已有东方航空、首都航空和西藏航空 3 家航空公司运营,有北京、成都、西安、拉萨、西宁 5 个通航点,旺季每周航班起降达到 76 架次。航班数量和通航点的增加,使玉树州能够依托机场发展文化旅游业,漂流节、赛马节等系列活动轮番举办。2017 年,玉树机场被评为"最佳支线旅游机场",为当地旅游经济发展做出了突出贡献。

执笔人:马博

第三十三章　昆明长水国际机场

第一节　工 程 概 况

原昆明巫家坝国际机场(以下简称"昆明巫家坝机场")始建于20世纪30年代,随着民航运输的发展和城市规模的扩大,机场与城市的矛盾日益突出。2007年1月,国家批复同意迁建昆明巫家坝机场,择址建设昆明新机场,即昆明长水国际机场(以下简称"昆明长水机场")。

昆明长水机场(图33-1)位于云南省昆明市东北方向的官渡区大板桥镇附近,距市中心直线距离约24.5千米,定位为中国面向东南亚、南亚和连接欧亚的大型国际枢纽机场。

图33-1　昆明长水机场一期工程实景图(摄于2011年10月)

该项目一期按满足设计目标年(2020年)旅客吞吐量3800万人次的需求,建设机场工程、东航基地工程、空管工程、供油工程和监管办工程等,主要内容包括:新建2条间距为1950米的平行跑道,其中东跑道长4500米,西跑道长4000米,双向配置Ⅰ类精密进近仪表着陆系统及相应的助航灯光系统;航站楼建筑面积54.83万平方米,配套建设供电、供水、供热、供冷、燃气、污水污物处理设施等;可行性研究报告批复总投资为246.49亿元(含可行性研究报告调整内容)。机场工程项目法人为云南机场集团有限责任公司,东航基地工程项目法人为东方航空股份有限公司,供油工程项目法人为中国航空油料集团有限公司,空管工程项目法人为中国民用航空西南地区空中交通管理局,民航云南监管办工程项目法人为中国民用航空西南地区管理局。

该项目于 2008 年 12 月开工,2012 年 1 月竣工,同年 6 月通航。

该项目在 3 年建设期内造就了高原山地 20 余平方千米的"人工平原",铸就了当时国内单体面积最大的绿色航站楼,铺就了国内首例高等级高标准的 2 条远距平行全幅沥青跑道,是我国在高原建设大型枢纽机场工程的典范,获得了建筑领域国家级 3 项最高奖项——国家优质工程金质奖、中国建设工程鲁班奖、中国土木工程詹天佑奖,同时包揽此 3 项最高奖在我国工程建设史上为首例。

第二节　规划与决策

一、选址论证

昆明巫家坝机场始建于 20 世纪 30 年代,位于昆明市东南方向的官渡区,距市中心的直线距离约 6.6 千米,距滇池约 6 千米。随着云南省经济社会的加快发展和对外开放的不断扩大,机场与城市发展、环境保护之间的矛盾日益突出,飞行安全存在隐患。云南省早在 20 世纪 90 年代末就提出扩大民航运输能力,开展了相关前期研究论证工作。为适应云南省经济社会发展和昆明市城市建设的需要,解决飞行矛盾和安全问题,根据研究论证结果,云南省决定迁建昆明巫家坝机场。

在位于云贵高原的昆明选择一个适于建设大型机场、满足长远发展的场址十分困难。昆明新机场选址工作从 2001 年开始,历经多年,起初主要围绕小哨场址和新街场址进行论证。小哨场址位于昆明市东北方向的小哨乡,距市中心直线距离 37 千米;新街场址位于昆明市东南方向的新街乡,距市中心 35 千米。2003 年 6 月,云南省委、省人大、省政府、省政协、省纪委召开专题会议,综合考虑耕地保护、居民搬迁、滇池环境保护、现代新昆明建设等因素,决定推荐小哨场址作为昆明新机场的建设场址。

2004 年 6 月,中国民用航空总局审查同意将小哨场址作为昆明新机场的建设场址。

2004 年 9 月,云南省人民政府向国家上报了该项目的立项请示,申请在小哨场址建设民用机场。同年 10 月,受国家发展和改革委员会(以下简称"国家发展改革委")委托,中国国际工程咨询公司(现中国国际工程咨询有限公司,以下简称"中咨公司")对该项目开展立项评估,于 11 月组织专家和相关单位现场踏勘后提出,鉴于昆明地区只存在建设与运营一个大型民用机场的条件,应将是否具有足够大的容量作为确定新民用机场场址的首要条件,并指出小哨场址终端容量不能满足远期发展需求。

2005 年 3 月,中咨公司受云南省民航发展办公室委托,组织专家对小哨场址进行评估论证,评估明确指出:小哨场址由于受地理位置、海拔高度和净空障碍物限制,机场终端容量仅限于 3500 万人次/年,且不能双跑道独立运行;仅能布置 3 条跑道,且 90% 的国内航线要减载 20%~40%。随后,中咨公司协同地方政府,组织相关研究机构对场址位置进行研究论证和优化调整,提出了小哨南移场址,该场址位于小哨场址以南约 13 千米的大板桥镇附近,是相对理想的昆明新机场建设地点。

2005 年 11 月,中国民用航空总局原则同意将小哨南移场址作为优化后的昆明新机场场址。

2007 年 1 月 29 日,国家批复该项目立项,明确在小哨南移场址建设昆明新机场。

昆明新机场选址工作从 2001 年开始,历经 6 年时间,从场址初选到推荐小哨场址,再到立项评估阶段开展的选址优化,最终确立小哨南移场址,得到国家批复,整个过程体现了实事求是、科学论证、科学决策的态度,为昆明长水机场的建设和运行打下了坚实的基础。

二、项目立项

2004 年 9 月,云南省人民政府向国家上报了该项目的立项请示,申请在小哨场址建设民用机场,申报总投资为 160.44 亿元。

2004 年 10 月,国家发展改革委委托中咨公司对该项目的立项进行评估,要求重点论证项目的必要性、航空业务量和场址等。据此,中咨公司组织专家开展了评估工作,重点对机场迁建的必要性、航空业务量、场址条件和主要建设方案进行了论证分析。评估的主要结论有:昆明巫家坝机场已被城市包围,与城市发展、环境保护之间的矛盾日益突出,飞行安全存在隐患,择址新建民用机场是必要和迫切的;立项请示提出的航空业务量预测值偏保守,建议 2020 年旅客吞吐量由 2400 万人次调整为 3800 万人次;立项请示文件提出的小哨场址不能满足机场发展需求,经优化后的小哨南移场址虽然建设费用较高,但具有其他场址不具备的飞机起飞性能较好、能保证双跑道独立运行、满足远期发展需要的独有条件,是昆明新机场建设的合适场址;根据航空业务量和场址的调整情况,优化了主要建设方案,将西跑道长度由 3600 米调整为 4000 米,航站楼规模由 24 万平方米调整为 39 万平方米。

2006 年 5 月,为加快推进云南省民航机场建设,促进云南民航持续快速协调健康发展,中国民用航空总局和云南省人民政府就昆明新机场建设的有关事宜达成一致意见。6 月,中国民用航空总局向国家发展改革委报送了关于昆明新机场的意见,同意实施该项目。

2007 年 1 月 29 日,国家批复该项目立项,同意迁建昆明巫家坝机场,新机场性质为大型枢纽机场,场址位于昆明市官渡区大板桥镇附近(即小哨南移场址);飞行区按 4F 标准规划、一期按 4E 标准设计,建设可独立运行的东、西两条跑道,航站区按满足 2020 年旅客吞吐量 3800 万人次设计,航站楼面积约 39 万平方米,总投资 230.9 亿元。

三、项目可行性研究

2007 年 7 月,云南省发展改革委向国家发展改革委报送了该项目的可研报告,提出一期建设目标年为 2015 年,对于分期建设难度较大的单体工程按 2020 年的需求建设,一期建设 2 条可独立运行的东、西跑道,长度均为 4000 米,跑道间距 1950 米,航站楼面积为 39 万平方米,申报总投资为 227.45 亿元。

2007 年 8 月,国家发展改革委委托中咨公司对该项目的可行性研究报告进行评估,要求重点评估该项目建设规模及投资的合理性,建设方案的可行性。随后,中咨公司组织专家和相关单位对可行性研究报告进行了论证,重点分析了机场总平面规划、航站楼方案、岩土工程方案、土地利用规划、综合交通及投资规模等,评估后该项目的土石方工程量和土地使用面积较最初提出的规模明显减少。

2007 年 8 月,国家环境保护总局批复了该项目的环境影响报告书。10 月,水利部批复了该项目的水土保持方案。11 月,国土资源部原则同意通过了该项目的用地预审,总用地面积为 1095.89 万平方米。2008 年 5 月,中国民用航空局向国家发展改革委报送了关于可研报告的行业意见。

2008 年 8 月 26 日,国家发展改革委批复了该项目的可行性研究报告,一期主要建设内容核定为:新建 2 条平行跑道,东跑道长 4000 米、宽 60 米,西跑道长 4000 米、宽 45 米,2 条跑道中心线间距 1950 米;航站楼按满足 2020 年旅客吞吐量 3800 万人次的需求一次建成,专用设备和公用配套设施按照 2015 年需要建设,航站楼总建筑面积 54.83 万平方米(含屋面挑檐 3.22 万平方米、登机桥固定端 1.23 万平方米、地下结构架空层 5.53 万平方米),停车楼 9.8 万平方米,货运用房 3.2 万平方米,航空配餐用房 1.3 万平方米;建设东航基地工程、供油工程、空管工程和民航云南监管办工程等。项目总投资为 230.87 亿元,其中,机场工程投资 184.8 亿元,含资本金 81 亿元,由国家发展改革委安排一次性补助投资或国债 8 亿元,中国民用航空局安排民航专项建设基金 21.3 亿元,云南省安排财政资金 47 亿元,云南省机场集团有限责任公司出资 4.7 亿元,其余 103.8 亿元通过银行贷款解决;东航基地工程投资 37.89 亿元,由东方航空股份有限公司安排自有资金 18.95 亿元,其余 18.94 亿元采用银行贷款解决;供油工程投资 4.11 亿元,由中国航空油料集团有限公司安排自有资金 2.05 亿元,其余 2.06 亿元采用银行贷款解决;空管工程投资 3.81 亿元,民航云南监管办工程投资 0.26 亿元,均由中国民用航空局安排民航专项建设基金解决。机场工程项目法人为云南机场集团有限责任公司,东航基地工程项目法人为东方航空股份有限公司,供油工程项目法人为中国航空油料集团有限公司,空管工程项目法人为中国民用航空西南地区空中交通管理局,民航云南监管办工程项目法人为中国民用航空西南地区管理局。

四、项目可行性研究调整

在昆明新机场建设期间,巫家坝机场 2009 年旅客吞吐量达到 1894 万人次,昆明新机场提前达到可行性研究阶段确定的设计容量的可能性较大(实际昆明长水机场 2015 年实现旅客吞吐量 3752 万人次,提前 5 年达到可行性研究阶段确定的设计容量)。为适应航空业务量持续快速增长需要,有利于新机场投产后安全运行,并为未来的建设发展创造良好条件,2010 年6 月,云南省发展改革委向国家发展改革委报送了可行性研究调整报告,申请在已批可研基础上,同步实施部分增补项目。

2010 年 7 月,国家发展改革委委托中咨公司对可行性研究调整报告进行评估,要求根据区域经济社会发展形势和民航运输业务量预测,统筹考虑机场发展规划和未来安全运行的需要,重点论证调整的必要性以及合理范围、规模与投资,并对土石方工程等主要工程方案提出优化意见。随后,中咨公司组织专家对可行性研究调整报告进行了评估,认为申报的建设项目属于已批工程的增补项目,符合国家、地方及行业的相关规划,结合了昆明新机场特殊地理地形及航空市场环境,反映了适应需求、确保安全、方便运行、有利发展的原则,调整项目建设是必要的。评估指出,基于对航空业务量增长态势的分析,昆明新机场提前达到可行性研究阶段确定的设计容量的可能性较大,关于近期设计容量提前饱和的问题,待适时实施二期工程项目时统筹解决。

2011 年 1 月,水利部批复了可行性研究调整项目的水土保持方案。

2012 年 5 月,环境保护部批复了可行性研究调整项目的环境影响报告书。

2012 年 6 月 19 日,国家发展改革委办公厅批复可行性研究调整报告,同意昆明新机场项目增补并同步实施部分建设内容:东跑道向北延长 500 米至 4500 米,相应延长 2 条平行滑行道,东区次跑道、货运区、机务维修区总面积 450 万平方米的地基处理工程和土石方工程,西区跑道侧净空处理涉及总面积 104 万平方米的地基处理和土石方工程,航站区增加 17 个近机位,安装 19 座登机桥活动端,实施航站楼主楼内原定缓建的旅客服务、行李处理、安检设施、机电设备、弱电系统,以及指廊端部装修工程等;调整涉及新增总投资 15.62 亿元,全部由云南机场集团有限责任公司筹措。

第三节　工　程　设　计

一、机场总体规划

2008 年 12 月 22 日,中国民用航空局和云南省人民政府联合批复了昆明新机场总体规划,明确指出:昆明新机场是国家"十一五"期间重点建设项目,近期定位为国内大型机场,远期发展为面向东南亚、南亚和连接欧亚的门户枢纽机场;规划目标为近期满足 2020 年旅客吞吐量 3800 万人次、货邮吞吐量 95 万吨、飞机起降 30.3 万架次,远期满足 2040 年预测旅客吞吐量 6500 万人次、货邮吞吐量 230 万吨、飞机起降 45.6 万架次;近期规划建设用地约 15.98 平方千米,远期规划控制用地约 22.97 平方千米。

飞行区等级指标按 4F 标准规划。近期规划东、西 2 条长度均为 4000 米、间距 1950 米的远距平行跑道,西跑道相对东跑道向北错开 230 米;2 条跑道均设置双向Ⅰ类精密进近灯光系统。远期在东、西跑道外侧各规划 1 条 3200 米长的次跑道;其中,东次跑道与东跑道间距 380 米,西次跑道与西跑道间距 760 米;2 条次跑道均设置双向Ⅰ类精密进近灯光系统;东跑道向北延长 500 米,并对北端进行Ⅱ类精密进近灯光系统改造。

近、远期航站区分别规划在东、西跑道之间的南侧及北侧区域。航站楼为尽端式构型,楼前规划停车场、旅客服务设施及进出场道路。近期规划近机位 68 个(23C36D6E3F),远机位 16 个(8C4D4E);远期规划近机位 113 个(35C56D12E10F),远机位 53 个(36C6D11E)。近、远期航站区间西侧通过西跑道与西次跑道间的下穿道路联系,东侧利用东次跑道以东的陆侧远期货运区道路联系,中间通过隔离的下穿汽车通道联系。

近期规划客运交通通过南侧主进场路连接昆明市区和近期航站楼,远期规划北侧进场道路连接嵩明和远期航站楼。近、远期货运通道均利用改线后的 320 国道。在南工作区规划由国铁、轨道交通和长途地面汽车站等组成的地面综合交通枢纽。沿老沾昆铁路规划轨道交通至近期航站楼,再从东飞行区东侧绕行至远期航站楼。

二、机场设计

昆明长水机场的规划设计遵循"节约型、环保型、科技型和人性化的现代化绿色机场"的理念,在选址、规划、设计、建设以及后期的运行维护过程中,落实绿色机场的各种指标,在各功能区的节地、节能、节水、自然通风、采光、运行效率、人性化及无障碍服务等方面达到了一流水平。

2009 年 2 月 24 日,中国民用航空局和云南省人民政府联合批复昆明新机场主体工程初步设计及概算,核定总概算为 188.35 亿元。

2012 年 12 月 19 日,云南省发展改革委批复了昆明新机场主体工程可行性研究调整项目初步设计及概算,新增概算投资为 15.19 亿元。

1. 飞行区设计

以中国民航机场建设集团公司为主的国内设计单位完成了昆明新机场的总体及飞行区设计工作。昆明长水机场东飞行区技术标准为 4F,西飞行区按 E 类飞机使用要求进行设计。一期工程在东、西飞行区各修建 1 条跑道,2 条平行滑行道,6 条快速出口滑行道,2 条东、西飞行区联络滑行道,1条回转滑行道,若干垂直联络滑行道及机坪;站坪机位84个;站坪、滑行道、联络道、跑道两端各295米区域采用水泥混凝土道面;跑道除端部外,采用沥青混凝土道面。飞行区各类铺筑面总面积为332.9万平方米。

一期建设2条沥青混凝土跑道,在国内大型枢纽机场中属首次。柔性道面可以提高旅客舒适性,并有利于道面损坏的及时修复,提高机场保障能力。采用场区石灰岩作为道面及基层的粗集料,就地取材,节约资源,节省造价。

2. 航站楼设计

2005年7月,建设单位组织开展了昆明新机场总体规划方案及航站楼概念设计方案国际征集竞赛,美国兰德隆与布朗公司、英国奥雅纳工程公司、澳大利亚SKM公司、法国巴黎机场工程公司共4家设计单位应邀参加了方案竞赛。

建设单位邀请国内外民航界知名专家组成专家评审委员会,以昆明新机场总体规划和航站楼的功能、客货工艺流程、地方民族文化和现代建筑艺术风格等为重点,对应征方案进行了评选;与此同时,建设单位委托荷兰机场咨询公司组成独立国际评审委员会,制订评估模型,深入研究功能、规划、流程、步行距离、土地使用、地形、跑道与滑行道系统、地面运输、空侧运行、节能、建设费用等因素,提出综合评估报告和推荐方案。英国奥雅纳工程公司和法国巴黎机场工程公司的方案被评为推荐方案。

随后,上述2家机构继续开展了机场航站区规划及航站楼方案深化工作。经评选,建设单位最终确定采用英国奥雅纳工程公司的设计方案(图33-2)。该方案确定的金色大鹏展翅造型融汇了传统与大气,融合了具有云南民族文化特色的双坡顶屋面造型和"七彩云南"的寓意象征,设计经典优雅灵动、结构新颖、流程清晰、整体恢宏壮丽。

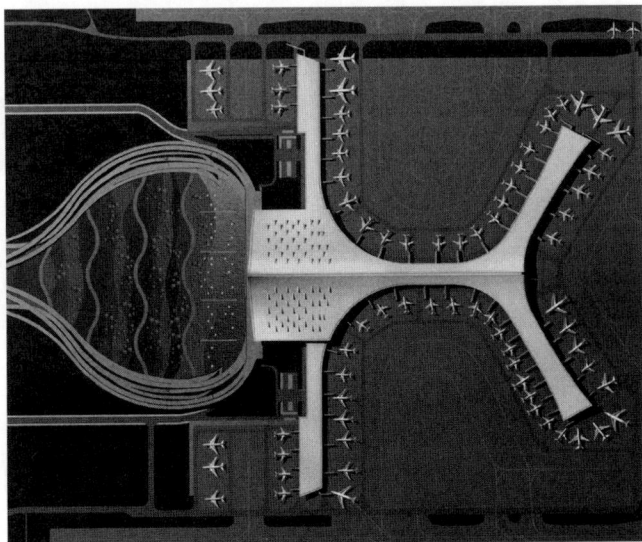

图33-2 航站楼平面图

随后,以北京建筑设计研究院为主的国内设计机构,在英国奥雅纳工程公司概念方案的基础上,完成了昆明新机场航站楼的设计工作。

昆明新机场航站楼纵向南北总长度为855.1米,横向东西总宽度为1134.8米。航站楼在平面构型上可分成前端主楼、前端东侧指廊、前端西侧指廊、中央指廊、北侧Y指廊5大部分。其中,前端主楼部分为办票厅、联检区、中央商业区、行李大厅、行李机房等主要功能;前端东侧指廊为国际候机区及政务贵宾区;前端西侧指廊在2020年之前为国内候机区,在2020年之后逐渐转化成为国际候机区,商务贵宾区布置在西侧指廊;中央指廊和北侧Y形指廊为国内候机区、到达通道。

主楼(图33-3、图33-4)为地上3层(局部4层)、地下3层构型。三层为办票大厅及国内出发安检区。在办票大厅后侧利用商业、办公用房的屋顶设局部四层,安排陆侧餐饮功能和贵宾旅客休息室。二层为国际出港联检区、行李收集/安检区及办公区机房等。一层为国际进港旅客的通道、联检区及行李机房、办公用房等。为了解决国际、国内到港旅客通道的交叉,同时为了利用航站楼南低北高以及高填方的特殊地势,将行李提取大厅、迎客大厅以及到达车道边布置在地下一层。地下二层主要功能为航站楼连接停车楼以及地铁车站的连接过厅与通道。地下三层主要功能为航站楼前端主楼的设备机电用房以及附属后勤用房,以及1条航站楼的货运/后勤服务通道。

图33-3 航站楼正面图

前端东、西指廊均采用了地上2层的构型。二层为中央出发候机、周边隔离廊到达的基本布置方式,其中东侧为国际区、西侧近期为国内区远期为国际区。首层为到港旅客的通廊以及贵宾室、远机位出发/到达、站坪服务用房等,局部为贵宾室连接陆侧的出入口、休息区及服务用房功能。

图33-4　航站楼效果图

第四节　工　程　建　设

昆明长水机场项目包括机场工程、空管工程、供油工程、东航基地工程和民航云南监管办工程,2008年12月全面开工,经过3年多的施工建设,圆满完成了建设任务。

一、工程建设里程碑

2008年12月5日,云南省委、省政府和中国民用航空局联合召开加快昆明新机场建设动员大会,标志昆明新机场全面开工建设。

2009年2月21日,启动飞行区土石方工程"奋战一百天"活动,至5月31日完成飞行区90%土石方工程量。

2009年8月20日,南工作区4个土石方合同段全部完成,累计完成土石方1121万立方米。

2009年10月4日,飞行区开展"攻山头"竞赛,至11月底飞行区挖方区基本挖除。

2009年11月10日,航站楼主体钢结构工程全面吊装完成,累计完成各类钢结构吊装约2.7万吨。

2010年3月18日,轨道交通工程正式开工。

2010年6月5日,航站楼钢网架金属屋面封顶。

2011年7月29日,东跑道沥青道面工程完工。

2011年10月30—31日,第一批非民航专业单位工程竣工验收。

2011年11月2—3日,第一批民航专业单位工程竣工验收。

2011年11月29—30日,第二批民航专业工程竣工验收。

2011 年 12 月 16—17 日,第二批非民航专业单位工程竣工验收。

2012 年 3 月 6 日,校飞工作完成。

2012 年 3 月 28—29 日,试飞工作完成。

2012 年 4 月 23—27 日,中国民用航空西南地区管理局组织民航专业工程行业初步验收。

2012 年 6 月 4—8 日,中国民用航空局组织行业验收,经过行业验收委员会及 7 个专业组现场验收,认为机场工程符合批复的初步设计内容,符合国家及民航有关技术标准、规范,同意通过行业验收。

2012 年 6 月 26 日,举行机场竣工典礼。

2012 年 6 月 28 日,昆明长水机场首航,正式启用。

二、工程建设难点

昆明长水机场一期工程建设时间紧、要求高、任务重、责任大、影响广。主要建设难点包括:

①高填方地基处理复杂,场地地势起伏大,岩溶发育充分,一般填方高度达 20~30 米,最高填方高度达 60~70 米。

②全幅沥青道面施工经验少,沥青道面水泥碎石基层压实度设计要求 98% 以上,沥青上面层动稳定度要求高于当时标准近 1 倍,中面层提高动稳定度 1 倍多,沥青混合料设计增加了抗渗要求指标,设计指标的提高给原材料选择、工艺制订带来了挑战。

③隔震设施施工安装精密度要求高,难度大,叠层橡胶隔震支座连接平面位置偏差要求高,隔震支座更换需解决梁板顶升结构安全、旧支座反弹、新支座就位等难题。

④空间钢结构弯扭构件的加工制造难度大,箱体内部横向隔板多、焊接空间小,且焊接变形量大,超大构件吊装就位、高空动态测量、厚板焊接及钢结构卸载等施工难度大,焊缝种类多、板材厚度大、材质多、焊接部位多、焊接难度大。

⑤双坡金属屋面超长、超大,大曲率近乎垂直,陡坡变化极大,高低落差达 33 米,防风防雨要求高,穿钢彩带索网玻璃幕墙拉索穿过航站楼支撑屋面的钢彩带箱梁,钢索在风和地震荷载作用下与彩带摩擦,可能产生破断,玻璃边界均为曲线,需解决玻璃与拉索变形协同工作。

三、建设管理措施

1. 成立领导机构

云南省人民政府成立了云南民航工作领导小组,副省长任组长,研究确定昆明长水机场建设前期重大决策事项;实施过程中联合中国民用航空局成立了昆明新机场建设联合协调领导小组,云南省分管民航工作的副省长任组长,中国民用航空局副局长任副组长,定期召开会议研究决策新机场建设重大事项并协调解决重大问题;组建昆明新机场建设指挥部,在昆明新机场建设联合协调领导小组直接领导下开展建设工作。建立目标责任制,每年由领导小组分别与相关单位部门和建设项目业主签订目标责任书。

2.借鉴成功经验

建设单位从前期筹备工作阶段开始,就非常重视与北京、上海和广州国内三大机场建设指挥部和相关部门开展技术交流与学习,充分了解参与三大机场土建、机电安装、精装修和民航专业工程实施的专业团队合同执行情况,在重要设备、系统、配套设施等的采购上,大到登机桥、电梯、扶梯,小到工作人员座椅、垃圾桶,结合科学严谨的招投标管理,有针对性地选择国内外最优秀的队伍和质量最好、价格最优、维保服务最好的产品。

3.倡导一线作战

昆明长水机场建设过程中要求项目业主、各驻场单位、各参建单位项目部严格执行一把手和主要领导现场指挥、现场办公的原则,施工中的问题和困难须由各方负责人共同进行研究、检查、决策与确认。同时,由机场建设指挥部牵头,建立昆明新机场建设指挥长联席会议制度,定期召集各建设项目指挥部指挥长联席办公,研究协调各工程主体总体进度计划安排,并针对具体问题进行研究,对统筹建设、协调发展起到了积极有效的促进作用。

四、主要参建单位

直接参与昆明长水机场工程建设的单位有 400 余家,建设者近 10 万人。主要参与单位及工作范围见表 33-1。

主要参与单位及工作范围　　　　　　　　　　　　　　表 33-1

序号	单 位 名 称	工 作 范 围
	建设单位	
1	昆明新机场建设指挥部	工程建设单位
	评估单位	
1	中国国际工程咨询公司	立项、可行性研究评估
2	中国民航工程咨询公司	选址、总体规划评估
	工程设计/咨询	
1	中国民航机场建设集团有限公司	飞行区设计、整体设计协调
2	北京市建筑设计研究院有限公司	航站楼及楼前高架桥、停车楼设计
3	云南省设计院集团有限公司	南工作区 7 个单体工程设计
4	上海民航新时代机场设计研究院有限公司	机场总体规划、飞行区设计
5	中国中元国际工程公司	货运区工程设计、设备管理
6	北京市市政工程设计研究总院	交通道路规划设计
7	上海市政工程设计研究总院	场内公用配套设施工程设计

序号	单 位 名 称	工 作 范 围
8	荷兰机场咨询公司(Naco)及德和威(北京)环境工程有限公司	机场空侧可持续性研究、标识系统设计咨询与深化设计技术服务
9	艾思赋国际咨询(北京)有限公司	商业系统设计咨询与深化设计技术服务
工程监理		
1	北京颐和工程监理有限责任公司	土石方及地基处理工程、飞行区工程监理
2	上海华东民航机场建设监理有限公司	土石方及地基处理工程、飞行区工程监理
3	上海市建设工程监理有限公司	航站区工程监理
4	京兴国际工程管理公司	机电设备监理
5	中国民航机场建设集团有限公司	岩土工程监理
6	北京政泰隆工程监理咨询有限公司	工作区工程施工监理
7	北京希达建设监理有限责任公司	信息及弱电系统监理
8	昆明建设咨询监理有限公司	停车楼及高架桥施工监理
9	云南城市建设监理有限公司	停车楼及高架桥工程施工监理、绿化工程监理
工程勘察及测量		
1	成都军区空军勘察设计院	工程测量、飞行区岩土工程初勘、试验段岩土工程详勘
2	中国建筑西南勘察设计研究院有限公司	航站区岩土工程初勘、飞行区岩土工程详勘、挖方区场道岩土工程详勘
3	中国水电顾问集团昆明勘测设计研究院	工作区岩土工程初步勘察
4	云南地质工程勘察设计研究院	水文地质与岩溶专项勘察
5	昆明市测绘研究院	基准控制点联测、控制网及数字化测量测绘工程
6	北京麦格天宝科技发展集团有限公司	土石方及道面工程数字化测量及控制
招标代理		
1	云南招标股份有限公司	招标代理
2	中国民航工程咨询公司	招标代理
3	中机国际招标公司	招标代理
造价咨询		
1	上海东方投资监理有限公司	造价咨询服务
2	深圳市永达信工程造价咨询有限公司	造价咨询服务
3	云南天赢工程造价咨询有限公司	造价咨询服务
4	北京中天恒达咨询有限公司	造价咨询服务
5	昆明华昆工程造价咨询有限公司	造价咨询服务
主要工程施工总承包商		
1	中国建筑股份有限公司	航站区工程施工管理总承包、航站楼工程主承包
2	北京城建集团有限责任公司	航站楼工程主承包、机电设备安装工程、综合管网工程

序号	单 位 名 称	工 作 范 围
3	云南建工集团有限公司	航站楼工程主承包、机电设备安装工程、工作区工程主承包
4	中国航空港建设第九工程总队	土石方及地基处理工程、场道工程
5	江苏沪宁钢机股份有限公司	航站楼彩带钢结构、网架制作安装、屋面系统工程、登机桥固定端钢结构
6	中国中元国际工程公司	货运区总承包、冷热源供应中心工程
7	云南建工第五建设有限公司	停车楼及高架桥工程施工总承包
8	昆明昆船逻根机场物流系统有限公司	行李处理系统、行李传输系统、空筐回收
9	北京中航空港建设工程有限公司	飞行区民航机电专业安装施工
10	中国航空港建设第十工程总队	土石方及地基处理工程、场道工程
11	中南航空港建设公司	土石方及地基处理工程、场道工程
12	中建安装股份有限公司	航站楼机电安装工程
13	昆明华安工程技术有限责任公司	消防工程施工管理、航站区消防设施工程总承包
14	云南建工第四建设有限公司	土石方及地基处理工程、场道工程
15	华翔飞装饰工程有限公司	航站楼公共区精装饰工程
16	深圳市三鑫特种玻璃技术股份有限公司	航站楼玻璃幕墙制作安装
17	中国航空港建设第七工程总队	土石方及地基处理工程、场道工程
18	中国航空港建设第八工程总队	土石方及地基处理工程、场道工程
19	云南建工安装股份有限公司	停车楼机电设备安装、消防设施施工工程
20	中国水利水电第十六工程局有限公司	土石方及地基处理工程、场道工程
21	昆明昆船物流信息产业有限公司	机场信息工程总承包
22	中国船舶重工集团公司第709研究所	机场弱电工程总集成
23	中国建筑第八工程局有限公司	航站楼土建工程、航站楼公共区装饰工程
24	中国航空港建设第三工程总队	土石方及地基处理工程、场道工程
25	西北民航建设有限公司	飞行区沥青道面工程施工
26	北京蓝天建设有限公司	土石方及地基处理工程
27	云南省地震工程研究院	航站楼隔震支座研制安装与成套技术服务
28	云南建工水利水电机械化施工公司	工作区土石方工程
29	中国水利水电第十四工程局有限公司	工作区土石方工程
30	昆明恒隆建筑机械化施工有限公司	工作区土石方工程
31	云南路桥股份有限公司	工作区土石方工程
32	深圳市博大装饰工程有限公司	航站楼公共区精装饰工程
33	上海华宇电子工程有限公司	功能中心和机房工程、广播及内通工程
34	深圳市鑫明光实业有限公司	航站楼金属屋面系统工程施工
35	广东省建筑装饰工程有限公司	航站楼公共区精装饰工程

序号	单 位 名 称	工 作 范 围
36	北京港源建筑装饰工程有限公司	航站楼公共区精装饰工程
37	上海蓝天房屋装饰工程有限公司	航站楼公共区精装饰工程
38	云南阳光道桥股份有限公司	飞行区道面沥青供料及施工、试验
39	上海广茂达光艺科技股份有限公司	航站区景观照明工程
40	甘肃新锐机电有限责任公司	金属屋面虹吸式雨水排放系统制作安装
41	深圳市中锋智能技术有限公司	金属屋面天窗系统制作安装

第五节　运 营 管 理

一、运营筹备重要节点

2010 年 4 月 6 日,云南机场集团昆明新机场转场协调办公室正式成立,开展转场运营准备工作。

2011 年 1 月 17 日,经中国民用航空局、云南省人民政府同意,昆明新机场转场工作领导小组及其执行机构——昆明新机场转场指挥部正式成立,统一指挥转场搬迁工作。

2011 年 2 月 9 日,昆明新机场转场工作领导小组印发《昆明新机场转场工作领导小组明确转场运营准备工作的七个阶段》,全面启动转场运营准备工作。

2011 年 2 月 25 日,云南机场集团成立云南机场集团有限责任公司昆明新机场转场指挥部,全面推进转场运营准备工作。

2011 年 8 月 9 日,中国民用航空局正式批复同意将昆明新机场命名为"昆明长水国际机场",英文名称为"KUNMING CHANGSHUI INTERNATIONAL AIRPORT"。

2011 年 9 月 9 日,开展首次航站楼业务流程联调测试及飞行区整体调试。

2011 年 9 月 25 日,开展第 1 次 2160 人规模的运行模拟演练。

2011 年 10 月 21 日,云南机场集团按照云南省国有资产监督管理委员会的要求,设置昆明长水国际机场公司法人治理结构及董事会、监事会和经营管理班子。

2011 年 12 月 2 日,开展合成测试工作。

2012 年 1 月 10 日,昆明长水机场动力能源部牵头,联合昆明市供电局完成了机场电力系统首次大型联合演练。

2012 年 3 月 1 日,中国民用航空局、云南省委、云南省政府和有关单位在北京召开了昆明新机场建设联合协调领导小组第 5 次会议,确定昆明长水机场于 2012 年 6 月 28 日开航运营。

2012 年 3 月 29 日,完成第 1 次传统导航试飞。

2012 年 4 月 21 日,开展第 2 次 6000 人规模的运行模拟演练。

2012 年 5 月 4 日,开展第 2 次试飞,共验证陆空通信等 95 个科目。

2012 年 6 月 9 日,开展第 3 次 2100 人规模的运行模拟演练。

2012 年 6 月 27 日 18 时至 28 日 03 时 30 分,完成地面搬迁和 17 架航空调机,并同步完成信息系统切换。

2012 年 6 月 28 日,昆明长水机场正式开航运营,08:12 首架出港航班 MU5939 和首架进港航班 MU5950 在 2 条跑道上同时起落,首航成功。

二、投产运营情况

昆明长水机场于 2012 年 6 月 28 日投运,昆明巫家坝机场停用。昆明机场 2012 年(包括长水和巫家坝机场)完成旅客吞吐量 2398 万人次、货邮吞吐量 26 万吨、飞机起降量 20 万架次,分别位居全国第 7、第 10 和第 10 位(不含港澳台)。2015 年完成旅客吞吐量 3752 万人次、货邮吞吐量 36 万吨、飞机起降量 30 万架次,分别位居全国第 7、第 9 和第 5 位,较预期提前 5 年达到了设计目标。2019 年完成旅客吞吐量 4808 万人次、货邮吞吐量 42 万吨、飞机起降量 36 万架次,分别位居全国第 6、第 9 和第 6 位。

第六节 工 程 创 新

1. 全面打造绿色机场示范工程

建设单位组织相关研究、参建单位编制完成了绿色机场 9 个专项设计任务书,通过中国民用航空局批复,完成施工图设计绿色符合性审查。2012 年 5 月,昆明长水机场航站楼和能源中心项目通过了住房和城乡建设部的三星级绿色建筑设计标识评审,成为国内首个获得三星绿色建筑设计认证的航站楼项目。航站楼在设计上利用自然采光,实现全年人工照明节能 20% ~ 30%;绿化方面,飞行区绿化率大于 50%,航站区绿化率大于 30%;在固、废、液处理上,均达到了 100% 的无害化处理。

2. 航站楼采用超大型异形钢结构

航站楼(图 33-5)采用了总长 4600 米的 7 条异型钢彩带、738 根摇摆柱、52 棵倒插柱、188 棵锥管柱、4 座钢连桥、2.8 万吨钢构件、14 万根网架杆件、2.8 万个焊接球和 1.3 万吨的屋面网架,被中国建筑金属结构协会授予"中国钢结构金奖"。该技术成果总体达到国际先进水平,"超大型弯扭钢彩带制作安装技术"达到国际领先水平。

3. 巨型网架滑移安装技术创新

航站楼前中心区屋面网架结构南北长约 277 米,东西宽约 328 米,投影面积约 8.5 万平方米,网架正中沿南北方向设宽度为 8 米的天窗结构,结构最大跨度达 72 米。针对巨型网架大空间、大吨位、大跨度滑移安装特点,通过采用将轨道在拼装区抬高的方案,将滑移体系在越过端部彩带结构后,直至滑移到设计位置,特别是实现了难度最大的航站楼中心区 4~5 号彩带之间最大的网架滑移单元安装。在所有网架吊装过程中,均采用电脑模拟技术,实现了现场吊装一次完成,累计完成 2.7 万吨各类钢结构吊装。

图 33-5 航站楼异形钢结构图

4.航站楼金属屋面工程应用仿生学原理

航站楼有约 19 万平方米的金属屋面,选用雅典特高立边咬合接缝屋面系统,采用专门的立边自动咬合设备,将 2 块板长度方向折边锁定,使屋面成为整体。模块化拼装施工更加便捷,有效地解决了施工中的贯通缝问题,使航站楼金属屋面系统的整体性能指标得到保证。各项技术性能指标符合绿色环保科学理念,生产工艺达到国际先进水平,是仿生学研究及应用领域的突出成果。

5.点支式玻璃幕墙平面索网结构(图 33-6)创新

图 33-6 航站楼点支式玻璃幕墙平面索网结构图

航站楼 10.8 万平方米的玻璃幕墙系统,其中 1.5 万平方米在金色的大型钢结构彩带之间,镶嵌着大量不同形状的玻璃,通过安装彩带次级拱"束带"作为幕墙系统主体支撑结构、在关键刚节点支撑主拱、钢彩带和单索结构一体化等措施,实现自然采光最大采光度,创造极富通透感的整体观感效果。

6. 当时世界应用减隔震技术规模最大

航站楼工程抗震设防烈度设置为Ⅷ度,在航站楼结构性安装隔震支座1811个、液压阻尼器108个。安装的隔震支座直径达1米,高0.432米,单个隔震支座重量1.85吨(无芯),1.95吨(有芯),是当时世界隔震支座应用规模最大的工程,也是当时世界应用隔震支座直径最大的工程(图33-7)。

图33-7 航站楼结构性安装隔震支座图

7. 关键施工技术创新研究

以航站楼工程为主体,针对工程地质条件特殊、抗震设防烈度高、造型新颖、结构复杂、技术难度大等特点,经系统研究开发,主要研制了导索轮机构,实现了幕墙支承超长、大直径竖索穿过钢彩带处的自适应连接。研发了清水混凝土密肋梁、超长超高单面清水饰面混凝土墙施工技术,解决了超大面积清水混凝土施工难题,确保了清水混凝土的观感质量。研发了超长、大曲率双坡曲面金属屋面施工技术,解决了大面积铝镁锰合金屋面板施工难题。利用网架球节点坐标测量成果,进行屋面系统基层空间点定位调整,确保了双曲面屋面精确成型。

8. 行李分拣技术填补国内空白

为提高国内机场装备和系统自主研发、制造和配套的能力,缩小国内机场行李系统技术与国际先进技术之间的差距,降低高昂的进口费用成本和后续维护成本,摆脱国外产品和技术的制约,昆明长水机场使用了由昆船逻根机场物流系统有限公司自行研制的国内行李自动分拣处理系统(图33-8),共24种(类)约2650台,行李传输总长约12650米。经验证,这套国内研制的行李自动分拣系统运行效果良好,其中11种专用设备全部一次性通过中国民用航空局的性能检测,并获取中国民用航空局颁发的使用许可证,填补了国内同类产品的空白。

图 33-8　行李分拣系统图

9. 国内首例采用全幅沥青道面的跑道

2 条主跑道采用了全幅沥青道面,保证 15 年预期使用寿命,是中国民用航空局科技示范工程。在此项技术中,对沥青混合料配合比、抗裂性水泥稳定碎石层进行了专题研究和设计,解决了沥青混合料的抗紫外线辐射、抗轮辙、抗水损等耐久性方面的技术难题,具有适应地基变形能力强、维修方便、易于改扩建等特点。形成了沥青道面维护指南,指导后期的运营维护。探索了国内适应 F 类飞机的沥青混凝土道面设计的新工艺、新技术、新标准的规范体系。

10. 技术创新成果显著

依托昆明长水机场项目,产生了发明专利 11 项,实用新型专利 22 项,国家级工法 5 项,省部级工法 12 项,软件著作权 3 项,规范 12 项,专著 2 部,获国家优质工程奖 3 项,获行业和省部级科技进步奖 13 项,获省部级优秀设计奖 6 项,获行业和省部级优质工程奖 6 项,在国内外核心期刊发表学术论文 46 篇。昆明长水机场工程同时荣获国家优质工程金质奖、中国建设工程鲁班奖、中国土木工程詹天佑奖 3 项大奖,单一是首个囊括 3 项国家级质量大奖的工程。

第七节　工 程 价 值

昆明长水机场一期工程是国家“十一五”期间的重点建设工程,是云南省重大综合交通枢纽工程,也是西部大开发的标志性工程,承担着实践“民航强国”战略和云南省“面向西南开放桥头堡”战略的重大任务,对优化国家机场布局、促进云南经济又好又快发展和提高昆明的综合竞争力起到积极的促进作用。

执笔人:李洁

第三十四章　北京大兴国际机场

第一节　工程概况

北京大兴国际机场(以下简称"大兴机场",见图 34-1)位于北京城区正南方的永定河北岸,北京市大兴区榆垡镇、礼贤镇和河北省廊坊市广阳区之间,距天安门 46 千米,距首都机场 67 千米,距河北雄安新区 55 千米。该机场是国家重大工程,定位为大型国际枢纽机场,对于满足北京地区航空需求、增强我国民航竞争力、促进京津冀协调发展、提升国家对外开放水平具有十分重要的意义。

图 34-1　北京大兴国际机场全貌

大兴机场远期规划可满足年旅客吞吐量 1 亿人次以上、货邮吞吐量 400 万吨、飞机起降量 88 万架次。一期工程按照 2025 年旅客吞吐量 7200 万人次、货邮吞吐量 200 万吨、飞机起降量 62 万架次的目标设计,飞行区指标为 4F,新建 4 条跑道,采用"三纵一横"布局;远期规划 7 条跑道。该机场采用中央航站区布局,规划南、北 2 个航站区,一期先行建设北航站区,航站楼总建筑面积 70 万平方米,主楼处理能力为 7200 万人次/年,指廊处理能力为 4500 万人次/年。另外,配套建设空管工程、供油工程和航空公司基地工程等。一期工程用地面积 27 平方千米,其中北京 15.6 平方千米、河北 11.4 平方千米。大兴机场于 2014 年底开工建设,2019 年 9 月建成通航。

大兴机场位于北京市中轴线延长线上,航站楼建筑整体寓意为展翅欲飞的"凤凰",与北京首都国际机场(以下简称"首都机场")T3 航站楼"龙"形寓意遥相呼应,呈现"龙凤呈祥"的格局。航站楼建筑主结构系统采用传统的钢结构,呈集中式五指廊放射状构型,如同凤凰的5条尾翼。航站楼东西长约1200米,南北宽约1000米,高约50米,便于楼内资源集约使用、灵活调配,旅客过安检后从航站楼中心步行至最远端登机口仅600米,运行效率较高。功能流程方面,按地下2层、地上4层(局部5层浮岛)布局,地下用于各种交通方式衔接,地上承担进出港功能,采取旅客进出港混流方式及无障碍设计,减少楼层间转换,旅客流程便捷顺畅,体现人性化服务。

大兴机场外部交通融合高速铁路、城际铁路、城市轨道、高速公路等多种交通形式,由新建机场高速公路、机场北部横向联络线(机场北线高速)及由其引入的既有京台和京开4条高速公路,与南北走向的机场快线、京雄城际线和东西走向的廊涿城际线3条轨道线,构成"五纵两横"高效便捷的综合交通网络。机场将轨道站台、公交枢纽与航站楼进行综合交通一体化设计,轨道交通在航站楼下穿越,站台位于航站楼进出港大厅下方,旅客可通过大容量的垂直交通方便换乘,实现"轨道优先、立体换乘、集中接驳、无缝衔接",发挥服务北京、辐射周边和带动区域协同发展的综合功能。

大兴机场是党中央、国务院决策部署的国家重大工程。2017年2月23日,习近平总书记视察建设中的大兴机场,指出机场是首都的重大标志性工程,是国家发展一个新的动力源,必须全力打造精品工程、样板工程、平安工程、廉洁工程,每个项目、每个工程都要实行最严格的施工管理,确保高标准、高质量,要努力集成世界上最先进的管理技术和经验。2019年9月25日,习近平总书记出席大兴机场投运仪式,指出大兴机场能够在不到5年的时间里完成预定的建设任务,顺利投入运营,充分展现了中国工程建设的雄厚实力,充分体现了中国精神和中国力量,充分体现了中国共产党领导和我国社会主义制度能够集中力量办大事的政治优势。

大兴机场建设符合我国民航发展战略,是实现从民航大国向民航强国转变的重要举措,将与首都机场形成协调发展、适度竞争、具有国际一流竞争力的"双枢纽"机场格局,推动京津冀地区机场建设成为世界级机场群。

第二节　规划与决策

一、项目提出

改革开放以来,我国民航运输业务持续快速增长,全国各地较为普遍地存在机场容量紧张的状况,京沪穗等热点地区航空运输市场需求与机场设施保障能力之间的矛盾凸显,北京地区航空运输供需不平衡问题尤为突出。于1958年建成投入使用的首都机场虽经多次扩建,但设施容量日趋饱和,军民合用的南苑机场飞行容量增长受限,均不具备进一步大规模扩建的条件。为适应北京地区经济社会发展和航空运输需求,需要借鉴国内外大都市"一市多场"的发展经验,选址建设新的机场。

二、选址论证

早在 20 世纪 90 年代,北京新机场建设项目即已提出,其酝酿谋划历时多年和多次反复。机场建设地点曾考虑过北京市大兴区、河北省廊坊市、天津市武清区等多个备选方案,在 2002 年、2004 年和 2006 年 3 轮选址工作的基础上,于 2007 年完成选址工作阶段性报告,2009 年确定大兴场址。

北京新机场选址工作始于 1993 年,北京市在编制《北京市城市总体规划(1994—2004年)》时,提到"扩建首都机场,研究建设第二民用机场的可能性"。为北京新机场规划了通州张家湾和大兴庞各庄 2 个中型机场场址,并征得中国民用航空总局同意。

2002 年,为配合首都机场三期扩建,中国民用航空总局组织进行了北京第二机场的选址工作,选出了河北廊坊的旧州、曹家务、河西营和天津市武清区的太子务 4 个备选场址。但当时各有关方面对于新建北京第二机场还是扩建首都机场存在较大的争议,经多次研究论证,最终确定扩建首都机场。

2003 年,经国务院审议通过、国家发展和改革委员会(以下简称"国家发展改革委")印发相关文件明确提出:尽早组织专门力量开展第二机场的选址论证工作,力争在 2010 年开工,2015 年建成。

2004 年,北京市规划委员会对《北京市城市总体规划(2004—2020)》进行修编,有关方面再度启动了北京新机场的选址工作,在北京正南和东南方向选出了北京大兴的南各庄、河北固安县的西小屯、北赵各庄和永清县的河西务 4 个备选场址,推荐其中的北京大兴南各庄与河北固安西小屯 2 个场址,纳入修编的北京市城市总体规划。

2006 年,中国民用航空总局根据规划重启北京新机场选址工作,并成立了领导小组,在总结以往选址工作的基础上,提出了深化选址工作的思路和要求,明确了选址工作应遵循的原则为:空域优先,服务区域经济社会发展,多机场协调发展,地面综合条件最优等原则。根据上述选址原则,开展了"北京新机场选址区域经济背景分析研究""首都地区多机场系统研究"和"北京新机场选址空域研究"3 项专题研究。

2007 年 6 月,编制完成《北京新机场选址工作阶段性成果报告》,提出了北京大兴南各庄场址、河北廊坊固安彭村场址方案。

2007 年 7 月,正式成立由国务院领导担任组长的北京新机场选址领导小组,全面启动北京新机场的选址工作。

2007 年 9 月,国务院办公厅秘书局致电国家发展改革委和中国民用航空总局,明确由国家发展改革委牵头成立协调小组,负责北京新机场的选址工作。

遵照国务院的要求,2008 年 3 月,由国家发展改革委牵头,成立了北京新机场选址工作协调小组,全面开展机场选址工作,明确由中国民用航空总局牵头组织相关专题研究和选址报告编制工作。

三、确定场址

2008 年 11 月下旬,北京新机场选址工作协调小组办公室在北京组织召开机场选址论证会,邀请了各相关领域的 48 位专家参加。专家组对北京新机场选址进行了全面、深入、科学和公正的分析论证,根据空域优先的原则,排除天津武清场址,重点对北京大兴南各庄场址和河北廊坊固安彭村场址进行比较;在避免与北京空中禁区冲突的前提下,尽量缩短至北京主城区的距离。经综合比选,最终确定选址在北京市正南方向,推荐南各庄场址作为北京新机场的首选场址。同年 11 月底,国家发展改革委组织召开了北京新机场选址报告专家论证会,形成的专家组意见同意推荐北京大兴南各庄场址作为北京新机场的首选场址。

2009 年 1 月,北京新机场选址工作协调小组第三次会议确定,以大兴场址作为北京新机场的推荐场址,由中国民用航空局牵头负责,进一步优化大兴场址方案,研究确定新机场与首都机场的分工定位问题;在北京新机场项目正式批复立项前,解决新机场运行涉及的南苑机场搬迁方案等相关问题。会议要求加快推进新机场的前期工作,力争 2015 年建成并投入使用。

2010 年 3 月,国家发展改革委批复相关文件,原则同意首都机场集团公司作为北京新机场建设项目法人,委托有资质的设计单位编制项目预可行性研究报告,按国家基本建设程序开展项目立项有关工作。

四、项目立项

2011 年 3 月,中国民航机场建设集团公司编制完成了《北京新机场预可行性研究报告》。中国国际工程咨询公司(现中国国际工程咨询有限公司)受首都机场集团公司委托,在北京组织召开了北京新机场预可行性研究报告咨询论证会,对新机场建设的必要性和可行性、设计目标年、航空业务量预测和建设规模等主要技术经济指标进行了论证,提出了进一步修改完善的意见。同时,为合理确定未来首都地区的航空运输需求和项目建设规模,对北京地区航空需求进行了专题研究,于 2011 年 9 月形成了《北京新机场市场需求分析报告》,预测 2020 和 2025 年北京地区航空旅客吞吐量将分别达到 1.4 亿人次和 1.7 亿人次,为做好北京新机场项目的前期工作打下了基础。

2012 年 3 月,中国国际工程咨询公司受国家发展改革委委托对北京新机场项目进行立项评估,委托评估的重点为"项目建设的必要性、跑道构型和初步建设方案"。该项目涉及利益相关者范围较广,情况复杂。评估针对重点和难点问题,召开多次专题研讨会,如针对机场功能定位、机场跑道构型与建设规模、场外交通组织与天堂河改造、航空公司基地规划方案、北京终端区规划等进行了专题研讨,并提出了加强军民航协调、用地优化、噪声控制、综合交通配套、过渡期措施等具体建议。

评估过程中,关于新建北京新机场还是继续扩建老机场的争议又被再度重提。国务院领导针对《国办互联网信息摘编》中提到的此问题,批示国家发展改革委有关部门研究。中国国际工程咨询公司经分析论证认为,首都机场周围居民稠密,若再度实施大规模扩建,不仅土地征用、居民搬迁、噪声影响治理等方面代价巨大,而且会导致机场运行成本高攀,时间效率和服务水平降低,应借鉴纽约、伦敦、巴黎、东京等世界大都市及我国上海市"一市多场"的发展经验,及早实施北京新机场建设工程。

机场新建与扩建、功能定位和跑道构型等重点难点问题的解决,为后续确定机场建设规模奠定了重要基础。2012 年 12 月,国务院等进行立项批复,北京新机场按照 2025 年旅客吞吐量 7200 万人次、货邮吞吐量 200 万吨、飞机起降量 62 万架次的目标设计,飞行区指标为 4F,新建 4 条跑道("三纵一横"布局)、航站楼总建筑面积 70 万平方米,配套建设空管工程、供油工程和北京终端管制中心等。

五、项目可行性研究批复

北京新机场工程在国家层面得到高度重视。2013 年 2 月,北京新机场建设领导小组成立,组长由国家发展改革委负责同志担任,国土资源部、环境保护部、水利部、中国民用航空局、北京市政府和河北省政府等为成员单位。

2013 年 7 月,中国民用航空局向国家发展改革委上报了《北京新机场工程可行性研究报告》,提出一期工程按 2025 年旅客吞吐量 7200 万人次、货邮吞吐量 200 万吨的需求,飞行区跑道、滑行道系统、航站楼主楼一次建成,航站楼指廊及部分配套设施按旅客吞吐量 4500 万人次、货邮吞吐量 150 万吨的需求建设。中国国际工程咨询公司受国家发展改革委委托对项目可行性研究报告进行评估,评估重点为:按照"科学规划,绿色建设,依法办事,严谨细致,密切配合"的原则,着眼于京津冀一体化发展的需要,处理好当前与长远、场内与场外项目建设与社会稳定等关系,提出航站楼推荐方案,明确征地拆迁、噪声影响处置、防洪水利等拆改配套项目方案和投资,重点论证一期机场、空管、供油和航空公司基地工程合理的建设内容、规模及投资。中国国际工程咨询公司于 2013 年 8 月组织专家、有关部门和单位,密切结合相关专题研究成果和协调工作的进展,对项目可行性研究报告进行了分析论证和评估。

2013 年 8 月,结合北京新机场项目可行性研究评估工作,中国国际工程咨询公司受国家发展改革委的委托,组织召开了北京新机场航站楼建筑方案专题论证会,经综合分析,提出以法国巴黎机场工程公司(ADPi)的航站楼方案为推荐方案。

2014 年 2 月,北京新机场建设领导小组第三次会议同意以法国 ADPi 方案为基础,吸收其他方案的优点,抓紧优化形成博采众长、功能完善的航站楼建筑方案。

2014 年 5 月,国务院相关文件明确提出,原则同意北京新机场建设领导小组关于以法国

ADPi 方案为推荐方案的意见,由国家发展改革委、中国民用航空局会同有关方面,充分论证吸收其他方案的优点,形成最优的航站楼建筑方案。

2014 年 5 月,国务院领导听取了北京新机场项目前期工作情况专题汇报,要求坚持以人为本,做到"方便旅客、高效便捷,节能环保、绿色低碳,运营安全、万无一失",努力把北京新机场建设成为国际一流、世界领先、能代表新世纪新水平的标志性工程。

2014 年 7 月 30 日,国务院常务会审议通过北京新机场项目可行性研究报告。

2014 年 9 月 4 日,中央政治局常委会审议通过北京新机场项目可行性研究报告,习近平总书记作出 9 条重要指示:一是要建成样板工程;二是要有长远战略眼光,考虑全面;三是航站楼方案请相关部门把握好;四是做好搬迁安置和社会稳定工作;五是确保噪声治理不留后遗症;六是统筹好周边军用机场的使用和发展;七是做好周边临空产业规划,结合京津冀一体化统筹考虑;八是加强管理,建成廉政工程;九是对北京新机场建设提出时间要求,年内开工,2019 年建成投入使用。

2014 年 11 月 22 日,国家发展改革委批复了北京新机场项目的可行性研究报告。项目总投资 863 亿元,其中,机场工程 800 亿元、空管工程 41 亿元、供油工程 22 亿元。资金来源为:机场工程资本金比例按 50% 控制(由中国民用航空局、首都机场集团公司、国家发展改革委、财政部出资,以及首都机场集团公司自有资金),其余由首都机场集团公司及所属企业融资解决,项目法人为首都机场集团公司。空管工程投资全额安排由民航发展基金解决,项目法人为中国民用航空华北地区空中交通管理局。供油工程投资由首都机场集团和中国航空油料集团有限公司成立的合资公司筹措解决,项目法人为该合资公司。

第三节　工　程　设　计

一、机场总体规划

2016 年 2 月 6 日,中国民用航空局、北京市和河北省人民政府联合批复北京新机场总体规划。机场近期规划(目标年 2025 年)按满足年旅客吞吐量 7200 万人次、货邮吞吐量 200 万吨、飞机起降量 62 万架次的使用需求,近期规划用地面积 28.30 平方千米(一期建设用地 27 平方千米)。远期规划按满足年旅客吞吐量 1 亿人次、货邮吞吐量 400 万吨、飞机起降量 88 万架次的使用需求做好规划控制,远期规划用地 45 平方千米。总平面规划图见图 34-2。

机场飞行区指标为 4F,远期共规划 7 条跑道(考虑合用南郊机场跑道),西一、西二、西三、东一、北一跑道为 F 类跑道,北二、东二跑道为 E 类跑道。近期规划建设 4 条跑道,西一、西二和北一跑道长 3800 米,东一跑道长 3400 米;远期规划建设东二和北二跑道。机场 5 条平行主跑道可以实现 3 个独立近进,同时有 4 个独立进近的条件,2 条侧向跑道主要作为起飞跑道使用。

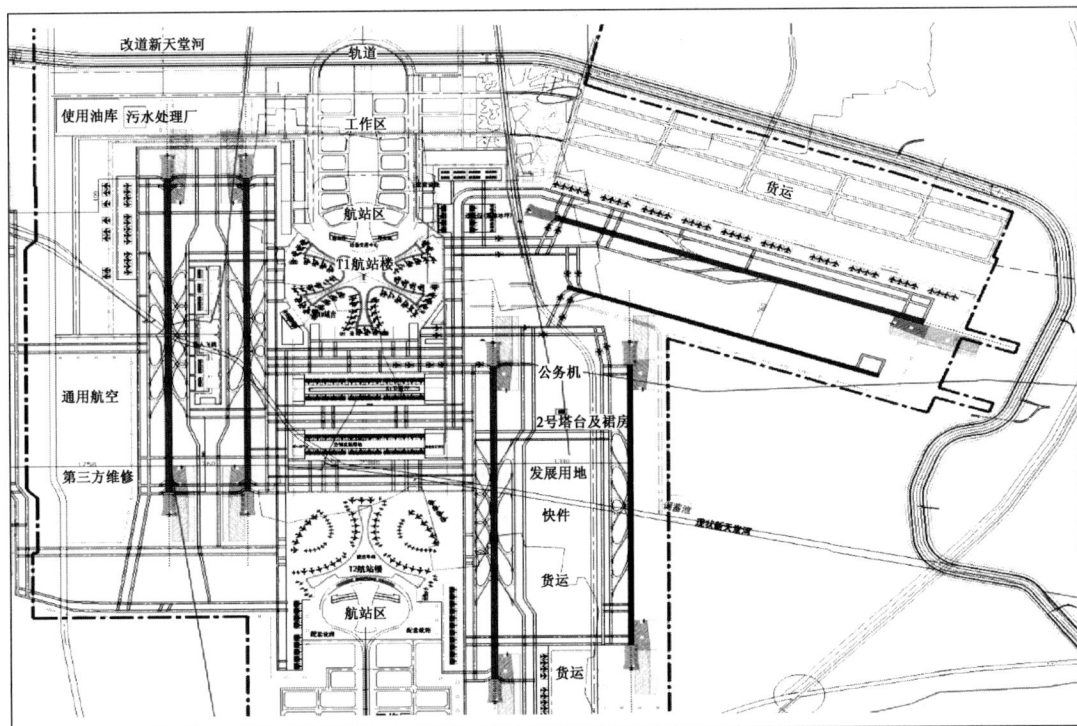

图 34-2 大兴机场总平面规划图

　　航站区采用中央航站区的布局方式,采用双尽端、长指廊主楼 + 卫星厅的航站楼方案,在航站楼南侧规划预留直线形卫星厅的位置,由北向南分期建设。近期在北航站区规划建设 T1 航站楼及卫星厅,满足年旅客吞吐量 7200 万人次的使用需求,站坪机位总数 268 个。远期规划建设南航站区,站坪机位总数 400 个。货运区位于北一跑道北侧区域,工作区位于机场南北航站区外侧,机务维修区位于西二跑道与西三跑道之间。

　　同步建设京霸铁路、廊涿城际铁路和轨道交通机场线,近期规划 S6 城际铁路联络线连接首都机场和新机场,远期规划 R4 城市轨道线以及北京/河北预留线。一期工程与机场同步建设机场高速公路、京台高速公路北京段、机场北线高速公路,扩建大广高速公路,同步推进衔接新机场内外交通的普通公路的规划建设,完善路网结构,满足机场地面交通运输要求。

二、机场设计

1. 飞行区设计

　　大兴机场在国内首次采用全向型跑道构型,开创了我国飞行区设计新方向。机场飞行区设计由中国民航机场建设集团有限公司负责,设计方案经过了多轮调整和优化。为了验证机场飞行区跑道构型的运行效率和飞行区容量,机场建设指挥部委托波音 Jeppesen 公司开展了"北京新机场及终端区规划模拟仿真研究",委托中国民航机场建设集团有限公司联合美国

Ricondo 公司开展了"北京新机场地面运行模拟仿真研究",对空中和地面运行进行计算机模拟仿真。经过反复研究,提出了纵向与侧向跑道相结合的构型方案。

2012 年 4—6 月,中国国际工程咨询公司就跑道构型方案召开了专题论证会,根据机场空域情况和地理环境,结合仿真模拟研究成果,对采用包含侧向跑道的飞行区构型方案进行了深入分析论证,认为就机场的空域和地理环境而言,采用包含侧向跑道的飞行区构型方案,可提高运行保障能力,缩短延误时间,减少航空器能源消耗,降低对居民密集区的噪声影响。

2012 年 8 月 15 日,中国民用航空局空中交通管理局出具相关文件,认为在理想空域条件下,包含侧向跑道的构型方案,在减少地面航班延误与提高机场运行效率方面明显优于全平行跑道方案。大兴机场采用主用平行跑道和侧向跑道相结合的全向型跑道构型方案,主用跑道方位与首都机场跑道方位平行,东北部侧向跑道与主跑道方位呈 70°夹角,近期采用"三纵一横"跑道构型。该跑道构型方案可充分利用空域资源,灵活应对全天不同高峰时段的进出港需求;侧向跑道向南偏转 20°,飞机起飞后从蓄滞洪区上空穿过,避开了对廊坊市主城区等周边人口聚集区的噪声影响。

2014 年 11 月 24 日,中国民用航空局批复了机场飞行区初步设计。

2. 航站楼设计

大兴机场航站楼是一个功能复合、连接紧密、高度整合的交通枢纽建筑综合体,航站楼设计从方案征集、设计招标、方案优化,再到初步设计、施工图设计,历时 6 年多。

方案征集工作于 2011 年 4 月启动,国内外 7 家设计机构(含联合体)提交了航站楼概念方案,包括:①英国福斯特及合伙人建筑设计事务所(FOSTER);②北京市建筑设计研究院、中国民航机场建设集团有限公司联合体;③法国巴黎机场工程公司(ADPi);④英国扎哈·哈迪德事务所(ZAHA)等 5 家联合体;⑤上海华东建筑设计研究院有限公司、新加坡 CPG 咨询有限公司联合体;⑥美国 HOK 建筑事务所、荷兰 NACO 机场咨询联合体;⑦英国奥雅纳工程顾问公司(ARUP)、英国罗杰斯建筑事务所(RSHP)联合体。

2011 年 12 月,方案征集开标评标,专家组经反复研究认为,7 个投标方案在功能流程、建筑规模、建设投资、工程可实施性等方面各有所长,均有完善提升的空间,可进一步优化方案。除上海华东建筑设计研究院有限公司、新加坡 CPG 咨询有限公司联合体外,其余 6 家机构联合体继续参与优化工作,于 2013 年 5 月完成优化方案。

2013 年 7 月,中国民用航空局向北京新机场建设领导小组报送了关于北京新机场航站楼建筑方案的相关意见,认为法国 ADPi、英国 FOSTER、英国 ZAHA 联合体的方案在规划理念、功能流程、运行效率、节能环保等方面较好,建议作为推荐方案上报。

2013 年 8 月,中国国际工程咨询公司受国家发展改革委的委托对航站楼方案进行了专题论证,提出将 ADPi 的航站楼方案(图 34-3)作为推荐方案。

图 34-3　航站楼鸟瞰图

本着精益求精的原则,2014 年 1 月组成了由 ADPi 和 ZAHA 团队参与的优化设计团队,开展了第二轮优化工作,航站楼内标志性的 C 形柱设计就是在这轮优化过程中提出的。为保证航站楼中央区域支撑结构体及功能区的完整性,中心区混凝土楼板(513 米×411 米)不设缝,建成时是国内最大的单块混凝土楼板,支撑间距达 200 米,所形成的无柱空间可容纳一个国家游泳中心。

在概念设计方案的基础上,航站楼初步设计由北京市建筑设计研究院与中国民航机场建设集团公司组成的主体设计单位联合体负责,于 2015 年 4 月完成了初步设计文件。2015 年 10 月 27 日,旅客航站楼及综合换乘中心等工程初步设计获得中国民用航空局批复。航站楼中央区域、二层中心商业区效果分别见图 34-4、图 34-5。

图 34-4　航站楼中央区域效果图

图 34-5　航站楼二层中心商业区效果图

第四节　工　程　建　设

大兴机场项目包括机场工程、空管工程、供油工程、航空公司基地工程等。机场工程的项目法人为首都机场集团公司,由北京新机场建设指挥部负责工程建设的组织实施与管理;空管工程的项目法人为中国民用航空华北地区空中交通管理局;场外供油管道工程项目法人为中航油京津冀管道运输有限责任公司,场内供油工程项目法人为中航油北京机场石油有限公司。

大兴机场一期工程于 2014 年 12 月开工,经过 4 年多的施工建设,于 2019 年 8 月圆满完成了建设任务。

一、工程建设重要节点

2014 年 12 月 26 日,北京新机场工程举行开工典礼,局部开工区域为机场西一、西二跑道北端。

2015 年 9 月 26 日,航站区工程正式开工。

2016 年 7 月 19 日,中国民用航空局与国家发展改革委联合下发通知,明确中国南方航空股份有限公司和中国东方航空集团有限公司为机场主基地航空公司。

2016 年 11 月 17 日,交通运输部负责同志赴机场工地调研指导工作,指出交通运输部门在建设过程中要做好交通运输组织,做好"五纵两横"的综合交通,保证新老机场顺畅方便的连接性。

2017 年 3 月 16 日,航站区工程混凝土主体结构全面封顶。6 月 30 日,航站楼钢结构封顶。8 月 30 日,机场综合交通中心工程主体结构封顶。12 月 31 日,航站楼实现功能性封顶封围(图 34-6)。

图 34-6　2017 年 12 月 31 日,航站楼实现功能性封顶封围

2018 年 3 月 13 日,中国民用航空局召开北京新机场建设及运营筹备领导小组第一次会议,就机场建设及运营筹备工作面临的问题进行研究。

2018 年 5 月 25 日,机场工作区高架桥主体结构全线贯通。5 月 29 日,机场货运区工程正式开工。6 月 29 日,工作区综合管廊主体结构全线贯通。

2018 年 8 月 28 日,中国民用航空局召开北京新机场建设及运营筹备领导小组第二次会议,成立北京新机场民航专业工程行业验收和机场使用许可审查委员会及其执行委员会、机场投运总指挥部和投运协调督导组。

2018 年 11 月 11 日,机场飞行区东跑道贯通。11 月 13 日,轨道交通大兴机场线代建项目通过主体结构验收。12 月 26 日,机场 4 条跑道实现全面贯通(图 34-7),助航灯光具备调试条件。

图 34-7　2018 年 12 月 26 日,机场跑道全面贯通

2019 年 7 月 11 日,机场飞行区工程顺利通过行业验收。

2019 年 8 月 8 日,机场航站楼工程顺利通过行业验收。

二、工程建设难点

大兴机场施工建设方面存在诸多难点:

①建设规模大、投资大。一期工程一次建设 4 条跑道,机场用地红线内初期开建的建筑面积为 400 余万平方米,其中航站楼 70 万平方米,航站楼综合体约 140 万平方米;机场一期工程投资 800 多亿元,红线内总投资 1200 多亿元。

②建设时间紧、任务重。项目建设工期短,如航站楼工期仅 39 个月,相较于国内建设速度较快的首都机场 T3 航站楼工期(42 个月)时间更短,对科学组织、合理施工及科技创新提出了更高要求。

③涉及面广、管理难度大。地跨京冀两地、3 条轨道交通贯穿场区,时速 250 千米的京雄城际铁路从航站楼下部穿越,在国内属首次,施工难度大。场内有 10 余家建设主体,100 余家施工总承包单位,施工界面极为复杂。

项目单位开展了一系列的工程建设创新实践,历经 4 年多,按期完成建设任务,按期投入运营。

三、主要参建单位

大兴机场工程汇集了国内众多在工程建设领域经验丰富的施工和监理等单位,共有 100 多家施工总承包单位、近 1000 家施工分包单位参与,高峰期施工人数达 5 万多人。

机场主体工程包括飞行区工程、航站区工程和工作区交通工程等。

1. 飞行区工程

飞行区工程分为 28 个合同段,施工总承包单位有 28 家,监理单位有 4 家,见表 34-1。

飞行区工程合同段和参建单位　　　　　　　　　　　　　　表 34-1

合同段名称	施工总承包单位	监理单位	主要施工区域
场道 1 标	中国航空港建设第十工程总队	监理 1 标:西安西北民航项目管理有限公司	西二跑道北段及货运机坪
场道 2 标	中国水利水电第十六工程局有限公司		西一跑道北段
场道 5 标	北京中航空港建设工程有限公司		航站楼周边滑行道及停机坪
场道 8 标	中国中铁航空港建设集团有限公司		航站楼南指廊南侧滑行道及停机坪
附属 7 标	中国华西企业有限公司		东侧围界
附属 8 标	中铁十六局集团第三工程有限公司		西侧围界
周界安防报警系统	中航机场系统设施建设有限公司		飞行区周界安防报警系统
站坪塔台	中交一航局第四工程有限公司		机坪塔台和设备机房
附属 1 标	四川省场道工程有限公司、河南圣锦园林工程有限公司联合体	监理 4 标:上海华东民航机场建设监理有限公司	飞行区北侧水渠
附属 2 标	甘肃机械化建设工程有限公司、重庆天开园林股份有限公司联合体		景观湖及调节水池
附属 3 标	云南建工第四建设有限公司		飞行区东侧南北向水渠
附属 4 标	北京蓝天建设有限公司		飞行区东侧原新天堂河改造水渠

合同段名称	施工总承包单位	监理单位	主要施工区域
场道3标	中交一航局第四工程有限公司	监理2标:北京颐和工程监理有限责任公司	西一、西二跑道中段
场道4标	北京金港场道工程建设股份有限公司		西一、西二跑道南段
场道7标	中国航空港建设第三工程总队		西一跑道中段东侧滑行道
附属5标	四川省工业设备安装公司		东侧消防
附属6标	河北建设集团股份有限公司和北京利华消防工程有限公司联合体		西侧消防
灯光及供电1标	四川华西安装工程有限公司		西飞行区助航灯光
场道6标	西北民航机场建设集团有限责任公司	监理3标:北京中企建发监理咨询有限公司	航站楼东侧滑行道及停机坪
场道9标	四川省场道工程有限公司		东跑道北段及西侧滑行道停机坪
场道10标	中国航空港建设第七工程总队		东跑道中段及南段
场道11标	河北建设集团股份有限公司		东跑道北段东侧滑行道及飞行区综合小区
场道12标	中国航空港建设第八工程总队		北跑道西段
场道13标	中国航空港建设第二工程总队		北跑道中段及东段
场道14标	中国华西企业有限公司		北跑道西段附近滑行道及停机坪
灯光及供电2标	北京京航安机场工程有限公司		东飞行区助航灯光
灯光及供电3标	北京中航空港建设工程有限公司		机坪照明工程
灯光及供电4标	沈阳汇通通信导航工程有限公司		供电工程

2. 航站区工程

航站区工程分为4个合同段,施工总承包单位有4家,监理单位有2家,见表34-2。

航站区工程合同段和参建单位　　　　　　　　　　　表34-2

合同段名称	施工总承包单位	监理单位	主要施工区域
航站区一合同段	北京城建集团有限公司	北京华城建设监理有限公司	机场旅客航站楼及综合换乘中心土方、护坡和桩基础工程
航站区二合同段	北京城建集团有限公司	北京华城建设监理有限公司	机场旅客航站楼及综合换乘中心(核心区)工程
航站区三合同段	北京建工集团有限责任公司	北京华城建设监理有限公司	机场旅客航站楼及综合换乘中心(指廊)工程
航站区四合同段	中国建筑第八工程局有限公司	北京希达工程管理咨询有限公司	停车楼及综合服务楼工程

3. 工作区交通工程

工作区交通工程分为8个合同段,施工总承包单位有8家,监理单位有2家,见表34-3。

571

工作区交通工程合同段和参建单位 表 34-3

合同段名称	施工总承包单位	监理单位
市政一合同段	中铁建设集团有限公司	北京希达工程管理咨询有限公司
市政二合同段	中国建筑第二工程局有限公司	北京希达工程管理咨询有限公司
市政三合同段	北京建工集团有限责任公司	北京希达工程管理咨询有限公司
市政四合同段	中国建筑第三工程局有限公司	北京希达工程管理咨询有限公司
市政五合同段	中国建筑第八工程局有限公司	北京华城建设监理有限公司
市政六合同段	北京城建集团有限责任公司	北京华城建设监理有限公司
市政七合同段	北京住总集团有限责任公司	北京华城建设监理有限公司
市政八合同段	河北建设集团有限公司	北京华城建设监理有限公司

第五节 运 营 管 理

大兴机场的运营主体为首都机场集团公司于 2018 年 7 月设立的北京新机场管理中心，2019 年 11 月更名为首都机场集团公司北京大兴国际机场。中国南方航空股份有限公司、中国东方航空集团有限公司、中国国际航空股份有限公司等航空公司按照转场计划分阶段进驻大兴机场进行航线运营。

一、运营筹备重要节点

2017 年 8 月 8 日，中国民用航空局召开北京新机场运营筹备工作会，中国民用航空局相关司局、中国民用航空局空中交通管理局、中国民用航空华北地区空中交通管理局对首都机场集团公司提出的机场运营筹备实施方案提出了意见和建议。

2017 年 9 月 19 日，机场运行流程优化研讨会在京召开，来自国内外 37 个单位的行业专家就飞行区和航站楼运行、陆侧交通等运行流程进行了深入研讨。

2018 年 3 月 1 日，机场运营筹备办公基地正式投用，运营筹备人员入驻办公。

2018 年 4 月 27 日，机场空管运输工作协调推进会暨机场容量评估工作启动会召开，全面启动容量评估工作。

2018 年 9 月 14 日，中国民用航空局正式发布机场命名，北京新机场名称确定为"北京大兴国际机场"。

2018 年 10 月 11 日，首都机场集团公司正式组建北京大兴国际机场投运总指挥部。

2018 年 12 月 28 日，中国民用航空局印发《北京大兴国际机场转场投运及"一市两场"航班时刻资源配置方案》与《北京"一市两场"转场投运期资源协调方案》。

2019 年 1 月 2 日，《北京大兴国际机场使用手册》及附件正式上报中国民用航空华北地区管理局，为在开航前取得大兴机场使用许可证奠定了基础。

2019 年 1 月 16 日,国务院正式发布《国务院关于同意北京大兴国际机场对外开放的批复》(国函〔2019〕7 号),批准大兴机场作为北京航空口岸组成部分对外开放。

2019 年 1 月 22 日,大兴机场启动飞行校验工作。2 月 24 日,飞行校验工作圆满完成。

2019 年 3 月 5 日,大兴机场三字码(PKX)获国际航空运输协会(IATA)正式批复。

2019 年 5 月 13 日,大兴机场圆满完成第 1 阶段试飞工作(图 34-8)。中国南方航空股份有限公司、中国东方航空集团有限公司、中国国际航空股份有限公司、厦门航空有限公司的 4 架飞机参与了试飞,主要测试机场的一般保障情况,对飞行程序、飞行区运行环境进行了验证。

图 34-8　2019 年 5 月 13 日,中国南方航空股份有限公司飞机平稳降落在大兴机场

2019 年 5 月 29 日,大兴机场飞行程序获中国民用航空华北地区管理局批复,包括大兴机场飞行程序、运行最低标准及机场使用细则。

2019 年 7 月 8 日,北京大兴国际机场安全管理委员会、运行协调管理委员会、旅客服务促进委员会正式成立。

2019 年 7 月 19 日,大兴机场成功开展第 1 次综合演练。以此为开端,至 9 月中旬,先后开展了 7 次综合演练。

8 月 2 日,开展第 2 次综合演练。8 月 16 日,开展第 3 次综合演练。8 月 23 日,开展第 4 次综合演练。

2019 年 8 月 27 日,大兴机场完成第 2 阶段低能见度专项试飞,成为国内首个开航之日即可具备仪表着陆系统Ⅲ类运行和平视显示仪(HUD)低能见度起飞保障能力的机场。

2019 年 8 月 30 日,大兴机场通过中国民用航空局组织的行业验收总验和使用许可审查终审。

2019 年 8 月 30 日,结合大兴机场第 5 次综合演练,草桥站城市航站楼首次亮相试运行。

2019 年 9 月 16 日,公安部批准大兴机场开航,同时实施 144 小时过境免签政策。

2019 年 9 月 16 日,大兴机场通过中国民用航空华北地区管理局组织的行业验收总验和使用许可终审问题复查。

2019 年 9 月 17 日,大兴机场成功开展第 3 阶段试飞,中国南方航空股份有限公司、中国东方航空集团有限公司圆满完成仪表着陆系统ⅢB 类运行及高级机场场面活动引导与控制系统(A-SMGCS)4 级功能验证。

2019 年 9 月 19 日,大兴机场在城市航站楼草桥站召开空轨联运产品发布会,标志着空轨联运产品面向社会正式上线销售。

2019 年 9 月 25 日,大兴机场正式投入运营。

2019—2020 年冬春航季,大兴机场共有 60 余家国内外航空公司开通 119 条航线,其中国内航线 104 条,国际及地区航线 15 条。

二、管理措施

为解决好大兴机场建设和运营中的诸多难题,机场建设管理和运营单位开展了一系列管理创新实践,确保机场按期顺利建成投产和营运。

1. 一体化的建设运营管理模式

为克服传统建设与运营相分离引起的各种问题,大兴机场采用建设与运营一体化的管理模式,打通建设与运营的界线,再造建设流程,确保运营高效。机场建设指挥部在组建之初就同时吸纳工程建设人员和运营管理人员,编制招标、合同、安全、质量、设计、施工等 50 余项核心管理制度,形成完善的制度体系,为建设与运营一体化提供了制度保证。

2. 基于目标导向的进度总体管控

将"2019 年 6 月 30 日竣工验收、2019 年 9 月 30 日前投入运营"作为压倒一切的任务,针对大兴机场建设主体多、界面复杂的特点,形成由中国民用航空局牵头的全局性统筹管控,由建设主体牵头的实施层面建设及运营筹备管控。为加强大兴机场建设及运营筹备工作的科学组织、统筹领导,中国民用航空局牵头组织对大兴机场建设及运营筹备过程中的重点问题及计划节点进行全面梳理,编制形成了《北京新机场工程建设与运营筹备总进度综合管控计划》。机场建设指挥部根据具体工作情况进行细化,形成了《北京大兴国际机场工程建设与运营筹备总进度计划》。管控计划所采用的专业化队伍、信息化手段和跟踪反馈机制,对系统推进工程建设与运营筹备工作起到了至关重要的作用。

3. 基于问题导向的统筹协调

大兴机场建设涉及京津冀三地,工程涉及面广、协调难度大,需以问题为导向,以统筹协调为手段推动问题的解决。大兴机场先后推动建立了各级协调机制,包括国家层面的北京新机场建设领导小组会议,北京、河北、民航北京大兴国际机场建设(运营筹备)领导小组"3 + 1"机制,北京、河北与中国民用航空局"一对一"会商机制,北京大兴国际机场投运总指挥部,指挥长联席会议等。为确保及时解决大兴机场建设及运营筹备中的各项难点问题,建立了问题库机制,每月更新,并及时向各级协调机构反馈,依靠协调机构推动解决。

大兴机场地跨京冀,两地管理体制、机构设置、审批程序、行政执法等方面存在差异。为保障大兴机场顺利开航、平稳运营,在大兴机场的推动下,经北京市、河北省、中国民用航空局多轮沟通,北京、河北在建设期间协商签订了相关框架协议,优化跨地域建设程序,保障各项跨地域项目高效推进。在运营筹备期间,由国家发展改革委向国务院提交跨地域运营管理有关情况的报告并获得批复,确立了大兴机场首创的跨地域运营管理模式。

4. 信息化的管理手段

大兴机场设立工程建设信息化监控中心,可实时调用场内监控摄像头监视场内建设情况。监控中心提供 15 个监控席位,通过系统及监控视频,实时掌握机场内工程建设情况,可对现场安全生产、安全保卫、交通安全、消防、环境保护等进行建设动态管理。在国内大型机场建设中,大兴机场首次采用工程项目管理信息系统实现对合同、财务、工程概算、设备物资、文档和竣工决算等的全过程统一管理控制。

第六节　工程创新

大兴机场规划设计和建设运营中,有多项指标位于世界同等规模机场的前列。

一、先进理念贯穿规划设计

大兴机场在规划设计之初,就体现了建设"平安、绿色、智慧、人文"机场理念的要求。

1. 平安机场

结合首都机场运营经验及民航业发展趋势,大兴机场创新采用货运区统一安检模式,统一了多个业务主体的安检模式及标准。

2. 绿色机场

大兴机场提出了 54 项绿色建设指标,其中有 21 项达到国际和国内先进水平,形成了《北京新机场绿色建设纲要》《北京新机场绿色框架体系》《北京新机场绿色指标体系》《北京新机场绿色专项设计任务书》和《北京新机场绿色施工指南》等系列绿色机场研究成果,其中,《绿色航站楼标准》是首个正式发布的绿色机场行业标准,填补了行业空白。

3. 智慧机场

大兴机场规划了专项信息系统,构建了智慧机场 Airport 3.0,将全面信息共享的理念应用于各运营管理平台。在大兴机场信息中心、指挥中心及弱电信息系统设计中,首次全面应用云计算和大数据技术,搭建基础云平台和智能分析平台,打造多方协同、信息共享、智能决策的智慧机场,全方位提升服务质量和旅客体验。

4. 人文机场

大兴机场首次引入城市设计理念,采用开放式街区,采取以公共交通为导向的发展模式,设置便捷的区域公共交通系统。在无障碍设施设计方面,大兴机场成立了无障碍专家委员会,对停车、通道、服务、登机、标识等 8 个系统开展了专项设计。将体现中国传统的建筑元素与世界先进的航站楼建设理念相互融合,为旅客带来中国园林式的候机体验。

二、航站楼设计

大兴机场航站楼建筑工艺流程方面,为充分满足旅客要求,实现了一系列便捷化的创新设计。

1. 旅客步行距离短

多指廊构型使大兴机场航站楼旅客步行尺度适宜,旅客自航站楼中心步行至最远登机口 600 米,仅需 8 分钟。且一期工程无须建设旅客捷运系统(APM),优于世界其他同等规模的机场航站楼。

2. 中转流程效率高

全面优化中转流程并简化中转手续,中转效率水平居于世界前列,在全球 4000 万人次/年旅客量以上的机场航站楼中,与排名前列的德国法兰克福机场(中转时间约 45 分钟)持平。借鉴美国亚特兰大机场等的国内旅客进出港混流方式,提升机场服务设施使用效率。

3. 行李处理速度快

出港行李到近机位的平均传输距离约 230 米,有效缩短值机结柜时间。进港行李平均运送距离 550 米,首件进港行李可在 13 分钟内到达行李转盘。传送效率优于香港机场(20 分钟)、韩国首尔机场(17 分钟)等以优质服务著称的机场,行李传输系统效率世界领先。

4. 双层出港创新设计

为实现旅客流程的便捷高效,在全球范围内首次采用了双层出发车道边的设计,每层车道边衔接航站楼不同的功能分区,有效保障不同类型的旅客快捷进出。

5. 公交优先,无缝衔接

构建以大容量公共交通为主导的可持续发展模式,在旅客进出航站楼最便利的区域优先布置公交车站,使公交出行比例达到 50%。将铁路和城轨站台、公交枢纽与航站楼进行一体化设计,旅客在航站楼内可通过大容量的垂直交通方便换乘,构建了高效顺畅的综合交通枢纽。

三、新技术工艺应用

1. 先进的减隔震技术

机场轨道交通在航站楼下穿越,创新采用减隔震技术,大幅度提高了航站楼结构的抗震性能。核心区共设置了 1152 个隔震支座、160 个黏滞阻尼器,航站楼上部结构通过隔震层与地下结构隔开,隔震层面积达 18 万平方米,是建成时全球最大的单体减隔震建筑。应用减隔震技术后,有效减小了高速列车通过时对航站楼震动的影响。

2. 施工工艺与管理

大兴机场主航站楼的钢结构施工过程中,攻破了超大平面材料运输、大面积无规则自由曲面空间网架提升等诸多世界级难题。航站楼在国内机场建设中首次大规模应用建筑信息模型(BIM)技术进行设计施工,显著提升了工程建设管理水平。机场工程还应用了机器人、扫描仪、载波相位差分技术(RTK)、全球定位系统(GPS)测绘等技术,采用测量机器人直接现场可视化放样。在施工管理方面,采用智能化辅助、可视化监控及劳务实名制等手段,提高了管理的精细化及安全性。飞行区工程重点施工工艺(强夯、冲击碾压、振动碾压等)在国内机场首次实现数字化自动监控,提高了工程质量与进度管理水平,其中自动化的强夯系统为世界首创,取得中美两国专利。通过地理信息平台,实现全场"一张图",满足不同业务对可视化的需求。

3. 创新型的能源解决方案

大兴机场尽可能选用清洁能源,努力提高可再生能源比例,形成"一主多辅"的能源供给结构,机场可再生能源占总能耗的 15% 以上。航站楼前停车楼屋面安装 8 组 250 千瓦的太阳能光伏发电板,货运站屋顶、飞行区北跑道南侧、工作区房建项目屋顶安装太阳能光伏发电,全场太阳能总装机容量不低于 10 兆瓦。创新设计了耦合式地源热泵系统,实现浅层地源热泵与集中锅炉房、锅炉余热回收系统、常规电制冷、冰蓄冷等结合,形成稳定可靠的耦合式系统,日常运行以地源热泵和烟气余热热泵为主,高峰期间采用市政热力和电供冷进行补充,可满足 257 万平方米的建筑供暖制冷需求,为全球最大的浅层地源热泵集中供能项目。

4. 空侧节能减排

飞行区大量采用反光棒和 LED 灯,建设国内第一条 LED 大型跑道。采用创新飞机地面专用空调系统,将传统吊装方式改为地井方式,新方案总能效高(2.8 以上),比常规系统总能效(1.75)提升 50% 以上。利用处理后产生的再生醇制造除冰液产品,实现飞机除冰液的循环使用,同时处理后的水也可以作为回用水。

四、信息技术应用

1. 高效开放的机场信息平台

大兴机场广泛应用大数据、云计算、人脸识别、人工智能等信息技术,通过19个信息平台实现机场全域覆盖。通过统一的旅客服务数据库和高精度定位技术,实现旅客服务渠道的统一化和标准化,为每位旅客提供个性化导航和服务。企业服务总线将70多个系统纳入协同运行平台,综合交通一体化信息平台汇集航班、铁路、轨道、大巴、出租车等多种交通方式的数据信息。

2. 智能数据中心实现业务数字化

智能数据中心整合了机场航班、旅客服务、安全管理等方面40余个系统的业务数据,实现运行、服务、安全管理等业务领域的状态监测和趋势预测等功能。

3. 积极实践无纸化出行

大兴机场自助值机设备覆盖率约86%,自助托运设备覆盖率约76%,安检通道引入人脸识别技术,全面采用射频识别(RFID)行李牌,实现行李全流程100%节点跟踪。

五、节能环保措施

采用自然采光通风、配备高效节能系统、可再生能源应用与能量回收等措施,实现建筑节能率65%。在航站楼公共区域进行垂直绿化,设置新风过滤设备,提升室内舒适度。

充分利用雨水和中水,构建复合生态水系统,实现污水零排放。实施高效安全的废弃物处理流程,无害化处理率达到100%。

充分利用新材料及可再生材料,废弃物原材料用量占同类建材比例不低于30%。采用新能源汽车,配备站坪飞机地面动力单元与飞机预制冷空调,进一步降低废气和噪声排放水平。

航站楼建筑节能方案较国家公共建筑节能设计标准要求提高30%,较首都机场 T3 航站楼单位面积能耗降低20%,年单位面积能耗控制在29.5千克标准煤以内,每年可节约8850吨标准煤,减少二氧化碳排放2.2万吨,相当于植树119万棵。

第七节　工　程　价　值

北京大兴国际机场是党中央、国务院决策部署的国家重大标志性工程,是面向未来的现代化机场,已成为我国新的国门,展示我国的现代化与人文关怀,为世界各地的人们提供平安、绿色、智慧的出行服务。

北京是我国政治、文化、国际交往和科技创新中心,是世界著名古都和现代国际城市,也是全国交通中心。大兴机场作为对外交往功能承载区,将进一步改善北京及其周边地区的对外交流和经济发展环境,带动交通、贸易和旅游等相关产业发展,促进国际交流合作水平,提升北京市的文化软实力、国际化程度和国际影响力,为北京建设世界城市创造良好条件。

大兴机场作为服务于京津冀地区的重大基础设施,将实现区域机场体系、综合交通体系和区域空间结构的整体优化升级。依托大兴机场的国际枢纽和区位优势,在机场周边大力发展临空经济区,在全球范围内吸引产业、技术、资金、信息等优势资源,将促进国际产业对接协作、生产要素合理配置、高端产业及现代服务业加快集聚发展,形成高端开放型产业体系完备的综合性功能区,促进京津冀地区产业结构调整升级。

大兴机场对于落实国家区域发展总体战略具有重要意义,将发挥显著的区位优势和产业集聚作用,引导首都非核心功能向外疏解转移,将以服务雄安新区为核心基点,促进京津冀区域协同发展,成为国家发展新的动力源。

执笔人:龙湘敏

第三十五章　广州地铁二号线

第一节　工 程 概 况

广州地铁二号线是广州第二条建成运营的城市轨道交通线路。线路经由新港东路、新港西路、昌岗东路、江南大道、海珠广场、起义路、连新路、解放北路、人民北路等城市主要道路,连接海珠区、越秀区、白云区,穿过最繁华的市区,将新会展中心与市区及老会展区连接起来,覆盖广州市南北交通的主要客流走廊,是城市快速轨道交通网络中的骨干线路。线路由琶洲站到三元里站,全长 18.25 千米,全部为地下线,共设 16 个车站、1 座车辆段及综合基地、2 座主变电站、4 个集中冷站,全线的控制中心设在广州地铁一号线控制中心内。

广州地铁二号线系统能力为每小时 30 对,采用 6 辆编组、最高时速 80 千米、直流 1500 伏特供电的 A 型车,远期高峰小时单向客运能力为 5.58 万人。系统设备包括:车辆、供电、通信、信号、隧道通风、集中供冷、给排水和消防、自动扶梯与电梯及楼梯升降机、自动售检票、机电设备监控、火灾自动报警、控制中心、屏蔽门、车辆段及综合基地等。实际建设工期为 3 年8 个月。工程初步设计总概算为 106.08 亿,施工图预算为 103.24 亿,最终投资约 95.47 亿。自 1998 年 3 月 2 日试验段开工,1999 年 10 月 10 日首期工程正式动工后,经过 5 年多的施工建设,首期工程于 2003 年 6 月 28 日建成通车。

广州地铁二号线技术水平在总体上接近国际先进水平,在多项技术领域处于国内领先地位。2004 年,广州地铁二号线被评选为首届“全国十大建设科技成就”之一。2007年,广州地铁二号线节能、环保和安全技术集成与应用获得国家科学技术进步奖二等奖(图 35-1)。

广州地铁二号线的开通标志着广州迎来了轨道交通史上又一个重要里程碑,广州地铁一、二号线在公园前形成“十”字线网,广州地铁运营从单一线路向网络化方向转变。广州地铁二号线在节能、环保和安全技术集成与应用方面的创新和设备国产化水平提高方面的努力,为我国城市轨道交通的建设提供了成功的范例,对我国城市轨道交通整体水平的提高和发展起到了促进作用。

图 35-1 获奖证书

第二节 规划与决策

一、规划及项目提出

为了提高城市公共交通出行效率,满足日益凸显的交通供需矛盾,从 1962 年提出第一份地质报告起,广州就有了筹建地铁的设想。

1978 年 4 月,广州市人民防空办公室向市委提出第一个地铁规划调整方案。

1987 年,广州市与法国里昂市结成姊妹城市,并于次年 12 月合作完成了《广州市地下铁道可行性研究示例报告》,依据当时的城市总体规划,以 1985 年广州市居民出行调查的成果为基础,考虑了各种技术经济和城市规划标准,最后确定了旨在满足至 2010 发展的十字形基础路网。当时提出 4 个线网规划方案,在报纸上公布并征求群众意见后,最终形成了 1989 年广州市人民政府批准的包括东西、南北 2 条线的十字线网规划。十字线网的确定,为一号线、二号线的建设打下了基础。

1992 年 6 月 20 日,中国国际工程咨询公司(现中国国际工程咨询有限公司)受国家计划委员会委托,组织专家组对北京市城建设计研究院编制的《广州市地下铁道一号线首期工程可行性研究报告》进行评估。

1993 年 3 月 30 日,经国务院同意,国家计划委员会批复了《广州市地下铁道一号线首期工程可行性研究报告》,广州地铁一号线工程进入实质性建设阶段。

1999 年 6 月 28 日,广州地铁一号线全线(西朗至广州东站)正式开通运营。标志着广州成为中国大陆继北京、天津及上海后,第 4 座建有地铁系统的城市。

为了进一步缓解交通供需矛盾,构建轨道交通十字线网提升轨道交通网络效益,广州市提出规划建设地铁二号线工程。

二、前期论证

1997 年 7 月 29—30 日,广州市人民政府召开了"广州地铁二号线建设问题研讨会",论证了《广州地铁二号线首期工程(琶洲至新市)项目建议书》等文件,形成了以中国国际工程咨询公司的专家为主的专家组意见,为广州地铁二号线立项创造了良好条件。

1997 年 8 月 4 日,广州市委常委扩大会议讨论通过了由广州市地下铁道总公司编制的拟上报国家立项的地铁二号线项目建议书。确认了琶洲—江南新村—新市的线路走向。建设规模为 21.34 千米,其中江南新村以南为高架线路。项目投资初步估算为 99.57 亿元。资金全部由市政府筹措。同时强调,设备国产化过程中注意地产化,坚持工程招投标制,同等条件下优先考虑本市施工单位承建。

三、项目立项

1997 年,广州市人民政府向国家计划委员会上报相关文件,申请批复《广州地铁二号线首期工程项目建议书》。

1998 年 5 月,经国务院同意,国家发展计划委员会批复了《广州地铁二号线首期工程项目建议书》,标志着广州地铁二号线首期工程正式立项。

四、项目可行性研究

1997 年 8 月 25 日,广州市地下铁道总公司领导扩大会议研究了《广州地铁二号线首期工程可行性研究报告》的编制管理工作,编制工作计划从 1997 年 9 月开始至 12 月底完成;同意广州市地下铁道设计研究院为广州地铁二号线的设计牵头单位,总体组由广州市地下铁道设计研究院、铁道第二勘测设计院、北京城建设计研究院共同组成。

1999 年 10 月 10 日,经国务院同意,国家发展计划委员会批复了《广州地铁二号线首期工程可行性研究报告》。广州地铁二号线首期工程全长 23.265 千米,设有 20 座车站、1 个车辆段、2 个主变电站。

1999 年 10 月 31 日,广州地铁二号线总体设计通过了广州地铁工程技术审查委员会及广州市规划、市政、公交、供电、自来水、环保等部门的评审。

第三节　工　程　设　计

一、工程设计方案

1. 功能定位与规模

广州地铁二号线经由新港东路、新港西路、昌岗东路、江南大道、海珠广场、起义路、连新路、解放北路、人民北路等城市主要道路，连接海珠区、越秀区、白云区，穿过最繁华的市区，将新会展中心与市区及老会展区连接起来，在公园前站与广州地铁一号线换乘，在客村站与广州地铁三号线换乘，覆盖广州市南北交通的主要客流走廊，是城市快速轨道交通网络的骨干线路。线路全长 18.25 千米，全部为地下线，共设 16 个车站、1 座车辆段及综合基地、2 座主变电站、4 个集中冷站，全线的控制中心设在广州地铁一号线控制中心内。

2. 系统能力及制式

初期高峰小时单向客运能力为 2.79 万人次/小时，远期高峰小时单向客运能力为 5.58 万人次/小时，远期行车间隔 120 秒；正常情况下运行速度 35 千米/小时。

列车采用 6 辆鼓形断面 A 型车编组，四动两拖，变压变频调速（VVVF）系统；结构时速 90 千米，最大运行速度 80 千米/小时；每列车正常载客 1860 人，超员载客 2592 人。

3. 线路及轨道

线路采用标准轨距 1435 毫米，正线采用双线，右侧运行方式；正线最小曲率半径 400 米，困难地段为 350 米；正线最大坡度为 2.5%，困难地段为 3.0%。

正线为 60 千克/米钢轨无缝线路，主要为钢筋混凝土短轨枕整体道床，个别为弹性短轨枕整体道床和浮置板轨道。

4. 地下车站

16 个地下车站形式：岛式车站 12 个、侧式车站 3 个、一岛两侧车站 1 个；14 个是明挖车站，2 个是明、暗挖车站（两端明挖，中间暗挖的岛式车站）；明挖车站有多层深挖车站和单层浅埋车站以及普通的两层车站，车站结构为单（多）层单（多）跨箱形框架结构；2 个换乘站为正十字换乘站，形式为岛岛换乘和岛侧换乘。

车站建筑装修为一线一景。车站公共区采用统一的装修材料，天花为铝合金穿孔板，墙面为搪瓷钢板，16 个站采用了不同颜色的搪瓷钢板实现了车站的识别。出入口统一为波浪形弧线屋面、通透墙面的造型，现代感和识别性强；在规划要求的重要地段，风亭为低矮式风亭，对城市景观影响小。

5.车辆基地

设1个车辆段,段址位于赤岗以东的赤沙地段内,满足远期配属45列车,负责停车、双周检、三月检、定修。

6.供电系统

采用集中供电方式,两级供电制(110/33千伏),33千伏环网系统以双环网供电;全线设2座主变电站(110/33千伏)、9个牵引降压混合变电所、7个降压变电所、8个跟随降压变电所、4个冷站变电所。接触网采用直流1500伏特、24相脉冲整流设备;地下线采用刚性悬挂接触网,地面线和车辆段采用悬挂柔性接触网。

7.通信信号

信号:正线采用列车自动控制系统(ATC),实现自动驾驶功能和自动防护功能。ATC采用西门子准移动闭塞设备、数字报文无绝缘轨道电路、背投投影仪中央显示屏、计算机连锁系统;车辆段信号采用计算机连锁和微机监测。

通信系统:OTN-600M传输设备、1000线程控交换机、Tetra800M中区制数字集群无线电通信系统、数字式调度电话系统;民用通信为SDH622M/S光纤数字传输系统,多频段多制式宽带合路器(POI)接入设备,沿线设有漏泄电缆。

8.通风空调

通风空调采用屏蔽门制式的通风空调系统;除三元里站采用独立制冷系统外,15个车站采用集中供冷系统,由4个冷冻站供应空调冷冻水,冷冻站内采用大温差冷水机组,其中3个冷冻站采用冷却塔,1个冷冻站利用珠江水进行冷却。

9.机电设备

所有机电设备实现自动化监控和管理;车站设备监控系统(EMCS)为工业数据通信与控制网络,中央和车站级为局域网,就地设备采用现场总线。

10.投资概算

本工程批准的投资概算为106.08亿元人民币。

二、设计亮点

1.优化车站的布置,减少车站的土建规模

广州地铁二号线车站设计吸取了地铁一号线的经验,从车站的使用功能入手,科学地采用新技术、新工艺,进行车站的建筑布置,进一步核减车站的土建规模,进一步核减设备用房和管理用房面积及高度,改进平面布置。

一号线普通双层明挖车站的长度为240～260米,二号线普通双层明挖车站的长度仅为

180～200 米长,减少 50 米左右。

2. 因地制宜地确定车站方案

二号线车站方案设计因地制宜,根据地质水文条件,地面环境条件对各车站方案从使用功能、工程投资、施工、环境、运行成本等方面进行综合比选,尽量采用对市民正常生活干扰最少的方案。

海珠广场站为四层车站,纪念堂、公园前站为三层车站;江南西和越秀公园站均为两端明挖、中间暗挖的车站;市二宫、鹭江、中大、赤岗、纪念堂站为无柱大跨度结构的双层车站;琶州、新港东、磨碟砂站为单层侧式站台车站。

3. 暗挖隧道超前支护采用水平旋喷搅拌桩

在隧道过华南快速公路时,地层上部均为淤泥和粉细砂层,下部为中粗砂层,而且地下水与珠江相联通,隧道覆土厚仅有 5 米,设计中大胆采用密排水平旋喷超前支护的方法,较明挖法节省投资约 500 万元左右。水平旋喷搅拌桩工艺的采用,丰富了矿山法隧道施工工法。

4. 海珠广场站 27 米超深基坑的设计

海珠广场站临近珠江边,地质水文条件复杂,基坑深达 27 米,是当时广东地区最深的大型基坑,采用信息法设计和施工,如期完工。

充分利用海珠广场站深基坑开挖与支护技术研究的科研成果,在二号线全线的基坑中全部取消了回筑阶段的换撑过程,在明挖区间成功减少了 1 道钢支撑,方便施工,节省投资。

5. 装修、照明、导向系统和出入口等设计的标准化

二号线的装修采用一线一景,各站以颜色区分的原则,天、地、墙、灯全线选用统一的材料,采用“模块化”设计,突出全线的“共性”,尽可能统筹各种元素,包括天花、地面、墙面、栏杆、商铺、票亭、监控亭、广告、导向系统、灯具、出入口及其他设备与装修的接口元素,达到标准化的目的。

模块化设计保证了全线的整体效果,提高了工作效率,节省了投资。出入口、风亭的模块化设计既统一格调和形式,也达到了标志性效果。

6. 广告、商铺、灯箱、民用通信等资源统一设计与施工

全线各站广告、商铺、灯箱采用“模块化”设计,统一制作与施工,简化了制作、安装工艺,缩短了工期。

7. 供电系统

供电系统采用不串式分区供电,供电灵活、可靠,减小了事故影响范围。变电所采用牵引降压混合式及跟随式变电所设计方案,简化了系统接线、节省了土建和设备投资。

杂散电流防护在"排、堵"的理论基础上,深化为"监、排、堵"结合,集中式防护监测方案使杂散电流防护实现实时化、自动化。

采用综合接地网方案,全线接地网一体化,提高设备的可靠性、人员的安全性,同时改善接地效果、节省投资。

传感器、24脉波整流、排流柜等先进技术的应用,使得供电设备在实现高国产化率的同时,技术水平、性能要求达到国际先进水平。

接线设计、房屋布置、整定原则等方面的变电所模块化设计,提高了设计质量、简化了操作维护、节省了运营成本。

8. 自动扶梯、电梯和轮椅牵引机

为了提高地铁服务水平,遵循以人为本的概念,对各站出入口提升高度超过7.2米且外部条件允许的,都增设了下行扶梯,全线共增加了38台自动扶梯。为节省能源消耗,自动扶梯设计了旁路变频调节速度。

地铁二号线首次采用轮椅牵引机,轮椅牵引机沿车站出入口楼梯旁边安装,技术先进,结构简单、使用空间小,适用范围广泛、投资少、安全可靠,非常适合乘坐轮椅和不方便走行楼梯的人员使用。轮椅牵引机与车站电梯和自动扶梯等一起形成无障碍通道。

9. 人防和防淹门设计

广州地铁二号线的地下车站、区间隧道均按六级抗力等级设防,防化级别按丁级设计,二号线综合考虑地铁兼顾人防设计后,采用设计一次到位,施工分步实施的原则。

防淹门设计在国内首次采用垂直闸门式,并且与人防的门框墙统一考虑,节省了土建造价。

10. 大容量通信系统

广州地铁二号线采用了新一代大容量光传送网(OTN)传输设备、中区制数字无线集群系统、新型调度交换机和轨旁电话、新型程控交换机等。

11. 先进的信号系统

广州地铁二号线信号系统采用西门子ATC系统,该系统在技术和实用功能上比一号线有很大提高,如配备背投投影仪,具备与屏蔽门的连锁功能,编图功能更强大等。

12. 先进实用的车站设备监控系统(EMCS)

广州地铁二号线采用开放的工业级可编程控制系统,使用了高速局域网和现场总线,以可靠的操作系统、成熟的可编程序控制器(PLC)硬件和通用电气(CE)软件系统构成当时国内先进的地铁车站监控系统,该系统实现了一次调试成功,也是国内地铁的先例。

三、主要设计单位

广州市地下铁道设计研究院负责总体总包工作,联合铁道第二勘测设计院、北京城建设计研究院和中铁电气化勘测设计研究院组成二号线工程设计总体部。其他参加设计单位有广州市交通规划研究所、广东省水利水电设计研究院、铁道第四勘察设计院、广东省重工业设计院、广东省建筑设计研究院、上海市隧道工程设计研究院、中铁隧道勘测设计院和广州市电力设计院。

第四节　工　程　建　设

广州地铁二号线建设项目包括土建工程、机电设备系统工程等,自 1998 年 3 月 2 日试验段开工,1999 年 10 月 10 日首期工程正式动工后,经过 5 年多的施工建设,首期工程于 2003 年 6 月 28 日建成通车。

一、工程建设重要节点

1998 年 3 月 2 日,广州市规划局同意开展广州地铁二号线过江试验段工程。

1998 年 3 月 12 日,广州市地下铁道总公司召开审定广州地铁二号线试验段二期策划专题会议,决定 1998 年 4 月 20 日试验段 3 站 2 区间盾构工程及海珠广场站车站土建工程启动招标工作。

1998 年 7 月,由海珠广场车站、市二宫车站和江南新村车站组成的 3 站 2 区间试验段通过中国国际工程咨询公司组织的初步设计评审。

1998 年 7 月 28 日,海珠广场车站率先开工(图 35-2)。1999 年 8 月 28 日,海珠广场站盾构工程开工。

图 35-2　开工典礼

1998 年 9 月 23 日,广州地铁二号线江南新村—海珠广场站区间隧道盾构工程合同签字仪式在广州大厦举行,广州市地下铁道总公司与中标单位上海隧道工程股份有限公司签订合同。二号线过江试验段盾构工程双线全长 3.4 千米,是广州市第 1 条盾构法施工的过江隧道。

1999 年 3 月 5 日,广州地铁二号线过江段公园前站南段、公园前站北段、公园前至海珠广场区间和江南新村站 4 项土建工程举行合同签字仪式,分别由铁道部隧道局、广东省第八建筑集团、铁道部第二建筑集团和铁道部第十六工程局承建。广州市地下铁道总公司总经理卢光霖、党委书记司徒力洪和副总经理王文斌出席了签字仪式。

2000 年 2 月 21 日,广州地铁二号线公园前站—纪念堂车站区间、纪念堂车站土建工程正式开工。至此,广州地铁二号线开工点增加到 9 个,标志着广州地铁二号线建设进入高潮。

2000 年 3 月 30 日,海珠广场站封顶,成为广州地铁二号线工程首个封顶的车站。

2000 年 7 月 4 日,海珠广场站作为全线首个进行初验的车站,其主体工程通过初步验收,质量标准达到优良。

2000 年 7 月 22 日,地铁二号线从海珠广场向珠江南岸掘进的 2 台盾构机之一穗丰 1 号盾构机成功在珠江南岸登陆,比计划的工期底线(7 月 31 日)提前 9 天,是广州市盾构法隧道首次从珠江底穿过。

2000 年 8 月 31 日,广州地铁二号线车辆采购合同签字仪式在花园酒店举行。广州市市长林树森、市委副书记石安海出席了签字仪式。签字仪式由广州市地下铁道总公司副总经理陈韶章主持,广州市地下铁道总公司总经理卢光霖与安达轨道有限公司董事长马树坤、ADtranz 公司执行董事温勃格分别代表双方在采购合同上签字。经过招标,广州地铁公司最终选定长春安达轨道车辆有限公司(长春客车厂和德国 ADtranz 公司的合资厂)为地铁二号线车辆生产厂家,车辆采购合同总金额为 15.4 亿元人民币。

2000 年 9 月 3 日,在江—海区间左线施工的第 2 台盾构机到达珠江南岸,标志着广州地铁二号线盾构隧道在珠江贯通。

2000 年 9 月 28 日,广州地铁二号线信号系统主、分包合同与二号线首期工程供变电系统项目管理合同签订。

2000 年 12 月 18 日,广州市地下铁道总公司和中铁电气化工程局共同研制开发的轨道交通架空刚性接触网通过了由铁道部、广东省科技厅联合举行的成果鉴定,填补了国内该项技术空白。广州地铁二号线在国内地铁中率先应用该技术。

2000 年 12 月 19 日,广州市地下铁道总公司与广州奥的斯电梯有限公司签订了广州地铁二号线屏蔽门供货合同。广州地铁二号线成为我国内地第一个使用屏蔽门系统的地铁。

2001 年 3 月 12 日,广州地铁二号线海珠广场站至公园前站区间隧道成功贯通。这是广州地铁二号线第一个实现双线贯通的区间,标志着广州地铁二号线建设取得了阶段性的胜利。

2001 年 8 月 28 日,当时国内地铁工程建设中跨度最大的区间隧道——广州地铁二号线公园前—纪念堂区间隧道竣工。

2001年9月5日,在广州地铁二号线公园前站区间工地上,广州地铁二号线轨道铺设正式动工。

2001年9月26日,广州地铁二号线纪念堂至越秀公园区间隧道贯通,该区间施工创造了国内水平冻结63.45米的新纪录。

2001年10月14日,广州地铁二号线越秀公园—三元里盾构工地的2台盾构机先后穿越京广铁路大动脉,抵达地铁广州火车站。

2001年12月13日,由中铁电气化局集团公司承担的广州地铁二号线接触网、牵引供电、通信系统安装工程动工,标志着广州地铁二号线建设重点开始从土建阶段转向机电安装阶段。

2002年2月10日,广州地铁二号线越秀公园至三元里区间隧道实现了双线贯通,比总体计划提前了2个月。标志着广州地铁二号线首通段(三元里—晓港)的区间隧道全面贯通,为广州地铁二号线当年年底实现首期段开通奠定了基础。

2002年6月16日,广州地铁二号线赤岗—鹭江盾构区间左线贯通,标志着广州地铁二号线三元里至琶洲的隧道全部双线贯通。广州地铁二号线在4月28日已经实现了右线贯通,此次双线贯通,为广州地铁二号线在次年实现全线建成开通奠定了坚实的基础。

2002年7月23日,广州地铁二号线首期段完成短轨、长轨换铺工作,实现"轨通"。

2002年8月23日,广州地铁二号线首期工程牵引供电系统成功送电,具备了向沿线各站低压、接触网送电的条件,实现了广州地铁二号线首期工程"电通"条件,并成功完成"热滑"。

2005年12月21日,受国家发展和改革委员会委托,广州市人民政府组成了由市政府主管领导任主任、市各有关部门领导和有关专家参加的广州地铁二号线首期工程竣工验收委员会,同意广州地铁广州地铁二号线首期工程通过竣工验收。

二、主要完成工程量及建设难点

本工程主要完成的实物工程量:正线线路长度为18.284千米。土石方工程408万立方米、结构混凝土(钢筋混凝土)118万立方米。车站总建筑面积19.98万平方米、年辆段房屋建筑面积8.4万平方米。正线轨道(包括配线)长35.499千米、站场线轨道14.221千米(包括出入段线)。本工程征用土地38.67万平方米,拆迁民居306户,拆迁面积1.39万平方米。

广州地铁二号线沿线地质复杂,穿越建成区建筑密集,穿越铁路、河流等风险源,如在建设三元里折返线时,艰苦通过了地下溶洞;在火车站成功穿越了京广大动脉;在越秀公园—纪念堂艰难通过了清泉街断层;随后又穿过了车流量巨大的东风路、珠江等工程建设难点。在采用复合地层盾构工法、冻结法等工法、建立一系列管理制度的基础上,在突破工程难点的同时,较好地实现了工期目标。

三、建设管理

为解决建设中的众多难点,广州市地下铁道总公司采取了一系列管理措施,确保实现工期目标。

(一)项目管理模式

按照企业改革的总体部署,广州市地下铁道总公司于 1999 年底对工程项目管理组织机构进行了改革,撤销了原来分别负责工程管理的多个部门,成立了以项目管理原则为核心的建设事业总部。

建设事业总部代表广州市地下铁道总公司全面负责地铁建设,对地铁设计、设备采购和监造、土建与安装工程施工、工程验收等全过程进行全面的业主管理。同时负责工程建设项目在国家验收前的工程整改和收尾工作,按照投资节省、质量满意、进度合理等管理要求进行建设管理。建设事业总部的概预算人员、合同管理人员和会计实行派驻制,由广州市地下铁道总公司财务总部和企业管理总部派出,形成对建设事业总部的专业支持和监督制约。通过改革,实现了工程及相关业务的归口管理,促进了设计与施工过程的更好协调,保持了对工程项目进度计划的总体控制。先进的项目管理成为确保工期的坚实后盾,具体体现在以下 2 方面:

1.公开、公正、公平的招标原则选出合格的队伍

广州地铁在工程总策划时就分别对设计、设计咨询、监理、土建工程、设备采购、安装工程等进行合理的合同段划分,确保满足工期要求。

2.强化设计管理,杜绝返工延误工期的现象

广州市地下铁道总公司在二号线首次采用了设计咨询管理,履行了设计监理的职责,全面审核各个设计阶段的工作,保证了设计工作的质量。同时,还制订了《广州地铁二号线设计变更管理办法》,根据设计方案变化程度和变更金额对设计变更进行分类,对设计变更制订了严格的审批流程,严格控制 11 类设计变更的数量和金额。设计变更的减少保证了计划的严肃性,杜绝了因返工而耽误工期的现象。

(二)计划管理体系

经过不断积累经验,广州地铁形成了一套全面的计划目标体系,并依靠系统进行进度控制。广州地铁二号线的计划和进度管理核心以工程总策划编制为主线,以严格执行总策划的工期目标作为进度控制的依据。

1.落实组织机构、健全管理制度

广州市地下铁道总公司严格落实计划和统计管理组织机构及人员,由各承包商、监理单位、设计单位、设计咨询单位组成强大的计划和统计组织机构,保证信息逐层上报反馈。制订

的《广州地铁二号线工程计划管理办法》,确立了广州地铁二号线的目标体系,制订了详细的计划管理工作制度和严格的工期变更管理制度,规范了计划和统计报表的审批流程,制订了统一的统计报表。

2.建立完备的计划目标体系

广州地铁二号线的计划目标体系由工程总策划、各工点总体计划、年度计划、季度计划、月计划、调度计划组成,是一个从宏观到微观、从总体到局部的综合计划管理体系。

3.充分应用信息技术实现进度控制动态管理

进度控制系统是企业管理信息系统的重要组成部分。广州地铁二号线利用进度管理软件(Primavera Project Management,简称P3)建立了工程进度管理系统,利用P3软件的功能和管理理念提高进度控制的管理效率。

根据承包商上报的总体网络计划,将各工点的总体计划汇总成业主的总体控制工程计划,作为衡量每个工点项目进展的基础。在P3软件中将总体控制计划定为目标工程,并建立了主/子工程关系。广州地铁二号线工程总体计划目标为主工程,共有近6000条作业。P3软件汇总各工点的开工时间、完工时间、关键线路的作业时间等,方便对全线进行统一管理;同时将该目标工程复制成为一个现行进度工程,每月进行进度更新,并与目标工程进行对比分析,及时发现存在的偏差,并采取积极有效的措施进行调整。

四、主要参建单位

广州地铁二号线工程建设单位是广州市地下铁道总公司,按照招标法的有关规定,依法遴选确定了施工单位和监理单位。

土建工程的施工单位有:铁道部第二工程局、铁道部第三工程局、铁道部第五工程局、铁道部第十二工程局、铁道部第十三工程局、铁道部第十六工程局、铁道部隧道局、广州第三市政工程有限公司、广州市市政工程机械施工公司、广州市建筑工程总公司(现为广州市建筑集团有限公司)、广州市第二建筑工程公司、广州市建筑机械施工公司、深圳市政工程公司、中国水利水电第十四工程局、广州市工程承包总公司、中港四航局二公司、广州盾建地下工程有限公司、上海隧道工程股份有限公司、广东省源天工程公司、广东省基础工程公司、广东省五华县第二工程公司和广东省第八建筑工程公司。

轨道、机电安装和装修工程的施工单位有:广州市机电安装有限公司、铁道部电气化工程局、广东省工业设备安装公司、福建溪石集团有限公司、广东省华侨装饰有限公司、番禺西南铝装修公司、广州市荔湾区金霸装饰材料厂、广州市第三装饰工程公司、广州美标搪瓷制品有限公司、广东省石油化工建设集团有限公司、广东省源天工程有限公司、广州市城市害虫防治中心、广州市第三市政工程有限公司、广州市自来水工程有限公司、深圳市宝安区松岗镇宝盾消防器材厂、广州市水电设备安装公司、广州电力工程公司、广州电力建设有限公司、广州市建筑集团有限公司、广州市京华网络有限公司、中国机械建设公司、中国二十三冶建设集团有限公司、铁道部通信信号公司、中铁二局集团股份有限公司、中铁四局集团有限公司和广州奥迪斯电梯有限公司。

土建工程施工的监理单位有：原铁道部第一勘测设计院、原广州市地铁工程建设监理有限公司、中国水利水电建设工程咨询中南有限公司、四川铁科建设监理有限公司、石家庄铁道学院工程建设监理公司、广东重工建设监理有限公司、华铁工程监理公司和北京中铁诚业工程建设监理有限公司。

机电安装施工的监理单位有：广东重工建设监理有限公司、广东创成电力工程监理有限公司、原铁道部第四勘测设计院工程建设监理公司、广州市市政工程设计研究院、天津新亚太工程建设监理有限公司、原铁道部第一勘测设计院工程建设监理公司、中国水利水电建设工程咨询有限公司、原广州市地铁工程建设监理有限公司、广州市工程建设监理有限公司、广州市市政工程监理有限公司和北京中铁诚业工程建设监理有限公司。

第五节　运营管理

一、运营情况

2002 年 11 月 29 日，广州地铁二号线第 1 列车的其中 2 节车厢远涉重洋，由世界上最大的运输机安-124 从德国空运到广州白云机场（图 35-3），使得广州地铁二号线列车成为世界上第 1 列由飞机空运的地铁列车。第 1 列车的另外 4 节车厢分别于 12 月 3 日、13 日分 2 批空运到达广州。

图 35-3　二号线首列车空运抵穗

2002 年 12 月 20 日,广州地铁二号线首通段验收工作圆满完成,满足了地铁二号线首通段开通试运营条件。

2002 年 12 月 23 日,广州地铁二号线进行晓港—琶洲上线带电客车热滑调试。

2002 年 12 月 29 日,广州地铁二号线首段(晓港—三元里)通车试运营。当天上午,开通仪式在广州市人民公园前广场举行。当天下午 14 时,广州地铁二号线首段正式向市民开放试运营。

2003 年 3 月 5 日,广州地铁二号线赤沙车辆段 18 个子单位工程验收工作全部完成。

2003 年 3 月 7 日,广州地铁二号线赤沙车辆段信号微机联锁系统调试成功,并顺利通过子单位工程验收前检查。

2003 年 3 月 11 日,广州地铁二号线赤沙车辆段工程范围分属的 16 个子单位工程在通过验收后,正式移交运营事业总部行使管理权、指挥权、使用权,全面进入二号线全线试运营准备。

2003 年 3 月 14 日,广州地铁二号线电力监控系统子单位工程初步验收工作完成。

2003 年 5 月 8 日,广州市地铁二号线通信系统单位工程验收完成。

2003 年 6 月 28 日,广州地铁二号线正式开通试运营。至 2004 年 12 月 31 日,历时 18 个月,共开行客车 147768 列次,运营里程 1518.65 万车千米,运送乘客 9225.35 万人次,运行图兑现率达 99.9%,正点率达到 99.95%,实现票务收入 20989.05 万元。整个试运营期间,无责任行车重大、大事故,无责任设备重大、大事故,无责任乘客伤亡事故,无火灾一般及以上事故,无员工因公死亡、重伤事故。

广州地铁二号线开通当年(2003 年),日均客流为 10 万人次左右。随着城市发展和轨道网络拓展,2019 年广州地铁二号线日均客流已达 160 万人次左右,是开通时客流的 16 倍。

二、运营组织

广州地铁二号线开通后一直采用单一交路运营模式(指列车在线路的 2 个终点站间运行,适用于全程客流均匀的情况),由于线路中段 10 个车站坐落在老城区,随着客流不断增长,全线客流"中间大两头小"的特点越来越突出。为进一步提升二号线的运营服务水平,提高列车满载率,减少上线列车数,实现节能减排的目的,广州地下铁道总公司对二号线采用了大小交路运营模式(在线路上的某些区段内长短线列车共线运行的形式,这种组织方案适用于各区段客流量不均衡程度较大的情况)。

1. 行车间隔

广州地铁二号线大小交路重合段(江泰路—三元里)的行车间隔为 2 分 56 秒,非重合段的行车间隔为 5 分 52 秒。

594

2.大小交路比例

二号线于2013年1月按大小交路2:1的列车配比,早高峰上线32列车,在江泰路—三元里区段实施大小交路运行方式。

3.客流控制

大小交路运营初期,由于市民对新的运营模式不熟悉,可能会造成短线折返站及换乘站的乘客积压,所以广州地下铁道总公司在相应车站做好了客流控制准备。大小交路开通前几天,在车站站台安排了充足的工作人员指引乘客,建议乘客逢车就上,不必专门等候目的地列车,以避免乘客在站台滞留。

4.车站和列车广播

为满足大小交路运营的需求,自动广播系统根据列车终点站的不同而播放不同的语音信息。

5.站台电子信息显示屏(PIDS)

PIDS显示后续3趟列车的目的地、倒计时等到站信息。当二号线进行客流控制时,PIDS仅在站厅发布客流控制信息,站台PIDS可以在滚屏栏中显示相关信息。

6.宣传册与提示牌

由于广州地铁首次实行大小交路运营模式,在方案实施前,广州地下铁道总公司在各种媒体上做了大量宣传,并在现场发放宣传单页,在站台安排志愿者手举告示牌,短线列车到达前主动向乘客宣传该趟列车的终点站,并引导乘客在屏蔽门前排队候车。

第六节　工程创新

本着"安全、实用、经济、高效"的原则,遵循以人为本,技术创新的设计理念,在总结广州地铁一号线设计及施工的经验以及回访运营的基础上,广州地铁二号线采用了一系列的创新,成为国内地铁工程建设的样板,许多新的概念和技术已编入新的地铁设计相关规范,为我国轨道交通发展做出了贡献。

一、国内多项"首次"

1.屏蔽门系统

广州地铁二号线工程在国内首次应用屏蔽门系统。屏蔽门是设在站台边缘,把站台公共区域与轨行区隔离开的设施。车站设屏蔽门避免了区间与车站冷热气流的交换,降低运营能耗,保证乘客候车的安全,减少了列车运行噪声和列车活塞风对车站的影响,提高了车站环境舒适度和装饰效果。

广州地铁二号线 16 个车站每天空调通风电耗比一号线节约 40%。屏蔽门技术在国内的首次应用,填补国内空白,且国产化率达到 70% 以上。广州地铁二号线屏蔽门系统设计为我国在该项领域奠定了技术基础,提出了一系列设计标准、安全指标、运营概念、功能要求、系统设备选型原则及技术规格书,并已被全国各大城市地铁广泛采用。屏蔽门系统已推广应用于深圳、重庆、上海、苏州、南京等地铁,为我国轨道交通技术创新做出了贡献,同时也为屏蔽门系统国产化提出了切实可行的技术措施和办法,开拓了屏蔽门系统设备的国内供应市场。

2. 集中供冷系统

在国内首次采用了集中供冷系统,实现了节水、节能、节地和环保的目的。该系统解决了在闹市区设冷却塔的难题,美化了环境,又减少了车站环控机房的面积。在海珠广场站利用珠江水自然冷源,实现节能和环保。

该系统在冷负荷变化时,通过改变机组工作台数和采用变频技术改变流量,使冷水机组在高效下运行,降低运行费用;同时冷站设备集中管理,便于运营维护。

3. 刚性接触网系统

广州地铁二号线地下区段采用架空刚性接触网,在国内地铁领域、电气化铁道领域是首次应用,填补了国内技术空白,而且国产化率达到 90% 以上。

该系统结构简单、安全可靠、占用空间小、受力条件好、无断线之虞、维修工作量小、弓网受流特性好。

4. 自动售检票(AFC)一卡通系统

广州地铁二号线首次成功采用全非接触式集成电路卡(IC 卡)AFC 系统,并且在国际上首次采用了代币(TOKEN)式 IC 卡单程票系统,结合 IC 卡式储值票等票种,实现了地铁售检票系统的全智能化。与磁卡相比,全 IC 卡自动售检票系统可靠性高,适应处理地铁大客流,并实现低成本运行。该系统与广州公交"一卡通"系统兼容,同时对一号线磁卡系统进行了 IC 卡技术改造,实现了一号、二号线之间的无障碍换乘。

5. 国产 A 型车

广州地铁二号线列车是首列国产 A 型列车。它采用了世界上较先进的电动车门,采用微处理器控制,电动机驱动。具有障碍物探测功能,当车门夹到物体后会自动弹开一段距离,以供人或物离开。每节列车设有空调机组,具有制冷、通风和紧急通风等功能。在车顶空调单元及客室内都分布有温度传感器,用以实时检测车厢内的温度,根据车厢内外温差自动调节,让乘客始终保持舒适。

6. 复合地层盾构工法

单项盾构隧道总长为 10878 米,采用土压平衡盾构机施工,断面直径 6.28 米。国内首次设计1.5米宽盾构隧道管片。在国内的地铁工程中,盾构隧道衬砌较多采用1.2米宽的管片。在二号线的盾构隧道设计中,通过盾构承包商和设计人员的努力,经过细致分析和方案比较,采用了1.5米宽盾构隧道管片,加快了管片衬砌速度,减少了管片接缝,同时减少了地下水的渗漏点,接缝防水为三元乙丙橡胶(EPDM)弹性止水带。采用SLS-T同步激光自动导向系统测量。采用新型盾尾同步注浆。在国内盾构隧道中首次采用三元乙丙密封垫。在一号线的盾构施工中,月平均掘进长度是200米左右,而在二号线工程,盾构月平均掘进长度达到250~300米,最高月推进长度达到450米。

7. 结构与防水设计概念的创新

广州地铁二号线工程结构设计在国内首次提出地铁工程混凝土结构应按100年设计,使用寿命超过100年。结构设计应保证具有足够的耐久性,广州地铁二号线永久结构混凝土的抗压强度等级由C25提高到C30,采用低抗压强度等级高性能混凝土来保证结构的耐久性。广州地铁二号线矿山法隧道二次衬砌首次采用钢筋混凝土,该技术已被全国其他城市地铁工程采用。

以结构自防水为主,处理好各种缝的防水原则,采用围护结构与主体结构中间增加防水隔离层的全包型式也在其他城市地铁工程得到广泛采用。

8. 国内首次采用车站结构风管

地铁车站轨行区的顶部风管以往采用金属结构,现场安装。这种结构的最大缺点是运行期间的维护难度较大、维修费用高,广州地铁二号线首次采用了低成本的钢筋混凝土结构,大大减少了运营维护工作量。

9. 水泥土地锚技术在软弱地层中的应用

在东部区间和车站中,即新港东和磨碟沙车站及区间,根据周围环境和地质状况,首次采用了较经济的搅拌加水平水泥土地锚的围护结构方案。水泥土地锚在软弱地层中的成功应用,使新港东站的围护结构与相同规模而采用灌注桩方案的琶洲站相比,节省投资1500万元左右。

10. 设备的国产化率达到70%以上

在系统设备的选型中,采用价值工程分析理论,在满足功能要求的条件下,从最低价的模式开始慎重比选,并处理好设备更新的接口,尽量采用国产设备,主要解决整个系统的功能平衡和技术接口。广州地铁二号线设备国产化率约71.4%,成为国家发展计划委员会实施国产化政策后第一个达到70%国产化率的地铁工程。

二、国内多项纪录

1. 当时国内外最长距离水平冻结法的应用

广州地铁二号线中山纪念堂—越秀公园区间隧道的南端穿越清泉街断裂破碎带,隧道施工通过该破碎带时采用了全断面水平冻结法作为辅助施工方法,冻结管单管长度最长达62米,而当时国内外水平冻结的长度仅45米。

长距离水平冻结施工方法在清泉街断裂破碎带的成功应用是一个创举,为今后类似的地下工程提供了经验。

2. 浅埋大跨度及小间距矿山法隧道的成功设计

公园前—纪念堂区间隧道由于线路条件的影响而形成单线、双线和三线隧道。双线隧道与单线隧道间最小净距仅85厘米,而三线隧道的最大跨度达21.6米,是当时国内最大跨度的浅埋地铁隧道。

广州地铁二、三号线客村联络线区间隧道地质条件差,地面交通繁忙,地下管线多,再加上共有7种隧道断面,最大开挖宽度为15.6米,隧道顶覆土仅为8.5米,由于施工竖井不在正线上,无法采用大管棚等辅助技术措施,是全线难度最大的。施工中采取双侧壁导坑法等技术措施,为地铁设计与施工创造了新的纪录。

第七节 工 程 价 值

广州地铁自1999年开通起5年间共运送乘客4.06亿人次,相当于923万辆44座的公共汽车的载客量,共减少了10515.65吨的污染物,取得显著的经济效益。地铁的开通使沿线形成了"地铁经济带",一些地区双休日商业客流量比地铁开通前增加2~3倍,也吸引了大量的广州市近郊和珠江三角洲地区的居民到广州购物、游玩。地铁巩固了旧城区的商业重心地位,又带动了新城区的快速发展。

广州地铁二号线工程是我国轨道交通设备国产化政策实施的依托项目。广州地下铁道总公司通过编制国产化实施方案,采取一系列有效措施,使广州地铁二号线工程成为首个车辆及机电设备综合国产化率大于70%的轨道交通项目,工程造价比一号线下降约30亿元。

广州地铁二号线工程的建设,坚持技术创新,用系统工程理论指导系统的集成,通过技术创新提升二号线总体技术水平。经过技术攻关,在我国实现了首次应用地铁站台屏蔽门系统,首个全非接触式IC卡的自动售检票系统,首个地铁集中供冷系统,首次使用架空刚性悬挂接触网技术,首次使用国产化A型车辆。广州地铁二号线为我国城市轨道交通的建设提供了成功的范例,对我国城市轨道交通整体水平的提高和发展起到了促进作用。

执笔人:曹磊

第三十六章　重庆轨道交通 2 号线
一期工程

第一节　工程概况

重庆市于 1997 年 3 月经八届全国人大五次会议批准设立为直辖市，主城区呈"一岛、两江、三谷、四脉"的自然生态格局，城市空间布局以渝中为中心进行跨江、穿山扩展。独特的自然地理环境导致交通网络布局受限，通道少、瓶颈多。在改革开放后经济迅速发展的基础上，重庆市着手筹划建设轨道交通，于 1992 年组建重庆市轨道交通总公司[现重庆市轨道交通（集团）有限公司，以下简称"重庆轨道集团"]，全面启动重庆市轨道交通筹建工作。

重庆轨道交通 2 号线一期工程是我国西部地区第一条城市轨道交通线路，是我国建成投运的第一条采用跨座式单轨系统线路。跨座式单轨系统转弯半径小、爬坡能力强；采用橡胶轮胎，振动噪声小，环保性能好；高架轨道梁占用道路少，体量轻巧，透光性好，可立体绿化，景观性好，与重庆市山高坡陡、道路曲折的地形特征相适应。

重庆轨道交通 2 号线一期工程由较场口站至新山村站，途径渝中区、九龙坡区、大渡口区，衔接了商业中心、交通枢纽、重要工业区和嘉陵江黄花园大桥、牛角沱大桥、长江李家沱大桥等南北跨江交通干道，线路长度约 19.15 千米（其中地下线路 2.48 千米），设 18 座车站（其中地下站 3 座，见图 36-1），设车辆段及维修基地 1 处、控制中心 1 座、主变电站 2 座。

重庆轨道交通 2 号线一期工程项目建设、运营单位是重庆轨道集团，实际投资 50.81 亿元，分别由重庆城市交通开发投资（集团）有限公司代政府投入项目资本金 20.32 亿元，重庆轨道集团负债融资 30.49 亿元（其中：日本协力银行贷款 270 亿日元，折合人民币 19.92 亿元；国内银行贷款 10.57 亿元）。技术经济指标为 2.65 亿元/千米。

重庆轨道交通 2 号线一期工程一次规划设计，分两阶段实施，重庆轨道交通 2 号线一期工程（较场口—大堰村）先行立项，获得工程可行性研究报告、初步设计批复。2002 年 9 月，经国家发展计划委员会同意，重庆轨道交通 2 号线一期工程（大堰村—新山村）纳入重庆轨道交通 2 号线一期工程（较场口—大堰村）一并组织实施。

重庆轨道交通 2 号线一期工程于 2000 年 12 月 26 日正式开工建设，2005 年 6 月 18 日较场口至动物园段开通试运营，2006 年 7 月 1 日重庆轨道交通 2 号线一期工程全线贯通，在较场口、大坪、牛角沱分别与其他轨道交通线路相衔接，构成了多平面、多结构的山城立体交通主骨架。

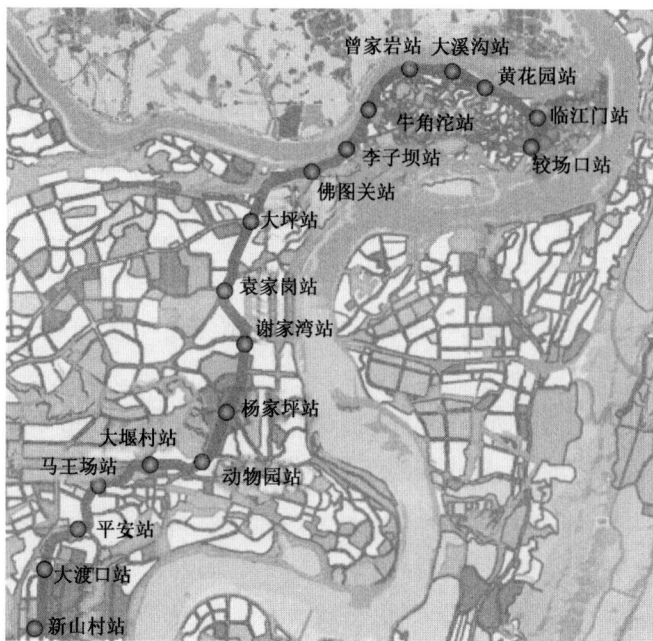

图 36-1 重庆轨道交通 2 号线一期工程线路示意图

第二节 规划与决策

一、项目提出

重庆是著名的山城,主城区被长江和嘉陵江两江分割,地形起伏大、弯道多,有着独特的自然地理环境。由于受特殊地形条件、城市布局及诸多历史因素的影响,重庆城市交通难的问题一直比较突出。

1988 年,重庆市政府宣布将建设市中心区至新山村的轨道交通线路。

1990 年,重庆市轨道交通建设领导小组成立。国务院批准的重庆市总体规划将重庆轨道交通 2 号线一期工程纳入轨道交通线网规划。

1991 年,重庆轨道交通 2 号线一期工程项目预可行性研究报告编制完成,并获得重庆市人民政府的正式批复。

1992 年,日本海外协力事业团开展重庆轨道交通项目可行性调查。

1993 年,重庆市计划委员会向国家计划委员会上报相关文件,请求审批重庆轨道交通 2 号线一期工程项目建议书,提出建设重庆轨道交通 2 号线一期工程,线路长 17.41 千米,设车站 17 个。

1994 年 3 月,受国家计划委员会委托,中国国际工程咨询公司(现中国国际工程咨询有限公司)对重庆轨道交通 2 号线一期工程项目建议书进行了评估,认为项目建设是必要的,工程初期投资为 26.7 亿元。同年,项目被国家列入日本政府第四批海外协力基金贷款计划。

1995 年 12 月,国务院办公厅发布《关于暂停审批城市地下快速轨道交通项目的通知》(国办发〔1995〕60 号),指出城市快速轨道交通(包括地铁、轻轨等)在城市交通骨干体系中具有重要作用,但由于其建设投资大、运营成本高,国家和所在城市财政难以承受,根据我国城市现有经济发展水平和国家财力状况,必须严格控制城市快速轨道交通的发展,并对在建项目加强管理,除北京、广州在建地铁项目和上海地铁二号线项目外,暂停审批城市地下快速轨道项目。

1998 年,重庆市主城区国内生产总值 499.66 亿元,工业生产总值 662.2 亿元,社会消费品零售总额 193.6 亿元,主城建成区面积约 200 平方千米,常住人口 302.85 万人,流动人口 100 万人。95% 以上的居民出行主要靠公共交通和步行,而城区道路曲折,路网密度低,市区路网密度仅 3.36 千米/平方千米,低于国家规定的下限,人均道路面积为 3.5 平方米,为国家规定的 50%。路网功能差,道路狭窄、弯多、坡陡,地面交通发展受到限制,堵塞现象严重。特别是市中心区面积仅有 10 平方千米,却有 58 万常住人口、47 万流动人口,密度极大。在市中心狭长的半岛上,最窄处只有 800 米,道路拓宽改造受到制约,交通组织更加困难。交通问题已严重影响城市居民的工作、生活和城市经济的发展,因此重庆市迫切需要发展城市轨道交通,提供大容量的公共交通方式,缓解道路交通压力,更有效地解决城市交通难问题。

二、规划依据

1998 年 12 月,国务院批复了《重庆市城市总体规划(1996—2020 年)》,该规划沿用"多中心组团式"的布局结构,在主城内规划了渝中、大杨石等 12 个组团,提出组团与组团之间以河流、绿化和山体相分隔,既相对独立,又彼此联系,使每个组团内的工作、生活用地大体做到就地平衡。为进一步强化城市多级中心的结构体系,设立观音桥、南坪、沙坪坝和大杨石 4 个城市副中心,强调每个组团应完善组团中心和市区中心。在主城外围地区规划了鱼嘴等 11 个组团,作为与主城密切联系的独立新城,是主城用地结构的延伸和发展。

城市主城区综合交通体系建设的总体发展目标为:以地面路网和交通设施为基础,建设城市快速路和城市轨道交通系统,优先发展公共客运交通,为下一世纪小汽车的发展创造条件;逐步建立一个以地面公共客、货运输为主体,快速路和快速轨道交通为骨干,多种运输方式相结合的功能完善、管理先进、安全、便捷、高效、经济的城市综合交通体系。

《重庆市城市总体规划(1996—2020 年)》提出建设城市大容量轨道交通系统,在主城区内布设 5 条轨道交通线路,线路总长 119 千米。其中,1 号线由朝天门经两路口、大坪、石桥铺、沙坪坝至双碑,线路长 22 千米;2 号线由较场口经牛角沱、大坪、杨家坪、新山村至丰收坝,线路长 25 千米;3 号线由四公里经南坪、菜园坝、牛角沱、观音桥、新牌坊、童家院子至江北机场,线路长 28 千米;4 号线由长生经四公里、鹅公岩大桥、陈家坪至石桥铺,线路长 22 千米;5 号线由童家院子经冉家坝、高家花园大桥、杨公桥、上桥至中梁山,线路长 22 千米。轨道交通线网密度 0.36 千米/平方千米。规划建设 5 个重要的换乘中心(童家院子、南坪、大坪、石桥铺、沙坪坝)、50 多个重要的枢纽车站、5 个地铁车场和 4 个控制中心(两路口、大坪、童家院子、四公里)。

国务院在《重庆市城市总体规划(1996—2020 年)》的批复文件中,明确将“尽快改变城市交通拥挤状况”作为“加快城市基础设施建设步伐”工作的首要任务。

三、项目立项

1998 年,重庆轨道交通 2 号线一期工程项目国产化研究工作报告完成,PC 梁及支座系统、道岔系统研制成功。

1998 年,国家环境保护局正式批复重庆轨道交通 2 号线一期工程环境影响报告书,提出在采取报告书提出的环保对策措施的前提下,从环境保护角度考虑,项目建设是可行的。

1999 年 2 月,国务院办公厅发布《关于城市轨道交通设备国产化的实施意见》(国办发〔1999〕20 号),要求城市轨道交通项目无论使用何种建设资金,其全部轨道车辆和机电设备的平均国产化率要确保不低于 70%。

1999 年 5 月,重庆市人民政府向国家发展计划委员会上报相关文件,再次请求批准重庆轨道交通 2 号线一期工程项目建议书,提出重庆轨道交通 2 号线一期工程经过 10 年的论证,前期工作成熟,资金筹措落实,国产化方案符合国家要求,车辆机电设备质量可靠,经济社会效益良好,工程已具备实施条件,是市民盼望和城市发展所急需的建设项目。

1999 年 9 月,国家发展计划委员会向国务院上报审批重庆轨道交通 2 号线一期工程(较场口—大堰村)项目建议书的请示,提出重庆轨道交通 2 号线一期工程线路长 17.41 千米,设 17 座车站,9 座变电站。其中,重庆轨道交通 2 号线一期工程(较场口—大堰村)线路长 13.5 千米,设 14 座车站,2 座主变电站,6 座牵引变电站,1 座车场,1 座控制中心,总投资 30.15 亿元(项目资本金 8.23 亿元;国内银行贷款 2 亿元;第 4 批日元贷款 270 亿日元,折合人民币 19.92 亿元),采用高架胶轮跨座式单轨车,初期配车 88 辆,单向高峰小时最大运量可达到 2.8 万人次,年客运量 1.4 亿人次;远期配车 240 辆,年客运量可达 3 亿人次;除车辆转向架、道岔外,其他各系统的设备基本立足于国内生产厂商供货,车辆和机电设备平均国产化率可达 75% 左右,符合国家关于轨道交通国产化的要求。

1999 年 9 月,经国务院批准,国家发展计划委员会正式批准重庆轨道交通 2 号线一期工程(较场口—大堰村)的项目建议书。

四、项目可行性研究

1999 年 10 月,重庆市计划委员会向国家发展计划委员会上报相关文件,报请审批重庆轨道交通 2 号线一期工程(较场口站—大堰村站)的可行性研究报告,提出重庆轨道交通 2 号线一期工程全线长 17.54 千米,设 17 座车站(其中高架站 14 座,地下站 3 座)。其中,重庆轨道交通 2 号线一期工程(较场口站—大堰村站)全长 13.5 千米,设 14 座车站,2 座主变电站,6 座牵引变电站,1 座车场,1 座控制中心,投资估算 31.83 亿元(其中:项目资本金 8.91 亿元;申请建设银行贷款 3 亿元;第 4 批日元贷款 270 亿日元,折合人民币 19.92 亿元),采用高架胶轮跨座式单轨交通系统,工程建设工期 5 年,计划于 1999 年底或 2000 年初正式开工,2004 年底全线建成投入运营,初期配车 88 辆,客运能力为 3 万人次/小时;车辆与机电设备国产化率可达到 72.56%,设备国产化方案符合国家要求。

1999 年 9 月,受国家发展计划委员会委托,中国国际工程咨询公司对《较场口—新山村线路一期工程(较场口—大堰村)可行性研究报告》进行了评估,评估认为重庆轨道交通 2 号线一期工程(较场口—大堰村)项目是首次引进跨座式单轨交通制式,评估着重研究了跨座式单轨交通制式的可行性,认为虽然国外技术比较成熟,但国内在土建、设备及国产化方面有一定的风险,提出了解决车辆、轨道梁、道岔及信号等关键难题的办法。评估后的投资估算为 32.58 亿元,其中项目资本金 8.9 亿元,向中国建设银行贷款 5.2 亿元,利用第 4 批日本海外协力基金贷款 270 亿日元(约 2.4 亿美元,折合人民币 19.92 亿元)。项目的财务效益一般,国民经济评价较好。

2000 年 3 月,国家发展计划委员会向国务院上报审批重庆轨道交通 2 号线一期工程(较场口—大堰村)可行性研究报告的请示,提出重庆轨道交通 2 号线一期工程全线长 17.54 千米,设 17 座车站,9 座变电站。其中,重庆轨道交通 2 号线一期工程(较场口—大堰村)线路长 13.5 千米,设 14 座车站,2 座主变电站,6 座牵引变电站,1 座车场,1 座控制中心,投资估算 32.58 亿元(其中项目资本金 8.9 亿元),采用高架胶轮跨座式单轨交通系统,初期配车 84 辆,单向客运能力为 2.8 万人次/小时,年客运量 1.4 亿人次,远期配车 240 辆,年客运量可达 3 亿人次;除车辆转向架、道岔外,项目绝大部分设备基本可使用国内的成熟产品,车辆和机电设备平均国产化率可达到 72%,符合国家关于轨道交通国产化的要求。

2000 年 6 月,经国务院批准,国家发展计划委员会正式批复重庆轨道交通 2 号线一期工程(较场口—大堰村)工程可行性研究报告。

2000 年,重庆轨道交通 2 号线一期工程(较场口—大堰村)被列为国家西部开发十大重点工程,并被列为国债项目。

第三节 工 程 设 计

一、工程设计方案

2000 年 5 月,重庆市人民政府印发相关文件,同意重庆轨道交通 2 号线一期工程(较场口—大堰村)的总体设计方案,线路正线长度为 14.29 千米,其中高架线路长度为 11.85 千米,地下线路长度为 2.44 千米,设较场口(地下站)、临江门(地下站)、黄花园、大溪沟、曾家岩、牛角沱、李子坝、佛图关、大坪(地下站)、袁家岗、谢家湾、杨家坪、动物园和大堰村共 14 座车站;设大堰村车辆段及综合维修基地,大坪控制中心,大溪沟、动物园 2 座主变电站。

根据重庆轨道交通 2 号线一期工程(较场口—大堰村)初步设计文件,工程建设总规模、线路走向、车站设置、线路条件、运营组织、车辆、供电、工程筹划、投资概算、车辆及机电设备国产化方案情况等方面主要设计内容如下。

1. 工程建设总规模

2 号线一期工程(较场口—大堰村)线路正线长度为 14.35 千米(含站后折返线),辅助线长度为 4.91 千米(单线)。主要工程及规模为:

①车站 14 座,其中地下车站 3 座,高架车站 11 座。总建筑面积 61245 平方米,其中地下车站建筑面积 24012 平方米,高架车站建筑面积 37233 平方米。

②区间隧道 2 座 2479.6 米。

③区间桥梁 10942.9 米,其中较大跨钢筋混凝土桥梁 3 座计 594.6 米、较大跨钢梁桥 2 座计 80 米。

④轨道梁总长 33605.11 米/1709 片。其中,预应力混凝土轨道梁 32918.81 米/1639 片、钢筋混凝土轨道梁 686.3 米/70 片。

⑤大堰村车辆段及综合维修基地 1 处,总建筑面积 56401 平方米。

⑥大坪控制中心 1 处,总建筑面积 7440 平方米。

⑦龙家湾、动物园主变电所 2 处。其中,龙家湾主变电所建筑面积 1798 平方米,动物园主变电所建筑面积 1744 平方米。

2. 线路走向

较场口站为线路的起点站,站后折返。线路出较场口站沿民权路在重百大厦处转入邹容路,在邹容路下设临江门车站,出站后至奎星楼(CK1 + 330)出洞。该段线路为地下线,埋深 20 ~ 35 米。

线路出洞后高架并下穿奎桥进入滨江路,沿滨江路中央分隔带布设,在黄花园大桥西侧设黄花园站、在滨江路设大溪沟站、曾家岩站。线路至嘉陵江大桥匝道前下穿嘉陵江大桥,在嘉陵江大桥与嘉陵江复线桥之间设牛角沱站,出站后下穿复线桥再上跨面粉厂沿李子坝正街布设,跨李子坝正街在南侧设李子坝站,出李子坝站跨越桂花园路后进入佛图关公园,在佛图关公园东端设佛图关站。出佛图关后沿佛图关陡坡下缘布线(局部地段在陡坡腰部)高架。

高架线路在 CK7+157 结束后进入大坪隧道,在九坑子路与大坪正街间设大坪站,是与1号线的换乘站,车站站后设故障车临时停放线。出站后线路下穿规划的地铁1号线,进入长江路地下沿道路布设,在马家堡长江路中央分隔带出洞(CK8+270)。该段线路为地下线。

出洞后线路沿规划改造的长江路中央分隔带高架,分别在袁家岗立交规划预留绿岛上设袁家岗站、在鹅公岩大桥谢家湾立交南引道侧建设厂门前设谢家湾站、在杨家坪转盘南侧设杨家坪站、在动物园大门广场南侧设动物园站。动物园站为小交路双侧式站后折返站及大堰村车辆段出入段线引入站。正线上跨出入段线后跨越长江二路北引道沿道路大堰村基地一侧设大堰村站。

3. 车站设置

较场口站中心里程为 CK0+265,为地下2层侧式站。临江门站中心里程为 CK0+843,为地下2层岛式站。黄花园站中心里程为 CK2+014,为高架1层侧式站。大溪沟站中心里程为 CK2+710,为高架1层侧式站。曾家岩站中心里程为 CK3+529.7,为高架1层侧式站。牛角沱站中心里程为 CK4+570,为高架3层侧式站。李子坝站中心里程为 CK5+559.019,为高架高层侧式站。佛图关站中心里程为 CK6+375,为高架1层侧式站。大坪站中心里程为 CK7+700,为地下2层岛式站。袁家岗站中心里程为 CK9+242,为高架2层侧式站。谢家湾站中心里程为 CK10+455.559,为高架2层侧式站。杨家坪站中心里程为 CK11+777,为高架2层侧式站。动物园站中心里程为 CK12+765,为高架2层双侧式站。大堰村站中心里程为 CK13+831,为高架2层侧式站。

4. 线路条件

最小平面曲线半径:正线为 100 米;车站线路为 300 米,困难地段为 250 米;车辆段为 50 米;道岔区为正线 100 米。

最小竖曲线半径:1000 米。

最大坡度:正线为 6‰;地下车站为 0.3‰,困难地段不超过 0.5‰,高架车站为 0‰;车辆段为 0‰,困难地段不超过 0.3‰。

轨道梁最大超高:12‰。

道岔:正线采用关节可挠型和关节型道岔;车辆段采用关节型道岔。

5. 运营组织

列车运行交路为:初期(2007年)从较场口至动物园全线往返运行,不设小交路。近期

(2014 年)、远期(2029 年)设较场口至新山村和较场口至动物园大小交路套跑运行。

列车编制方案为:初期 4 辆编组,近期 6 辆编组,远期 8 辆编组。

列车最小行车间隔按 2.5 分钟设计,信号系统按 2 分钟列车最小追踪间隔设计,线路最大通过能力每小时 24 对列车。

系统输送能力按 3.1 万人次/小时设计,系统储备系数 11.5%。

6. 车辆

跨座式单轨车辆,车辆平均轴重不超过 11 吨,最高运行速度 75 千米/小时,客室边门 2 对/侧。

7. 供电条件

供电方式:轨道梁两侧安装刚性接触网。

供电电压:直流 1500 伏。

8. 工程筹划

重庆轨道交通 2 号线一期工程(较场口—大堰村)分 2 阶段建设。第 1 阶段建设动物园站至大坪站,先期工程要求 2002 年 4 月建成单线观光试运营,从 1999 年底开始施工准备和重点控制工程开工,建设工期 28 个月;第 2 阶段建设大坪站至较场口站,视资金情况再建设动物园站至大堰村站车站区间。重庆轨道交通 2 号线一期工程(较场口—大堰村)计划 2004 年 6 月建成通车试运营,总建设工期 54 个月。

9. 投资概算

重庆轨道交通 2 号线一期工程(较场口—大堰村)投资概算 35.50 亿元,平均每千米造价 2.47 亿元。

地下车站增设人防工程将增加工程费约 400 万元,按评估意见设置自动售检票系统将增加工程费 2187.13 万元。工程投资概算将达到 35.76 亿元。

10. 车辆、机电设备国产化方案

重庆轨道交通 2 号线一期工程(较场口—大堰村)车辆、机电设备国产化方案见表 36-1,平均国产化率不低于 70%。

车辆、机电设备国产化方案　　　　　　　　　　　　　　表 36-1

序号	工 程 名 称	国产化方案	国产化率
1	道岔	关节型道岔国产,关节可挠型道岔引进技术和部件合作生产	77.90%
2	通信	全部选用国产设备	100.00%
3	信号	引进 ATP/TD 车载及地面设备,部分联锁接口设备	50.00%
4	供电	引进直流进线、馈线开关柜、负极柜分段绝缘器等,其余国内配套	89.77%
5	给排水及消防	全部选用国产设备	100.00%

序号	工 程 名 称	国产化方案	国产化率
6	环控通风	全部选用国产设备	100.00%
7	防灾报警	全部选用国产设备	100.00%
8	电梯、扶梯	全部选用国产设备	100.00%
9	车场机电设备	引进部分车辆检修专用设备,其余国内配套	46.50%
10	单轨车辆	按日方负责与长春客车厂合作生产的方式,逐步提高国产化率	67.05%
平均国产化率			>70.00%

二、工程实施方案调整

2001 年,重庆市发展计划委员会向国家发展计划委员会上报调整重庆轨道交通 2 号线一期工程(较场口—大堰村)实施方案的请示。

2002 年 9 月,国家发展计划委员会同意将重庆轨道交通 2 号线一期工程(大堰村—新山村)纳入重庆轨道交通 2 号线一期工程(较场口—大堰村)一并组织实施,新增高架轻轨线路 3.6 千米,高架车站 3 座,停车场 1 处,建筑面积 15600 平方米;新增工程投资 4.6 亿元,其中由重庆市钢铁集团投资 2.1 亿元,重庆市商业银行贷款 2.5 亿元。

2003 年 7 月,重庆轨道集团向重庆市建设委员会上报审批重庆轨道交通 2 号线一期工程(大堰村—新山村)初步设计的请示。

2003 年 8 月,重庆市建设委员会正式批复重庆轨道交通 2 号线一期工程(大堰村—新山村)初步设计,有关事项批复如下:

1. 建设规模及主要技术指标

2 号线一期工程(大堰村—新山村)从大堰村车站沿袁茄路,过双山路口,穿重钢、十八冶住宅区,进入春晖路,至新山村,线路全长 4.71 千米,设置 4 个车站(即马王场站、平安站、大渡口站和新山村站)。

2. 线路及土建工程设计

①采用跨座式单轨交通系统。

②起点 CK13 + 877.886,终点 CK18 + 586.140。

③最小平面曲线半径:正线为 100 米,车站为 300 米,道岔附带曲线及车场线为 50 米。

④纵断面最大坡度:5%。

⑤最小竖曲线半径:正线为 2000 米,困难地段为 1000 米。

3. 车站设置

马王场站中心里程为 CK14 + 965.052,为路中高架 2 层侧式站。平安站中心里程为 CK16 + 012.124,为地面 1 层侧式站。大渡口站中心里程为 CK17 + 142.430,为地面 1 层侧式站。新山村站中心里程为 CK18 + 304.598,为高架 3 层侧式站。

4. 投资概算

工程投资概算 54800.77 万元,其中工程费用 32277.96 万元,工程建设其他费用 14575.99 万元,预备费 2811.24 万元,建设期贷款利息、动态投资、铺底流动资金 5135.58 万元。

三、主要设计单位

重庆轨道交通 2 号线一期工程勘察测量任务由重庆市勘测院承担,包括初步勘测和详细勘测工作。

重庆轨道交通 2 号线一期工程(较场口—大堰村)、2 号线一期工程(大堰村—新山村) 2 个实施阶段的设计总体单位分别是铁道第二勘察设计院(现中国中铁二院工程集团有限责任公司)、上海市政工程设计研究总院(集团)有限公司。设计分包单位包括北京市城建设计研究院(现北京城建设计研究总院有限责任公司)、铁道第一勘察设计院(现中铁第一勘察设计院集团有限公司)、铁道部专业设计院(现中铁工程设计咨询集团有限公司)、中铁电气化勘测设计研究院(现中铁电气化勘测设计研究院有限公司)、重庆交通科研设计院(现重庆交通科研设计院有限公司)、重庆电力设计院、重庆市人防设计院等。

第四节 工 程 建 设

一、工程建设过程

2000 年 6 月,重庆轨道交通 2 号线一期工程试验段动工。

2000 年 12 月 26 日,重庆轨道交通 2 号线一期工程正式全面开工,列为市长一号工程。

2001 年,重庆轨道交通 2 号线一期工程 271 亿日元贷款签约,开始国际招标采购机电设备。

2002 年,经国家批准,签署车辆采购合同。

2003 年 10 月 27 日,重庆轨道交通 2 号线一期工程(较场口—动物园)实现"轨通"目标。

2003 年 12 月 29 日,重庆轨道交通 2 号线一期工程(较场口—动物园)实现"电通"目标。

2004 年 6 月 28 日,第 1 批单轨车辆上线调试,重庆轨道交通 2 号线一期工程(较场口—动物园)实现"车通"目标。

2010 年 6 月 25 日,重庆轨道集团组织召开轨道交通 2 号线一期工程竣工验收会,重庆市发展改革委、市建设委员会、市规划局、市审计局、市交通委、市建设委员会质监总站等主管部门参与会议,会议对轨道交通 2 号线一期工程(含 18 座车站,大溪沟、动物园 2 所主变电站,大堰村车辆段和综合维修基地及大坪控制中心的所有土建及装修、车辆及机电设备工程)进行审查,同意通过竣工验收。

二、工程建设难点

重庆轨道交通 2 号线一期工程是国内引进日本技术修建的第一条跨座式单轨交通线路,鉴于跨座式单轨交通系统独特的专用机电设备,需要按照"引进—消化—提高"的原则,在引进系统技术的基础上,采取中外合作或合资生产的方式,先进口少量关键设备,进行车辆等主要专用设备的成套生产,独立自主地研制替代产品,特别是加强对制动系统和转向架中的盘形制动装置、橡胶轮胎等易损易耗件的国产化研究,逐步提高国产化率,最终达到全面实现车辆及机电设备国产化的目标。

重庆轨道交通 2 号线一期工程施工线路长、工期紧,建设规模大,地下工程穿过数量密集的城市建筑群(包括 3 座地下车站和 2 条区间隧道,穿过高楼林立的解放碑繁华商业区和市电信枢纽所在的大坪地区);区内地质结构复杂,岩石危岩地质、夏季暴雨汛期易造成滑坡、泥石流、洪水倒灌等自然灾害,不可预见因素多;不同地质条件下,采用各种不同的施工方法,多点同步施工,施工点多面广,交叉作业,人员众多,安全风险高,管理难度大;尤其是高架区段施工,受地面建筑物、道路、管线、城市交通、环境保护、占道工期限制条件等因素的影响特别大,因此,比一般地下工程和桥梁的施工技术要求复杂,安全风险更高,管理难度更大。

三、主要参建单位

建设单位是重庆轨道集团。

通过公开招标确定监理单位,采用了土建总监理、设备总监理的监理管理模式。重庆轨道交通 2 号线一期工程(较场口—大堰村)、重庆轨道交通 2 号线一期工程(大堰村—新山村)2个实施阶段分别由西安铁一院工程咨询监理公司、沈阳铁路局建设监理公司承担土建总监理工作,由上海地铁咨询监理科技有限公司、重庆赛迪工程监理公司(与重庆市轨道交通设计研究院有限责任公司组成联合体)承担设备总监理工作。

重庆轨道交通 2 号线一期工程施工单位包括中国中铁电气化局集团有限公司、中铁十一局集团有限公司、重庆钢铁集团建设工程有限公司,主要从事全线土建工程(含轨道梁桥、隧道、车站结构)、建筑装修工程(含导向标志、装饰、装修等)、建筑设备安装工程(含环控、屏蔽门、电扶梯、道岔、低压配电及照明、给排水和水、气消防等)。

第五节　运　营　管　理

一、运营情况

2004 年 11 月 6 日,重庆轨道交通 2 号线一期工程(较场口—动物园)开始观光运行。

2004 年 12 月 28 日,重庆轨道交通 2 号线一期工程(较场口—动物园)开始试运行。

2005 年 6 月 18 日,重庆轨道交通 2 号线一期工程(较场口—动物园)开通试运营。

2006 年 7 月 1 日,重庆轨道交通 2 号线一期工程全线贯通。

重庆轨道交通 2 号线一期工程开通运营后采用 4 辆编组,最小行车间隔 3.5 分钟,列车配置 22 列,列车运行交路为较场口至新山村大交路。

重庆轨道交通 2 号线一期工程初期全日客运量 13.79 万人次/日,高峰小时客流量 1.90 万人次/小时,高峰小时单向最大断面流量 0.89 万人次/小时,全年客流量 4575 万人次/年,与初期(2007 年)客流数据设计值的对比情况见表 36-2。作为首条采用跨座式单轨系统的线路,客流预测难度大,且尚未与其他城市轨道交通线路形成网络化运营,客流以沿线客流为主,导致实际客流数据低于设计值。

初期实际客流数据与设计值对比情况 表 36-2

项 目	设计值(初期)	实际值(初期)
全日客运量(万人次/日)	28.00	13.79
高峰小时客流量(万人次/小时)	3.86	1.90
高峰小时单向最大断面流量(万人次/小时)	1.26	0.89
全年客流量(万人次/年)	10220	4575

二、管理措施

自重庆轨道交通 2 号线一期工程实施以来,重庆市组织成立了重庆市轨道交通建设领导小组和重庆市轨道交通建设办公室(市建设委员会),负责项目组织和协调;成立了重庆市轨道交通专家委员会,对重大技术问题进行咨询和把关。

重庆轨道交通 2 号线一期工程采用的跨座式单轨系统在我国属首例。在设计准备工作中,设计单位按照单轨特点,根据设计及管理工作经验,结合重庆轨道集团颁布的《单轨设计技术要求》,编制完成了《设计文件组成与内容》《设计文件编制统一规定》《设计概算编制办法》《技术接口》《设计文件会签规定》《限额设计管理规定》《配合施工管理规定》《变更设计管理办法》《总包管理工作大纲》等控制性文件。通过制订、颁布并严格执行控制性文件,确保了各专业文件质量,实现了设计文件对工程规模、系统功能和工程投资的有效控制。

重庆轨道集团为项目建设单位,严格按照国家有关要求,建立健全项目管理机制,强化工程质量管理、安全管理、进度监控、投资控制、合同管理、信息管理,实现了工程施工安全、工程质量优良、投资控制在概算内的目标。

重庆轨道交通 2 号线一期工程开通运营后,通过持续加强运营精细化、服务标准化管理,不断探索人性化服务新思路,积极开展运营设备技术创新,严抓节能降耗,实现了客流逐年攀升、客服指标逐年提高、乘客满意率稳步攀升、运营成本切实控制的发展目标。

三、大修和更新改造

重庆轨道交通 2 号线一期工程于 2006 年 7 月 1 日全线贯通,至 2019 年设备系统等均存在不同程度的较严重的设备老化、故障、设备技术升级后无备品备件以及设备或系统技术落后等问题,给线路安全运营带来了安全隐患。

2019 年 3 月,重庆市住房城乡建设委同意重庆轨道集团于 2019—2022 年实施重庆轨道交通 2 号线一期工程大修和更新改造工程。大修和更新改造范围为较场口至新山村段,线路全长 19.2 千米,涉及 18 座车站、大堰车辆基地 1 处、控制中心 1 座(大坪控制中心,现搬迁至两路口控制中心)、主变电站 2 座。在不影响和不中断轨道交通 2 号线正常运营的前提下,对建筑、结构、车辆、通信、信号、供电、自动售检票系统(AFC)、火灾自动报警系统(FAS)、环境及机电设备监控系统(BAS)、站台门、电扶梯、通风空调、给排水及消防、动力照明、车辆基地及工艺设备、单轨道岔、车控室平面布置、装饰装修等在内的运营设施、设备,进行全面大修与更新改造,满足现有运能及运营安全要求,并保证必要的运能储备,以适应远期运能及运营的技术改造条件。项目大修和更新改造投资约 25.62 亿元。

第六节　工程创新

重庆轨道交通 2 号线一期工程设计中充分考虑了重庆市的地形特点,科学处理了设计难点和重点,在高架车站与物业开发有机结合、预应力混凝土轨道梁架桥机、预应力混凝土轨道梁“墩梁并举”及高架车站“站桥合一”结构设计等方面实现了理念、技术创新,先后荣获 2005年“全国十大建设科技成就奖”,2006 年“全国城市公共交通文明线路”称号、国家市政工程金杯奖,2007 年国家优质工程银质奖,2008 年国家环境友好工程奖、第八届中国土木工程詹天佑奖及重庆市“巴渝杯”优质工程奖诸多重要奖项,在工程建设和运营管理过程中,组织开展了大量的科学研究工作,取得了一系列的科技创新成果。

1. 高架车站与物业开发有机结合

重庆轨道交通 2 号线一期工程李子坝车站是国内首座与商住楼共建共存的跨座式单轨高架车站,于 2004 年 3 月建成,占地面积 3100 平方米,建筑面积 6000 平方米。车站从嘉陵江畔李子坝正街 39 号高层建筑的 6、7 层纵穿而过,站厅以下 5 层为办公用房,站台以上 11 层为的住宅,高层建筑总高为 63.4 米,见图 36-2。

李子坝车站与商住楼同步设计、同步建设、同步投用。重庆轨道集团与设计单位针对李子坝车站的地形地质条件、结构形式开展了设计研究工作,采用“站桥分离”的结构形式,车站结构与建筑结构合建;承受列车荷载部分的桥梁结构与建筑结构完全分开单独设置,以减少结构的相互影响和减少列车振动对建筑物的干扰。同时,单轨系统列车采用低噪声、低振动的充气橡胶轮胎和空气弹簧支撑车体,最大限度减轻了列车行驶带来的振动和噪声影响。

图 36-2 李子坝车站

李子坝车站与物业开发有机结合,既有利于吸引客流,方便乘降,又可提升物业开发的价值,较好地实现了低资源消耗、城市有限空间利用效益的最大化,是在轨道交通建设理念上的一大突破,为城市轨道交通与物业开发提供了工程实践经验。

2. 预应力混凝土轨道梁架桥机架设技术

在预应力混凝土轨道梁的架设方面,一般地段大多采用 80 吨汽车吊架设,隧道内采用简易门式起重机小车将轨道梁安装就位,个别不能采用汽车吊架设的地段采用梁体现浇、拼装、顶推工法架梁。

重庆轨道交通 2 号线一期工程除 2 座隧道为地下线外,其余均为高架线。其中,约 50% 的线路位于道路中央,其余线路沿嘉陵江边的滨江高架道路桥中央或横坡较陡、无施工道路的佛图关森林公园内,且重庆市道路狭窄、坡陡弯急,无运梁和汽车吊架梁条件。经过研究,推荐全线使用架桥机架设轨道梁的方案。

重庆轨道交通 2 号线一期工程采用的单轨技术在国内并无先例,在国外也没有采用架桥机架设轨道梁的工程实例。单轨架桥机的技术关键,在于要求其能够在大坡道(60‰)、小半径(100 米)高架线路上施工作业,能够在已架轨道梁上安全移动和固定,同时还要克服工作面狭小以及抗横向倾覆等困难。

经过充分的技术论证和方案研究,YQ60 型单轨架桥机和与之配套的 YL60 型单轨运梁车得以成功研制。通过现场组装、调试、试架,使用架桥机完成了大部分的轨道梁架设工作。

单轨架桥机技术在重庆轨道交通 2 号线一期工程的应用是成功的,是在引进消化国外技术的基础上,结合工程实际,自行研制的一项专用技术,填补了单轨建设史上的一项技术空白。

3. 预应力混凝土轨道梁"墩梁并举"安装工艺

单轨系统轨道梁既是车辆的承重结构，又是列车运行的轨道，工艺上制作和安装要求精度高，包括梁体安装到桥墩盖梁上的精度。

日本跨座式单轨普遍采用"先墩后梁"的墩、梁施工顺序，即先施工桥墩，桥墩完工后对预埋在桥墩盖梁上的铸钢支座锚箱坐标、方位角、超高横坡等进行精测，以测量结果作为预应力混凝土轨道梁设计构造尺寸控制参数，再进行预应力混凝土轨道梁制作的施工程序，以此来消除桥墩施工及铸钢支座锚箱安装误差。"先墩后梁"需要完成一段桥墩施工后再进行预应力混凝土轨道梁预制，桥梁墩柱与轨道梁不能同时施工和制作，采用跨座式架桥机、运梁车进行预应力混凝土轨道梁的架运，不能对架设进行平行作业，工期长。

为缩短建设时间，重庆轨道交通 2 号线一期工程施工过程中提出了墩梁同时施工的新理念。经业主、设计、监理、施工单位以及专家的反复论证和施工比较，直线地段桥墩铸钢支座锚箱坐标、方位角、超高横坡基本能够控制。重庆轨道交通 2 号线一期工程最终采用"墩梁并举"的预应力混凝土轨道梁、墩施工顺序，即在直线地段采用预应力混凝土轨道梁制造在先、桥墩施工在后的施工顺序，以预应力混凝土轨道梁制作误差作为桥墩铸钢支座锚箱坐标、方位角、超高横坡控制调整参数，曲线地段仍按照"先墩后梁"的墩、梁施工顺序。

"墩梁并举"是重庆轨道交通 2 号线一期工程轨道梁桥架设施工上不同于日本跨座式单轨的施工特点，是中国特色单轨系统的新技术突破。

4. 高架车站"站桥合一"结构设计

重庆轨道交通 2 号线一期工程高架车站多位于道路中央，为尽量使车站设计得轻盈通透，高架车站多采用"站桥合一"的结构形式，既是车站人群和机电设备的承重结构，又是列车动活载的承重结构。重庆轨道交通 2 号线一期工程项目设计时尚无适合于高架车站结构设计的规范，同一结构体中，建筑结构部分执行工业与民用建筑的规范，桥梁结构部分执行铁路桥梁规范，建筑结构规范是基于可靠度理论的极限状态法，铁路桥梁规范执行的是传统的容许应力法，两种结构检算方法从荷载系数、计算理论、破坏法则上都大不相同。

经过多方案论证，重庆轨道交通 2 号线一期工程项目高架车站采用了"明确划分结构构件类型、真实荷载传递、遵循各自结构规范设计"的方法，有效地解决了同一结构体执行两种规范的问题。

第七节　工 程 价 值

一是改善了重庆市的基础设施和交通情况。项目建成后成为渝中区与各大片区之间的城市交通大动脉，并和较场口、大坪地区与之配套的公共交通线路组成立体轨道交通网，有效地联系东西向、南北向的城市客流,形成一个多层次、高效率的立体交通网络。

二是改善了居民生活水平。缩短了出行时间,改善了人民的出行条件和工作环境,提高了所在地区居民的生活水平和工作效率。

三是促进了重庆市经济发展。项目建设促进了沿线的经济发展,增加了科技、金融部门、服务、体育等部门投资机会。同时,项目建设需要强大的设计、监理、施工队伍,以及大量的钢材、木材、水泥等建筑材料和水、风、电等方面的设备,带动了相关产业发展,增加了就业机会,培植了新的经济增长点。

四是创造了跨座式单轨系统技术引进模式。通过跨座式单轨系统的建设和运营,探索出了一套从引进国外技术和设备,到消化吸收,结合实际优化改进的技术引进模式,在实现"国产化"的基础上,推进"产业化"和"本地化",在重庆形成了轨道交通装备配套产业。

五是产生了较好的环境效益。列车在混凝土轨道梁上运行噪声低(列车运行时8米处噪声峰值仅为70分贝,对周围环境的噪声贡献仅为0.2～0.5分贝)、辐射低(列车采用1500伏直流电作为动力,电磁辐射远远低于国家标准)、振动低(采用橡胶轮胎,桥墩处即满足振动标准),可贯穿主城区居民楼和景观玻璃塔,行走于城市繁华商业步行街上空,具有明显的环保特性,为改善重庆的环境起到了重要的作用。高架桥墩占用道路少,绝大多数架设于主城区道路中央绿化隔离带中。独特的轨道梁体量轻巧(0.85米×1.5米),透光性好,可立体绿化,景观性好,成为城市亮丽的风景线。

执笔人:刘佩

第三十七章 深圳地铁一期工程

第一节 工 程 概 况

深圳地铁一期工程(图 37-1)包括规划的地铁 1 号线东段和 4 号线南段,分别与香港九广铁路罗湖口岸和西部铁路落马洲口岸接驳。地铁 1 号线东段位于深南大道以下,东西纵贯特区内的罗湖区、福田区、南山区,覆盖了大部分主要城市功能区域,为贯穿城市东西方向的轨道交通骨干线路;地铁 4 号线南段位于福田中心区,向北延伸至特区外的龙华副中心,为贯穿城市中部发展轴的骨干线路。

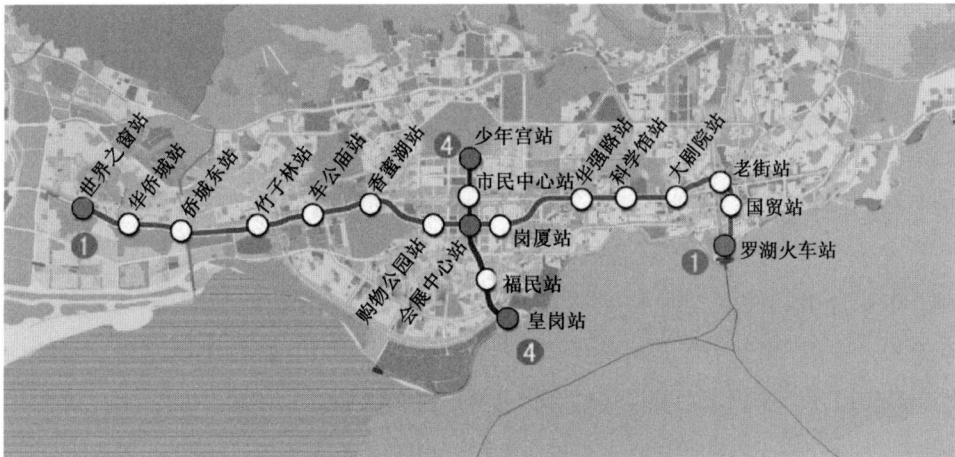

图 37-1 深圳地铁一期工程线路示意图

深圳地铁一期工程项目单位为深圳市地铁有限公司(现深圳市地铁集团有限公司),是深圳市国资委直管的国有独资大型企业。1997 年 12 月,国务院确定深圳市为地铁国产化依托城市,深圳地铁一期工程为我国第一个国产化依托项目。1999 年 5 月,深圳地铁一期工程被列为国家重点建设项目,是深圳建市以来第一个国家重点工程,也是当时深圳建市以来投资最大的市政重大工程。

深圳地铁 1 号线东段自罗湖火车站至世界之窗站,全长 17.332 千米,4 号线南段自皇岗站至少年宫站,全长 3.972 千米,两段线路总长 21.304 千米,全部为地下线,另有 1 号线与4 号线间的西北联络线长 0.446 千米,出入车辆段线长 1.292 千米;深圳地铁一期工程共设车站 19 座(含换乘站 1 座),其中 1 号线设 15 座车站,4 号线设 5 座车站;建设竹子林车辆段、综

615

合维修基地和行车调度指挥中心各 1 处,主变电所 2 处。

深圳地铁一期工程采用地铁 A 型车,直流 1500 伏接触网供电,变频变压调速牵引控制系统,最高速度 80 千米/小时;初、近、远期均采用 6 辆编组,每列车定员 1860 人;1 号线和 4 号线远期通过能力均为 30 对/小时,最小行车间隔分别为 2 分钟、2.7 分钟,单向最大运输能力分别为 55800 人/小时、41333 人/小时;1 号线和 4 号线采用各自独立的列车运行交路。

深圳地铁一期工程机电设备系统由供电、信号、环控、屏蔽门、通信、车站设备监控、自动售检票、自动扶梯和电梯、火灾自动报警、电力监控系统、感温光纤、气体消防、给排水和消防、门禁、大屏幕、乘客资讯、车辆段设备、车辆段弱电智能化等系统组成,以满足地铁运营指挥和管理的需要。其中供电系统采用集中供电方式,分别由文化中心主变电所和城市广场主变电所及牵引供电系统组成,共设 9 个牵引降压混合变电所,14 个降压变电所;正线信号系统采用列车自动控制系统;一期工程 19 个车站均设置屏蔽门系统;综合监控系统由车站设备监控系统、火灾自动报警系统和电力监控系统组成。车辆及设备国产化率 70.7%。

1998 年 12 月深圳地铁一期工程试验段开工,2001 年 3 月全线开工,2004 年 12 月 28 日试运营,2009 年 4 月通过国家竣工验收。竣工验收核定的实际工程总投资为 106.536 亿元,技术经济指标 5.00 亿元/正线千米,较概算总投资 115.530 亿元节约 8.994 亿元,节约率 7.79%。地铁一期工程资本金占总投资的 70%;外汇 0.94 亿美元(折合人民币 7.8 亿元);其余资金由国内银行贷款解决。

2011 年 6 月 15 日,深圳地铁 1 号线世界之窗站至机场东站开通试运营,至此 1 号线全线开通运营,运营长度 40.979 千米。2019 年 12 月日均客运量 117.10 万人次。

2011 年 6 月 16 日,深圳地铁 4 号线少年宫站至清湖站开通试运营,4 号线运营长度 20.500 千米。采用"建设—经营—转让(BOT)"投融资模式,由港铁轨道交通(深圳)有限公司负责管理和运营。2019 年 12 月日均客运量 66.23 万人次。

第二节 规划与决策

一、项目提出和前期研究

深圳市自建立特区以来,经济高速发展,人均生产总值、预算内财政收入、外贸出口额等各项指标均居国内前列。随着经济的发展,深圳城市规模和人口增加较快,各种机动车数量和公交客运量也急剧上升。20 世纪 80 年代末,深圳特区行路难、交通难的问题已经暴露。由于深圳特区为东西长约 49 千米、南北平均宽约 7 千米的带状区域,各种车辆和公交客流高度集中于东西向主干道——深南大道上,高峰小时汽车流量达到 5000 辆,文锦路至华富路间车辆的行驶速度低于 10 千米/小时,路面狭窄的罗湖、上步一带道路拥堵情况更为严重。加之深圳机场与特区间的交通需求,使东西向主干道上的交通压力进一步加大,红岭路口等主要交通控制口的通过能力已经达到或接近饱和,迫切需要改善特区的交通状况。从现实需要和城市发展考虑,深圳市提出建立以轨道交通为骨干的现代化交通体系,以应对城市交通日益拥堵的状况。

深圳地铁一期工程经历了漫长而艰苦的前期立项工作。深圳市最初提出采用高架轻轨方式,1988年10月—1991年10月深圳市有关部门先后完成了轻轨交通预可行性研究和轻轨交通详细规划研究报告。1991年7月和11月,深圳市计划局分别向国家计划委员会上报深圳市轻轨铁路项目建议书及其补充报告,提出建设52.0千米的轻轨客运交通工程,其中主线为1号线,长约39.5千米,支线为皇岗口岸至岗厦站和大冲至蛇口码头站,长约12.5千米;全部工程计划分3步实施,地铁一期工程为罗湖站至南头联检站,二期工程为南头联检站至深圳机场站,2条支线均列为近期续建工程。1992年7月,经国务院批准,国家计划委员会批复项目建议书。

结合地铁工程的前期研究,1992年12月,深圳市完成《深圳市轨道交通网络总体规划》,规划轨道网络由9条轨道线路(含3条通勤路线)组成,总长约271千米。其中,1号线由罗湖至深圳机场,2号线由深圳大剧院至盐田,3号线由鹿丹村至坪地,4号线由皇岗口岸至观澜,5号线由蛇口码头至西丽,6号线由深圳机场至松岗,同时利用现有的广深、平盐和平南铁路开通通勤客运专线。相关成果纳入《深圳市城市总体规划(1996—2010年)》,并获国务院审批通过。

1993年1—4月,完成深圳机场至皇岗口岸线可行性研究报告。

1993年5—9月,完成调整后的深圳城市铁路客运系统(地铁)1号线工程深圳机场至罗湖站线可行性研究报告。

1993年10月,深圳市计划局从满足客流需求、环境改善等方面向国家计划委员会上报关于深圳市轻轨铁路工程改为地铁工程问题的报告。中国国际工程咨询公司(现中国国际工程咨询有限公司,以下简称"中咨公司")评估认为,南头联检站至深圳机场间沿线的规划实施程度较差,应将地铁一期工程南头联检站至罗湖站单独立项申报。

1994年1月,深圳市计划局向国家计划委员会上报地铁1号线一期工程项目建议书,提出该项目由南头联检站至罗湖火车站,长度25.36千米,设站21座,总投资158.72亿元。

1994年5月,中咨公司受国家计划委员会委托,完成并通过项目建议书的评估。

1994年11月,深圳市完成地铁1号线一期工程南头联检站至罗湖站线可行性研究报告,并将地铁罗湖至机场线正式命名为深圳市地铁1号线。

1995年1月,地铁1号线一期工程通过深圳市组织的专家评审。

1995年12月,国务院办公厅颁布《关于暂停审批城市地下快速轨道交通项目的通知》(国办发〔1995〕60号),深圳地铁1号线的前期工作放缓。

二、重启地铁建设工作

1996年开始,深圳市开展迎接香港回归的准备工作,其中一项重要任务是解决过境交通问题,因此根据深、港双方的要求,必须对地铁建设方案做大的调整,首先解决过境旅客交通的轨道交通接驳问题。由于地铁1号线东段和4号线南段作为连接罗湖口岸和皇岗口岸的骨干线路,在轨道交通线网中的功能定位比较稳定,深圳市政府决定把这2个项目组合为过境旅客交通接驳项目工程立项上报。

三、项目立项

1996年5月,深圳市完成《深港罗湖、皇岗/落马洲口岸旅客过境轨道接驳工程预可行性研究报告》。

1997年5月,深圳市计划局分别向国家计划委员会上报深港罗湖、皇岗/落马洲口岸旅客过境轨道接驳工程项目建议书及其补充论证报告。

1998年4月,国家发展计划委员会向国务院就项目的立项提交请示报告,并由建设部和中咨公司分别进行了审查和评估论证。

1998年5月,国家发展计划委员会批复了项目建议书,并将项目更名为"深圳地铁一期工程"。

1998年8月,深圳市计划局向国家发展计划委员会上报深圳地铁一期工程可行性研究报告。

1999年3月,国务院办公厅印发《关于城市轨道交通设备国产化实施意见的通知》(国办发〔1999〕20号),要求城市轨道交通项目全部轨道车辆和机电设备的平均国产化率不低于70%,并将深圳地铁1号线作为3个国产化依托项目之一。

1999年3月,中咨公司评估通过了深圳地铁一期工程可行性研究报告。

1999年4月,经国务院同意,国家发展计划委员会批准了深圳地铁一期工程可行性研究报告,同时批准该项目开工建设。批准的深圳地铁一期工程包括1号线东段(罗湖至香蜜湖,长度10.68千米)和4号线南段(皇岗至水晶岛,长度4.14千米),正线全长14.82双线千米,总投资79.85亿元,其中资本金由深圳市政府财政拨款55.9亿元,占总投资的70%;外汇0.94亿美元(折合人民币7.8亿元),拟申请中国银行贷款;其余资金16.43亿元,拟由国内银行贷款。至此,深圳地铁一期工程前期立项审批工作基本完成。

2002年4月,深圳市决定将地铁一期工程西延2站2区间至世界之窗站,延长2.33正线千米。为此深圳市进行了立项申报、总体设计调整、西延段初设批复等相关工作。延长后地铁一期工程总长21.304千米,概算总投资115.53亿元,技术经济指标5.42亿元/正线千米。

第三节　工 程 设 计

一、线路方案

深圳地铁一期工程在特区内形成"十"字形轨道交通枢纽。地铁 1 号线和 4 号线分别为贯通东西方向和南北方向的骨干线路。

1 号线东段自罗湖火车站站前广场起向北沿人民南路经国贸至解放路转向西再沿解放路至深南中路,接着沿深南中路向西至福田路向西南转至福华路,沿福华路向西至新洲路再向西北转向深南大道,经香蜜湖、车公庙、竹子林、侨城东、华侨城至世界之窗站,全长 17.332 双正线千米;4 号线南段自皇岗联检楼,穿广深高速公路桥后向北沿金田南路至滨河大道转向中心二路,在会展中心与 1 号线换乘后沿规划的鹏城 1 路至少年宫站,全长 3.972 双正线千米。两段线路总长 21.304 双正线千米,全部为地下线,另有 1 号线与 4 号线间的西北联络线 0.446 千米,出入车辆段线 1.292 单线千米。

深圳地铁一期工程共设车站 19 座(含换乘站 1 座),其中 1 号线设置罗湖站、国贸站、老街站、大剧院站、科学馆站、华强路站、岗厦站、会展中心站、购物公园站、香蜜湖站、车公庙站、竹子林站、侨城东站、华侨城站、世界之窗站 15 座车站,4 号线设置皇岗站(现福田口岸站)、福民站、会展中心站、水晶岛站(市民中心站)、少年宫站 5 座车站。

深圳地铁一期工程建设竹子林车辆段、综合维修基地和行车调度指挥中心各 1 处,主变电所 2 处。

二、设计特点

深圳地铁一期工程设计中充分研究、借鉴国内外地铁设计的先进理念和成熟经验,注重工程整体技术的先进性、科学性、经济性与适用性,贯彻以人为本的设计理念,并结合深圳实际情况,因地制宜优化设计方案,提高设计水平,充分考虑未来发展需要,处理好初、近期工程与远期工程的预留接口和衔接关系,使地铁功能、技术标准、服务水平在国内领先,具有一定的前瞻性。

1. 借鉴香港地铁经验,在国内较早推行"轨道 + 物业"理念

深圳市地铁集团有限公司(原深圳市地铁有限公司,以下简称"地铁公司")在设立地铁建设、运营筹划部门组织机构的同时,设立拓展部,负责地铁资源的开发与规划,后发展为深圳地铁置业集团有限公司和深圳市地铁商业管理有限公司 2 家子公司。2001 年 7 月 30 日施行的《深圳市地下铁道建设管理暂行规定》中规定:"地铁公司对经批准取得的地铁沿线规划用地享有土地综合开发权和物业管理权",使得地铁公司物业开发和经营有了明确的法律程序上

的肯定和保障。地铁一期工程大剧院站、会展中心站、市民中心站 3 站预留了物业开发的空间,老街站、国贸站、科学馆站、华强路站、购物公园站、车公庙站、竹子林站、福民站、世界之窗站、少年宫站 10 站都有与周边大型商业设施连接的通道或预留口。其中,福华路地下商业街(图 37-2)、东门老街地下商业街、老街站上盖物业开发、世界之窗站地下综合利用、自用型房地产(车辆段配套公寓)规划开发等为国内其他城市轨道交通物业开发提供了借鉴。

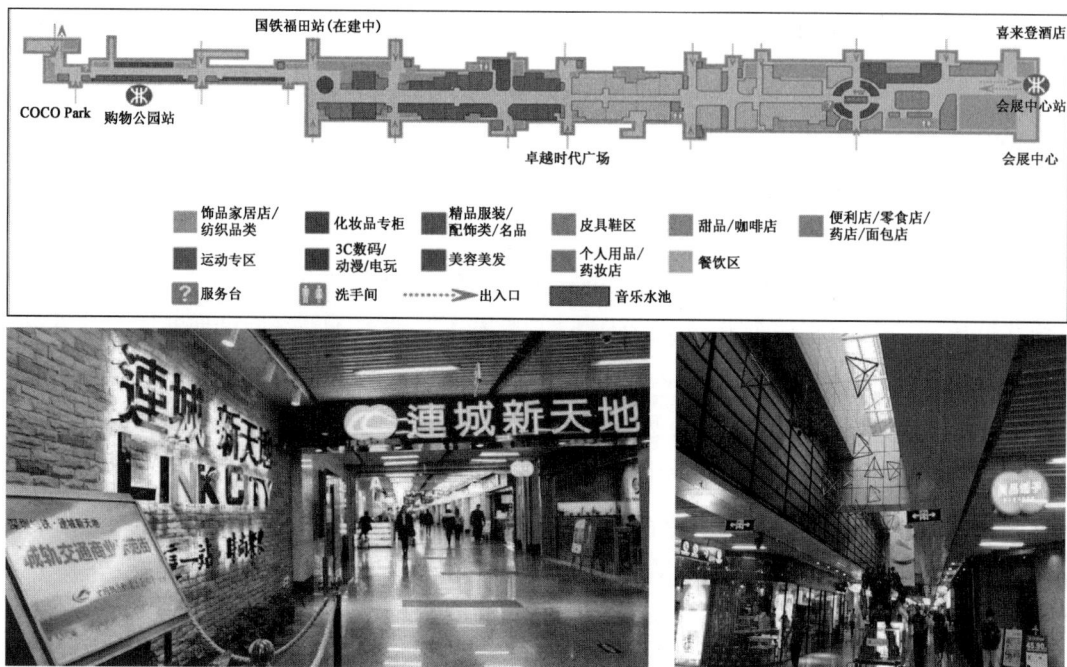

图 37-2 福华路地下商业街

2.在全国较早考虑地铁与其他交通方式衔接

加强轨道交通与其他交通方式特别是常规公交的协调配合,使轨道交通与其他交通方式协调运作,发挥交通系统的整体运输效率。深圳市将地铁与常规公交的关系定位为"适度竞争、互为补充",提出以"东、中、西" 3 个换乘枢纽为核心组织地铁一期工程的公交接驳线网,在罗湖站结合整合罗湖口岸及火车站周边的交通资源,规划建设罗湖交通枢纽;在世界之窗站建成国内首个地下公交换乘枢纽(总建筑面积约 11000 平方米),地铁乘客不出地面即可无缝换乘,有效改善了特区内公交线网结构,提高了公交运营效率与效益,见图 37-3。

3.既体现了车辆和设备系统的先进性,又实现了国产化目标

地铁一期工程引进技术在国内合资生产的 A 型地铁车辆达到了国内先进水平;信号系统、通信系统、自动售检票系统和设备监控系统等处于国内先进水平,各设备系统间技术配置合理适当。深圳地铁一期工程首次在我国地铁系统中采用屏蔽门系统,对在其他城市的应用起到借鉴作用。根据国家对地铁设备国产化的要求,采取一系列有效措施,大力推进车辆和机

电设备国产化,使车辆和机电设备系统综合国产化率达到 70.7%,其中车辆总的国产化率为 67.67%,尤其是牵引系统和制动系统的最大核心部件开始在国内进行组装、调试和试验,有力地促进了车辆关键技术的国产化进程,为其他城市地铁的国产化工作起到了示范作用,对我国城市轨道交通产业的发展起到了积极促进作用。

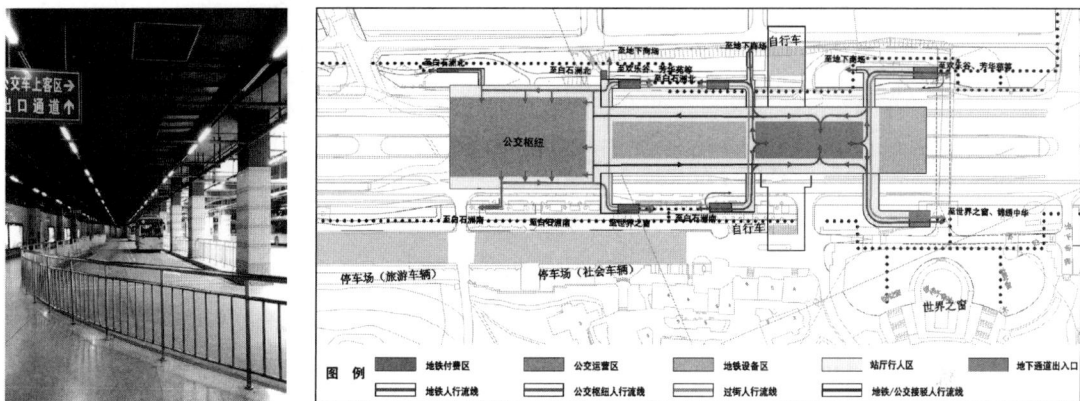

图 37-3　世界之窗地下公交换乘枢纽

4.节能设计和应用效果显著

地铁一期工程为实现建设节约型地铁的目标,广泛采用各种节能降耗新技术、新方式,节能效果显著。如设置屏蔽门系统分割车站与隧道空间减少热损失;广泛采用变频技术等节约电能,降低运营成本;通过信息化变频空调通风系统节能技术实现地铁车站空调通风系统节能超过 70%;通过信息化全变频扶梯节能技术使扶梯运行节能效果在 30% 以上。深圳地铁一期工程采用信息化节能技术后,年节电量超过 1000 万千瓦时。

三、罗湖站综合交通枢纽设计

深圳地铁一期工程的引入,为罗湖口岸/火车站地区交通系统整合与提升提供了契机,也为该地区用地功能布局和城市环境改善产生了积极的作用。通过对该地区的改造,形成了国内较早的现代化综合交通枢纽,成为体现深圳国际性城市和花园城市的标志性窗口。

罗湖综合交通枢纽(图 37-4)以地铁站为核心,构筑连接口岸、火车站、长途客运站、城市内部各交通系统以及人民南片区的"十"字形步行空间走廊。在"十"字的四个象限内布设各类交通设施和城市功能,通过"十字加环形"的立体交通网络和人、车管道化的交通组织,形成多种方式一体的综合交通枢纽。该地区综合改造建设了以交通层为核心的一体化综合人行空间体,全面优化了口岸与火车站地区的人流组织,并提供以地铁为主体的市内公共交通系统。人行空间由下至上依次为站台层、站厅层、交通层、地面层、平台层组成,分别接入火车站、罗湖商业城、罗湖口岸 3 幢建筑,构成管道化分区的人行空间。

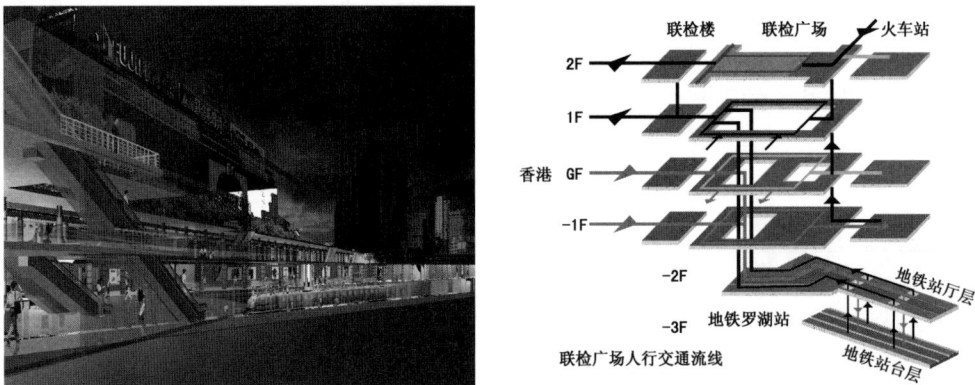

图 37-4　罗湖综合交通枢纽管道化的空间布局

罗湖口岸火车站和联检楼是整个地区进出深圳的人流的 2 个主要交通源。罗湖口岸联检楼地上二、三层为出境层，地下一层、地面层为入境层。位于地下一层的交通层是枢纽人行空间系统的核心，由南至北长达 400 余米，将口岸联检楼、火车站、地铁罗湖站、长途汽车站、罗湖商业城以及各类公交场站连为一体，将人流输送至各个交通场站，实现无缝接驳。交通层完善的标志标识系统和乘客服务信息系统，为枢纽人流提供信息指引。室内、室外的园林环境融为一体，绿化天井与下沉广场不仅为交通层带来了自然光和新鲜的空气，同时为防范各种突发事件提供了安全保障。整个人行空间进行了无障碍设计，合理布设残疾人升降机，体现出无微不至的人文关怀。地面广场采用生态节能设计，覆盖有镜面水的玻璃天窗，将阳光导入交通层，绿化天井和地面广场科学布置了丰富的绿色植物，构造出自然的生态空间。

地铁罗湖站站台形式采用两岛一侧式布置方式。中间岛上客，两边一岛一侧下客，下车人流与上车人流完全分离，互不干扰。站厅出入口设计是对出入境人流进行管道化的集中体现。两侧梯道将出境旅客直接由地铁站厅层送至联检楼二层出境，中间梯道引导联检楼入境旅客进入地铁站。另外，罗湖口岸/火车站地区改造将分布在人行空间外围的各种交通场站与和平路、建设路、人民南路、沿河路等道路系统进行一体化改造，利用地上和地下空间，让车流按管道化组织运行，使公交、长途汽车、出租车、社会车辆运行自成系统，互不干扰。枢纽地区东、西广场采用人车分离的港湾式场站布局。公交车在专用道上行驶，不与其他车辆混行。整个地区有 3 处出租车上落客站，其中东广场出租车站位于公交大巴车站下层。公交场站立体布局，既节约了空间，又避免了车辆混行，与周边环境融为一体。

四、主要参与设计单位

深圳地铁一期工程设计总承包单位为铁道第三勘察设计院（后改为铁道第三勘察设计院集团有限公司，现中国铁路设计集团有限公司）。

初步设计由铁道第三勘察设计院独立完成；初步设计监理单位为铁道第二勘察设计院。

施工图设计单位有铁道第一勘察设计院(现中铁第一勘察设计院集团有限公司)、铁道第二勘察设计院(现中国中铁二院工程集团有限责任公司)、铁道第三勘察设计院、铁道第四勘察设计院(现中铁第四勘察设计院集团有限公司)、铁道专业设计院、中铁隧道勘测设计院(现中铁隧道勘测设计院有限公司)、上海隧道工程轨道交通设计研究院、北京城建设计研究总院(现北京城建设计发展集团股份有限公司)、深圳中建建筑设计院有限公司、深圳市建筑设计总院(现深圳市建筑设计研究总院有限公司)、深圳市供电规划设计院(现深圳供电规划设计院有限公司)、广东省电力设计院(现中国能源建设集团广东省电力设计研究院有限公司)、中铁电气化勘察设计研究院(现中铁电气化勘测设计研究院有限公司)、总参工程兵第四设计研究院、北京全路通信信号设计研究设计院(现北京全路通信信号研究设计院集团有限公司)等。

施工图设计检图单位为上海隧道工程轨道交通设计研究院。

第四节　工程建设

深圳地铁一期工程试验段自 1998 年 12 月开始建设,全线自 2001 年 3 月开始建设,至 2004 年 12 月底完成,时间为 3 年 10 个月。深圳地铁一期工程在国内首次采用机电设备总监理和土建总监理的建设管理模式,并设立了技术委员会,指导和支持技术创新,较好地完成了工程建设任务。

一、工程建设过程

1998 年 7 月,深圳市地铁有限公司(现深圳市地铁集团有限公司)成立。

1998 年 10 月,签订工程设计总承包合同和工程土建施工监理合同。

1998 年 12 月,深圳地铁一期工程试验段水晶岛站(现市民中心站)奠基开工。

1999 年 6 月,签订工程车辆及设备监理合同。

1999 年 7 月,地铁一期工程初步设计完成。

2000 年 9 月,深圳市政府成立深圳市地铁工程建设指挥部,并下设办公室,负责工程重大事项的组织协调工作。

2001 年 3 月,深圳地铁一期工程全线开工。

2003 年 6 月,深圳地铁一期工程全线土建施工基本完成。

2003 年 8 月 10 日,深圳地铁一期工程隧道全线贯通。

2003 年 8 月 29 日,深圳地铁一期工程实现"轨通"。

2003 年 11 月 28 日,深圳地铁一期工程实现"电通"。

2004 年 1 月 26 日,时任国务院副总理曾培炎视察地铁一期工程建设。

2004 年 4 月 24 日,深圳地铁首列车从德国运抵深圳。

2004 年 5 月 1 日,时任全国政协副主席、中国工程院院长徐匡迪视察深圳地铁一期工程建设。

2004 年 6 月 30 日,深圳地铁一期工程全线系统设备安装和车站装修基本完成。

2009 年 4 月 16 日,深圳地铁一期工程通过国家竣工验收。

二、工程建设难点

深圳地铁一期工程是深圳市建设的第 1 个地铁项目,深圳是新兴城市和移民城市,参建人员来自四面八方,大多数人员缺乏地铁建设经验,各方面有一个学习和熟悉的过程。另外,深圳地铁一期工程建设时期正处在深圳市二次创业阶段,城市和交通规划建设理念正在转型和提升,对地铁建设提出了更高的要求。这一切都增加了一期工程建设的难度和复杂性。

1. 地处特区,与香港接驳

深圳地铁一期工程位于特区中心地带,1 号线起点罗湖站和 4 号线起点皇岗站均与香港过境口岸直接接驳,这也是其他城市所没有的特殊情况。结合出入境口岸的特点,做好口岸与地铁的接驳换乘,是深圳地铁建设中的一个重要环节。

2. 国产化要求高

为推动我国城市轨道交通及城市轨道交通产业的健康和可持续发展,降低工程投资和运营成本,并确保选择到质量优、价格低、服务好的供货商,深圳地铁一期工程被列入国家地铁设备国产化依托项目。机电设备国产化率目标为 70% ,非国产化部分不超过 30% ,这在当时地铁设备主要依靠进口的发展阶段是相当困难的。

3. 工期紧张

深圳地铁一期工程的工期安排本身就比较紧,后因工程方案发生变化导致土建工程推迟开工,但总工期要求未变,造成各工序施工进场后,各自抢时间抓进度,不仅造成交叉施工相互影响,也对按期完成各自施工的工程带来不利影响。特别是 1 号线自侨城东站延长 2 站 2 区间至世界之窗站要求在 2004 年 12 月 28 日全线通车,但华侨城站于 2002 年 12 月 8 日开工,世界之窗站于 2003 年 5 月 4 日开工,工期分别仅为 2 年和 20 个月,这给深圳地铁一期工程建设带来巨大困难。

4. 水文地质条件复杂

深圳市地貌为山丘,地形起伏较大,经城市建设填挖成平整道路和广场,深圳地铁一期工程沿线工程地质和水文地质条件十分复杂,古河道、断层穿越地铁工程,局部有承压水,地下水又分为强、中、弱不同的腐蚀性,给施工带来极大的难度。另外,深圳市紧邻河海,地下水位高,也使地铁建设困难重重。

5.地下管线和构筑物资料不全,城市建设环境要求高

深圳地铁一期工程沿深圳市最重要和最繁华的区域建设。由于早期城市建设不规范,很多市政管线资料不全,不得不在施工前下大力气进行调查,并提出防护或迁改方案,大大增加了施工难度。另外,深圳市国际性花园城市、旅游城市的定位及一期工程所处位置的重要性,对文明施工、环境保护、噪声控制等建设环境要求非常高,地铁施工需要保护好周边建筑物和城市生态环境。

6.工程建设新工艺、新技术多

深圳地铁一期工程建设中采用了较多的新技术和新工艺,增加了工程实施的难度。如项目从多处高楼、河道、铁路和市政公路桥梁下穿过,桩基托换和截桩等工程比较多。受地面建筑和周边环境限制,一期工程还在国内首次采用重叠隧道方案,设计和施工难度较大。会展中心站为地下三层十字交叉结构,是国内首座整体建成的"十"字形换乘地铁站。此外,车站首次采用屏蔽门、人防防护密闭门、区间防护密闭隔断门等新技术,也给施工带来较大挑战。

三、主要参建单位

深圳地铁一期工程汇集了国内众多在工程建设领域经验丰富的施工单位、设备供应商及监理单位。

1.土建、装修、人防工程承建商

主要包括中铁二局股份有限公司、中铁十六局集团有限公司、中铁隧道集团有限公司、广东省源天工程公司(现广东省源天工程公司有限公司)、深圳市鹏城建筑集团有限公司、深圳华泰企业公司、深圳市岭南人防防护设备有限公司、深圳市恒安兴人防工程有限公司、深圳鹏基龙电安防股份有限公司、深圳市茂华装饰工程有限公司、深圳市科源建设集团有限公司(现深圳市科源建设集团股份有限公司)、深圳市四季青园林花卉有限公司。

2.设备及安装工程承建商

主要包括长春长客—庞巴迪轨道车辆有限公司、西门子信号有限公司、北京和利时系统工程股份有限公司、中铁电气化局集团第三工程有限公司、中铁三局集团电务工程有限公司、中铁五局集团电务工程有限公司、青岛市广播电视科学研究所、烟台顿汉布什工业有限公司、四川新力实业集团有限公司、广东电气控制设备厂有限公司、广州复旦奥特科技股份有限公司、广州市科思通技术有限公司、中奥集团广州奥的斯电梯有限公司、中兴通讯股份有限公司、深圳市现代计算机有限公司、深圳市赛为智能有限公司(现深圳市赛为智能股份有限公司)、深圳市中兴信息技术有限公司、深圳市华力特电气有限公司。

3. 监理咨询单位

主要包括中国国际工程咨询公司和铁科院(北京)工程咨询有限公司。铁科院(北京)工程咨询有限公司承担华侨城站、世界之窗站和侨城东站—华侨城站区间、华侨城站——市民中心站区间的土建、安装和装修监理,其余工程的土建、安装和装修监理由中国国际工程咨询公司承担;铁科院(北京)工程咨询有限公司承担深圳地铁一期工程车辆及机电设备监理工作。

第五节 运 营 管 理

一、运营筹备过程

1998 年 9 月,开始编制为设计提供指引的地铁运营模式。1999 年 3 月定稿并与初步设计一起通过审查。

2002 年 2 月,为适应运营筹备需要,充分借鉴香港地铁和广州地铁的经验,开展地铁运营模式(第 2 版)的编制,第 2 版对运营管理的描述更加全面。2002 年 8 月完成编制工作,作为运营筹备的总体策划。

2001 年,开始编写深圳地铁一期工程试运营策划,至 2004 年底完成。

2002 年开始进行大规模的人员招聘工作,主要方式有社会公开招聘骨干人员、铁路院校应届毕业生接收、接收订单式毕业生(委培生)等。

2003 年 1 月,深圳市地铁有限公司运营分公司正式成立,标志着运营筹备工作的全面开展。

2003 年 5 月,设立筹备阶段深圳地铁有限公司运营分公司组织构架,成立车务部、车辆部、综合维修部和综合部 4 个部门。

2003 年 10 月,初步制订了深圳地铁有限公司运营分公司的标准体系。

2004 年 4 月,建立、健全深圳地铁有限公司运营分公司下属机构和运行机制,全面介入工程建设和设备安装、调试,进行有效的运营演练。

2004 年 6 月,深圳地铁有限公司运营分公司建立了首个安全生产责任体系。

2004 年 6 月 30 日—11 月,进行了自动售检票系统应用程序、防病毒软件、数据库等软件安装调试。

2004 年 7—9 月,深圳地铁有限公司运营分公司共完成了 76 项运营演练方案的编制,并组织开展了一系列实际操作演练。

2004 年 8 月 1 日,深圳地铁一期工程列车首次上线热滑并取得一次性成功。

2004 年 10 月 30 日,深圳地铁有限公司运营分公司正式接管全线车站。

2004 年 11 月,深圳地铁有限公司运营分公司完成车辆段和正线轨行区接管。

2004 年 12 月 23 日,《深圳市地铁运营管理办法》发布。

2004 年 12 月 16 日,深圳地铁一期工程运营准备工作通过了专家评估。

2004 年 12 月 28 日,深圳地铁一期工程正式试运营。2005 年 4 月 28 日、6 月 28 日、9 月 28 日、12 月 28 日地铁一期工程先后 4 次提速。

二、管理措施

1. 提前谋划运营筹备工作

深圳地铁一期工程开通运营后定编 1378 人(无外包作业,含所有岗位),平均每千米 62 人,组织架构与国内同行相比较精简高效,并广纳人才,全面提高员工技能和素质。深圳地铁以"一切从运营出发,满足运营需求"为基本出发点,积极主动介入地铁工程建设,使工程、设备、设施对车辆的符合性以及运营模式对工程与设备的符合性提高,功能更加完善,减少了运营磨合初期的问题。深圳地铁倡导"培训出文本"的理念,大力推进文本编制力度,结合深圳地铁运营的实际情况,自主编制完成开通运营所需的各类管理文本和技术文本近 400 个,为运营组织的规范、统一提供了技术保障。此外,在开通运营前完成 76 项运营演练,为应对各种突发事件打下牢固基础。

2. 推行"6S"管理理念

深圳地铁一期工程推行"整理、整顿、清洁、清扫、素养、安全"的"6S"的标准化管理理念,以标准化、规范化运作保证地铁系统安全、可靠运作。通过"6S"管理,地铁运营人员每一个作业、生产环境都整齐、整洁,减少了因现场存在问题、误操作、疏忽等原因造成的故障和事故。同时,通过"6S"管理改善和提高企业形象,促进和提高了生产效率,改善零件在库周转率,减少故障,保障运营品质和安全,降低生产成本,使其成为地铁运营人员自觉的文化行为。

3. 建立和完善安全管理体系

提倡"事事讲安全、时时讲安全、处处讲安全、人人讲安全"的运营安全文化理念,从筹备运营开始就设立专门安全归口部门,建立健全运营安全管理网络,成立深圳地铁有限公司运营分公司安全委员会,确定各部门、人员的安全职责,建立了完善的安全管理网络和涵盖面广的安全责任体系。为进一步提高突发事件的应急响应能力和处置能力,深圳地铁建立了一套完善、操作性强的地铁运营应急预案体系。在借鉴香港地铁先进管理经验的基础上,在国内最早引入职业安全与健康管理思想,率先在国内地铁开展危险源普查,从"人、机、料、法、环"各方面查找存在的安全隐患并及时进行改进。

4. 强化运营资源开发

深圳地铁一期工程建成后,深圳地铁有限公司积极拓展地铁资源开发新领域,主要开发规划了广告、通信等资源,其中广告资源有地铁灯箱广告、车站电子媒体广告、地铁施工围墙广告、地铁保洁箱广告、地铁纪念票等;通信资源有公众无线通信信号覆盖、数字移动电视信号覆盖、地铁车站公众集成电路卡(IC卡)电话、同步数字传输系统、大容量光缆等。深圳地铁在国内首次将所有移动通信业务、移动电视业务、银行等引入地铁系统。

5.持续提升运营服务水平

深圳地铁一期工程试运营以来,多次缩短发车间隔,方便了乘客的快捷出行。深圳地铁提出"打造地铁运营优质服务品牌"的战略目标和"地铁服务、贴心一路"的服务口号并付诸实施,致力于提供人性化、多元化服务。通过建立完善的乘客意见反馈机制及地铁服务热线信息反馈机制,强化培训车站人员的业务素质,开展维修技能大练兵等系列活动,优化乘车服务环境,规范车务服务标准,加强设备系统维修检测能力,为地铁安全、准点、高效、快捷运营提供有力保障。

三、运营效果

1.客流效益显著

自开通试运营以来,深圳地铁一期工程的客流效果提升明显,有力保障了居民日常出行和重要节假日、重要活动出行需求。开通年(2005年)日均客运量16万人次;运营初期(2007年)日均客运量32万人次;2019年12月,地铁1号线日均客运量117.10万人次,4号线日均客运量66.23万人次。另外,部分枢纽的日均客流量较大(如2019年12月车公庙站日均客流量达22.53万人次),取得了较好的客流效果。

2.运营指标良好

深圳地铁一期工程自开通运营以来,运营服务水平不断提升,行车间隔不断缩短,2016年将1号线和4号线高峰期最小行车间隔分别缩短至2分35秒和2分30秒;2019年地铁1号线列车和4号线列车正点率和运行图兑现率均在99.9%以上;深圳地铁一期工程运营以来没有发生重大安全事故和责任事故;依靠科学先进的维修管理,设备运行良好,设备故障率较低。

第六节 工 程 创 新

深圳地铁一期工程采用了多项高新技术,在建设过程中共取得多项"中国企业新纪录",填补了多项国内空白,申报的中国企业新纪录达29项之多。

一、施工技术创新

1.桩基托换技术

国贸—老街—大剧院站段穿切广深铁路、华中酒店、百货广场大厦、广深铁路桥、人民桥等多个既有建筑物或桥梁的桩基础,是深圳地铁一期工程的技术难点和重点之一。深圳地铁组织科研、设计、施工单位联合攻关,取得了桩基托换的成功,为城市地铁建设提供了宝贵的经验,获得了明显的技术、经济和社会效益。

2. 重叠隧道施工技术

罗湖站—大剧院站区间隧道穿越繁华的商贸金融区,沿线高楼密集,为避免过多截桩,首次在国内采用了单洞双层隧道及双洞重叠隧道的结构形式,重叠隧道上、下洞同时施工时先下洞、后上洞的思路和两洞之间安全距离的研究对施工安全起到了重要作用。

3. 盖挖顺作法施工技术

科学馆站位于交通繁忙的深南中路行车道下方,岛式车站全长222.5米,双层双跨(局部三跨)钢筋混凝土框架结构。车站采用单跨军用梁临时路面系统盖挖顺作法施工,成功解决了在繁华街区修建地铁车站时对交通和环境的影响,工期短、质量好、投资省、风险小,为国内同类工程提供了可借鉴的经验。

4. 钻孔咬合桩技术

深圳地铁一期工程在会展中心站—购物公园站区间明挖结构中首次成功应用钻孔咬合桩,通过桩与桩之间的咬合搭接,形成挡土截水的连续排桩围护结构或地下防渗墙,易于控制桩身质量,保证施工安全,减少对周边环境的影响。此项技术后来在南京、上海、广州等地的等多个地铁项目中得到了推广应用。

5. 结构防水技术

以"高标准、多设防、求保险"为方针,遵循"以防为主、刚柔结合、多道防线、因地制宜、综合治理"的原则,从材料、科研、设计控制入手,根据环境条件、结构形式、施工方法,选择有效、可靠、操作方便的防水方案,防水设计采取了全包防水、半包防水、复合防水、混凝土自防水等多种形式,力求使地铁防水工程质量处于全面受控状态,实现了已交验工程合格率100%,并经受住了地铁运营的考验。

二、设备系统应用创新

1. 信息化深度集成的综合监控系统和车站集成应急监控系统

深圳地铁一期工程构建了我国首个地铁信息化深度集成综合监控系统,并在此基础上构建了车站集成应急监控系统,实现了在火灾工况下自动、智能防灾、救灾和在阻塞工况下疏导、疏散乘客,确保乘客人身安全和地铁安全运营。

2. 变频控制技术

深圳地铁一期工程首次在4号线少年宫站和福民站对车站空调通风系统采用变频控制技

术进行节能,节能效果显著。

3. 隧道光纤感温火灾预警监测系统

深圳地铁一期工程在我国地铁领域首创应用隧道光纤感温火灾预警监测系统,消除了地铁火灾探测监控的安全死角和空白盲区,使火灾自动报警系统成为我国地铁首个无盲点的火灾自动报警控制系统。

4. 自动售检票系统及其终端设备国产化

首次提出采用圆心硬币状封装的 IC 卡轨道交通单程票,成功开发了基于 IC 卡车票的处理装置,是以全非接触式 IC 卡为车票介质的国产化自动售检票计算机网络系统。整个系统及设备作为国家的国产化示范工程,全部由国内企业作为承包商进行系统集成,解决了系统应用软件、系统集成和终端设备长期依赖进口的问题,是完全拥有自主知识产权的地铁全非接触式自动售检票系统,填补了国内空白。

5. 超长余辉蓄光自发光安全疏散标志系统

深圳地铁一期工程首次在工程中大规模应用国产化超长余辉蓄光自发光安全疏散标志系统,该系统具有连续清晰、指引准确、覆盖面广、安全可靠、环保节能、使用简便、寿命长、免维护等特点,通过人性化设计,形成了一套快速引导乘客的安全疏散标志体系,提升了深圳地铁的整体安全运营管理水平。

三、管理及应用创新

深圳地铁一期工程率先在国内开发使用资产维护管理系统,通过运营业务网上的电子流程运作,合理调整了修程,实现了状态检修,节约大量维修成本。系统使用后轨行区施工作业申请时间从 1 小时减少到 10 分钟以内,增加有效工作时间10% ~ 20%,减少备品备件消耗10% ~ 25%,延长设备使用寿命10% 以上。

第七节 工程价值

地铁工程作为城市公益事业和公共交通网的骨干,是现代化国际大都市的重要组成部分及象征性工程。深圳地铁一期工程的建设,直接体现了轨道交通在城市发展中的综合效益,有力支持深圳城市和交通现代化建设,促进城市社会经济进一步发展。

一是促进城市总体规划目标实现、城市空间结构优化和城市品质提升。深圳地铁 1 号线位于深南大道以下,东西横贯特区内的罗湖区、福田区、南山区,覆盖了大部分主要城市功能区域和组团,并衔接了罗湖站和深圳机场两大客运枢纽;4 号线位于城市的中心地带,二期工程向北延伸至特区外的龙华副中心和观澜组团,线路走向与深圳市中部发展轴一致,形成口岸、中心、次中心的联系,对优化城市空间结构、带动特区外的城市化进程和发展、促进沿线土地开发利用具有重要的意义。深圳地铁一期工程建设前深圳城市中心在罗湖,深圳地铁一期工程的建设有效促进了福田中心区、车公庙等片区的发展。同时,通过深圳地铁一期工程的建设对罗湖枢纽进行了全面改造,罗湖枢纽环境得到整治,提升了沿线城市建设品质,为城市空间拓展提供新方向。

二是有效应对城市交通日益拥堵状况。深圳经济特区经过近 20 年的建设,经济和社会持续快速发展,城市发展与交通运输的矛盾日益突出,带状城市的特点又加重交通运输的紧张状况,客、货流集中在深南大道和通向口岸的道路上,造成建成区的交通拥堵日益严重,口岸交通严重不畅,口岸过境能力处于饱和状况,深圳地铁一期工程线路走向与主客流方向吻合,可满足深南大道上繁忙、集中的客运需求,对应对城市交通紧张状况、增加口岸接驳能力有着十分重要的意义。

三是支持了深港衔接与合作。深圳地铁一期工程 1 号线、4 号线分别与罗湖口岸、皇岗口岸接驳,承担着与香港的客运交通衔接的重任,形成往返香港特别行政区客流的快捷交通通道,建立起深港两地更加便捷的联系,初步实现了深港间客运交通以轨道交通方式接驳的要求,对于进一步加强香港与内地的联系和交流也产生重要的作用。深圳地铁一期工程建成后,从香港城市主中心至深圳市中心区的交通时间缩短为 1 小时左右,不仅更好地发挥了深圳毗邻香港的优势,也使深港城市地域布局结构及生产结构得到优化。深港两地优势互补、市场共享、协同参与国际竞争,有利于深圳调整城市规划、引导城市发展、进一步开发、加快二次创业的进程。

执笔人:杨永平

第三十八章　北京地铁四号线

第一节　工 程 概 况

北京地铁四号线南起公益西桥,北至安河桥北,正线全长 28.165 千米,共设 24 座车站,除安河桥北站为地面站外,其余均为地下站。设车辆段和停车场各 1 座,采用 B 型车 6 辆编组,直流 750 伏安接触轨供电。信号系统采用列车自动控制系统(ATC),本线与其他线共用小营控制中心。本工程实际完成投资 184.84 亿元,平均每千米 6.55 亿元。

2003 年 5 月,国家发展和改革委员会(以下简称"国家发展改革委")批复该项目建议书立项。2004 年 8 月,工程可行性研究报告获国家发展改革委批复;2003 年 12 月 28 日开工建设,2004 年 8 月 28 日工程全面开工,2009 年 9 月 28 日通车试运营。

北京地铁四号线工程建设单位为北京地铁四号线投资有限责任公司(以下简称"四号线公司")和北京京港地铁有限公司(以下简称"京港公司"),是由北京市政府和社会投资者共同出资,以政府与社会资本合作(PPP)方式建设的项目。该项目按工程特性划分为 A、B 两个相对独立的部分。A 部分工程包括洞体、车站等土建工程,约占总投资 70%,由北京市政府各相关投资主体承担,业主单位为四号线公司。B 部分工程包括车辆、信号等机电设备系统,约占四号线项目总投资的 30%,由社会投资者承担,业主单位为京港公司。建设主体单位是北京市轨道交通建设管理有限公司(以下简称"建管公司")。

北京地铁四号线是国内首条实现开通即达到 3 分钟运营间隔、全线自动驾驶模式的高水平地铁线路。刚开通的 2009 年 10 月,日均客运量达 54.11 万人次。至 2010 年 9 月 28 日,北京地铁四号线开通 1 年间,共运送乘客 2.3 亿人次,日均客流达到 75.1 万人次,最高日客运量为 99.6 万人次(2010 年 5 月 1 日)。2019 年,北京地铁四号线日均客流量达到 119 万人次(不含大兴线),最高日客流量达到 152 万人次。

北京地铁四号线是我国城市轨道交通领域首个 PPP 项目。北京地铁四号线项目顺应国家投资体制改革方向,在我国城市轨道交通领域首次探索和实施 PPP 模式,通过引入社会资本,有效缓解了当时北京市政府投资压力,实现了北京市轨道交通行业投资和运营主体多元化突破,形成同业激励的格局,促进了技术进步和管理水平、服务水平提升。

通车以来,北京地铁四号线运行状况良好,发挥了巨大的经济和社会效益。由于工程是在国内首个采用 PPP 投融资模式建设管理的城市轨道交通工程,工程设计体现"人文地铁"特色,采用扣拱法施工一次暗挖修建十字换乘车站,采用盾构隧道与矿山法隧道交叠穿越技术等,于 2013 年获第十一届中国土木工程詹天佑奖。

第二节　规划与决策

一、项目提出

2001 年 7 月,北京申办 2008 年第 29 届国际奥林匹克运动会获得成功。当时,北京的城市交通面临拥堵和环境污染问题,成为被质疑能否成功举办"有特色、高水平"奥运会和国际奥委会的重点难题之一。北京市政府将优先发展公共交通作为治本之策,提出加快轨道交通建设,构建奥运交通保障体系的规划。2002 年,北京市颁布了《北京市奥运行动规划交通建设与管理专项规划》,提出坚持"加速新线建设,抓紧老线改造,完善服务设施,提高服务水平"的方针,并提出到 2008 年新建 8 条轨道交通线路,市区新建轨道线路 154.5 千米,市区轨道交通运营线路达到 249.5 千米,加上一批新建的市郊客运线,全市轨道交通运营线路达到 300 千米。

20 世纪 90 年代末,北京市调整了市区轨道交通线网图(图 38-1)。

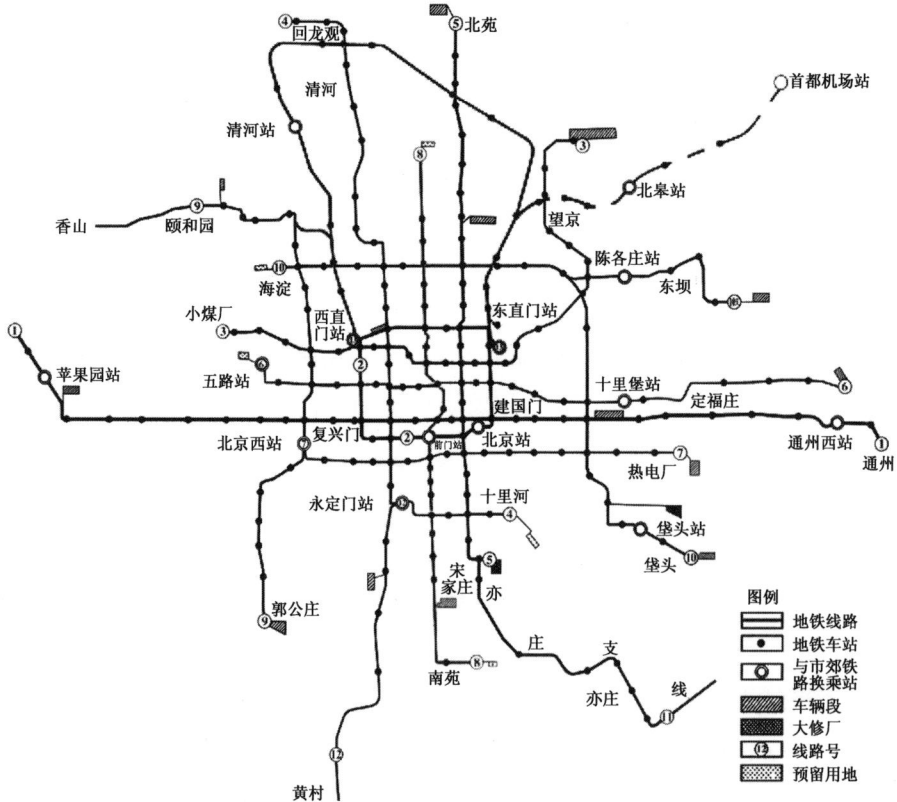

图 38-1　北京市区城市轨道交通线网规划调整图

从图38-1看,原规划的四号线与目前四号线的线路并不相符。当时北京从缓解市区南北向交通压力、连接中关村和市中心以及串联主要旅游景点、大型公建、酒店和部分奥运赛馆等考虑,决定将原四号线中段、原三号线部分路段、原九号线北段以及原十二号线北段组成新的地铁四号线,并于2002年向国家申请立项建设。

根据《北京市2004—2015轨道交通发展规划》,北京市提出自2004年至2015年建设约447千米市内轨道交通,总投资达3500亿元。由于投资需求巨大,传统的投资、建设、运营体制已不能适应当时的发展需要。因此,通过采用特许经营模式来明确政府对地铁的支持条件和监管手段,同时引入社会投资,建立市场竞争机制,缓解政府的投资压力,提高地铁建设、运营水平,就显得尤为必要。随着市场经济改革日趋深化,相关政策、制度条件不断完善,基础设施投资市场初步形成,特许经营运作的客观条件基本具备。

2003年初,北京市基础设施投资有限公司(以下简称"京投公司")同时展开了地铁四号线、五号线、九号线、十号线等线路的筹建工作。经过前期的论证研究,京投公司建议并报请北京市交通委员会同意,由北京市交通委员会报北京市政府批准,北京市政府决定引入PPP模式。经反复研究各项目条件,北京市经研究决定地铁四号线采用特许经营模式。

二、项目立项

1.项目建议书

2002年10月,北京地铁集团有限责任公司委托北京市市政工程设计研究总院(以下简称"北京市政院")编制完成了《北京地铁四号线工程项目建议书》,由北京市发展计划委员会上报给国家发展计划委员会,提出:"为贯彻落实党中央和国务院批准的《北京城市总体规划》,促进城市合理布局、改善交通结构、保护生态环境,有效解决北京交通最拥挤地区西单商业区及中关村地区的交通问题,建设北京市南北轨道交通干线,完善北京市地铁路网功能,实现举办北京2008年奥运会所做的承诺,促进经济发展,我市拟实施地铁四号线工程。""北京地铁四号线起点为丰台马家堡,向北沿途经过角门、陶然亭大街、菜市口大街、宣武门大街、西单大街、由新街口大街向西经西直门外大街至白石桥向北,沿白颐路、中关村大街、圆明园、终点为颐和园北宫门。线路全长约26.22千米,全部为地下线,共设23座地下车站。""本项目车辆采用750伏安三轨直流供电,信号采用列车自动控制ATC系统;设自动检票系统、防灾报警自动控制系统和环境监测系统。车辆拟选用变频变压B型车,车辆按6辆编组。""客运能力按初期最小间隔3分钟,近期最小间隔2.5分钟,远期最小间隔2分钟运行设计。""该工程估算总投资约为148.56亿元,其中资本金59.43亿元(约占项目总投资的40%),拟由北京市财力、地铁集团及沿线各区政府财力共同筹措解决。资本金以外的89.15亿元拟利用国外政府贷款1.2亿元,其余通过国内银行贷款解决"。

2002 年 10 月,中国国际工程咨询公司(现中国国际工程咨询有限公司,以下简称"中咨公司")受国家发展计划委员会委托对项目建议书进行评估。评估重点为项目建设必要性、项目功能定位和规模、主要工程技术方案、投资估算等。

2003 年 3 月,中咨公司完成评估报告并提交国家发展计划委员会。评估报告提出"该线路建设是必要和迫切的,线路走向、主要工程、设备方案及国民经济评价可行,经评估调整后项目总投资估算为 135.93 亿元。评估建议下阶段根据城市轨道总体网络框架及线网实施规划对车辆及设备系统选型、控制中心和车辆基地布局及综合利用等系统性问题做专题研究;核实造价并通过方案比选研究进一步降低造价的可能性;结合新调整路网深入研究确定新街口及白石桥两个换乘站的布置方案;落实项目补贴、还贷方案等。在线路北端进入停车场前建议研究增加一座地面车站"等。

2003 年 6 月,经国务院同意,国家发展改革委批准了北京地铁四号线项目建议书。

2. 建设规划

2003 年 9 月,《国务院办公厅关于加强城市快速轨道交通建设管理的通知》(国办发〔2003〕81 号)颁布。根据其"拟建城市要根据国务院批准的城轨交通建设规划开展项目前期工作"的要求,北京市组织相关编制单位编制完成了《北京城市快速轨道交通建设规划》(以下简称"《建设规划》")并于 2004 年 5 月上报国家发展改革委。《建设规划》提出,2004—2008 年和 2009—2015 年分 2 阶段修建线路总长 356.5 千米,投资 1102.5 亿元,其中已经立项的地铁四号线与五号线、十号线一期工程(含奥运支线)3 个项目根据国家发展改革委要求列入了《建设规划》。

2004 年 6 月,中咨公司受国家发展改革委委托对《建设规划》进行评估,在 2004 年 9 月北京市发展改革委提交的补充材料(京发改〔2004〕1852 号)基础上(根据专家意见将奥运支线南北延伸 10.6 千米),于 2005 年 2 月向国家发展改革委提交了评估报告,评估基本同意北京市近期(2004—2015 年)轨道交通建设方案,建议建设 14 条线路(17 个项目),线路总长调整为 367.1 千米,总投资规模增加到 1183.51 亿元。

《建设规划》在上报审批过程中,2005 年 1 月,《北京城市总体规划(2004 年—2020 年)》得到国务院批复。由于北京市城市建设和交通发展等出现了新的情况,对轨道交通建设提出了新的要求,北京市向国家发展改革委提出暂缓审批《建设规划》,并于 2006 年 4 月编制完成了《北京市城市快速轨道交通建设规划(2004—2015)调整方案》(以下简称"《建规调整》")。同年 6 月,北京市发展改革委向国家发展改革委上报《建规调整》。《建规调整》提出新建 15 条,新增里程 438 千米,总运营里程达到 552 千米,总投资 1370 亿元。

2006 年 8 月,中咨公司受国家发展改革委委托对北京市城市快速轨道交通建设规划再次进行评估。2006 年 10 月,中咨公司组织专家召开《建规调整》评估会。根据专家意见,北京市重点对规划方案进行了优化调整,于 2006 年 11 月重新编制了《规划调整》。

2006 年 12 月,中咨公司向国家发展改革委上报了评估报告,调整后规划近期建设 15 条线路(19 个项目),线路总长 447.4 千米,估算总投资为 1636 亿元。

国家发展改革委批复原则同意北京市在 2007—2015 年,规划建设项目 19 项(其中续建项目 4 项,新建项目 15 项),施工线路长度 447.4 千米,其中规划期内建成投入运营线路长度 388 千米。规划期内城市快速轨道交通建设总投资 1359 亿元。其中,四号线为批复规划中的续建项目,线路长度 28.6 千米,项目估算总投资 151.3 亿元,建设年限为 2004—2009 年。

三、可行性研究报告

北京市根据项目建议书批复要求,由北京市政院编制完成了《北京地铁四号线工程可行性研究报告》(以下简称“《可研报告》”)。2003 年 9 月,北京市发展计划委员会向国家发展改革委上报了《可研报告》。《可研报告》提出:“四号线线路走向和主要工程、设备和运营组织方案与项目建议书基本一致,在线路北端增加地面车站 1 座,工程估算总投资约为 148.41 亿元,项目建设资金筹措方案基本与项目建议书一致”。

2003 年 9 月 16 日,中咨公司受国家发展改革委委托对《可研报告》进行评估。中咨公司在进行评估准备工作中得知北京市与铁道部领导召开了座谈会,会议原则同意铁道部关于京沪高速铁路、京津城际铁路引入及北京南站的改造扩建意见。从构建综合交通枢纽、方便乘客出行等方面考虑,中咨公司要求对线路局部方案进行调整,将四号线引入北京南站。北京市有关部门经研究,提出了北京地铁四号线的改线方案,提出对线路局部方案进行调整并将原西庄站东移调整为北京南站,正线长度较原方案增加 509 米。2003 年 12 月 10—11 日,中咨公司组织专家在北京市召开了《可研报告》评估会。会后,中咨公司结合北京规划及在建项目情况,建议北京市进一步说明运营初期还贷资金保障问题。2004 年 1 月 8 日,北京市发展改革委向国家发展改革委上报了相关运营初期还贷资金保障问题的补充报告,提出采取 2 种方式解决运营初期还贷问题。

中咨公司根据专家组评估意见和北京市相关补充报告,于 2004 年 3 月 9 日完成了评估报告上报国家发展改革委。报告提出经局部调整后正线全长 28.65 千米(其中,地下线长 28.01 千米,地面线长 0.64 千米),共设车站 24 座(其中,地下车站 23 座,地面车站 1 座),经评估调整后项目估算总投资为 151.27 亿元。

2004 年 8 月,经国务院同意,国家发展改革委批准了《可研报告》。

四、特许经营实施方案

1. 特许经营制定及核准过程

2003 年底,北京市政府转发北京市发展改革委《关于本市深化城市基础设施投融资体制改革的实施意见》,明确了轨道交通可以按照政府与社会投资 7∶3 的基础比例,吸收社会投资者参与建设。

2004 年 4 月、6 月,北京市发展改革委分别组织召开了奥运经济市场推介会,面向国内外投资者对以北京地铁四号线为重点的北京地铁项目进行了广泛深入的招商活动。

2004 年 9 月,形成《北京地铁四号线特许经营实施方案》,北京市发展改革委组织对方案进行了评审并上报北京市政府。11 月,北京市政府批准了特许经营实施方案。

2004 年 11 月底,北京市交通委员会牵头成立了北京地铁四号线特许经营项目政府谈判工作组,与港铁—首创联合体、西门子—铁工联合体等社会投资者就《北京地铁四号线特许经营协议》的竞争性谈判正式开始。

2005 年 2 月 7 日,北京市交通委员会代表北京市政府与港铁—首创联合体草签了《北京地铁四号线特许经营协议》。

2005 年 9 月 28 日,国家发展改革委核准北京地铁四号线特许经营外商投资项目申请报告及 B 部分项目特许协议及附件。

2006 年 4 月 12 日,《北京地铁四号线特许经营协议》《资产租赁协议》正式签订,由香港地铁有限公司、北京首都创业集团有限公司、京投公司 3 方组建的京港公司获得北京地铁四号线为期 30 年的经营权。

2.特许经营主要内容

北京地铁四号线工程投资建设分为 A、B 两个相对独立的部分:A 部分为洞体、车站等土建工程,投资额约为 107 亿元,约占项目总投资的 70%,由四号线公司负责;B 部分为车辆、信号等设备部分,投资额约为 46 亿元,约占项目总投资的 30%,由京港公司负责。京港公司由京投公司、香港地铁有限公司和北京首都创业集团有限公司按 2%:49%:49% 的出资比例组建。

北京地铁四号线 PPP 模式如图 38-2 所示。

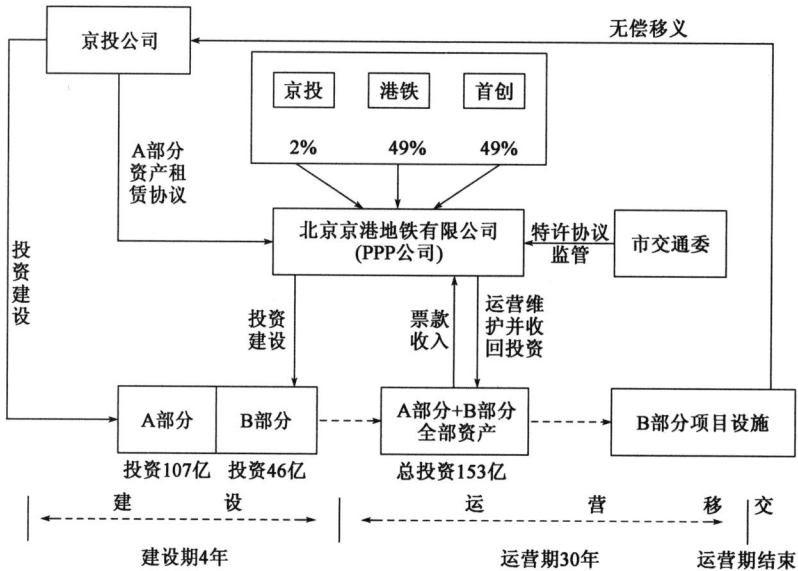

图 38-2　北京地铁四号线 PPP 模式图

北京地铁四号线项目竣工验收后,京港公司通过租赁取得四号线公司的 A 部分资产的使用权。京港公司负责四号线的运营管理、全部设施(包括 A 和 B 部分)的维护和除洞体外的资产更新,以及站内的商业经营,通过地铁票款收入及站内商业经营收入回收投资并获得合理投资收益。30 年特许经营期结束后,京港公司将 B 部分项目设施完好、无偿地移交给市政府指定部门,将 A 部分项目设施归还给四号线公司。

第三节　工　程　设　计

一、工程特点

1. 线路条件特殊、复杂

北京地铁四号线由原线网规划中的 12 号线、4 号线、3 号线、9 号线的部分区段综合而成,受当时环境条件限制,线路较为特殊、复杂。另外,由于北京地铁四号线与线网在 10 处有换乘关系,在线路设计、车站布置需考虑换乘条件,满足远期规划的要求。

2. 工程建设规模大、工期紧

北京地铁四号线线路长达 28.2 千米,且绝大部分为地下线,全长相当于北京已建成运营的 1、2 号线总长的 60%,属大型工程项目,工程建设规模宏大。

3. 工程环境复杂

北京地铁四号线横贯北京城区南北,沿路均为城市主干道,除南端的少数区段外,两侧地面建筑物林立、商贸繁荣、交通繁忙、地下管网密布,全线风险源共计 163 处,其中特级风险源 4 处。在建设工程中,4 次穿越铁路、地铁,10 次穿越河流、湖泊,39 次穿越城市桥梁、地下过街道,频繁穿越燃气、电视电话线路、电力隧道、城市供水、排水等市政管线,穿越的老旧危房数以千计。

4. 工程地质条件差

线路穿越地层大多为第四纪黏性土、粉土、砂土及碎石类土的交互沉积层,地层松散软弱,复杂多变。同时地层中蕴藏有较为丰富的上层滞水、潜水、承压水,其中潜水的水位高、单位涌水量大,部分车站基础底板侵入承压水范围。

5. 配合北京南站的建设

为了配合北京南站的建设,地铁四号线对原西庄站位及两端区间线位做了调整,将地铁车站设在铁路车站下,以便于铁路乘客的聚集及换乘方便。

二、主要技术标准和方案

1. 设计年限

初期为 2010 年,近期为 2017 年,远期为 2032 年。

2. 线路

①最小曲线半径:正线 350 米(困难时 300 米);辅助线 200 米(困难时 150 米);车场线 150 米。

②最大坡度:正线 30‰;辅助线 35‰(困难时 40‰)。

3. 轨道

①轨距:1435 毫米。

②钢轨:正线及辅助线 60 千克/米,车场线 50 千克/米。

③道床:正线及库内线采用短枕式整体道床,库外线采用木枕碎石道床。

④扣件:无挡肩弹性分开式扣件。

⑤道岔:正线采用 9 号道岔,车场线采用 7 号道岔。

4. 运营方案

①列车编组:根据各年度高峰断面客流、车辆定员及行车密度等确定。

②行车密度:远期高峰小时密度为 30 对/小时,最小行车间隔 2 分钟,并保留适当余量。

5. 车辆

①外形尺寸:19.0 米(长)×2.8 米(宽)×3.8 米(高)。

②车辆自重:动车≤36 吨,拖车≤29 吨。

③载员:不带司机室定员 253 人,超员 355 人;带司机室定员 235 人,超员 333 人。

④加减速度:起动加速度不小于 0.83 米/平方秒(0~40 千米/小时);制动减速度不小于 1.0 米/平方秒;紧急制动减速度不小于 1.2 米/平方秒。

⑤电机功率:180 千瓦。

⑥最高速度:80 千米/小时。

6. 车站

①站台:有效长度为 120 米,岛式站台最小宽度不小于 8 米,侧式站台宽度不小于 3.5 米(不含楼梯宽度),站台面距轨顶高度 1.02 米,站台边缘距线路中心为 1.5 米。

②站台层净空高度不小于 3.0 米。

③站厅层净空高度不小于 3.2 米。

④车站出入口一般宜设 4 个,客流较小的车站不得少于 2 个。

⑤由站台至站厅和站厅至地面设置自动扶梯和人行楼梯。

⑥各站设置无障碍设施。

三、工程主要规模

1. 线路

线路全长为 28.177 千米。

2. 车站工程

全线车站 24 座,其中:暗挖站 2 座、盖挖站 3 座、明暗结合站 7 座、明挖站 10 座、地面站 1 座、既有站改造 1 座。总建筑面积 348177 平方米。

3. 区间工程

全线区间总长 25217.757 米。其中,盾构区间长度为 23216.298 单线米、矿山法区间长度为 23694.246 单线米、明挖区间 2091.090 单线米、路堑 651.709 单线米、路基 869.863 单线米、预留段 119.600 单线米。

4. 强电系统

全线设 8 座开闭所,每座开闭所引入 2 个 10 千伏外部电源,正线设置 14 座牵引降压混合变电所,13 座降压变电所。马家堡车辆段设 1 座牵引降压混合变电所和 1 座降压变电所,龙背村停车场设 1 座牵引降压混合变电所。牵引网采用直流 750 伏接触轨供电,接触轨材质为钢铝复合轨。全线设置电力监控系统。

5. 弱电系统

通信系统、信号系统、火灾报警系统(FAS)、环境与设备监控系统(BAS)系统采用三级控制、两级管理的系统制式,分别利用通信系统传输主干网提供的信道组建本系统的传输网。

6. 直、扶梯系统

除马家堡车辆段、龙背村站、龙背村停车场、控制中心因方案未定未计入外,全线设置垂直电梯 49 部,设置自动扶梯 166 部。

7. 站台安全门系统

全线在 23 座地下车站设置全高安全门系统,在 1 座地面车站设置半高安全门系统,其中马家楼为双岛 4 线式车站、设置 4 侧站台全高安全门,西单站设置延长固定站门,龙背村站设置 3 侧半高安全门。

8. 马家堡车辆段

车辆段占地面积 22.28 万平方米,建筑面积 71500 平方米。铺轨长度 12.52 千米,单开道岔 36 组,交叉渡线 3 组。停车列检库为尽端式,最大停车能力为 36 列。

9. 龙背村停车场

停车场占地面积 9.29 万平方米,建筑面积 24435 平方米,铺轨长度 4.4 千米,铺单开道岔 11 组,交叉渡线 1 组。停车列检库为尽端式,最大停车能力为 20 列。

10. 出入段线

本线设 1 条出入段线,进入马家堡车辆段,线路长度总计 1592 米。

四、初步设计评审及批复

2004 年 2 月 8—12 日,北京市规划委员会组织专家对北京市政院为总体设计单位完成的北京地铁四号线工程的初步设计文件(除马家堡车辆段、龙背村停车场、宣武门站、黄庄站、北京南站及其两端区间外)进行了综合评审。

北京地铁四号线中关村站站台设计见图 38-3。

图 38-3　北京地铁四号线中关村站站台图(京港公司供图)

2006 年 1 月 9 日,北京市规划委员会和北京市发展改革委员会联合下发文件批复了项目初步设计。

2007 年 4 月 6 日,北京市发展改革委发文核定了北京地铁四号线工程初步设计概算,审定四号线工程概算总投资 1538522 万元,项目资本金 615410 万元,占审定初步设计概算的 40%,资本金的来源构成另行审定。资本金以外的 923112 万元通过申请银行贷款解决。

第四节　工　程　建　设

一、工程建设重要节点

2003 年 12 月 28 日,北京地铁四号线工程形象开工。

2004 年 8 月 28 日，正式开工建设。

2007 年 10 月 31 日，全部车站的主体结构工程完工。

2008 年 10 月 28 日，第 1 列列车运送至现场。

2009 年 2 月 15 日，局部区间土建、轨道及接触轨完工。

2009 年 2 月 28 日，各系统设备联调。

2009 年 6 月 30 日，全线区间的土建及接触轨（正线、车辆段及停车场）完工。

2009 年 5 月 31 日，110 千伏变电站及供电外线测试完成，A 部分设备安装完成。

2009 年 5 月 31 日，满足机电设备安装条件的 A 部分装修工程完工。

2009 年 6 月 1 日，全线所有车站送电完成，全线牵引送电及区间动力照明受电。

2009 年 6 月 10 日，全线接触轨测试完成并准备受电。

2009 年 6 月 18 日，B 部分设备安装完成。

2009 年 6 月 20 日，局部区间开始试运行。

2009 年 6 月 28 日，全线热滑完成。

2009 年 6 月 30 日，A、B 部分单系统测试完成，B 部分初步完工。

2009 年 7 月 10 日，A 部分所有工程（包括土建、装修、机电、人防等）完成。

2009 年 8 月 20 日，全线所有开闭所送电完成。

2009 年 8 月 31 日，工程完工。

2009 年 9 月，北京市轨道交通建设管理有限公司组织完成工程竣工验收。

2009 年 9 月 20 日，试运行完成。

2009 年 9 月 28 日，开通试运营。

2011 年 6 月，在北京市住房和城乡建设委员会完成工程完成竣工验收备案，工程建设全面结束。

二、工程建设特点和难点

北京地铁四号线贯穿北京城市南北，施工工法多，有暗挖法、盖挖法、明挖法、明暗结合法、盖暗结合法和盾构法等。周边危房多，线路穿越宣武和西城旧城改造区，周边危旧房屋密布，扰民和民扰现象突出，风险大。沿线文物多，沿线有康有为故居、南堂、西四新华书店、广济寺、元大都下水道、万松老人塔、普庆寺、祝寿寺、苍圣祠、护国双关帝庙、白塔寺、正觉寺等。穿越既有线多，沿线要穿越既有地铁一号线、二号线等，沉降控制要求严格，风险高，施工难度大。盾构数量多，潜在风险大，全线共有 5 个盾构合同段，11 个盾构区间，单线全长约 24.5 千米，共投入 9 台盾构机施工。管线拆改移工作量大，明挖、盖挖法施工存在大量管线拆改移工作。交通导改量大，由于北京地铁四号线沿马西路、菜市口大街、宣武门外大街、西单北大街、西直门外大街、白颐路、中关村大街等主干线路走向,存在大量的交通导改工作。系统安全风险大,全线环境安全风险源共计 123 项,其中特级风险源 5 项、一级风险源 20 项、二级风险源 48 项、三级风险源 67 项。

三、主要参建单位和设备供货单位

北京地铁四号线工程 A 部分建设管理单位和 B 部分的项目管理单位为北京市轨道交通建设管理有限公司。京港公司作为 B 部分的业主和运营单位,在特许协议签署后参与了初步设计的优化和工程建设的配合工作。

土建工程(含装修)主要参建单位见表 38-1。

北京地铁四号线土建工程(含装修)参建单位　　　　　　　　表 38-1

设 计 单 位	勘 探 单 位	监 理 单 位	施 工 单 位	精装修单位
北京市政工程设计研究总院(总体设计单位) 铁道第一勘察设计院 铁道第三勘察设计院 中铁第四勘察设计院 中铁隧道勘测设计院 中国中铁设计咨询集团有限公司 北京城建设计研究总院	北京市地质工程勘察院 北京市城建勘察设计研究院	北京正远监理咨询有限公司 北京市工程咨询公司 北京铁城建设监理有限公司 北京四方工程建设监理有限责任公司 北京铁建工程监理有限公司 华铁工程咨询有限责任公司 北京逸群工程咨询有限公司 铁科院(北京)工程咨询有限公司 北京磐石建设监理有限公司	中国建筑一局(集团)有限公司 中铁电气化局集团有限公司 北京城乡建设集团有限责任公司 中铁一局集团有限公司 中铁二局股份有限公司 中铁三局集团有限公司 中铁六局集团有限公司 中铁十三局集团有限公司 中铁十四局集团有限公司 中铁十七局集团有限公司 中铁隧道局集团有限公司 北京住总集团有限责任公司 北京市政建设集团有限责任公司 北京韩建集团有限公司	深圳市新鹏都装饰工程有限公司 河北白云建筑装饰工程有限公司 深圳市华茂装饰工程有限公司 北京建兴泰建设科技有限公司 深圳市晶宫设计装饰工程有限公司 北京韩建集团有限公司 北京国建筑装饰有限公司 北京爱地鑫装饰工程有限公司 深圳市南利装饰工程公司 华鼎建筑装饰有限公司

设备安装工程主要参建单位见表38-2。

北京地铁四号线工程设备安装参建单位 表38-2

设 计 单 位	监 理 单 位	施 工 单 位
北京市市政工程设计研究总院 中铁电气化勘测设计研究院 中铁第四勘察设计院 深圳市文业装饰设计公司 深圳广田集团股份有限公司 总参工程兵第四设计研究院 第二炮兵工程设计研究院	华铁工程咨询有限责任公司 天津市路安电气化监理有限公司 北京通达监理有限公司 上海三维工程建设咨询有限公司 北京地铁监理有限公司 铁科院（北京）工程咨询有限公司	中铁电气化局集团有限公司 中铁电气化局集团第一工程有限公司 中铁一局集团有限公司 中铁一局集团建筑安装工程有限公司 中铁三局集团有限公司 中铁五局集团电务工程有限责任公司 中铁十九局集团有限公司 北京住总第六开发建设有限公司 北京韩建集团有限公司 北京建欣业机电工程技术有限公司 中国中安消防安全工程有限公司 深圳市新鹏都装饰工程有限公司 四川新力实业集团有限公司 三星SDS株式会社 中国铁路通信信号上海工程局集团有限公司 上海贝尔阿尔卡特股份有限公司与华铁工程咨询有限公司联合体 总参工程兵第四设计研究院 第二炮兵工程设计研究院 中国中安消防安全工程有限公司 中房集团新技术中心有限公司 北京北控电信通信息技术有限公司 大连星玛电梯有限公司 华升富士达电梯有限公司 日立电梯（中国）有限公司北京中迅龙臣设备安装有限公司联合体 北京奥的斯电梯有限公司

A部分主要设备承包商见表38-3。

A部分主要设备承包商 表38-3

系 统 设 备	承 包 商
电保温	中房集团新技术中心有限公司
给排水全线水泵	山东双轮集团股份有限公司
给排水全线阀门	佛山市南海永兴阀门制造有限公司
气体灭火系统设备	中国中安消防安全工程有限公司
车辆段和停车场锅炉设备	广州天鹿锅炉有限公司,北京昊天机电设备安装工程有限公司

B 部分主要设备供应商或集成商见表38-4。

B 部分主要设备供应商或集成商　　　　　　　　　　表38-4

设 备 系 统	供应商或集成商
车辆	南车青岛四方机车车辆股份有限公司
牵引制动	新誉集团有限公司/庞巴迪运输瑞典有限公司联合体
信号	上海贝尔股份有限公司、泰雷兹轨道信号公司、北京市华铁信息技术开发总公司、中国铁路通信信号上海工程公司联合体
DC750 伏牵引供电设备	西门子(中国)有限公司,西门子国际贸易(上海)有限公司
整流机组及配电变压器设备	北京华泰变压器有限公司
10 千伏开关柜设备	安徽鑫龙电器股份有限公司
400 伏开关柜设备	厦门 ABB 低压电器股份有限公司
10 千伏电力电缆	天津塑力线缆集团有限公司
DC1 千伏电力电缆	远东电缆厂
变电所操作电源屏设备	安徽鑫龙电器股份有限公司
电力监控(SCADA)设备	南京南瑞集团有限公司
暖通空调控制及电源设备	厦门 ABB 低压电器股份有限公司
冷水机组(350 千瓦以上)设备	开利空调销售服务(上海)有限公司
冷水机组(350 千瓦以下)设备	开利空调销售服务(上海)有限公司
轴流风机设备	浙江上风实业有限公司
表冷器设备	北京北空空调有限公司
组合空调设备	开利空调销售服务(上海)有限公司
各类风机设备	上虞专用风机有限公司
各类风阀设备	北京汉威机电有限公司
电动组合风阀设备	北京吉盛圣华利方通风设备有限公司
冷却塔设备	广州马利冷却塔有限公司
多联机空调设备	北京建欣业机电工程技术有限公司
冷冻水泵与冷却水泵设备	山东双轮集团股份有限公司
暖通空调水系统阀门设备	佛山市南海永兴阀门制造有限公司
消音器设备	北京绿创环保集团有限公司
不间断电源(UPS)设备	梅兰日兰电子(中国)有限公司
应急电源(EPS)设备	大连国彪应急电源集团有限公司
环境与设备监控系统(BAS)设备	同方股份有限公司
无线通信系统设备	安弗施无线射频系统(上海)有限公司
传输系统设备	上海贝尔阿尔卡特股份有限公司
车站通信系统设备	中国铁路通信信号集团公司

设 备 系 统	供应商或集成商
商用通信系统设备	京信通信系统(广州)有限公司
火灾自动报警系统(FAS)设备	北京西核力景消防设备有限公司
自动售检票系统设备	三星 SDS 株式会社
内燃机车供货合同	襄樊金鹰轨道车辆有限责任公司
不落轮镟机床	意大利 SAFOP 公司
列车清洗机	哈尔滨威克轨道交通技术开发有限公司
列车轮重测量设备	哈尔滨威克轨道交通技术开发有限公司
平板车	陕西西铁养路机械有限责任公司
车辆基地集成设备	唐山百川智能机器有限公司

第五节　运 营 管 理

一、特许经营项目公司筹备主要节点

2004 年 12 月 3 日,京港公司三方股东在京签署《北京地铁四号线 PPP 项目合作投资、建设、运营原则性协议》(图 38-4)。

图 38-4　2004 年 12 月 3 日,京港公司三方股东在京签署《北京地铁四号线

PPP 项目合作投资、建设、运营原则性协议》(京港公司供图)

2005 年 2 月 7 日,京港公司股东方与北京市交通委员会草签《北京地铁四号线特许经营协议》。

2005 年 9 月 28 日,国家发展改革委批准北京地铁四号线 B 部分利用外资建设和经营,同时批准《北京地铁四号线特许经营协议》。

2005 年 12 月 26 日,商务部批准成立京港公司,并颁发批准证书。

2006 年 1 月 16 日,京港公司正式取得工商营业执照,公司正式成立。

2006 年 1 月 24 日,京港公司在北京召开了首届董事会第 1 次会议,研究确立了公司建设发展的思路和方向。

2006 年 4 月 12 日,京港公司与北京市政府签署《北京地铁四号线特许经营协议》(图 38-5)。

图 38-5 2006 年 4 月 12 日,京港公司与北京市政府签署《北京地铁四号线
特许经营协议》(京港公司供图)

2009 年 9 月 28 日,北京地铁四号线开通试运营。

二、运营管理措施

京港公司运营管理借鉴香港地铁的管理理念,并结合四号线的运营需要进行了适当调整。在组织架构方面,职能集合,员工一专多能;列车行驶采用单司机运行;车辆、信号等密切关联的专业由同一经理管辖;各部门职能分工明确,部门外业务由保障室统筹管理。

在运营安全管理方面,执行"安全第一"的安全方针,强调安全是每位员工的责任;参考港铁的安全运营经验,结合北京的客运需求特点建立了乘客、员工和承包商的安全指标,高水平地监控公司安全表现;安全责任制层次清晰、责任明确;公司内部建立学习、了解、参与和宣传安全健康环保活动的平台;每年年初制订年度安全工作计划及 3 年安全战略计划,定期对安全工作计划进行跟进,监察公司安全管理工作的进展。

在客运服务方面,从香港地铁引入多套成熟的管理系统,结合北京地铁四号线情况进行适当改造,同时自行研发了短信息发送系统,提升了管理效率。在乘客服务方面,体现以人为本的理念,车厢内设置车站导向标识、站台监察亭等,体现港铁运营理念;提前投资增购 13 列车、扩建列车停车股道,缩短行车间隔,以应对日益增长的客流;改善进出站和换乘路径,实施改善措施,确保乘客有效疏散,消除安全隐患;增购打磨车,加大打磨钢轨频次,减低地铁振动及噪声;开展安全宣传活动及应急演练(图 38-6)宣传和鼓励行动不便人士和携带行李人士使用垂直电梯;开展公益宣传活动,倡导低碳环保绿色出行;发布《顾客服务承诺》,进一步强化"以客为先"的服务理念(图 38-7)。

图 38-6　京港公司组织乘客进行安全宣传及应急演练活动(京港公司供图)

图 38-7　2019 年 6 月 20 日,京港地铁首份《顾客服务承诺》发布(京港公司供图)

在维修维护方面,维护维修管理工作全部由运营工程部负责,将车辆和信号两大主要系统归纳在车务工程处,大大提高了效率。引入香港地铁全寿命周期资产管理先进理念和管理手段,对设备供应商严格系统保证管理、全过程参与、对车辆维修采用三线维修模式、开发维修管理信息系统、引入香港地铁隐患登记系统等,降低了投资成本和运营维护成本,提高了运营效率和运营安全。

三、运营管理成效

2012 年 5 月,国家发展改革委委托铁道第三勘察设计院集团有限公司承担北京地铁四号线工程后评价工作。2012 年 11 月,完成了《北京地铁四号线工程后评价报告》,认为:本项目成功引入了香港地铁运营管理经验,运营管理理念先进,技术创新效果显著,提高了北京市地铁运营管理水平,调查结果表明乘客满意度较高,效果良好[专业乘客调查机构对四号线的乘客调查表明,2011 年京港地铁乘客满意率达到 94.8% ,超过北京市运输局满意率要求(91%)和京港公司内控指标(92%)的要求];全面实现各项项目目标,宏观效果陆续体现;项目目标持续性的总得分为 88.21 分,综合考虑影响项目持续性的外部因素和内部因素,北京市地铁四号线工程项目持续性评价为"很好",本项目具备良好的可持续发展能力。

据中国交通运输协会 2010 年第 4 季度统计数据,在全国来看,北京地铁四号线单位运营长度的职工数量较少,全员生产率高,排名第一。平均列车时刻表兑现率和列车正点率均优于特许协议和地方标准的相关指标要求。

北京地铁四号线是国内第一条刚开通时列车运行间隔就能达到 3 分钟的地铁线路。北京地铁四号线开通以来,列车时刻表已经进行了 10 余次优化调整,最小行车间隔从 3 分钟缩短到 2 分钟以内。2013 年 3 月 15 日,北京地铁四号线上行方向最短的行车间隔实现 1 分 43 秒,是国内最小的地铁列车发车间隔。2017 年,北京地铁四号线高峰小时最大断面客流量达到6.09 万乘次/(千米·日),为全国客流量最大的线路。2019 年,北京地铁四号线(不含大兴线)日均客运量达到 119 万乘次,最高日客流量达到 152 万乘次。

第六节　工　程　创　新

一、开启了内地城市轨道交通领域 PPP 模式

北京地铁四号线是国内首个采用 PPP 投融资模式建设运营管理的轨道交通工程。引入香港地铁管理模式,将一个完整的工程项目在物理上划分成 2 个部分,A、B 部分工程的界面衔接及接口管理使得项目的投融资模式和项目管理模式都是国内首创。

二、"我就是乘客"设计理念的落实

北京地铁四号线通过引入新的运营商,引入了新的服务管理理念。为了提高地铁对乘客的服务水平,北京地铁四号线在设计初期就把"我就是乘客"的人性化设计理念落实到设计方案和具体的细节之中:

①首次全方位实现无障碍设施规划设计。

②按照港铁"以客为先"的运营和管理理念,对全线车站和列车细节进行人性化设计。全线车站统一设置了便民用房及便民设施。在每座车站综合监控室旁加设 1 间等候室,接待乘客投诉,体现"以客为先"的运营理念。首次在设备管理用房区增设男女员工卫生间,该设计随后成为北京地铁设计的标准配置。在站台增设监察亭,以便快速处理站内紧急情况,保证运营安全。从安全疏散并提高效率角度考虑首次设置了车头的坡道式逃生门。首次实现了车载

PIS 屏实时显示当前时间并报站,站台乘客信息系统(Passenger Information System,PIS)屏可显示最近列车的预计到达时间。为防止乘客踏入站台间隙,首次在安全门增加了防踏空胶条和防夹挡板。

③首次系统地解决了地铁与其他交通方式的无缝衔接。每个站都设置有自行车停车场、出租车停靠地,协调与地面交通的衔接,力求实现"零"距离换乘。

三、轨道技术创新

北京地铁四号线贯穿市中心,沿途经过的文物保护区、科研院所对环境要求很高。北京地铁四号线为国内第一条在设计中全面系统结合环境评价报告开展轨道减振降噪技术综合设计的线路,轨道减振线路里程占线路全长47%,其中改进型弹性扣件与弹性短枕式整体道床配合地段共计3981.70米(双线)、圆形盾构地段 T 形浮置板道床2780.70米(双线)、钢弹簧浮置板道床1145.20米(双线)。沿线敏感点多,保护目标范围广。在国内已建成或在建地铁中,北京地铁四号线在轨道的减振降噪技术应用、减振地段长度及种类等方面的技术复杂度最高。此外,北京地铁四号线也是国内首条对低频振动采取减振措施的地铁。

四、其他工程技术创新

北京南站:最深、最大基坑工程及国铁站房复杂荷载结构转换。

宣武门站:国内首例采用平顶直墙浅埋暗挖法超近距下穿运营地铁车站。

西单站:首次采用拉锚技术解决上跨既有线地铁抗浮问题。

国家图书馆站:首座采用"盖挖逆作法"施工的双岛四线车站。

动物园站—国家图书馆站区间:国内首例小角度、近间距、长距离从已建暗挖隧道上方交叠穿越的结构形式隧道。

灵境胡同—西四站区间:盾构下穿越万松老人塔(一级文物)变形控制。

海淀黄庄站:创造了单次暗挖修建十字换乘车站的国内先例。

五、设备系统技术创新

1.通信系统

在国内地铁首次设置计算机网络系统,实现地铁运营调度管理和办公的现代化和自动化。将当时较为先进的商用第三代无线通信(3G)信号引入地铁,实现无线通信系统在地铁范围内的全覆盖。为了方便乘客在车站内与工作人员的沟通,各个车站均设置有求助电话。

2.动力照明系统

首次在北京地铁实现了应急电源(UPS)的整合,提高了应急电源的可靠性,提升了运营安全和工作效率,有效降低了运营维护成本,减少了地铁建筑使用面积,降低了工程投资。

3.通风与空调系统

在国内轨道交通建设中首先引入了系统保证计划管理的设计理念,在项目实施过程中,把可靠性、可用性、可维护性和安全性的要求贯穿在系统设计、设备选用以及设备制造、测试、安装等各方面。通风空调系统在安全运营保证措施、降低系统运行能耗、简化系统操作管理、车站内部空气品质、噪声处理等方面做了细致设计。

4.牵引系统

采用蓄电池供电牵引模式进行列车牵引,保证列车在供电轨断电情况下能靠列车自带蓄电池把乘客安全运至车站,在国内尚属首次。

5.系统集成

在北京地区首次采用防灾报警(FAS)和设备监控(BAS)联动控制方案。将 FAS 系统的报警功能和 BAS 系统的控制功能有机结合,发挥各自系统优势,合理优化系统功能,确保系统整体的可靠性。

北京地铁四号线工程获得 2007 年度、2008 年度北京市政工程行业协会"市政基础设施结构长城杯金质奖工程",2009 年度北京市政工程行业协会"市政基础设施竣工长城杯金质奖工程",2010 年度中国铁道工程建设协会"火车头优质工程",2013 年度中国土木工程学会、北京詹天佑土木工程科学技术发展基金会第十一届中国土木工程詹天佑奖。

第七节　工　程　价　值

北京地铁四号线缓解了北京市中心区西部南北交通紧张局面。北京地铁四号线位于北京市西部,贯穿城市中心、连接南北郊区,串联北京南站大型综合交通枢纽、西单商业区、中关村科技园区、颐和园旅游区等大型客流集散点,是轨道交通骨干线路。2019 年,北京地铁四号线和大兴线的总乘客量约为 4.55 亿人次,有效缓解北京市南北交通紧张局面。方便、快捷的轨道交通,为居民创造了便利的出行条件,减少了出行时间,社会效益显著。

带动了沿线经济和社会发展。北京地铁四号线联系北京市多处科教、文化、商务和旅游核心区域,尤其与大兴线贯通后,为沿线土地带来了显著的增值效益,促进了经济、社会的发展,特别是推动了北京大兴新城的发展。另外,北京地铁四号线的建设带动了相关产业链,增加了沿线商业、娱乐、广告、物业等各类商业活动,乘数效应明显,促进地区的发展。

有利于转变政府职能,促进行业劳动生产率提高。市政府通过《北京地铁四号线特许经营协议》制订规则,强化监管,从而使政府部门实现从对地铁的间接经营者向监管者的角色转变,既有利于通过企业自主经营充分发挥企业的积极性,提高地铁运营管理水平,又可以通过完善政府监管确保运营的安全,维护社会公共利益,推进公用事业市场化进程。北京地铁四号线 PPP 模式的成功运用,在北京地铁运营领域引入竞争机制,加快北京地铁运营管理体制的改革,基本上解决了过去政府投资劳动生产率较低的局面,提升整个网络的运营管理水平,提高了资金的运作效率和整个项目的管理效率,使市民享受到更优质的服务。

促进就业和人才素质提高。北京地铁四号线 PPP 模式运作过程中,在法律、金融、轨道和财务方面培养出一大批高素质专业人才,政府相关部门也要在价格、安全、服务、协议等方面进行监管,锻炼了政府公务人员、提高了政府执政能力。同时,北京地铁四号线运行和管理需要专业技术人员和技工人才,既能增加就业,又能加快当地职业教育工作,带动了地区行业人才的快速发展。

促进京港两地文化交流。香港地区等国际先进文化的输入和北京当代文化的继承和融合,对北京地铁四号线的建设和管理具有适用性和先进性。北京地铁四号线运营以来,外派到北京的香港专业技术人才和北京当地专业人才交流和沟通,既继承了当地文化,也引入了香港文化,提升了城市间的交流与合作。

促进北京地铁步入市场化、规范化、法制化的轨道。北京地铁四号线 PPP 模式具有行业参考和借鉴价值。通过与投资方、特许公司签订的一系列合同和协议,明确了政府、投资者和特许公司在四号线项目投资、建设、运营各环节中的权利和义务,通过法律契约关系使"软约束"变成"硬约束",使地铁项目的投资、建设、运营各环节有机结合,良性发展。项目采用 PPP 投融资模式并成立京港公司,促进了轨道交通行业投资和运营市场主体多元化发展,形成了同行业多家竞争的格局,促进了技术进步和管理与服务水平的提高。

执笔人:边颜东

第三十九章　上海地铁 10 号线

第一节　工程概况

上海城市轨道交通建设从 20 世纪 80 年代开始起步,至 2019 年底形成总运营里程 705 千米、415 座车站、17 条运营线路的基本网络。其中,10 号线是上海市轨道交通网络中的市区线之一,是西南至东北方向的直径线,工程经过杨浦、虹口、闸北、黄埔、徐汇、长宁、闵行 7 个行政区,连接了虹桥高铁站、虹桥机场、虹桥经济技术开发区、市中心中央商务区、豫园旅游商业区、江湾五角场城市副中心以及新江湾城等诸多大型居民区,是构成上海轨道交通基本网络的大运量等级的骨干线路。

上海地铁 10 号线全长 36.2 千米。其中,主线虹桥火车站至新江湾城站(线路走向:虹桥高速铁路客站—虹桥机场用地—虹桥路—淮海西路—复兴路—河南路—武进路—四平路—江湾五角场—淞沪路—新江湾城),全长 31.233 千米,设站 28 座,见图 39-1;支线由主线的杭州路站至龙溪路站(线路走向:航中路站—吴中路—虹井路—虹桥路—龙溪路站),全长 4.967 千米,设站 3 座。设吴中路停车场,与龙柏新村站接轨。控制中心设在吴中路停车场,备用控制中心与 8 号线中山北路控制中心合建。设主变电所 2 座。该工程 2004 年开展筹建工作,2006 年开工建设,2010 年 4 月开通运营主线龙溪路站以东及支线部分,11 月开通运营主线剩余部分。

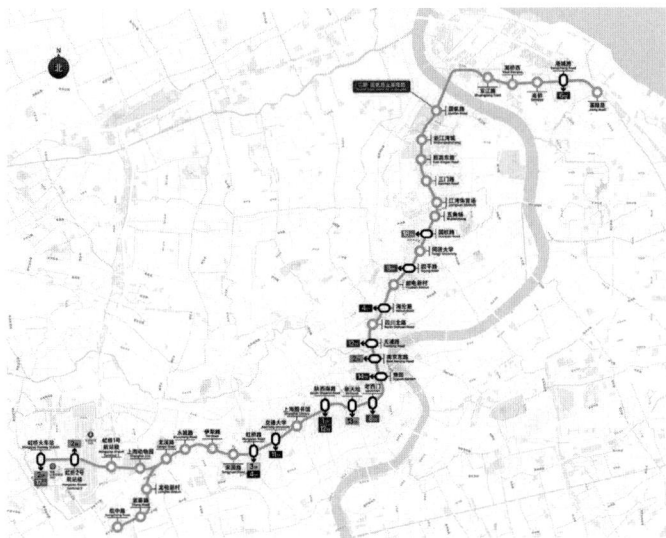

图 39-1　上海地铁 10 号线示意图

第二节　规划与决策

一、项目提出

1997 年，上海市政府决定编制城市交通政策和规划，相继完成了《上海市城市交通政策研究》《上海市综合交通规划》及《"十五"城市交通专项规划》。

2000 年，上海市政府委托 2 家国际著名咨询公司，对上海城市交通进行了综合评估和论证，并形成《上海综合交通规划（2000—2020）》，提出：轨道交通网络布局设置 3 个层次——R 线为市域级快速地铁，M 线为市区级快速地铁，L 线为区域级轻轨。其中，M1 线（10 号线）为市区级快速地铁，承担连接中心城区重要作用。同年 4 月，上海市政府提出轨道交通网络目标：近期建设 200 千米左右的轨道交通，中远期形成 540 千米左右基本完整的轨道交通网络。其中，10 号线被纳入中远期建设计划。

2001 年 5 月，国务院以国函〔2001〕48 号文原则同意《上海市城市总体规划（1999—2020年）》，并指出：要加快大容量城市轨道交通和高速公路的建设，形成以轨道交通与公共汽（电）车密切结合、各种交通方式协调发展的城市综合交通体系。其中，M1 线（10 号线）在内的轨道交通网络被纳入城市综合交通体系。

2003 年 12 月，上海市人民政府以沪府发〔2003〕69 号文印发《上海市城市总体规划（1999—2020 年）中、近期建设行动计划》，提出优先建设中心城与郊区重点城镇的轨道交通；建成中心城区轨道交通基本网络；加强城市副中心、黄浦江两岸和 2010 年上海世博会地区的集疏运轨道交通建设。其中，10 号线被纳入中心城区轨道交通基本网络。

二、规划依据

2003 年 12 月，上海市建设和管理委员会科学技术委员会以沪建科技〔2003〕工字第 761 号函报送《规划 M1 线河南路（汉口路—天潼路段）方案咨询报告》，提出为配合 2004 年河南路拓宽工程，需同步实施 M1（10 号线），并考虑河南路桥同步改建的前提；关于南京东路设站与 R2 换乘，北侧方案优于南侧方案，特别应首先考虑能实现短距离付费区换乘的方案。

2003 年 12 月，上海市城市规划管理局以沪规划〔2003〕1024 号文批复 10 号线规划选线方案，提出为进行用地控制并保证有关工作的顺利开展，同意对该段线路编制选线规划，原则同意规划选线所依据的设计原则及技术标准；原则同意所报轨道交通 10 号线总体方案。

2004 年 1 月，受国家发展和改革委员会委托，中国国际工程咨询公司（现中国国际工程咨询有限公司）组织完成了对《上海市城市快速轨道交通建设规划》的评估，并以咨交通〔2004〕

108 号文印发了评估报告。评估认为总体方案和布局是可行的。

2004 年 8 月,上海申通地铁集团有限公司通过工程设计方案招标,确定并委托上海市隧道工程轨道交通设计研究院为 10 号线总体设计单位。

2005 年 4 月,编制完成《项目工程可行性研究报告》。2005 年 9 月,由于高速铁路站调整至虹桥机场西侧,上海市隧道工程轨道交通设计研究院重新编制完成 10 号线工程可行性研究报告。

2005 年 4 月,上海市发展和改革委员会以沪发改城〔2005〕119 号文《关于开展轨道交通 10 号线工程前期工作的通知》,指出轨道交通 10 号线工程已列入上海市轨道交通近期建设规划,同意开展有关前期准备工作。

2005 年 7 月,国家发展和改革委员会以发改投资〔2005〕1377 号文批准《上海市城市快速轨道交通近期建设规划》,指出上海地铁 10 号线工程建设年限为 2006—2010 年。

三、项目可行性研究

2005 年 9 月,由上海申通地铁集团有限公司牵头,虹口区国有资产经营有限公司、杨浦城市建设投资有限公司共同组建了上海轨道交通十号线发展有限公司(以下简称"项目公司"),对上海地铁 10 号线项目的策划、资金筹措、建设实施、生产经营、债务偿还和资产保值增值实行全过程负责。

2005 年 10 月,上海市发展和改革委员会以沪发改城〔2005〕440 号文正式向国家发展和改革委员会上报上海地铁 10 号线工程可行性研究报告。

2005 年 12 月,国家环境保护总局以环审〔2005〕983 号文批复了上海地铁 10 号线环境影响报告书。

2006 年 2 月,国土资源部以国土资预审字〔2006〕47 号文函复了上海地铁 10 号线工程用地预审意见,同意通过用地预审。

2006 年 3 月,中国国际工程咨询公司以咨交通〔2006〕230 号文印发了上海地铁 10 号线工程可行性研究报告的咨询评估报告,评估认为上海地铁 10 号线项目建设是必要的;认为项目功能定位、线站位方案及车站规模和建筑设计方案、屏蔽门制式、9 号三开道岔技术、停车场总体布置、机电系统的制式方案等技术方案合理可行,同时对供电系统、综合监控、开发结合等方面建议进一步优化和核定。

2006 年 6 月,国家发展和改革委员会以发改投资〔2006〕1197 号文批复了上海地铁 10 号线工程可行性研究报告,批复指出上海地铁 10 号线主线由虹桥综合交通枢纽至新江湾城(31.056 千米),支线由外环路站至虹梅路站(3.728 千米),线路全长 34.784 千米,均为地下线,设地下站 28 座;工程总投资为 203.91 亿元。

第三节 工 程 设 计

一、主要设计过程

1. 总体设计过程

2005 年 9—12 月，设计总体组组织各设计分项单位编制完成上海地铁 10 号线工程初步设计文件。

2007 年 9 月，上海申通地铁集团有限公司向上海市建设和交通委员会分别以沪地铁〔2007〕266 号文、沪地铁〔2007〕285 号文上报了上海地铁 10 号线工程初步设计、初步设计调整，主要调整有：在虹桥综合交通枢纽增设车站；吴中路停车场结合地块开发；车站配线优化；部分机电系统方案调整；控制中心方案调整；项目试运营计划调整；总概算调整。

2007 年 10 月，上海市建设和交通委员会科学技术委员会以沪建科技工字〔2007〕第 1406 号函报送了上海地铁 10 号线工程调整初步设计评审报告（工字 2007 - 09 - 563 号）。

2007 年 11 月，上海市建设和交通委员会以沪建交〔2007〕722 号文批准了上海地铁 10 号线工程初步设计及初步设计调整，工程批准概算为 2378400 万元。

2008 年 12 月，上海市城市规划管理局以沪规划〔2008〕738 号文批复轨道交通 2、10 号线虹桥综合交通枢纽段专项控制性详细规划，原则同意 10 号线（上海动物园站—虹桥路站）主线线路走向方案。

2012 年 4 月，根据项目审计工作需要，编制完成上海地铁 10 号线工程调整设计。同年 7 月，上海市城乡建设和交通委员会以沪建交〔2012〕835 号文批复，原则同意调整设计。

2012 年 7 月，环境保护部以环验〔2012〕158 号函下发了对上海地铁 10 号线工程竣工环境保护验收的意见，认为工程竣工环境保护验收合格。

2. 全自动无人驾驶系统设计过程

2004 年 12 月，上海申通地铁集团有限公司聘请法国赛思达（上海）技术咨询有限公司对上海地铁 10 号线采用全自动无人驾驶系统进行专题研究并提供技术支持。

2005 年 1 月，赛思达公司完成专题研究，结论认为上海地铁 10 号线采用无人驾驶系统是可行的。

2005 年 4 月，上海申通轨道交通研究咨询有限公司开展并完成了上海地铁 10 号线应用无人驾驶系统研究论证，认为为了顺应轨道交通发展趋势，提高轨道交通网络先进性，上海市轨道交通拟采用全自动无人驾驶这项新的技术，并选择上海地铁 10 号线作为依托和试点工程。随即，中国国际工程咨询公司对上海地铁 10 号线采用无人驾驶系统的适应性、可行性、技术标准和实施方案等内容提出了肯定意见,并建议下阶段聘请有经验的公司,作为业主顾问参与工程建设管理和运营调试。

2006 年 7 月,经业主顾问招标比选,项目公司与新加坡鸿中(上海)工程技术咨询有限公司签订了《10 号线机电工程项目管理合作和咨询服务协议书》,协助完成上海地铁 10 号线全自动运营线路的建设、开通和运营。

二、主要设计方案

1. 全自动无人驾驶系统

在信号系统方面,全自动无人驾驶系统相对于传统的城市轨道交通系统,正线信号系统构成基本相同,但其子系统均需采用必要的冗余技术,RAMS(可靠性、可用性、维修性、安全性)的多项指标要高于常规的系统,以确保在最不利的条件下,系统能保证高可靠性、高可用性和高安全性。

在车辆方面,在车辆常规功能配备基础上,将驾驶员功能或职责完全由车辆、信号、无线、综合监控及屏蔽门等自动控制取代,各系统之间紧密协作,完成各种复杂的动作。

在车辆段方面,全自动无人驾驶车辆段关键技术必须以全自动无人驾驶车辆为服务本体,以满足全自动运行功能要求为基本导向,通过改进检修体系、优化总平面、划分无人区与有人区等措施,完善具体的设计方案。

在综合监控系统方面,无人驾驶需要以行车指挥为核心的高度集成的控制系统,信号和车辆等系统均要通过综合监控系统进行信息汇总、处理以及综合分析,作为调度人员指挥工作的信息辅助支撑。

在通信技术方面,核心技术是无线网络的建设,满足上行车辆状态信息、综合监控信息、视频信息等的上传,以及下行控制中心相关调度人员控制命令和乘客信息系统、广播及其他系统信息下发的通道要求和安全性;处理好与无线信号网络干扰和综合监控系统接口问题。

2. 与轨道交通线网换乘

全线主要换乘节点如下:

①虹桥火车站站——平行、"十"字形换乘。本站是虹桥综合交通枢纽的重要组成部分,西起 SN 二路,东至 SN 五路,各种交通工具之间的相互换乘主要通过地下一层实现,轨道交通主要位于地下二层和三层,2 号线、10 号线、17 号线沿枢纽线呈东西向布置在地下二层。原规划 17 号线垂直于 2 号线、10 号线、17 号线,位于地下三层。

②虹桥路站——通道换乘。10 号线虹桥路站位于虹桥路、凯旋路、淮海西路交叉口的三角地块下,3 号线虹桥路站位于淮海路北侧的凯旋路上的高架站。换乘方案为先在站台设置通往站厅层的换乘楼梯,再由站厅层设置直通地面二层的楼扶梯,接至换乘天桥。

③交通大学站——"T"形换乘。本站为 10 号线与 11 号线换乘车站,其中 10 号线车站位于淮海西路上,跨越华山路;11 号线车站沿华山路设置,跨越淮海西路,两线"T"形换乘。10 号线、11 号线设备有条件的考虑资源共享、同步设计、分步实施,10 号线车站部分先行建设。

④陕西南路站——通道换乘、"L"形换乘。本站位于南昌路以北、陕西南路以西的地块内,与已运营的 1 号线、在建的 12 号线淮海路站成"Z"字形相交,3 站均为岛式车站。其中,10 号线地下二层,12 号线地下三层,采用站台对站台的"L"形换乘;12 号线与建成运营的 1 号线陕西南路站形成通道换乘,10 号线也可以通过 12 号线与 1 号线形成换乘。

⑤新天地站——"L"形换乘。本站主体位于复兴中路下,东端紧邻黄陂南路,西端紧邻淡水路,骑跨马当路,车站中部设存车及折返线。本站与 13 号线淡水路站实行"L"形换乘,13 号线淡水路站主体大部分位于马当路西侧 43 街坊地块内,与该地块地面开发建筑结合设计。

⑥老西门站——"T"形换乘。老西门站为 10 号线与 8 号线老西门站的换乘站,与 8 号线车站呈"T"形换乘,为地下 3 层岛式车站。车站位于西藏南路、复兴路交叉口,沿复兴路呈东西向设置。其中,车站东端头井紧邻中华路,西端头井位于西藏南路西侧。10 号线乘客可以在站厅层付费区内换乘,或通过站台层的换乘楼梯进入 8 号线站台。

⑦豫园站——通道换乘。本站位于上海市黄浦区豫园老城厢地区,是上海唯一集商市、园林、庙宇于一体的旅游文化景点,也是人流集散的重点地区。本工程与河南路拓宽工程、人民路过江隧道、14 号线等交通工程一期,共同构成了豫园地区的综合交通枢纽。

⑧南京东路站——通道换乘。本站位于南京东路步行街东侧,河南中路上,车站跨越天津路,车站主体南、北两端均不过街,车站南端头井靠近 2 号线河南路东端头井,距离 2 号线区间中心线最近处 15.2 米,出入口与风井设置在河南路两侧的地块内。南京东路为 10 号线工程的中间站,并与已建的 2 号线换乘。南京东路站采用地下 3 层岛式车站形式。

⑨天潼路站——"T"形换乘。天潼路站位于河南路、天潼路口,与拟建的 12 号线形成"T"形换乘。10 号线车站为地下 2 层 3 跨双柱岛式车站,12 号线车站为地下 3 层 3 柱 4 跨侧式车站,两线车站形成岛侧"T"形换乘。

⑩海伦路站——"L"形换乘。本站位于四平路下,南临海伦路,4 号线海伦路站位于海伦路北侧的地块内,两站成"L"形相交换乘。两站均为岛式车站,4 号线在地下一层半,10 号线在地下二层,可以在付费区换乘。两站土建工程同步实施。

⑪四平路站——"十"字形换乘。本工程位于四平路、大连路交叉口处,包括相交的 8 号线车站和 10 号线车站及部分四平路下立交工程。8 号线沿大连路方向,下立交和 10 号线沿四平路方向,分别骑跨道路形成"十"字形相交。8 号线车站主体部分基本位于大连路下,偏于路北侧,东端头井部分进入东北侧地块内。下立交及 10 号线车站上下叠放,中心重合,位于四平路规划道路路中。

3.双圆盾构技术

由于双圆盾构工法具有占用地下空间小、施工效率较高、两端连接车站可采用侧式站台增加换乘节点等优点,因此8号线、10号线换乘站——四平路站的南、北两端区间采用双圆盾构工法实施。这两段区间地处上海市中心,周围高楼密集,环境条件复杂,而且隧道上方即为四平路下立交,设计施工难度极大,两段区间隧道分别长790.1米和620.4米,最小平曲线半径为804.6米。主要采取的技术措施有:

①下立交地板下3米后的土层预先进行地基加固,减小盾构掘进时对下立交结构的影响,控制下立交结构沉降不超过2厘米。

②下立交结构设计时需考虑盾构掘进引起的内力和结构变形的增加,适当增加下立交结构的纵向刚度。

③下立交结构底板中预留后期注浆孔,根据结构沉降观测结果,及时进行补注浆加固,控制结构沉降。

在下立交结构施工和双圆盾构掘进中,采取了下列主要技术措施:

①采用钢筋应力计、水准仪对下立交结构进行应力、应变等监测。

②在盾构推进线路外侧,设置分层沉降仪、土压力计、孔隙水压力计等,监测土层变形和压力变化,控制盾构掘进速度、出土量、同步注浆等参数。

③合理管理施工参数。建立完整、精确、及时的监测系统,减少盾构掘进对地层的扰动并及时填补建筑空隙,达到保护下立交的目的。

三、主要设计单位

本工程的勘察、设计工作主要由14家单位承担,见表39-1。

10号线工程分工设计单位一览表 表39-1

编号	项目名称	分项名称	设计单位
1	车站	虹桥火车站站	铁道第三勘察设计院集团有限公司
		虹桥2号航站楼站	上海市隧道工程轨道交通设计研究院
		虹桥1号航站楼站	现代设计集团华东建筑设计研究院有限公司
		上海动物园站	
		龙溪路站	上海市隧道工程轨道交通设计研究院
		水城路站	上海市地下建筑设计研究院
		伊犁路站	
		宋园路站	
		虹桥路站	
		交通大学站	上海市城市建设设计研究院
		上海图书馆站	

编号	项目名称	分项名称	设计单位
1	车站	陕西南路站	上海市隧道工程轨道交通设计研究院
		新天地站	
		老西门站	中铁二院工程集团有限责任公司
		豫园站	上海市隧道工程轨道交通设计研究院
		南京东路站	
		天潼路站	
		四川北路站	上海市政工程设计研究总院
		海伦路站	铁道第三勘察设计院集团有限公司
		邮电新村站	上海市政工程设计研究总院
		四平路站	上海市隧道工程轨道交通设计研究院
		同济大学站	同济大学建筑设计研究院
		国权路站	上海市政工程设计研究总院
		五角场站	
		江湾体育场站	上海市隧道工程轨道交通设计研究院
		三门路站	中铁上海设计院集团有限公司
		殷高东路站	
		新江湾城站	上海市隧道工程轨道交通设计研究院
		航中路站	
		紫藤路站	
		龙柏新村站	
2	区间隧道	龙西路站—宋园路站	上海市政工程设计研究总院
		同济大学站—新江湾城站	
		吴中路停车场—龙柏新村站	上海市隧道工程轨道交通设计研究院
		航中路站—龙溪路站	
		宋园路站—上海图书馆站	
		上海图书馆站—豫园站	
		豫园站—四川北路站	
		四川北路站—邮电新村站	
		邮电新村站—同济大学站	
		虹桥1号航站楼站—虹桥火车站站	
		上海动物园站—虹桥1号航站楼站	铁道第三勘察设计院集团有限公司
3	轨道		中铁上海设计院集团有限公司
			上海市隧道工程轨道交通设计研究院
4	供电系统	供电系统	上海市隧道工程轨道交通设计研究院
		主变电站	上海电力设计院有限公司

续上表

编号	项目名称	分项名称	设计单位
4	供电系统	牵引变电所	铁道第三勘察设计院集团有限公司
		降压变电所	
		电力监控	上海市隧道工程轨道交通设计研究院
		接触网	中铁电气化勘测设计研究院有限公司
		区间动力照明	铁道第三勘察设计院集团有限公司
		杂散电流防护	
5	通风空调系统		上海市隧道工程轨道交通设计研究院
6	通信系统		中铁上海设计院集团有限公司
			上海市隧道工程轨道交通设计研究院
7	信号系统		上海市隧道工程轨道交通设计研究院
8	给排水与消防系统		上海市城市建设设计研究院
9	综合监控系统		上海市隧道工程轨道交通设计研究院
10	防灾报警系统		上海市隧道工程轨道交通设计研究院
11	设备监控系统		上海市隧道工程轨道交通设计研究院
12	门禁系统		上海市隧道工程轨道交通设计研究院
13	自动售检票系统		中铁上海设计院集团有限公司
14	屏蔽门		上海市隧道工程轨道交通设计研究院
15	车站设备	自动扶梯、垂直电梯	上海市城市建设设计研究院
16	吴中路停车场		上海市隧道工程轨道交通设计研究院
17	控制中心		上海市隧道工程轨道交通设计研究院
18	人防		上海市地下建筑设计研究院
19	装修总体		深圳市利德行投资建设顾问有限公司
20	工程测量		上海市隧道工程轨道交通设计研究院
21	地质钻探、物探		上海市隧道工程轨道交通设计研究院、上海市城市建设设计研究院、上海岩土工程勘察设计研究院有限公司、上海海洋地质调查地质勘察工程公司

第四节　工程建设

一、工程建设过程

2005 年 12 月 30 日,殷高东路站动土,土建结构施工陆续开始。

2006 年 7 月,全线前期动拆迁基本完成,土建正式大规模施工(图 39-2)。

图 39-2　土建施工

2007 年 3 月,管线搬迁工作基本完成。

2009 年 3 月,全线车站主体结构封顶,凯旋路主变电所受电成功。

2009 年 9 月 13 日,首列列车运抵吴中路停车场。9 月 22 日—10 月 15 日在试车线调试,10 月 15 日在支线调试。

2009 年 9 月 14 日,吴中路停车场建成,成为当时上海最大轨道交通停车场。

2009 年 10 月,全线结构贯通,溧阳路主变电所受电成功。

2009 年 10 月 10 日,支线民用通信系统开通,为支线动车安全提供保障。

2009 年 11 月,航中路站—新江湾城站轨道全线贯通。

2009 年 12 月,航中路站—新江湾城站接触网全线受电。

2010 年 7 月,虹桥火车站站—龙溪路站轨道贯通。

2010 年 9 月,虹桥火车站站—龙溪路站接触网受电。

二、工程建设重点与难点

1. 一体化勘察总体咨询工作前移

城市轨道交通工程建设与运营涉及众多种类的岩土工程问题,包括地基变形、基坑边坡稳定、基坑水土突涌、流沙及砂土液化等,工程风险大。建设期间的风险,大多源于对土层判别的差异和认识不足。为贯彻安全先行的理念,从勘察源头控制工程风险,建立勘察总体咨询工作措施,统一全线工程水文地质评价和应对措施,并建立和共享地质信息平台,使数字平台具有多维、实用的岩土分析和风险提示功能,并满足远程即时查询的需求。

2. 数值模拟提高侧墙连续开孔的综合开发车站抗震能力

建筑空间要求的车站侧墙连续开孔与结构抗震性能之间的协调成为一个难题。结合地下空间开发的城市轨道交通车站侧向连续开孔结构的地震响应特性,对侧向连续开孔车站进行

664

定量分析,明确开孔率,建议开孔方式,提出结构加固措施,提高开孔结构抗震性能。

3. 微扰动技术解决盾构区间穿越难题

10号线区间沿线穿越机场主跑道、沙泾港桥梁桩基、城市下立交等众多地下障碍物,机场主跑道等对盾构穿越的影响要求严苛。为不影响主跑道的正常运营,设计了加强型止水的高强双掺复合管片;应用了新型可硬性单液浆同步注浆技术,并自主研发了成套注浆设备系统;为不间断监测机场跑道隆沉,创新采用了自动化无棱镜全站仪法。

4. 盾构穿越沙泾港段桥墩桥台桩基础实施托换技术

地铁施工环境日益复杂,为解决新旧线、新建线路之间的交叉、穿越以及盾构穿越既有建筑物等问题,结合穿越沙泾港段实际情况,提出托换施工总体方案设计:①地基加固及挡土结构施工(桥台背面的路面构造用);②桥台背面开挖,桥面覆盖;③地基加固,主要包括桥墩桥台基础的加固和除桩时的地基加固;④桥墩桥台的桁架补强;⑤先行盾构掘进,拆除桩基;⑥桥墩桥台补强钢构件养护,桥台背面回填,拆除挡土结构,路面恢复。

5. 国权路站—五角场站区间隧道旁通道冻结法施工技术

10号线国权路站—五角场站区间隧道旁通道及泵站工程位于软土区,地面道路交通繁忙,地下管线众多,结合周边环境、交通要求及地铁旁通道施工经验,采用水平冻结法加固土体,矿山法开挖。主要施工方案如下:

①主要参数中,冻结帷幕平均温度-10摄氏度,冻土强度单轴抗压3.5兆帕,抗折1.8兆帕,抗剪1.5兆帕。积极冻结期盐水温度-28~-30摄氏度,维护冻结期温度-25~-28摄氏度;积极冻结时间36天,维护冻结时间30天。

②按冻结孔施工图进行冻结孔孔位放线,孔位依据管片配筋图和钢管片加强筋的位置。为避免长距离输送盐水造成冷量损失,将冻结站设置在区间隧道内,靠近旁通道位置。设备安装完毕试运转时,随时调节压力、温度等各状态参数,使机组在有关工艺规程和设备要求的技术参数条件下运行。

③经探挖确认可以进行正式开挖后,打开钢管片,然后采用矿山法进行暗挖施工。根据工程结构特点,旁通道开挖掘进采取分区分层方式进行。

6. 陕西南路站—高安路站区间注浆加固技术

上海地铁10号线陕西南路站—高安路站区间施工中,既要保证1号线正常运行,还必须确保1号线和地铁10号线长期运营安全。该区间路面下各种管线密集,多达40余根;道路交通繁忙,车站周边为高层商业区和住宅区,施工受周边环境影响较大;地层属高压缩性土,土质软,地基承载力差,受扰动后沉降大、稳定时间长。结合该段区间实际情况,注浆前先用冲击钻将预留孔疏通,然后将注浆管振动插入孔内至隧道管壁外侧设计深度处。随即将特制的防喷装置安装好,并将单向球阀接在注浆管上,以便注浆。

三、主要参建单位

上海地铁 10 号线项目拟分 11 期施工,前 9 期的中标公司为:

第 1 期中标单位为上海建工(集团)总公司,工程计划开工时间为 2005 年 12 月 20 日,工期约为 757 天。

第 2 期中标单位为上海隧道工程股份有限公司,工程计划开工时间为 2005 年 12 月 28 日,工期约为 558 天。

第 3 期中标单位为上海建工(集团)总公司,工程计划开工时间为 2006 年 2 月 28 日,工期约为 1146 天。

第 4 期中标单位为腾达建设集团股份有限公司,工程计划开工时间为 2006 年 8 月 8 日,工期约为 699 天。

第 5 期中标单位为宏润建设集团股份有限公司,工程计划开工时间为 2006 年 7 月 20 日,工期约为 680 天。

第 6 期中标单位为上海隧道工程股份有限公司,工程计划开工时间为 2006 年 7 月 20 日,工期约为 778 天。

第 7 期中标单位为上海建工(集团)总公司,工程计划开工时间为 2006 年 7 月 20 日,工期约为 806 天。

第 8 期中标单位为上海隧道工程股份有限公司,工程计划开工时间为 2006 年 10 月 1 日,工期约为 541 天。

第 9 期中标单位为上海城建(集团)公司,工程计划开工时间为 2006 年 8 月 10 日,工期约为 831 天。

第五节 运 营 管 理

一、运营筹备重要节点

2009 年 9 月 30 日,运营单位正式接管吴中路停车场内的行车管理权,《停车场动车管理办法》正式实施。

2009 年 10 月 12—28 日,运营单位陆续接管全线大部分车站,接管车站的设施设备和安全保卫管理,以及区间的施工许可管理。

2010 年 1 月 31 日—3 月 27 日,运营单位正式接管支线航中路站到主线新江湾城站全线车站管理权。

2010年3月27日,航中路站—新江湾城站段(支线)通过试运营基本条件评审(图39-3)。3月29日,该段信号正式取得具有列车自动驾驶(ATO)功能的安全认证。

图39-3　试运营基本条件专家评审会

2010年4月10日,航中路站—新江湾城站投入系统调试的载客试运营,执行9:00—16:00运营时间表。4月26日,按照正常时间表运营,行车间隔6分钟。

2010年9月1日—10月30日,运营单位正式接管了主线虹桥火车站站—上海动物园站车站管理权。

2010年10月17日,虹桥火车站站—龙溪路站通过试运营基本条件评审。11月10日,该段信号正式取得具有ATO功能的安全认证。

2010年11月30日,虹桥火车站站—龙溪路站开通试运营(图39-4),全日开行"Y"形交路。

图39-4　试运营通车

2011 年 5 月 5 日、6 月 7 日,分别召开上海地铁 10 号线西段、东段规划竣工验收专题会。

2012 年 12 月 10 日,吴中路停车场无人区管理启动试运行。

二、管理措施

全自动运行线路的列车运行全过程由控制中心远程控制,无须配备列车司机。当运营控制中心(OCC)因外界因素或自身故障不能使用时,启用备用 OCC。

全自动运行线路的运营管理和维护管理均由线路运营维护管理部负责,管理控制中心、车站、车辆基地的日常运营业务以及相关设施设备的维护业务。

控制中心配备运营调度员(负责行车调度、乘客调度、车场调度 3 项工作)和设备调度员(负责环控调度、电力调度、维修调度 3 项工作),承担列车的全自动运行以及列车在车场的调车作业。运营调度共设 4 个席位,每个席位的工作站功能对等;设备调度共设 2 个席位。

车站配备站长、值班站长和站务员,实行站长负责制,承担车站管理、乘客管理、客运组织、应急处置等业务。

车辆基地配备基地值班员、车辆管理员、日常维护人员,承担车辆的日常检修和维护,但不包括定修和架、大修。

全线配备多职能在线巡查队,负责所有车站和列车的巡视,并负责列车故障处置、人工驾驶、设施设备一级维修等业务。

全线配备专业维护队伍,负责二级以内的专业维护工作(车辆、信号、供电、通信、轨道等故障)及应急抢修。

二级以上的维修业务委托专业维修车间完成;车站专业性机电设备委托社会化单位进行维修。

全自动驾驶线路中,控制中心根据客流需求提前制定运营计划,包括运能配备、首末班车协调、换乘协调、全日行车计划、列车运行图、预案及演练、车辆准备等内容。ATS 系统自动导入选定的运营计划,列车按 ATS 系统生成的时刻表自动运行,发生延误时能够自动调整恢复;在运行过程中,ATS 系统根据调度员增加运能和减小运能的临时调整指令自动调整发车间隔和增减上线列车。ATS 系统提供适应正常客流状态、高峰状态、节能状态的标准运行图模式,还提供用于牵引供电故障时的"欠压"状态的运行图模式。

全自动运行线路每日运营前,全线配备多职能队员乘坐巡道车沿线巡视,自动检测轨道上是否有障碍物;列车内乘客可通过乘客对讲电话与 OCC 人员进行通话;隧道内停车时 OCC 立即向乘客发出通告。出现故障时,全线配备多职能队员快速进行干预。工作人员出入轨行区具备人员识别和区域封锁保护作用。

三、运营效果

2014 年 8 月 9 日,上海地铁 10 号线具备 GoA4 级全自动驾驶运营条件,是当时国际上自动化等级最高的列车驾驶模式。开通全自动驾驶后,10 号线平均正点率和兑现率均达到了 99.9%,平均周转时间缩短 600 秒,平均折返时间缩短 120 秒,平均旅行速度提升 3 千米/小时,平均出入库时间缩短至 130 秒,在同等服务质量情况下配车数量减少了 2 列,每千米配员数减少 15 人,实现了列车出入库追踪运行,运营安全性、可靠性及运营效率得到显著提高,运维成本大幅降低。

2018 年 3 月 9 日,上海地铁 10 号线单日客流量达 99 万人次。2019 年 3 月 8 日,上海地铁 10 号线单日客流量突破百万,达 106.7 万人次。

第六节　工　程　创　新

1. 全自动无人驾驶系统

上海地铁 10 号线是国内首条按照全自动无人驾驶运营管理模式设计和建设的线路。上海申通地铁集团有限公司引进了国内外先进的管理理念和咨询团队——法国赛思达(上海)技术咨询有限公司(SYSTRA)、新加坡鸿中(上海)工程技术咨询有限公司(MSI)作为业主顾问参与工程建设管理和运营调试,提供了有力的技术支持;上海市隧道工程轨道交通设计研究院作为本工程总体设计单位,承担了全自动无人驾驶系统全部核心系统的设计工作。

全自动无人驾驶系统将由列车驾驶员执行的工作,依托于自动化、高集成的控制系统,由中央级调度人员借助通信集成化手段,实现对列车、信号、供电以及其他设备系统等的综合统一监视和操控。与之密切相关的信号、车辆、综合监控、通信等系统设计、设备制造全部按照全自动无人驾驶要求实现。

2. 城市空间综合利用

城市轨道交通"轨道 + 物业"的联合开发能够优化城市的空间结构,促进城市空间的有序增长和土地的合理利用。10 号线建设初期就对沿线的开发布局进行详尽规划,使车站与周边地块地下空间相结合。

上海图书馆站、陕西南路站、新天地站、四川北路站、天潼路站、虹桥路站等车站与地块开发实现了同步规划、同步设计、同步施工。地铁节约了前期成本,带来持久客流;开发项目加速了项目推进。

吴中路停车场上盖大平台项目(图 39-5),是上海首例轨道交通停车场上盖物业开发项目,是对该形式的城市规划及建筑设计的首次尝试,融入商业、市政、公益等,结合各式建筑风格,打造一个综合性的新概念城市空间。

图 39-5 吴中路停车场上盖开发效果图

江湾体育场站依托地铁建设进行地下空间开发,通过构建地下步行系统,缓解五角场地区交通压力;通过设置相关配套设施,开发多功能地下综合体,拓展土地效益。

3. 综合枢纽建设

轨道交通与其他方式衔接的目的在于对城市客运系统的两大子系统之间的联系和各自的功能作用进行合理的功能定位和优化平衡,达到提高整个客运系统功能和效率的作用。

虹桥综合交通枢纽由 3 条轨道交通线以及航空机场、高速铁路、磁浮、公共交通、出租车等多种交通紧密衔接组成。上海地铁 10 号线的虹桥火车站站、虹桥 1 号航站楼站和虹桥 2 号航站楼站都是综合交通枢纽的重要组成部分,是各种交通方式之间衔接和相互转换的关键节点。

江湾五角场公交枢纽为地下 2 层、地上 3 层建筑,基地面积 5303 平方米,工程整合了公交枢纽、地铁换乘、非机动车停车库、社会车辆停车库、公交公司整流站及地区开关站等功能。

新江湾城公交枢纽基地面积 2994 平方米,规划设置 3 条公交线路,并设 3 米宽候车站台。另设约 170 平方米 2 层调度用房 1 座。受用地限制,枢纽本身不设社会车辆和出租车停车位,利用周边规划的对外开放车位解决。

上海动物园综合客运交通枢纽建设用地原为上海动物园停车场用地,基地用地面积 11097 平方米,为 4 条公交线路的公交枢纽车站。在地下一层实现 10 号线动物园站和 16 号线非付费区换乘;项目南侧设连续隔音墙,减少公交运营对南侧居民区的干扰;为东侧规划建设的程家桥社区服务中心提供车辆日常出入及停放场地;花园式屋顶绿化设计,绿化率达到 30%。

4. 市中心区双圆盾构技术的应用

双圆盾构工法由日本发明并首先在日本得到广泛应用,在上海 8 号线、6 号线、2 号线东延工程中得到了进一步应用,但主要应用在偏市郊地段。鉴于双圆盾构工法具有占地空间小、施工效率高、两端连接车站可采用侧式站台增加换乘节点等优点,8 号线与 10 号线换乘站——

四平路站南北两端区间采用双圆盾构工法实施。区间地处上海市中心,周围高楼密集,环境条件复杂,隧道上方为四平路下立交,设计施工难度极大,两段区间隧道分别长790.1米和620.4米,最小平曲线半径为804.6米。

在下立交结构施工和双圆盾构掘进中,采取的主要技术措施有:采用钢筋应力计、水准仪对下立交结构进行应力、应变等监测;在盾构推进线路外侧,设置分层沉降仪、土压力计、孔隙水压力计等,监测土层变形和压力变化;建立完整、精确、及时的监测系统,合理管理施工参数,减少盾构掘进对底层的扰动。

5. 车站装修设计

上海地铁10号线串联了上海著名的商业、旅游中心和文化中心,车站装修思想结合各车站周边建筑和地块环境特点,以"都会旋律"为主题,体现现代化国际大都市风貌。车站装修设计将全线车站划分为3个等级——标志站、重点站、标准站。标志站凸显上海商业、购物、休闲、旅游原创性特色。重点站承载本线文化中心特色,展现文化和名人精神。标准站通过暴露建筑空间结构,以车站综合桥架的运用梳理天花管线,开创轨道交通地下车站简装修先河(图39-6)。

图39-6　车站裸装效果图

同时,上海地铁10号线全线站名墙设计中,荟萃了多位书法大家字迹;车站柱子采用贴膜装修,取材于四级元素(图39-7)。

图39-7　车站建筑风格

第七节　工　程　价　值

上海地铁 10 号线是上海城市轨道交通基本网络规划中一条重要骨干线路,串联起了豫园老城厢、南京路、淮海路、四川路、上海图书馆、复旦大学、上海交通大学、同济大学等城市文化及商业中心、著名史迹和景点。上海地铁 10 号线与其他线路的换乘点,为乘客出行提供了更多的路径选择。由于和上海地铁 8 号线在杨浦方向大致平行,可以起到分流的作用。

上海地铁 10 号线客流逐年增长,月客流量、换乘量全网占比均呈上升趋势,对缓解城市主干道交通压力、改善交通环境,落实城市总体规划、支持重点发展区域建设,加强城市居住区与中心城核心区交通联系、强化核心城区辐射功能,加强上海对外交通联系、强化"服务长三角、服务长江流域、服务全国"功能,完善轨道交通基本网络、强化换乘功能、提高轨道交通网络整体功效,改善城市环境和节约能源,实现轨道交通设计技术水平新突破等方面具有重要的意义和作用。

凭借"不破不立,不止不行"的改革勇气,上海地铁 10 号线的建设坚定地走在全自动运营的创新之路和求索之路上。全自动运行从理念转化为行动,从愿景转变为现实,上海地铁 10 号线不仅代表了现代上海的城市形象,也标志着上海轨道交通建设、运营管理和科技创新达到了一个新的高度。随着世界轨道交通全自动运行技术的持续发展和国内各城市新一轮全自动运行线路建设热潮的兴起,轨道交通将不断向网络化、智能化、信息化领域延伸,上海地铁 10 号线无人驾驶技术的成功应用,推动轨道交通全自动运行系统的发展更上一个新的台阶。

上海地铁 10 号线工程荣获 2015 年度国际咨询工程师联合会"优秀工程奖",以表彰其在工程咨询业的巨大成就。这表明我国目前已经拥有世界先进水平的工程设计团队,设计的工程成果在全球具有竞争力和影响力。为我国其他城市的地铁建设起到了示范作用。

执笔人:李桦楠

第四十章 杭州地铁1号线

第一节 工程概况

杭州地铁1号线是根据杭州城市形态特征形成的"南—北—东—东/北"的"Y"状半环形骨干线,连接市中心核心区域与江南、临平、下沙、萧山等地,分三期建设,全长64.67千米,设车站39座(换乘站13座),分别与2号线、3号线、4号线、5号线、6号线、7号线、8号线、机场轨道快线等形成换乘。杭州地铁1号线一、二期工程长53.47千米,其中地下线46.86千米,高架线6.14千米,过渡段0.47千米;设34座车站,其中地下站31座,高架站3座;设七堡车辆段和湘湖停车场各1处,在七堡车辆段设控制中心。三期工程由下沙江滨站(不含)至萧山机场站,线路全长11.253千米,均为地下线;设车站5座,设南阳停车场1处。线路见图40-1。

图 40-1 杭州地铁1号线

杭州地铁1号线采用地铁B型车辆,直流1500伏接触网供电;列车初、近、远期均采用4动2拖6辆编组,列车定员(按5人/平方米)1244人/列,最高运行速度80千米/小时;初、近、远期高峰小时最大行车密度分别为15对、24对、30对,设计单向输送能力分别为1.87万人次/小时、2.99万人次/小时、3.73万人次/小时,项目初期配车数为48列/288辆。

杭州地铁1号线机电设备系统由供电、通信、信号、通风空调、给排水、机电设备监控、火灾自动报警、门禁、屏蔽门及安全门、气体灭火、综合监控、自动售检票、自动扶梯和电梯、车辆段设备、车辆段弱电智能化等系统组成,以满足运营指挥和管理的需要。其中,供电系统采用集中供电方式,110千伏/35千伏两级电压供电,全线设4座主变电站;正线信号系统采用列车自动控制系统;主控制系统由机电设备监控、火灾自动报警和电力监控系统等子系统组成;车辆及机电设备系统综合国产化率为74.06%。

杭州市采用"A+B"方式将地铁1号线土建工程(A部分)、机电安装和后期运营(B部分)分开,对B部分资产采用政府和社会资本合作(PPP)模式,由杭州市地铁集团有限责任公司全资拥有的杭州地铁一号线投资有限公司、香港铁路有限公司全资拥有的港铁杭州一号线投资有限公司按股权比例51%:49%合资成立的杭州杭港地铁有限公司(以下简称"杭港公司"),负责B部分的融资、设计、建设和运营。杭州地铁1号线一、二期实际总投资220.76亿元。其中,A部分投资137.86亿元,包括资本金75.82亿元,由杭州市财政出资,债务资金62.04亿元,由银行贷款解决;B部分投资82.9亿元,项目资本金45.4亿元,由杭州地铁一号线投资有限公司以人民币现金出资23.154亿元(占51%),港铁杭州一号线投资有限公司以港币现汇出资折合人民币22.246亿元(占49%)。资本金以外的投资由杭港公司贷款解决。地铁1号线三期概算总额为84.53亿元,其中资本金25.36亿元,占总投资的30%,由杭州市政府负责筹集,其余申请银行贷款解决。

杭州地铁1号线一、二期于2007年3月28日开工建设,2012年11月24日开通试运营,下沙延伸段于2015年11月24日开通试运营。杭州地铁1号线三期于2018年1月23日开工建设,2020年12月30日开通试运营。

杭州地铁1号线是浙江省内首条开通运营的地铁线路,也是国内城市首条开通线路最长的地铁项目。杭州地铁1号线工程是浙江省和杭州市重点工程,也是在项目立项时杭州市规模最大、投资最多、技术条件最复杂的城市基础设施工程。

第二节　规划与决策

一、项目提出和前期研究

杭州市受历史形成的单中心城市空间布局结构和西湖风景区、铁路等条件限制,湖滨地区既是城市的中心,又是城市南北交通和旅游交通的必经之地,城市中心区既是商业街区,又是交通走廊,功能混杂,使交通向市中心过于集中,在城市中心区形成多处交通瓶颈,导致主城区主要道路拥堵严重,交通矛盾突出,出现了"行车难、停车难"等问题。虽然杭州市大力发展公共交通,公交出行比例逐年上升,但公交线路布设、站点设施和服务水平仍不能满足市民日益增长的出行需求。为应对城市交通拥堵日益严重的状况,迫切需要建设快速、大运量的城市轨道交通系统。

同时,杭州是我国著名历史文化名城,形成了自然风景为窗口、文化底蕴相映衬的格局。杭州得天独厚的美景需要良好的空气、水等周边环境与之协调。由于杭州市市区机动车急剧增长,汽车尾气造成的污染日益威胁城市环境,需要尽快建设环保、节能的城市轨道交通系统,改善杭州市大气环境,实现"阳光、空气、水和满目绿色"的美丽杭州目标。

1993 年 2 月,杭州市确定轨道交通网为东西线和南北线组成的"十"字线网布局,并准备地铁的立项申报工作。

1995 年 12 月,国务院办公厅发布《关于暂停审批城市地下快速轨道交通项目的通知》(国办发〔1995〕60 号),杭州市地铁项目的报批工作也随之停滞,并将工作重点转向对轨道交通线网规划的深入研究和优化。

1998—2001 年,杭州市城市轨道交通线网规划方案由"十"字线网布局发展成为"C 字形布局",并完成了市区 21 千米长的一期工程规划。

2001 年 3 月,萧山、余杭撤市建区纳入杭州市,城市格局发生重大变化。根据《杭州市城市总体规划(2001—2020 年)》,城市形态由长期以来的以西湖为核心的团块状空间形态转变为以钱塘江为轴线的分散组团形态,形成以主城为基础,沿江向东、跨江向南"一主三副"的多核组团布局结构。为适应城市规划调整,杭州市重点建设主城区南部钱江北岸的钱江新城,规划面积 15 平方千米;跨江向南建设滨江、萧山副城区及江东工业城,规划面积 80 平方千米;沿江向东开发九堡、下沙;向北拉动乔司、临平及城北工业园区,规划面积 58 平方千米。为适应城市总体规划,迫切需要建立主城和副城之间、组团和组团之间、主城各片区之间的联系纽带,以满足沿线中长距离的客运交通需求。

2001 年 10 月,为了适应新的城市形态和发展需求,杭州市将城市轨道交通线网调整为6 条线路、总长约 198 千米、"十"字网架形态的方案,并预留了与富阳、临安等附近县市联系的条件。

2001 年 11 月,一期工程线路长度延长至 21.1 千米,其中地下线 9 千米,高架线 11.9 千米。2002 年 3 月,北京城建设计研究总院编写完成杭州地铁 1 号线工程项目建议书。

2002 年 4 月,浙江省发展计划委员会向国家发展计划委员会上报杭州地铁 1 号线项目建议书。

受国家发展计划委员会委托,2002 年 8 月,中国国际工程咨询公司(现中国国际工程咨询有限公司)完成项目建议书的评估工作。

2003 年 1 月,国务院关于地铁立项严格审批的会议召开后,杭州地铁 1 号线的立项再次停滞。

2003 年 10 月,国务院办公厅发布《关于加强城市快速轨道交通建设管理的通知》(国办发〔2003〕81 号),重新启动了城市轨道交通的审批工作,并要求各城市在编制城市总体规划及城市交通发展规划的基础上,组织制订城市轨道交通建设规划,明确远期目标和近期建设任务,以及相应的资金筹措方案;建设规划由国家发展和改革委员会同建设部组织审核后报国务院审批,城市轨道交通项目的审批依据建设规划进行。

二、线网规划

《杭州市城市总体规划(2001—2020年)》和综合交通体系规划提出形成以公共交通为主、个体交通为辅、快速轨道交通为骨干的公共交通系统。根据城市总体规划和综合交通体系规划,2003年,美国施韦拔公司编制完成《杭州市轨道交通线网规划(优化)》,提出轨道交通远景网络方案由8条线路组成,总长度278千米,设154座车站,中心区线网密度0.553千米/平方千米。其中,轨道交通换乘站24座、过钱塘江通道4个。轨道交通线网基本覆盖了中心城区"一主三副"大部分范围,连接了城市主要交通集散点和对外交通枢纽,加强了市中心与萧山、余杭的联系,并较好地解决了钱塘江跨江交通的问题。

三、轨道交通建设规划

根据杭州市轨道交通线网规划,2003年11月,施韦拔公司完成《杭州市城市快速轨道交通建设规划》。

2003年12月,浙江省发展计划委员会向国家发展和改革委员会上报建设规划。受国家发展和改革委员会委托,2004年4月,中国国际工程咨询公司完成建设规划的评估工作。

2005年6月,经国务院同意,国家发展和改革委员会批复建设规划,同意杭州市在2005年至2010年建设轨道交通1号线和2号线的重点路段,近期建设线路全长82.2千米。其中,1号线一期工程由客运中心至中兴路,线路长22.4千米;1号线二期工程线路长30千米,包括3条路段,客运中心向东延至下沙迎宾路,线路长11.5千米,客运中心向北延至临平世纪大道,线路长11.8千米,中兴路向南延至萧山湘湖,线路长6.7千米。近期建设项目估算总投资201.7亿元,其中资本金111.0亿元,占总投资的55%,包括杭州市安排财政预算内资金、国有土地出让收益和基础设施配套费等;资本金以外部分,拟通过申请国内银行贷款解决。

四、可行性研究报告

2005年8月,浙江省发展和改革委员会向国家发展和改革委员会上报杭州地铁1号线工程可行性研究报告。

2005年9月,中国国际工程咨询公司受国家发展和改革委员会委托对可行性研究报告进行评估,并重点就列车由5辆编组调整为6辆编组、下沙高教园区段线路由高架线改为地下线以及九堡东站换乘节点、运营交路等问题进行了专题研究,并依照建设规划批复规模,确定杭州地铁1号线工程由萧山湘湖至下沙/临平世纪大道。

2005年11月,中国国际工程咨询公司完成了杭州地铁1号线可研评估工作。

针对杭州地铁1号线首期建设线路较长的问题,2006年浙江省发展和改革委员会向国家发展和改革委员会上报分期建设的方案。

2006年4月,国家发展和改革委员会批复杭州地铁1号线工程可行性研究报告。根据批复,杭州地铁1号线工程南起萧山湘湖杭州乐园,向北经滨江新中心过钱塘江,穿过主城区到达客运中心,向东、向北分成下沙段、临平段,线路全长53.47千米,其中地下线46.86千米,高架线6.14千米,过渡段0.47千米;设车站31座(不含预留2座高架站),其中地下站28座,高架站3座;设七堡车辆段和湘湖停车场各1处。考虑到工程地质条件复杂、管理经验缺乏、工程筹资额巨大等因素,本着积极稳妥的原则,批复杭州地铁1号线工程采取"一次审批、分期实施"的方案,其中一期工程建设主城区段(江陵路站至客运中心站,线路长23.3千米),二期工程建设江南段(萧山湘湖站至江陵路站,线路长5.2千米)、下沙段(客运中心站至下沙江滨站,线路长12.45千米)、临平段(客运中心站至余杭高铁站,线路长12.52千米)。杭州地铁1号线一、二期工程估算总投资210.0亿元,其中资本金116.8亿元,由杭州市政府从地方财政全额出资,资本金以外部分拟申请国内银行贷款解决。

为改变萧山国际机场无轨道交通服务状态,提高萧山国际机场的枢纽地位,缓解城区交通拥堵压力,带动沿线区域开发建设,促进城市社会与经济发展,更好服务杭州2022年亚运会,2016年12月,国家发展和改革委员会批复杭州市城市轨道交通第三期建设规划,同意2017年至2022年建设杭州地铁1号线三期工程及9号线一期工程北段和南段。

2017年11月,浙江省发展和改革委员会批复了了杭州地铁1号线三期工程可行性研究报告。杭州地铁1号线三期工程起自1号线已运营的终点站下沙江滨站(不含),穿越钱塘江后,终于萧山机场站。线路全长11.5千米,均为地下线,设车站5座,其中换乘站1座(萧山机场站与7号线换乘,并预留杭州机场轨道快线线路换乘条件),新建南阳停车场1处、主变电所1处。项目建设期限为2017年至2020年。项目投资估算84.53亿元,其中资本金25.36亿元,占总投资的30%,由杭州市政府负责筹集,其余申请银行贷款解决。三期建设规划批复的9号线一期工程利用既有1号线临平支线(客运中心站—临平站)向南北两端延伸,独立构线,9号线一期工程在2022年开通运营后,既有1号线临平支线纳入9号线独立运营,杭州地铁1号线将由"Y"形的主支线运营方式改为单线独立运营,1号线从湘湖站至萧山国际机场站段线路长52.332千米,设车站33座。

五、特许经营(PPP)

(一)特许经营项目核准

为吸收国际先进的地铁建设、运营和管理经验,杭州市决定地铁1号线项目采用PPP模式,并按照《杭州市市政公用事业特许经营条例》有关要求,先后经过了确立项目、制订实施方案、选择经营主体和草签协议等招商程序。

2010 年 3 月,经杭州市政府同意,由杭州市地铁集团有限责任公司和香港铁路有限公司分别下属的 2 家全资子公司共同组建杭港公司,负责特许经营项目。

2011 年 4 月,杭州市根据《外商投资项目核准暂行管理办法》要求完成《杭州地铁 1 号线特许经营项目申请报告》,并于同月由浙江省发展和改革委员会向国家发展和改革委员会上报特许经营项目申请报告。

受国家发展和改革委员会委托,中国国际工程咨询公司对杭州地铁 1 号线采用 PPP 模式的合资经营方案、合资各方资金筹措能力、项目建设与运营管理风险等进行了评估和研究,并于 2011 年 11 月完成申请报告的核准评估。

2012 年 6 月,国家发展和改革委员会批复杭州地铁 1 号线特许经营项目。

(二)特许经营主要内容

1.项目交易模式

杭州地铁 1 号线工程一、二期分为 A、B 两部分,其中 A 部分主要包括土建工程、轨道、综合基地、控制中心、主变电等,投资 137.86 亿元,占总投资的 62.5%,由杭州地铁集团有限公司负责投资和建设,并拥有资产权。B 部分为除 A 部分以外的车辆、信号、售检票等机电设备系统,投资 82.9 亿元,占总投资的 37.5%,该部分采用 PPP 模式引入社会资本。

由杭州市地铁集团有限公司全资拥有的杭州地铁一号线投资有限公司、香港铁路有限公司全资拥有的港铁杭州一号线投资有限公司,依照内地法律在内地联合成立杭港公司,负责杭州地铁 1 号线 B 部分的融资、设计、建设和运营。

杭港公司依法承租并获得特许经营期内杭州地铁 1 号线(一、二期)A 部分设施的经营、管理和维护权,并与杭州市政府签署特许经营协议,取得 1 号线 25 年特许经营权,负责 1 号线项目设施的运营管理、维护和更新,获取票款收入和非票务收入。特许经营期结束后,杭港公司将 A 部分资产无偿交还给杭州市地铁集团有限公司,同时将 B 部分项目设施移交给杭州市政府指定主体。杭州地铁 1 号线 PPP 项目交易模式见图 40-2。

2.投融资结构

杭州地铁 1 号线 PPP 项目总投资 82.9 亿元。项目资本金 45.4 亿元(其中,由杭州地铁一号线投资有限公司以人民币现金出资 23.154 亿元,占 51%;港铁杭州一号线投资有限公司以港元现汇出资折合人民币 22.246 亿元,占 49%)。资本金以外的投资由杭港公司贷款解决,在特许经营期内杭港公司不得将其资产和权益抵押用于与项目投资无关的融资活动。

3.回报机制

按照特许协议的约定,杭港公司执行杭州市政府制订的运营票价,按照实际客流量取得票务收入。在特许经营期内,杭港公司根据特许协议和资产租赁协议的规定独家使用杭州地铁 1 号线工程项目设施从事非客运服务业务,包括商业零售、商铺、广告、报纸杂志、通信设施服务、提款机设施服务等其他经营活动。

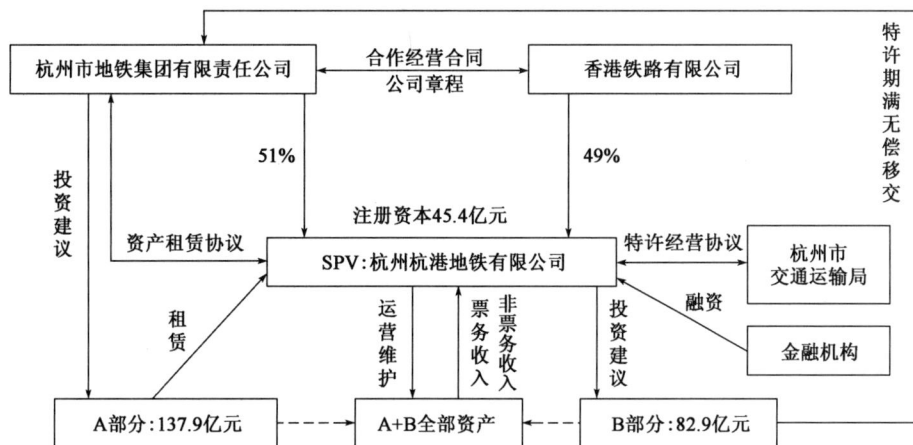

杭州市地铁集团有限责任公司 ──合作经营合同／公司章程── 香港铁路有限公司

特许期满无偿移交

投资建议

资产租赁协议　51%　　49%

注册资本45.4亿元

SPV:杭州杭港地铁有限公司 ──特许经营协议── 杭州市交通运输局

租赁　运营维护　票务收入／非票务收入　投资建议　融资　金融机构

A部分:137.9亿元 - - - A+B全部资产 - - - B部分:82.9亿元

图 40-2　杭州地铁 1 号线 PPP 项目交易模式

在特许经营期内,杭港公司按照特许协议约定的票价差额补偿方式获取可行性缺口补贴,即财政部门以政府购买服务的方式向杭港公司支付协议票价与清分票价间的差额部分。鉴于该项目审批进度与施工进度不一致等原因,杭州地铁 1 号线特许经营获批时,部分机电设备资产已由杭州市地铁集团有限公司投资完成,客观上造成了资金与建设风险实际已由杭州市地铁集团有限公司承担。因此,为了平衡风险分担,票务收入差额补偿采取"保价不保量"的方式。考虑到地铁运营成本会随着通货膨胀、工资、电价等因素的变化而变化,因此特许协议中约定了开通年的初始票价,同时也约定了根据上述 3 项因素进行周期性调整的测算票价。若实际票价低于测算票价,政府就其差额向杭港公司进行补偿;反之,杭港公司与政府按一定比例进行分成。由于客观因素引起票价产生的变动,由政府方承担,这种"保价不保量"的方式使得客流风险全部由政府方转移到杭港公司。

4. 风险分配框架

杭州地铁 1 号线 PPP 项目由政府承担法律、政策等风险。杭港公司承担项目设计、建造、财务、运营维护和客流风险等风险。双方共同承担不可抗力等引起的风险。

5. 合同体系

杭州地铁 1 号线 PPP 的法律文本框架分为以下 3 个层次:

①特许权层面。杭州市政府授权杭州市交通运输局与杭港公司签署了《杭州地铁 1 号线项目特许协议》。特许协议包括特许权、项目建设、客运服务、融资及先行回收投资、项目设施的移交、协议双方的一般权利和义务、争议的解决等 10 个章节。

②特许经营公司层面。杭州市地铁集团有限公司与香港铁路有限公司签署《杭州杭港地铁有限公司章程》和《杭州杭港地铁有限公司合作经营合同》。公司章程与合作经营合同的内容基本一致,明确了特许经营公司的合作双方主体及责任,公司的决策机构、经营管理机构、监事机构,公司财务、税费、审计,终止、转让及清算等内容。

③资产层面。杭州市地铁集团有限公司与杭港公司签署《A 部分资产租赁协议》,保证了特许经营项目资产运营、维护管理的完整性。

以上 3 个层面构成的法律文本体系中,特许协议是核心,是 PPP 招商谈判的成果、公私合作的依据;公司章程、合作经营合同、资产租赁协议均为特许经营项目的实施服务,均受特许协议的约束。

6. 监管机制

监管机制主要通过政府部门监管及协议监管得以保障。杭州地铁 1 号线项目的政府监管部门可以分为 2 类:一类是政府直接监管部门,另一类是一般监管部门。直接监管部门与杭州地铁 1 号线的投资、建设、运营发生紧密的联系,例如杭州市交通运输局负责对杭州地铁 1 号线运营的安全性、准点率等进行监管;杭州市财政局负责监督 1 号线运营的经济效益情况,以便给予财政补贴。一般监管部门根据各自的职责范围对杭州地铁 1 号线的建设、运营等方面进行监管。协议监管则是协议主体通过签署《特许协议》《合作经营合同》《资产租赁协议》等法律文体予以体现。

(三)社会资本方遴选过程

2005—2006 年,杭州市委、市政府主要领导率队考察香港、上海、广州、深圳、北京等城市地铁。

2005 年 10 月,杭州市轨道交通建设资金筹措办公室成立,并在研究论证的基础上,于 2006 年 5 月明确了杭州地铁 1 号线以 PPP 模式对外招商。

2006—2007 年,杭州市政府分别与香港铁路有限公司、威立雅交通中国公司、新加坡 SMRT 签署投资合作意向书。

2008 年 3 月,杭州市政府授权杭州市发展和改革委员会正式发布杭州地铁 1 号线特许经营项目招商公告,招商文件主要包括投资申请人资格、招商程序、招商条件等内容。其中,招商程序明确在对投资申请人提交的《投资方案书》进行评审后,确定谈判顺序及优先谈判对象。随后,招商组与排序第一的香港铁路有限公司进行原则性协议谈判,并最终选定与香港铁路有限公司签署原则性协议。

2009 年 2 月,杭州市政府批准成立特许经营协议谈判组。

2010 年 3 月 4 日,杭州市政府与香港铁路有限公司草签《杭州地铁 1 号线项目特许协议》。

2010 年 5—11 月,根据中国国际工程咨询公司对地铁 1 号线特许经营项目申请报告的评估报告,谈判组与香港铁路有限公司启动二次谈判,对评估报告中提及的有关政府风险的核心问题进行再次磋商。

2012 年 7 月至 9 月,特许经营公司(杭港公司)成立。

2012 年 9 月 28 日,杭州市政府授权杭州市交通运输局与特许经营公司正式签署《杭州地铁 1 号线项目特许协议》(图 40-3)。

图 40-3　杭州地铁 1 号线特许经营协议签约仪式

第三节　工　程　设　计

一、建设方案调整

由于杭州下沙经济技术开发区调整规划,2007 年 2 月,浙江省发展和改革委员会在杭州地铁 1 号线工程初步设计批复中同意下沙段终点下沙江滨站至文泽路站段 5.5 千米暂缓实施。初步设计批复的线路全长 47.97 千米,其中地下线 41.36 千米,高架线 6.14 千米,过渡段 0.47 千米;设车站 30 座,其中地下站 27 座,高架站 3 座;一期工程为主城区段 23.3 千米,二期工程为江南段 5.2 千米、下沙段 6.95 千米、临平段 12.52 千米;初步设计批复概算 220.76 亿元。

由于实施中的沪杭铁路客运专线在与杭州地铁 1 号线交叉点附近设置铁路余杭南站,为进一步完善铁路客运专线和杭州地铁 1 号线的交通衔接,同时考虑到该区段杭州地铁 1 号线站间距为 3.4 千米,具备增设车站条件,2009 年 7 月,浙江省发展和改革委员会批复同意在杭州地铁 1 号线乔司北站至汽车城站段增设杭州地铁 1 号线余杭高铁站。

二、线路设计方案

杭州地铁 1 号线是杭州市轨道交通路网中最重要的骨干线路,途径余杭区、下沙分区、将干区、下城区、上城区、滨江区和萧山区,贯穿了主城区与临平、下沙、江南 3 个副中心,沟通了钱江两岸,拉近了老城区、余杭区、萧山区、九堡和乔司、钱江新城及沿江各大开发区、高教园区、空港新城之间的距离,并串联多个对外交通枢纽,既符合城市总体规划,又加速了新城的发展。杭州地铁1号线全长64.72千米(含三期工程延伸至萧山机场段),共设车站39座。

杭州地铁1号线一、二期工程线路南起萧山湘湖杭州乐园,经西兴镇,沿江陵路向北经过滨江新中心后过钱塘江,沿婺江路、东城站路,经过汽车南站、城站火车站,至西湖大道延安路口转向北,沿延安路穿过湖滨、武林广场构成的旅游商业文化服务中心和主要的商贸区,之后沿应家河、天成路向东,过火车站,经过彭埠镇、九堡镇,到达九堡东站,线路在此向东、向北分成下沙段、临平段。下沙段线路沿九沙大道向东,穿过下沙副城公共中心区、高教园区,止于杭州经济技术开发区东部居住区;临平段线路沿01省道向北,经乔司镇至临平世纪大道站。线路全长53.47千米,其中地下线46.86千米,高架线6.14千米,过渡段0.47千米;设湘湖站、滨康路站、西兴站、滨和路站、江陵路站、近江站、婺江路站、城站站、定安路站、龙翔桥站、凤起路站、武林广场站、西湖文化广场站、打铁关站、闸弄口站、火车东站站、彭埠站、七堡站、九和路站、九堡站、客运中心站(原九堡东站)、乔司南站、乔司站、翁梅站、余杭高铁站、南苑站、临平站、下沙西站、金沙湖站、高沙路站、文泽路站、文海南路站、云水站、下沙江滨站34座车站,其中地下站31座,高架站3座;设七堡车辆段和湘湖停车场各1处,在七堡车辆段设控制中心。

2017年11月,浙江省发展和改革委员会批复了杭州地铁1号线三期工程初步设计。三期工程由下沙江滨站(不含)至萧山机场站,线路全长11.2千米,均为地下线,设滨江一路站、滨江二路站、南阳大道站、向阳路站、萧山机场站5座车站,其中换乘站2座(萧山机场站与7号线、机场轨道快线换乘,滨江二路站预留规划沿江线换乘条件),新建南阳停车场1处,主变电所1处。项目建设期4年。概算总额为84.53亿元,其中资本金25.36亿元,占总投资的30%,由杭州市政府负责筹集,其余申请银行贷款解决。

三、设计特点

杭州地铁1号线的设计中充分研究、借鉴国内外地铁设计的先进理念和成熟经验,注重工程整体技术的先进性、科学性、经济性与适用性,并结合杭州实际情况,因地制宜优化设计方案,提高设计水平,充分考虑未来发展需要,处理好初、近期工程与远期工程的预留接口和衔接关系,使地铁功能、技术标准、服务水平在国内领先,具有一定的前瞻性。

1. 实现正、反向同站台换乘方案

同站台换乘一般适用于2条地铁线路平行敷设,且采用岛式站台的车站形式,乘客换乘时,由岛式站台的一侧下车,通过站台直接到另一侧上车,便完成由一条地铁线到另一条地铁线的转线换乘,换乘较为方便、快捷。同站台换乘是换乘形式中最便捷的一种换乘形式,真正实现"零换乘";在1个车站实现2条线路的同站台换乘,可实现1个方向换乘便捷;在连续

2 座车站实现同站台换乘,可实现正、反两个方向同站台换乘。杭州地铁 1 号线共有 5 座车站实现了双岛四线平行同站台换乘,分别是武林广场站(图 40-4)、西湖文化广场站、彭埠站、火车东站站、客运中心站(原九堡东站)。除客运中心站为 1 号线下沙线和临平线单向同站台换乘外,武林广场站、西湖文化广场站连续两站为 1、3 号线换乘车站,彭埠站、火车东站站连续两站为 1、4 号线换乘车站,可实现正、反两个方向的同台换乘功能,换乘十分便捷。

图 40-4　武林广场站

2. 规划设计多个综合交通枢纽

杭州地铁 1 号线沿线规划客运中心站、火车东站站(图 40-5)、武林广场站和城站站 4 个大型换乘枢纽。

图 40-5　杭州市火车东站综合交通枢纽

客运中心站为 1 号线临平段和下沙段单向同台换乘站,同时衔接高速公路客运中心,实现与城市公共交通间的便捷换乘。武林广场站处于城市既有旅游商业文化服务中心,为杭州市最为集中的商业中心区、城市公共交通枢纽,1 号线与 3 号线在武林广场站换乘。城站站是杭州市铁路交通中心,1 号线与 5 号线在城站站"十"字换乘,与对外铁路交通、公路长途客运交通以及城市公共交通实现便捷换乘。

杭州东站枢纽的规划设计是要形成以杭州火车东站为客运主站,城站火车站、杭州南站(萧山站)为辅助客运站的"一主两副"客运枢纽格局,铁路车站等级为特等站,设计站线共

15台30线,其中磁悬浮3台4线。根据规划,沪杭、杭甬、宁杭、杭长、杭黄客运专线等将相继引入,届时将形成以杭州东站综合交通枢纽为中心的长三角地区城市"1～2小时交通圈"。

杭州东站综合交通枢纽范围的相关配套设施有地铁1号线、地铁4号线、2个公交枢纽站、3个公交首末站、1个旅游集散中心、1个中短途公路客运站和3处京杭运河两侧的水上巴士码头,枢纽汇集了地铁、公路、城市公交、运河水运等多种交通,并有完善的配套服务,可以实现各种交通形式之间的"零换乘"。整个站场总建筑面积约24万平方米,其中站房面积8万平方米,5层结构,地上2层,地下3层。地上分别为高架层和火车站台层;地下一层为出站大厅,还设有出租车及社会车辆停车场;地下二、三层为地铁站台层。车站进出参考机场模式,采取"上进下出",旅客从车站两侧高架以及广场入站,旅客出站则在地下一层,可直接坐出租车出站,也可再下到地下二、三层,乘地铁离开。杭州东站枢纽东广场承担着枢纽除铁路及轨道交通以外所有车辆的停靠与换乘功能,体现了枢纽的集约用地、方便快捷的特点。以东站为建设契机,杭州市还对东站周边地区(秋涛路至石桥路、德胜快速路、沪杭高速、艮山西路围合范围)9.3平方千米进行改造和开发建设,优化路网交通,完善基础设施,建设高品质的安置小区,强化现代服务业功能。

3.体现杭州文化特色

杭州是七朝古都,历史文化名城,有着深厚的文化底蕴。为让地铁成为杭州文化的载体,杭州地铁1号线在设计之初就充分考虑了杭州的城市特点,同时坚持以人为本,把人文关怀落实到地铁建设的细节之中,使地铁真正成为兼具交通功能与文化功能的城市公共空间,并真正展示出杭州地铁的特色。杭州地铁1号线根据车站的地域特点设计了艺术特点鲜明的公共文化艺术墙,其中的15个站点相互交融又各有特色,引入"一站一故事,百站一部史"的理念,注重文化符号的运用,力求将地铁文化与城市文化融合在一起,尽显杭州的城市韵味。

4.注重以公共交通为导向的(TOD)开发设计

杭州地铁1号线规划设计时注重与沿线土地开发的结合,城站站、凤起路站、文泽路站、临平站4个站配线上方富余空间实施了商业开发。湘湖站、滨康路站、定安路站、龙翔桥站、凤起路站、武林广场站、西湖文化广场站、打铁关站、七堡站、客运中心站、金沙湖站、乔司站12个站与周边大型商业和上盖建筑实现了地下空间互联互通。通过物业开发,以地铁外部效益反哺建设和运营,促进其财务可持续。

随着地铁1号线的开通运营,杭州步入了地铁上盖综合体时代。如七堡综合体项目是1号线、4号线共用的车辆段,杭州市提出了城市综合体概念,通过深化初步设计,充分利用城市地上地下空间,进行上盖开发设计,并与车辆段方案有机互动,既提升了地铁的客流效益,也提升了周边环境品质。项目总占地50万平方米,总建筑面积约130万平方米,实现了土地复合利用,出让方式为分层设权分层出让,打造了TOD模式下的活力社区。项目经济效益丰厚,政府可从中取得 54.4 亿元收入,项目主体可获得利润 22 亿元。

四、主要设计单位

总体设计单位:北京城建设计研究总院有限责任公司。

设计咨询单位:铁道第三勘察设计院及美国柏诚公司(PB)联合体。

勘察单位:浙江省地矿勘测院、浙江华东建设工程有限公司。

装修系统设计单位:中建三局东方装饰设计工程有限公司。

地面景观系统设计单位:中国美院风景建筑设计院有限公司。

工点设计单位:中铁第一勘察设计院集团有限公司、中铁二院工程集团有限责任公司、中铁第四勘察设计院集团有限公司、中铁第五勘察设计院集团有限公司、中国水电顾问集团华东勘察设计研究院、上海市隧道工程轨道交通设计研究院、中铁隧道勘察设计院有限公司、总参工程兵第四设计研究院。

第四节 工 程 建 设

杭州地铁 1 号线工程试验段自 2003 年 12 月开始建设。一期工程自 2007 年 3 月开始建设,至 2012 年 11 月底正式开通试运营,耗时 5 年 8 个月。二期工程下沙延伸段 2015 年 11 月 24 日开通试运营。

一、工程建设过程

2002 年 6 月,杭州市地铁集团有限责任公司成立,承担地铁 1 号线的融资、建设和运营管理。

2003 年 12 月 26 日,杭州地铁 1 号线试验段开工。

2006 年 9 月 8 日,秋涛路站东西贯通。

2007 年 2 月,秋涛路站试验段完工。

2007 年 2 月 7 日,浙江省发展和改革委员会批复杭州地铁 1 号线工程初步设计。

2007 年 3 月 28 日,杭州地铁 1 号线一期工程正式开工。

2008 年 3 月 12 日,龙翔桥站开始动工。

2008 年 5 月 15 日,杭州地铁 1 号线一期工程余杭段全面开工。

2009 年 5 月 25 日,8 个车站完成主体结构。

2009 年 8 月 27 日,杭州地铁 1 号线 16 号、17 号盾构九堡东站至下沙西站右线盾构区间精确安全贯通。

2011 年底,完成所有 31 座车站的主体结构。

2012 年 3 月 8 日,杭州地铁 1 号线一期工程全线"洞通"。

2012 年 4 月下旬,杭州地铁 1 号线一期工程全线"轨通"。

2012 年 5 月 6 日,杭州地铁 1 号线一期工程全线"电通"。

2012 年 6 月 1 日,杭州地铁 1 号线一期工程分段陆续开始空载试运行。

2012 年 11 月 24 日,杭州地铁 1 号线一期工程正式开通试运营。

2015 年 1 月 4 日,杭州地铁 1 号线下沙延伸段"洞通"。

2015 年 5 月 12 日,杭州地铁 1 号线下沙延伸段"轨通"。

2015 年 6 月 15 日,杭州地铁 1 号线下沙延伸段"电通"。

2015 年 11 月 24 日,杭州地铁 1 号线下沙延伸段正式开通运营。

二、工程建设难点

1. 工程地质和水文地质条件复杂

杭州市沉积环境分为 2 个沉积地貌单元,土性软硬相间,差异较大,总体属松软地基,且存在多层承压水、流沙和沼气等不良工程地质条件。杭州地铁 1 号线工程南端湘湖站存在高含水量的淤泥、淤泥质土,钱塘江两岸广泛分布厚度 20 米左右的粉土和砂性土,萧山和下沙地区 23 ~ 28 米深处存在地下沼气。由于前期对地质条件认识不足,杭州地铁 1 号线工程个别工点出现了一些险情。

对于杭州地铁 1 号线特殊及复杂的工程地质条件,采用了针对性的工程措施。对于含沼气的地铁基坑,针对有害气体采用了"以排气为主、隔气与排气结合"的原则,对于土层气体不同的赋存状态,采用不同的排气与隔气措施,确保满足 100 年正常使用与耐久性要求。对于需要处理承压水的基坑,采取降低承压水位、隔断承压水和坑底地基加固等措施,保障了工程施工安全。对于深厚软黏土地区基坑,严格遵循"开槽支撑、先撑后挖、分层开挖、严禁超挖"的原则,采取高压旋喷桩或水泥搅拌桩抽条或裙边加固措施,控制了坑底处围护墙变形,并增强基坑整体刚度,为应对基坑隐患预留安全储备(图 40-6)。

滨江站—富春路站区间下穿钱塘江段是地铁 1 号线工程的重点和难点工程之一,也是保证工程按期通车的关键节点。由于钱塘江潮汐、河床冲刷深度较大等原因,江底覆土变化大;同时,受到江底圆砾层、承压水和沼气等影响,加泥式土压平衡盾构施工时面临刀具磨损严重、江底换刀、螺旋输送机喷涌、沼气爆炸等难题,施工风险难度大。为保证工程安全顺利进行,提高结构整体的耐久性,并减少后期的维修成本,杭州市地铁集团有限公司牵头组建了由科研院所、设计与施工单位组成的项目联合攻关组,根据钱塘江河床活动性特点、轨道交通特点和具体线位,对隧道埋深、冲刷影响等相关问题进行深入研究和论证,对工程施工与运营的技术难题提出有针对性的措施,为工程的顺利实施创造了条件。

图 40-6　客运中心站基坑工程现场施工图

2. 工程实施外部环境复杂、施工难点多

杭州地铁 1 号线工程 2 次穿越钱塘江、4 次越过京杭大运河,多次穿越老旧建筑、沪杭高速、大口径三污干管、铁路干线等,技术难点和风险点多。杭州地铁 1 号线采用双向同站台换乘方案对场地周边环境和工程技术要求较高,需要有区间隧道扭转交织所需的足够空间,增加了工程建设的难度。

三、主要参建单位

根据国家关于项目法人的相关规定,杭州市地铁集团有限责任公司作为建设单位对杭州地铁 1 号线项目的策划、资金筹措、建设实施、运营管理、债务偿还实行全过程负责。

1. 土建施工单位

中国中铁股份有限公司、中铁一局集团有限公司、中铁二局集团有限公司、中铁三局集团有限公司、中铁七局集团有限公司、中铁十一局集团有限公司、中铁十三局集团有限公司、中铁十四局集团有限公司、中铁十六局集团有限公司、中铁隧道局集团有限公司、上海隧道工程股份有限公司、宏润建设集团股份有限公司、腾达建设集团股份有限公司、杭州市政工程集团有限公司、浙江建工集团有限责任公司、浙江大成建设集团有限公司、杭州萧宏建设集团有限公司、上海机械施工有限公司、中设建工集团有限公司、北京城建集团有限责任公司、浙江国泰建设集团有限公司。

2. 机电设备供货商

南京南车浦镇城轨车辆有限公司、株洲西门子牵引设备有限公司、中兴通讯股份有限公司、西子奥的斯电梯有限公司、天津长澳电器有限公司、国电南京自动化股份有限公司、西安永电电气有限公司、江苏华鹏变压器有限公司、现代重工中国电气有限公司、沃尔新(北京)自动设备有限公司、北京高科物流仓储设备技术研究所、法中轨道交通运输设备(上海)有限公司、江苏大全长江电器股份有限公司、浙江上风实业股份有限公司、浙江金盾风机风冷设备有限公司、北京交大微联科技有限公司、蒂森电梯有限公司、浙江浙大网新集团有限公司、杭州电缆有限公司、宝胜科技创新股份有限公司、浙江晨光电缆股份有限公司、上海南大集团有限公司、兴乐集团有限公司、东方通信股份有限公司、中国电子科技集团第五十四研究所、浙江浙大中控信息技术有限公司、北京动力源科技股份有限公司、苏州阿海珐开关有限公司、西门子中压开关技术(无锡)有限公司、南京南瑞集团公司、南京消防器材股份有限公司、中国人民解放军总参谋部工程兵第四设计研究院、北京和利时系统工程有限公司、特灵空调系统(中国)有限公司、上海一冷开利空调设备有限公司、成都运达创新科技有限公司、成都主导科技有限公司、襄樊金鹰轨道车辆有限公司、镇江默勒电器有限公司、北京吉盛机电设备有限公司、北京汉威机电有限公司、埃梯梯(南京)有限公司、杭州大智楼宇科技有限公司、黄石捷德万达金卡有限公司、宁波天安(集团)股份有限公司、浙江浙大网新众合轨道交通工程有限公司、北京禹辉水处理技术有限公司、柳州起重机器有限公司、山东双轮股份有限公司。

3. 安装与装修单位

浙江大有实业有限公司、杭州交联电气工程有限公司、中铁电气化局集团有限公司、中铁建电气化局集团有限公司、中铁电气化局集团第一工程有限公司、中铁一局集团建筑安装工程有限公司、中铁一局集团电务工程有限公司、中铁二局集团电务工程有限公司、中铁二局第三工程有限公司、中铁三局集团电务工程有限公司、中铁四局集团电务工程有限公司、中铁十四局集团电务工程有限公司、山西省工业设备安装公司、广东省工业设备安装公司、广东水电二局股份有限公司、杭州钱江人防设备有限公司、浙江金丰人防设备有限公司、杭州华水市政工程有限公司。

4. 监理单位

中咨工程建设监理公司(现中咨工程管理咨询有限公司)、铁四院(湖北)工程监理公司、中煤邯郸中原建设监理咨询有限公司、上海建通工程建设有限公司、华铁工程咨询有限责任公司、四川铁科建设监理有限公司、广东铁路建设监理有限公司、浙江江南工程管理股份有限公司、上海同济工程咨询有限公司、甘肃铁一院工程监理有限公司、北京地铁监理有限公司、中原建设集团有限公司、上海市工程建设咨询监理有限公司、上海天佑工程咨询监理有限公司、上海建科工程咨询监理有限公司。

第五节　运营管理

一、运营筹备过程

2012 年 4 月,杭州市交通局制订《杭州市轨道交通试运营基本条件》。

2012 年 5 月,编制完成《杭州地铁 1 号运营演练及运行总体方案》,积极开展各项演练活动。

2012 年 10 月 10 日,杭港公司全面接管杭州地铁 1 号线经营运营管理权。

2020 年 10 月 20 日前,完成了杭州地铁 1 号线规划、工程质量、消防、人防、环保、特种设备、气象防雷、卫生防疫、安全设施及工程档案专项验收。

2012 年 10 月 22 日,杭州地铁 1 号线工程通过试运营基本条件评审。

2012 年 11 月 24 日,杭州地铁 1 号线正式试运营。

2015 年 10 月 31 日,杭州地铁 1 号线下沙延伸段通过试运营基本条件评审。

2015 年 11 月 24 日,杭州地铁 1 号线下沙延伸段正式开通运营。

二、管理措施

杭州地铁 1 号线积极借鉴香港地铁的成功经验,并结合杭州城市特色,采取了多方面的运营管理措施。香港铁路有限公司 30 多年的轨道交通运营管理和物业开发的成熟模式在杭州地铁 1 号线得以充分体现。

1. 完善运营组织方案

在杭州地铁 1 号线开通初期,从行车组织、客运组织、故障处理等方面考虑,采用了主支线交路运行方案,在客运中心站实现主要客流方向的同站台换乘,缩短支线的行车间隔,并通过静态车站指引标识、动态广播和信息服务加强主支线交路的换乘服务,避免乘客误乘车;通过合理编制时刻表协调同站台换乘时间,以缩短换乘等待时间。

2. 提升运营服务和安全,打造运营文化品牌

杭州地铁 1 号线不断创新服务方式,以软指标的管理细节和标准化的服务流程提升客运服务。为更好地服务特殊人群,杭州地铁 1 号线提供手语服务,并投入爬楼机、轮椅升降平台、轮椅踏板等设施,方便其进出。成立应急管理领导小组,编制完成公司级应急预案 5 个、部门级预案 44 个。通过组织开展地铁运营突发事件应急演练,进一步锻炼运营队伍、检验应急预案,提高应对地铁突发事件的水平。通过组建地铁文化传媒公司、创办地铁报刊《城报》等传播地铁文化品牌,推出"文明乘地铁、公约我来拟"等公益活动,邀请广大市民参与地铁运营管理。

三、运营效果

1.客流效益显著

杭州地铁1号线自2012年11月开通试运营以来,客流效果提升明显,有力保障了居民日常出行和重要节假日和重要活动出行需求。

开通年(2012年)日均客运量14.78万人次,运营近期(2015年)日均客运量48.5万人次,2019年12月日均客运量79.4万人次。另外,部分枢纽和商业中心的日均客流量较大(如2019年12月火车东站站日均客流量达11.20万人次,龙翔桥站日均客流量达到5.48万人次),取得了较好的客流效果。

2.运营指标良好

杭州地铁1号线自开通运营以来,运营服务水平不断提升,行车间隔不断缩短,2012年开通时最小行车间隔为9分30秒,2015年根据客运需求调整到4分钟,2019年高峰时段最小行车间隔已缩小为2分35秒。2019年杭州地铁1号线列车正点率和运行图兑现率均在99.9%以上;运营以来没有发生重大安全事故和责任事故。依靠科学先进的维修管理,设备运行良好,设备故障率较低。

第六节 工 程 创 新

1.投融资模式

作为杭州市第一条地铁线路,地铁1号线线路长、投资大,又缺少轨道交通投融资、建设与运营的经验。在此客观现实条件下,杭州市政府采用"A+B"方式将土建工程、机电安装及后期运营分开,对B部分资产采用PPP模式,降低了项目招商难度,提高了项目对社会资本的吸引力;成功吸引了新加坡SMRT、法国威立雅及香港铁路有限公司3家具备丰富建设和运营经验的国际性企业,通过充分竞争,避免了一家独大不利于谈判的局面;通过引进香港铁路有限公司先进的工程设计、施工和运营管理经验,提高建设质量和运行效率,严格的财务成本控制手段使项目能够在达到建设、运营标准的前提下有效降低项目全生命周期成本;地铁1号线PPP运作模式充分发挥社会资本方的资金优势,在一定程度上缓解了政府的当期资金压力,降低了政府方需承担的风险;地铁1号线PPP模式有利于改变基础设施供给方式,加快政府职能转变,使得政府角色从"单一的公共产品提供者"逐步向"公共服务的购买者"、从"公共产品生产与监管双重角色"逐步向"公共产品生产与全过程服务的监管者"转变,以契约方式厘清政府与市场的边界,明确了双方的权责、收益分享,建立了争议解决机制;通过结算票价及票价调整机制等利益分配的关键点,体现"收益共享、风险共担"的原则。

鉴于审批进度与施工进度不一致等原因,地铁 1 号线特许经营项目获批时,部分机电设备资产已由杭州市地铁集团有限公司投资完成。由于客观条件的影响,原有"A + B"模式向网运分离方向转变。引入社会资本参与的目的是引进具有先进行业运营、管理经验的社会投资人。这种内在需求促使项目的进展更加符合政府的初始预期,更能有效发挥社会资本方的运营能力。

杭州市政府及相关部门积极协调各方利益关系,敢于突破创新,为项目推进提供了全方位保障。在项目实施过程中,政府变成了全程参与者和权利保障者,为项目配套出台了《杭州市市政公用事业特许经营条例》《杭州市城市轨道交通运营管理办法》等法规政策。系列法规政策的制订和出台,使地铁 1 号线的运营管理遵循统一规划、安全运营、规范服务、高效便捷的原则,有效保障了城市轨道交通安全运营,维护了各方的合法权益。

2017 年 5 月,国家发展和改革委员会将杭州地铁 1 号线项目确定为 PPP 项目典型案例。

2. 双向同站台换乘设计

杭州地铁 1 号线在境内首次引入"双向同站台换乘"(图 40-7)设计理念,在武林广场站至西湖文化广场站区间 1 号线和 3 号线、火车东站站至彭埠站区间 1 号线和 4 号线实现双向同站台换乘。

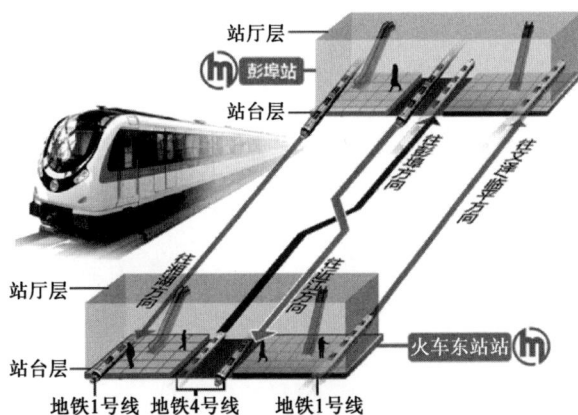

图 40-7　双向同站台换乘示意图

3. 系统设备

杭州地铁 1 号线率先在国内提出低碳地铁列车的概念,在车辆招标采购文件中明确要求采用 LED 节能灯具照明,每年节电约 365 万千瓦时;车辆座椅在国内首先采用人体工程学两面整体压窝技术,在车厢座椅下方设置了电加热系统,乘客在乘坐地铁列车时更安全、舒适;车辆广播可以根据背景噪声自动调节音量大小,车辆空气弹簧可以根据乘客数量多少自动调整车厢地板面高度,车辆空调系统可根据外界温度自动调节车厢内的温度和新鲜空气量;车辆的转向架引进欧洲设计理念先进的模块化产品,采用高强度定制钢材焊接构架,是国内首款在欧洲进行 1000 万次构架疲劳试验的产品;通风空调系统风机采用变频技术及全线设备区域采用 LED 等,节能效果显著;地铁 1 号线还是全球首条覆盖 TD-LTE 的 4G 网络的地铁线路。

第七节　工　程　价　值

杭州地铁 1 号线作为客运交通骨干线,有助于优化杭州的城市总体布局,实现中心城市功能调整、城市产业结构转换、城市土地按规划合理开发利用。杭州地铁 1 号线的建设使副中心人口实现有效聚集,区域效应充分体现,推进杭州市构筑网络化大都市和城市化进程,有力提升城市品质,提高人民生活水平。

杭州地铁 1 号线方便、快捷、舒适的大运量运输有助于杭州市应对"乘车难""行车难"的困扰,使主城分别至萧山、余杭、下沙 3 个副城的轨道出行时间控制在 45 分钟以内,极大提高杭州市公共交通的服务水平,扩大乘客的可达范围,市民的休闲娱乐也从原来的西湖附近扩展至钱塘两岸,从老城区扩展至萧山、余杭。杭州地铁 1 号线联系杭州城站火车站、杭州东站、九堡客运中心和萧山国际机场等重要的综合交通枢纽,有助于提升杭州市的枢纽地位。

杭州地铁 1 号线已成为沟通钱塘江两岸的主要交通方式,有力支撑杭州市由"西湖时代"迈入"钱塘江时代"。

执笔人:杨永平

第四十一章　西安地铁二号线

第一节　工程概况

西安是陕西省省会,世界著名的历史文化古都和国际旅游热点城市,同时也是西部大开发的中心城市。2006 年 9 月,经国务院同意,国家发展和改革委员会批复了《西安城市快速轨道交通建设规划(2006—2015)》,同意修建核心城区客流主导方向的"十字"骨架线路,即一号线和二号线,总长 50.3 千米;其中,优先建设近期客运量较大的二号线工程(图 41-1)。

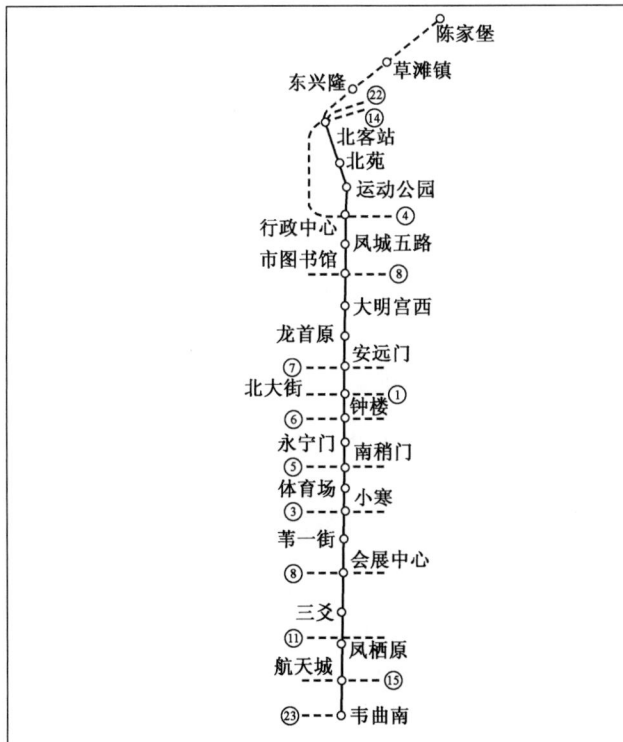

图 41-1　西安地铁二号线工程线路示意图

西安地铁二号线规划线路为陈家堡—韦曲段(全长 32.4 千米),近期建设一期工程北客站—韦曲段。其中北客站至会展中心站段,全长 20.56 千米,全地下敷设,设 17 座车站、1 座车辆段和综合基地,于 2011 年 09 月 16 日建成通车,决算投资 107.08 亿元;会展中心站至韦曲南(原韦曲站)段,全长 6.09 千米,设 4 座车站、1 座停车场,于 2014 年 06 月 16 日建成通

693

车,概算投资 29.10 亿元。

如何利用现代地铁修建技术保护古城风貌和文物安全是西安地铁二号线面临的重大问题。西安地铁二号线下穿钟楼、城墙等国家级重点文物保护单位,穿越西安市独有的地裂缝地段、湿陷性黄土层等,设计难度大。为了保护文物古迹,线路设计上尽量远离钟楼基座及城墙的变形敏感区,线路纵断面尽量加大埋深以避让地下"文化层"和降低振动对文物的影响;区间隧道选择盾构掘进工法通过,并对钟楼及城墙进行了加固处理,确保施工期间古城墙及钟楼的安全;轨道采用钢弹簧浮置板减振道床,以减少地铁运营期间对文物的影响。通过不断技术创新,在精心设计施工后,"西安地铁二号线工程"荣获 2014 年度国际咨询工程师联合会(FIDIC)"全球杰出工程"奖,成为全球第一个获此奖的地铁工程。

第二节 规划与决策

一、线网规划与建设规划

西安是"世界四大文明古都"之一,是"丝绸之路经济带"新起点和桥头堡的重要承载区。2005 年,全市实现地区生产总值 1270.14 亿元,完成财政收入 202.49 亿元;年末户籍人口741.7 万人,暂住人口 105 万人。随着西安市经济持续、快速发展,不断增长的城市交通需求与地面道路资源间的供需矛盾日益突出。特别是在城市中心区,受古城建筑格局、明城墙、棋盘式路网的限制,穿越明城墙区东西、南北方向的进出通道各仅有 2 条,公交车平均时速 10 千米。为破解地面道路难以拓展、公共交通服务水平低的难题,从 20 世纪 90 年代初开始,西安市就着手策划城市轨道交通建设的前期准备和基础研究工作。

1999 年 10 月,西安市成立了由主管副市长牵头的西安地铁建设前期准备工作领导小组,下设办公室。

2005 年 11 月,西安市组建成立了西安地下铁道有限责任公司,与西安地铁建设前期准备工作领导小组办公室合署办公。

1994 年,西安市首次提出由 4 条线路组成的轨道交通线网规划。

1999 年 5 月,国务院批复的《西安市 1995—2010 年城市总体规划》首次提出"建立以地铁和普通公交为主、快速公交为辅助的多种客运交通方式相结合的立体公共交通体系",其中轨道交通线网由 4 条线组成,线网总长度 73.17 千米。

2005 年 3 月,西安市政府批复了《西安城市快速轨道交通线网规划》,由 6 条线路组成棋盘＋放射式结构轨道交通线网,总长 251.8 千米。其中,二号线沿西安市南北向主客流走廊布设,北起陈家堡南至韦曲,自北向南将北客站、行政中心、北大街、钟楼、省体育场、小寨商业文化中心、西安国际展览中心等大型客流集散点有机串联起来,与一号线共同构成了轨道交通线网中的十字骨架,线路全长 32.4 千米,设站 21 座。《西安城市快速轨道交通线网规划》主要成果纳入了 2008 年国务院批复的《西安市城市总体规划(2008 年—2020 年)》。

在《西安城市快速轨道交通线网规划》基础上,2006 年 9 月,国家发展和改革委员会批复了《西安城市快速轨道交通建设规划(2006—2015)》,2006—2011 年建设二号线铁路北客站—韦曲段,线路长 26.4 千米,设站 20 座,工程投资 97.81 亿元;同时要求做好沿线土地控制规划和工程施工方案的优化,认真研究落实多元化筹资方案,切实保护好西安古都风貌和文物古迹。

二、可行性研究

2006 年 10 月,陕西省发展和改革委员会向国家发展和改革委员会上报了《西安市地铁二号线(铁路北客站—韦曲段)工程可行性研究报告》。该报告提出线路总长 26.30 千米,其中地下线 20.92 千米,敞开段 0.45 千米,高架线 4.93 千米;共设车站 21 座,其中地下站 17 座,高架站 4 座,平均站间距为 1283 米;设车辆基地及停车场各 1 处,控制中心 1 座,主变电站两所;车辆选用 B 型车,列车最高运行速度 80 千米/小时,初、近、远期均采用 6 辆编组;工程总投资 105.19 亿元。

西安市地上地下文物资源非常丰富,享有"天然历史博物馆"美誉,可行性研究报告的重点之一就是文物保护问题。地铁工程对文物的影响主要是因施工开挖或运营期间出现较大渗漏而引起的地面沉降变形,当变形量达到文物的变形允许值或超过时就会造成文物被破坏;以及列车运营产生的振动,如传至地面超过建筑物的允许值,也会造成文物被破坏。

西安地铁二号线通过国家级文物保护单位钟楼和西安古城墙保护区,是文物保护的重点。钟楼是我国目前保存最完整的明代建筑之一,其重点保护区为钟楼基座四周边内,一般保护区由重点保护区外延 36 米,建筑控制地带由一般保护区再外延 72 米,基础深度为 14.8～15.5 米。可行性研究报告的推荐方案是在钟楼四周做 1 圈灌注桩,并在桩顶用灌梁将所有的桩连为整体,这样在盾构施工穿过时所引起的隆起和沉降只影响到维护桩边,不会影响钟楼和城墙的基础。为尽可能减少对文物的影响,推荐线路在钟楼处左右线分开绕行,线位距钟楼基座约 17 米,纵向埋深约 17 米。西安城墙是明代初年在唐长安城的皇城基础上建筑起来的,是我国六大古都中保存至今唯一较完整、规模最大的城墙;其重点保护区为周长 13.7 千米的明城墙和 4 个城墙楼,一般保护区为城墙外侧至护城河外沿、城墙内侧 20 米,建筑控制地带为城墙外侧至环城路外沿、城墙内侧墙体外延 100 米。据含光门遗址考古资料,城墙基础深度距现地表约为 3～5 米。西安地铁二号线在平面线形布设上绕避开对变形敏感的各城门洞范围,在其附近的城墙下穿越;受护城河河底高程限制,线路纵向敷设埋深较深,拱顶距现地表约 20 米。

西安地铁二号线在线路选择上避让了已发现的古迹遗址。据文物部门的考古发掘,西安地区古文化层位于地面以下 8 米范围内,西安地铁二号线全线区间隧道均穿行于地面下 10～

15 米,不会碰到古文化层;此外,车站施工前要对车站主体和出入口风道范围进行详细的文物勘探,对出现的文物进行保护发掘。

国家文物局《关于西安市城市快速轨道交通线网一、二号线项目规划中文物保护有关事宜的批复》(文物保函〔2006〕47 号)中要求陕西省文物局组织有相应资质的设计单位编制具体的文物保护方案。2006 年 12 月,铁道第一勘察设计院和西安建筑科技大学联合编制了《西安市城市快速轨道交通二号线通过城楼及城墙文物保护方案》,提出对文物保护采取的主要措施是平面绕避变形敏感点,纵断面加大埋深,对文物进行防护加固,采用对沉降控制更有效的盾构法施工和钢弹簧浮置板减痕道床,保护古迹。该方案经国家文物局《关于〈西安市城市快速轨道交通二号线通过钟楼及城墙文物保护方案〉的批复》(文物保函〔2007〕99 号)同意。

受国家发展和改革委员会委托,中国国际工程咨询公司(现中国国际工程咨询有限公司)于 2007 年 1 月出具了《关于西安市城市快速轨道交通二号线(铁路北客站—韦曲段)工程(可行性研究报告)的咨询评估报告》。

2007 年 7 月,国家发展和改革委员会以发改投资〔2007〕1471 号文正式批复了可行性研究报告:一期工程起自西安铁路北客站,上跨北绕城高速,穿越麻家什字后过渡至地下线,经城运村、张家堡广场,沿未央路、北关、北大街,过钟楼南门城墙,沿长安路南至航天南路后出地面,采用高架线沿长安北街、南街至韦曲站。线路长 26.30 千米,全线设车站 21 座,线路两端重点站应预留远期延伸条件;选用 B 型车,采用直流 1500 伏接触网供电方式,列车最高运行速度 80 千米/小时;初、近、远期均采用 6 辆编组,初期配置车辆 22 列/132 辆;工程总投资为105.15 亿元,其中项目资本金 42.08 亿元,由陕西省、西安市财政专项资金分年解决,资本金以外部分申请国内银行贷款解决。

可行性研究报告获批复后,西安地铁二号线由项目决策阶段步入了正式实施阶段。

第三节　工程设计

一、设计单位

西安市地下铁道有限责任公司充分利用高水平的社会专业力量参与设计及管理工作,充分发挥各设计单位的优势,简化设计管理,确定了二号线工程设计采用勘察设计总体总包的管理模式。

总体总包单位中铁第一勘察设计院集团有限公司(以下简称"中铁一院")对 10 个分项系统设计单位、8 个勘察单位进行统一协调管理,建立自上而下严密的纵向管理体系,从质量、进度、投资、合同、信息等方面进行全方位调控管理,最大限度地确保勘察设计工作成果达到"安全、适用、经济、高效",基本实现了"系统功能均衡先进,设计管理国内领先"的勘察设计技管理目标。

总体咨询单位为北京城建设计研究总院有限责任公司。

分项系统设计单位共 10 家:中铁一院与中国建筑西北设计研究院有限公司联合体,广州地下铁道设计研究院,中铁一院,陕西省电力设计院,西安众源电力设计有限公司,中铁二院工程集团有限责任公司,北京城建设计研究总院有限责任公司,中铁隧道勘测设计院有限公司,中铁第五勘察设计院集团有限公司,深圳广田装饰集团股份有限公司。

勘察单位共 8 家:陕西工程勘察研究院,西北综合勘察设计研究院,中国有色金属工业西安勘察设计研究院,长安大学工程设计研究院,中交第一公路勘察设计研究院有限公司,机械工业勘察设计研究院,西安岩土工程新技术开发公司,中冶地集团西北岩土工程有限公司。

二、工程设计方案

1. 总体设计

为保障西安地铁二号线各专业系统的总体性和完整性,指导各单项工程的初步设计,2006 年下半年,中铁一院编制完成了《西安市城市快速轨道交通二号线(铁路北客站—韦曲段)工程总体设计》(以下简称“《总体设计》”)。

在《总体设计》研究过程中,以可行性研究报告评估意见为指导,围绕“落实外部条件、稳定线路站位;明确功能定位、确定运营规模;理顺纵向关系,明确横向接口;统一技术标准,分割工程单元;筹划合理工期,控制工程投资”的研究目标,在技术标准、工程规模、主要工程方案及系统配置方案等方面做了全面深入的研究工作。

与可行性研究报告相比,主要工程方案未做大的调整,主要变化是:结合城市规划、客流吸引及建设条件,南门站由城墙内移至城墙外,同时由分离岛式地下三层车站调整为地下两层岛式站台车站。工程投资估算约 116.46 亿元,较可研估算的 105.15 亿元增加约 11.31 亿元。

2006 年 12 月 10 日,《总体设计》通过了由西安市地铁指挥部办公室组织的专家评审。

2. 初步设计

在初步设计阶段,通过对《总体设计》研究成果的进一步深化,落实完善了设计技术要求及各专业接口,稳定了线位及站位,确定了土建工程规模、结构形式及施工工艺,基本确定了西安地铁特有的文物保护、地裂缝及湿陷性黄土等难题的解决方案,明确了主要设备系统配置方案,完成了整个工程建设进度安排与筹划,确定了工程投资总概算。

2007 年 6 月,中铁一院完成《西安市地铁二号线(铁路北客站至会展中心站段)工程初步设计》(以下简称“《北段初步设计》”);2009 年 1 月,完成《西安市地铁二号线(会展中心站至韦曲南站段)工程初步设计》(以下简称“《南段初步设计》”)。

与《总体设计》相比,初步设计阶段在以下方面进行了调整和优化:

①设计范围有所调整。将二号线一期工程调整为2段实施,其中北段(北客站至会展中心,长延堡站改名为会展中心站)工程线路长度20.56千米,南段(会展中心至韦曲南段)工程线路长度6.09千米。

②北端(北客站—运动公园段)线路敷设方式由高架调整为地下。在可行性研究报告及《总体设计》阶段,为节省工程投资、降低运营费用、缩短建设周期,线路北端(北客站—运动公园段)采用高架敷设方式。随着设计工作的深入,西安铁路北客站方案也渐趋明朗。按照铁道部《关于新建铁路郑州至西安客运专线引入西安枢纽新建客运北环线工程初步设计的批复》(铁鉴函〔2006〕721号)文,结合西安铁路北客站建设规划,二号线采用下穿方式通过铁路北客站,北端线路敷设方式由高架调整为地下。

2007年8月,陕西省发展和改革委员会以陕发改投资〔2007〕1190号文批复了《北段初步设计》。

2009年1月,陕西省发展和改革委员会以陕发改投资〔2009〕80号文批复了《南段初步设计》。

3.施工图设计

施工图设计阶段的工作主要是根据已批复的初步设计编制工程施工用图和设备安装用图,内容包括设计说明、工程施工(设备安装)图纸等。施工图设计文件的深度应达到能据以编制施工图预算、安排材料和设备订货、非标准设备的制作、进行施工和安装,并可据此开展工程验收。

2007年9月15日,凤城五路至会展中心段土建主体施工图编制完成。

2008年5月底,北客站至行政中心段土建主体施工图及全线附属部分施工图完成。

2009年底,全线系统设计、装修及导向设计施工图完成。

第四节　工　程　建　设

一、工程建设过程主要节点

1.北段(铁路北客站至会展中心站段)工程

2006年9月29日,试验段工程张家堡站开工。

2007年8月10日,全线开工。

2009年10月29日,实现"洞通"。

2009年12月底,设备安装及装修进场。

2010年5月28日,实现"轨通"。

2010 年 6 月 18 日,首列样车下线。

2010 年 11 月 9 日,实现"电通"。

2010 年 12 月 1 日,开始单系统调试。

2011 年 3 月 21 日,综合联调正式启动。

2011 年 7 月 3 日,通车试运行,实现"车通"。

2011 年 8 月 14—17 日,召开试运营基本条件专家评审会。

2011 年 9 月 16 日,通车试运营,成为西北地区首条开通的地铁线路,西安成为国内第 10 个拥有地铁运营线路的城市。

2. 南段(会展中心站至韦曲南站段)工程

2010 年 2 月,开工建设。

2012 年 6 月,安装装修工程开始施工。

2012 年 12 月,实现"洞通"。

2013 年 8 月,实现"轨通"。

2013 年 11 月,完成设备安装工程。

2013 年 11 月 11 日,实现"电通"。

2013 年 12 月,完成设备单体调试及车站公共区装修工程。

2013 年 12 月 11 日,综合联调工作启动。

2014 年 3 月 9 日,开始空载试运行。

2014 年 6 月 16 日,通车试运营。

二、工程建设难点

西安地铁二号线是首个在黄土地区修建的轨道交通工程,建设及运营过程均面临"穿越地裂缝、文物保护、黄土地质及古城文化特色体现"等多项世界级工程难题。

1. 穿越地裂缝

西安具有闻名世界的独特城市地质灾害——地裂缝,已探明发育 14 条,近东西向展布、横贯全城,地铁二号线穿越了其中 11 条;地表工业与民用建筑物均可采用避让的方法,但地铁工程无法避让,且不允许建成后影响运营安全,必须考虑结构无法规避时的应对措施;在地裂缝段进行地铁建设,无规范、规程可循,纵观世界地铁建设史,均无地铁穿越地裂缝的先例。因此,穿越地裂缝是西安地铁建设的关键性难题,也是国内外地铁建设中首次遇到的技术难题。

西安地铁二号线工程通过采用"局部加强、预留净空、分段处理、柔性接头、先结构后防水、可调框架板"等措施,成功解决了穿越地裂缝的关键难题,实现了结构安全、运行平稳、不漏不渗的目标。综合修建技术达到国际领先水平。

2. 文物保护

西安是国家级历史文化名城、历时1100余年的十三朝古都,与雅典、罗马、开罗并称为"世界四大文明古都"。周、秦、汉、唐四大遗址承载着中国历史上曾经的辉煌,古城墙保存着深厚的文化遗产和精神烙印。

西安地铁二号线涉及国家级文物——明城墙及钟楼。地铁施工沉降及运营振动应避免对钟楼、明城墙造成损害,确保钟楼、明城墙安全,满足国家文物局关于"沉降应控制在毫米级,振动速度允许最大值控制在 0.15 ~ 0.20 毫米/秒"的要求;同时要减轻甚至清除黄土地区隧道开挖引起的地表沉降、地铁运行对古建筑的影响。地铁在湿陷性黄土地区穿越古建筑在世界上属首例。保障标志性古建筑的安全,使现代化的地铁工程与古老的文物古迹和谐相处,是一个必须解决的重大难题。

西安地铁二号线工程在实施过程中建立了一整套文物保护综合技术方案、研究方法、审批及建设管理办法。采用"线路上绕避加深、工法上首选盾构、地层中加固隔离、城门洞围蔽支撑、轨道上无缝减振"等措施,增加工程投资8057万元。在大规模地铁建设中实现工程建设与文物保护和谐相处,对后续建设项目具有指导意义,文物保护技术国内领先。

3. 穿越黄土地区

西安地区地铁建设范围存在湿陷性黄土。当地铁车站、区间隧道位于湿陷性黄土地基上,特别是自重湿陷性黄土地基时,地基湿陷变形可使车站或隧道产生不均匀沉降,影响地铁结构安全;地铁车站、竖井等深基坑围护结构外侧湿陷性黄土浸水湿陷后,围护结构土压力增大,土体抗剪强度降低,易产生基坑超量变形或坍塌;地下隧道全部或部分位于湿陷性黄土层时,黄土浸水后湿陷变形,形成不均匀围岩压力,隧道易产生变位。西安地铁二号线是国内首个在黄土地质条件下施工的地铁工程,在盾构隧道和深基坑修建等方面均存在大量亟待解决的重大技术问题,需结合工程实施研究解决。

西安地铁二号线通过采用一整套浅埋暗挖隧道特有的设计施工方法,编制修筑技术指南、行业规范规程,填补了黄土地质盾构技术的空白,采用"加大埋深避绕、提前降水固土、地基处理治理、管线风险排查"等措施,推动了黄土地区地铁建设技术的进步。黄土地区地铁隧道修筑技术国内领先。

4. 古城文化特色

许多城市在修建轨道交通时,都突出体现了城市自身的特点。为体现地域特色及传承古都文化,车站建筑与装修体现西安的特点,将古城历史文化融入地铁,实现"现代科技与历史文明交融的空间"。

西安地铁二号线工程从标志的设计、站名的确定到文化墙的设计,无不体现汉唐神韵。地铁标志是"城墙章",采用的古城墙造型充分代表了西安的古文化。车站内灰白色的主色调配以回型纹、朱雀等,也体现出古都地域风情。

三、主要参建单位

1.施工单位及系统集成商

土建施工单位共 23 家:中铁一局集团有限公司、中铁十七局集团有限公司、中铁三局集团有限公司、中铁五局(集团)有限公司、中铁十四局集团有限公司与西安市第二市政工程公司联合体、中铁十九局集团有限公司、中铁十三局集团有限公司、中铁十八局集团有限公司、中铁七局集团有限公司、西安市建筑工程总公司、中铁建工集团有限公司、陕西众源实业发展有限公司、中国水利水电第十四工程局、中铁二十局集团有限公司、中铁电气化局集团有限公司、北京住总集团有限责任公司、中铁隧道局集团有限公司与西安市政道桥建设有限公司联合体、中铁四局集团有限公司、中铁隧道局集团有限公司、中铁二十一局集团有限公司、中铁九局集团有限公司、中铁十七局集团有限公司与中交第二公路工程局有限公司联合体、陕西众源实业发展有限公司与西安市政道桥建设有限公司联合体。

机电设备安装及装修工程施工单位共 5 家:中铁一局集团电务工程有限公司与西安艺格建筑装饰工程有限责任公司联合体、中铁电气化局集团第一工程有限公司与深圳瑞和装饰工程有限公司联合体、中建工业设备安装有限公司与上海中建八局装饰有限责任公司联合体、陕西建工集团设备安装工程有限公司与中铁一局集团建筑安装工程有限公司联合体、北京建工集团有限责任公司。

系统集成商共 7 家:中铁一局集团电务工程有限公司、日立电梯(中国)有限公司、神州数码信息系统有限公司、北京方正奥德计算机系统有限公司、中铁电气化局集团有限公司、蒂森电梯有限公司、西屋月台屏蔽门(广州)有限公司。

2.监理单位

土建监理单位共 10 家:中煤邯郸中原建设监理咨询公司与中煤西安中安项目管理有限责任公司联合体、华铁工程咨询有限责任公司、西安铁一院工程监理有限公司、北京希地环球建设工程顾问有限公司、天津市成套设备工程监理有限公司、北京铁城建设监理有限责任公司、广东铁路建设监理有限责任公司与西安众和市政工程监理咨询有限公司联合体、陕西兵器建设监理咨询有限公司、广州轨道交通建设监理有限公司、中煤陕西中安项目管理有限责任公司。

机电设备安装及装修工程监理单位有 2 家:西安铁一院工程咨询监理有限责任公司、陕西兵器建设监理咨询有限公司。

系统工程监理单位有 2 家:华铁工程咨询有限责任公司、英泰克工程顾问(上海)有限公司。

第五节 运 营 管 理

西安地铁开通运营以来,始终以"乘客满意"为目标,坚持"地铁所至,爱心相随"服务理念,深入推进服务管理与服务质量提升。

一、运营筹备重要节点

试运行演练从 2011 年 7 月 3 日至 8 月 1 日,共分为 3 个阶段进行,逐渐提高上线列车数目。

试运营演练于 8 月 2 日开始,时间为每日 5:00—23:00,开行北客站至会展中心站的单一交路,信号闭塞制式为点式 ATP。

综合联调现场调试工作从 3 月 21 日启动,8 月 10 日结束。23 项综合联调项目围绕通信、信号、综合监控、供电四大牵头专业,全面验证各系统设备功能,使得设备—设备、人—设备充分有效磨合,最终达到在同一技术水平、同一管理模式下的安全、可靠、协调运转,满足开通试运营需要。

二、运营服务特点

1.加强运营服务技术研究应用

全面实施扫码过闸后,手机扫码过闸约占日均出行量的 55%,成为乘客出行的主要选择方式,"AFC 互联网+"是西安地铁技术和服务创新的重要里程碑。扫码过闸给运营服务带来的优势明显,对提升通行效率、减少运营成本、缓解兑零压力、用户实名认证等方面均有积极的促进作用。

2.完善运营服务标准

结合交通运输部《城市轨道交通服务质量评价规范》,完善运营服务管理办法,规范运营分公司内部服务监督管理,建立了外部服务评价机制,同时建立了运营服务标识的双语标准,为提高服务标志标识及语音播报服务水平夯实基础。2019 年 11 月 7 日,运营分公司以 96.5 分的优秀成绩通过省级服务业标准化试点验收。

3."智慧安检"项目顺利推进

为合理、高效、稳步推进"智慧安检"项目实施,委托具有相应资质、能力的单位在凤城五路站和会展中心站进行试点。通过试点合作,有效探索、验证更先进的安检技术。"智慧安检"的技术构想优于国内部分城市已进行试点的安检新技术,通过采取"无感安检"的方式达到对人的全面安检,最大限度保证通行效率,满足政策导向。

三、主要运营指标

截至 2019 年 12 月 31 日,西安地铁安全运营 3029 天。二号线的年客运量从 2011 年的 1656.37 万乘次提升到 2019 年的 34002.26 万乘次,日均客运量从 2011 年的 15.48 万乘次提升到 2019 年的 93.16 万乘次,客运强度从 2011 年的 0.78 万乘次/(千米·日)提升到 2019 年的 3.56 万乘次/(千米·日),票款收入从 2011 年的 4348.63 万元提升到 2019 年的 75816.23 万元。运行图兑现率与列车正点率均在 99.97% 以上,最小行车间隔为 2 分 28 秒,客运量、客运强度、客运收入、运行图兑现率、正点率均达到或超过国内同期水平。

四、安全管理效果

西安地铁公司始终高度重视安全管理工作,运营分公司连续实现 8 个安全年,实现运营安全生产 3000 天,先后通过了国家一级安全标准化企业验收和 ISO9001—2015 质量管理体系认证验收,连续 3 年获国家安全生产和监督管理总局和全国总工会"安康杯"竞赛优胜单位。2019 年 12 月初,通过了陕西省服务业标准化试点验收和交通运输部安全标准化一级证书换证评审。

第六节　工　程　创　新

西安地铁二号线建设开展了多学科、跨行业的联合攻关,在"地裂缝、文物保护、湿陷性黄土、古都文化特色体现"等诸多领域获得成功,工程创新成效显著。

1. 穿越地裂缝综合修建技术

设计单位通过大量的工程地质勘察、现场数据分析、方案论证、数值模拟、大型的物理结构模型及防水试验等手段,研究了地裂缝带内土体物理力学性质、地裂缝与地下水的关系、地裂缝段的结构处理原则、地裂缝段特殊变形缝防水措施、地裂缝段施工工艺等,确立"局部加强、预留净空、分段处理、柔性接头、先结构后防水、可调框架板"等综合防治措施,成功解决了地铁穿越地裂缝的关键技术难题。

根据地铁线位布设,对沿线地裂缝进行了系统、全面的勘探和普查,查清线位处地裂缝的位置、分布特征(图 41-2)、力学性质和水文特征,对每条地裂缝做出科学、客观的分析评估。

针对各条地裂缝不同的变形量,预测出地裂缝的百年最大垂直位移预测量,确定地裂缝的百年变形量统一按结构净空预留 500 毫米(表 41-1)考虑。

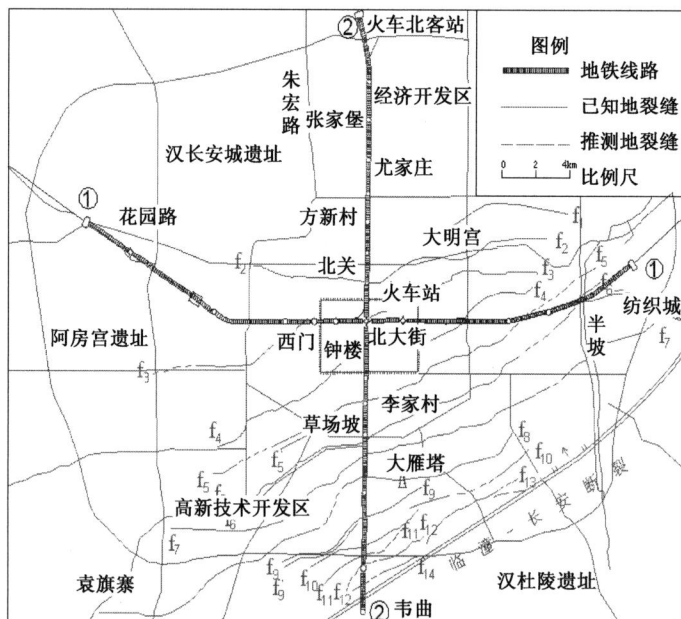

图 41-2 地裂缝分布图

地裂缝最大垂直位移量(单位:毫米) 表 41-1

地裂缝编号	f 2	f 3	f 5	f 6(f'6)	f 7	f 8	f 9(f'9)	f10	f11	f12
预测值	150	200	300	330	200	200	200	150	300	100
设计建议值	225	300	450	500	300	300	300	225	450	150

地铁车站避让地裂缝,区间线路采用调坡适应变形。车站站台端部距离地裂缝上盘一般不小于120米,区间纵断面预留调坡条件。

通过对不同结构措施适应地裂缝的变形能力进行了多工况分析及计算并采用1:5大型结构模型试验,测试各种工况下地铁结构的受力特征及变形破坏情况,结合数值仿真模拟分析,得出了盾构法施工的地铁结构无法满足地裂缝段变形要求的结论,宜采用明挖法和浅埋暗挖法。

基于以上研究结论,确定了地裂缝段的综合防治措施:

①扩大结构断面、预留净空。在地裂缝处理段扩大结构断面,预留净空500毫米(图41-3),以便在地铁使用期内,地裂缝错动后仍能通过线路调坡来保证行车。

②在地裂缝影响段采用分段结构进行设计(图41-4),采用柔性接头进行处理,预留变形缝适应地裂缝的变形。

③地裂缝段结构适当加强,进行特殊配筋设计,以抵抗地裂缝扭转、剪切变形对结构的直接破坏。

④采用双道防水体系,在特殊变形缝外侧设置"且"形止水带,内侧设置"U"形止水带(图41-5)。

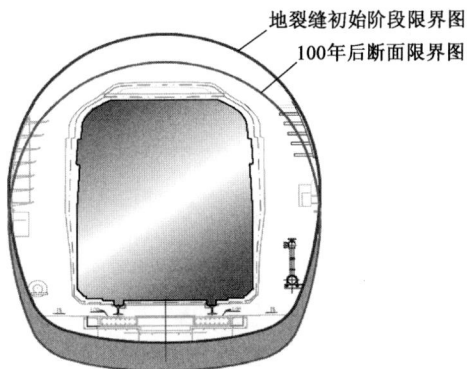

图 41-3　地裂缝错动限界图

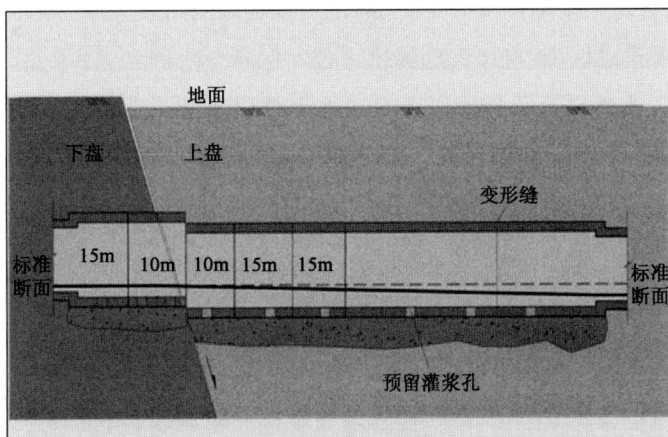

图 41-4　分段结构图

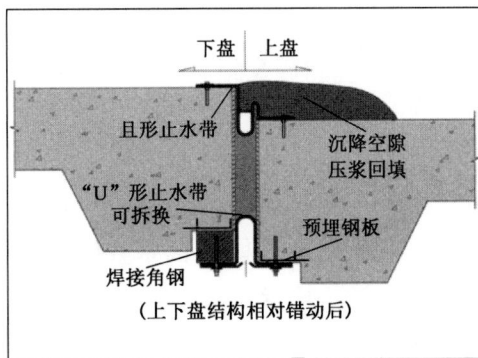

图 41-5　止水带设置图

⑤采用可调式框架板轨道(图 41-6),可实现 500 毫米的调高量要求,以满足地裂缝段预期差异沉降及水平错动后轨道调整量。

⑥地裂缝段接触网采用适应结构变形的可调垂直悬挂构造,给排水消防管道设置不锈钢软管,环网电缆、通信、信号等线缆设置相应的处理措施,可满足地裂缝百年沉降量 500 毫米的要求。

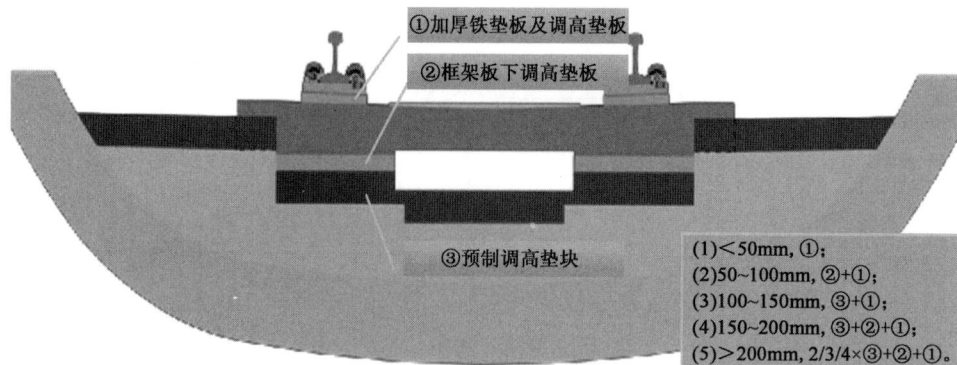

①加厚铁垫板及调高垫板

②框架板下调高垫板

③预制调高垫块

(1)＜50mm,①;
(2)50~100mm,②+①;
(3)100~150mm,③+①;
(4)150~200mm,③+②+①;
(5)＞200mm,2/3/4×③+②+①。

图41-6 可调式框架板竖向组合调整方法

穿越地裂缝综合防治措施的及时确定,满足了现场施工进度要求,保证了二号线工程建设的顺利推进,为工程建设稳步、有序实施提供了技术保障。

2017年6月,西安地铁运营分公司组织对地裂缝段落隧道拱顶沉降、净空收敛和道床沉降等进行了检测。根据监测数据及现场观测,地裂缝段隧道结构安全,轨道几何形位在允许范围内,轨道及接触网运行平稳,地裂缝段的防水达到不漏不渗的效果,可满足正常运营要求。

2. 文物保护技术

为确保文物的安全、稳定和地铁建设的顺利进行,以国家文物局批复意见为依据,设计单位与省市文物局紧密协作,组织设计、科研、文保、施工单位联合攻关,相继完成钟楼和明城墙现状研究、施工对钟楼和明城墙影响研究、运营对钟楼和明城墙影响研究、二号线绕穿钟楼、城墙南门及北门区段文物保护设计方案等,确定了文物保护综合技术。

对钟楼和城墙的现状进行全面的勘察,进行了现场交通振动测试,分析地面交通引起的振动在土层、钟楼台基、城墙夯土中的衰减规律,为分析列车引起的振动反应提供可靠的参数。

确定了施工和运营的控制标准。施工沉降控制标准为:钟楼台基地表及其顶面产生的最大沉降量不超过 -5 毫米,局部倾斜不超过0.0005的沉降变形;盾构施工沉降在城墙范围可以采用地表最大沉降量为 +5 毫米 ~ -15 毫米,局部倾斜不超过0.001的沉降变形。运营振动控制标准:因地铁振动引起的钟楼、城墙(地面)的垂直振动速度允许最大值建议控制在0.15~0.20 毫米/秒。

完成施工沉降对钟楼、城墙影响的研究。通过对黄土地区盾构施工沉降计算理论和方法的研究,设隔离桩与化学注浆法复合地基加固处理后,盾构施工引起的钟楼台基地表最大沉降量约 -0.9 毫米,北门区段城墙最大沉降量由34 毫米减为13 毫米,南门区段由15 毫米减为10 毫米。加固后沉降变形均满足变形控制标准。

完成运行振动对钟楼、城墙影响的研究。采取减振轨道和隔离桩情况下,钟楼柱底处最大振动速度为0.14 毫米/秒,北门段城墙为0.15 毫米/秒,南门段城墙为0.12 毫米/秒。符合国家文物局的限值要求。

主要采取了 5 项文物保护措施(图 41-7)。

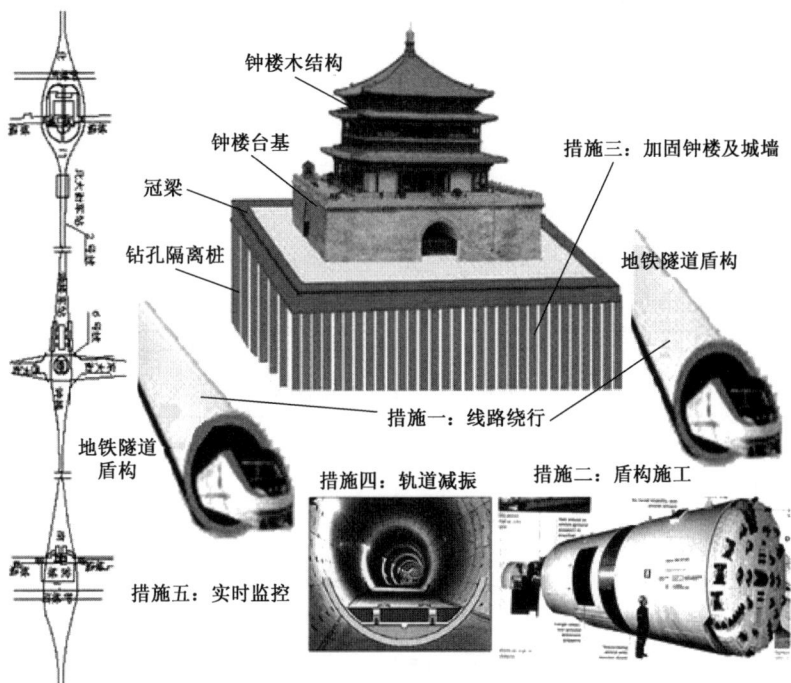

图 41-7　文物保护措施

①线路绕行、加大埋深。地铁穿过钟楼及城墙段采用绕行方案,尽量远离钟楼基座及城墙的变形敏感区。通过钟楼处东西绕行,与钟楼基座的最小距离约为 15.4 米。同时尽量加大线路埋深,以减少振动对文物的影响。过钟楼段结构拱顶距地面埋深为 13 米,过城墙段结构拱顶埋深为北门 14.3 米、南门 18.7 米。

②区间隧道选用盾构掘进通过。采用盾尾同步注浆、衬砌回填压浆及地面跟踪注浆等综合措施后,盾构施工可以控制使地面不产生沉降,或者仅有毫米级沉降。

③加固钟楼及城墙。为使钟楼和城墙能够更好地抵御盾构机推力形成的侧向力,为钟楼和城墙采取隔离桩"套箍"加固。这个"箍"还将在地铁运营后起到隔振作用。隔离桩的目的是在盾构掘进的过程中将地面沉降槽隔断,盾构隧道施工穿过钟楼旁边时其沉降槽只能影响到围护桩边,这样灌注桩内侧的钟楼就不会受到影响。南门和北门的城墙也采用类似方式进行加固。即在城墙两边一定范围内和瓮城东、西两侧做桩,南门灌注桩埋深达 20~30 米,北门为 20 米左右。

④轨道减振。采取无缝轨道,采用减振效果较好、国际先进的钢弹簧浮置板减振道床,减少地铁运营期间对文物的影响,以保证文物的安全。

⑤及时监控。在钟楼四周和城墙两侧布置侧斜管、地层沉降观测点,随时掌握地层变形情

况,根据需要采取工程措施,对主要受力部位进行安全防护。

在施工过程中进行了多次监测,钟楼左线最大沉降量1.4毫米、右线最大沉降量0.21毫米;南门区段左线最大沉降量2.27毫米、右线最大沉降量3.09毫米;北门区段左线最大沉降量4.3毫米、右线最大沉降量7.5毫米,均在沉降指标+5~-15毫米范围内。

运营过程中,分别于2011年12月、2012年4—5月、2013年11月、2014年3月进行了监测,包括地面交通+地铁运行、地铁单独运行(40千米/小时和20千米/小时单、双线运行)、无地铁运行3种工况,测试结果如表41-2所示。实测结果表明,钟楼、城墙的振动速度幅值满足国家文物局关于垂直振动速度小于0.15~0.20毫米/秒的控制要求。

地铁单独运行工况下钟楼、城墙振动速度幅值统计表(单位:毫米/秒)　表41-2

测 试 对 象		第 一 阶 段		第 二 阶 段	
		水平向	竖直向	水平向	竖直向
钟楼	木结构	0.066	0.049	0.072	0.051
	台基	0.040	0.028	0.028	0.034
城墙南门段	城楼	0.076	0.041		
	城墙	0.051	0.054		
城墙北门段	箭楼	0.192	0.054		
	城墙	0.061	0.061		

3. 黄土地区地铁盾构隧道和深基坑修建关键技术

通过对兼顾黄土和砂层特性的地铁盾构机进行选型研究,设计和施工单位确定了黄土地层和砂层土压平衡盾构的掘进参数,针对黄土湿陷性对沉降影响大、高黏性特征造成的“泥饼”现象,砂层流塑性差、含水量高和渗透系数较大等问题,解决了盾构掘进困难、土压平衡难以建立、地面沉降量大、盾构机姿态不易控制等技术难题。创造了单日掘进27环成洞40.5米、单月掘进485环成洞727.5米的全国新纪录。

西安地铁二号线建设中总结了降水引起的地面附加沉降分布规律,提出了经验修正系数,对黄土地质条件下的深基坑进行了降深和规模最大的降水施工;得出了黄土深基坑变形规律,提出了经济合理的围护结构形式及设计参数,既克服了黄土遇水湿陷变形和抗剪强度剧减对基坑稳定性的不利影响,又充分利用了其自立性好,失水后力学性质显著改善的优点,对西安地区基坑工程具有很好的指导意义和参考价值。

第七节　工　程　价　值

西安地铁二号线贯穿西安市南北向中轴,其建设有利于拉大西安市空间骨架,加速外围区域和组团的发展进程,促进城市社会经济持续发展,为实现“棋盘路网、轴线突出、一城多心、九宫格局"的城市总体布局发展目标发挥了重要作用。

西安地铁二号线的开通运营标志着西安进入地铁时代,开创了湿陷性黄土地区穿越地裂缝、文物保护及古城文化特色体现的地铁建设先河。西安地铁二号线2次成功穿越南北城墙,绕避下穿钟楼,在规划和工程实施过程中对文物保护采取了一系列科学有效的工程保护技术措施,提出钟楼、城墙合理安全的沉降变形控制标准,确定了经济合理的防护、减振保障措施,建立了长期运营振动监测系统,创立了地铁建设文物保护综合评估体系,为地铁建设做好文物保护工作积累了宝贵经验,受到了国家文物局的好评,为后续轨道交通项目实施提供了良好的依据与参考。

自2011年开通以来,作为城市客运体系中的快捷运输方式,西安地铁二号线对城市交通环境的改善有明显的效果。二号线的客流量逐年上升,极大优化了城市南北向发展轴的交通环境,特别是缓解了城市核心区的小寨、体育场、南门、钟楼、北大街、北门等地区的交通混乱状况。西安地铁二号线的运行速度为33~35千米/小时,西安市内公交车的平均行驶速度仅为13千米/小时,在出行效率方面,具有常规公交无法企及的优势,提高了出行效率,改善出行环境。西安地铁二号线开通以来,西安地铁客运量、客运收入、开行列次、运行图兑现率、正点率均达到或超过国内同行同期水平,尤其是客运强度近年来在国内排名均保持前列,运营效率较高。运营人员始终以"平安运营、优质服务"为宗旨,不断提高运营水平和服务质量,为乘客提供安全优质的交通运输服务,连续多年获"陕西顾客满意度测评行业最佳单位"称号,成为展示古城文明的重要窗口。

执笔人:张蓓